coleção fábula

tiphaine samoyault

ROLAND BARTHES

biografia

TRADUÇÃO
sandra nitrini e regina salgado campos

editora■34

À memória de minha mãe, Colombe Samoyault-Verlet

sumário

AGRADECIMENTOS 10

NOTA 12

PRÓLOGO A MORTE DE ROLAND BARTHES 16

INTRODUÇÃO 32
        A voz 32
        "Vida" 35

CAPÍTULO 1 NO COMEÇO 46
        Um pai morto no mar 50
        A mãe referência 61

CAPÍTULO 2 "GOCHOKISSIME" 72
        Da beira do mar... 73
        ...No coração de paris 83

CAPÍTULO 3 A VIDA DIANTE DE SI 91
        Os anos de formação 92
        As afinidades eletivas 105

CAPÍTULO 4 BARTHES E GIDE 111
        O começo e o fim 114
        A pequena e a grande música 117
        A homossexualidade 122
        Diário 125

CAPÍTULO 5 A VIDA ATRÁS DE SI 130
        Da antiguidade à Grécia 132
        Do Mediterrâneo ao Atlântico 141
        Do atlântico para trás 146

CAPÍTULO 6   ESCAPADAS 156
O corpo doente 157
"No sanatório, eu era feliz" 164
Os primeiros textos 174

CAPÍTULO 7   SAÍDAS 182
Longe do sanatório 183
"Nadeau, a quem devo esta coisa capital, um começo..." 188
Longe de paris (1). Bucareste 193
Longe de paris (2). Alexandria 204
Escrituras: o ministério e "o grau zero" 210

CAPÍTULO 8   BARTHES E SARTRE 222
A querela das responsabilidades 224
Infâncias e histórias 232
O convite ao imaginário 237

CAPÍTULO 9   CENAS 242
Liquidações 244
Teatro 259
O ano 1955 273
Teatralidade 279

CAPÍTULO 10   ESTRUTURAS 286
O signo 289
A escola 295
A estrutura 309
A casa 320

CAPÍTULO 11   LITERATURA 331
Encontros 333
Crítica literária 340
Barthes se explica 351
O ano 1966 361
Pensar a imagem 372

CAPÍTULO 12   ACONTECIMENTOS 377
Ausências 380
O livro de maio: "Sade, Fourier, Loyola" 392
Mudanças 397
Cortes 410

CAPÍTULO 13   BARTHES E SOLLERS 423
               A amizade 428
               Todos na China 438

CAPÍTULO 14   CORPO 450
               O olho e a mão 455
               O gosto 465
               A audição, a visão 471
               Gostar gostar 480

CAPÍTULO 15   LEGITIMIDADE 486
               O professor 487
               O Collège de France 496
               O "Roland Barthes" 502
               O colóquio de Cerisy 516

CAPÍTULO 16   BARTHES E FOUCAULT 521
               Vidas paralelas 524
               Um acompanhamento 528
               Dois estilos 532

CAPÍTULO 17   DILACERAMENTOS 538
               O ano de 1977 539
               O amor 542
               A morte 555
               "Diário de luto" 558

CAPÍTULO 18   "VITA NOVA" 566
               15 de abril de 1978 567
               Vida nova? 579
               Claridade 586
               O fim 592

ÍNDICE ONOMÁSTICO 597

agradecimentos

Este livro nasceu de uma proposta persuasiva e tentadora feita por Bernard Comment. E deve muito a seu conhecimento da obra de Barthes, à generosidade e fineza de suas releituras, a seus encorajamentos. Que seja ele, logo no início, o primeiro a quem agradeço.

A ajuda e o apoio de Éric Marty e Michel Salzedo foram determinantes. Esta biografia não poderia ter sido realizada sem a confiança deles, sem os diálogos que tivemos, os numerosos documentos que me forneceram ou me autorizaram consultar. Sou-lhes infinitamente grata. Agradeço, em particular, a Éric Marty por sugestões muito preciosas.

Uma biografia não se escreve sozinha. Ela se beneficia de um saber livresco e oral, inscreve-se numa memória — seja em suas luzes, seja em suas lacunas. Gostaria de agradecer a todos aqueles que me falaram do Roland Barthes que conheceram, concedendo-me entrevistas: Jean-Claude Bonnet, Antoine Compagnon, Jonathan Culler, Régis Debray, Michel Deguy, Christian Descamps, Pascal Didier, Colette Fellous, Lucette Finas, Françoise Gaillard, Anouk Grinberg, Roland Havas, Julia Kristeva, Mathieu Lindon, Alexandru Matei, Jean-Claude Milner, Maurice Nadeau, Dominique Noguez, Pierre Pachet, Thomas Pavel, Leyla Perrone-Moisés, Georges Raillard, Antoine Rebeyrol, Philippe Sollers e François Wahl.

Quero reconhecer a contribuição de críticos e pesquisadores cujos trabalhos constituíram base indispensável e valiosa para meu conhecimento da obra e do homem: em primeiro lugar, Louis-Jean Calvet e Marie Gil, meus dois predecessores em matéria de biografias de Barthes; e também Cecilia Benaglia, Thomas Clerc, Claude Coste, Alexandre Gefen, Anne Herschberg Pierrot, Diana Knight,

Marielle Macé, Patrick Mauriès, Jacques Neefs, Philippe Roger, Susan Sontag e Marie-Jeanne Zenetti.

Sou grata àqueles que, trabalhando em instituições, contribuíram para minhas pesquisas: Marie-Odile Germain e Guillaume Fau no departamento de manuscritos da Biblioteca Nacional da França (BNF), Nathalie Léger e Sandrine Samsom no Institut Mémoires de l'Édition contemporaine (IMEC), e toda a equipe da abadia de Ardenne, que me acolheu várias vezes.

Na editora Seuil, Flore Roumens acompanhou o livro com muito talento e entusiasmo; Jean-Claude Baillieul fez indispensáveis e sutis correções. A ambos, meus calorosos agradecimentos.

A todos aqueles ao meu redor que acompanharam esta empresa quero também exprimir minha gratidão, particularmente a Bertrand Hirsch, Maurice Théron e Damien Zanone; e também a Marie Alberto Jeanjacques, Christine Angot, Adrien Cauchie, Charlotte von Essen, Thomas Hirsch, Yann Potin, Zahia Rahmani, Marie-Laure Roussel e Martin Rueff.

nota

As citações remetem às *Obras completas* de Roland Barthes, nova edição em cinco volumes revista, corrigida e apresentada por Éric Marty (Paris: Seuil, 2002).

> Tomo I: *Livres, textes, entretiens. 1942-1961*
> [ed. bras.: *Inéditos vol. 1 — Teoria,*
> trad. de Ivone Castilho Benedetti
> (São Paulo: Martins Fontes, 2004)].

> Tomo II: *Livres, textes, entretiens. 1962-1967*
> [ed. bras.: *Inéditos vol. 2 — Crítica,*
> trad. de Ivone Castilho Benedetti
> (São Paulo: Martins Fontes: 2004)].

> Tomo III: *Livres, textes, entretiens. 1968-1971*
> [ed. bras.: *Inéditos vol. 3 — Imagem e moda,*
> trad. de Ivone Castilho Benedetti
> (São Paulo: Martins Fontes, 2005)].

> Tomo IV: *Livres, textes, entretiens. 1972-1976*
> [ed. bras.: *Inéditos vol. 4 — Política,*
> trad. de Ivone Castilho Benedetti
> (São Paulo: Martins Fontes, 2005)].

> Tomo V: *Livres, textes, entretiens. 1977-1980.*

OS OUTROS TEXTOS DE ROLAND BARTHES CITADOS SÃO:

Carnets du Voyage en Chine, edição estabelecida, apresentada e anotada por Anne Herschberg Pierrot (Paris: Christian Bourgois, 2009) [ed. bras.: *Cadernos da viagem à China*, trad. de Ivone Castilho Benedetti (São Paulo: WMF Martins Fontes, 2012)].

Comment vivre ensemble. Simulations romanesques de quelques espaces quotidiens, curso e seminários no Collège de France, 1976-1977, texto estabelecido, anotado e apresentado por Claude Coste (Paris: Seuil/IMEC, 2002). Col. Traces Écrites [ed. bras.: *Como viver junto. Simulações romanescas de alguns espaços cotidianos*. Cursos e seminários no Collège de France, 1976-1977, trad. de Leyla Perrone-Moisés (São Paulo: Martins Fontes, 2003)].

Le discours amoureux, seminário na Escola Prática de Estudos Avançados em Ciências Sociais, 1974-1976, seguido de *Fragments d'un discours amoureux* (páginas inéditas), introdução de Éric Marty, apresentação e edição de Claude Coste (Paris: Seuil, 2007) [ed. bras.: *Fragmentos de um discurso amoroso*, trad. de Márcia Valéria Martinez de Aguiar (São Paulo: Martins Fontes, 2003)].

Journal de deuil, texto estabelecido e anotado por Nathalie Léger (Paris: Seuil/IMEC, 2006). Col. Fiction & Cie [ed. bras.: *Diário de luto. 26 de outubro de 1977 — 15 de setembro de 1979*, trad. de Leyla Perrone-Moisés (São Paulo: WMF Martins Fontes, 2011)].

Le Lexique de l'auteur, seminário na Escola Prática de Estudos Avançados em Ciências Sociais, 1973-1974, seguido de fragmentos inéditos de *Roland Barthes par Roland Barthes*, introdução de Éric Marty, apresentação e edição de Anne Herschberg Pierrot (Paris: Seuil, 2010).

Le Neutre, notas do curso no Collège de France, 1977-1978, texto estabelecido, anotado e apresentado por Thomas Clerc (Paris: Seuil/IMEC, 2002). Col. Traces Écrites [ed. bras.: *O neutro*, trad. de Ivone Castilho Benedetti (São Paulo: Martins Fontes, 2003)].

La Préparation du roman I et II, notas do curso no Collège de France, 1978-1979 e 1979-1980, texto estabelecido, anotado e apresentado por Nathalie Léger (Paris: Seuil/IMEC, 2003). Col. Traces Écrites [ed. bras.: *A preparação do romance I e II*. Notas de curso no Collège de France, 1978-1979 e 1979-1980, trad. de Leyla Perrone-Moisés (São Paulo: Martins Fontes, 2005)].

"Sarrasine" de Balzac, seminário na Escola Prática de Estudos Avançados em Ciências Sociais, 1967-1968 e 1968-1969, introdução de Éric Marty, apresentação e edição de Claude Coste e Andy Stafford (Paris: Seuil, 2011).

OUTRAS TRADUÇÕES BRASILEIRAS:

Aula, trad. de Leyla Perrone-Moisés (São Paulo: Cultrix, 1980).

A câmara clara, trad. de Júlio Castañon Guimarães (Rio de Janeiro: Nova Fronteira, 1984).

Elementos de semiologia, trad. de Izidoro Blikstein. 15ª ed. (São Paulo: Cultrix, 2003).

Mitologias, trad. de Rita Buongermino e Pedro de Souza (Rio de Janeiro: Bertrand Brasil, 1993).

O grão da voz. Entrevistas 1962-1980, trad. de Mário Laranjeira (São Paulo: Martins Fontes, 2004).

O prazer do texto, trad. de J. Guinsburg. 4ª ed. (São Paulo: Perspectiva, 2004).

O rumor da língua, trad. de Mário Laranjeira (São Paulo: Martins Fontes, 2004).

Roland Barthes por Roland Barthes, trad. de Leyla Perrone-Moisés (São Paulo: Estação Liberdade, 2003).

Sollers escritor, trad. de Lígia Maria Pondé Vassallo (Rio de Janeiro: Tempo Brasileiro; Fortaleza: UFC, 1982).

As notas de referência às *Obras completas* serão referidas como OC, apresentando em seguida o número do tomo (em algarismo romano) e da página em que se encontra a citação. Como com frequência os textos de Barthes publicados em livros saíram antes em revistas ou volumes coletivos, assinalamos o lugar e a data da primeira edição. Para os livros póstumos, que não figuram nas *Obras completas*, indicamos o título, seguido do número da página.

Os arquivos são citados segundo a cota do Fundo Roland Barthes do departamento de manuscritos da Biblioteca Nacional da França: NAF 28630, seguida do nome do dossiê consultado. Certos documentos comportam a antiga cota IMEC, onde o fundo esteve depositado até 2012.

A proveniência dos outros documentos inéditos está assinalada em nota.

Encontrando-se todas as referências nas notas, o livro não apresenta bibliografia.

prólogo

A MORTE DE ROLAND BARTHES

Roland Barthes morreu em 26 de março de 1980. Aos problemas pulmonares que voltou a ter depois de seu acidente, acrescentara-se uma infecção nosocomial — são infeções que, contraídas no hospital, podem ser fatais. Essa talvez tenha sido a causa imediata de sua morte. É mais frequente nos lembrarmos do acidente na rua des Écoles, quando a camionhete de um tintureiro que vinha de Montrouge o atropelou numa faixa de pedestres. Também é verdade. Em 25 de fevereiro, ele voltava de um almoço organizado por Jack Lang, que podia ou não ter alguma relação com a campanha presidencial que ocorreria dali a pouco mais de um ano. O futuro ministro da Cultura desejava ver François Mitterrand rodeado de intelectuais e artistas importantes. Ou Mitterrand gostava disso e confiava em Lang para organizar esses encontros. Eram quase quatro horas da tarde.

Vindo a pé da rua des Blancs-Manteaux pela ponte Notre-Dame, Barthes subiu a rua Montagne-Sainte-Geneviève e então pegou a rua des Écoles, não longe da esquina com a rua Monge. Continuou avançando na calçada da direita, quase junto da loja Au Vieux Campeur, de artigos para caminhada. Apressou-se a atravessar para a calçada oposta. Ia ao Collège de France, não para um curso, mas para acertar os detalhes técnicos de seu próximo seminário, consagrado a Proust e à fotografia, e para o qual precisava de um projetor. Um carro, com placa da Bélgica, estava estacionado em fila dupla. A visibilidade lhe era, pois, roubada em parte. Ela avançou, no entanto, e foi então que o acidente ocorreu. A caminhonete não corria muito, mas o bastante para um choque violento.

Barthes jaz inconsciente, no meio da rua. O tintureiro para, o trânsito é interrompido, o socorro e a polícia (há uma delegacia na praça Maubert) chegam rapidamente. Não há nenhum documento de identidade com o ferido, a não ser seu cartão do Collège. Tomam informações no outro lado da rua. Alguém (algumas testemunhas relatam que seria Michel Foucault, mas era Robert Mauzi, professor na Sorbonne e amigo próximo de Barthes) confirma sua identidade. Michel Salzedo, irmão de Barthes, é avisado, assim como os amigos Youssef Baccouche e Jean-Louis Bouttes. Vão ao hospital Pitié-Salpêtrière, para onde o conduziram. Encontram-no traumatizado, mas lúcido. As fraturas são numerosas, aparentemente sem gravidade. Saem de lá mais ou menos tranquilos.

Naquela manhã, Barthes se preparou para esse almoço para o qual fora convidado. Como fazia todos os dias, de manhã trabalhou à sua escrivaninha, desta vez na redação de uma conferência para um colóquio que ocorreria na semana seguinte, em Milão. Era uma palestra sobre Stendhal e a Itália, que chamou de "Malogramos sempre ao falar do que amamos". A reflexão casava com o curso que concluíra havia pouco, no Collège de France, sobre a "preparação do romance", visto que ele tratava da passagem, em Stendhal, do diário ao romance. Stendhal havia sido incapaz de comunicar sua paixão pela Itália em seu diário, mas conseguiu fazê-lo em *A cartuxa de Parma*. "O que passou entre o diário de viagem e *A cartuxa* foi a escritura. A escritura, o que é? Uma potência, fruto provável de uma longa iniciação, que desfaz a imobilidade estéril do imaginário amoroso e dá à sua aventura uma generalidade simbólica."[1]

Barthes datilografa a primeira página e o começo da segunda. Depois se prepara para o almoço, não sabendo bem o que o levou a aceitar o convite. Seu interesse pelos signos e comportamentos do mundo já o fizera participar de um almoço desse naipe com Valéry Giscard d'Estaing em dezembro de 1976, na casa de Edgar e Lucie Faure. Naquela ocasião chegou a receber críticas de alguns amigos, que viram em sua receptividade um compromisso com a direita. Agora, sua própria simpatia e a de seu círculo tornam sua participação mais natural. Mas ele confidencia a Philippe Rebeyrol, então embaixador na Tunísia, ter tido a impressão de, contra sua vontade, ter

---

1. "On échoue toujours à parler de ce qu'on aime", *Tel Quel*, 1980 (OC V, pp.906-14, p.914) [ed. bras.: "Malogramos sempre ao falar do que amamos", in *O rumor da língua*, pp.370-82, p.382].

embarcado na campanha de Mitterrand. Quem são os comensais? Philippe Serre, ex-deputado da Frente Popular, não está em casa, mas emprestou seu apartamento para este almoço, pois o de Mitterand, na rua de Bièvre, era demasiado pequeno para esse tipo de convite e pertencia, aliás, mais a Danielle Mitterrand que ao futuro presidente. Estão presentes o compositor Pierre Henry, a atriz Danièle Delorme, o diretor da Ópera de Paris, Rolf Liebermann, os historiadores Jacques Berque e Hélène Parmelin, Jack Lang e François Mitterrand. Talvez haja outros convivas, dos quais não se reteve nenhuma memória direta. Mitterrand é um grande admirador das *Mitologias*, mas provavelmente não leu nenhum outro texto do intelectual que se encontra em sua mesa naquele dia. O almoço foi muito alegre, com alusões engraçadas e sutis à história da França e piadas que provocaram muita risada. Barthes pouco falou. Os convivas se separaram por volta das três horas da tarde. Barthes decide ir a pé ao Collège de France. Dispõe de tempo, tem apenas um encontro marcado para o final da tarde com Rebeyrol, que chegou de Túnis na véspera. E é quando está prestes a chegar a seu destino que ocorre o acidente.

    Roland Barthes acorda no Pitié-Salpêtrière. Seu irmão e seus amigos estão lá. Um primeiro comunicado da Agence France-Presse (AFP) sai às 20h58: "O professor universitário, ensaísta e crítico Roland Barthes, 64 anos, foi vítima, na tarde de segunda-feira, de um acidente de trânsito no v distrito, na rua des Écoles. Roland Barthes foi levado ao hospital Pitié-Salpêtrière, informou a direção do estabelecimento, que no entanto até às 20h30 nada declarou sobre o estado de saúde do escritor". No dia seguinte, um outro comunicado, das 12h37, é muito mais tranquilizador: "Roland Barthes continua hospitalizado no Salpêtrière. O hospital esclarece que Barthes continua em observação e que seu estado permanece estável. Seu editor informa que o estado de saúde do escritor não suscita preocupação". Essa minimização teria sido orquestrada por François Wahl, como disse Romaric Sulger-Büel e como afirma ainda hoje Philippe Sollers?[2] Teria o estado do doente se degradado de forma progressiva e sur-

---

2. Segundo ele, François Wahl e os outros editores da Seuil não quiseram dizer a verdade sobre o estado de Barthes, pois a ligação que os jornalistas inevitavelmente fariam entre o acidente e o almoço com Mitterrand, do qual ele saía, poderia manchar a futura campanha. Entrevista com a autora em 3 de setembro de 2013.

preendente? As narrativas parecem indicar que ocorreram as duas coisas. A princípio, os médicos não se preocupam muito, mas talvez não tenham considerado a gravidade da situação pulmonar do paciente. A insuficiência respiratória o leva à intubação. Em seguida ele se submete a uma traqueotomia que o enfraquece ainda mais. Sollers dá uma versão dramática do acidente em seu livro *Femmes*, no qual, sob o nome de Werth, Barthes aparece logo após o atropelamento, marcado pela violência do choque, com toda a aparelhagem da reanimação: "Os fios embaralhados. Os tubos. Os botões. Os pisca-piscas vermelhos, amarelos [...]".[3] Para muitos dos presentes, o medo diante da brutalidade do acontecimento rivaliza com um sentimento de necessidade. Como se, desde a morte da mãe, ele tivesse se deixado levar. "Revejo Werth, no fim da vida, um pouco antes do acidente [...]. Sua mãe tinha morrido havia dois anos, seu grande amor [...]. O único [...]. Ele se abandonava, cada vez mais, em complicações com rapazes; era seu declínio, que se acelerou bruscamente [...]. Ele não pensava em nada mais que isso, sonhando com ruptura, com ascese, com vida nova, com livros a serem escritos, com recomeço [...]."[4] Parecia que não podia mais, não conseguia mais responder a todas as solicitações que recebia. Mesmo os amigos ou pessoas próximas que têm o pudor de não evocar sua dependência de rapazes insistem que ele se sentia esmagado sob o peso das demandas, das cartas, dos telefonemas. "Ele não sabia dizer não. Quanto mais as coisas o aborreciam, mais se sentia na obrigação de levá-las a cabo", resume Michel Salzedo. A hipótese retrospectiva segundo a qual ele teria se deixado morrer pouco a pouco desde o luto da mãe foi formulada por alguns: ela é ou exageradamente psicológica, ou a fábula necessária para fazer de uma existência uma narrativa bem amarrada. Que a fadiga que ele sente se alimente também do desgosto e tenha todos os traços de uma depressão, é uma possibilidade. Mas Barthes decerto não crê na ideia de um céu onde poderia reencontrar a mãe. Naquele momento, ele não se deixa morrer, mesmo que seu olhar, pelo modo como penetra o de seu amigo Éric Marty, passasse um desespero tal "que era como se ele fosse prisio-

---

[3]. Philippe Sollers, *Femmes* (Paris: Gallimard, 1983), p.133.
[4]. *Ibidem*, p.126.

neiro da morte".[5] Não é porque não apresentamos todos os sinais externos de uma luta obstinada com a doença e com a morte que estamos nos abandonando à eventual trégua que estas nos concederiam. Como Michel Foucault diz a Mathieu Lindon em uma conversa sobre a morte de Barthes, não nos damos conta do esforço que é preciso fazer para sobreviver no hospital: "Deixar-se morrer é o estado neutro da hospitalização".[6] É preciso lutar para sobreviver. "Ele acrescentava, em apoio à sua interpretação, que imaginávamos para Barthes, ao contrário, uma longa velhice feliz, como a de um sábio chinês." Que tenha escolhido abandonar-se porém, é o sentimento de Julia Kristeva, que em seu romance *Les Samouraïs* coloca-se em cena com o nome de Olga e dá a Roland Barthes o de Armand Bréhal. E Julia Kristeva pensa assim ainda hoje. O amigo que tivera com ela uma relação tão forte, que a admirara tanto, que presidira a banca de sua tese, a quem ela acompanhara à China em 1974, este amigo não conversa mais com ela. Volta a pensar em sua voz. Seus olhos pareciam dizer o abandono, e seus gestos, o adeus. "Nada mais convincente que a recusa de viver quando é expressa sem histeria: nenhuma demanda de amor, simplesmente rejeição madura, nem mesmo filosófica, mas animal e definitiva, da existência. Sentimo-nos fracos por nos aferrarmos à agitação chamada 'vida' que o moribundo abandona com tanta indiferença. Olga amava demais Armand, não compreendia o que o impelia a ir-se com tanta firmeza doce e indiscutível, mas ele vencia em seu abandono, em sua não resistência fortalecida. Ela lhe diz assim mesmo que o adorava, que lhe devia seu primeiro trabalho em Paris, que ele a havia ensinado a ler, que eles viajariam de novo, quem sabe para o Japão, ou para a Índia, ou para a costa do Atlântico, é formidável para os pulmões, o vento da ilha, e Armand ficará no jardim com os gerânios."[7] A ausên-

---

5. Éric Marty, *Roland Barthes, le métier d'écrire* (Paris: Seuil, 2006), p.102. Col. Fiction & Cie [ed. bras.: *Roland Barthes, o ofício de escrever: ensaio*, trad. de Daniela Cerdeira (Rio de Janeiro: Difel, 2009), p.116].
6. Mathieu Lindon, *Ce qu'aimer veut dire* (Paris: POL, 2011), p.242 [ed. bras.: *O que amar quer dizer*, trad. de Marília Garcia (São Paulo: Cosac Naif, 2014)].
7. Julia Kristeva, *Les Samouraïs* (Paris: Gallimard, 1990), p.405. Col. Folio. É muito emocionante hoje ler, em paralelo, as narrativas cruzadas da morte de Barthes em *Femmes* e nesse romance de Kristeva. Os pseudônimos não são idênticos. Mas Werth e Bréhal são duas imagens sensíveis do mesmo homem, frutos da afeição e da personalidade dos autores que as compõem. Mais ambígua em Sollers, mais atraente e frágil em Kristeva.

cia de ar, a aspiração na morte é também o que evoca Denis Roche em sua belíssima "Carta a Roland Barthes sobre a desaparição dos vagalumes": "[...] a primeira coisa que ouço dizer é que você caiu de bruços e que seu rosto não é mais do que uma ferida; um amigo em comum me relata as visitas ao hospital e diz que não suportava seu gesto em direção aos tubos pelos quais a vida ainda lhe chegava e que você parecia dizer 'desliguemos pois não vale mais a pena'".[8] Como Franco Fortini no mesmo momento, Denis Roche pensa na morte de Pasolini, sobre a qual Barthes, alguns meses antes, quisera escrever um romance: "Romance dos justiceiros. Ideia de começar por uma espécie de homicídio ritual (exorcizar a violência 'de uma vez por todas': busca do assassino de Pasolini (liberado, creio eu)".[9] Para Roche é inevitável pensar na dimensão pasoliniana dessa morte, na qual mergulhamos "no brilho sombrio do sexo *enfim encontrado* da morte". Ele a associa à fotografia, lembrando que A *câmara clara* contém apenas retratos *de frente*; associa-a ao aparecimento-desaparecimento dos vagalumes, numa noite de julho na Toscana: luz-extinção... luz-extinção... luz-extinção...

No texto que datilografava no dia do acidente, Barthes evocava um sonho acordado que tivera havia pouco no cais cinzento, sujo e crepuscular, na estação de Milão. Tinha sido em janeiro, apenas um mês antes, por ocasião da entrega de um prêmio a Michelangelo Antonioni. Em 27 de janeiro, Dominique Noguez havia ido buscá-lo na estação e o conduzira ao hotel Carlton ("decoração nova e asséptica de palácio americano, imenso e vazio: Tati + Antonioni [...] — aliás, Antonioni também está hospedado lá").[10] Noguez evoca em seu diário "o verdadeiro amante das cidades — das cidades à noite —, como se procurasse se situar, apreciar os favores que estas lhe prestarão, preparar — quem sabe? — a escapada que iniciará logo que o tenhamos deixado só". Mas Barthes persistia em seu sonho de grande partida. Quando da baldeação que precisara fazer para che-

---

8. Denis Roche, "Carta a Roland Barthes sobre a desaparição dos vagalumes", in *La Disparition des lucioles* (Paris: Éditions de l'Étoile, 1982), p.157.
9. BNF, NAF 28630, grande fichário, 26 de setembro de 1979. Na homenagem que presta a Roland Barthes em junho de 1981, com o título "Lezione di crepusculo", Franco Fortini evoca as ligações extraordinárias, segundo ele, que existem entre Barthes e Pasolini. In *Insistenze* (Milão: Garzanti, 1985).
10. Dominique Noguez, "Roland Barthes à Bologne en janvier 1980 (extraits de Journal)", inéditos gentilmente cedidos pelo autor.

gar a Bolonha, vira um trem que partia em direção ao extremo sul, na região de Pouilles. Pôde ler, em cada vagão, a inscrição Milão--Lecce. "Tomar esse trem, viajar a noite toda e encontrar-me ao amanhecer, na luz, na doçura, na calma de uma cidade extrema."[11] Essa imagem da grande viagem que revela o que há no fim do túnel não é somente o fantasma de uma morte. É também a transição do crisalho à luz que poderia figurar a passagem de uma vida morna e medíocre a uma vida transfigurada, à *vita nova*, à vida-obra. Ela imprime um movimento inverso ao dos vagalumes: extinção-luz... extinção-luz... extinção-luz... e assim remete ao que, em homenagem póstuma ao amigo perdido, diz Denis Roche sobre a fotografia: corte na frase única, pequena solução de continuidade, evitando recorrer à grande cesura que é a morte; as fotos "como postilhões da memória, um leve bombardeamento aéreo que precede cada um de nós no curso da frase infinita, além da morte dos outros (a morte de Pasolini remete à sua própria morte, a de Pound à minha, indicando antecipadamente a data de uma outra indicação de seu túmulo), leve bombardeamento úmido retomado indefinidamente na moldura inacabada das fisionomias amadas, *de frente*, obcecado por sua boca sobreimpressa nas outras, com a umidade que está nela, decompondo-se sobre si mesma para sempre na umidade mais geral do túmulo".[12] Cai-se de cara, fotografam-se sujeitos de frente, mas não se poderia olhar tão bem a morte de frente.

Barthes morre em 26 de março de 1980, às 13h40, no hospital Pitié-Salpêtrière, bem perto da estação Austerlitz. Os médicos não consideram o acidente a causa imediata da morte, provocada por complicações pulmonares "numa pessoa particularmente desfavorecida por um estado de insuficiência respiratória crônica", o que explica por que em 17 de abril o Ministério Público de Paris decide não processar o motorista da caminhonete. Barthes não respira mais. Sua vida para. Ele se apaga. Seu corpo é acomodado num caixão dois dias depois e exibido a uma centena de amigos, estudantes, personalidades, por ocasião de uma cerimônia rápida que ocorre no pátio do necrotério. "O grupo atônito ao qual me juntei", conta Italo

---

11. "On échoue toujours à parler de ce qu'on aime", *op.cit.*, p.916 [ed. bras.: "Malogramos sempre ao falar do que amamos", *op.cit.*, p.370].
12. Denis Roche, *La Disparition des lucioles*, *op.cit.*, p.164. Grifo meu.

Calvino, "era formado em grande parte por jovens (no meio deles, poucas figuras famosas; reconheci a calva de Foucault). A placa do pavilhão não trazia a denominação acadêmica de 'anfiteatro', mas a de 'Salle de reconnaissances'."[13] Não se aspira sequer à imitação laica do ritual religioso, que consiste em ler textos ou prestar homenagens gloriosas e emocionadas ao defunto. Alguns olham o corpo e o acham muito pequeno. Outros tomam brevemente a palavra, como Michel Chodkiewicz,[14] que sucedeu a Paul Flamand na direção da editora Seuil em 1979. Lá estão Michel e Rachel Salzedo, Philippe Rebeyrol e Philippe Sollers, Italo Calvino e Michel Foucault, Algirdas Greimas e Julia Kristeva, François Wahl e Severo Sarduy, André Téchiné, que tinha dado a Barthes o (pequeno) papel de William Thackeray em seu filme sobre *As irmãs Brontë* em 1978, e Violette Morin, os amigos da rua Nicolas-Houël, onde Barthes passou tantos fins de tarde e que se encontra bem em frente à estação Austerlitz. Alguns, em seguida, pegam o trem para Urt, onde ele deve ser enterrado. É o caso de Éric Marty, que evoca essa estranha viagem daqueles que tomam um trem porque o amaram. "De lá, lembro apenas a chuva intensa, louca, violenta, e do vento glacial que nos envolveu. Nós, apertados uns aos outros, como uma tropa cercada, e o espetáculo imemorial do caixão que descia para dentro da cova."[15]

As homenagens se multiplicam. O jornal *Le Monde* publica várias delas. Alguns dias depois, Susan Sontag divulga na *New York Review of Books* um texto muito bonito sobre a relação do escritor com a alegria e a tristeza, e a leitura como forma de felicidade. Aquele do qual não se podia adivinhar a idade, em geral acompanhado de pessoas muito mais jovens sem tentar parecer jovem, estava "em harmonia com uma vida que apresentava desvios cronológicos". Seu corpo parecia saber o que era repouso. E sempre de sua pessoa emanava

---

13. Italo Calvino, "En mémoire de Roland Barthes", in *La Machine littérature* (Paris: Seuil, 1984), p.245 [ed. bras.: "Em memória de Roland Barthes", in *Coleção de areia*, trad. de Maurício Santana Dias (São Paulo: Companhia das Letras, 2010), p.83].
14. Diretor das revistas *La Recherche* e *L'Histoire*, Michel Chodkiewicz, arabista convertido ao islã, professor na Escola Prática de Estudos Avançados, onde ensinava o sufismo e a mítica muçulmana, dirigia na editora Seuil a coleção Microcosme. Tinha a reputação de ser um leitor extremamente exigente e um empreendedor enérgico. Ver Jean Lacouture, *Paul Flamand, éditeur. La grande aventure des Éditions du Seuil* (Paris: Les Arènes, 2010).
15. Éric Marty, *Roland Barthes, le métier d'écrire*, op.cit., p.105 [ed. bras.: *Roland Barthes, o ofício de escrever*, op.cit., p.119].

algo um pouco oculto, um pouco patético, "que nos torna hoje mais violenta sua morte prematura e dilacerante".[16] Como o fará mais tarde Kristeva, Jean Roudaut, em *La Nouvelle Revue Française*, evoca a voz de Barthes, o ritmo de suas frases, sua maneira de dispor das teclas brancas e das pretas, seu amor pela música que o grão de sua voz repercutia. Roudaut evoca seu modo de fumar pequenos charutos Partagas. Fala, sobretudo, de suas oscilações a respeito da vida e da obra. "Não lhe importava ser conhecido; mas, por meio daquilo que o tornava conhecido, ser *reconhecido*. E o que persiste de mais grave em seus textos é o modo pelo qual o vivido faz tremer uma teoria: uma voz busca seu corpo, antes de se introduzir, tardiamente, no *eu* comovente dos últimos livros. Se escrevemos para sermos amados, é preciso que a escritura seja a imagem daquilo que somos; que haja vestígio nela dessa falta, desse lugar vazio onde, entretanto, se origina o apelo ao outro."[17] Barthes ou as ambiguidades: onde estava ele quando estava presente? O que será na sua ausência? A morte revela aos outros fragmentos inteiros de vazio ou de falta que a vida escolhida e mostrada não dissimula mais. Essa voz, que buscava um corpo, de que modo ainda vai ressoar? Várias pessoas reúnem num mesmo exercício a homenagem a Barthes e o exame crítico de *A câmara clara*, em particular Calvino. A fixidez da fisionomia é a morte, daí a resistência a se deixar fotografar. O livro se torna um texto premonitório, marcado pela aspiração em direção à morte. Se a interpretação parece um pouco circunstancial e, assim, sujeita à caução, no entanto revela um lado de uma verdade em que *A câmara clara* desempenha um papel. A solidão interior se duplica naquele momento em um isolamento social, no sentimento de isolamento. O sucesso gigantesco de *Fragmentos de um discurso amoroso* e o êxito de seu curso no Collège de France não ficaram sem contrapartida. Abandonado por uma parte dos intelectuais, que no desenvolvimento de sua narrativa autobiográfica e em sua inclinação para o romance e para a

---

16. Susan Sontag, "Je me souviens de Roland Barthes", *New York Review of Books*, 15 de maio de 1980, trad. de Robert Louit; recolhido em *Sous le signe de Saturne* (Paris: Seuil, 1985). Col. Fiction & Cie [ed. bras: *Sob o signo de Saturno*, trad. Ana Maria Capovilla e Albino Polli Jr. (Porto Alegre: LPM, 1986), p.133].
17. Jean Roudaut, "Roland Barthes", *La Nouvelle Revue Française*, n. 329, junho de 1980, pp.103-05 (p.105). A data que figura no fim do artigo é 28 de fevereiro de 1980, o que significa que Roudaut o escreveu alguns dias depois do acidente e um mês antes da morte efetiva de Barthes.

fotografia enxergam compromissos e escolhas que parecem a alguns um pouco mundanas, ele deve sofrer também o distanciamento, e até o desprezo, de parte da crítica não acadêmica. O livro de Burnier e Rambaud, *Le Roland-Barthes sans peine*,[18] o aborrece; a declaração ruidosa da aula, "a língua é fascista", em 1977, contribuiu para apequenar sua imagem junto aos filósofos ou teóricos militantes, que o reprovam por ceder às sereias da moda, denunciando também sua indiferença e talvez, simplesmente, sua diferença. Sobretudo, seu último livro, *A câmara clara*, no qual revelou tanto de si mesmo, que é o túmulo desenhado para sua mãe e no qual ele pode se encerrar com ela, recebe uma acolhida moderada. Ainda não levam a sério seu discurso sobre a fotografia. Não lhe dão um estatuto teórico, em todo caso, e não ousam abordar frontalmente sua intenção mais recôndita. A indiferença como resposta a tal exposição é dolorosa — bloqueia em qualquer escritor a vontade de viver. Mesmo que nem todos morram, todos ficam atingidos por ela.

De que morreu Roland Barthes? A questão, como vemos, permanece posta, apesar da aparente evidência do diagnóstico clínico. Jacques Derrida prefere enfatizar a pluralidade das "mortes de Roland Barthes". "A morte se inscreve com o mesmo nome *para* logo se dispersar nele. Para insinuar aí uma sintaxe estranha — em nome de um único responder a vários".[19] E, mais adiante, ele detalha este plural: "As mortes de Roland Barthes: *seus* mortos, aqueles e aquelas, os seus que estão mortos e cuja morte habitou nele, situar lugares ou instâncias graves, túmulos orientados no seu espaço interior (sua mãe para acabar e provavelmente para começar). Suas mortes, aquelas que ele viveu no plural (...), esse pensamento da morte que começa. Escritor vivo, ele escreveu uma morte de Roland Barthes por ele mesmo. E enfim suas mortes, seus textos sobre a morte, tudo o que ele escreveu, com tal insistência no deslocamento, sobre a morte, sobre o tema se quisermos e se ele for da Morte. Do Romance à Fotografia, do *Grau Zero* (1953) a *A câmara clara* (1980), um certo

---

18. Michel-Antoine Burnier e Patrick Rambaud, *Le Roland-Barthes sans peine* (Paris: Balland, 1978).
19. Jacques Derrida, "Les morts de Roland Barthes", *Poétique*, n. 47, setembro de 1981, pp. 272-92; recolhido em *Psyché. Invention de l'autre* [1987] (Paris: Galilée, 1998), pp. 273-304 (p. 273).

pensamento sobre a morte colocou tudo em movimento...".[20] Essa morte em vida está sem dúvida na origem e torna difícil a contemporaneidade. Ou então em fuso horário, como sugere Derrida, que diz ter conhecido Barthes sobretudo em viagem — face a face, no trem para Lille, ou lado a lado, com o corredor entre os dois, no avião para Baltimore. Essa contemporaneidade heterogênea é também aquela que se dá a ler em Proust, na legenda de algumas fotografias ou no último curso. "Sou apenas o contemporâneo imaginário de meu próprio presente: contemporâneo de suas linguagens, de suas utopias, de seus sistemas (isto é, de suas ficções), em suma, de sua mitologia ou de sua filosofia, mas não de sua história, da qual só habito o reflexo dançante: *fantasmagórico*."[21] Algo da morte invadia sua vida e o impelia a escrever. Algo da morte da obra se inscrevera nos últimos instantes do curso. Em 23 de fevereiro de 1980, Barthes tinha se resignado a não fazer coincidir o fim do curso com a publicação real da Obra, cujo encaminhamento seguira com os estudantes. "Infelizmente, no que me concerne, isso está fora de questão: não posso tirar nenhuma Obra de meu chapéu e, com certeza, não aquele *Romance* cuja *Preparação* eu quis analisar."[22] E ele reconhece em seguida, nas notas escritas em novembro de 1979, que, tendo sido profundamente modificado seu desejo de mundo pela morte de sua mãe, ele não tem mais tanta certeza de que continuará escrevendo. Georges Raillard conta que alguns dias antes o levara à Polytechnique para que interviesse em um dos cursos que ele então ministrava. Naquela tarde, acompanhando-o de volta pela rua Servandoni, ele lhe faz uma pergunta, banal, enfim, entre dois professores:

— Que curso você dará no próximo ano?
— Mostrarei as fotos de minha mãe e me calarei.

Um ano antes, em 15 de janeiro de 1979, ele chamara de "banal e singular" uma anotação de sua "Crônica" no *Le Nouvel Observateur*: "Um carro louco desgovernado bate contra um muro, na marginal Leste: é (infelizmente!) banal. Nem a causa do acidente, nem os cinco ocupantes, todos jovens, mortos ou quase, podem ser identificados: é singular. Essa singularidade é a de uma morte, se

---

20. Ibidem, pp.290-91.
21. OC IV, p.638 [ed. bras.: *Roland Barthes por Roland Barthes*, p.72].
22. *La Préparation du roman I et II*, p.377 [ed. bras.: *A preparação do romance*, vol. II, p.348].

ousamos dizer, perfeita, naquilo que ela frustra duas vezes o que pode acalmar o horror de morrer: saber quem e do quê. Tudo se fecha, não sobre o nada, mas pior: sobre a *nulidade*. Daí se compreende a espécie de colmatagem feroz que a sociedade elabora ao redor da morte: anais, crônicas, uma história, tudo o que pode nomear e explicar, fornecer assunto à lembrança e ao sentido. Inferno tão generoso quanto o de Dante, onde os mortos são chamados por seus nomes e comentados segundo seus erros".[23] A morte não demanda apenas uma crônica, ela pede uma narrativa.

A morte é, com efeito, o único acontecimento que resiste à autobiografia. Ela justifica o gesto biográfico, visto que é um outro que deve se encarregar dela. Se o enunciado "eu nasci" é autobiográfico apenas no segundo grau, porque nossa existência o atesta, porque há documentos de identidade, porque nos contaram que isso se passara e como, contudo, é possível dizer "nasci", "nasci em", "nasci de", "nasci por". Não é possível dizer "morri em", "morri de", "morri por". Alguém deve dizê-lo em nosso lugar. Se "eu nasci" só é autobiográfico de modo oblíquo ou mediado, "eu morri" constitui o limite impossível de qualquer enunciação, pois a morte não se diz nunca na primeira pessoa. Barthes era fascinado por todas as ficções capazes de frustrar essa impossibilidade: daí sua obsessão pelo conto de Edgar Allan Poe, *A verdade sobre o caso do sr. Valdemar*, cuja personagem epônima declara no fim "estou morto": "[...] a conotação da palavra (*estou morto*) é de uma riqueza inesgotável. Certamente, existem numerosas narrativas míticas nas quais a morte fala, mas é para dizer: 'estou vivo'. Há, aqui, um verdadeiro *hapax* da gramática narrativa, encenação da *palavra impossível enquanto palavra: estou morto*".[24] No caso dessa morte sob hipnose, a voz que se faz ouvir é a voz íntima, a voz profunda, a voz do Outro.[25] A razão (ou a desrazão) biográfica encontra-se sem dúvida aí, ao ser assumida pelo Outro, a terceira pessoa, da narrativa da morte. É o que também fascina Barthes em

---

23. OC V, pp.634-35.
24. "Analyse textuelle d'un conte d'Edgar Poe", in *Sémiotique narrative et textuelle* (Paris: Larousse, 1973) (OC IV, pp.434-35).
25. Barthes a evoca na intervenção que fez em Strasbourg em 1972 no Grupo de Pesquisas sobre as Teorias do Signo e do Texto de Philippe Lacoue-Labarthe e Jean-Luc Nancy (OC IV, p.141); o pesadelo da morte que fala é também relacionado com as pinturas de Bernard Réquichot (OC IV, p.378) e em *Le Plaisir du texte* (OC IV, p.245).

Chateaubriand e em seu *Vida de Rancé*: que tenham ambos, autor e personagem, trabalhado a vida posterior, o primeiro porque sente, no curso de sua longa velhice, a vida abandoná-lo; o segundo porque abandona a vida porque quer: "[...] pois quem abandona voluntariamente o mundo pode confundir-se sem dificuldade com aquele que o mundo abandona: o sonho, sem o qual não haveria escrita, abole qualquer distinção entre as vozes ativa e passiva: o abandonador e o abandonado aqui não são senão o mesmo homem, Chateaubriand pode ser Rancé".[26] Esse estado de morte sem nada, no qual não somos mais que o tempo, é experimentado bem cedo, em duas vertentes que Barthes conhece, ambas, muito jovem: o tédio, e a lembrança que oferece à existência um sistema completo de representações. Elas protegem da angústia da morte contra a qual a escritura luta incansavelmente. Um fragmento do diário de Urt de 1977 tem o título "O fictício não morre". A literatura está aí para proteger-nos da morte real. "Em toda personagem (ou toda pessoa) *histórica* (que realmente viveu), vejo imediatamente apenas isto: que ela morreu, que foi atingida pela morte real, e isso me é sempre cruel (um sentimento difícil de dizer, porque de perturbação diante da morte). Uma personagem fictícia, ao contrário, eu posso consumar com euforia, precisamente porque, não tendo realmente vivido, ela não pode realmente estar morta. Não se deve sobretudo dizer que ela é imortal, porque a imortalidade permanece prisioneira do paradigma, ela é apenas o contrário da morte, não desfaz seu sentido, sua ruptura; é melhor dizer: não tocada pela morte."[27] Às vezes, porém, mesmo com a literatura a ruptura se produz. São os momentos em que a morte de uma personagem permite a expressão do amor mais vivo que pode existir entre dois seres: a morte do príncipe Bolkónski, quando fala com sua filha Maria em *Guerra e paz*; a morte da avó para o narrador de *Em busca do tempo perdido*. "De repente a literatura (pois é dela que se trata) coincide absolutamente com o

---

26. "Chateaubriand: *Vie de Rancé*", prefácio, 1965, in *Nouveaux essais critiques* (Paris: Seuil, 1972) (OC IV, p.56) [ed. bras.: "Chateaubriand: 'Vida de Rancé'", in *O grau zero da escrita* seguido de *Novos ensaios críticos*, trad. de Mário Laranjeira (São Paulo: Martins Fontes, 2004), pp.127-28].
27. BNF, NAF 28630, Fundo Roland Barthes, "Délibération", diário de Urt, 13 de julho de 1977.

dilaceramento emotivo, um 'grito'."[28] Ela faz do *pathos*, em geral tão depreciado, uma força de leitura; diz a verdade nua daquilo com o qual ela consola.

A morte conduz à escritura e justifica a narrativa da vida. Ela começa e recomeça o passado, faz emergirem formas e figuras novas. É porque alguém morre que começamos a contar sua vida. A morte recapitula e congrega. Razão pela qual comecei esta Vida por sua narrativa. Se rompe com a vida, e de certa maneira a ela se opõe, a morte é ao mesmo tempo idêntica à vida como narrativa. As duas são o resto de alguém, o resto que é ao mesmo tempo um suplemento e que não substitui. "Todos aqueles que amaram um morto sobrevivem à ferida aberta por seu desaparecimento, mantendo-o presente, vivo. A recordação, então, toma o lugar de um tempo onipresente; o passado cortado e o futuro impossível se confundem na intensidade de uma permanência na qual o eu, que se lembra, se afirma no, através e à custa do desaparecido."[29] Essas palavras de Julia Kristeva, escritas ainda durante o luto de Roland Barthes, dizem a que ponto esta narrativa de vida é indevida: ela não é um dever de memória, mas uma imposição da sobrevida. Ocupa o lugar vazio deixado pelo desaparecimento. Em muitos aspectos, esse limite de qualquer biografia se encontra mais aumentado com Barthes. Ele é aquele que desencoraja o empreendimento biográfico por razões que ele mesmo instituiu e por outras certamente relacionadas a ele, mas que se impõem quase contra sua vontade. Pois a morte de um escritor não faz parte de sua vida. Morre-se porque se tem um corpo, ao passo que só se escreve para suspender o corpo, relaxar sua pressão, diminuir seu peso, reduzir o mal-estar que ele provoca. Como escreve Michel Schneider em *Morts imaginaires*: "É preciso, portanto, ler os livros que esses escritores escreveram: é neles que sua morte é contada. Um escritor é alguém que passa a vida a morrer, nas frases longas e nas palavras curtas".[30] A morte de um escritor não é verdadeiramente a sequência lógica de sua existência.

---

28. "Longtemps, je ne suis couché de bonne heure", conferência no Collège de France, 19 de outubro de 1978 (OC v, p.468) [ed. bras.: "Durante muito tempo, fui dormir cedo", in *O rumor da língua*, p.360].
29. Julia Kristeva, "La voix de Barthes", *Communications*, n. 36, 1982, pp.119-23 (p.119).
30. Michel Schneider, *Morts imaginaires* (Paris: Grasset, 2003), p.17 [ed. bras.: *Mortes imaginárias*, trad. de Fernando dos Santos (São Paulo: A Girafa, 2005), p.13]

Ela não se confunde com "a morte do autor". Mas a morte de um escritor torna possíveis a vida do autor e o exame dos sinais da morte dispostos em sua obra. Nem morte-sono, "em que o imóvel escapa à transmutação", nem morte-sol, cuja virtude reveladora "faz aparecer o sentido de uma existência", segundo a distinção operada em *Michelet*:[31] a morte está na origem de toda nova entrada.

---

31. *Michelet,* OC I, p.352 [ed. bras.: *Michelet,* trad. de Paulo Neves (São Paulo: Companhia das Letras, 1991), p.77].

introdução

A VOZ

O que não morre, de Roland Barthes, é sua voz. É um fenômeno estranho, pois não há nada mais temporário que uma voz. Basta escutar gravações do passado para nos darmos conta disso. Uma voz sai de moda depressa, ela "data" o corpo que fala. Gide nota isso a seu próprio respeito em seu *Diário*: "O mais frágil de mim, e o que mais envelheceu, é minha voz".[1] Ora, quando ouvimos Barthes se exprimir, temos o sentimento muito vivo de uma presença atual. Sua voz não sai da moda. Escutar as gravações de seus cursos no Collège de France, os numerosos programas de rádio e televisão dos quais participou, insere o ouvinte num ambiente familiar. O timbre grave e doce envolve o discurso, lhe dá inflexões musicais. O "grão da voz" — sobre o qual Barthes teorizou não por acaso, mas porque sabia que o seu tinha propriedades sensíveis — testemunha um passado duradouro, capaz de agir no presente, de uma memória continuada, de uma lembrança antecipada. O que marca os seres com um sinal perecível e transitório, nele é um signo contrário, garantindo uma forma de sobrevida; que decerto também tem a ver com o que ele diz quando fala. O propósito, e não só a voz, unindo o geral para todos e o verdadeiro para cada um, continua a comover e a convencer hoje. É assim que a voz conta, retirando o verdadeiro de várias fontes, até contraditórias: a inteligência e a sensibilidade, valores antigos e palavras de ordem atuais. Essa atitude implica riscos, em geral confere ao sujeito um sentimento de impostura. Barthes sente isso durante toda a vida: pertencer a vários tempos e a vários lugares faz do sujeito um ser sem lugar, sempre em movimento.

---

1. André Gide, *Journal*, 12 de julho de 1942 (Paris: Gallimard, 1997), t. II, p.823. Col. Pléiade.

Escutando certa vez um apresentador encerrar um programa sobre ele, "E agora passemos às crianças, acabou o século XIX", Barthes anota logo depois numa ficha: "Sim, sou do século XIX. E liga-se a isso toda minha excessiva sensibilidade (que não se vê nunca), minha homologia com os romances desse século, meu gosto por sua língua literária. O que faz com que eu seja visto num paradigma atroz: de um lado 'eu' (o eu interior, inexprimível), o imaginário afetivo, os medos, as emoções, o amor, a fé inflexível numa ética da delicadeza, da doçura, da ternura, a consciência dilacerante de que essa ética é insolúvel, apórica (o que quereria dizer fazer 'triunfar' a doçura?), e, por outro lado, o mundo, a política, a notoriedade, as agressões, os boatos, a modernidade, o século XX, as vanguardas, minha 'obra', em suma, e mesmo certos lados, certas práticas de meus amigos → condenado a uma obra 'hipócrita' (tema da impostura) ou à destruição dessa obra (daí o espaço de manobra desesperada tentada nos últimos livros)".[2] Entre dois séculos, entre duas postulações — o ego e o mundo —, entre o pessoal e o político, Barthes se sente indeciso; contraditório como sua voz. É o que dá à sua obra o poder de prefiguração. A vanguarda e a revolta desfiguram; o passado volta a figurar e a atualidade configura. A postura indecisa e paradoxal não aceita gestos nítidos. Ela suscita, ao contrário, um mal-estar, um modo de ser inadaptado que leva à busca

---

2. BNF, NAF 28630, Fundo Roland Barthes, "Délibération", sexta-feira, 22 de julho de 1977, diário de Urt, em grande parte inédito; trechos foram publicados em *Tel Quel* em 1979 (OC V, pp.668-81) [ed. bras.: "Deliberação" (publicação de *Tel Quel*, 1979), in *O rumor da língua*, pp.445-62].

de soluções inéditas para existir assim mesmo, para ser de seu tempo, apesar de tudo. Essa procura, que às vezes toma formas tão impetuosas que fazem pesar sobre Barthes a acusação de oportunismo ou versatilidade, define a condição de precursor, daquele que corre na frente. Literalmente, ele se lança antes das modas, das propostas, dos movimentos. Mais abstratamente, ele abre assim a via para pensar uma nova ordem do mundo e dos saberes. O fim do livro, a extensão da esfera do biográfico, o fragmento, a retirada da argumentação lógica, o hipertexto, a nova mecanografia da memória: eis algumas das questões sobre as quais Barthes pensou e que hoje fazem de sua obra um campo de exploração para nós. Como todos os grandes pensadores, seu poder de antecipação é tão grande quanto a marca que ele deixou em sua época: se o lemos ainda hoje é porque ele conduziu sua crítica para novas direções.

A voz, em Barthes, constitui um traço biográfico constante. Ela reúne todas as pessoas que o conheceram num grupo unânime a reconhecer que ele tinha uma "bela voz". Sua voz tornou-se sua marca, seu monograma. Esse signo apresenta a vantagem de conter a ausência e a presença, o corpo e o discurso. Resume a ressonância prolongada de um pensamento crítico para nosso tempo. Para Barthes, enfim, tudo é questão de justeza e timbre. Ele não pode se satisfazer em estar em desacordo com seu tempo, o que produziria a dissonância. Uma coisa é gostar do século XIX e dos clássicos, reconhecer-se sentimental e romântico; outra é ser sensível às linguagens atuais, mostrando que elas não acolhem mais, ou acolhem mal, esses afetos passados. Todo o sentido do empreendimento intelectual de Roland Barthes, toda a dramaturgia de seu percurso, mantém essa maneira de estar à escuta das linguagens da época, de sua diferença, das exclusões que elas instituem. Não se trata, no entanto, de renunciar a gostar do que gostamos do passado, seja reativando sua força de modernidade, sua vida ainda viva, seja se condenando a certa solidão. Sempre a mesma oscilação entre afirmação e retirada, agressividade e doçura. No dia 21 de setembro de 1979, fazendo uma revisão de seu itinerário, Barthes constata: "O único problema de minha vida ativa, intelectual, foi fazer se unirem a invenção intelectual (sua ebulição), a coerção do moderno etc., e os valores maternos, que devem aí se imprimir como pontos de capitonê".[3] Esse problema define seu lugar à parte, de modo pleno em seu tempo e no

---

3. BNF, NAF 28630, Fundo Roland Barthes, grande fichário, 21 de setembro de 1979.

sentimento de estar sempre um pouco afastado. O paradoxo de uma solidão engajada explica também por que Barthes subverteu a instituição do saber. Esse aporte considerável é para Foucault o que legitima seu estatuto de precursor: "Ele foi certamente aquele que mais nos ajudou a sacudir certa forma de saber acadêmico que era não saber. [...] Creio que é alguém que foi muito importante para compreender os abalos que ocorreram há dez anos. *Ele foi o maior precursor*".[4]

"VIDA"

Não é necessário produzir uma narrativa de vida para dar a conhecer o programa e o aporte intelectuais de Roland Barthes, e podemos nos indagar sobre a necessidade de escrever uma nova biografia. Entre as primeiras razões que tornam difícil a narrativa de sua vida, há o sentimento de que não ensinaremos grande coisa hoje ao contá-la. O gigantesco trabalho editorial dos inéditos que Éric Marty empreendeu a partir do começo dos anos 1990 aumentou consideravelmente a espessura autobiográfica da obra barthesiana. Com *A preparação do romance, Diário de luto* e *Le lexique de l'auteur,* são múltiplas facetas de sua vida que se esclareceram. E se a razão biográfica maior aparece no gesto de eliminar o obscuro, encontrar o que falta e revelar o escondido, que sentido há em fazê-lo para um autor que procurou progressivamente ganhar em clareza? A leitura do imenso fichário e a análise das agendas e das cadernetas permitem dizer, hoje, que, no que concerne ao período em que Barthes se torna Barthes, cada momento da existência está esclarecido. Com um autor que visou a clareza e o fez sem a ilusão da síntese nem da narrativa continuada, como trazer à tona a lacuna e o fragmento que estão lá na origem como as formas adequadas? Três soluções são igualmente imperfeitas e decepcionantes. A primeira, que consiste em exagerar os detalhes, corrigir as narrativas, retificar os fatos, é inutilmente concorrente. Ela poderia mostrar que em certos pontos da obra o autor fez de sua vida uma lenda, e que em outros ele ocultou grandes trechos. Mas nunca essa narrativa se imporia *contra* a obra, já que também a vida, se não é sempre o que se diz dela, continua sendo o que fizemos dela. O método do reboco tampouco é satisfatório. A prosa biográfica, ao

---

4. Michel Foucault, *Radioscopie*. Entrevista com Jacques Chancel, France Inter, 10 de março de 1975. Grifo meu.

reinfundir a duração contínua entre os fragmentos de fatos, emoções ou textos, contraria a verdade íntima da vida, feita frequentemente de momentos justapostos, atravessada por acontecimentos, pequenas e grandes rupturas, esquecimentos. A explicação da vida pela obra tampouco é uma solução. Ela nivela duas realidades heterogêneas, esquecendo-se de mostrar que ambas podem concorrer entre si, podem se chocar e, às vezes, se destruir. Se a leitura biográfica se justifica e pode trazer resultados significativos, ela não seria suficiente para compreender o encontro, por vezes conflituoso, entre viver e escrever na existência de um escritor e de um intelectual.

Não poderemos, por certo, nos afastar de todo desses três gestos, e nosso trabalho também manterá esses métodos e terá seus defeitos; tentaremos, porém, deixar viva essa clareza própria do itinerário e da obra, indicar como ela surge, emana e irradia. A narrativa se fará sob o signo dos esquecimentos e das faltas, e a argumentação procurará pensar nas diferenças. É preciso expor a violência da obra, que contrasta terrivelmente com a doçura da pessoa (todos os testemunhos, sem exceção, concordam nesse ponto) e com a relativa insignificância da vida. A vida de Barthes não é um romance de aventuras, nem sequer é exemplar naquilo que comportaria de generalidade ou de normalidade, que poderia dar à biografia um valor sociológico ou cultural. Como escrever uma vida que se ocupou apenas em escrever? O que resta que não tenha sido esboçado nos textos e que tipo de revelação temos o direito de esperar? A primeira é sem dúvida esta: a vida de um escritor se compreende pelas faltas que lhe são subjacentes.

Uma dificuldade está ligada à relação ambivalente do próprio Barthes com a biografia, que ele enuncia com veemência no prefácio da entrevista a Jean Thibaudeau: "Toda biografia é um romance que não ousa dizer seu nome".[5] Não é como se ele sempre a tivesse menosprezado, ou como se, à maneira de Bourdieu, tivesse denunciado sua ilusão.[6] Ele renuncia, sim, "ao indivíduo Racine", todavia faz dos autores (como Michelet, Racine e Sade) lugares de experimentação e de reunião. Ao longo de seus textos ele manifesta um desejo por signos da vida que

---

5. "Réponses", entrevista a Jean Thibaudeau, *Tel Quel*, 1971 (OC III, p.1023).
6. Pierre Bourdieu, "L'illusion biographique", in *Raisons pratiques. Surlathéorie de l'action* (Paris: Seuil, 1994). O que este artigo denuncia é a ideia de historicidade do sujeito marcada pelo *continuum* e pela linearidade: "Falar da história de vida é pressupor pelo menos, e isso não é nada, que a vida é uma história" (p.81).

determinam em grande parte o apego quase sensual pela literatura. As anotações que, a partir de 1971, com *Sade, Fourier, Loyola,* ele chama de "biografemas", são brilhos de vida, de singularidade, que remetem aos corpos dos sujeitos evocados. Uma pessoa se faz nos detalhes e na sua dispersão, "um pouco como as cinzas que se atiram ao vento após a morte".[7] Esses biografemas definem uma arte da memória à qual se liga uma ética da biografia, bastante evocada pelos comentadores de Barthes: "[...] se eu fosse escritor, já morto, como gostaria que minha vida se reduzisse, pelos cuidados de um biógrafo amigo e desenvolto, a alguns pormenores, a alguns gostos, a algumas inflexões, digamos: 'biografemas', cuja distinção e mobilidade poderiam viajar fora de qualquer destino e vir tocar, à maneira dos átomos epicurianos, algum corpo futuro, prometido à mesma dispersão".[8] Essa frase célebre oferece o programa de uma narrativa de vida que é menos aquele de uma biografia do que o da autobiografia "anamnésica" do *Roland Barthes por Roland Barthes,* no qual a anamnese, diretamente oposta à biografia, é definida como "contramarcha", ou "contradescida": "[...] uma denegação (hostil) da cronologia, da falsa racionalidade da lógico-cronologia, da *ordo naturalis;* é um *ordo artificialis (flashback)*".[9] Tudo se encontra sem ligação, sem traço de união, em estado de resto ou vestígio. Polifônico, aberto ao infinito da recomposição, ele faz de toda narrativa contínua uma forma de "porcaria" (a palavra é empregada em *Sade, Fourier, Loyola* a propósito do *flúmen orationis,* do aspecto fluvial do discurso contínuo): porque ele fixa uma imagem, porque ele esquece que o eu não cessa de se deslocar e de se inventar. Fazendo do autorretrato de Barthes por ele mesmo um texto fetiche, muitos leitores veem na biografia o gesto antibarthesiano por excelência.[10]

À continuidade, Barthes opunha a pesquisa de unidade. Sobre Michelet, ele escreve: "Busquei apenas descrever uma unidade, e não explorar suas raízes na história e na biografia".[11] É, inversamente, pluralizando Barthes que compensaremos o espírito de continui-

---

7. *Sade, Fourier, Loyola,* OC III, p.705 [ed. bras.: *Sade, Fourier, Loyola,* trad. de Mário Laranjeira (São Paulo: Martins Fontes, 2005), p.XVII].
8. *Ibidem,* p.706 [*Ibid*em, p.XVII].
9. *Le lexique de l'auteur,* p.183.
10. Sobre a objeção de princípio a toda biografia de Barthes na França, ver Diana Knight, "L'homme-roman, ou Barthes et la biographie taboue", *French Studies Bulletin,* n. 90, 2004, pp.13-17.
11. *Michelet,* OC I, p.293 [ed. bras.: *Michelet, op.cit.,* 1991, p.9].

dade inerente à narrativa de uma vida, não buscando a homologia entre existência e obra, mas inscrevendo as duas em histórias (aí ainda no plural), contextos, relações, descrevendo diferentes gêneses — os estratos dos arquivos, os depósitos da vida em documentos do real, os motivos e as retomadas da obra. Se os biografemas estão para a biografia o que as fotografias estão para a história, como Barthes parece sugerir em *A câmara clara*,[12] nós os completaremos com *legendas*, com o estabelecimento de redes ou de vínculos e, sobretudo, com o pensamento. O que resta — os acontecimentos, os escritos e os vestígios — é apenas apropriável na escritura, isto é, no movimento de um pensamento.

Outras razões externas poderiam ter desencorajado o gesto biográfico, a começar pela importância dos trabalhos consagrados ao autor, quando era vivo e depois de sua morte, na França e em outros países. É surpreendente que as reservas manifestadas por Barthes em relação à biografia tenham, por sua vez, provocado uma verdadeira paixão por sua vida, da parte de críticos, comentadores e escritores. Até falamos de "rolandismo" para caracterizar essa pulsão de tomar o autor por uma personagem de romance ou contar sua vida. Na belíssima conferência "Durante muito tempo, fui dormir cedo", no Collège de France, em 19 de outubro de 1978, Barthes propõe chamar de "marcelismo" o interesse especial que os leitores manifestam pela vida de Marcel Proust, distinto de um gosto que teriam por seu estilo ou sua obra.[13] Essa aproximação afetuosa do autor passa pela narrativa *desorientada* que ele fez de sua própria vida em sua obra. Do mesmo modo, podemos chamar de "rolandismo" essa relação com um sujeito que volta sem cessar à sua vida como a uma sucessão de figuras. A relação profunda da vida com a escritura, sempre colocada em cena nos livros, conferências e cursos, constitui uma primeira explicação do interesse pela vida de Barthes: como se ele tivesse uma chave, um abre-te-sésamo que permitisse descerrar

---

12. OC V, p.811 [ed. bras.: *A câmara clara*, p.51: "Gosto de certos traços biográficos que, na vida de um escritor, me encantam tanto quanto certas fotografias; chamei esses traços de 'biografemas'; a fotografia tem com a história a mesma relação que o biografema com a biografia"].
13. "Longtemps, je me suis couché de bonne heure", conferência no Collège de France, 19 de outubro de 1978 (OC V, p.465) [ed. bras.: "Durante muito tempo, fui dormir cedo", in *O rumor da língua*, p.356].

várias portas ao mesmo tempo, a de sua própria busca e a do desejo de escrever de cada um. Uma outra razão de fazer de sua vida uma "Vida" talvez advenha do fato de que a existência de Barthes acumula todas as lacunas imagináveis que sempre convidam ao exagero. A falta inicial: a morte do pai; o parêntesis: o sanatório; o oculto: a homossexualidade; o descontínuo: a escritura fragmentária; a falta final: o acidente besta. Esses buracos, essas carências, demandam a narrativa, o preenchimento, a explicação.

Biografias, testemunhos, percursos críticos que também são traçados de existência, romances: são incontáveis os livros que evocam a vida de Barthes. Lançada trinta e cinco anos depois de sua morte, a presente biografia já é a terceira a ser publicada. Em 1990, Louis-Jean Calvet propôs uma primeira "Vida" completa de Roland Barthes.[14] A contemporaneidade do gesto lhe permitia fundar seu estudo em numerosos testemunhos. Assim os meios — familiar, intelectual, dos amigos — são caracterizados de modo detalhado e concreto. Não é o caso de falar de uma biografia intelectual: se a gênese da obra constitui objeto de uma reflexão e de tentativas de explicação, ela não é compreendida como um projeto de pensamento e de escritura. Uma segunda biografia surgiu em 2012, assinada por Marie Gil. A autora toma literalmente a ideia da *vida como um texto*, recorrente sobretudo nos seminários, e relacionada com o diário.[15] A continuidade não é aquela, ingênua, de uma vida em forma de fita que se desenrolaria, mas surge da homogeneidade entre texto e existência factual. Trata-se, assim, nessa perspectiva, de dar à luz a "grafia" de uma vida,[16] botando no mesmo plano a escritura e a vida, constatando "a homogeneidade de todos os materiais [...]: fatos, pensamentos, escritos, e não ditos, silên-

---

[14]. Louis-Jean Calvet, *Roland Barthes (1915-1980)* (Paris: Flammarion, 1990). O texto original em francês também foi traduzido para o alemão (Suhrkamp, 1993) e para o inglês (Indiana University Press, 1994) [ed. bras.: *Roland Barthes*, trad. De Maria Ângela Villela da Costa (São Paulo: Siciliano, 1993)].

[15]. "A vida como texto: isto se tornará banal (já o é talvez), se não o precisamos: é um texto *para produzir*, não *para decifrar*. Já dito pelo menos duas vezes; em 1942: 'Não é o *Diário de Édouard* que se parece com o *Diário de Gide*; ao contrário, muitas enunciações do *Diário de Gide* já têm a autonomia do *Diário de Édouard*' ('Notes sur André Gide et son *Journal*', 1942 [ed. bras.: "Notas sobre André Gide e seu *Diário*", in *Inéditos vol. 2 — Crítica*, p.4]); e em 1966: a obra de Proust não reflete sua vida: é sua vida que é o texto de sua obra ('Les viés parallèles', 1966)." (*Le lexique de l'auteur*, p.324).

[16]. Marie Gil, *Roland Barthes, Au lieu de la vie* (Paris: Flammarion, 2012), p.23.

cios".[17] A essas biografias juntam-se numerosos testemunhos: em 1991, Patrick Mauriès publica uma compilação de memórias, colocando em cena diversos aspectos da personalidade de Barthes, professor e mestre de jovens.[18] Em 2006, Éric Marty lança pela editora Seuil *Roland Barthes, le métier d'écrire*.[19] O livro se apresenta como um ensaio e reúne, de fato, textos de prosa argumentativa, muito esclarecedores, a respeito da noção de obra e do pensamento sobre a imagem. Mas a obra de Barthes é também pensada em seu desenvolvimento e sua continuidade, o que explica sua gênese intelectual. A primeira parte, "Memória de uma amizade", é um testemunho poderoso sobre os últimos anos do autor. Aquele que consagrou numerosos anos ao estabelecimento das obras completas é, hoje, o melhor transmissor de sua vida e de seu pensamento. Nos livros de conversas e de memórias, Tzvetan Todorov e Antoine Compagnon evocam o Barthes que conheceram. Gérard Genette o retrata também em *Bardadrac*, e ele é uma das numerosas personagens secundárias do livro de Mathieu Lindon sobre Foucault, *Ce qu'aimer veut dire*.[20]

Colette Fellous, em *Préparation de la vie*, faz um retrato muito terno (pleno de aromas raros — o perfume da mãe de Barthes, por exemplo — e do grão de sua voz) daquele que permaneceu seu guia desde o dia em que, saindo de um seminário (ela os frequentou de 1971 a 1976), ele lhe ensinou a dizer "eu", a falar em seu próprio nome. "Eu sigo a voz dele", ela escreve, "e sinto de novo o cheiro de Paris, do Bonaparte, do Balzar, da rua do Sabot, da rua Saint-Sulpice, do pequeno chinês da rua de Tournon. Revejo também a prega das pálpebras dele quando buscava uma frase [...]."[21]

Fenômeno talvez ainda mais singular, desde sua morte Barthes é também personagem de numerosíssimos romances.[22] Fato que se explica por um desejo de dar à sua vida uma continuidade, ao mesmo

---

17. *Ibidem*, p.18.
18. Patrick Mauriès, *Roland Barthes* (Paris: Le Promeneur, 1992).
19. *Op.cit.*
20. Tzvetan Todorov, *Devoirs et délices. Une vie de passeur*, entrevistas a Catherine Portevin (Paris: Seuil, 2002) [ed. bras.: *Deveres e deleites*, trad. de Nícia Adan Bonatti (São Paulo: Imprensa Oficial, Editora Unesp, 2019)]. Antoine Compagnon, *Une question de discipline*, entrevistas a Jean-Baptiste Amadieu (Paris: Flammarion, 2013); Gérard Genette, *Bardadrac* (Paris: Seuil, 2006). Col. Fiction & Cie; Mathieu Lindon, *Ce qu'aimer veut dire*, *op.cit.*
21. Colette Fellous, *La Préparation de la vie* (Paris: Gallimard, 2014), pp.44-45.
22. Cf. Nathalie Piégay-Gros, "Roland Barthes, personnage de roman", in *Empreintes de Roland Barthes*, org. de Daniel Bougnoux (Nantes: Cécile Défaut; Paris: INA, 2009), pp.185-202.

tempo contínuo e prolongamento; mas, sem dúvida, igualmente pelo jogo que ele elaborou entre ensaio, fragmento autobiográfico e desejo de romance. O "contato ardente com o romance", que ele apresenta na conferência sobre Proust como o poder de exprimir uma ordem afetiva, o "Tudo isso deve ser considerado como dito por uma personagem de romance", no limiar do *Roland Barthes por Roland Barthes*, a obra-vida, também chamada "terceira-forma", o romanesco como recorte do real, escritura da vida: essas proposições constituem tanto um apelo como um enigma. *Femmes*, de Sollers, em 1983; *Roman roi*, de Renaud Camus, no mesmo ano; *Les Samouraïs*, de Kristeva, em 1990; *El fin de la locura*, de Jorge Volpi, em 2003; a esses podemos acrescentar duas narrativas romanceadas dos últimos dias do autor e de seus primeiros dias, além de um outro sobre um de seus verões,[23] que prolongam o testemunho, acentuam a lenda. Alguns colocam Barthes em cena sob pseudônimos transparentes; outros o fazem personagem com seu nome, introduzindo-o na ficção como personagem histórica ao lado dos seres fictícios. Em todos os casos, esses textos tornam porosas as fronteiras entre biografia romanceada, romance histórico e testemunho.

Mesmo os estudos críticos entrelaçam pensamento, vida e romance, e se apoiam com frequência na retomada de um trajeto intelectual forçado a considerar a narrativa da vida. Desde 1986, o *Roland Barthes, roman*, de Philippe Roger, indica a continuidade do percurso de Barthes, interessando-se pelos textos de juventude e insistindo na onipresença de um grande projeto literário, tornando vão qualquer empreendimento de periodização de sua obra. Em 1991, o livro *Roland Barthes, vers le neutre*, de Bernard Comment, também fundamenta a unidade do assunto sobre a coerência de um projeto, desta vez "a do Neutro, entendido não como um compromisso, uma forma minorada, mas como a tentativa de escapar das obrigações e coerções do logos, do Discurso".[24] Esse retrato de um intelectual que se esforça em abolir a distinção estava destinado a ser um marco.[25] A dimensão projetiva de

---

23. Hervé Algalarrondo, *Les Derniers Jours de Roland Barthes* (Paris: Stock, 2006); Christian Gury, *Les Premiers Jours de Roland Barthes*, precedido de *Barthes en Arcadie* (Paris: Non Lieu, 2012); Jean Esponde, *Roland Barthes, un été (Urt 1978)* (Bordeaux: Confluences, 2009).
24. Bernard Comment, *Roland Barthes, vers le neutre* (Paris: Christian Bourgois, 1991).
25. Foi confirmado pela publicação do curso do Collège de France sobre *Le Neutre* (estabelecido por Thomas Clerc em 2002) e pelo belo artigo do mesmo Thomas Clerc, "Roland le neutre", *Revue des sciences humaines*, n. 268, 4/2002, pp.41-53.

seus textos, sua relação com o fragmentário, com a notação, o gosto pelo fugitivo e o paradoxal tornam essa coerência compatível com a contradição, a hesitação e até a retratação. Fundar seu magistério sobre o fantasma é liberar-se do princípio da não contradição; é levar e levar-se para um redemoinho no qual se terá dificuldade em encontrar morada. Mesmo não produzindo nenhum sistema, nenhum "pensamento forte", Barthes formou seus alunos e leitores para a necessidade de pôr os saberes em tensão, para a depreciação, para uma cultura de afetos, para o encontro do improvável. Finalmente, que eles formulem a hipótese de um Barthes coerente, cuja *démarche* se situa sob o signo de um fio condutor, como Philippe Roger, Bernard Comment, mas também Gérard Genette, Claude Coste, Diana Knight, Marielle Macé ou Vincent Jouve; ou então de um Barthes cortado em dois, renunciando ao grande projeto científico da década de 60 para entrar no ceticismo e egotismo (é o ponto de vista de Tzvetan Todorov); ou ainda de um Barthes *vários*, cujo itinerário é partilhado em momentos sucessivos (Annette Lavers, Stephen Heath, Steven Ungar, Patrizia Lombardo) — todos dizem a complexidade de uma obra inseparável da vida na qual ela se compôs e se escreveu.

Mesmo procurando pensar a diferença entre viver, pensar e escrever, postulamos a unidade do caminho de Barthes em torno do desejo de escrever, que invoca um poder de projeto intelectual e uma erótica (admitindo, aliás, o gosto pela mudança). Mas essa unidade é apoiada em cesuras e ausências que criam efeitos de ruptura ou de reviravolta. Ela também é submetida a fenômenos de discordância que tornam Barthes contemporâneo de vários tempos. Mais próximo do projeto "otobiográfico" de Jacques Derrida e de sua dramaturgia da escuta crítica,[26] esticamos a orelha em direção à voz para entender como seu grão modela também o escrito, mas de maneira descontínua. Dando a ler e a entender numerosos materiais factuais brutos (o imenso fichário, manuscritos inéditos, cartas, anotações de agenda), faremos tremer a obra sob o efeito dos ecos de fora. Em compensação, a obra deslocará a narrativa de vida, esclarecendo-a e obscurecendo-a alternativamente, ora lhe dando uma forma, ora reconduzindo-a ao

---

26. Jacques Derrida, *Otobiographies. L'enseignement de Nietzsche et la politique du nom propre* (Paris: Galilée, 2005) [ed. bras.: *Gramatologia*, trad. de Renato Janine Ribeiro (Sao Paulo: Perspectiva, 2013)].

informe. Algumas palavras servirão de fios condutores: a doçura, a delicadeza, o dilacerante... e o amor materno como guia subterrâneo de todo o itinerário; na outra extremidade, a obsessão pela morte, que leva a escrever, mas também entalha a vida com regularidade. Entre os princípios que orientam nossa narrativa, um outro é voltar a dar ao ritmo e ao movimento da escritura sua dinâmica vital, inscrita na respiração, no corpo, no acaso da existência. Isso implica abandonar a lógica dos livros, por meio da qual costumamos encarar Barthes, para entrar no tempo da produção do pensamento e dos textos. Ele não dá grande importância ao livro como objeto acabado e fechado em si mesmo, exceto por ser ainda, em sua época, importante instrumento para a difusão do pensamento e para o reconhecimento. De certo modo, ele prevê o desaparecimento do livro; ou pelo menos sua relação com a escritura prefigura outras modalidades de expressão das ideias e de divulgação dos textos. A maior parte de seus livros são compilações de artigos publicados vários anos antes em revistas, e, quando são lançados, Barthes costuma estar obcecado por outras questões. Situar-se assim no tempo da escritura permite esclarecer a obra de outro modo, perceber de dentro uma história intelectual, mesmo evidenciando seu poder de reflexão sobre nossa época. O desenvolvimento deste livro segue assim a ordem cronológica; mas, para frustrar os efeitos de falsa evidência, a ordem dos anos é atenuada por outros princípios: paralelos entre Barthes e companheiros importantes de sua existência permitem percorrer pontualmente motivos conforme os encontros, e não somente conforme a ordem dos anos; por vezes textos e fatos são agrupados por temas. Assim, certos anos podem ser evocados duas vezes, em capítulos distintos, mas é sempre para lhes dar um esclarecimento modulado, relevos diferentes.

 Pudemos dispor de um considerável material novo: parte importante da correspondência, o conjunto dos manuscritos e sobretudo o fichário que durante toda a vida Barthes ampliou, conferindo-lhe novas classificações e variados remanejamentos. Esse fichário, iniciado quando ele era estudante como uma reserva bibliográfica, depois lexicográfica, transformou-se no depositário de boa parte de sua existência. Barthes recolhe coisas vistas e ouvidas, impressões de viagem, frases de que gosta, pensamentos e projetos. Nos dois últimos anos de sua vida, o fichário se torna um verdadeiro diário: por isso, para designar o que no acervo Roland Barthes se chama "grand fichier" [grande fichário], empregamos a expressão "fichário-diário", que parece convir à prática híbrida que ele adotava e que é invenção sua. Michel Salzedo, seu irmão, abriu-me as portas do escritório da rua Servandoni e me autorizou a consultar as agendas em que de 1960 até sua morte Barthes registrou uma prática singular e constante. Ele não se servia delas com a finalidade prospectiva de anotar os encontros e as obrigações dos dias seguintes, mas como um "livro de razão", no qual anota os trabalhos que fez e as pessoas que encontrou no dia anterior.[27] Esses volumes, como o fichário, desvendam uma prática de escritura banal e privada apaixonante. E tais documentos, dos quais a maior parte é inédita, fornecem um suporte importante para a narrativa da vida. Por vezes eles podem ser excessivos na medida em que a preocupação de registrar a vida pode tornar vão o trabalho da biografia. Ao mesmo tempo, convidam a procurar outras coisas que não fatos e dar conta das múltiplas esferas — pública, semipública, privada — nas quais se desdobra a escritura.

Não sou contemporânea de Roland Barthes. Tinha onze anos quando ele morreu e ouvi pela primeira vez seu nome seis anos mais tarde num curso de filosofia no qual me pediram para ler *O prazer do texto*. Não segui, pois, seus cursos, e a maior parte de suas experiências me são desconhecidas. Entretanto ele é meu contemporâneo porque sei que lhe devo uma maneira de ler a literatura, uma relação que teço entre crítica e verdade, e a convicção de que o pensamento procede de uma escritura. Contando a história de seus caminhos, existencial, intelectual e literário, quero compreender parte daquilo que me formou e o que tornou essa formação possível. Quando morreu, Barthes sentia ter chegado a uma virada de sua vida, mas não pensava que ela estivesse quase no fim. O imperativo de *vita nova*, tão presente nos últimos seminários e consequência da morte da mãe, implica menos a ideia de um declive que de uma inflexão nova a ser dada aos projetos, uma última vida a ser encontrada. Na sua conferência sobre Proust de 19 de outubro de 1978, ele reflete sobre as grandes rupturas que afetam o "meio da vida": a de Rancé, que abandona o mundo depois de descobrir o corpo decapitado da amante e se retira para a ordem trapista; e a de

---

[27]. Essas agendas estão hoje no acervo Roland Barthes do departamento dos manuscritos da Bibliothèque nationale de France (depósito 2013). Depois de ter sido durante muito tempo conservado e valorizado no IMEC (Institut Mémoires de l'Édition contemporaine, na Abadia de Ardenne, perto de Caen), o conjunto dos arquivos encontra-se depositado na BNF desde 2011, de acordo com o desejo de Michel Salzedo.

Proust, quando perde a mãe. O que justifica, em sua intervenção, a possibilidade de um "Proust e eu", reunindo num mesmo acontecimento o desaparecimento das mães: "Um luto cruel, um luto único e como irredutível, pode constituir para mim este 'cume do particular', de que falava Proust; embora tardio, esse luto será para mim o meio de minha vida; porque o 'meio da vida' talvez nada mais seja do que o momento em que se descobre que a morte é real, e já não apenas temível".[28] Em fevereiro de 2009, no dia em que perdi minha mãe, eu estava lendo o *Diário de luto*. Eu mesma estava me sentindo no meio do caminho. Esse signo bastou para que o trabalho pudesse começar.

---

28. "Longtemps, je me suis couché de bonne heure", *op.cit.*, OC V, p.467 [ed. bras.: "Durante muito tempo, fui dormir cedo", in *O rumor da língua*, pp.358-59].

capítulo 1

NO COMEÇO

Perdidas numa caixa de documentos biográficos e administrativos do acervo dos arquivos Roland Barthes da Biblioteca Nacional da França, sete folhas manuscritas, rasgadas ao meio e depois coladas com fita adesiva, são a redação serena de uma tentativa autobiográfica ou as lembranças ainda vivas de uma memória com brancos, de uma "memória fragmentária", como indica o subtítulo: de acordo com a hipótese de Anne Herschberg-Pierrot, que as publica em *Le Lexique de l'auteur*,[1] pode se tratar de uma primeira versão das "Anamneses", presentes em *Roland Barthes por Roland Barthes*.[2] Mas podemos também considerar que elas são sua forma contrária, antagônica, único esforço jamais manifestado pelo autor de uma narrativa biográfica e ligada a si. A anamnese, que é definida como uma operação dilacerante, marcando a divisão do sujeito, implica de fato uma extirpação contínua. Ela é retirada da narrativa, cortada de alguma maneira e deslocada para fora da cronologia da vida.

> 1915: Nasço, dizem, em 12 de novembro, às nove horas da manhã, em Cherbourg, simples escala da tropa para meu pai, oficial da Marinha mercante, mobilizado como oficial da Marinha de guerra.
> 1916: Meu pai comanda uma traineira (a *Montaigne*) em patrulha no mar do Norte; em 28 de outubro [*sic*], na altura do cabo Gris-Nez, o barco em que ele está é afundado pelos alemães.

---

1. *Le Lexique de l'auteur*, pp.249-57.
2. OC IV, pp.683-85 [ed. bras.: *Roland Barthes por Roland Barthes*, p.123].

1915 [*sic*]-1924: viúva, minha mãe se retira para Bayonne, onde moram meus avós Barthes (meu avô, minha avó e minha tia Alice, professora de piano); [...] Com minha mãe, moramos em Marracq, bairro ainda bastante rural de Bayonne. Todos os domingos vamos almoçar na casa de meus avós: **à tarde, voltamos de bonde, jantamos os dois, junto ao fogo, sopa e pão torrado**; uma jovem basca, Marie Latxague, cuida de mim. Brinco com os pequeno-burgueses do bairro, Jean e Linette de Lignerolles, as crianças Rime, Julien Garance, Jacques Brisoux; vestidos com fantasias, percorremos a pé a campina de Marracq. Tenho um triciclo. Há belas tardes de verão. No templo protestante de Bayonne, no Natal, sente-se o cheiro de vela e tangerina; cantamos "Mon beau sapin"; o harmônio é tocado pela irmã de meu padrinho, **Joseph Nogaret**; de vez em quando ele me dá **um saco de nozes e uma moeda de cinco francos**.

Vou para a escola maternal de Marracq, depois para o liceu de Bayonne, bem próximo; inicialmente no segundo ano (do ensino fundamental) com a senhora Lafont; ela usa *tailleur*, blusa e pele de raposa; ela nos recompensa com uma bala com forma e gosto de framboesa; gostam muito dela. No terceiro ano, o professor é o senhor Arouet; tem uma voz rouca, um pouco com cheiro de vinho; no fim do ano, às vezes ele dá aula no parque do liceu, contíguo ao antigo castelo de Marracq onde Napoleão teve não sei que encontro com não sei que rei da Espanha.

Todo ano minha mãe vai passar um mês em Paris e eu a acompanho; partimos à tarde, **de landau, da casa de Darrigrand** até a estação de Bayonne, depois de ter jogado "anão amarelo" para esperar a hora do trem; chegamos à estação de Orsay, subterrânea. Em Paris, ficamos num apartamento mobiliado, mas passamos muito tempo na casa do **pastor Louis Bertrand, na rua do Avre, em La Motte-Picquet; ele é muito bondoso, fala solenemente, com os olhos fechados;** sua paróquia é um prédio popular muito pobre. Lemos lentamente a Bíblia a cada refeição, a ponto de nos fazer perder o trem, se devemos partir naquela noite; a Bíblia é encapada com tecido de lã, a chaleira, também; há os pensionistas: uma doutora sueca, Mlle. Berghoff, cura enxaquecas com massagens nas têmporas.[3]

---

3. BNF, NAF 28630, acervo Roland Barthes, "Biographie". Em negrito, as lembranças que foram reescritas para formar anamneses do *Roland Barthes por Roland Barthes*. A sequência deste texto abrirá os capítulos 2 e 3.

Fotografias do focinho branco do bonde da infância, da casa das Alamedas, hoje destruída, dos avós e da tia Alice são reproduzidas em *Roland Barthes por Roland Barthes*. Um outro órfão da guerra, nascido dois anos antes de Barthes e criado no Sul, faz do bonde um dos maiores biografemas da infância. Claude Simon se lembra de suas viagens na cabine do condutor, levando os passageiros da cidade para o mar bem próximo. Sua existência remete ao ritual e ao sagrado, ao movimento e à permanência das coisas, "[...] quando, uma vez passado o controle, a máquina penetrava na cidade, descia primeiro o extenso declive que levava ao jardim público, costeava o seu muro, virava à esquerda na altura do monumento aos mortos e, seguindo o bulevar Presidente Wilson, diminuía a velocidade, pouco a pouco, ao longo da alameda dos Marronniers para se imobilizar no fim da corrida, quase no centro da cidade, em frente ao cinema com a entrada protegida por uma marquise de vidro com cartazes provocantes que, em cores intensas, propunham aos eventuais espectadores os rostos gigantescos de mulheres descabeladas, de cabeça caída e boca aberta, num grito terrível ou no apelo de um beijo".[4] É a mesma época, o mesmo bonde, a mesma região, esse Sudoeste que Barthes transformou numa origem, "a região de minha infância e de minhas férias de adolescente",[5] como gosta de dizer. Às vezes atrelam ao bonde um vagão aberto no qual todo mundo quer subir: "Ao longo de uma paisagem pouco carregada, gozava-se ao mesmo tempo do panorama, do movimento, do ar".[6] Esse velho bonde não existe mais; permanece, porém, a lembrança de um prazer sensual e luminoso. Ele conduzia de Bayonne para Biarritz e de Biarritz para Bayonne. "Bayonne, onde moravam meus avós paternos, é uma cidade que exerceu no meu passado um papel proustiano — e balzaquiano também —, pois foi lá que ouvi discorrer, nas visitas, certa burguesia provinciana, escuta que muito cedo mais me distraiu do que me oprimiu."[7] Proust para as sensações que permitem conservar o contato com a infância, para os passeios dos dois lados, o plissado das saias e o odor das casas, a descoberta da intimidade; Balzac para

---

[4]. Claude Simon, *Le Tramway* (Paris: Minuit, 2001), p.14 [ed. bras.: *O bonde*, tradução de Juremir Machado da Silva (Porto Alegre: Sulina, 2003)].
[5]. "Réponses", OC III, p.1024.
[6]. *Roland Barthes par Roland Barthes*, OC IV, pp.629-30 [ed. bras.: *Roland Barthes por Roland Barthes*, p.62].
[7]. "Réponses", OC III, p.1024.

a aprendizagem dos códigos sociais, dos códigos de classe — duas aspirações, para o interior e para o exterior, uma atenção aos signos manifestada nos dois casos.

A ascendência é de pequena burguesia hereditária, com regras e uma consciência de si, mas sem capital, nem cultural nem econômico. "A classe à qual pertenço é, penso eu, a burguesia."[8] Há assim mesmo uma dúvida. Numa época em que o que caracteriza melhor a burguesia é o sintoma da ascensão social, a família de Roland Barthes é pouco representativa. O empobrecimento que atinge os dois lados de sua ascendência, se não corresponde a um rebaixamento de classe, situa-os entre as pessoas modestas, pelo menos no que concerne aos Barthes e à família que ele forma com sua mãe e seu irmão. "Em resumo, há em minha origem social um quarto de burguesia proprietária, um quarto de antiga nobreza, dois quartos de burguesia liberal, o todo misturado e unificado por um empobrecimento geral: esta burguesia era, de fato, ou pouco generosa ou pobre, às vezes até com dificuldade, o que determinou que minha mãe, uma vez 'viúva de guerra', e eu, 'pupilo da nação', tenhamos aprendido um ofício manual, a encadernação, do qual vivemos com dificuldade em Paris, onde passamos a morar quando eu tinha dez anos."[9] Se o lado materno é mais dotado de capital, é menos aberto e pouco caridoso. A relativa indiferença com a qual mãe e filho são olhados explica que a narrativa que Barthes faz de suas origens dê mais importância aos traços distintivos do lado paterno: a província, o Sul, os rituais e a pobreza. Quando fala dessa família nos textos e nas conversas, insiste sempre sobre a distorção que existia entre os preconceitos, a ideologia reacionária dessa classe "e seu estatuto econômico (às vezes trágico)".[10] Ele lê no Sudoeste o paradoxo dessa história que a análise sociológica descreve bem pouco.

UM PAI MORTO NO MAR

O mar está lá no começo. Aos pés da criança. No lugar do nascimento, Cherbourg, e no da infância, Bayonne. É também o instrumento do primeiro corte na vida de Barthes, pois é ele que leva seu pai. Na língua

---

8. *Ibidem*, p.1023.
9. *Ibidem*, p.1024.
10. "La lumière du Sud-Ouest", *L'Humanité,* 10 de setembro de 1977 (OC V, p.334) [ed. bras.: "A luz do Sudoeste", in *Incidentes, op.cit.*, p.10].

francesa, a homofonia entre mar e mãe faz do monossílabo o termo de ligação e separação.[11] A impossibilidade, para Barthes, de romper com a primeira ligação, primitiva, que cada criança tem com a mãe, encontra explicação no coração do mar. A paronomásia substitui a genealogia. A história do vínculo doravante se ata na língua.

Em 12 de novembro de 1915 nasce Roland Gérard Barthes, na rua da Bucaille, número 107, em Cherbourg, onde seus pais — casal formado em 1913, num barco a vapor que seguia em direção ao Canadá e no qual seu pai servia como tenente, enquanto sua mãe ia visitar o irmão Philippe, que partira para tentar a sorte e a fortuna — se instalaram provisoriamente. Ele nasce numa cidade que não conhecerá, visto que, como diz a Jean Thibaudeau, "literalmente, não coloquei os pés ali, saí de lá aos dois meses".[12] Um ano mais tarde, quando estava no comando de um pequeno barco de pesca transformado em "patrulheiro" para as necessidades da guerra, Louis Barthes é atacado por cinco destroieres alemães. O único canhão logo fica inutilizado e ele é ferido mortalmente. Estamos em 26 de outubro de 1916, no mar do Norte, ao largo do cabo Gris-Nez, no estreito de Calais que separa a costa francesa da Inglaterra, sobre os restos do *Montaigne*. Louis Barthes morre aos 33 anos. Roland Barthes é órfão de um pai que será citado na Ordem do Exército e numa homenagem póstuma será feito cavaleiro da Legião de Honra. O menino será declarado "pupilo da nação" por julgamento do tribunal civil de Bayonne, em 30 de novembro de 1925. O Estado, provendo, então, parte dos custos de manutenção e a totalidade das despesas ligadas à sua educação, inscreve indiretamente para a criança a herança de seu pai, como reconhecimento da dívida que o país contraiu com ele.

A história do pai e de sua família apresenta poucas mudanças. Louis Barthes nasceu em 28 de fevereiro de 1883 em Marmande, no Lot-et-Garonne. Seu pai, Léon Barthes, era inspetor na Estrada de Ferro do Sul, companhia que pôde, numa determinada época, criar sozinha uma mitologia. Tendo saído, com outras cinco companhias de estrada de ferro privadas, do pequeno conjunto de trinta companhias de estrada de ferro originais, que correspondiam cada uma

---

11. Palavras francesas: mer [mar], mère [mãe], cujas sonoridades praticamente se confundem. [N.T.]
12. "Réponses", OC III, p.1023.

a uma linha particular, a Companhia das Estradas de Ferro do Sul e do Canal Lateral à Garonne (também chamada Companhia das Estradas de Ferro do Sul, ou simplesmente Sul), foi criada em 1852 pelos irmãos Pereire. Passa pela região do Sudoeste da França compreendida entre a Garonne e os Pireneus, e dispõe, no começo do século, de uma rede de quatro mil e trezentos quilômetros. Em 1934, funde-se à Companhia da Estrada de Ferro de Paris a Orléans (PO), e em 1938 é nacionalizada no âmbito da Sociedade Nacional das Estradas de Ferro.[13] Sua história concentra vários traços da história de Roland Barthes: além de seu avô ter trabalhado na companhia, ela está estreitamente ligada, de um lado, a essa terra do Sudoeste onde ele viveu seus primeiros anos e à qual confere um valor genealógico, e, de outro lado, a uma burguesia de negócios pertencente às minorias religiosas da França. Os irmãos Émile e Isaac Pereire são judeus de Bordeaux, próximos também dos meios de negócios protestantes com os quais trabalham.[14] O vínculo com essas duas minorias tem certa importância, como se verá, para a construção identitária de Barthes, protestante pelo lado da família materna e indiretamente judeu pelo pai de seu irmão, que ele costuma ver na juventude, mesmo que tenha falado pouco sobre isso em público. Ademais, devemos aos irmãos Pereire o desenho arquitetural de boa parte dessa região do lado basco que forma o território de sua infância. A linha da estrada de ferro, lotada de viajantes no verão, mas de menor afluxo no inverno, deve ser rentabilizada. É aí que os homens de negócios decidem, depois de terem executado o replantio de árvores da floresta de Landes, construir a cidade de inverno Arcachon. Seu bom ar permitirá acolher os tuberculosos (outro traço importantíssimo da vida de Barthes) e todos aqueles que sentem falta de sol e de vento vivificante. Com o impulso do arquiteto Paul Regnauld, surge uma cidade pitoresca e híbrida, protegida e confortável. A inauguração da estação, em 1865, conta com a presença de Napoleão III, da imperatriz Eugénie e do filho deles, com as pompas às quais não podia ter acesso a família de Barthes, que por um período formou uma

---

13. Sobre este assunto, ver Christophe Bouneau, "Chemin de fer et développement régional en France de 1852 à 1937: la contribution de la Compagnie du Midi", *Histoire, économie et société*, 9º ano, n. 1, "Les transports", 1990, pp.95-112.
14. Sobre este assunto, ver Séverine Pacteau de Luze, "Protestants et juifs de Bordeaux. Deux minorités, un même parcous" [disponível on-line].

linhagem de tabeliães, em Mazamet, no Tarn, mas que empobreceu; foi o rebaixamento de sua condição que levou o avô a se tornar um empregado modesto da estrada de ferro.

A avó paterna, Berthe de Lalaput, embora de ascendência nobre, era de cultura pequeno-burguesa, modesta e provinciana; segundo palavras do neto, os membros dessa família eram "nobres provincianos empobrecidos (da região de Tarbes)".[15] É na casa e na companhia deles que Barthes passará a primeira infância. Eram católicos, mas pouco praticantes, o que explica que é a religião materna, a protestante, ou a calvinista, segundo seus próprios termos, que ele reconhece como sua. É certo que não foi educado em meio aos aromas dos incensos nem nos segredos das sobrepelizes ou nas mentiras dos confessionários. Isso faz diferença na sua história em relação à de outros intelectuais ou escritores franceses e o aproxima a Gide.

O caráter proustiano de sua infância deve muito a essa avó, sobre a qual ele escreve, numa legenda fotográfica do *Roland Barthes por Roland Barthes*, que era "imbuída de burguesia — não de nobreza, da qual, entretanto, ela saíra —; tinha um sentimento vivo da narrativa social que desenvolvia num francês apurado de convento, onde persistiam os imperfeitos do subjuntivo; o mexerico mundano a devorava como uma paixão amorosa; o objeto principal do desejo era certa madame Leboeuf, viúva de um farmacêutico (enriquecido pela invenção de um antisséptico), uma espécie de buxo preto, aderçado e bigodudo, que devia ser atraído para o chá mensal (continua em Proust)".[16] A sequência é o microcosmo de Combray, observado do quarto pela tia Léonie e sua famosa tília. "Do outro lado do leito estava a janela: assim tinha a rua à vista, e nela costumava ler da manhã à noite, por desfastio, à maneira dos príncipes persas, a crônica cotidiana, mas imemorial de Combray, que comentava em seguida com Françoise."[17] Os mil odores do quarto parecem transportados de uma casa a outra, de um texto a outro. Não distinguimos mais

---

15. "Réponses", OC III, p.1024. Ver também a entrevista filmada com Jean Thibaudeau para "Les Archives du XXe siècle".
16. *Roland Barthes par Roland Barthes*, OC IV, p.[592] [ed. bras.: *Roland Barthes por Roland Barthes*, p.24].
17. Marcel Proust, *Du côté de chez Swann*, in *À la recherche du temps perdu*, org. de Jean-Yves Tadié (Paris: Gallimard, 1987), t.I, p.51. Col. Pléiade [ed. bras.: *No caminho de Swann*, trad. de Mario Quintana, in *Em busca do tempo perdido*, vol. 1. 3ª ed. (São Paulo: Globo, 2006), p.79].

a sra. Bouilleboeuf (Proust) da sra. Leboeuf (Barthes). É a mesma moeda de cinco francos que se dá a uma criança.

Louis-Jean Calvet, que recebeu do Serviço Histórico da Marinha os diferentes documentos sobre a situação do funcionário Louis Barthes e o relatório sobre sua morte, foi o primeiro a reconstituir sua breve e modesta carreira.[18] Louis Barthes começou em janeiro de 1903 como aprendiz de piloto num cruzeiro de longa duração, cerca de três meses, no barco a vapor *Amiral-Courbet*. Em seguida, alterna períodos no cais — Toulon em 1903-4, Bordeaux em 1906, Havre em 1909 — e períodos no mar, seja como tenente, seja como marinheiro. Segundo o cálculo de Louis-Jean Calvet, "de 10 de janeiro de 1903 a 13 de fevereiro de 1913, ou seja, em dez anos e trinta e três dias, ele navega pouco mais de sete anos em diferentes barcos a vapor: *Bretagne, Montréal, Québec, Ferdinand-de-Lesseps, Mexico...*". Em 1909, vai para a Martinica, para Fort-de-France, antes de voltar para o Havre. De acordo com a certidão de matrícula da Marinha nacional, em 1913 é nomeado "capitão de longo curso de primeira classe" e recrutado como "oficial de Marinha de primeira classe da reserva". Quando a guerra começa, é tenente da reserva e retoma o serviço no começo de 1916, levando a família consigo para Pas-de-Calais. Não se sabe para qual cidade. O ataque ocorre em outubro: ele desaparece na noite de 26 de outubro, e não na de 28 como escreve Barthes em seu esquema autobiográfico transcrito no começo deste capítulo. Com o naufrágio do *Montaigne* o corpo do pai submergiu e não foi encontrado. Numa narrativa publicada em 1927, *Sur les bancs de Flandre*, Paul Chack faz uma longa evocação da noite de 26 para 27 de outubro, no decorrer da qual doze torpedeiros alemães desceram de Ostende e afundaram o *Montaigne*. Dentre eles, seis tinham se dirigido para Douvres, destruindo vários barcos de pesca ingleses e matando numerosos oficiais e marinheiros; um segundo destacamento fugira em direção a Gris-Nez: "Ora, naquele setor, no setor francês, estão em vigilância o barco de pesca *Montaigne*, comandante Barthes, oficial de Marinha, e o antigo guarda-pesca *Albatros*, capitão Hamon, mestre de manobra. O oficial Barthes acaba de chegar à divisão do

---

18. Louis-Jean Calvet, *Roland Barthes (1915-1980)*, *op.cit.*, pp.26-27 [ed. bras.: *Roland Barthes*, *op.cit.*, pp.26-27].

Vignaux. Faz sua primeira patrulha. E sua última...".[19] À meia-noite e vinte é mortalmente ferido. Seu vice, o mestre de manobra Le Fur, assume o comando, mas o barco afunda pouco depois ao largo de Sangatte. Em seu relatório, Le Fur registra que, antes de abandonar o navio, ele levantou o comandante Barthes e pôs sua cabeça na soleira da porta esquerda da passarela. "Os senhores conhecem gesto mais emocionante que o do velho mestre de manobra erguendo o corpo do jovem oficial que acaba de morrer em seu posto e o depositando na passarela de comando, em postura de chefe morto honradamente?"[20] Esse comentário emocionado de Paul Chack e o conjunto de sua narrativa inserem a morte do pai de Barthes no campo da história.

A mãe e depois o filho tiveram, contudo, de aceitar essa ausência, ausência do corpo vivo e ausência do corpo morto. Ninguém duvida de que Barthes se lembre disso quando se interessa por Pierre Loti e escreve sobre *Aziyadé*: o destino de seu pai se assemelha em muitos pontos ao do irmão de Loti, Gustave, desaparecido no estreito de Malacca, e muitas narrativas do autor de *Mon frère Yves* podem ser substituídas pela narrativa do pai que falta. Além disso, escolhendo viver com a família do marido, a mãe devolve, de algum modo, o pai ao filho, inscreve em sua infância a marca do pai, apesar da ausência. Para o filho, os signos devem ser buscados na obra, a despeito da raridade do discurso explícito sobre o assunto. Três elementos parecem determinantes: o apagamento, o naufrágio e a união com a mãe.

O desaparecimento se lê na parábola do quadro-negro do *Roland Barthes por Roland Barthes*, já bastante analisada. A cena ocorre em Paris, no liceu Louis-le-Grand. M.B., professor do 9º ano, "socialista e nacionalista", escreve no quadro-negro os nomes dos parentes dos alunos "tombados no campo de honra": constrangimento do adolescente em relação à exceção que ele constitui (muitos enunciam um tio e um primo, mas ele é o único a mencionar o pai!) e

---

19. Paul Chack, *Sur les bancs de Flandre* (Paris: Éditions de France, 1927), recolhido em *La Grande Guerre des écrivains, d'Apollinaire à Zweig*, textos escolhidos e apresentados por Antoine Compagnon (Paris: Gallimard, 2014), pp.303-11 (pp.307-08). Col. Folio Classique. Paul Chack, depois de ter sido comandante do torpedeiro *Massue*, de 1915 a 1917, e feito importante carreira na Marinha, publicou, passada a guerra, numerosos livros (crônicas, narrativas e romances) sobre a guerra e os combates navais.
20. *Ibidem*, p.310.

constrangimento com relação ao patriotismo estrídulo e ao "familialismo" patético do professor. Ele só quer reter o apagamento, o signo que inscrevemos e que desaparece quase no mesmo movimento. "Entretanto, com o quadro apagado, não restava nada desse luto proclamado — a não ser na vida real, que é sempre silenciosa, a representação de um lar sem ancoragem social: sem pai para matar, sem família para odiar, sem meio para reprovar: grande frustação edipiana!" O que falta são as figuras da Autoridade, que se enunciam sob a forma da Lei ou do Sentido. A infância e a adolescência parecem em retrospecto marcadas por uma falta de lugar de oposição. É a razão pela qual Françoise Gaillard, que analisa essa passagem em "Barthes juiz de Roland", mostra que seus gestos, quase todos ligados a essa ausência de utopia reativa, mais se parecem com imitação do que com oposição. Ela desenvolve a tese segundo a qual, ao contrário da maior parte dos intelectuais de sua geração, essencialmente opositores, construindo a legitimidade de sua luta contra os poderes estabelecidos, Barthes inventou a figura do intelectual dissolvente, dissidente por dentro e não atacando de fora. "O papel em questão é o de decompositor da legitimidade que sucede àquele herdado das Luzes, de destruidor dos dogmas legitimados pelo único exercício do poder."[21] Segundo ela, por essa pequena narrativa da rasura, Barthes se autorizaria ainda mais a assumir esse papel por ele não ser apenas destituído de pais simbólicos, mas também de pai privado, e recordá-lo teria uma função legitimadora, implicando que a emancipação está na origem. Ela liga o fragmento do quadro-negro ao de "Decompor/destruir", no qual Barthes evoca "a tarefa histórica do intelectual [que é] a de acentuar a *decomposição* da consciência burguesa" e na qual ele opõe a destruição, que vem do exterior, à decomposição (sinônimo de deterioração, de prostração e de derrocada, três termos que figuram em sua forma verbal) que se faz no interior.[22] Françoise Gaillard tem tanto mais razão em estabelecer essa aproximação, pois no fragmento "Política/moral", Barthes diz tranquilamente que "o único Pai que conheci (que me dei) foi o Pai político",[23] mesmo se virmos que a submissão a essa autoridade foi ela mesma discreta.

---

21. Françoise Gaillard, "Barthes juge de Roland", *Communications*, n. 36, 1982, pp.75-83 (p.78).
22. OC IV, p.642 [ed. bras.: *Roland Barthes por Roland Barthes*, p.77].
23. *Ibidem*, p.701 [ed. bras.: *Ibidem*, p.144].

Mas podemos ler também de outro modo o tema do apagamento, na maneira, por exemplo, como, no romance familiar do *Roland Barthes por Roland Barthes*, ele desemboca numa forma de substituição. A legenda da fotografia que mostra a criança de cerca de dezesseis meses o liga a uma outra genealogia, já evocada, recorrente, o romance familiar por excelência: "Contemporâneos? Eu começava a andar, Proust vivia ainda, e terminava *Em busca do tempo perdido*".[24] A operação admite a ironia. E clama também pelo círculo. Se não tivesse morrido, Barthes teria feito seu seminário sobre Proust e a fotografia. Entre as imagens de Paul Nadar que ele selecionara, uma fotografia de Gabrielle Schwartz quando criança apresenta os mesmos grandes olhos um pouco desorbitados e a atitude estudada que não deixa de evocar a foto do pequeno Roland. A justificativa que ele dá para a inclusão desse retrato de 19 de fevereiro de 1883 a fim de ilustrar o universo de *Em busca do tempo perdido* não é o liame com Proust, "com ar sutil": "Eu apresento esta foto porque gosto enormemente desse rosto de menina".[25] O apagamento obscurece o gênero. Ele obscurece também o meio social. A mãe como origem de tudo desloca o meio sólido e ritualizado do lado paterno. "Na realidade, eu não tinha meio quando era adolescente, na medida em que eu estava ligado somente à minha mãe, meu único lar. [...] E, pois, não tendo verdadeiro meio social, eu experimentava certa solidão."[26] Ou ainda, "ele não pertencia a nenhum meio".[27]

Herdar uma falta não quer dizer ser desprovido de herança. O apagamento da figura do pai se lê também em signos mais discretos, em *lapsus calami* como aquele que o faz escrever que sua mãe é viúva desde 1915, ou seja, o ano de seu nascimento e um ano antes da morte do pai. Esse segundo erro de data da "Biografia" se une ao discurso explícito de Barthes em diversas entrevistas e a diferentes interlocutores, nas quais não faz disso um drama. Trata-se de dar-se a si mesmo sua própria origem, seu próprio território e ser para si mesmo sua própria lei. Roland Barthes *por* Roland Barthes. Sobre si por si. Com o tempo, a figura do pai às vezes reaparece, mitologiza-

---

24. *Ibidem*, p.603 [ed. bras.: *Ibidem*, p.35].
25. *La Préparation du roman I et II*, p.447 [ed. bras.: *A preparação do romance*, vol. II, p.464].
26. *Radioscopie*, 17 de fevereiro de 1975 (OC IV, p.899).
27. *Roland Barthes par Roland Barthes*, OC IV, p.625 [ed. bras.: *Roland Barthes por Roland Barthes*, p.58].

da decerto, mas acompanhada de questões sobre o que ele poderia ser, ou pensar. Em 9 de março de 1978, assistindo a uma conferência no Instituto de Oceanografia, Barthes contempla no anfiteatro "um imenso quadro realista" onde se agitam marinheiros na ponte de um navio. Ele anota: "Fascinado pelas roupas (e, portanto, pela morfologia) dos marinheiros. 1910. Adolescência de meu pai. Ele devia ser assim".[28] No dia 10 de agosto, em Urt, quando a morte da mãe desperta a lembrança do pai, ele intitula "Morte de meu pai" um fragmento de seu fichário-diário, e nele copia a canção de Ariel de *A tempestade*, de Shakespeare: "A cinco braças de profundidade jaz teu pai; seus ossos se transformaram em coral; depois já são pérolas o que eram seus olhos. Não há nada dele perecível que o mar não transforme em riquezas estranhas" (Ato I, cena 2).

O naufrágio, se é um motivo exclusivamente metafórico da obra, é um acontecimento determinante na vida de Barthes. Perdendo-se no mar, seu pai não só o priva de autoridade e de força de oposição: ele o deixa desiquilibrado. Deixa-o no mar com a mãe. Inscreve nele o movimento de balanço que o obriga a saber se manter equilibrado. Barthes não tematizou isso em termos diretos, mas encontramos a reunião desses diferentes motivos em *W ou le Souvenir d'enfance*, de Georges Perec. O naufrágio do pequeno Gaspard Winckler está intimamente ligado à evocação do pai. As últimas palavras do capítulo VII são o "barco naufraga", e as primeiras palavras do capítulo VIII, "possuo uma foto de meu pai".[29] Em Perec, o desaparecimento é o da mãe, mas os termos do naufrágio estão ligados tanto ao pai quanto à mãe. Disso resulta uma espécie de frieza face à morte deles que o impede, durante muito tempo, de voltar a ela ou questioná-la. "Não sei o que teria feito meu pai se ainda estivesse vivo. O mais curioso é que sua morte, bem como a de minha mãe, parece-me muito seguidamente uma evidência. Um retorno à ordem das coisas."[30] Encontramos em Barthes o mesmo recurso à secura, a uma distância que poderia passar por indiferença. "Meu pai era oficial da Marinha; foi morto em 1916, no estreito de Calais, no decorrer de um combate

---

28. BNF, NAF 28630, grande fichário, 9 de março de 1978.
29. Georges Perec, *W ou le Souvenir d'enfance* (Paris: Denoël, 1975), pp.39 e 41 [ed. bras.: *W ou A memória da infância*, tradução de Paulo Neves (São Paulo: Companhia das Letras, 1995), pp.36-37].
30. *Ibidem*, p.45. [p.41]

naval; eu tinha onze meses."[31] Em *Roland Barthes por Roland Barthes*, a legenda de uma fotografia representando o pai é de uma tonalidade mais íntima — os termos de silêncio, do roçar e as marcas da negação vêm, no entanto, inserir as coisas sob o signo do apagamento: "O pai, morto muito cedo (na guerra), não estava preso a nenhum discurso da lembrança ou do sacrifício. Por intermédio da mãe, sua memória, jamais opressiva, apenas roçava a infância, com uma gratificação quase silenciosa".[32] Não ter pai para matar pode apresentar vantagens. Mas isso determina também uma relação enviesada, complexa, com o enfrentamento e a subversão. Julia Kristeva diz que seu modo de se pôr sempre no lugar do discípulo indica que alguma coisa do pai decerto lhe faltou e que ele chegou a ligar essa falta à língua.[33] Em seu lugar, há o medo: "Tenho medo, portanto estou vivo".[34] Ora, Barthes liga o medo ao nascimento, à profunda insegurança do bebê, ao "terror profundo", à "ameaça profunda" que se mantém nos homens e que em geral eles têm medo de reconhecer.

O naufrágio é queda e submersão, onda e instabilidade. Encontramos todos esses motivos disseminados nos textos. O fragmento "Uma lembrança de infância", em *Roland Barthes por Roland Barthes*, conta a história de uma queda no fundo de um buraco. Isso se passa em Marracq, no bairro de sua infância em Bayonne. As crianças brincam nos canteiros de obras: "Cavavam-se grandes buracos na terra argilosa para servir de alicerces às casas, e um dia em que tínhamos brincado num desses buracos, todos os moleques saíram de lá, menos eu, que não pude fazê-lo; do solo, do alto, eles caçoavam de mim: perdido! sozinho! olhado! excluído! (ser excluído não é estar fora, é estar *sozinho no buraco*, prisioneiro a céu aberto: *percluso*)". O túmulo aberto bem poderia ser o de seu pai. O adulto lembra, assim, que a criança volta e meia representava, segundo diversas dramaturgias, a cena do naufrágio: "[...] vi então acorrer minha mãe; ela me tirou de lá e me levou para longe das crianças, contra elas".[35] Disso resultam

---

31. "Réponses", OC III, p.1023.
32. OC IV, p.[595] [ed. bras.: *Roland Barthes por Roland Barthes*, p.27].
33. Conversa com Julia Kristeva, em 25 de setembro de 2013.
34. *Prétexte: Roland Barthes* (atas do colóquio de Cerisy-la-Salle, 22-29 de junho de 1977), org. de Antoine Compagnon (Paris: Christian Bourgois, 2003), p.333.
35. *Roland Barthes par Roland Barthes*, OC IV, p.697 [ed. bras.: *Roland Barthes por Roland Barthes*, p.138].

dois medos fundamentais, o medo do vazio e o da exclusão. O vazio não está muito longe da fraqueza e apresenta, no entanto, alguma insistência. Ele está em certas palavras e num acompanhamento da linguagem, no qual a decompomos mais do que a destruímos. "Decompondo, aceito acompanhar essa decomposição, decompor-me eu mesmo, simultaneamente; derrapo, agarro-me e arrasto."[36] Encontramos assim o naufrágio na escritura, na prática concreta da linguagem. Ele é o balanço das estruturas, das oposições entre as quais não é preciso escolher. Ele também dá muito valor a este sentimento de estar apartado para sempre, excluído do código e "sempre remetido ao lugar de *testemunha*, cujo discurso não pode ser, como se sabe, senão submisso a códigos de distanciamento: ou narrativo, ou explicativo, ou contestatário, ou irônico: jamais *lírico*, jamais homogêneo ao *pathos*, fora do qual ele deve buscar seu lugar".[37] O naufrágio é o outro nome da separação; ele priva da autoctonia e da relação com um solo. Permanece uma ameaça nas situações correntes como nos vazios da língua, porque insere o sujeito numa posição permanente, não forçosamente escolhida, de desterritorialização. Para resistir a essa instabilidade inata, Barthes propõe situar-se na alegoria do navio *Argo*. *Argo* é o anti*Montaigne*, o navio de seu pai, é o permanente, o insubstituível, o insubmergível. "Imagem frequente: a da nave *Argo* (luminosa e branca), cujas peças os Argonautas substituíram pouco a pouco, de modo que eles acabaram por ter uma nave nova, sem precisar mudar-lhe o nome nem a forma." Essa nave contradiz a genealogia habitual, pois ela saiu apenas de si mesma. É produzida "por dois atos modestos (que não podem ser captados em nenhuma mística da criação): a *substituição* (uma peça expulsa a outra, como num paradigma) e a *nominação* (o nome não está de modo algum ligado à estabilidade das peças): à força de combinar, no interior de um mesmo nome, nada mais resta da *origem*: *Argo* é um objeto sem outra causa a não ser seu nome, sem outra identidade a não ser sua forma".[38] Se ela se torna, num determinado momento, uma metáfora do próprio livro, cujos fragmentos poderiam ser mudados pouco a pouco,[39]

---

36. *Ibiddem*, p.643 [ed. bras.: *Ibidem*, p.77].
37. *Ibidem*, p.662 [ed. bras.: *Ibidem*, p.99].
38. *Ibidem*, p.626 [ed. bras.: *Ibidem*, pp.58-59].
39. Ver *ibidem*, p.736 [ed. bras.: *Ibidem*, p.181].

essa nave é o berço de uma contra-história. O nome permanece, mesmo se a origem se dispersa no vento. Ela não pode afundar porque é sempre nova. Como melhor dizer a inversão dos signos da ausência? A nave é, assim, o berço de uma contragenealogia, já que ela define o ser próprio do gênio, aquele que é a própria origem de si mesmo.

A MÃE REFERÊNCIA

A ausência de ancoragem estável e a relação difícil com a autoctonia não significam o corte com a linhagem. Escolhendo partir para o Sudoeste com seu filho que ainda não anda nem fala, Henriette Barthes, se não preenche de todo a falta, institui com firmeza os quatro pilares da genealogia, as referências necessárias. Os textos sempre apresentam os quatro, uns com os outros e em contraste uns contra os outros. Uma observação da entrevista a Jean Thibaudeau, que esmiúça essa menção registrada em *Roland Barthes por Roland Barthes*, atesta a ambiguidade da construção: "A classe à qual pertenço é, penso eu, a burguesia. Para deixar que julguem isso, eu lhes darei a lista de meus quatro avós (é o que fazia Vichy, sob a ocupação nazista, para determinar quanto de judeidade havia num indivíduo): meu avô paterno, funcionário da Companhia da Estrada de Ferro do Sul, descendia de uma linha de tabeliães instalados numa pequena cidade do Tarn (Mazamet, me disseram); os pais de minha avó paterna eram nobres provincianos empobrecidos (da região de Tarbes); meu avô materno, capitão Binger, originário de uma família alsaciana de mestres-vidraceiros, foi explorador — ele explorou a curva do Niger em 1887-1889; quanto à minha avó materna, a única afortunada dessa constelação, seus pais, vindos da Lorraine, tinham em Paris uma pequena fábrica de fundição. Do lado de meu pai, éramos católicos; do lado de minha mãe, protestantes; tendo morrido meu pai, foi-me dada a religião de minha mãe, a saber, a calvinista".[40] Não importa a que direção nos voltemos, das entrevistas aos textos autobiográficos publicados, passando pelos inéditos, encontramos os dois lados misturados, equilibrados tanto na ancoragem genealógica como na social — a burguesia pobre ou afortunada. Essa preocupação recorrente de equilíbrio, tanto mais surpreendente porque não corresponde à realidade, mostra como a narrativa dos avós constitui o romance.

---

40. OC III, pp.1023-24.

Em compensação, é no desequilíbrio da situação dos pais que muito provavelmente se constitui sua língua. A união com a mãe, celebrada num acordo tácito, no fundo do mar, signo de uma necessidade e de um desejo, assume de outro modo a forma de uma falta.

A mãe, como dissemos, repaterniza, dá referências. E não apenas porque insere a criança na terra do pai. Ela o faz também lhe dando uma língua materna, ao mesmo tempo pai e mãe, lei e singularidade. Mesmo que Barthes tome muito cuidado em distinguir a língua materna da língua nacional, ele faz dela um dom duplo, conforme testemunha um de seus ensaios críticos evocando a música. "Creio que a irrupção da língua materna no texto musical seja um fato importante. Para ficar em Schumann (o homem com duas mulheres — com duas mães? —, das quais a primeira cantava e a segunda, Clara, deu-lhe visivelmente a palavra abundante: cem *lieder* em 1840, ano de seu casamento), a irrupção da *Muttersprache* na escritura musical é verdadeiramente a restituição declarada do corpo."[41] É porque a língua desenha o território umbilical, como ele escreveu em *Roland Barthes por Roland Barthes*, mas também porque ela continua a desterritorializar territorializando. Ela instrui uma forma de não pertencimento que em Barthes está do lado do pai-mãe. Dessa língua materna, experimentamos "as lacunas cruéis" e, nela, reconhecemos a "divisão ameaçadora".[42] A mãe é também o futuro da privação. O patético que sentimos na leitura de *A câmara clara* deriva do fato de a mãe se tornar a menina e de que, quando Barthes evoca sua morte, ele o faz com os termos e com a dor de pais que perderam o filho. "Durante sua doença, eu cuidava dela, estendia-lhe a tigela de chá de que ela gostava, porque nela podia beber de maneira mais cômoda do que em uma xícara; ela se tornara minha pequena filha, confundindo-se, para mim, com a criança essencial que ela era na sua primeira foto."[43] Essa substituição não é mais aquela, feliz e reparadora, do navio *Argo*. Ela inverte as ordens sem propor alternativa. Lembra que um acidente, um naufrágio, pode suspender a linhagem sem destruí-la. Só a morte corta efetivamente.

---

41. "Rasch", OC IV, p.836.
42. *Roland Barthes par Roland Barthes*, OC IV, p.691 [ed. bras.: *Roland Barthes por Roland Barthes*, p.132].
43. *La Chambre claire*, OC V, pp.847-48 [ed. bras.: *A câmara clara*, pp.107-08].

A família materna também apresenta alguma coisa do mar. Lembramos que seus pais se encontraram num navio que ia para o Canadá. Louis-Gustave Binger (1856-1936), pai de Henriette, a mãe de Roland, oficial de infantaria da Marinha, teve uma carreira colonial que o levou durante muito tempo para o Senegal, depois para a Costa do Marfim. Em vez de ser o espaço da submersão, o mar se apresenta como a abertura incondicional para a aventura, para o futuro, o Sul. Mesmo com uma posição de administrador colonial, Binger vive essa experiência, e é sem dúvida também assim que ele a conta para o neto, como um romance de aventuras. Apaixonado por geografia, em 1887 organiza uma exploração de envergadura, visando corroborar de uma vez por todas a hipótese, ainda não confirmada pela cartografia, de uma distinção dos rios Niger e Senegal, e da existência de um outro rio, o Volta. "Eu acariciava pouco a pouco o sonho de preencher um dos grandes espaços em branco do mapa da África",[44] ele escreve no começo de sua obra. No decorrer da expedição, conhece o chefe malinqué Samori, que se opõe às tropas coloniais entre 1883 e 1898, embora tenha assinado um tratado que inseria seus Estados sob o protetorado francês. Parece que Binger serviu de mediador entre ele e o governo francês, apesar da desconfiança profunda que seu livro manifesta com relação à epopeia gloriosa de Samori e seu governo tirânico.

Publicada em dois volumes, a narrativa de sua exploração ao longo do Volta, *Du Niger au golfe de Guinée par le pays de Kong et le Mossi*, é percorrida pela ideologia colonial, paternalista e, aparentemente, emancipadora. Mas é também uma narrativa de viagem atenta aos países atravessados e às pessoas encontradas, e de uma precisão que lembra o discurso da etnologia. Para dar um exemplo, eis o que ele diz do mercado de Ouolosébougou: "Hoje é sexta-feira, dia do grande mercado em Ouolosébougou. Founé Mamourou, que vem me ver, diz que minha presença aqui vai atrair muitas pessoas das redondezas. Por volta de oito horas da manhã, os vendedores começam a chegar; às onze horas o mercado está completamente lotado. Como quero evitar uma falsa impressão, não me servirei das expressões 'mercado

---

44. Capitão (Louis-Gustave) Binger, *Du Niger au golfe de Guinée par le pays de Kong et le Massi (1887-1889)*, obra contendo um mapa do conjunto, numerosos esboços de detalhe e 176 gravuras em madeira, segundo os desenhos de Riou, 2 vols. (Paris: Hachette, 1892), vol. 1, p.1.

importante, centro comercial, grande mercado' etc., termos que se prestam a equívoco, e me limito a apresentar a enumeração fiel de tudo o que havia nesse mercado".[45] Segue a lista dos diferentes produtos (milho miúdo, cabras, manteiga de cé — ou carité, cujo método preciso de extração será apresentado mais adiante —, agulhas, pederneiras, panos rústicos...) acompanhados de sua quantidade e de seu preço. Como escreve Claude Auboin, autor de um trabalho monográfico em sua homenagem, "ele explorou metodicamente suas viagens sob os ângulos da botânica, da zoologia, da etnologia, da sociologia, da geografia, da geologia, aproveitando o progresso da fotografia".[46] Mas nunca abandonou seus preconceitos em relação aos "negros" e aos costumes bárbaros, de modo que hoje historiadores tendem a relativizar a importância de seu testemunho, mesmo se reconhecem o caráter pioneiro de seu empreendimento. Eles lhe atribuem ter favorecido bem cedo as relações econômicas com a África do Oeste, em detrimento de ações puramente militares.[47] Seu trabalho de levantamento topográfico, o conhecimento das línguas africanas (ele publicou um ensaio sobre o bambara), suas ligações com certos chefes africanos foram também reconhecidos.

Louis-Gustave Binger é nomeado governador civil da Costa do Marfim de 1893 a 1896; depois do nascimento de seu filho Philippe em 1891, espera o de sua filha Henriette, em 18 de julho de 1893, em

---

45. *Ibidem*, p.27.
46. Claude Auboin, *Au temps des colonies, Binger explorateur de l'Afrique occidentale* (Nice: Bénévent, 2008). Esta obra, toda em homenagem à conquista colonial, explora parte desse acervo fotográfico. Claude Auboin não estabelece nenhuma ligação entre esse ilustre administrador e seu neto Roland Barthes. Menciona, no entanto, o casamento de sua filha: "Em 11 de fevereiro, na prefeitura de Saint-Médard-de-Mussidan, sua filha Henriette desposa Louis Barthes, capitão de longa distância, filho de Léon Joseph Barthes, inspetor geral da estrada de ferro do Sul, aposentado, e de Marie Berthe de Lapalut, sua esposa, domiciliados em Bayonne. A cerimônia foi celebrada na ausência de sua mãe, Noémie Lepet, que enviara seu consentimento por certidão autêntica, realizada diante do tabelião em Paris (certidão de Maître Salle, tabelião em Paris)" (p.245). Saint-Médard-de-Mussidan, na Dordogne, era o lugar onde o pai tinha comprado uma exploração agrícola em 1910 e onde se instalara com sua segunda mulher, sua filha e seus três filhos.
47. O africanista Yves Person, autor de uma tese de doutorado sobre Samori (*Samori. Une révolution dyula*, Mémoires de l'Institut fondamental d'Afrique noire, n.80, Dakar, IFAN, 3 vols., 1968, 1970, 1975, 2.337 páginas) dedica um capítulo inteiro à Binger (t. III, parte V, capítulo 2b: "Le règne de Binger"). Encontraremos uma síntese desta história da oposição francesa ao conquistador malinqué Samori em "Samori, construction et chute d'um empire", in *Les Africains* (Paris: Éd. Jeune Afrique, 1977), t. I, pp.249-86.

Chennevières-sur-Marne, para só então partir para a África. Embarca dois dias depois em Bordeaux e chega a Grand-Bassam no começo de agosto. Viaja com regularidade para a França por razões de saúde (sofria de paludismo), mas consideram-no bom administrador, tendo construído todos os prédios necessários, organizado a escola, o correio e a justiça. A partir de 1895 quer voltar para seu país e decide se aposentar do Ministério das Relações Exteriores. Mas o novo ministro das Colônias, André Lebon, o nomeia diretor dos Negócios da África, posto que ocupa até 1907. Em 1899 parte em missão secreta para o Senegal por ocasião do incidente de Fachoda, que opunha França e Inglaterra. Em 1900 separa-se da primeira mulher, a avó de Roland Barthes, e desposa Marie Hubert, com quem tem um filho, Jacques, em 1905. A partir de 1900, a capital da Costa do Marfim recebe o nome de Bingerville. Quando, em 1934, Abidjan se torna a nova capital, Bingervillle não é renomeada e conserva o nome até hoje. Ele se aposenta do Ministério das Colônias em 1907 e entra na Companhia do Oeste Africano Francês, da qual é acionário. A falência da sociedade às vésperas da Primeira Guerra Mundial o deixa à beira da ruína. Retira-se para L'Isle-Adam, onde morre em 1936. É lá, na casa da rua Saint-Lazare, número 53, que Roland Barthes o visita, aos domingos, quando se instala com a mãe em Paris.

Louis-Gustave Binger é, pois, um avô ilustre. Importante oficial da Legião de Honra em 1932, ele tem direito a funeral nacional. Um busto em sua memória é erguido numa praça de L'Isle-Adam. Dois selos são estampados com sua efígie, dos quais um junto de Houphouët-Boigny, o primeiro presidente da Costa do Marfim. Espécie de herói da colonização, seu papel pode ter incomodado o intelectual que começa a escrever e a se fazer reconhecido durante o período da queda dos impérios. Mas Binger não era apenas isso. Era um cientista e um escritor, mesmo se seus escritos não eruditos tenham tido fraca repercussão na posteridade.[48] Todos os especialistas sublinham seu talento como desenhista, assim como seu papel na promoção das artes do Sudão e do Mali. Ele também é fascinado

---

48. É autor de um romance de aventuras "africano", publicado em 1904, *Le Serment de l'explorateur* (Tallandier). Mais interessantes são suas memórias, escritas em colaboração com seu filho Jacques e publicadas dois anos depois de sua morte. *Louis-Gustave Binger, une vie d'explorateur. Souvenirs extraits des Carnets de route*, com notas e comentários de Jacques Binger, René Bouvier e Pierre Deloncle (Fernand Sorlot, 1938).

pelas artes do corpo, em especial as escarificações, que descreve com precisão e sobre as quais é um dos primeiros a reconhecer que correspondem ao mesmo tempo a um código social e a um grafismo,[49] pelas artes domésticas e os rituais de adivinhação.

Dois textos das *Mitologias* permitem ler uma relação ambivalente com esse avô. O primeiro é "Bichon entre os negros", no qual Barthes reage a um artigo assinado por Georges de Caunes e publicado em *Paris Match* em janeiro de 1955 — "Une famille française chez les Nègres rouges", que narra a expedição de Maurice e Jeannette Fiévet às "tribos mais primitivas da África". Ela grava, ele desenha e pinta. Uma criança nasce e "os canibais se deixam submeter a seu sorriso de criança. Torna-se o ídolo deles". Barthes denuncia o caráter racista e o heroísmo lamentável que está na origem desse romance de aventuras coloniais: "Para começar", escreve, "não há nada mais irritante do que um heroísmo sem objeto. É grave a situação de uma sociedade que começa a desenvolver gratuitamente as *formas* de suas virtudes. Se os perigos que o pequeno Bichon teve de enfrentar (torrentes, feras, doenças etc.) existiram efetivamente, foi deveras estúpido tê-los imposto a uma criança, sob o pretexto de desenhar na África e para satisfazer a bazófia duvidosa de fixar na tela 'uma embriagante profusão de sol e de luz'".[50] A observação sobre o desenho pode fulgurar como uma pedra no jardim de Binger, no entanto uma leitura atenta convida a ler nas entrelinhas uma forma de reconhecimento. Não só Barthes diferencia as explorações científicas das publicitárias como as da família Fiévet, como termina seu artigo opondo ciência e mitologia: "Se quisermos colocar frente a essa imagem generalizada (*Match*: um milhão e meio de leitores aproximadamente) os esforços dos etnólogos para desmistificar o fato negro, as precauções perigosas com que eles, já há muito tempo, manipulam as noções ambíguas de 'Primitivos' ou de 'Arcaicos', a probidade intelectual de homens como Mauss, Lévi-Strauss ou Leroi-Gourhan, enfrentando velhos

---

[49]. Ver sobre este assunto o artigo de Alain-Michel Boyer, "Binger à la croisée des arts", in *L'Afrique en noir et blanc, du fleuve Niger au golfe de Guinée (1887-1892). Louis Gustave Binger, explorateur*, Musée d'art et d'histoire Louis-Selencq de L'Isle-Adam (Paris: Somogy éditions d'art, 2009), pp.75-88.

[50]. *Mythologies*, OC I, pp.719-20. A edição ilustrada estabelecida por Jacqueline Guittard (Paris: Seuil, 2010) reproduz o artigo de *Paris Match*, suas ilustrações e suas legendas edificantes, pp.82-91 (p.82) [ed. bras.: *Mitologias*, pp.43-45].

termos raciais camuflados, compreender-se-á melhor uma das nossas maiores servidões: o divórcio avassalador entre o conhecimento e a mitologia. A ciência segue o seu caminho depressa e bem; mas as representações coletivas não a acompanham, mantêm-se séculos atrás, estagnadas no erro pelo poder, pela imprensa e pelos valores da ordem". O trabalho de desconstrução dos preconceitos e das representações inconscientes realizado em *Mitologias* encontra seu programa intelectual e ético: trata-se de defender a ciência paciente e lenta contra os mitos pequeno-burgueses. E se Binger não figura na lista dos grandes etnólogos, não há dúvida de que Barthes insere seu trabalho de pesquisa e de observação no campo do saber.

A segunda "mitologia" que pode esclarecer a relação com Binger é a que Barthes consagra a Júlio Verne sob o título "Nautilus e Bateau Ivre". O *Nautilus* não é nem o *Montaigne* (o barco submetido a um perigo real), nem a nave *Argo*, alegoria da substituição. Ele é menos um símbolo de partida e de aventuras do que a metáfora de encerramento e enclausuramento. O texto fala da paixão da infância pelo esconderijo, a tenda, o subterrâneo. "Todos os barcos de Júlio Verne são realmente perfeitos ambientes de aconchego, e a enormidade de seu périplo aumenta ainda a felicidade de sua clausura, a perfeição de sua humanidade interior. Sob esse aspecto, o *Nautilus* é a caverna adorável."[51] Figurado como um ventre protetor, o barco é, desta vez, o ventre da mãe, depois de ter sido o espaço do pai (o *Montaigne*) ou o do filho (a *Argo*). Barthes liga esse imaginário do barco-ventre ao da ilha misteriosa, "onde o homem-criança reinventa o mundo, povoa-o, fecha-o, e nele se encerra, coroando esse esforço enciclopédico com a postura burguesa da apropriação: pantufas, cachimbo e lareira, enquanto lá fora a tempestade, isto é, o infinito, uiva inutilmente".[52] Não só o itinerário evoca com exatidão a vida de Binger, mas também remete a toda uma reflexão que Barthes desenvolve em suas aulas em Rabat em 1969, sobre *A ilha misteriosa*, nas quais ele relaciona essa construção mitológica com a colonização.[53]

---

51. *Mythologies*, OC I, p.733 [ed. bras.: *Mitologias*, pp.56-58 (p.57)].
52. *Ibidem*, p.732 [ed. bras.: *ibidem*, p.56].
53. BNF, NAF 28630, "Notes des cours du Maroc". Barthes retoma seus principais elementos num capítulo dos *Nouveaux essais critiques* de 1972, "Par où commencer?", OC IV, pp.86-94 [ed. bras.: "Por onde começar?", in *O grau zero da escrita* seguido de *Novos ensaios críticos*, *op.cit.*, p.173].

Eis o lugar ocupado pelo avô, ligado a Verne[54] e à colônia, figura de ascendente masculino e feminino ao mesmo tempo, do lado do pai e do lado da mãe: como, em *Vinte mil milhas submarinas*, a associação de um capitão masculino e o ventre protetor formado pelo barco.

 A avó materna, Noémie (às vezes grafada Noémi) Lepet-Révelin, já está separada do marido quando o menino Roland a conhece. Nos textos consagrados a Binger, ela surge como uma mulher um pouco fútil, aproveitando-se de sua condição para promover grandes festas nas residências coloniais ocupadas pelo marido. Chega a deixar seus dois filhos na França para ir se divertir na Costa do Marfim. Nascida em 1872, Noémie Élise Georgette Lepet vem de uma abastada família de industriais. O casal que ela forma com Binger se separa em 1900, como vimos, e ela se casa com um professor de filosofia do liceu Sainte-Barbe, Louis Révelin, que também parece ser uma figura importante na construção simbólica de Roland Barthes. Desde seus anos na Escola Normal Superior, Louis Révelin, que atua no aparelho do partido socialista, manteve ligações políticas e intelectuais estreitas com Péguy e os *Cahiers de la Quinzaine*, assim como com Léon Blum. Ele e sua mulher, que começa a organizar um salão e a receber poetas e intelectuais (em particular Paul Valéry, mas também Paul Langevin, Henri Focillon, Léon Brunschvicg e Charles Seignobos), encarnam uma espécie de vanguarda intelectual ligada à Escola Prática de Estudos Avançados em Ciências Sociais, fundada por Georges Sorel, dando continuidade ao Escola Livre de Ciências Sociais.[55] Essa efervescência da Terceira República, nos meios que defenderam Dreyfus e cujas palavras de ordem saíram desse caso, foi marcante para Barthes, mesmo que no plano imaginário. Meio século mais tarde, quando ele entra na Escola Prática de Estudos Avançados, talvez se lembre daquele que o precedeu nas margens da instituição acadêmica. Em "Leituras de

---

54. Binger tinha encontrado Jules Verne em 1889. Michel Verne, o filho, finalizando *L'Étonnante Aventure de la mission Barsac*, romance deixado inacabado por seu pai no momento de sua morte, serviu-se dos escritos de Louis-Gustave Binger, o que foi estudado por Edmond Bernus, "De L.-G. Bingerà Jules Verne", *Journal des africanistes*, vol. 67, n. 2, 1997, pp.172-82. Devo esta referência a Marie Gil, que faz uma análise hermenêutica precisa das relações entre o imaginário verniano em Barthes e a figura de seu avô em *Roland Barthes. Au lieu de la vie, op.cit.*, pp.51-57.
55. Sobre este assunto, ver Christophe Prochasson, "Sur l'environnement intellectuel de Georges Sorel (1899-1911)", *Cahiers Georges Sorel*, vol. 3, n. 1, 1985, p.35.

infância", Barthes diz que a época à qual sente pertencer corresponde mais a esses anos que antecedem a guerra do que àqueles de sua infância efetiva. "Se tenho uma nostalgia, é, aliás, daquele tempo, que só conheci — circunstância determinante — pelo verbo. Na análise da instituição familiar, menospreza-se, parece-me, o papel imaginário dos avós: nem castradores, nem estrangeiros. Verdadeiros mediadores do mito."[56]

Elemento determinante desse mito bem poderia ter sido a figura de Valéry, que ele encontra, quando criança, por intermédio da avó, cujo salão, primeiro na rua Vauquelin e depois na praça do Panthéon, número 1, o poeta frequenta. E é Valéry seu predecessor no Collège de France (Barthes diz, em sua aula inaugural, ter seguido seus cursos, sobretudo sua aula inaugural no Collège, em 10 de dezembro de 1937, e o menciona nas primeiras linhas de sua própria aula, quarenta anos mais tarde), e, de modo ainda mais explícito, na escritura e na crítica. Valéry teve com Noémie Révelin laços, podemos dizer, de amizade. É sobre isso que testemunha Michel Jarrety em sua biografia do poeta, e os documentos que cita mostram que, de fato, eles eram próximos. Tanto que Valéry escreve a ela uma de suas últimas cartas, em julho de 1945, para expressar suas condolências quando ela perde seu último filho. Essa mulher muito bela, que Barthes manteve à distância devido à difícil relação entre ela e a mãe dele, era fantasista e culta. Soube fazer de seu salão um lugar brilhante e surpreendente, que tanto filósofos quanto cientistas gostavam de frequentar. Falava-se de cultura e de política. Entre os *habitués*, Jarrety também menciona André Lebey, Jean Baruzi (a quem Barthes atribui sua descoberta de Michelet), René Lalou. "Foi também nesse salão de esquerda que Valéry conheceu o matemático Émile Borel, professor de cálculo das probabilidades na faculdade de Paris, e o físico Jean Perrin, que acaba de ser eleito membro da Academia das ciências."[57] Devemos, por isso, considerar Valéry um modelo? Se ele não está entre os escritores mais citados por Barthes — Gide desempenha um papel formador muito mais considerável —, os textos nos quais é mencionado fazem dele, no entanto, uma figura bastante

---

56. "Lectures d'enfance", *H. Histoire*, 5 de junho de 1980 [entrevista realizada em 31 de janeiro 1980] (OC V, p.947).
57. Michel Jarrety, *Paul Valéry* (Paris: Fayard, 2008), p.550.

determinante, em particular para a reflexão sobre o "eu".[58] *Monsieur Teste* e a relação fascinada com o eu que aí ocorre é apresentado como "um livro absolutamente anticonformista"[59] e de extrema marginalidade. Valéry faz parte de sua "primeira memória", a das leituras que formaram seu gosto e das quais ele nunca se desliga, mesmo se escreve pouco sobre elas.[60] Barthes volta a elas com regularidade, em particular a alguns temas-chave dos quais faz *leitmotiven*: a ideia segundo a qual pensamos apenas através do trabalho da palavra e da frase, o "pense-frase" ou o "pensamento-frase"; e aquela segundo a qual "na Natureza, não há *et caetera*", que só o homem pensa que devemos deixar algo não dito. Ao enquadrar Valéry na retórica clássica, ele também vê em sua obra a elaboração de um pensamento sobre a língua muito próximo a Saussure e, depois, a Jakobson. Ele o cita amiúde quando escreve sobre um ou outro. "Para Valéry também, o comércio, a linguagem, a moeda e o direito são definidos por um mesmo regime, o da reciprocidade; eles não podem se manter sem um contrato social, pois só o contrato pode corrigir a falta de padrão."[61] Barthes assim lamenta a desvalorização da qual Valéry é objeto, que o faz sentir em descompasso com sua época.[62] Há aí uma herança intelectual transmitida pelos avós, compondo o que Barthes chama "o imaginário dos avós", e que se liga, num texto tardio sobre Cy Twombly, ao amor que ele e Valéry compartilham pelas casas meridionais.[63]

Estamos longe, como vemos, das fórmulas lacônicas e raras que aplainam a história familiar sob uma homogeneidade burguesa e empobrecida. A realidade biográfica é muito mais variada; e, se Barthes não reivindica diretamente sua herança, dela conserva, no entanto, traços mais ou menos legíveis nos textos. À moda do noveleiro de Walter Benjamin, ele joga com os pedaços e retalhos de

---

58. O índice das *Œuvres complètes* não recenseia menos de sessenta referências a Valéry, distribuídas com regularidade ao longo dos anos.
59. *Le Neutre*, p.134 [ed. bras.: *O neutro*, p.201].
60. "Lectures d'enfance", OC V, p.949.
61. "Saussure, le signe, la démocratie", *Le Discours social*, abril de 1973 (OC IV, p.332).
62. "Ele não foi considerado pela modernidade e é pena, na medida em que disse coisas importantes, na minha opinião, muito justas... Há, em todo caso, uma categoria de assuntos sobre os quais sou daqueles que pensam por meio de palavras, que têm uma espécie de pensamento-palavra, e, pessoalmente, é o que penso fazer" (entrevista com Abdallah Bensmaïn, *L'Opinion*, Rabat, 6 de fevereiro 1978; OC V, p.536).
63. "Sagesse de l'art", OC V, p.692.

uma história que o precede, com a qual mantém a mesma distância temporal que tenho em relação a ele. Por isso pode ser interessante esclarecê-los: para ter uma relação nova, mutável, com as figuras que nos precederam. Ele é também determinado por uma falta, que atribui à sua geração e à sua história. Um fragmento abandonado do *Roland Barthes por Roland Barthes* desenha assim um estranho vazio em torno do ano de seu nascimento: "1915: suporto mal o ano de meu nascimento (esse ano tem sua importância: é preciso tantas vezes, numa vida, decliná-lo; ele faz parte bizarramente de nossa identidade). [...] Historicamente, 1915 é um ano anódino: perdido na guerra, nenhum acontecimento o destaca; nenhuma pessoa conhecida morreu ou nasceu naquele ano; e, seja penúria demográfica, seja má sorte, não encontro, por assim dizer, nenhum contemporâneo que tenha nascido no mesmo ano que eu, como se, cúmulo da paranoia, só eu tivesse a minha idade".[64] É falso. Barthes tem ilustres contemporâneos e, entre as pessoas que o rodeiam, várias nasceram no mesmo ano que ele. Ele faz da desaparição que o toca um fenômeno de desaparição geral, na qual seu ano de nascimento, "perdido na guerra", tem o destino de seu próprio pai perdido na guerra.

---

64. *Le lexique del'auteur*, p.318.

capítulo 2

"GOCHOKISSIME"

*Quando criança, construí um retiro para mim,
cabana e belvedere, no patamar superior de uma
escada externa, sobre o jardim: ali eu lia, escrevia,
colava borboletas, fazia trabalhos manuais;
isso se chamava (basco+ latim) "gochokissime".*
Grande fichário, 10 de maio de 1978

DA BEIRA DO MAR...

Toda sua infância é vivida perto do mar. Bayonne é um pequeno porto com menos de 30 mil habitantes e, nessa cidade do Sudoeste atravessada pelo Adour e pelo Nive, Roland Barthes vai morar até completar nove anos. Berthe, a avó paterna, mora com a filha Alice nas alamedas Paulmy, uma belíssima avenida do século XVIII que costeia as muralhas de Vauban e desce em direção ao cais. Seu nome se deve a Antoine-René Voyer d'Argenson, marquês de Paulmy (1722-1787), que, enquanto secretário de Estado na Guerra, tinha autorizado Bayonne a construir uma avenida face ao talude de Vauban e a plantar árvores, o que à época era contrário às leis sobre as fortificações.[1] É lá que Henriette Barthes se instala com seu filho depois da morte do marido, até 1919. Para a criança, esses anos que precedem a escola são aqueles cuja lembrança se perdeu e que este mesmo esquecimento transforma em paraíso. É preciso dizer que nos anos que seguem e nos quais Roland Barthes vive só com a mãe e uma empregada em Marracq (1919-1924), um pouco fora do centro, ele passa as quintas-feiras e os domingos na casa da avó, na qual às vezes também vai lanchar ao sair da escola. Todos os valores da *casa da infância* são, pois, conferidos a esta casa com três jardins, des-

---

[1]. Fonte: Marie e Raymond Chabaud, *Les Rues de Bayonne* (Biarritz: Atlantica, 2010), p.100. A biblioteca do marquês de Paulmy é hoje conservada com esse nome e se situa na biblioteca do Arsenal. Notemos que não há rua Roland-Barthes em Bayonne, o que lamentam os autores do livro, mesmo se aí encontramos um caminho dos Barthes, este termo gascão que designa as terras inundáveis à beira dos cursos de água e por extensão qualquer terreno pantanoso.

crita em *Roland Barthes por Roland Barthes*, que tem todas as propriedades dos contos, ao mesmo tempo chalé e castelo. Essa perfeição é generosa. Ela se estende à cidade inteira: "Bayonne, Bayonne, cidade perfeita: fluvial, arejada por sonoras cercanias (Mouserolles, Marrac, Lachepaillet, Beyris), e, no entanto, cidade fechada, cidade romanesca: Proust, Balzac, Plassans. Imaginário primordial da infância: a província como espetáculo, a História como odor, a burguesia como discurso".[2] Esse canto de amor, no início do livro, já que constitui a legenda da segunda fotografia, carrega toda a ambivalência da infância: felicidade e tédio, possibilidades ilimitadas de um tempo aberto para o futuro e fechamento. A Bayonne dessa época passa por grandes transformações. Em 1897, o Estado autorizou a municipalidade a destruir progressivamente certos elementos das muralhas de Vauban que circundavam a cidade, cercada por 58 hectares de terrenos militares — a cidade tinha apenas 40 hectares. Essa autorização tem importantes consequências urbanas: os militares não têm mais influência sobre as reformas e grandes obras às vezes tornam caótica a vida da cidade. Reduto e casamatas são destruídos entre 1905 e 1910, e um jardim público é instalado no lugar, plantado com tílias prateadas e aceráceas, essências capazes de resistir aos fortes ventos do Oeste. Mas a guerra começa e Bayonne se torna uma praça forte onde se instalam tropas estrangeiras, sobretudo a Legião Checa. As reformas e as especulações imobiliárias são provisoriamente suspensas. As obras são retomadas depois da guerra, porém com mais vagar. Parte das antigas muralhas, aquela situada entre o Château-Vieux e o jardim público, será demolida em 1923, enquanto a outra parte está, então, em vias de ser classificada como monumento histórico.[3] A cidade cresce e muda de fisionomia; as vias são alargadas, a esplanada é cercada de imóveis que se situam nas atuais ruas Jules-Labat, Léon-Bonnat e as alamedas Paulmy, e se abre para o monumento aos mortos inaugurado em 11 de novembro de 1924, mesmo mês da

---

2. *Roland Barthes par Roland Barthes*, OC IV, p.584 [ed. bras.: *Roland Barthes por Roland Barthes*, p.16].
3. As muralhas de Bayonne serão inscritas no Inventário Suplementar dos Monumentos Históricos em 6 de novembro de 1929. Alguns membros da municipalidade ficam furiosos: "O simples bom senso exige dos administradores da cidade de Bayonne que não sacrifiquem as necessidades da vida moderna pelas preocupações excessivas de alguns arqueólogos...". Citado em Monique Larran e Raymond Cabaud, *Il y a 100 ans, Bayonne* (Anglet: Éd. Lavielle, 1997), p.57.

partida de Barthes e sua mãe para Paris. Começa-se a falar de "nova Bayonne"; seu centro, entre as duas guerras, situa-se perto da Feria, a nova sala de espetáculos, perto da estação do bonde que conduz a Biarritz, em suma, bem perto das alamedas onde mora a avó Barthes. O grande cinema Majestic será aberto em 1926. Mas os bairros antigos não estão afastados e servem de palco a inúmeros passeios: os belos casarões das Arenas, as alamedas Marinas, ao longo do Adour, todas as pequenas ruas que circundam a catedral Sainte-Marie. Arenas provisórias com 7 mil lugares tinham sido construídas bem perto das alamedas Paulmy em 1893, por uma sociedade criada pelo banqueiro Salzedo e ricos comerciantes da cidade. Elas funcionaram até 14 de agosto de 1919, quando o público as incendiou fazendo uma fogueira com as cadeiras para protestar contra o atraso de seis touros portugueses. Salzedo fica arruinado e vende o estabelecimento. Ao longo de vários anos, o menino deve ter visto o prédio queimado e abandonado. Dessa época, Barthes retém sobretudo sensações, aquelas que, mais tarde, devolvem-lhe fugazmente seu passado: os odores da Poterne, os doces e o açúcar comprados no Bon Goût, a sexualidade do jardim público que "circula" nos cais do Adour; essas sensações estão indefectivelmente ligadas a lugares.

A casa Lanne, a das alamedas, persiste, com seus "três jardins" como metonímia ou o terreno cercado desta infância. Embora numa única extensão, o jardim se dividia em três espaços que Barthes distinguia entre o "jardim mundano", o "jardim caseiro" e o "jardim selvagem". O primeiro serve para acolher e acompanhar os visitantes, "aos passinhos, e com grandes pausas"; o segundo é arrumado como uma casa, com suas alamedas, relvas, plantas e flores, "rosas, hortênsias (flor ingrata do Sudoeste), luisiana, ruibarbo, ervas caseiras em velhos caixotes, uma grande magnólia cujas flores brancas chegavam à altura dos quartos do primeiro andar", uma figueira, que é objeto de uma lembrança "amorosa": o colhedor de frutas, "feito com um bambu e uma pequena cesta de ferro branco cinzelada de flores" que permite apanhar os figos mais altos;[4] o último jardim, o selvagem, é um espaço "indefinido, ora baldio, ora plantado com legu-

---

4. *Fragments d'un discours amoureux*, OC V, p.267 [ed. bras.: *Fragmentos de um discurso amoroso*, p.238].

mes grosseiros".[5] As possibilidades de deslocamento oferecidas por esse espaço tripartite facilitam a adaptação aos mundos possíveis — ele está relacionado com as utopias de Jules Verne e de Fourier, pelas quais o autor circula com facilidade — e com as diferentes esferas do social. É uma outra maneira de não ter meio. Nesse jardim, como na sua estrutura familiar, a criança experimenta certa solidão e um tédio real: ele o menciona duas vezes entre os sentimentos irredutíveis da infância, propensos aos desesperos e à vulnerabilidade. Assim, a lembrança de uma primeira infância feliz, mimada, na qual o menino é objeto de muitas atenções de uma pequena comunidade de mulheres — será que é dessa lembrança que se nutre o trabalho sobre as devoções infantis no seminário *Como viver junto?* — é atravessada também por momentos de angústia que não são apenas o signo de uma melancolia da lembrança. "Expliquei que tinha sido feliz porque estava cercado de afeição e que nesse plano tão importante estava satisfeito. Mas tive ao mesmo tempo uma infância e uma juventude difíceis."[6] Sempre, uma parte sombria turva a parte solar do discurso sobre a infância, única sombra carregada da morte do pai e da morte *tout court* que veio inaugurar sua vida. Mas as lembranças claras existem também, quase todas ligadas ao quadro ideal que essa casa constitui para uma criança, com todos os seus cantos onde se pode brincar e se esconder. Barthes, no fim da vida, lembra-se que ele tinha erguido uma cabana para si: "Pensar que quando criança, construí um retiro para mim, cabana e belvedere, no patamar superior de uma escada externa, sobre o jardim: ali eu lia, escrevia, colava borboletas, fazia trabalhos manuais; isso se chamava (basco + latim) 'gochokissime'".[7] Sua avó e sua tia ajudaram-no a instalar tudo, a encontrar o nome de seu domínio, inspirado da palavra basca que significa "doçura", depois "lugar tranquilo". As duas, e mais sua mãe, são inteiramente boas para ele; as lembranças a esse respeito são puras. "Pensar que elas e minha mãe eram profundamente gentis, boas, generosas (sem mesquinharia nem inveja etc.); e então pensar, por um desvio bizarro ou 'descoberto' que, em

---

5. *Roland Barthes par Roland Barthes*, OC IV, p.586 [ed. bras.: *Roland Barthes por Roland Barthes*, p.18].
6. OC IV, p.898.
7. BNF, NAF 28630, grande fichário, 10 de maio de 1978.

suma, Freud nunca se ocupou com a 'gentileza' dos pais. Tudo é igual para ele, o bom e o mau. Entretanto, essa gentileza pode ser 'determinante'."[8] E provavelmente ela o foi para Barthes — e, segundo a quase totalidade dos testemunhos daqueles que o conheceram, também era uma qualidade maior dele. O adjetivo "gentil" é aquele que até hoje Michel Salzedo evoca quando fala do irmão. E se esse vocabulário carrega às vezes conotações um pouco depreciativas, é preciso reconhecer aqui toda a força de um comportamento sempre benevolente: Barthes fará dele em seguida um valor com o nome de "delicadeza". Em "Algumas notas sobre mam.", presentes no *Diário de luto*: "Sua delicadeza era absolutamente atópica (socialmente): para além das classes: sem marca".[9] Apaixonadamente procurada, em seguida, nos seres que encontramos, essa qualidade envolve então a infância com uma doçura muito grande: é um período em que Barthes não conhece o medo.

Além dos domingos na praia e das visitas à avó, às vezes ia a quermesses de caridade, evocadas em *Sade, Fourier, Loyola*, nas quais ele contemplava grandes quadros vivos, "por exemplo, *A bela adormecida*",[10] esse tempo é o das primeiras aprendizagens, da língua e da música no mesmo momento ("compus pequenas peças bem antes de escrever").[11] A tia Alice é professora de piano e dá aulas na própria casa, que ressoa melodias e notas erradas. Mergulhando numa musicalidade familiar, que é também neste meio modesto um ganha-pão, ele ouve cruzarem-se a arte e a pedagogia, a melodia e as repetições intermináveis das aprendizagens ingratas. Ele fala sobre isso no último texto completo que escreveu antes de sua morte, "Piano-suvenir", cujos motivos se cruzam com aqueles que Pascal Quignard evoca em *Leçons de solfège et de piano,* no qual o escritor fala de suas três tias avós, Juliette, Marthe e Marguerite, em cuja casa o jovem Louis Poirier, futuro Julien Gracq, ia ter aulas em Ancenis, numa casa pobre, mas que tinha um "piano em cada andar, instrumentos de cordas em toda parte para fazer trios, quartetos,

---

8. *Idem.*
9. *Journal de deliu* (Paris: Seuil/IMEC, 2006), p.264. Col. Fiction & Cie [ed. bras.: *Diário de luto*, trad. de Leyla Perrone-Moisés (São Paulo: WMF Martins Fontes, 2011), p.247].
10. *Sade, Fourier, Loyola*, OC III, p.835 [ed. bras. *Sade, Fourier, Loyola, op.cit.*, p.183].
11. "Réponses", OC III, p.1024.

quintetos, improvisados. Mas para o resto, nada".[12] "De meu quarto", escreve Barthes, "ou melhor, entrando na casa pelo jardim, eu ouvia escalas, fragmentos de trechos clássicos; ora, nem a distância nem o caráter sempre um pouco ingrato do jogo pedagógico me eram desagradáveis, bem ao contrário; dir-se-ia que o piano se preparava para se tornar lembrança; pois cada vez que ouço de longe um piano que alguém toca, é toda minha infância, nossa casa de B. e até a luz do Sudoeste que irrompem na minha sensibilidade".[13] Por isso, ele acrescenta, não tem necessidade de uma frase de Vinteuil para ativar a lembrança, basta-lhe uma escala, um desses exercícios que lhe definem o piano, que tocará durante toda sua vida, o ritmo de sua existência. Nessas poucas frases se alojam várias das qualidades da infância, suas *qualia*; a sensação auditiva, que se duplica também numa sensação tátil, pois Barthes determina, na sequência do texto, que o efeito mais incomparável é produzido pelo contato entre "a praia de marfim e a almofada de couro", o poder metonímico do piano que faz vir a casa e a luz tão amada. Diz ainda que para ele a música não é só uma melodia, mas é também um texto, o que se explica pelo caráter concomitante das aprendizagens, da leitura e da música, das quais ele conservará toda sua vida o gosto pela decifração, preferindo ler a música a tocá-la de memória: "O piano era também para mim uma literatura. No 'pequeno salão', havia um móvel grande onde eram colocadas pastas com peças separadas e partituras encadernadas". Ele aí localiza a bela escritura de sua tia ou os rabiscos a lápis mais livres das anotações de sua avó quando criança: "Beethoven, Schumann, não são somente árias, temas, são também um texto sobre o qual se escreve e se coloca, numa família, o movimento das gerações".[14] No outono de sua vida, Barthes ainda revê essa tia, que chama Ady, e pensa com nostalgia "em sua letra grande no caderno de trabalho de seus alunos de piano, na aula que dava a cada semana em Castillon, propriedade dos Lahouche em Tarnes (vinham buscá-la de landau), em suas leituras à noite (ela sofria de insônia), em sua pobre vida, e, de repente, isso me apunhala,

---

12. Pascal Quignard, *Leçons de solfège et de piano* (Paris: Arléa, 2013), p.21.
13. "Piano-souvenir", OC V, p.898. O texto foi publicado pela primeira vez em *Panorama de la musique,* março-abril de 1980, com o título "Piano-Mémoire".
14. *Ibidem,* p.899.

para qualquer vida. (O quê, tudo isso para *nada*?)".[15] Entristece-o o desequilíbrio entre o quê, para a criança, um dia foi tudo e do qual não resta mais que uma vaga lembrança, impartilhável e já quase morta; mas também a ideia de não poder fazer existir sua memória, escrevendo-a, o que lhe permitiria durar um pouco, pelo menos o tempo de sua própria notoriedade.[16]

Ao contrário do artista ou do músico profissional que destaca por um momento sua prática ou sua arte do contexto de sua aprendizagem, como ele mesmo o fará para a escritura, Barthes conserva sempre para o piano uma dimensão doméstica — nesse sentido, é preciso distinguir sua relação com o instrumento e com seus objetos de sua relação com a música, seja ela para piano ou não; voltaremos a isso. O instrumento define o espaço de uma prática particular correspondente a uma versão elevada do amadorismo que prefere "a deambulação, o fragmentário, o capricho discreto" à execução perfeita.[17] Ele define também uma técnica do corpo: lê-se uma partitura com os olhos e com os dedos; engaja-se o corpo na simultaneidade das ações da vista e das mãos. Há uma perfeição da leitura-escritura que constitui o sonho do escritor-crítico e cuja ergonomia demandará, para se afinar, toda uma vida de trabalho.

Em 1919, Barthes se instala com a mãe no que se chamava então "periferia" de Bayonne, hoje considerada um de seus "bairros nobres". Em Marracq (que Barthes costuma registrar "Marrac"), costeiam-se grandes propriedades, zonas rurais ocupadas por hortelões, terrenos militares, hortas operárias. Vários hectares de terrenos militares acabavam de ser liberados pelo exército e a cidade tinha começado a loteá-los, mas sem garantir as obras de encanamento de água potável e gás. No começo da década de 20, essas obras estão em curso, mas ainda bastante inacabadas. Henriette mora nas proximidades dos canteiros de obras, que para as crianças pobres são formidáveis áreas para jogos: mesmo que Barthes conserve a lembrança das brincadeiras com os pequeno-burgueses, Jean e Linette de Lignerolles, as crianças Rima, Julien Garance e

---

15. BNF, NAF 28630, grande fichário, 14 de outubro de 1979.
16. Esta ideia é desenvolvida em *La Chambre claire*, a propósito da mãe. OC V, p.841 [ed. bras.: *A câmara clara*, p.95].
17. Ver, sobre esse ponto, o capítulo dedicado a Barthes em François Noudelmann, *Le Toucher des philosophes. Sartre, Nietzsche et Barthes au piano* (Paris: Gallimard, 2008), p.123.

Jacques Brisoux, é mais provável que seus companheiros tenham como ele existências modestas. Depois dessa mudança, Roland frequenta a escola maternal de Marracq, depois o "liceu de Bayonne", estabelecimento de ensino primário e secundário, aberto em 1896, em Marracq, um pouco distante do centro em relação à cidade e, portanto, bem próximo de sua casa: essa proximidade talvez seja uma das razões da mudança de Henriette Barthes; a outra, provavelmente, era seu desejo de se emancipar um pouco da tutela da família do marido. Além dos momentos passados nos canteiros de obras, ou percorrendo o pequeno campo de Marracq de triciclo, os outros jogos da primeira infância são em família (o anão amarelo, jogo de cartas), as deambulações nos jardins, o devaneio em relação aos barcos que deixam o porto, talvez as provocações dos gatos... Aos domingos ele vai almoçar na casa da família, tomando a segunda linha de bonde, que passa pelo liceu.

Outro aspecto importante desses anos de aprendizagem é a iniciação à religião, que ocupa um lugar não desprezível na infância e, sobretudo, na adolescência, no decorrer da qual ele passa por verdadeiras crises místicas. Roland Barthes é batizado na religião calvinista no templo protestante de Bayonne. Situado na rua Albert 1er, foi inaugurado em 20 de junho de 1847 e deve sua fachada sóbria, decorada por uma bíblia aberta, ao arquiteto Boulanger. Barthes tem como padrinho Joseph Nogaret, cuja irmã toca harmônio durante os serviços, padrinho que às vezes cuida dele, lhe dá presentes de Natal, como todos os padrinhos ("um saco de nozes e uma moeda de cinco francos"). A comunidade protestante de Bayonne, que conta com cerca de trezentos membros no começo do século, foi muito marcada pelo pai de Joseph Nogaret, ele também Joseph Nogaret, pastor desse templo por quarenta anos. O filho, padrinho de Barthes, é também uma figura-chave dessa comunidade, autor, entre outros, de uma pequena "história do protestantismo em Bayonne".[18] Minoritários numa cidade episcopal, que, por sua proximidade com a Espanha, é naturalmente um bastião do catolicismo, e mesmo em relação à comunidade judia, quatro vezes mais importante, os protestantes de Bayonne esperaram trezentos anos pela construção

---

18. Ver *Le Protestantisme à Bayonne. Cent cinquantenaire du temple de Bayonne, 29 juin 1977*, org. de Suzanne Tucoo-Chala (Pau: Centre d'étude du protestatisme béarnais, 1998).

de um lugar de culto. Sentem-se tolerados, mas vivem com o sentimento de exceção e diferença. Em geral de origem estrangeira — a comunidade formou-se, sobretudo no começo, por luteranos e por calvinistas vindos da Alemanha, da Holanda e da Inglaterra por razões socioeconômicas para essa cidade portuária —, os protestantes foram alvo de oposição da cidade por seu caráter não francês, outra forma de marginalização. Barthes lembra-se menos desta história que dos ritos e das sensações que agradam as crianças: os odores de cera fumegante e de tangerina no Natal, os cantos... A aprendizagem da Bíblia prossegue em Paris, para onde ele vai a cada verão com a mãe para visitar sua família materna. A viagem de trem dura quinze horas. Eles costumam se hospedar na casa do pastor Louis Bertrand, na rua do Avre, no distrito xv, em La Motte-Picquet. Esse evangelista, que nasceu em 1867 e morreu em 1941, conhecido por sua ação pelos pobres e os sem-teto, que dirigiu missões em Fresnes e nos hospitais, tinha sido até 1919 pastor de Bayonne,[19] o que explica sua ligação com Henriette Barthes, e foi, sem dúvida, ele quem batizou Roland. Depois da morte de sua mulher, ele assumiu o posto do lar de Grenelle, asilo para os mais deserdados.[20] Essa convivência com Louis Bertrand e Joseph Nogaret mostra que Henriette Barthes estava muito integrada nessa comunidade, cuja existência fez às vezes, para Roland Barthes, de segundo ou de terceiro lar. O que Barthes retém de Louis Bertrand é a leitura lenta da Bíblia. "Lemos lentamente a Bíblia a cada refeição, a ponto de nos fazer perder o trem, se devemos partir naquela noite." Essa lentidão da leitura funcionará como um biografema tenaz. Nós a encontramos caracterizada a propósito da leitura de Bataille por Lucette Finas em 1977, num texto precisamente intitulado "Questão de tempo". "A lentidão obstinada, a insistência constante, a conjunção de uma 'vigilância móvel' e de um 'atraso [...] que se aproxima da fixação' produzem um efeito de fascinação."[21] Podemos também encontrá-la na evocação da caminhada definida como "penetração lenta e como que ritmada da

---

19. Fonte: R. Ferret, *Un évangéliste: Louis Bertrand* (Mission populaire évagelique de France, 1948).
20. Foi para este lar que foram doadas as roupas e outros pertences de Henriette Barthes depois de sua morte. Cf. *Journal de deuil*, p.151 [cf. ed. bras.: *Diário de luto*, p.135].
21. "Question de temps", *Gramma*, 1977 (OC v, pp.335-39, p.338).

paisagem",[22] assim como em sua relação com o piano. Introduzindo síncopes, durações improváveis, Barthes evoca seu tempo demasiado lento, generalizando este convite à lentidão.[23]

Essa infância meridional deixa traços, marca o corpo para sempre. Imprime uma forma de afastamento que se percebe por algum sotaque, certa sensibilidade para determinadas curvas da paisagem e uma luz singular. Tudo isso foi admiravelmente resumido no texto que Roland Barthes escreveu para *L'Humanité* em 1977, "A luz do Sudoeste". A infância é antes de mais nada uma memória do corpo, com os odores de chocolate, o rangido das alpargatas, o gosto do óleo espanhol, "o ar confinado das lojas escuras e das ruas estreitas, o papel envelhecido dos livros da biblioteca municipal". Ela também se faz ouvir por um sotaque, mesmo quando ele não existe mais: "Eu digo 'socializmo', e não 'socialissmo'", o que o afasta, talvez, do socialismo real — ele faz disso uma hipótese engraçada —, mas também, poderíamos acrescentar *parisianizmo* e *familializmo*... Alguma coisa da infância protege da ideologia: seu domínio afastado, no espaço e no tempo, a experiência das margens e sobretudo do diferencial que a luz do Sudoeste imprime em qualquer coisa: "Ela preserva essa terra de qualquer vulgaridade, de qualquer gregarismo, torna-a imprópria ao turismo fácil e revela sua aristocracia profunda (não é uma questão de classe, mas de caráter)".[24] A ausência do pai, a pobreza, a marginalidade religiosa, todas estas diferenças são resumidas e englobadas por esta luz-espaço, líquida e cortante, sabendo dizer a essência de cada coisa e a natureza mesma de sua diferença. Essa luz protege da uniformidade. Por ela se inscreve, sobre o fundo obscuro da infância, uma especificidade: um modo de ser sensível, certa maneira de mover o corpo e sobretudo um sistema de signos em busca do qual a escritura partirá: entre o pacífico e o perdido, a lentidão e o perturbado.

Seria preciso compreender nessa luz, nessa doçura ao mesmo tempo luminosa e dilacerante, o que aconteceu com a relação entre Barthes e sua mãe. Seria preciso compreendê-lo delicadamente, li-

---

22. "La lumière du Sud-Ouest", OC V, pp.330-34, p.332 [ed. bras.: "A luz do Sudoeste", *op.cit.*, pp.3-10, p.7].
23. Claude Maupomé, *Comment l'entendez-vous, Roland Barthes?*, France Musique, outubro de 1979.
24. "La lumière du Sud-Ouest", OC V, pp.330-34 (p.331) [ed. bras.: "A luz do Sudoeste", *op.cit.*, pp.3-10 (p.6)].

gando sua bondade, sua delicadeza a tudo o que elas podem ter de doloroso, quando se lembra disso depois, e que teria a ver com essa luz. Em 13 de agosto de 1979, uma nota daquilo que se tornará o *Diário de luto* depois de sua morte: "Deixando Urt, depois de uma estada difícil, no trem, perto de Dax (essa luz do Sudoeste que acompanhou minha vida), desesperado, em lágrimas, pela morte de mam".[25]

... NO CORAÇÃO DE PARIS
1924, novembro: Minha mãe decide se instalar em Paris. Chegamos os três (com Marie L.) numa manhã cinzenta de novembro. O apartamento alugado por correspondência, na rua da Glacière, está ocupado. Estamos na rua, com malas e bagagens: uma vendedora de laticínios nos oferece, no fundo de seu estabelecimento, chocolate e *croissants*. Moramos na rua Jacob (num triste lar de viúvas de guerra), na rua Bonaparte, número 20, numa mansarda, sobre colchões em volta dos quais agitam-se ratos, na rua Mazarine (número 42) e na rua Jacques-Callot (número 16). Minha mãe trabalha num ateliê de encadernação de arte, da srta. de Felice, em Courbevoie [...].
1924-1925: Entro (durante o ano letivo) no liceu Montaigne, no quarto ano. O professor, sr. Lebeau, é muito mau; ele sempre nos submete a sessões de cálculo mental cruéis, e puxa o cabelo dos alunos. Estou perdido, infeliz, o último da classe, nenhum colega; ou por inadaptação, ou por fragilidade de saúde (tenho frequentemente dor de ouvido), falto bastante às aulas. Um médico barbudo, consultado, prescreve inalação com água salgada e, o que é mais importante, diz que é para eu deixar de ir à escola (esse médico morava na rua de Rome, e se chamava dr. Clément; descobri recentemente que deveria ser o médico de Raymond Roussel). Seis meses de lazer: **no ateliê da rua Mazarine, afundado numa boa poltrona, leio durante o dia revistas ilustradas (especialmente de cinema: fala-se aí de** La Jalousie du Barbouillé, **de Cavalcanti), compradas de uma pequena vendedora tolosana (sente-se o cheiro de batata sautée, que ela acaba de mastigar, saindo de sua despensa)**; com Marie L. [...] vamos semanalmente ao cinema Danton ver filmes mudos por episódios (*Jean Chouan*) e Carlitos (*Em busca do ouro*).

---

25. *Journal de deuil*, p.250 [ed. bras.: *Diário de luto*, p.234].

1926-1927: Meu sexto ano é interrompido. Em janeiro de 1927, nós nos instalamos em Capbreton, onde meu irmão (meu meio-irmão) Michel nasce em abril. Tenho onze anos e meio. Durante esses meses nas Landes, brinco com os meninos da região, vou com eles catar pinhas, que vendemos a um franco por saco. À noite, perto da lareira, leio Eugène Sue (*O judeu errante*). Passamos o verão de 1927 em Hossegor, que ainda não está na moda; há apenas dois hotéis que dão para o lago, nada para o lado da costa Sauvage, para onde nunca vamos.

1927-1930: Volto para o sexto ano no liceu Montaigne, onde a partir de então sou um "bom aluno" de letras (sobretudo em francês e em história). No oitavo A, o professor é M. **Grandsaignes d'Hauterive. Ele tem um monóculo com venda, um odor apimentado; divide a classe em "campos" e em "bancos", cada um provido de um "chefe"; são apenas competições.** Brinco também no Luxembourg; nosso bando tem seu ponto de encontro na alameda que é hoje a dos Jogadores de Bola; é um banco, o "banco sagrado"; brincamos de pular barra, medimos com uma corda o circuito do jardim, fazemos corridas de resistência. Os guardas nos fazem admoestações, perguntam-me se eu não sou parente do senador Barthes [*sic*], célebre por ter feito votar "o vinho quente para os soldados"; infelizmente, não. Um dia vejo de longe a inauguração de um monumento rosa em honra de José Maria de Heredia.

Entusiasmo religioso: leio muito o Novo Testamento, quero ser pastor. Todos os domingos de manhã atravesso a ponte des Arts e vou ao culto do Oratório do Louvre; é o refúgio do protestantismo liberal. Em cada uma das três férias escolares, vou à casa de meus avós em Bayonne [...].

O fim da infância chega cedo, na ruptura que constitui a partida para Paris, em 1924. Paris era até então um lugar de férias. Os trajetos se invertem. A mudança geográfica é também um deslocamento sociológico. A chegada a Paris marca uma ruptura com o meio social burguês e uma entrada mais explícita na pobreza. Não se conhecem bem as razões que levaram Henriette Barthes a deixar Bayonne. Talvez o pastor Louis Bertrand tenha encontrado para ela o trabalho de encadernação. É possível também que, tendo tomado providências para o reconhecimento de seu filho como pupilo da nação (reconhecimento que ele obtém alguns meses mais tarde, em 1925), ela tenha achado oportuno que ele prosseguisse seus estudos como bolsista num bom liceu parisiense. O fato é que em novembro de 1924 Barthes se encontra em Paris com sua mãe e a jovem empregada basca Marie Latxague, primeiro num lar para viúvas de guerra, depois em pequenos alojamentos provisórios, quartos sem água corrente e sem conforto, em diversas ruas do distrito VI, onde sempre estão em companhia de um gato.

Ele entra no quarto ano (CM1) no liceu Montaigne, atrás do Luxembourg. Lembra-se das dificuldades de adaptação do pequeno provinciano que se mudou para Paris, de seu sentimento de isolamento. Nesse contexto, a doença, que começa a dar sinais, aparece como uma benção. Ela abre caminho para outras aprendizagens, mais livres, nas revistas e nos cinemas, nas leituras dos romances-folhetins, todos esses objetos na confluência da cultura infantil e da cultura popular, que o marcam profundamente. Descobre a cidade percorrendo-a de ônibus de um lado para o outro, e esse lazer forçado lhe oferece outro sentimento em relação a ela, mais familiar. Dali em diante sua casa é a de Paris, e a de Bayonne passa a ser o lugar das férias, ainda que continue a ser "sua". Isso não o impede de sentir tédio, a falta da mãe, obrigada a trabalhar na periferia, como testemunha este biografema inserido em *Fragmentos de um discurso amoroso*: "Menino, eu não esquecia; dias intermináveis, dias abandonados, em que a Mãe trabalhava longe; eu ia, à noite, esperar sua volta no ponto do ônibus Ubis, em Sèvres-Babylone; os ônibus passavam uns após outros, ela não estava em nenhum".[26] No verão de 1925, Henriette conhece um industrial ceramista de nome André Salzedo, que se torna seu amante. É um homem sedutor, que pratica equitação em alto nível e frequenta os meios mundanos da costa Atlântica. No verão seguinte, ela fica grávida. Nessa mesma época, Barthes inicia o sexto ano. Ele interrompe os estudos em janeiro, a fim de que a mãe possa terminar a gravidez em paz em Capbreton, nos Landes, pequeno porto de pesca a dezessete quilômetros de Bayonne, não distante de André Salzedo, que mora em Saint-Martin-de-Hinx com a mulher, a artista Maggie Salzedo, e seus três filhos. Embora casado, Salzedo decide reconhecer o filho, que nasce em 11 de abril de 1927. Este acontecimento é, sem dúvida, aquele que, para Barthes, marca o fim da infância, com essa

---

26. *Fragments d'un discours amoureux*, OC V, p.42 [ed. bras.: *Fragmentos de um discurso amoroso*, p.37].

confusão de tempos na memória que lhe permite associá-lo à época da partida para Paris. Ele confirma também, de certa maneira, a ausência de obstáculo posto no caminho de seu amor feminino exclusivo pela mãe. Longe de ser um rival, esse irmãozinho nascido no começo de sua adolescência e de sua vida sexual, criança com pai não ausente como o seu, mas pouco presente o bastante para ser esquecido em diversas ocasiões, é simbolicamente muito mais o filho formado pelo casal mãe-filho mais velho do que um caçula que vem desarrumar esse amor. Em geral voltado para si mesmo, nunca se encontrando com familiaridade em companhia de outras crianças, Roland Barthes já é autônomo nessa época. Além disso, a "família sem familiarismo" à qual pertence autoriza deslocamentos. Pouco autoritária, sua mãe não procura endossar a lei. "Ela nunca me fazia observações." Esse comentário volta e meia aparece em suas fichas pessoais, das quais algumas foram retomadas no *Diário de luto*; apresenta numerosas variantes: "Ela nunca me tratou como uma criança irresponsável"; ou ainda, para o projeto de um texto que ele escreveria sobre ela: "Começar: 'Durante todo o tempo que vivi com ela — toda minha vida — minha mãe nunca me fez *uma observação*'".[27] Parece que, imediatamente, ela depositou confiança nele e baseou toda a sua educação em seu amor e nessa confiança. Tal conduta contribuiu para que seu filho tivesse uma autonomia precoce; ela lhe deu o sentido das responsabilidades.

Trazendo ao mundo o menino Michel, Henriette Barthes, cuja educação, como vimos, foi bastante livre, ilustra sua pouca preocupação com as convenções. Ela está apaixonada por um artista casado, um pouco boêmio, judeu. Os Salzedo sempre foram uma das mais antigas e importantes famílias judias de Bayonne. São aqueles aos quais chamam "portugueses", em referência ao acolhimento que a cidade deu aos judeus da Espanha e de Portugal quando foram perseguidos e expulsos no fim do século XV e no século XVI. Em Bayonne existiu, no século XVII, a maior comunidade judaico-portuguesa (3 mil habitantes por volta de 1750), concentrada no burgo Saint-Esprit, dotada de numerosas instituições e abarcando pequenas comunidades rurais

---

[27]. Ficha de 16 de junho de 1978; retomada em *Journal de deuil*, pp.270 e 268 [ed. bras.: *Diário de luto*, pp.252 e 251].

na região basca e das Landes.[28] Apesar da prática regular da religião e de sua crença manifesta, Henriette não se deixou levar por eventuais preconceitos. Em seu enterro, em outubro de 1977, o pastor, em nome da comunidade protestante de Bayonne, se desculpa por ela ter sido excluída, não tanto pela condição de mãe solteira, mas pelo fato de o pai ser judeu.[29] Sua própria mãe, Noémie Révelin, parece ter lhe cortado ajuda financeira devido a esse nascimento. De fato, apesar da situação social abastada, do apartamento no Panthéon onde abria seu salão, ela pouco ajudou a filha necessitada. Vários textos pessoais de Roland Barthes manifestam seu desgosto ao visitá-la, pois ele precisava lhe implorar uma roupa demasiado grande que pertencera a seu filho caçula ou algumas moedas para terminar o mês. Observância às convenções burguesas às quais Noémie Révelin teria se convertido tardiamente ou sentimento de inveja em relação à filha? É difícil distinguir, nesse afastamento, o que era social do que era psicológico. O que também se dizia na família, segundo Michel Salzedo, é que Noémie Révelin tinha inveja dos resultados escolares de Roland, que contrastavam com as más notas de seu filho caçula, Étienne, só alguns anos mais velho que o sobrinho. Todas essas razões contaram, sem dúvida: a relação entre a mãe e a filha não era boa e nenhuma ajuda financeira podia se esperar daquele lado. Barthes confia assim, em 1977, a Bernard-Henri Lévy, para o *Nouvel Observateur*, "que nos acontecia com frequência de não termos o que comer. Que era preciso, por exemplo, ir, durante três dias, comprar um pouco de patê de fígado ou algumas batatas numa mercearia da rua de Seine". Ele evoca também uma vida pautada pela chegada da data em que era preciso pagar o aluguel; e os pequenos dramas ocasionados em cada início de ano letivo: "Eu não tinha as roupas necessárias. Faltava dinheiro no momento das coletas coletivas. Falta de dinheiro para pagar material de aula".[30] Ele justifica seu gosto posterior pelos gastos por esse mal--estar, então constante e penosamente sentido.

---

28. Fontes: *Les Juifs de Bayonne, 1492-1992*, exposição da biblioteca municipal de Bayonne, Musée basque, 1992. Henry Léon, *Histoire des juifs de Bayonne* (Marseille: Lafitte Reprints, 1976 [1893]).
29. Ver Louis-Jean Calvet, *Roland Barthes (1915-1980), op.cit.*, p.270 [ed. bras.: *Roland Barthes*, *op.cit.*, p.248].
30. Entrevista a Bernard-Henri Lévy, *Le Nouvel Observateur*, 10 de janeiro de 1977 (OC V, p.371) [ed. bras.: "Para que serve um intelectual", in *O grão da voz*, p.375].

As relações com a família paterna também se desgastam. A partir do nascimento de seu irmão, o adolescente vai sozinho para Bayonne, enquanto Henriette aluga uma casa nas Landes, primeiro em Capbreton, em Hessegor, depois em Biscarrosse; Barthes vê a mãe e o irmão por uma semana ou duas durante as férias maiores. Lá, Henriette encontra André Salzedo, que às vezes também vai ver o filho em Paris.[31] A relação dos dois prossegue de modo episódico durante muitos anos, mas parece que eles não se entendem bem; o filho lembra que discutiam muito, mesmo depois do divórcio de André em 1931. Assim, tudo o que poderia dizer respeito à família, à ideia de família ou de um espírito de família, encontra-se sempre comprometido. Só o avô Binger continua a receber a filha com seus dois filhos, em sua casa de L'Isle-Adam, quase todos os domingos. Sem que tenha havido um plano premeditado, muitos acontecimentos e situações convergiram para uma explosão dos pilares da burguesia que são a família e a abastança relativa. O lar é móvel e os dois filhos e a mãe deles com frequência se mudam durante esse período. Talvez seja isso que dê a Barthes o sentimento de "descentramento" que ele experimenta ao repensar sobre esse momento parisiense de sua infância. Só a escola oferece o quadro de certa estabilidade exterior. Barthes continua sendo um aluno muito bom, apesar das interrupções periódicas motivadas pela doença. Lembrando-se de um de seus professores do oitavo ano, o sr. Grandsaignes d'Hauterive, salienta o espírito de disputa e competição que ele insuflava nos alunos. Robert Grandsaignes d'Hauterive, com mais ou menos cinquenta anos quando Barthes o teve como professor, ainda não havia publicado as obras que fizeram seu renome como gramático, seu dicionário de francês antigo e sobretudo seu importante *Dictionnaire des racines des langues européennes*.[32] Apenas sua dissertação de final de curso, sobre o pessimismo de La Rochefoucauld, fora publicada, em 1914. Mas o saber de professor concursado, as maneiras herdadas e o patronímico nobre tinham tudo para impressionar as crianças.

As atividades de lazer são ao mesmo tempo solitárias e coletivas. Como todos os outros meninos, ele encontra os amigos no Luxem-

---

31. Eles se verão regularmente até a morte de André Salzedo, em 26 de abril de 1956.
32. *Dictionnaire des racines des langues européennes. Grec, latin, ancien français, espagnol, italien, anglais, allemand* (Paris: Larousse, 1940, 1949, 1994).

bourg para brincadeiras quase sempre em "bandos". Mas é sobretudo sozinho, ou com Marie Latxague, ou com um ou outro amigo, que ele vai ao teatro, ao cinema, ao concerto. Data dessa época a descoberta do "cartel des quatre", Louis Jouvet, Gaston Baty, Georges Pitoëff e Charles Dullin, na origem da criação do teatro popular. Ele frequenta o Ateliê que Dullin criou em 1921, assim como os Mathurins, cuja direção só é assumida por Pitoëff em 1934, o que mostra que as lembranças de Barthes, como a maior parte das recordações da infância de cada um, não são datadas, embora ele mesmo faça corresponder sua incapacidade para "se datar" apenas na sequência de sua existência. "Lembro-me muito bem de minha infância e de minha juventude, sei datá-la e conheço-lhe os pontos de referência. E em seguida, ao contrário, acontece essa coisa curiosa: não me lembro mais, não consigo mais datar, me datar. Como se eu não tivesse memória senão da origem, como se a adolescência constituísse o tempo exemplar, único, da memória."[33] Mas essa mesma datação é instável e é mais provável que tenha ido a esses teatros, assim como aos concertos Colonne e Pasdeloup, no momento da franca adolescência, depois de ter entrado no Louis-le-Grand. Por outro lado, ele lembra com precisão ter visto bem jovem *Um cão andaluz* [*Un chien andalou*], de Buñuel, no Studio 28 da rua Tholozé, em Montmartre (o filme foi lançado em 1929, em Paris). Os saltos temporais, para a frente ou para trás, que tornam tão particular a narração desse filme, podem simbolizar a organização compacta das lembranças longínquas, ora esticadas, ora confusas ou invertidas.

O período final no liceu Montaigne marca a entrada na segunda adolescência. É quando ele conhece, no oitavo ano, Philippe Rebeyrol, que se torna seu amigo. É quando Barthes também se liberta da religião. Às primeiras emoções sexuais se associam leituras novas, que lhe abrem outros mundos. É o caso de dois livros: *En Grèce*, compilação de fotografias de Antoine Bon, comentadas por Chapouthier, e *Nietzsche en Italie*, de Pourtalès.[34] Eles lhe indicam

---

33. Entrevista com Bernard-Henri Lévy, OC v, p.364 [ed. bras.: "Para que serve um intelectual", in *O grão da voz*, p.365].
34. *En Grèce,* 122 fotografias por Antoine Bon, introdução de Fernand Chapouthier (Paris: Éd. Paul Hartmann, 1932); Guy de Poutalès, *Nietzsche en Italie* (Paris: Grasset, 1929). Na verdade bem insignificante, o livro do Poutalès, dedicado a Paul Valéry, opõe o intelectual e o cristão no capítulo que fala da morte dos deuses. "Para o primeiro, toda felicidade está em si ou de si, todo gozo, toda vida." Pode agradar qualquer adolescente exaltado!

confusamente que há coisas para aprender fora das salas de aula e que se pode viver diretamente a literatura. "Este livro atingirá sua finalidade", escreve Fernand Chapouthier, "se o leitor, retomando seus textos antigos, acrescentar às palavras conhecidas um entusiasmo novo." É o programa aberto para os anos seguintes: os das amizades com a perspectiva de durar muito tempo, os dos primeiros amores, dos primeiros deslocamentos, mas também da incorporação do antigos pela prática do grego e do latim e a descoberta do teatro. Uma anotação de julho de 1979 faz aflorar tudo isso misturado: "Primeiros amores: Jacques G., as senhoritas Manterola. O gabinete da rua Gambetta, o desejo sexual, as Alées Marines, os mosquitos, a carta no correio, a noite [...]".[35]

---

35. BNF, NAF 28630, grande fichário, julho de 1979.

capítulo 3

A VIDA
DIANTE DE SI

OS ANOS DE FORMAÇÃO

Barthes está no liceu Louis-le-Grand, cuja fachada principal, inteiramente renovada no fim do século XIX, fica na esquina da rua Saint-Jacques com a rua Cujas. O itinerário que o conduz para lá é uma sequência lógica, já que em 1885 as aulas dos primeiros anos foram transferidas para o Montaigne, que constitui o anexo do liceu para os meninos do bairro. Os trajetos mudam: depois da rua Clément, onde ele se encontrava com os dois irmãos Blanchard, a rua Férou, o Luxembourg, ele vai agora pela rua Mazarine, a rua da École-de-Médecine, o bulevar Saint-Michel, a passagem Gerson.[1] As salas de aula ficam nos antigos prédios do colégio de Clermont, onde os jesuítas formaram Molière e Voltaire, e que outrora fora frequentado por Baudelaire. Barthes fez ali seus estudos do nono ano do ensino fundamental até o terceiro ano literário do ensino médio (chamado naquela época de classe de filosofia); sempre bom aluno, sobretudo nas matérias literárias, sua escolaridade passa em brancas nuvens até a grande ruptura da primeira temporada sanitária, em Bedous, em 1934, que o obriga a interromper o último ano do liceu. O ritmo é fixado pelo calendário escolar e todas as férias se passam em Bayonne, onde ele passa os dias mais felizes de sua existência adolescente, junto de seu amigo Jacques Gilet, e ocupado com a música, o piano que ele toca só ou a quatro mãos com Jacques ou com sua tia Alice. As lembranças relatadas na longa nota autobiográfica não fornecerão quase mais anamneses para o *Roland Barthes por Roland Barthes*.

---

[1]. Anamneses não retomadas em *Roland Barthes por Roland Barthes*. Publicadas por Anne Herschberg Pierrot em *Genesis*, n. 19, 2002, p.46.

Não é mais o tempo da memória escondida, exigindo um esforço, um mergulho no obscuro, no fragmentário e no esparso, mas a abertura do tempo social, que nos forma mais do que o formamos e que liga mais estreitamente do que antes o individual com o coletivo.

1933: Recebo uma menção honrosa pelo tema latino no concurso geral (por que o tema latino?) e faço meu primeiro exame para o bacharelado; o assunto de dissertação é "o herói romântico", estou? [*texto rasurado*] e me saio bem fazendo a [*texto rasurado*] de curso, aprendida. Durante o verão, em Bayonne, tenho um amigo, Jacques Gilet, de Bordeaux; nos vemos todos os dias, tocamos piano a quatro mãos das duas às oito, tudo se passa aí; encontro-me com ele de manhã, na praia, e em geral à noite, em Biarritz; um dia minha tia para bruscamente de tocar seu piano e me diz, severa: "*Você não acha que está exagerando?*".

1933-1934: No Louis-le-Grand, com alguns colegas, Rebeyrol, Brissaud, Oualid, escolhemos erradamente a turma do prof. Millaud, que faz grande sucesso no exame; ele dá sua aula de cor; tem uma gravata pronta, montada num pequeno aparelho metálico; às vezes, sem ele perceber, a armadura se desprega e a gravata cai para a frente como uma haste que murcha; ele fala de Bergson e de Théodule Ribot. O professor de história é Mouzet, que chamamos Nabo; fazemos bagunça. Ele gosta disso, a ponto de, sádicos, os alunos serem, às vezes, bem comportados: ele fica perdido com isso. A classe é politizada; há muitos fascistas (Jeunesses Patriotes); é o ano do 6 de fevereiro; os alunos de esquerda são pouco numerosos (Chautemps, Chaudié, Rebeyrol); formamos — bastante pomposamente — um grupo de

Defesa Republicana e Antifascista (DRAF), pois já há vários anos leio *L'Œuvre* (jornal radical) e Jaurès (marxismo: desconhecido).

Dou aulas particulares há três anos: trabalho importante, intelectual e social. Resolvi me tornar preceptor, no domicílio, dos dois filhos do dr. G., que mora no bulevar Saint-Germain, acima da praça (o imóvel do atual BNP); mas, em 10 de maio de 1934, tenho uma hemoptise; abandono o liceu dois meses antes do exame final e me refugio em Bayonne: lá faz calor, muito. O médico de família, o dr. Croste, me aplica injeções de sais de ouro, emplastro no tórax e me dá o seguinte conselho, que mal compreendo: *e não pense nas mocinhas*. Nessa ocasião meu amigo Jacques Gilet se afasta de mim.
1934-1935: Para evitar (equivocadamente) o sanatório, passo um ano em tratamento livre (com meu irmão e minha mãe) em Bedous, grande aldeia do vale de Aspe, antes de Somport; moramos em três cômodos da casa do vendedor de tecidos Larricq: belo homem, de boas maneiras, desposou uma aristocrata russa exilada, cuja mãe e a irmã vivem lá, num único quarto onde fazem tapeçaria ao longo dos dias, para sobreviver; a irmã corcunda e encantadora me dá aulas de alemão; pude alugar um piano em Pau na casa de Pétion. Quanto ao mais, me aborreço e vivo num estado de opressão sexual indizível; mas literariamente é virgiliano; muitos versos de Virgílio se aplicam a essa vida campestre.
1935-1936: Retorno a Paris, num novo apartamento, na rua Servandoni. Preparar o ingresso na Normal Superior? Impossível: não poderia novamente me levantar cedo para ir ao liceu. Entro na Sorbonne, para uma licenciatura de letras clássicas (erro, sem dúvida: teria sido melhor escolher filosofia ou história); os cursos me entendiam de tal modo que passo o dia na biblioteca, com pouco público, conversando com um grupo de colegas; vamos tomar café com leite no Marcusot, na frente da Gibert, ou na pequena confeitaria austríaca da rua da École-de-Médecine. Fundamos um Grupo de Teatro Antigo que nos toma todo o tempo; preparamos *Os persas* que estão no programa (mas no oral de grego, caindo o sonho de Atossa, não soube explicar uma palavra).
1936, maio: é a Frente Popular e é a estreia de *Os persas* no pátio da Sorbonne (represento Darios, surjo pela porta da capela).

De Bayonne, ele se corresponde com os amigos que ficaram em Paris ou saíram de férias para outros lugares, sobretudo Brissaud e Rebeyrol, Sadia Oualid e Jean Huerre. Em Paris, troca cartas apaixonadas com Jacques Gilet. Essa correspondência nos informa sobre as grandes orientações da aprendizagem e os projetos futuros dos jovens. No nono ano ele recebe o quadro de honra das mãos do ministro plenipotenciário do rei da Romênia, convidado de honra para a distribuição dos prêmios: um primeiro prêmio, de história-geografia, e seis menções honrosas, incluindo ginástica. No primeiro ano do ensino médio, ele obtém premiação equivalente. Com seu amigo Philippe Rebeyrol, melhor aluno ainda, eles decidem se preparar para a Escola Normal Superior. Compartilham e trocam seus gostos literários: Mallarmé e Valéry, depois Baudelaire e Proust, cujas descrições da vida de província em *No caminho de Swann* Barthes acha surpreendentes, mesmo que leia a sequência apenas dois anos mais tarde. No verão do primeiro ano, ele lê apaixonadamente Jaurès, ao qual foi levado por seu professor de francês. Tenta converter a avó para suas ideias, mas parece que ela manifesta certa resistência. No dia 30 de agosto de 1932, ele escreve para Philippe Rebeyrol: "Teria dificuldade em não me entusiasmar. Até hoje, eu era socialista — bem pomposo para um rapaz de dezesseis anos — e um pouco por espírito de contradição com todo o clã reacionário e nacionalista. Tendo lido Jaurès, fica impossível manter posições mornas, o justo meio tão caro aos franceses. Jaurès dá ao socialismo uma manifestação de tal envergadura, de tal força e verdade, de tal santidade que não se pode resistir a ele. [...] Se formos mais ao fundo das coisas, veremos que, na obra de Jaurès, se trata ainda menos de política do que de humanidade: e é isto que ele tem de admirável: tudo o que ele diz é sábio, nobre, humano e sobretudo bom. Assim, seu discurso para a Juventude sobre a Paz é uma obra prima de eloquência e de emoção". A orientação política desses anos é inteiramente guiada por esta leitura. Para qualquer descoberta filosófica ou literária, Barthes concede a mesma eleição admirativa que favorece sua aprendizagem nessas matérias.

Com dezessete anos, ele faz seu primeiro exame final com sucesso, apesar das condições materiais sempre difíceis. Ganha o suficiente para ir ao teatro ou ao concerto, dando aulas particulares com bastante regularidade. Sempre feliz por reencontrar "essa admirável região ensolarada e quente",[2] seu Sudoeste habitual pri-

---

2. Carta a Philippe Rebeyrol, 7 de abril de 1933. Fundo Philippe Rebeyrol, IMEC.

vado e familiar, divide seu tempo entre longos passeios de bicicleta, "que, em lugar da lira, me permitem visitar regiões encantadoras",[3] a música e a literatura. Com seus colegas de liceu, elabora um projeto de revista — "que, claro, nunca foi publicada"[4] —, para a qual prepara um pastiche do *Criton*, pastiche de pastiche, de preferência, cujo modelo é dado pelos pastiches de Jules Lemaître, retificando o fim das obras clássicas, imitando o estilo de seu autor:[5] Barthes dá aqui uma vida suplementar a Sócrates sob o efeito conjugado dos figos e do vinho. Publicado na revista *L'Arc*, em 1974, por ocasião do número especial consagrado ao autor, esse texto cheio de humor é exemplar do espírito do liceu, que chamávamos de *potache* no jargão escolar. "Fedra diz: '...e a História?' — 'A História', diz Sócrates, 'ah!, Platão dará um jeito nisso'", antes de meter sua mão na travessa de figos. Barthes comenta os diversos estratos que resultaram na escritura deste primeiro texto: o mais evidente é o da cultura escolar das aulas de letras, então aulas nobres nas quais se aprende a escrever um francês bem distante da língua falada, espécie de tradução das línguas antigas; ela transmite uma relação culta com a Grécia em relação à qual o liceu não suscitava nenhum desejo específico: "Era preciso sair dela para descobrir em outro lugar (por meio de um pouco de Nietzsche, um pouco de estatuária, algumas fotografias de Nauplie et de Égine) que a Grécia poderia ser também a sexualidade".[6] O segundo estrato é composto por leituras adolescentes: nenhuma referência à vanguarda, nem a Bataille, nem ao surrealismo, nem a Artaud, mas "Gide, apenas Gide, no meio de um monte de leituras que misturavam Balzac, Dumas, biografias, romancistas menores de 1925 etc.". O terceiro estrato é ainda e sempre a infância e o Sudoeste, os figos do jardim familiar em Bayonne, pequenos e enrugados, ora secos, por não estarem maduros o bastante, ora apodrecidos, por maduros demais. Pode-se ver nessa maturidade sempre imperfeita uma avaliação indireta dessa tentativa de escritura adolescente, que fica à margem dos exercícios escolares.

---

3. *Ibidem*.
4. "Premier texte", *L'Arc*, 1º trimestre de 1974 (OC IV, p.497).
5. Jules Lemaître, *En Marge des vieux livres, conte,* Librairie générale d'imprimerie et de librairie, 1905. A obra propõe seis pastiches "à margem de" *Odisseia, Ilíada, Zend Avesta, Eneida, A lenda dourada,* dos Evangelhos.
6. *Ibidem*.

Em compensação, ele dá mais importância à escritura de seu primeiro romance. No segundo ano do ensino médio, Philippe Rebeyrol e ele falam muito de seus respectivos projetos. O romance do amigo, que Barthes analisa numa longa carta de 14 de abril de 1933 — são as férias de Páscoa —, coloca em cena uma personagem ambiciosa que vive de fracasso em fracasso. Promovido ao grau de crítico literário, Barthes aconselha seu condiscípulo a "fazer morrer [s]eu amigo Serge muito mais jovem; para que ele não possa resistir a essas quedas sucessivas". Depois ele descreve seu próprio projeto, não sem antes especificar que seu herói não é ele, mesmo que muitos detalhes do romance sejam emprestados de sua vida, do que ela teria sido se tivesse ficado em Bayonne. Ele coloca em cena um jovem provinciano, Aurélien Page: "Sua família é essencialmente uma família burguesa, faz parte da aristocracia do meio 'como se deve ser'. O espírito desse meio, essa mentalidade tirânica, hipócrita e tão típica da moral burguesa, está encarnado na avó de Aurélien (não por analogia pessoal; longe disso; minha avó tem espírito e nada a ver com os sentimentos e os princípios da sra. Page mãe; mas porque era preciso que houvesse entre os antagonistas uma diferença de idade bastante grande)". O jovem tem aspirações revolucionárias que não se coadunam com seu meio e que o fazem entrar em conflito com ele. "Ele quer ir embora, mas é retido pela mãe, que ele não pode nem levar nem abandonar, e por essas mesmas leis familiares, sociais, que o fazem sofrer tanto, mas que ele não tem a força para quebrar." Ele encontra em seguida uma jovem, Helène Manory, que o impede mais ainda de romper com o modelo de sociedade em que ele se sente condenado a viver...

As referências são claras, como em Rebeyrol: antes de mais nada Balzac, depois o romance social francês dos anos 1920, variação provinciana do *Bildungsroman*, tal como se pode ler em Robert Estaunié, Georges Duhamel, Henri Bordeaux ou Jacques de Lacretelle e, claro, em François Mauriac. Barthes declara, aliás, no final da carta, que, para escrever esse duelo entre um jovem e a sociedade, inspirou-se num romancista de que gosta "muito, René Boysleve", que "mostrou em que servidão vergonhosa estava, no momento do casamento, a 'jovem bem educada'. Gostaria de mostrar que é uma obrigação também verdadeira para os rapazes".[7] No plano da histó-

---

[7]. Carta a Philippe Rebeyrol, 14 de abril de 1933. Fundo Philippe Rebeyrol, IMEC.

ria e das relações humanas que coloca em cena, divertimo-nos com a fidelidade do herói à mãe e com o conflito que o opõe à avó, muito pouco dramático em termos narrativos. Barthes trabalha nesse projeto meses inteiros e só o abandona em definitivo no ano seguinte, quando sua própria evolução o terá afastado de sua personagem. Em 1º de janeiro de 1934, ele escreve para Philippe: "Apesar de estar em Bayonne, não penso mais de jeito nenhum em meu romance; estou absolutamente certo de que não o continuarei; tomei essa decisão; as razões são numerosas; a primeira é que estou muito satisfeito com minha vida; com as amabilidades desta casa onde sou mimado como um verdadeiro cônego de Anatole France para que o romance que eu poderia escrever fosse tingido com a mesma amargura, a mesma aspereza ácida e rancorosa que pude imaginar há alguns meses. Na minha idade, não se diz ainda 'envelheci'; mas enfim é preciso confessar que evoluímos e que nossa viril indignação se exerce sobre objetos mais profundos que as torpezas de certo meio social: quero dizer que agora as histórias de minha avó, contadas com muito espírito, me divertem e desarmam minha cólera. Eis, creio eu, a razão prática". Mas ele acrescenta um motivo mais literário que revela que a tentativa romanesca já corresponde a uma pesquisa sobre a forma: "A razão teórica é que, pessoalmente, se eu devesse escrever alguma coisa, essa alguma coisa se esforçará sempre para estar no âmbito, na 'tonalidade' da Arte; ora, o romance é por definição um gênero antiartístico; no fundo, a forma é aí um acessório e a psicologia nele sufoca necessariamente a estética. Não o condeno por isso, aliás: a cada um seu papel. Quanto a mim, parece-me ter certa concepção da obra de arte em literatura que ainda se viu pouco confirmada". As razões, como vemos, dizem respeito ao próprio gênero, cujas determinações se mostram demasiado coercitivas para o adolescente. Sua pesquisa o conduziria a formas mais estéticas, que ele experimenta em peças de teatro curtas ou em composições musicais, divertimentos[8] e mesmo começo de sonata.

O ano letivo 1933-1934 é marcado por dois acontecimentos muito importantes. O primeiro, exterior, se apresenta como a

---

8. Em 17 de janeiro de 1934, ele encaminha a Philippe, em papel de partitura, sua primeira composição musical: trata-se de um divertimento em *fá* maior, "exemplar, no sentido próprio, raríssimo, inteiramente copiado à mão pelo autor, para seu amigo Ph. Rebeyrol".

primeira pressão da história sobre sua existência. O segundo, pessoal, constitui a primeira interferência importante da doença sobre sua vida. Além da revista literária que se esforça em fundar com os colegas, à qual dão o nome de *La Règle organique*, Barthes sente a necessidade de se engajar. Muitos jovens estão bastante politizados à direita, na Action Française, nas Jeunesses Patriotes e alguns até nos Camelots du Roi. Só alguns reivindicam sua filiação à esquerda. Barthes cita Rebeyrol, Chaudié e Chautemps, que é parente do presidente do Conselho. Hitler obteve plenos poderes em março de 1933 e o antiparlamentarismo, ligado ao descontentamento suscitado pelas consequências da crise econômica, estende-se por toda a Europa. Em 25 de dezembro de 1933, o diretor do Crédit Municipal de Bayonne (Barthes não podia ficar insensível ao acontecimento), Gustave Tissier, é preso por fraude e por botar em circulação falsos títulos ao portador num montante de 25 milhões de francos. Logo se descobre que a fraude foi organizada pelo fundador do banco, Serge Alexandre Stavisky, com a cumplicidade do deputado prefeito de Bayonne, Dominique-Joseph Garat (que será condenado a dois anos de prisão), assim como de muitas outras personalidades da justiça, da polícia e do governo. O escândalo estoura e Stavisky é encontrado morto num chalé de Chamonix, em 8 de janeiro de 1934. Os jornais ironizam: "Stavisky suicida-se com um tiro de revólver que foi disparado contra ele a pouca distância". Ou ainda: "Stavisky suicidou-se com uma bala disparada a três metros. Isso é que é ter um braço comprido". O antiparlamentarismo aumenta por ocasião desse caso e, associado a um antissemitismo que não teme mais se exprimir (Stavisky era judeu ucraniano naturalizado), resulta no motim de 6 de fevereiro que Barthes considera um dos acontecimentos-chave de sua juventude. Nos dias precedentes, os gritos dos manifestantes de extrema direita visam, em particular, Chautemps e o ministro da Justiça Eugène Raynaldy. No dia em que um novo governo deve ser apresentado diante da Câmara, as falanges universitárias convocam uma manifestação na praça da Concorde para protestar contra as "organizações revolucionárias" e encabeçar um grande movimento nacional pronto para "lutar contra o invasor". A reunião se transforma num motim e, à noite, os incêndios e os combates com as forças de repressão fazem dezesseis mortos e centenas de feridos. Muitos estudantes do Louis-le-Grand responderam ao apelo das ligas de extrema direita enquanto os alunos de esquerda sentem a necessidade de se defender contra o crescimento do fascismo na França. Eles fundam um Grupo de Defesa Republicana e Antifascista (DRAF), mais marcado por Waldeck-Rousseau e Léon Blum do que pelos grupos de defesa antifascistas criados pelos comunistas desde os anos 1920. Dizem-se prontos para defender a liberdade por todos os meios, permanecendo verdadeiros democratas. Esse engajamento do adolescente Barthes, dominado pela figura heroica de Jaurès, se mantém bastante romântico, mas está longe de ser abstrato, e é preciso não negligenciar seu caráter formador. A formação política pela luta contra o extremismo pode esclarecer posições ulteriores. Nas notas tardias do fichário-diário, Barthes volta a esses acontecimentos marcantes da juventude: considera 6 de fevereiro de 1934 uma das cenas decisivas de sua formação,[9] com a DRAF; e lembra o caso Stavisky no *Diário de luto*: "Ontem à noite, filme estúpido e grosseiro *One Two Two*. Passa-se na época do caso Stavisky, que vivenciei. Em geral, isso não me lembra nada. Mas de repente um pormenor do cenário me emociona: simplesmente um lustre com abajur plissado e cordão pendente. Mam. fazia desses abajures".[10] Em sua correspondência, lê-se também sua preocupação em se cercar de pessoas inteligentes, com quem é possível discutir política e literatura. "Eu lhes pedirei uma única coisa: para serem 'não conformistas', companheiros de David, *Davidsbündler*";[11] aqui ele toma como modelo o clube fundado por Robert Schumann em 1834, composto por personagens reais e imaginárias, no qual o músico aparece sob vários nomes (Eusebius, o sonhador, e Florestan, o extrovertido) e que se reunia no Kaffeebaum de Leipzig para lutar contra todas as formas de academismo e de convencionalismo burguês.

As possibilidades de ação são limitadas, ainda mais pela crise de hemoptise que o abate em maio de 1934: ele cospe sangue, e embora o diagnóstico de tuberculose pulmonar ainda não seja concluído, o sinal é grave o bastante para levar os médicos a prescrever um tratamento ao ar livre e de repouso. Barthes deve renunciar ao exame final em junho e seus projetos futuros estão comprometidos. Aos dezoito anos, um acontecimento dessa envergadura é uma cesura

---

9. BNF, NAF 28630, grande fichário, 10 de agosto de 1979.
10. *Journal de deuil*, p.136 [ed. bras.: *Diário de luto*, p.122].
11. Carta a Philippe Rebeyrol, 10 de janeiro de 1934. Acervo Philippe Rebeyrol. IMEC.

dramática. Ele o separa dos amigos, dos estudos, levantado diante dele o obstáculo da longa doença e a perspectiva final da morte. Essa primeira experiência de isolamento, antes de Saint-Hilaire-du-Touvet e Leysin, determina em grande parte sua vida futura: a marginalidade, o sentimento de impostura, refúgios encontrados na literatura e na escritura. Ele parte para Bedous, nos Pireneus, com a mãe e o irmão. No vilarejo situado no vale de Aspe, com uma fonte de água sulfurosa e ferruginosa, recomendada para quaisquer curas, os médicos o tratam à base de injeções intravenosas de sais de ouro. Os Barthes se instalam numa casa que pertence à família do vendedor de tecidos Larricq, que dá para a rua principal, a estrada nacional, que leva de Pau a Saragossa. A vida se organiza com calma nesse pequeno vilarejo que conta com três médicos, um tabelião, um farmacêutico, um preceptor, um arrecadador de impostos e três ou quatro professores primários. Michel vai à escola da comuna, situada na praça do vilarejo, bem perto da igreja. Eles frequentam o pastor de Osse e a sra. Best, em cuja casa às vezes vão, aos domingos, almoçar e tocar um pouco de piano. Nos primeiros tempos, ele revisa os programas do exame — filosofia, ciências naturais, línguas antigas. Toca piano duas horas por dia, tem o projeto de aprender a dirigir. Eis a descrição detalhada que faz numa carta de 4 de dezembro a Philippe Rebeyrol: "Bedous é um charmoso pequeno buraco, na entrada do Vallon. Vallon é uma espécie de alargamento do vale de Aspe, em forma de bacia, com uma circunferência de sete a oito quilômetros; os montes que o delimitam formam meu horizonte. A torrente de Aspe, a estrada de ferro, a estrada nacional o atravessam em toda sua extensão, paralelamente uns aos outros. À toda a volta do Vallon estão dispostos pequenos vilarejos, cada um com uma espécie de vale pequeno que se enterra na montanha e que é coberto de pastos: são Bedous, Osse, Lés, Athas, Accous, Jouers, Orcun e de novo Bedous, que é muito mais importante. Dispostas irregularmente à volta do Vallon na frente ou atrás da linha dos vilarejos, encontram-se pequenas elevações de 50 a 75 metros chamadas *turons*: esses *turons* servem de pastos aos carneiros. As montanhas que fecham o horizonte são bastante altas (de 1.000 a 1.500 metros). Em direção à França (isto é, em direção ao Norte), o Vallon se estreita numa espécie de véu, que desenha propriamente o começo do vale em direção a Oloron; compreende-se que, desembocando deste corredor estreito e triste nessa pequena planície com horizonte largo e harmonioso, cores vivas e luminosas, belas pastagens, fileiras de álamos, a torrente d'água e pequenos aglomerados de vilarejos dispostos aqui e ali como brinquedos de crianças (a fumaça sobe lenta num céu muito puro), compreende-se a sensação de alegria e paz que sentimos. Em direção à Espanha, em direção à garganta do Somport, isto é, em direção ao Sul, o valezinho está fechado por duas rochas que quase se unem, deixando apenas o espaço para um desfiladeiro selvagem e estreito: é a ferradura de Esquit; atrás do desfiladeiro percebemos a montanha alta. Eu lhe faço à parte um desenho do Vallon". A qualidade dessa descrição de paisagem, como tudo o que concerne à natureza e à vegetação, é a marca absolutamente singular de sua correspondência nessa época, mas também depois; ele continua atento a todas as florações, às menores curvas das paisagens que atravessa. Desenvolve um gosto pronunciado por essa região, que acha admirável, com seus céus limpos, suas montanhas cobertas de neve, quando o horizonte parece maior que ele. A topografia dos lugares, como o fato de se encontrar isolado com a mãe e o irmão, confere a essa temporada todos os traços de um repouso regressivo na infância, num lugar protegido, luminoso e tranquilo, o "gochokissime" da casa de Bayonne. É também na sua vida um momento de convivência com seu irmão menor, que via bem menos quando estava no liceu em Paris, em geral fora com seus colegas, e de quem será em seguida separado durante quase todo o período da guerra. Depois os dois se lembrarão disso, como se rememoram dias felizes e momentos comuns. Assim, apesar do corte que inscreve na existência, esta primeira prova da doença e da separação do mundo é também uma retomada inesperada da infância, que pode fazer desta um horizonte permanente, repetível, e não a nostalgia de uma região perdida.

Os sentimentos que Barthes experimenta, recolhido em Bedous, nem sempre são harmoniosos. Ele volta a Paris em outubro para fazer seu exame final, mas as portas dos cursos preparatórios lhe estão fechadas em definitivo devido aos exames médicos obrigatórios que vetam aos tuberculosos o acesso à Escola Normal Superior. Enquanto Philippe Rebeyrol entra em *hypokhâgne* [primeiro ano do curso preparatório] no Louis-le-Grand em outubro de 1934, numa classe de setenta meninos onde excepcionalmente são admitidas algumas meninas, enquanto ele lhe fala de seus professores, Pierre Clarac, Albert Bayet e Arthur Huby, de história, Barthes se diz preocupado com seu futuro. Por um momento, pensa em se preparar para a École des Chartes, mas acaba renunciando, pois seria preciso se dedicar ao estudo regular e ao ritmo imperativo de um curso preparatório, o que seu estado não lhe permite. Ele se inscreve no primeiro ano de direito, mas continua a estudar latim de maneira intensiva, graças às obras que seus amigos lhe enviam. Lê Mauriac, Balzac (*Les Paysans*), *Épaves*, de Julien Green, que acha demasiado longo; os tormentos do autor têm tudo para tocá-lo, mas ele não é tomado por um mesmo sentimento de culpa; o catolicismo de Green o deixa frio. Ele também lê *Combat avec l'ange*, o último Giraudoux, publicado em 1934; Montherlant; *A Divina comédia* e, sobretudo, Gide, cuja *Porta estreita* o marca profundamente. Adora Katherine Mansfield, mas se decepciona com a leitura de *Os irmãos Karamázov*. Lê também os Arsène Lupin. Alterna fases de euforia e de desânimo. Assim, em 23 de julho: "Desde que estou doente, minha vida é muito mais intensa, muito mais quente. Poderia dizer que tomo mais consciência de mim". Mas em 9 de agosto, seu humor é mais sombrio: "Minha juventude foi apenas uma longa sequência de dificuldades, anos após anos mais trágicos, em cuja narrativa não sei se você poderia acreditar tanto ela teria de romanesco e de drama. Acreditava que uma desgraça expulsaria a outra e que minha doença me deixaria quite com outros tormentos, pude esperar isso até agora. Mas é preciso que eu me desencante; eis-me de novo na luta, e doravante, sem forças físicas, enquanto elas se desgastam pouco a pouco neste jogo [...]. Existe na minha vida um fator muito poderoso, diga-se: aborrecimentos, o que explica muitos fatos de minha vida moral, e, agora, física". Na leitura da correspondência, vemos que nasce naquele momento uma propensão à queixa que poucos acontecimentos pessoais virão em seguida infletir ou acalmar. Compreende-se — ele compreende — que se inscreve nele uma psicologia de doente para quem tudo vem preocupar, que passa o tempo observando sintomas, às voltas com correlações e deduções. A saída fatal de numerosíssimas tuberculoses, naquela época, lhe desperta um medo da morte que só a capacidade criativa poderia atenuar.

Mas a fadiga, a obrigação de ficar deitado por longos momentos, uma busca mal-definida tornam a escritura difícil. Em 6 de novembro de 1934, ele confia a Rebeyrol os pavores que essa vida improdutiva lhe acarreta: "O pessimismo procede apenas da impotência frequente em que me encontro para criar. Sinto-me pleno de criações e nenhuma pode nascer; recebo tudo com a intenção e a necessidade de senti-lo, e, entretanto, nada sai. Diria ter uma receptividade artística perfeita, sinto-o; mas uma expressão, se eu tivesse a imprudência de me dedicar a ela, medíocre, apequenada, ridícula. Assim, você não pode imaginar todos os romances, dramas, ensaios, poemas, sinfonias, os nobres sentimentos, as aventuras que eu construo por dia, por hora, por lugar. São tantos croquis, de uma diversidade 'genial', mas que permanecem apenas modestos esboços, signos obscuros e vãos, a vista de uma terra maravilhosa que se afasta sempre. [...] meu gosto pelo sensual, portanto o real, portanto o presente, portanto o inatingível, tudo isso me proíbe as alegrias do criador". Ele começa um novo romance, uma "Ilha alegre", que tem como heroína certa Judith de Vere. Embora um romance realista, no qual mais uma vez ele revela muito de si, esse trabalho se quer ao mesmo tempo uma defesa do paganismo, uma ilustração também do pensamento de Nietzsche, cuja leitura o perturba: "Isto é verdadeiro demais; isto me sufoca e me faz mal". O romance comporta três partes: Julien, Christine e Judith. Em dezembro de 1934, o plano e o argumento (encadeamento das cenas) terminam. O argumento confronta os Bens cristãos e os Bens pagãos, mas a narrativa impede resolver quais são os "Verdadeiros bens", título previsto naquele momento. A sinopse mostra que Barthes continua muito marcado pela religião, mesmo se afirma não crer mais. Ele continua buscando grandes belezas no protestantismo, apesar de sua renúncia (palavra que prefere à "negação"), que é corroborada pela leitura fascinada de André Gide. Ele aplica a si mesmo esta citação de Duhamel, tirada de *Tel qu'en lui-même*: "Nós outros, dizia d'Argoult, nós protestantes, nunca tivemos com Deus senão desavenças, não verdadeiras rupturas. Evadidos, liberados, talvez, não renegados, não verdadeiros apóstatas. Entendo que nosso Deus é tão humano, que, mesmo quando o destituímos de suas funções universais, conservamos em nós um lugar de honra e de respeito para ele".

Seu exílio o faz viver em parte por procuração. Enquanto em privado sonha com longas viagens porque não aguenta mais o conformismo francês e porque pressente que viver no estrangeiro lhe seria uma grande liberação; porque sonha com grandes partidas mediterrâneas, ele acompanha os preparativos da viagem à Grécia de seu amigo Philippe em abril de 1935. Ele lhe recomenda que confie menos em seus olhos, "o mais decepcionante dos sentidos", do que em sua pele, que permite "desfrutar alegrias dionisíacas do mundo". Recomenda-lhe levar o livro *Voyage en Orient*, de Gérard de

Nerval, que diz ser muito belo e apaixonante. Sua principal dificuldade vem de que em Bedous é raro: conversar com jovens da sua idade e que tenham frequentado o liceu. Decide não levar adiante o ano de direito, que se esforça em estudar sozinho e cuja aprendizagem acha monótona. Até outubro de 1935 permanece em Bedous, com exceção de raras temporadas em Bayonne ou em Paris. Seu estado melhora e os médicos o autorizam a se inscrever na Sorbonne para o ano letivo de 1935. Ele começa então uma licenciatura de letras clássicas e a família se instala no apartamento da rua Servandoni. No último dia em Bedous, antes de deixar em definitivo o lugar para ir para Bayonne, depois para Paris, ele escreve: "Prevejo que, a partir de agora, as queixas que podia ter contra esta vida reclusa desaparecerão muito depressa. Restará apenas a lembrança de um ano feliz e calmo, não desprovido de certa poesia. Meus olhos se abriram para as cores; meus sentidos foram bastante mimados".[12]

AS AFINIDADES ELETIVAS

O sentimento que domina esses anos da segunda adolescência é, sem dúvida, a amizade, da qual Barthes muito rapidamente faz uma arte; tanto seu gosto e seu talento para a correspondência quanto seu humor e sua fidelidade parecem propícios a esse tipo de afeição e união. Ele tem muitos amigos, Rebeyrol, claro, o mais próximo, mas também Brissaud, para a casa de quem ele vai nas férias, em Sauveterre, em agosto de 1934, e em Cazalot, em abril de 1935. Há também Cyrille de Brunhoff, de quem ele gosta muito e com quem troca numerosas cartas (das quais não dispusemos). Há uma relação mais conflituosa com Sadia Oualid, a quem reprova mesquinharias que atribui a suas origens "israelitas", cujos "tristes e pobres flertes, ou intrigas" detesta, que são, segundo ele, a marca dos jovens de espírito medíocre. Ao mesmo tempo, quando Sadia pensa ter sido reprovado no exame final, Barthes o apoia e o inclui nas brincadeiras paródicas de seus amigos mais próximos. A amizade, a mais fiel, com Philippe, passa por movimentos crescentes, destinados a esclarecer toda a existência. "Há", ele escreve em dezembro de 1935, "nesta paridade (como se diz agora) que nos liga um ao outro, alguma coisa de maravilhoso, de extremamente raro no tempo e nos lugares, e como que uma caução

---

12. Carta a Philippe Rebeyrol de 5 de outubro de 1935. Fundo Philippe Rebeyrol, IMEC.

infalível de não ruptura, de eternidade, de permanência, que para mim, juro, ocupa um grande e belo lugar na vida..." Nesse mesmo ano, ele organiza as cartas que Rebeyrol lhe enviou e anota que somam um total de 72 folhas do mesmo formato, que fazem com que a amizade deles lhe pareça um belíssimo romance, cheio de peripécias, dramas, casos de consciência, escrúpulos e elãs velados.

Mas a amizade apaixonada da adolescência, sem ser incerta, dá lugar a outros desejos que se exprimem mais ou menos diretamente. Enquanto Barthes interroga seus amigos sobre o que eles entendem por "amor dos homens", ele exige, por outro lado, os prazeres da carne "para a primeira juventude, pura por definição, inteiros e sem nenhum freio. Mas digo isto apenas aos jovens que assimilam as delícias humildes e clandestinas de uma sala de cinema [...]".[13] Ele diz gostar de Racine pelo caráter anormal, quase monstruoso, dos amores que põe em cena, de longe preferíveis ao modelo do casal heterossexual pequeno-burguês, sobre o qual Barthes sempre fala com desgosto. Já evocamos seu entusiasmo por Jacques Gilet, sua primeira paixão amorosa, ao que tudo indica. No verão de 1933, passa todo o tempo com ele, na praia, ou na casa da avó em Bayonne, tocando piano a quatro mãos. A ligação é tal que choca a tia Alice, de cuja advertência, feita na ocasião, o adolescente se lembra anos depois. Quando seu colega parece se desligar dele, no começo de 1934, aparenta sentir muito desgosto. Ainda fala disso em 1979, no prefácio ao livro de Marcel Beaufils sobre Schumann: "Eu mesmo só comecei a ouvir as sinfonias de Beethoven, tocando-as a quatro mãos, com um colega amado, tão apaixonado quanto eu".[14] Mas a incerteza que caracteriza a adolescência, com sua carga de possíveis, o faz também se apaixonar por mulheres jovens. Ele se entusiasma por uma dançarina espanhola que viu certa noite no cassino de Biarritz, certa Theresina: "Para mim, ela está, para a dança, no patamar de meus grandes deuses da música e da poesia: Beethoven e Valéry". E, em Bedous, ele se apaixona — a paixão dura dez dias — por uma jovem chamada Mima. Eis o que ele escreve sobre ela a Philippe, na segunda-feira, 13 de agosto de 1935:

---

13. Carta a Philippe Rebeyrol, 9 de agosto de 1934. Fundo Philippe Rebeyrol, IMEC.
14. "Aimer Schumann", prefácio do livro de Marcel Beaufils, *La Musique pour piano de Schumann* (Phoebus, 1979) (OC V, p.722).

Querido amigo,

Se não lhe escrevi antes, é porque estou apaixonado. Loucamente apaixonado por uma encantadora moça de dezesseis anos que se chama Mima. Mima é bem morena de cabelos, de pele e de olhos. É talvez porque sou loiro e tenho os olhos azuis. Ela tem uma maneira de ser que se diria que ela é "pândega", ou "engraçada" ou "divertida", mas que eu acho adorável. É totalmente o charme indefinido de que fala Corneille. Ainda não nos falamos muito e não desejo lhe falar muito mais. Algumas vezes a encontro com sua família, na loja de Bousquet, o merceeiro, e isso me faz feliz por dois dias. Domingo à noite houve um baile público na praça e dançamos juntos. Ela não sabia dançar e eu também não. O que não impediu que fosse absolutamente delicioso. Formamos certamente um casal charmoso. Mas vejo que não lhe falei o suficiente sobre sua graça, e entretanto não posso lhe dizer mais sobre isso, seria preciso — mas que arte seria suficiente para isso — que eu pudesse lhe representar em qual proporção exata se combinam nela a leveza, a harmonia, a seriedade, a puerilidade, sua voz um pouco grossa da criança que não é mais, sua expressão atônita etc. etc. (não tenho vergonha do clichê romântico). [...]

Pensei por muito tempo nela, pequena heroína à la Musset de 1935, que se introduzira em minha vida — oh tão pouco e tanto — com todo um cortejo de coisas tão poéticas: o baile, o chapéu, algumas palavras banais trocadas durante o jogo de bola, e quando ela apareceu no caminho cheio de flores e de sol [...] todas essas imagens tão furiosamente românticas — todos esses pequeno incidentes renovados de Fausto e outras aventuras, que fizeram surgir em mim o encanto e o sofrimento que distila todo amor. Por que lhe contar tudo isso? É sério, ou literário, ou irônico? Um pouco de tudo isso. Não sei, não sei; deixo-me levar por essa vaga de poesia, essa vaga de beleza, essa vaga de banalidade também!

Neste pequeno romance sentimental, os obstáculos fazem parte do quadro. Mima está sempre acompanhada de uma prima pedante, Annie. Ela tem um primo, Jean, "de uma arrogância extrema, orgulhoso, mas um pouco menos inteligente que o homem de Pascal", em quem Barthes encontra todas suas fobias, seus desgostos e suas indignações. "Este sentimento de repulsa se traduz por uma comichão física de estapeá-lo." Ora, o jovem se revela um militarista exaltado. Por ocasião de uma conferência pública contra o fascismo, em que falava um professor comunista, o tal Jean se põe a vociferar contra as primeiras palavras do orador. E Barthes conclui sua carta a Philippe com estas palavras: "Você compreende também que é triste apaixonar-se numa tal família". Alguns dias mais tarde, tudo terminou:

> 23 de agosto de 1935
> Meu velho,
>
> Mima já está esquecida; eu sabia que ela o seria tão depressa, e, no entanto, falei dela para você como se se tratasse de um fato capital na minha vida.
> É um momento, perfeito enquanto momento, que passou como se rompe no ar uma bolha de sabão.

O poder romanesco da adolescência e sua lógica paradoxal inscrevem na vida a fórmula do "não só [...], mas também [...]", mais do que "nem [...], nem [...]": os jovens que se correspondem são ao mesmo tempo alunos e estudantes, crianças e jovens. Estão ainda presos aos desejos variáveis e efêmeros, submetidos a modalidades de excesso. Só duram as paixões assumidas, a literatura e, para Barthes, a música. Um dia, em Osse, na casa do pastor protestante da região de Bedous, ele é convidado para dirigir dois coros: um canto basco e um canto bearnês. Empunhar a batuta de maestro, comandar um conjunto de músicos, ele vê isso como um verdadeiro sonho. A música sempre o toma — são seus termos — com violência. Sente prazer em tocar. Ele se inicia em harmonia com sua tia e compõe suas primeiras peças. Ajuda na organização de concertos em Bayonne. Data dessa época seu amor por Schumann que, em seguida, nunca deixará de tocar. Dos *Seis estudos de concerto sobre os "Caprichos"*, de Paganini: "Eu toco todo o fragmento, mas não no movimento", "sei ler a partitura, mas não sei tocar". Ele diz à rádio France Musique: é preciso se deixar levar pelo tempo, dar lugar para as hesitações e os silêncios que são sistematicamente suprimidos nos discos — razão pela qual mais tarde ele não mais os escutará. O universo feminino da casa de Bayonne oferece uma espécie de habitat natural para Schumann: ele é o músico da "criança que não tem outro vínculo senão com a Mãe".[15]

---

15. *Ibidem*, p.721.

Nos seus *lieder*, é sensível a presença da *Muttersprache*, da língua materna. E em *A câmara clara*, Barthes evoca uma das últimas composições daquele que se dispõe a mergulhar na loucura, falando desse "primeiro *Canto da Aurora*, que se harmoniza ao mesmo tempo com o ser de minha mãe e com o pesar que tenho por sua morte"[16] e comparando-a com a fotografia do Jardim de Inverno. No dia 15 de março de 1935, ele escrevia:

"Vaidade de qualquer coisa ao lado da música. Não tenho por ela somente amor; é muito mais; é a certeza, é a fé. É como se eu tivesse chegado à certeza de um mundo sobreposto ao nosso, um mundo cuja base estaria à altura de nossos ouvidos.

Pensamento: incerto

Música: verdade, certeza, realidade."

Elabora-se então uma "pequena filosofia da música", segundo François Noudelmann, que supõe "compreender a relação entre espontaneidade e reflexividade".[17] Barthes procura "converter" para a música seu amigo Philippe com tanta energia quanto a que investira em fazer proselitismo de Jaurès. "Você sabe que aqui é uma verdadeira caixa de música e eu faço e a ouço tanto quanto é possível. Não impede, meu amigo, que lhe será preciso converter-se cedo ou tarde às ideias desta musa de Bach, Beethoven e Schumann: creia-me, ela equivale à de Verlaine e de Valéry. Recomendo-lhe ainda as melodias de Henri Duparc para os poemas de Verlaine, de Baudelaire e outros, que decerto o agradarão." A música combina com a amizade. Ela é a afinidade eletiva por excelência, e Barthes lhe será fiel. "Gosto de Schumann", ele diz num programa radiofônico. E a Claude Maupomé, que lhe pergunta: "Como você o ouve?", ele declara: "Eu o ouço como gosto dele e talvez você me pergunte 'como você gosta dele?', e então a isso não posso responder porque eu diria que gosto dele precisamente com esta parte de mim mesmo que é desconhecida para mim mesmo; e sei que sempre gostei de Schumann e que sou muito sensível ao fato de que, como sempre quando se gosta de alguém, tenho a impressão frequente que não se gosta como se deve, que não se gosta o

---

16. *La Chambre claire*, OC V, p.845 [ed. bras.: *A câmara clara*, p.104]. Ver também a bela análise que Christian Doumet faz de "Rasch" (OC IV, p.837) em "Barthes au piano", in *Empreintes de Roland Barthes*, org. de Daniel Bougnoux (Nantes: Éd. Cécile Dafaut; Paris: INA, 2009), pp.21-34.

17. François Noudelmann, *Le Toucher des philosophes: Sartre, Nietzsche et Barthes au piano* (Paris: Gallimard, 2008), p.134.

suficiente, e penso, em particular, em algo muito cruel, que foi, num determinado momento da história do último século, a execução de alguém de que gosto, a saber, Schumann, por alguém que admiro, que é Nietzsche". Em *Além do bem e do mal*, com efeito, Nietzsche incrimina esta música chauvinista, delicada, pequena. Simplicidade e nobreza ética, responde Barthes: a música de Schumann, inatual, não territorial, é de todos os países e de todos os tempos. Para amar, é preciso que existam essas formas de escapadas para o desconhecido, abrindo o tempo e o território.

Assim se conclui sem nada concluir a adolescência aberta para os possíveis, basicamente protegida, bastante feliz, apesar do incômodo e das ofensivas da doença.
"Vou plantar alguns grãos de petúnia híbrida."
"Traduzo agora o hino à beleza intelectual, de Shelley."
"Nosso jardim está cheio de rosas; à noite, quando faz menos calor, eu me armo de uma tesoura de podar e passeio muito tempo nas alamedas pequeninas cortando as flores murchas; fora, na tepidez e calma da tarde, tomamos chá da China e comemos morangos dos bosques."[18]

---

18. Trechos de cartas a Philippe Rebeyrol.

capítulo 4

BARTHES E GIDE

*Ele era protestante. Estudava piano. Falava do desejo. Escrevia.**

---

* Entrevista com Bernard-Henri Lévy, *Le Nouvel Observateur*, 10 de janeiro de 1977 (OC V, p.366) [ed. bras.: "Para que serve um intelectual", in *O grão da voz*, p.368].

A relação de Barthes com Gide é mais da ordem da aderência que da adesão. Está profundamente ligada a esses anos de formação em que as inclinações são às vezes induzidas pelo meio social e a educação, mas são sobretudo marcadas por formas de reconhecimento e identificação. Adolescente, Barthes diz apenas conhecer Gide. Nos anos 1920-1930, Gide representa *a* figura do escritor, aquele a quem vamos ver quando aspiramos a nos tornar escritores — a tal ponto que a "Visita a Gide" poderia ser objeto de uma saborosa antologia[1] —; aquele cuja base social não apaga de todo o poder de subversão; aquele cujos textos, sem serem de vanguarda ou obscuros, trazem sempre uma perspectiva de futuro e renovação. Mas havia mais coisa para que se produzisse o encontro: a leitura de Gide insere o desejo entre as aprendizagens e Barthes, entre ele e a leitura, entre ele e a escritura, entre ele e os meninos. O diálogo que então se abre não é simplesmente textual, não ocorrerá de obra para obra, mas será mais existencial, fundador de sua personalidade. Gide é aquele que dá ao adolescente certo número de autorizações. Inclusive a de apagá-lo. É, sem dúvida, o que explica que, apesar de um primeiro artigo a ele consagrado, Barthes não tenha escrito um livro sobre o escritor, que em raras ocasiões

---

1. Ver, por exemplo, as narrativas que dela fazem Julien Green, Maurice Sachs, Klaus Mann, Lucien Combelle e Jean Genet... E não mencionamos aqui o papel que ele desempenhou como diretor de consciência, conselheiro para os homossexuais que se sentiam obrigados a se esconder e que sua palavra os libertou. Ver também Olivier Nora, "La visite au grand écrivain", in *Les lieux de mémoire* (Paris: Gallimard, 1997), t. II, pp.2131-55. Col. Quarto.

o tenha apresentado como uma referência, que tenha reconhecido só muito tarde o que lhe devia. Embora Gide tenha sido para Maurice Sachs ou para Genet o "contemporâneo capital", segundo a famosa fórmula de André Rouveye em *Le Reclus et le retors*, de 1927, Barthes poderia ter dito o que Camus escreveu a respeito dele: "Gide então reinou na minha juventude e, aqueles que admiramos pelo menos uma vez, como não lhes ser sempre reconhecidos por nos terem alçado até o ponto mais elevado da alma! Com tudo isso, porém, ele não foi para mim nem um mestre do pensamento, nem um mestre da escritura, eu já havia escolhido muitos outros. Gide me apareceu mais [...] como o modelo do artista, o guardião, filho do rei, que vigiava as portas de um jardim onde eu queria viver".[2] Voltando ao escritor ao longo dos últimos anos de sua vida, Barthes verá nele a última grande figura francesa que concilia o grande intelectual e o grande escritor.[3]

---

2. Albert Camus, "Rencontres avec André Gide", *La Nouvelle Revue française*, "Hommage à André Gide", novembro de 1951, pp.223-28 (p.225).
3. "Gide, favorável à Rússia soviética, depois hostil, também tomando posição sobre o colonialismo, foi um dos últimos a desempenhar o papel tradicional do intelectual que nem por isso deixa de ser um grande escritor." Barthes admite um papel comparável a Malraux e a Aragon, mas denuncia em seguida a valorização sempre maior do intelectual, do professor, em detrimento do escritor. "La crise du désir", entrevista realizada em 31 de janeiro de 1980 e publicada em 5 de junho de 1980 na revista *H. Histoire* (OC V, p.941) [ed. bras.: "A crise do desejo", in *O grão da voz*, p.504].

O COMEÇO E O FIM

Em julho de 1942, na revista *Existences*, da associação Les Étudiants en Sanatorium, Barthes publica as "Notas sobre André Gide e seu *Diário*". É sua segunda publicação depois de "Culture et tragédie", algumas páginas que saíram em *Les cahiers de l'étudiant*, no verão desse mesmo ano. Ele mantém, nessas notas, o caráter fragmentário, espontâneo, escrito à margem de suas leituras. A magnetização que aí se manifesta é surpreendente: a busca de explicação, nesse discurso voluntariamente informe, assemelha-se a uma busca de si. A oscilação entre paganismo e protestantismo, a atração pela Grécia, o perpétuo retorno sobre si, a indecisão dos gêneros, a relação com os clássicos: todos estes traços provêm do retrato e do autorretrato, e as cartas dessa época ecoam isso. "Muitas frases do *Diário* provavelmente irritarão aqueles que tenham algum ressentimento (secreto ou não) contra Gide. Essas mesmas frases seduzirão aqueles que tenham alguma razão (secreta ou não) de se acreditarem semelhantes a Gide. É o que ocorre com toda personalidade que se *compromete*".[4] Na mesma data, em junho de 1942, Barthes escreve para Philippe Rebeyrol: "E depois é preciso se comprometer sempre, na realidade não há maior volúpia". Semelhança e compromisso estão, portanto, no cerne dessa relação, que não tem a ver com influência nem com diálogo. Gide é antes de tudo um modelo: nele, a exibição não é negativa; o risco assumido o é também para os outros, para a literatura e para amoral. Barthes retém em particular dois motivos que melhor caracterizam o escritor, segundo ele, e que moldam sua própria relação com a literatura: a fidelidade na mobilidade e a relação com a língua. O primeiro resulta numa maneira de expor diferentes aspectos de si sem nunca renunciar à simultaneidade deles. A impressão de "espelhamento e mobilidade" é a marca de uma autenticidade. O escritor não se fecha numa forma única ou num gênero constante. "Ele se explica, se entrega, se retrata delicadamente ou então se afirma com coragem, mas não engana o leitor sobre nenhuma de suas mudanças; Gide põe tudo no movimento de seu pensamento, e não

---

4. "Notes sur André Gide et son *Journal*", OC I, p.33 [ed. bras.: "Notas sobre André Gide e seu *Diário*", in *Inéditos vol. 2 — Crítica*, p.2].

em sua brutal profissão."⁵ Percebe-se o quanto este traço constitui, tanto quanto uma apresentação do autor, um programa ético para o futuro. É, como o segundo motivo, que concerne à escritura, uma chave pessoal do tornar-se escritor. O classicismo é outra. "Montesquieu dizia: 'Não se escreve bem sem saltar as ideias intermediárias', e Gide acrescenta: 'Não há obra de arte sem escorço'. Isso não deixa de conter uma primeira obscuridade, ou uma enorme simplicidade, que leva os medíocres a dizerem que 'não entendem'. Nesse sentido, os clássicos são os grandes mestres do obscuro, até do equívoco, ou seja, da preterição do supérfluo (o supérfluo de que é tão ávido o espírito vulgar), ou, se preferirem, da sombra propícia às meditações e às descobertas individuais. Obrigar a pensar sozinho, eis uma definição possível da cultura clássica; a partir daí ela já não é monopólio de um século, mas de todos os espíritos retos, quer se chamem Racine, Stendhal, Baudelaire ou Gide."⁶

Nos anos seguintes, Gide é convocado como referência quando se trata de definir o que é um clássico ou para ilustrar a língua ou a gramática clássicas, inclusive em *O grau zero da escrita*, em que ele aparece como "o tipo mesmo de escritor sem estilo" e ao mesmo tempo como o representante, com Valéry ou Montherlant, "dessa grande escritura tradicional".⁷ Mas ele está ali circunstancialmente, quase sempre numa lista de outros nomes, um pouco fora de moda. Assim, no texto sobre Cayrol de 1952, ele serve mais como contra modelo, já que Barthes lê na enumeração dos objetos nesse autor "uma paródia das elegias gideanas".⁸ De fato, foi só a partir da publicação de *Roland Barthes por Roland Barthes* que a referência a Gide se explicita, que ele reconhece uma dívida para com ele, a qual começa a interessar os críticos: "Gide ocupou um grande lugar em suas leituras de juventude, escreve ele, então: mestiço de Alsácia e de Gasconha, em diagonal, como o outro de Normandia e de Languedoc, protestante, tendo o gosto pelas 'letras' e tocando piano, sem contar o resto...". Depois, no quadro das "fases" de sua carreira literária, ele atribui a Gide a "vontade de escrever". Enfim, ele declara: "Gide é minha língua ori-

---

5. *Ibidem*, p.38 [ed. bras.: *Ibidem*, p.9].
6. *Ibidem*, p.46 [ed. bras.: *Ibidem*, p.23].
7. OC I, pp.179 e 216 [ed. bras.: *O grau zero da escrita*, op.cit., pp.12 e 63].
8. "Jean Cayrol et ses romans", *Esprit*, março de 1952 (OC I, p.159) [ed. bras.: "Jean Cayrol e seus romances", in *Inéditos vol. 2 — Crítica*, p.86].

ginal, meu *Usurppe*, minha sopa literária". Fazendo a resenha dessa autobiografia na terceira pessoa em *La Nouvelle Revue française*, Jean Duvignaud evoca o trabalho sobre o imaginário primitivo da vida. Ele o aproxima do empreendimento desmistificador conduzido por Sartre em *As palavras*, mesmo dizendo que Barthes procura introduzir a pitada do desejo, a pulsão do corpo. "Desejo mascarado, desejo que embaralha as cartas, que emerge, que se retrai. [...] Barthes fala frequentemente de Gide. Gide também praticou esse procedimento de andarilho, hesitante e apressado."[9] Numa longa entrevista para a rádio Canada, transcrita mais tarde na *Revue d'esthétique*, Barthes relativiza sua importância em termos de influência:

— Qual influência exerceu sobre o senhor, por exemplo, Gide? Encontramos em seu livro: "Gide é minha língua original, meu *Usurppe*, minha sopa literária".

— Sim, disse isso naquele livro, já que estava falando de mim. Portanto, apresentei fatos da minha adolescência, que ninguém podia conhecer. Ora, sendo adolescente, li muito Gide, e Gide teve muita importância para mim. Mas devo observar, com certa malícia, que mesmo assim, até o presente, ninguém tinha desconfiado disso; nunca disseram que havia no que produzi a menor parcela de influência gideana. Ora, agora que chamei a atenção sobre isso, parece que se encontram bem naturalmente umas espécies de filamentos hereditários entre Gide e o que pude fazer: é, de qualquer maneira, uma comparação que permanece muito artificial. Gide foi importante para mim quando eu era adolescente, isto não quer dizer que ele esteja presente no meu trabalho.[10]

Trata-se menos de liquidar um predecessor, de renegar uma herança do que de situá-lo em seu justo lugar. É preciso compreender que a dívida está alhures. Ela reside, a nosso ver, nas camadas geológicas da formação. E que a referência desapareça na idade madura e reapareça na beira da velhice, explica-se de duas maneiras: o fim se ata ao começo e a afirmação da escritura de si com *Roland*

---

[9]. Jean Duvignaud, "Barthes", *La Nouvelle Revue française*, n. 269, 1975, pp.93-95 (p.95).
[10]. Entrevistas com Normand Biron, realizadas em 1975 e 1977 para a rádio Canada. Transcritas no número da *Revue d'esthétique*, "Sartre/Barthes", 4º semestre de 1981 (OC V, p.420).

Barthes por Roland Barthes reanima o modelo original. Que o fragmento que reconhece a dívida tenha o título de *"Abgrund"* significa muito: a palavra designa em alemão o que está arqueologicamente mais no fundo, mas em primeiro lugar remete ao abismo, ao precipício.[11] Tentar procurá-lo não está isento de perigo. O que Barthes reconhece a princípio é que ele quis ser ele. Ele se tomava então por outro, reproduzia aquilo que queria ser. "Esse primeiro voto (desejo e me devoto) funda um sistema secreto de fantasmas que persistem de idade a idade, muitas vezes independentemente dos escritos do autor desejado." E um pouco mais adiante: "O *Abgrund* gideano, inalteravelmente gideano, forma ainda em minha cabeça um formigamento teimoso".[12] Ter se reconhecido em Gide produz, para o resto da existência, formas estranhas de teimosia ("na minha cabeça", "cabeçudo"). Sob o modo do mergulho ou da ressonância, a música está presente sem que as linhas da composição estejam sempre bem distintas. A parte de Gide na obra de Barthes é uma partitura para vários instrumentos, na qual tocam uma relação com a língua, uma relação com a música e uma relação com o corpo.

A PEQUENA E A GRANDE MÚSICA

Susan Sontag salientou esta simetria perfeita: Barthes começou a escrever falando do *Diário* de Gide e, no último estudo que publica em vida, ele medita sobre o diário que ele próprio escreve. "Essa simetria, por mais acidental que seja, é perfeitamente apropriada, pois os escritos de Barthes, por meio da prodigiosa variedade dos assuntos que abordou, são finalmente um único: a escritura mesma."[13] Esse assunto traz a marca de uma música, de uma "pequena música", diria Proust, que é como o ritornelo de um estilo, ou, antes, de uma pesquisa feita sobre a escritura quando se pratica assiduamente a leitura. Poderíamos quase pensar que Barthes tenha tomado para si a ordem

---

11. Segundo Philippe Roger, pareceria que para o emprego do termo *Abgrund*, que encontramos em vários outros textos, Barthes refere-se principalmente a Mestre Eckhart, cuja tradução de Maurice de Gandillac ele tinha, e que corresponde à "Divindade", ao "Deserto", "o abismo insondável que não atingimos por nenhum raciocínio, por nenhuma distinção". Ver as páginas apaixonantes que Philippe Roger consagra a esta noção em *Roland Barthes, roman*, Grasset, (1986), Le Livre de Poche, pp.396-401.
12. *Roland Barthes par Roland Barthes*, OC IV, p.677 [ed. bras.: *Roland Barthes por Roland Barthes*, p.115].
13. Susan Sontag, *L'écriture même. À propos de Barthes* (Paris: Christian Bourgois, 1982), p.10.

de Gide em seus *Conseils au jeune écrivain*, que, embora publicados depois de sua morte, fazem a síntese das recomendações que dava em seus encontros com todos estes adolescentes que desejam acima de tudo escrever: "Escreva sempre o mais simplesmente possível: é para você mesmo, em primeiro lugar, que importa não criar ilusão; esteja sempre atento à própria complacência e sempre procure não se enganar".[14] Se ele nem sempre se atém à regra da simplicidade, Barthes adota os princípios de vigilância e de distância aqui invocados, corrigindo, retificando, não tendo medo nem do evasivo, nem da contradição, nem mesmo do menor. Dessa maneira, podemos seguir Susan Sontag quando ela acrescenta que a própria língua de Barthes carrega a marca do gidismo: "Gide forneceu a Barthes o modelo patrício de um escritor brando, múltiplo; nunca exagerado nem vulgarmente indignado; generoso [...] com o que é preciso de egocentrismo; incapaz de se deixar influenciar profundamente. Ele nota como Gide modificou-se pouco com suas leituras ('foram outros tantos reconhecimentos de si mesmo', como 'suas descobertas nunca foram negações'). E celebra a profusão de escrúpulos de Gide, fazendo observar que sua 'situação [...] na encruzilhada de grandes correntes contraditórias não tem nada de fácil'".[15] Fazendo de Gide o primeiro dos não estilistas, excluindo-o, com isso, da lista dos escritores como Hugo, Rimbaud ou Char, cujo estilo os suspende no fio da história, Barthes se inscreve assim numa outra comunidade, sob o signo de mais liberdade, mesmo de leveza, que encontramos em sua relação com a política, onde nos engajamos quando é preciso, mas conservando certas formas de recuo. "Gide é o tipo mesmo do escritor sem estilo, cuja maneira artesanal explora o prazer moderno de um certo *ethos* clássico." Então ele aproxima Gide não de escritores, mas de músicos como Saint-Saëns, cujo trabalho consistia em retomar Bach, e como Poulenc, que, reescrevendo Schubert, também se inscrevia numa relação com uma história e uma sociedade. Como sublinha Emily Apter num artigo de *Critique*, não procede, apesar do aparente estilo elevado quase mítico de Barthes, que ele situe os não estilistas em zonas inferiores. "O pressuposto de Barthes é o de uma natureza profundamente cita-

---

14. André Gide, *Conseils au jeune écrivain*, prefácio de Dominique Noguez (Paris: Proverbe, 1993), p.27.
15. *Ibidem,* pp.29-30.

cional, predatória, da escritura moderna. Num tal contexto, o status de Gide se inverte: se o título de 'último estilista' lhe é recusado, ele acede à categoria mais prestigiosa, de primeiro 'não estilista' e, com isso, de escritor capital, no sentido barthesiano do termo."[16]

O que se entende da pequena música gideana são também temas, o eu como vocação, a vida como escritura de si. No momento da morte da mãe, Barthes lamenta não poder fazer dela um retrato tão comovente quanto o que Gide fez de sua mulher Madeleine em *Et nunc manet in te*. Com esta referência, ele tece dois motivos, o do desgosto sobre o qual ele fez um livro (em 1978, o que se tornará o *Diário de um luto* não passa de um conjunto de notas fragmentárias); e o do amor singular que se sente por uma mulher, a mãe: quer Madeleine tenha desempenhado junto a Gide o papel de uma mãe vigilante, como o sugere Frank Lestringant em sua biografia, citando em apoio à sua hipótese esta frase de *Ainsi soit-il ou Les jeux sont faits:* "Como também, mas no sonho somente, a figura de minha mulher seja substituída, sutil e como misticamente pela de minha mãe, sem que eu fique muito surpreso com isso";[17] quer Barthes tenha vivido um casamento branco com sua mãe, comparável ao casamento de André Gide e Madeleine Rondeaux. Gide é por muito tempo a figura de que não se fala, de que não se pode falar, o lugar escondido. Em sua relação com ele entra certa confrontação e certa subjetividade ligada a posturas, escolhas, uma maneira de se sentir no mundo, usos do corpo e dos sentidos, gostos singulares. Retomando em *Fragmentos de um discurso amoroso*, depois em *Como viver junto*, no curso no Collège de France de 1977, a singular expressão de *La Séquestrée de Poitiers*, de Gide — "meu querido grande fundo Malempia" —, por meio da qual Mélanie Bastian, encerrada durante vinte e seis anos por sua mãe em seu quarto, designava seu quarto-prisão para o qual queria voltar, Barthes apresenta de outro modo a estrutura de coerção e de desejo, que caracteriza sua relação com Gide. Os outros temas dominantes, aqueles que se fazem entender melhor, concernem à religião protestante e ao piano. A origem protestante partilhada é por si mesma um horizonte comunitário. Ela justifica, se convocarmos também Rousseau, a pulsão da escrita de si;

---

16. Emily S. Apter, "Le mythe du 'degré zéro'", *Critique*, n. 473, 1986, pp. 967-72 (p. 969).
17. Frank Lestringant, *Gide, l'inquiéteur* (Paris: Flammarion, 2012), vol. 2, p. 830.

"uma adolescência protestante pode dar certo gosto ou certa perversão da interioridade, da linguagem interior, aquela que o sujeito dirige constantemente a si mesmo".[18] Ela não inclui a culpa no cerne da consciência; e a relação com a psicologia, em particular no romance, se encontra amenizada. Quando em 1942 Barthes lê o *Diário* de Gide, ele confia a Philippe Rebeyrol que é o único livro que o distrai e o enriquece. "Encontro nele mais consolo, ele alimenta mais meu pensamento que uma Bíblia." Assim se acham confundidos o autor amado e a religião de origem, o *Diário* e a Bíblia, num imaginário da fundação em que as pedras podem ser trocadas com facilidade.

Mas é também pelo piano que eles se ligam, no acompanhamento pela música de suas duas existências. Eles compartilham uma concepção calma da execução da música. Da mesma maneira que Barthes prefere tempos lentos, mesmo demasiado lentos, Gide declara, a propósito de Chopin, que é importante tocá-lo com lentidão e incerteza "em todo caso, sem esta insuportável segurança que um movimento precipitado comporta. É um passeio de descobertas, e o executante não deve prestar-se a crer que sabe antecipadamente o que vai dizer, nem que tudo isto já está escrito".[19] Comparável ao andar, a música nos faz atravessar paisagens das quais é preciso tirar proveito, cujo poder de descobertas que ocultam é preciso conservar. A calma da execução permite atingir mais e com mais segurança certa forma de graça que pode ser similar a um movimento filmado em câmara lenta. "Pudemos ver no cinema a surpreendente graça que um determinado gesto humano ou animal poderia ter, apresentado em câmara lenta; imperceptível quando o movimento é rápido. Não se trata aqui (embora pudéssemos fazê-lo) de diminuir excessivamente o ritmo da música de Chopin. Trata-se muito simplesmente de não apressá-la, de lhe deixar o movimento natural, livre como uma respiração."[20] Assim, estamos mais perto do corpo, graças ao estudo ao qual Gide com frequência se refere em seu *Diário*, distante do virtuosismo um pouco glacial que Barthes reprova nas performances de concerto gravadas em discos. "É que a música de Schumann vai bem mais longe que o ouvido; ela vai

---

18. Entrevista com Bernard-Henri Lévy, oc v, p.366 [ed. bras.: "Para que serve um intelectual", in *O grão da voz*, pp.368-69].
19. André Gide, *Notes sur Chopin* (Paris: L'Arche, 1949), p.18.
20. *Ibidem*, p.34.

para dentro do corpo, dos músculos, por meio dos toques de seu ritmo, e como que para o interior das vísceras, pela voluptuosidade de seu *melos*: dir-se-ia que a cada vez o trecho foi escrito somente para uma pessoa, aquela que o toca: o verdadeiro pianista schumaniano sou eu."[21] Ou ainda, no diário tardio, em Urt: "11 de julho de 1979. Ouço por acaso na France Musique (Blandine Verlet) uma 'courante' de Bach que eu adoro, tocando-a eu (é claro) lentamente: ela é então profunda, doce, sensual e terna, muito cantante. A cravista a toca três ou quatro vezes mais depressa, a tal ponto que levo tempo para reconhecê-la; todas as características precedentes estão perdidas; certa pequena frase adoravelmente melódica nem mesmo é mais reconhecível — A cravista é informada, inteligente, ela tem razão, com certeza. Mas que pena, que decepção! — Isso remete ao problema; dilaceração de quem só sente prazer nas deformações, nos contrassensos. E também: maneira 'moderna' de recusar, de anular a sensualidade (gosto pela música barroca que está na moda, recusa da música romântica)".[22] Comprometer seu corpo toma tempo. É todo um movimento que vai das mãos à cabeça e da cabeça às mãos. Neste domínio, Barthes sabe que está um pouco fora de moda. Mas reivindica seu romantismo porque este está ligado a seu *ethos* de amador e ao prazer que pode sentir com isso.

Ao contrário dos intérpretes, os compositores são mais objeto de discursos amorosos do que de análises críticas, e aqui estamos diante de uma verdadeira erótica da interpretação. Gide diz que adora Chopin, e Barthes, Schumann. Assinalemos que originalmente as *Notes sur Chopin*, de Gide, chamavam-se "Notas sobre Schumann e Chopin", mas que a vida o afastou progressivamente do primeiro. Para Barthes, a intimidade vivida com ele não adormece nunca, mesmo quando tem o sentimento de gostar dele contra sua época e na solidão. Mas este fato torna seu amor responsável: "Ele leva fatalmente o sujeito que o experimenta e o pronuncia a se colocar no seu tempo, segundo as injunções de seu desejo, e não segundo as da sociabilidade".[23] Esta espécie de amor é absolutamente íntima, portanto forçosamente solipsista.

---

21. "Aimer Schumann", OC V, p.722.
22. BNF, NAF 28630, grande fichário. Em nota, Barthes indica que se trata da *Quatrième Partita*, de Bach.
23. "Aimer Schumann", OC V, p.725.

A HOMOSSEXUALIDADE

A afirmação do desejo nem sempre é tão simples. Quando reconhece a parte de Gide em sua existência, Barthes explicita a relação com a religião, a escritura e o piano, mas elude a homossexualidade com fórmulas eufemísticas das quais a mais obliterante é "sem levar em conta o resto...". Ela também se esconde nos "mil dados que faziam com que eu me interessasse por ele".[24] Entretanto ninguém duvida que Gide tenha representado para Barthes, como para muitos homossexuais, uma espécie de revelador importante. Sua leitura do escritor, entre 1935 e 1942, coincide com as primeiras experiências amorosas, e carnais, no sanatório de Saint-Hilaire-du-Touvet. A frase de *Se o grão não morre* — "Em nome de que Deus, de que ideal, o senhor me proíbe de viver segundo minha natureza?" — encontra numerosos ecos na correspondência dessa época. Barthes é enfático em protestar contra o remorso da carne. Jamais sente arrependimento, mas nostalgia. Nesse sentido e sobre esse ponto preciso, ele escreve a Philippe Rebeyrol, em junho de 1942: "Se lhe contasse cronologicamente minha vida, você veria que já sou passavelmente *afirmado*. Oh, ainda talvez não o bastante; mas enfim, mesmo assim não é preciso que a afirmação se transforme em ostentação". A publicação de *Coridon* em 1923, de *Se o grão não morre* em 1926 e, numa medida menor, a de *Sodoma e Gomorra* em 1921-1922, inseriram na literatura contemporânea a homossexualidade assumida e explícita. Ouve-se assim Mauriac, em 1926, lamentar que "muitos destes doentes que não se conheciam, hoje se conhecem graças a Gide e a Proust. Muitos, que se escondiam, não se esconderão".[25] A comparação entre Gide e Proust é recorrente na obra de Barthes. Em *A preparação do romance*, por exemplo, cada referência ao nome de Gide é quase que seguida de uma longa referência a Proust. Mas parece que só um artigo de 1971 sobre *Em busca do tempo perdido* os irmana em torno da homossexualidade, ou mais exatamente daquilo que ambos chamam de inversão, permitindo ler "a superimpressão de

---

24. Entrevista com Bernard-Henri Lévy, *Le Nouvel Observateur*, 10 de janeiro de 1977 (OC V, p.366) [ed. bras.: "Para que serve um intelectual", in *O grão da voz*, p.368].
25. François Mauriac, resposta à enquete da revista *Les Marges* sobre a homossexualidade na literatura, março-abril de 1926, citado por Daniel Durosay, "Gide, homossexueal: l'acrobate", in *Littératures contemporaines*, n. 7, "André Gide" (Paris: Klincsieck, 1999), pp.55-85 (p.55).

dois contrários absolutos, o Homem e a Mulher (contrários, sabemos, definidos por Proust biologicamente, e não simbolicamente: características de época, certamente, pois que, para reabilitar a homossexualidade, Gide propõe histórias de pombos e de cães); a cena do marimbondo, no decorrer da qual o Narrador descobre a Mulher sob o barão de Charlus, vale teoricamente por toda a leitura do jogo dos contrários".[26] Daí o discurso da reversão desenvolvido pela homossexualidade para o qual Barthes propõe o neologismo "enanciologia" (segundo o adjetivo grego *enantios*, oposto), que aparece também como uma lei de expansão. Enquanto, observa ele, *Em busca do tempo perdido* é no começo quase inteiramente heterossexual, a obra "se acha no final em posição exatamente inversa, isto é, homossexual (como Saint-Loup, o príncipe de Guermantes etc.): há uma pandemia da inversão, da reviravolta". Mas, no conjunto, o discurso público de Barthes sobre esse assunto se rarefaz, e para melhor conhecer sua prática é preciso esperar as publicações póstumas de *Incidentes*, cuja narrativa se inscreve na tradição inaugurada em parte pelo Gide das narrativas de viagem sensual ou sexual na África do Norte, e de "Soirées de Paris". O discurso privado é mais explícito e em geral confunde amor e amizade: "Quase todas as minhas amizades com meninos começaram por amores: certamente, o tempo quase sempre as clarificou, embora lhes deixando, aliás, um aroma de que gosto muito. Inversamente, nas raras vezes em que amei uma mulher (por que não confessar que, no fundo, isso me aconteceu apenas uma vez), isso começou como o que o mundo chama uma amizade".[27] Barthes confessa sua homossexualidade para Philippe Rebeyrol na primavera de 1942, por ocasião de uma visita de seu amigo a Saint-Hilaire-du-Touvet, e em seguida suas confidências são mais frequentes e mais insistentes. Mas a escritura privada não é a escritura pública, e os livros ou artigos publicados dão para esse assunto um espaço não negligenciável, mas subterrâneo.

  Mesmo os *Fragmentos de um discurso amoroso*, se podemos ler nas entrelinhas uma experiência biográfica devastadora, não são explicitamente uma descrição do amor homossexual que Barthes

---

26. "Une idée de recherche", *Paragone*, outubro de 1971 (OC III, p.920) [ed. bras.: "Uma ideia de pesquisa", in *O rumor da língua*, p.345].
27. Carta a Philippe Rebeyrol, 2 de agosto de 1942. Acervo Philippe Rebeyrol, IMEC.

não gostaria por nada neste mundo de marcar com uma diferença radical, mesmo se a diferença, ou a pluralização, fossem maneiras de triunfar sobre o conflito, de afastar a questão da dualidade dos sexos. No seminário sobre "O discurso amoroso", ministrado na Escola Prática entre 1974 e 1976, ele é às vezes mais direto, e aliás faz referência a Gide várias vezes a propósito de suas aventuras magrebinas, especialmente as de sua viagem de núpcias na Argélia, relatadas no *Diário* e retomadas em *Et nunc manet in te*. A embriaguez dos corpos à qual cede sem freio e o hedonismo absoluto são somente reprimidos pelo olhar do terceiro, Madeleine, mas é por ele que Barthes se interessa: Madeleine, que assiste, "leitora fria e amorosa, ao desejo difuso de seu marido pelos jovens modelos da praça de Espanha e pelos alunos argelinos, no trem de Biskra a Argel".[28] As restrições para Barthes são de outra natureza. Trata-se, durante muito tempo, de proteger a mãe da "revelação", mesmo que certos livros evoquem explicitamente o assunto, a começar pelo autorretrato e os fragmentos sobre "A deusa H". e a dupla de adjetivos antagonistas "Ativo/passivo". Depois de sua morte, quando ele não se esconde mais, o incômodo sentido socialmente com relação ao amor tarifado e à prostituição é um outro freio para a expressão. Ele o elude em *Incidentes*, graças a uma escritura densa, fragmentária e, ainda aí, obliterante: "Professorzinho primário de Marrakech: 'Farei tudo o que o senhor quiser', disse ele, pleno de efusão, de bondade e de cumplicidade nos olhos. E isto quer dizer: *eu enrabarei o senhor*, e somente isto".[29] De Gide a Barthes, alguma coisa, ainda aí, se inverteu; a atividade predatória é sempre admissível, mas o lirismo sensual não é mais uma língua possível. Apesar da liberação sexual, a desconfiança de exploração colonialista subsiste. As figuras de ocidentais, em *Incidentes*, em geral são caricaturais, fantasmas da presença francesa, "restos do protetorado", velho inglês que faz com que o chamem de "papai": para evitar ser assimilado a essas personagens negativos, é preciso dissimular ainda mais. Não podem mais se comprometer à maneira de Gide.

---

28. *Le discours amoureux*, p.445.
29. *Incidents*, OC V, p.972 [ed. bras.: *Incidentes*, trad. de Mário Laranjeira (São Paulo: Martins Fontes, 2004), p.42].

DIÁRIO

Entre os projetos de livros enumerados em *Roland Barthes por Roland Barthes*, há *O discurso da homossexualidade*, que indica que Barthes não fazia disso um tabu e que ele se interrogava sobre os meios para falar algo a esse respeito fora da militância, da generalidade ou da afirmação. A ideia o domina até o fim. Com frequência ele retoma a questão no fichário-diário:

"Não a mesma homossexualidade que a de Fernandez ou de Hockenghem. Não é a mesma coisa que tenho o *dever* de dizer, de enunciar, de escrever.

"Banalidade insuperável, invencível da descrição pornô (R. Camus).

Não aceitaria falar da H [homossexualidade] senão a título não só pessoal (sem generalização, sem meta H [homossexualidade]), mas também individual: o puro indivíduo que sou, a margem absoluta, irredutível a toda 'ciência' ou paraciência."[30]

Uma secção importante do fichário tem por entrada "homossexualidade", e, enquanto não encontrou a forma para sua reflexão, Barthes reserva suas observações para a escrita comum, a escrita privada. É mais um traço que o liga a Gide: a obsessão da escrita diária, da anotação, do lembrete. Mas, contrariamente a Gide, ele não lhe dá um lugar estável. Embora fascinado pelo *Diário* de Gide, ao qual consagra um de seus primeiros artigos, Barthes decide não manter um diário sistematicamente. Sua prática é irregular porque veleidosa. Não é o registro cotidiano que o incomoda — disso, ele desenvolve outras formas —, mas a continuidade que o diário supõe no plano da frase. O diário é o que, em todo caso, Gide lhe ensina, faz a ponte entre "escrita comum"[31] e "escrita literária". É uma perpétua interrogação sobre a passagem do público ao privado. Barthes desenvolve, ao contrário, durante quase toda a sua vida, uma prática da escrita cotidiana puramente privada, quase doméstica. Ele experimenta tudo o que é possível neste setor: fichas, diários de viagem, cadernetas, cartas, listas de coisas a serem feitas, agendas... Quando

---

30. BNF, NAF 28630, grande fichário, 19 de novembro de 1979.
31. Com esse nome, os antropólogos reúnem todas as formas de se recorrer ao escrito impostas pela vida privada e existência social. Ver *Écritures ordinaires*, org. de Daniel-Fabre (Paris: POL/BPI, 1993).

está em seu espaço familiar, o apartamento da rua Servandoni, desenvolve conjuntamente o modo sistemático e racional da agenda e a prática da anotação em fichas. Quando se encontra em deslocamento ou em férias, recorre a outras formas e é nessas circunstâncias que se exercita na escrita do diário. Além daqueles que escreve no Marrocos ou na China, ele começa um no verão de 1973 em Urt — que se tornará parte do "diário-messe", preparatório para a escrita de *Roland Barthes por Roland Barthes* —, e um outro em 1977, do qual ele publica um parte bem pequena em *Tel Quel* em 1979 e cuja quase totalidade permaneceu inédita.

"Não tenho fundamentos para considerar tudo o que escrevi como um esforço clandestino e obstinado para fazer reaparecer um dia, livremente, o tema do 'diário' de Gide? No horizonte terminal, talvez esteja simplesmente o texto inicial."[32] Ligado ao domínio do tempo, ao trabalho mais elementar da relação entre tempo, escritura e memória, o diário é um companheiro antes de ser um horizonte. Barthes gosta de sua prática obsoleta, a estrutura que é a do tempo que passa, mesmo quando não ocorre grande coisa. Ele retoma as obsessões de seu modelo, a meteorologia, os resumos, a respeito das quais Éric Marty mostrou que eram as referências mais importantes, incluindo efeitos de tempo circulares na cronologia. Assim, toda escrita privada tende a ser destinada a se tornar diário. Quando Barthes se dedica ativamente ao desenho, de 1971 a 1976 mais ou menos, seu gesto também se assemelha à escrita comum. Ele data o primeiro de 24 de junho de 1971 e, na maior parte do tempo, é a data que substitui o título. O conjunto pode ser "lido" como um diário sem notação psicológica, sem acontecimento, espécie de ideal de escrita do eu.

Em Barthes, como sem dúvida em Gide, mesmo que para este a escrita do diário se faça obra no sentido pleno do termo, a prática do diário se assemelha à antiga prática familiar do "livro de razão", hábito encontrado no Sudoeste francês, em particular em região protestante. Da loja à casa, o que é no começo um livro de contabilidade (*líber rationibus*) torna-se também livro de vida no qual se anotam os nascimentos, as mortes, os acontecimentos relacionados

---

32. *Roland Barthes par Roland Barthes*, OC IV, p.672 [ed. bras.: *Roland Barthes por Roland Barthes*, p.110].

com a família; mas também as estações, as entradas de dinheiro, as saídas. Os livros de razão, que continuam hoje sendo preciosíssimos arquivos da intimidade, tinham particular importância para os protestantes, pois, na ausência para eles de estado civil, o pai de família devia dar conta de seus membros. Além disso, o livro mostrava uma educação na fé que se vive e se transmite na clandestinidade. Individualizando-se com o diário pessoal, o uso abre mais ainda o espaço pessoal, mesmo que deixe um lugar ignorado, de outro lado, para o trivial, o insignificante, o incidente. "O que é o corpo íntimo, o que é o Íntimo de superfície, o Íntimo anódino? Não se trata de uma realidade em si, mas de uma dimensão do sujeito que dá muito valor à escritura do Diário."[33] Essa constatação que Éric Marty formula sobre o *Diário* de André Gide se une a um questionamento de Barthes: não há lugar, na escrita do dia, para a explicação psicológica; a anotação é precisamente aquilo que não se fixa, uma fotografia sem fixador, nem na interpretação, nem na lembrança.

A amizade de Barthes com Éric Marty, a partir de 1976, é a oportunidade de um diálogo sobre Gide e o gênero diário assinalado publicamente por uma troca de dedicatórias. Os trechos do diário de Urt publicados por Barthes em *Tel Quel* em 1979 são oferecidos "para Éric Marty". Em compensação, o artigo deste último que aparece em *Poétique* em 1981 é dedicado "a R. B., in Memoriam".[34] Depois do concurso de ingresso na carreira docente, Marty, que segue já há dois anos o seminário de Barthes, opta por fazer de Gide seu principal objeto de pesquisa: essa decisão fascina Barthes, que reencontra no jovem "discípulo" ou amigo seu próprio caminho. Em "Deliberação", que se baseia também numa releitura do *Diário* de Kafka ("o único que pode ser lido sem nenhuma irritação"), a questão é menos definir um gênero do que fazer a distinção entre escrita leve, sem consistência, e escrita literária. Ela não é, pois, "devo manter um diário?", já que na realidade manter ou não manter um diário são opções quase equivalentes,[35] mas "devo manter um diário *tendo em vista publicá-lo?*", para fazer dele uma obra. O diário é escri-

---

33. Éric Marty, *L'Écriture du jour. Le "Journal" d'André Gide* (Paris: Seuil, 1985), p.160.
34. Éric Marty, "L'Écriture journalière d'André Gide", *Poétique*, n.48, 1981.
35. "Nunca mantive um diário — ou antes, nunca soube se deveria manter um. Às vezes, começo, e depois, muito depressa, largo — e, no entanto, mais tarde, recomeço" (OC V, p.668) [ed. bras.: "Deliberação", in *O rumor da língua*, p.445].

tura? Retirando-o do comum, fazendo dele um livro sobre si e para outrem, corre-se o risco de levá-lo a perder seus principais atributos: a coleção de folhas, permutáveis e suprimíveis (que faz do diário não um livro, mas um álbum), a ausência de sinceridade e a dimensão do segredo. Esta relação com o segredo é, no fundo, o que melhor une Gide e Barthes. Seus diários explicitam uma homossexualidade escondida para uma única pessoa: Madeleine para Gide, a mãe para Barthes. Assim, Marty escreve a propósito de Gide uma frase que se aplica perfeitamente também a Barthes: "O que é fascinante aqui é que o escondido, na medida em que é conhecido de todos (do Mundo), exceto de uma única pessoa, inverte inteiramente as leis gerais do Segredo: livre das leis mundanas do dito e do não dito, ele é mais um modo de consciência específica com relação a um Outro do que um simples segredinho".[36] A morte da mãe torna possível, pois, a publicação, mas será que a torna necessária na medida em que esta dimensão do escondido desaparece? Além disso, o diário, em Barthes — e é sua grande diferença com o empreendimento gideano —, toma lugar num outro sistema, o de uma enciclopédia móvel e não totalizante, para a qual muitos livros seus e projetos tentam dar uma forma provisória e parcial. Na maior parte do tempo, Barthes indexa seu diário e o dispõe em fichas, abandonando a estrutura temporal para adotar a do glossário, o que não o torna mais publicável enquanto diário.

Um segundo risco se deve à manipulação que sofre o texto e a uma redução de sua ambição profunda. Barthes o revela por um jogo intertextual. Pretendendo reler seu próprio diário, cita frases que o irritam: "Bem depressa, avançando na releitura, fico farto dessas frases sem verbos ('Noite de insônia. Já a terceira de enfiada' etc.) ou cujo verbo é negligentemente reduzido ('Cruzadas duas jovens na praça St-S.')". Ora, essas frases, o manuscrito o indica, são diretamente tomadas dos *Diários* de Kafka, e Barthes se contenta em transpor a Wenzels place de Praga do original para a praça Saint-Sulpice que ele atravessa todos os dias.[37] Mais grave ainda, o detalhe sem impor-

---

36. Éric Marty, *L'Écriture du jour*, op.cit., p.218.
37. "Délibération", OC V, p.668 [ed. bras.: "Deliberação", in *O rumor da língua*, p.446], e "Délibération", BNF, NAF 28630. Cf. Franz Kafka, *Œuvres complètes*, t. III: *Journaux* (1919--1924), traduzido do alemão por Marthe Robert (Paris: Gallimard, 1984), pp.88 e 83. Col. Pléiade.

tância não é forçosamente recuperável na escritura. O diário vale somente, sem dúvida, ser seguido sem fim e sem finalidade: "Posso salvar o Diário com a única condição de trabalhá-lo *até morrer*, até o fim da extrema fatiga, como um Texto *mais ou menos* impossível". Nesse sentido, é uma perspectiva, cujo horizonte Barthes vira e mexe encara, o do fim do livro, de sua substituição por um álbum de folhas permutáveis, cujo hipertexto reticular é hoje uma variante. Limbo do texto, o diário vale por continuar não sendo uma forma fixa.

A memória literária de Barthes compõe-se, ele diz em "Lectures d'enfance", de três espaços que têm funções distintas: as leituras adolescentes, o recente, Proust, Gide, Valéry, que dão impulso à escritura; os contemporâneos com os quais entramos no debate, o agora, Sartre, Camus, Brecht; os clássicos, enfim, o outrora, com os quais evolui por toda vida livremente.[38] À semelhança de Proust e de Valéry, Gide para Barthes é como um recente não nostálgico, incitador, no qual nos reconhecemos e para o qual, em compensação, devemos uma forma de reconhecimento. O que ele diz em seu primeiro texto sobre a relação com Gide em suas escolhas e modelos pode também aplicar-se a esta dívida particular: "As predileções de Gide não indicam uma influência, mas uma identidade". O diário, presente no começo e no fim da obra, exprime alguma coisa deste acompanhamento, tomado na triviliadade de sua existência e da qual se deseja, entretanto, arrancá-lo.

---

38. "Lectures d'enfance", *H. Histoire, op.cit.* (OC V, p.949).

capítulo 5

A VIDA ATRÁS
DE SI

Tudo o que o tempo abriu durante a adolescência de Barthes, os projetos de escritura, os engajamentos políticos, o despertar dos sentidos, a vida se encarrega de encerrá-lo mais cedo do que previsto. Enquanto para alguns a guerra é o tempo da partida, e para muitos a ocasião de uma virada decisiva, como conta, por exemplo, Daniel Cordier em *Alias Caracalla*,[1] dando uma formidável inflexão na existência, ela é para Barthes o tempo da introversão e do retiro. A partir daqueles anos e até o fim, a relação com o exterior vai se estabelecer sob a forma quase exclusiva da queixa, de um longo lamento sobre o tempo perdido e a falta de oportunidades. Os anos que precedem a entrada na guerra são ainda marcados por descobertas estimulantes, em particular a encenação teatral, por viagens formadoras também, mas a dor por não ter podido seguir os estudos para os quais se sentia destinado entristece sua juventude. Barthes sabe que não está curado e que sua saúde é boa apenas por um tempo. Em comparação aos colegas, seu futuro lhe parece irremediavelmente limitado. O pouco interesse que tem por seus estudos de letras na Sorbonne decorre, sem dúvida, do sentimento persistente, mas que se aguça

---

[1]. Daniel Cordier, *Alias Caracalla* (Paris: Gallimard, 2009). "Eis pois, diariamente, três anos desta vida singular que começou para mim em 17 de junho de 1940, com a rejeição do discurso de Pétain depois o embarque em Bayonne no *Léopold II*. Eu tinha dezenove anos." Assim Daniel Cordier apresenta suas lembranças dos anos de guerra em que foi secretário de Jean Moulin e Companheiro da Liberação. Barthes o encontra em 1964, quando da grande exposição da galeria Daniel Cordier, *Para se despedir*. Foi o começo de uma amizade preciosa, estreitada por sua origem comum no Sudoeste, pela orientação sexual, mas também pela comum admiração por Réquichot. Daniel Cordier só tornará pública sua homossexualidade em 2009, quando publica *Alias Caracalla*.

ainda nesta data, de deslocamento. Entretanto, ele encontra naquele momento, como o fará sempre em seguida, uma outra cena onde fazer viver seu desejo. Embora sofrendo por não encontrar seu justo lugar, inventa outros afastados ou à margem, que o fazem ser aquele que espera se tornar.

DA ANTIGUIDADE À GRÉCIA

Esta primeira outra cena é, literalmente, o palco. É no teatro, de fato, que Barthes encontra as maiores satisfações entre 1936 e 1939. Ele funda com seu colega Jacques Veil o Grupo de Teatro Antigo da Sorbonne, segundo o modelo do Grupo de Teatro Medieval, criado por Gustave Cohn e denominado os Théophiliens, depois da representação do *Miracle de Théophile (Milagre de Teófilo)* de Rutebeuf, em maio de 1933, na sala Louis-Liard. Os dois ex-alunos do Louis-le-Grand logo são procurados por Jacques Chailley, Jean Ritz e Nikita Élisséef, e é Maurice Jacquemont, inspirado por Jacques Copeau, que vai dirigir o repertório deles depois de ter sido o encenador dos Théophiliens de 1933 a 1936. A finalidade declarada do grupo é representar peças do repertório grego e romano e cativar o público. Quer ser um espaço que organiza uma dupla exterioridade: em relação à universidade, embora estabelecido em seu seio e sob sua autoridade, e em relação ao teatro profissional e instituído. Como com a música, Barthes encontra a ocasião de exercer seu gosto pelo amadorismo ao qual o teatro também pode dar reconhecimento. Numa "Lettre au sujet du Groupe de théâtre antique", escrita em novembro de 1961 e publicada na revista *L'Arche* em 1962, Barthes reivindica o modelo da "autarquia", assumindo responsabilidades que são ao mesmo tempo culturais e materiais. O que não pudera integralmente tomar forma no liceu em termos de agrupamento político, em torno da revista *La Règle organique*, encontra aqui seu espaço e seus contornos. Vinte e cinco anos mais tarde, a palavra que surge em seus escritos, ao repensar a experiência da fundação, é "felicidade". "Nos primeiros meses, e em todo caso até a criação dos *Persas,* em maio de 1936, fomos felizes, creio que se pode dizê-lo, porque estávamos unidos: nossa obra foi realmente coletiva, realmente anônima; para falar uma linguagem filosófica, então, desconhecida, tínhamos em comum a mesma *práxis*."[2]

---

2. "Lettre au sujet du Groupe de théâtre antique", in *L'Arche*, 1962 (OC II, p.25).

E ele prossegue associando esta experiência política à Frente Popular, que distingue esta época da precedente e da seguinte: a esperança existia, enfim, e o imperativo de engajamento era menos premente. "O estudante podia assumir uma tarefa cultural, inventada e realizada por ele mesmo e só por ele, sem ter absolutamente o sentimento de que se distraía de algo mais importante ou mais urgente; tudo isso compunha uma ação apaixonada e feliz."

A documentação sobre os primeiros anos do grupo é pouco numerosa: estatutos, programas, cartas, alguns dossiês de imprensa, assim como uma longa carta de Jacques Veil escrita em 1937 para servir de balanço dos dois primeiros anos.[3] São sobretudo os programas que informam sobre o espírito que anima seus membros, seus objetivos, o papel desempenhado pelos membros. Abrem suas colunas aos estudantes, assim como aos professores. No programa de *Anfitrião*, representado em 1937, Gustave Cohen, o professor de letras responsável pelo grupo do teatro medieval, e André Plassart, professor de grego, lembram os nomes e as motivações dos fundadores da trupe, no ano anterior: "Nossos jovens e queridos Antigos são os filhos dos Théophiliens. Lembro sempre da noite do Festival Rutebeuf, no começo de janeiro de 1936, em que Barthes e Veil vieram nos encontrar no gabinete de Louis-Liard, no meio da companhia celeste e infernal meio desvestida, para me perguntar o que eu pensaria de uma ressurreição do teatro antigo análoga àquela que tínhamos realizado para o teatro medieval. Pensem com que entusiasmo eu os encorajei, prometendo emprestar todos nossos técnicos e o apoio de nossa experiência. Sabe-se que o sucesso coroou seus esforços e temos ainda diante dos olhos a admirável representação dos *Persas* no pátio da Sorbonne, em 3 de maio de 1936". Por sua vez, eles sempre foram gratos aos professores, e os espetáculos foram elencados junto com o programa dos cursos. O empreendimento se mostra inseparável de uma reflexão filológica, e a relação com os textos é marcada por um duplo cuidado com a fidelidade e o estudo. Os membros do grupo reivindicam a literalidade, retraduzem certas partes dos textos para torná-los mais conformes ao pensamento que

---

3. Jacques Veil, texto datilografado, arquivo privado. Sylvie Patron consagrou um artigo a estes primeiros anos do Grupo: "Le Groupe de théâtre antique de la Sorbonne", *Les Cahiers de la Comédie-Française*, n. 23, 1997, pp.48-53.

têm da Antiguidade: "Tivemos o cuidado de traduzir o texto tão literalmente quanto possível", escrevem a propósito dos *Persas*. E no programa de *Anfitrião*, é dito que, "como para *Os Persas*, fizemos nós mesmos o trabalho de pesquisa". "Tomamos como base os artigos das Enciclopédias de Daremberg e Saglio e de Pauly-Wissowa". "Múltiplos ensinamentos fornecidos sobre o figurino, a encenação, todas as sugestões pertinentes surgidas no decorrer da aula [de discussão sobre a peça] eram anotadas e vinham formar um dossiê que se revelou em seguida de grande utilidade."[4] Os elementos de adaptação se impõem sempre sobre bases arqueológicas e, como sublinha Sylvie Patron em seu artigo, nota-se verdadeira obsessão pelo restabelecimento do texto, como se a retomada devesse sempre se acompanhar de reencontros e reparação.

Mas esta retomada segue além. O cuidado com a atualização é muito sensível e se une ao espírito da época (Giraudoux, Cocteau). Trata-se de se aproximar da história e das personagens pela sensibilidade, explicitando uma inteligência política da peça. O Grupo de Teatro Antigo se dirige a seu público representando caracteres perenes e contemporâneos de seu repertório: "Possa nossa tentativa atingir sua finalidade e permitir assim aos estudantes e aos mestres, aos profanos e aos iniciados, aos artistas e aos humanistas apreciar de uma maneira doravante mais direta a eterna beleza do teatro antigo". Com *Os persas*, representado pela primeira vez em 1936, mas retomado regularmente nos anos seguintes, e com *Antígona*, em 1939, o grupo visa diretamente a atualidade política. *Os persas* denuncia o orgulho dos vencedores, com o qual Zeus lembra que eles serão esmagados. Com *Antígona*, a lição, mais clara ainda, é percebida como tal nas resenhas da época: "É ela que proclama diante do tirano a soberania das leis cuja divindade ilumina a consciência do homem, e é ela também que lançou o grito magnífico: 'Nasci para compartilhar não o ódio, mas o amor!'". Posta ao alcance de vozes dos que falam da guerra iminente, essa declaração tocava o coração dos espectadores. A encenação deve repercutir este eco do presente. A fidelidade ao texto tem este preço: não reconstituir as imagens coreográficas que figuram nos vasos gregos, mas adotar evoluções simples, capazes de transmitir hoje uma gravidade "religiosa e patriótica". "Jacques

---

4. Jacques Veil, *doc.cit*.

Chailley restituiu às partes do coro a vestimenta e o apoio de uma melodia absolutamente de acordo com os cânones da música grega", mas são os recursos de um instrumento muito contemporâneo, as ondas Martenot, que sugerem "a canção do vento, o eco dos trompetes ou os choros do mar".[5] A primeira representação, em 3 de maio de 1936, faz um sucesso enorme. Nos dias seguintes, o grupo recebe do Argus mais de duzentos recortes de jornais. Depois de uma representação em Provins, em 5 de julho, e duas outras na universidade dos Annales, ocorrem turnês na França, na Bélgica. Georges Duhamel escreve: "Vi alunos do senhor Mazon representarem *Os persas* na universidade dos Annales. Saí de lá comovido até o fundo da alma".[6]

Em *Os persas*, Barthes representa o papel de Dario.[7] Sem que se saiba se é uma causa ou uma consequência, sem que isso importe, no fundo, essa personagem lhe permite formular uma concepção da representação que será desenvolvida em sua reflexão ulterior. Dario é pai. Dario é um morto. Dario é o pai morto que se levanta do reino das sombras para maldizer seu filho Xerxes, derrotado perante os gregos. Por meio de dois longos monólogos, ele lança para o público seus lamentos, suas execrações, sua maldição. Que Barthes represente o papel de um pai que volta do mundo dos mortos já é uma maneira de deslocar uma determinação biográfica. Mas não é o mais importante. É um papel que permite ouvir certo silêncio do corpo. Dario não se relaciona verdadeiramente com as outras personagens. Morto, falando no registro da prosopopeia, ele aprofunda uma distância. Põe em ação o que estimulava o teatro antigo em seu ponto mais alto, uma fala que não espera resposta, como escreve Blanchot, "fala do alto, numa relação sem reciprocidade".[8] Morto, ele é ao mesmo tempo um corpo e uma ausência de corpo. Convida, pois, a declamar mais do que a encarnar. Representar esta personagem é a experiência na qual se inscreve, para Barthes, um distanciamento entre palavra e corpo. Além de permitir compreender o fascínio dos

---

5. *Ibidem.*
6. Citado por Jacques Veil, *ibidem.*
7. Quanto ao resto da distribuição, Marie Dienesch representa a rainha; Pierre Henry, o mensageiro; Henri Grall, Xerxes.
8. Maurice Blanchot, *L'Entretien infini* (Paris: Gallimard, 1963), p.529 [ed. bras.: *A conversa infinita*, trad. de Aurélio Guerra Neto e João Moura Jr., 3 vols. (São Paulo: Escuta, 2001-2010), vol. 3, p.123.

anos pós-guerra pelo distanciamento brechtiano, essa experiência determina uma relação com a representação de ator que prefere a dicção à identificação, que afasta para o mais longe possível a psicologia da representação. Desde a adolescência, ele prefere Dullin a todos os outros atores porque este não encarnava seus papéis, "era o papel que vinha ao encontro da respiração de Dullin, sempre a mesma, o que quer que ele representasse". É esta mesma qualidade que ele encontra em Pitoëf e em Jouvet. Contra o disfarce, a metamorfose, o tornar-se outro que caracterizam certa representação que visa o verossímil da representação, Barthes prefere a declamação de uma fala superior, em ato enquanto fala, que permite perceber algo de desconhecido e de novo, "uma língua estranha e soberana [...] cuja qualidade constitutiva não era nem a emoção nem a verossimilhança, mas somente uma espécie de clareza apaixonada".[9] Em *Sobre Racine*, que data de três anos antes desse "testemunho sobre o teatro", no qual retoma sua experiência do teatro antigo, ele atribuía a mesma virtude a Alain Cuny dirigido por Jean Vilar. Compreendendo que é preciso proceder por conjunto e não por detalhes ou atitudes, Cuny dá conta da "desproporção entre o significado e os significantes", conduz para a intenção principal, deixando de lado uma psicologia que existe somente nas margens. Os papéis trágicos põem as personagens em relação com os deuses. O Teseu de Racine é como o Dario de Ésquilo; são seres citonianos que conheceram os mortos: "Para representar tragicamente, basta fazer como se os deuses existissem, como se os tivéssemos visto, como se eles tivessem falado. Mas, então, quanta distância de si mesmo no que se diz!".[10]

O intervalo assim produzido na dicção tem como consequência afastar o corpo, relegar a expressão. A fotografia da representação dos *Persas*, reproduzida em *Roland Barthes por Roland Barthes*, e que mostra Dario, majestosamente branco, magro e com um adereço na cabeça, no alto da escadaria do pátio principal da Sorbonne, é acompanhada de uma legenda que explica o sentimento de ruptura: "Dario, que eu representava sempre com o maior medo, tinha duas grandes falas nas quais eu corria sempre o risco de me embrulhar:

---

9. "Témoignage sur le théâtre", OC II, p.711.
10. *Sur Racine*, OC II, p.173 [ed. bras.: *Sobre Racine*, trad. Antonio Carlos Viana (Porto Alegre: L&PM, 1987), p.136].

ficava fascinado pela tentação de *pensar em outra coisa*. Pelos buraquinhos da máscara, eu não podia ver nada, a não ser muito longe, muito alto; enquanto recitava as profecias do rei morto, meu olhar pousava sobre objetos inertes e livres, uma janela, uma saliência na parede, um canto de céu; eles, pelo menos, não tinham medo. Eu tinha raiva de mim mesmo por me ter deixado agarrar naquela armadilha desconfortável — enquanto minha voz continuava sua recitação igual, rebelde às *expressões* que eu lhe devia dar".[11] Além da distância histórica que aqui acrescenta a da ironia, vemos quanto Barthes liga sempre o teatro ao *distanciamento*. O medo leva a buscar pontos de fuga, a se separar de alguma maneira de seu lugar e de seu corpo. Dissocia a voz do ser que emite os sons. O que no começo é apenas uma prova difícil, que faz sentir ansiedade e incômodo, torna-se em seguida uma qualidade do teatro, um de seus poderes de revelação. Ele se traduz, na vida, pela manutenção de uma distância percebida pelos que o cercam, entre um incômodo do envelope externo do corpo, que só se faz acentuar com a idade, e uma naturalidade da voz que cria o liame, que em vez disso envolve, cujo poder próprio não se teme. O medo se manifesta, na escritura, por um gosto pronunciado pelas divisões, pelas barras transversais ou oblíquas, diferentes espécies de cortes com que compõe o pensamento. Tornar-se escritor parece ser a resolução fantasmática desta separação em geral dolorosa. Tornar-se escritor permitiria sem dúvida reunir o corpo e a voz e fazer da palavra uma presença. A busca nesse campo ao longo de toda a vida intelectual mostra uma saída passo a passo para fora da divisão. A convicção progressivamente afirmada por Barthes de que no fundo ele não faz senão escrever, o avanço do neutro, o abandono das estruturas, tudo isso que veremos aparecer no decorrer do caminho de certa maneira vem corrigir o distanciamento, a ruptura íntima.

Dois corpos distintos difíceis: o invólucro carnal e o corpo social, ou melhor, o corpo tal como se inscreve socialmente. É preciso compor com eles. Uma outra maneira de fazê-lo passa pela música, em particular em sua dimensão vocal que Barthes explora um pouco mais tarde no mesmo período. Enquanto está terminando sua

---

11. *Roland Barthes par Roland Barthes*, OC IV, p.613 [ed. bras.: *Roland Barthes por Roland Barthes*, p.45].

licenciatura na Sorbonne, decide, com seu amigo Michel Delacroix, bater à porta do cantor que ele mais admira, Charles Panzéra. Não conhecendo nenhum outro professor, apaixonados por sua voz, com a intrepidez dos jovens, procuram-no, ele, por sua vez, demonstra grande liberalidade, aceitando lhes dar aulas gratuitas. Até sua partida para o sanatório, em 1942, Barthes exercita sua voz na melodia do começo do século, exagerando as inflexões de uma língua francesa que não tardará a desaparecer. Um texto de 1977 presta homenagem a esse mestre generoso. E é interessante ler que, falando de sua voz e de sua maneira de dizer, Barthes encontra nelas as mesmas qualidades que atribuía a Dullin ou a Cuny, as da dicção livre dos efeitos apoiados demasiadamente no sentido. Desse modo, ele faz a distinção entre a pronúncia que mantém o contínuo, o legato, a linha, e a articulação lógica, "perfeitamente ideológica", da expressividade — "nas artes da articulação, a língua mal compreendida como um teatro, uma encenação do sentido um pouco kitsch, vem irromper na música e a desorganiza de um modo inoportuno, intempestivo; a língua se sobressai, ela é o incômodo, o inoportuno da música; na arte da pronúncia, ao contrário, (a de Panzéra), é a música que vem na língua e encontra o que tem nela de musical, de amoroso".[12] É notável a continuidade entre a denúncia da estética pequeno-burguesa da Comédie-Française, que afasta do teatro, e certa arte do canto. Nessa valorização da voz e da língua, da voz para a língua e não para o sentido, encontramos não somente o cuidado de sempre implicar uma distância entre o dizer e o dito, entre o implícito e o explícito, mas também uma estratégia complexa de dissimulação da cultura burguesa. É inegável que o gosto pela melodia francesa, por Duparc, Fauré ou Debussy, está ligado a uma relação íntima com essa cultura que, também para Barthes, trata sempre de afastar, de subverter. Em vez de se livrar dela radicalmente, ele vai com mui-

---

12. "La musique, la voix, la langue", primeira publicação sob o título "La musica, la voce, il linguaggio" 1977], *Nuova revista musicale italiana*, 1978 (OC v, p.527). Ver também, em *Mitologias*, "A arte vocal burguesa", onde Gérard Souzay encarna a expressividade excessiva contra a recusa da intenção. A arte burguesa aí é caracterizada como a que "indica exageradamente sua intenção", com o temor de que ela não seja captada, que "sublinha a palavra dando um relevo abusivo a sua fonética". Aí, ainda, a aproximação é feita com o teatro; "encontramos esta mesma sobrecarga de intenções na arte de nossos atores tradicionais, que são, como se sabe, atores formados pela burguesia e para ela" (OC I, pp.802-804, p.803) [ed. bras.: *Mitologias*, pp.109-10].

ta frequência empregar toda uma série de estratagemas discursivos para mostrar que ela traz em si mesma os fermentos de sua própria subversão. Ele é assim levado a distinguir usos, maneiras, dentre as quais uma poderia ser a fruição sem adesão, que é uma maneira de se apropriar, sem consentir. Este pode ser também um meio de interiorizar o sentimento de deslocamento, fazendo disso uma escolha e um valor. Aí se inscreve uma ambiguidade constitutiva da personagem: demonstrando certo conformismo em seus gostos, seus desejos e suas escolhas, ela se afasta disso também pela justeza de sua crítica e de suas intuições.

Mais tarde a paixão pelo teatro expressa nesse período se prolonga sob diversas formas. Primeiro na sala de espetáculo, entre os espectadores, e na crítica. Mesmo se concretamente a vida é marcada por um afastamento progressivo, da cena para a sala de espetáculo, e desta para a saída (em 1965, ele reconhece ter gostado muito de teatro e, no entanto, quase não frequentá-lo mais),[13] a obra continua marcada do começo ao fim por uma atenção a todos os fenômenos de exposição, aos signos colocados em cena, aos deslocamentos no espaço. "Não há nenhum de seus textos, de fato, que não trate de um certo teatro, e o espetáculo é a categoria universal sob as espécies da qual o mundo é visto."[14] Sempre, porém, o verismo e a intenção expressiva são condenados. O figurino de teatro, não mais do que a dicção, não deve ter outros valores a não ser os do próprio ato teatral, restabelecido em seus gestos essenciais e em suas principais funções:[15] mostrar, citar, ensaiar, sendo as palavras de ordem da teatralidade, elas sabem se praticar em múltiplos lugares, em outras presenças. A teatralidade torna-se de algum modo a figura capital do distanciamento dos signos. As *Mitologias* começam com textos consagrados ao teatro ou a formas teatralizadas: o *catch*, onde Barthes encontra a ênfase "que devia ser a dos teatros antigos"; a fotografia dos estúdios Harcourt que fazem

---

13. "Témoignage sur le théâtre", in *Esprit*, maio de 1965 (OC II, p.711).
14. *Roland Barthes par Roland Barthes,* OC IV, p.749 [ed. bras.: *Roland Barthes por Roland Barthes,* p.195].
15. As expressões utilizadas para evocar "as doenças do figurino de teatro" unem-se àquelas que condenam a articulação dos cantores ou a expressividade dos atores da Comédie--Française. "O figurino deve sempre desempenhar seu valor de pura função, não deve nem abafar nem inchar a peça, deve evitar substituir a significação do ato teatral dos valores independentes. É pois quando o figurino torna-se um fim em si, que ele começa a se tornar condenável." (*Théâtre populaire,* 1955, recolhido em *Essais critiques,* OC II, p.317).

dos atores deuses inúteis; o filme com temas da Antiguidade e seus signos bastardos que confundem signos e significados... A própria fala do mito é teatral, e a cena do mito, como o teatro clássico, não explica. "Vejo o teatro em todo lugar, confessa Barthes a Bernard-Henri Lévy, na escritura, nas imagens etc."[16] Quanto mais a teatralidade do mundo é sensível, tanto menos o teatro enquanto tal se impõe com necessidade. Esse engajamento poderoso da juventude resulta, entretanto, em linhas de pensamento tenazes. Assim, a pequena antologia que Persida Asllani compõe com todas as "questões" de Barthes, o levantamento das frases interrogativas em suas *Œuvres complètes* inicia-se com a tragédia ("O que se passava, pois, naquelas épocas, nesses países, para que a tragédia aí fosse possível, fácil mesmo?") e se encerra com a contemplação do espetáculo do mundo: em as "Soirées de Paris", "o que eu faria então durante minhas saídas? [...] Qual será para mim o espetáculo do mundo?".[17] Que a palavra do começo seja também a do fim é confirmado pelo fragmento "Le premier mot", deixado de lado do *Lexique de l'auteur*: "Ele inscreve na epígrafe de sua dissertação de mestrado (sobre as encantações e as evocações na tragédia grega) esta palavra de Claudel falando do Nô japonês: 'Não é um ator que fala, é uma palavra que age'. Toda a sequência (a ideia de uma eficiência da linguagem) já estava nesta palavra, como se fosse somente a primeira inscrição de um programa, como se existisse certa genética do intelecto: a terrível fixidez de um assunto, esboçado desde o começo por sua primeira palavra (fosse ela a de um outro), conduzida por ele e que não tem outra ideia a não ser variá-la, não deslocá-la".[18] Barthes observa que seu *ethos* da variação se origina numa distância de si em que a palavra se liberta e cria seu próprio teatro, determinando ao mesmo tempo a vida e os escritos. A cena como lugar do mundo, o mundo como cena: do começo ao fim, o teatro é a metáfora de um modo de estar no mundo no qual nos encontramos cada vez mais comprometidos, sem deixar, no entanto, de continuarmos estrangeiros.

---

16. OC V, p.381 [ed. bras.: *O grão da voz*, p.305].
17. Persida Asillani, *Roland Barthes: questions* (Paris: Manucius, 2009), pp.19 e 181. Col. Le Marteau sans maître. A primeira questão provém do texto "Culture et Tragédie", publicado em *Les Cahiers de l'étudiant* em 1942 (OC I, p.29). Trata-se aí dos grandes séculos trágicos: século V ateniense, século elisabetano, século XVII francês.
18. *Le Lexique de l'auteur*, p.289. O fragmento é datado de 7 de julho (1974).

DO MEDITERRÂNEO AO ATLÂNTICO

Esses anos 1936 a 1940 são marcados pela instabilidade e um sentimento de relativa pobreza interior. Barthes sucumbe amiúde ao desencorajamento. Sua licenciatura não avança como desejaria. Em junho de 1936, é reprovado no exame de grego, apesar de frequentar assiduamente Ésquilo: "No oral de grego, cai um ponto sobre o sonho de Atossa, não sei explicar uma palavra". Enquanto vários de seus amigos passavam no concurso da Escola Normal Superior da rua de Ulm, ele tem o sentimento de ser reduzido — não por culpa sua, mas pelas circunstâncias que incrimina — à mediocridade. Entre as cenas-chave de sua existência das quais se lembra de quando prepara, há esta: "Meus choro quando Ph(ilippe) R(ebeyrol) entrou na Escola Normal".[19] Tristeza de ver que seus caminhos não são mais idênticos; dor de ficar de luto pela imagem que fizera de seu futuro.

As férias em Béarn não são uma consolação; ele diz se aborrecer longe daqueles que ama. Decide, no entanto, continuar sua licenciatura, dando aulas particulares, em especial para Serge Mainguet, na casa de quem, na Normandia, passa as férias de verão de 1936. No início do ano letivo, seu avô materno é hospitalizado em Val--de-Grâce — fica em observação por algum tempo, volta para Isle--Adam e morre em 10 de novembro, aos oitenta anos. É enterrado com todas as honras no cemitério de Montparnasse. A repercussão em torno de sua morte, que muitos jornais da época ecoaram, não deixa Barthes indiferente. Nessa época ele ainda não tem vergonha de seu antepassado e conserva parte da admiração que tinha por ele quando criança.

Os anos 1937-1938 são pontuados por duas viagens marcantes. Na primeira, de junho a agosto de 1937, vai para a Hungria com um grupo de estudantes, para a universidade de Debrecen, no coração da Puszta e não longe da fronteira romena. Antes de ser quase inteiramente destruída pela Segunda Guerra Mundial, a cidade era próspera e favorecia o turismo por meio de instalações recreativas dispostas numa floresta situada no centro da cidade. Em sua maioria protestante (inclusive a universidade onde Barthes dá alguns cursos de francês como leitor), a cidade favorecia um clima de bem-estar e liberdade que marca o jovem. No verão seguinte, acontece a viagem

---

19. BNF, NAF 28630, grande fichário, 10 de agosto de 1979.

para a Grécia, com a qual tanto sonhara. Vai com o Grupo de Teatro Antigo e o itinerário os conduz de Atenas para Micenas, passando pelas ilhas Santorini, Delos, Egina. Segue os passos de Philippe Rebeyrol, cujo trajeto percorrera em imaginação, confinado nos Pireneus: "Em todos os momentos na Grécia eu pensava em você. Você tinha feito esta viagem. Por este minúsculo rochedo que é Delos, você tinha passado. Muitas vezes fiquei emocionado fazendo de fato esta viagem na qual eu o seguira com paixão, quando estava em Bedous".[20] Ele então desenvolve uma arte da viagem como arte limiar, na margem, na fronteira. Mesmo admirando os elementos centrais e justamente célebres — monumentos, museus, estátuas —, Barthes os mantém à distância, ou na distância deles. A arte limiar da viagem supõe, ao contrário, preferir lugares desconsiderados, os rochedos ignorados. Ela se caracteriza por dois traços: as escapadas do grupo, que permitem frequentar bairros situados à margem do centro e das atrações turísticas; uma prática da anotação que começa no decorrer da viagem e que depois ele nunca mais abandona. A matéria dessas notas serve posteriormente para a composição de textos fragmentários, deambulatórios, que apresentam menos uma narrativa que impressões sensíveis da viagem. "En Grèce", publicado em *Existences* (a revista do sanatório de Saint-Hilaire-du-Touvet), em julho de 1944, é o primeiro testemunho daquilo que se apresenta como uma arte conjunta de viagem e anotação, fundada no marginal e no menor; uma arte de escrever caminhando na beira ou na linha da crista. Barthes presta contas também do que recebeu do Mediterrâneo: o que o tinha impressionado lendo Nietzsche, com certeza, a intensidade da luz, a beleza das estátuas, o que as ruínas fazem pensar, a conjunção do sol, da água e da terra; mas mais ainda o pequeno, o sombrio, o recuado: "simples rochedos", "a miserável sujeira", "uma praia estreita", "um bote miserável", a "xícara minúscula" na qual se toma café, as partes baixas dos animais — os *acrocôlia*, as vísceras, miolo, fígado, feto, glândulas e mamas — enobrecidos pelo gosto que lhes conferiam os antigos. "Os monumentos de Atenas são tão belos quanto o que se disse frequentemente deles. Há um bairro miserável de que eu gostava muito; está situado ao pé da Acrópole: são apenas ruas de comércio, curtas e estreitas, mas cheias de vida;

---

20. Carta a Philippe Rebeyrol, 19 de agosto de 1937. Fundo Philippe Rebeyrol, IMEC.

eu flanava frequentemente por elas."[21] Tudo se mantém na justaposição das duas proposições como na proximidade contrária dos dois bairros: admiração e beleza de um lado, uma forma de indiferença; prazer e desordem do outro, que permite a participação. Estamos longe do modelo de viagem promovido pelo *Guide bleu* onde dominam os pontos de vista pitorescos e onde "a humanidade do país desaparece frente à exclusividade que se oferece aos seus monumentos".[22] A volúpia das estátuas não é nada ao lado da doçura com a qual o humilde jovem barbeiro lhe faz a barba, usando "múltiplos cremes, duvidosos, mas passados com tanta leveza que este mágico sujo atenua os temores e as repulsas".[23] É só nesses ambientes que a aventura é possível. É aí, mais do que nas costas claras ou ainda nos terrenos onde as ruínas se confundem com as pedras, que Barthes olha os corpos em movimento, deixa-se atrair por um deles ou procura cruzar olhares. A aproximação dos lugares e dos seres que os ocupam já se faz por meio de uma amostra matizada de qualidades que desenham, como diz tão bem Jean-Pierre Richard, a "verdadeira paisagem passional" de Barthes.[24] Entre essas *qualia*, há o óleo que será evocado em seguida a propósito do tempurá em *O império dos signos*,[25] depois a propósito da pintura de Réquichot ("O óleo é esta substância que aumenta o alimento sem dividi-lo: que o engrossa sem endurecê-lo"),[26] enfim, a propósito da maionese num fragmento inédito do *Roland Barthes por Roland Barthes*.[27] O óleo reúne as propriedades contrárias da gordura devoradora (maléfica) e da camada gordurosa (benéfica), que vencem graças à glace que encontraremos pontuada e teorizada a propósito da "cozinha ornamental" da revista *Elle*.[28] "Como não se pode aniquilar a sujeira, põe-se lhe a cobertura; sobre este capítulo não se economiza nada: é-se mais avaro com a

---

21. *Ibidem*, p.69.
22. "Le 'Guide bleu'", in *Mythologies* (OC I, p.765) [ed. bras.: *Mitologias*, p.72].
23. *Ibidem*, p.68.
24. Jean-Pierre Richard. *Roland Barthes, dernier paysage* (Lagrasse: Vedier, 2006), quarta capa.
25. OC III, p.570 [ed. bras.: *O império dos signos*, trad. de Leyla Perrone-Moisés (São Paulo: WMF Martins Fontes, 2007), p.35].
26. "Réquichot et son corps" (1973), OC IV, p.385.
27. "Prendre" et "tourner", in *Le Lexique de l'auteur*, p.286.
28. "Cuisine ornementale", in *Mythologies*, OC I, p.70 [ed. bras.: "Cozinha ornamental", in *Mitologias*, pp.77-79].

água do que com as camadas viscosas: pomadas, cremes, cosméticos abundam, substituem o sabonete, como o óleo entre os antigos gregos." A arte limiar da viagem e da anotação permite assim que se superponham as paisagens atravessadas e os territórios recompostos em imagens pelo desejo e pelas associações.

Na volta da Grécia, Barthes passa uns oito dias perto de Saint-Gervais na casa de seu colega Michel Bauer, numa cidadezinha isolada, onde desfruta de certa solidão. Durante este período é tomado por crises místicas que o fazem desejar o refúgio, no qual já se manifesta o gosto pelas pequenas comunidades, a ser desenvolvido no curso *Como viver junto*. O que o emociona por ocasião de uma visita que faz naquele verão com o grupo teatral Théophiliens a uma abadia beneditina, perto de Bruges, na Bélgica, é menos a espiritualidade que a estabilidade que reina no local, a eficácia de uma organização e de uma regra. Encontramos esse fantasma desde a aula de apresentação do curso, em 12 de janeiro de 1977, que Barthes diz original: nem o viver a dois, nem o viver-junto coletivo, mas "algo como uma solidão interrompida de modo regrado: o paradoxo, a contradição, a aporia de uma partilha das distâncias".[29] É, ele diz, por ocasião da leitura de *L'Été grec*, de Jacques Lacarrière, que esse fantasma encontra um nome que o ativa e que é a palavra idioritmia, empregada a propósito dos monges ao mesmo tempo isolados e unidos no interior de uma única estrutura no monte Athos. Com frequência, antes mesmo da entrada no sanatório, Barthes tem o sentimento de existir mais nesses pequenos grupos autárquicos, mesmo em suas inflexões monásticas; "a regra da vida cotidiana, muito bela", ele escreve para Philippe Rebeyrol em 10 de março de 1939, é o signo de uma estabilidade perfeita e fecunda com a qual ele sonha durante toda sua vida

A escalada da crise europeia não vai favorecê-la. Os documentos pessoais do ano de 1939 demonstram uma viva preocupação com o exterior onde o "eu" não é mais o único centro. "Com as histórias da Europa atual, não se teme somente pela vida e pela paz — por sua paz, mas também e sobretudo pelos dilaceramentos e sofrimentos da consciência. É um mal terrível que a alma sente, com todos essas agressões à justiça. Não posso exprimir quanto estou

---

29. *Comment vivre ensemble*, p.37 [ed. bras.: *Como viver junto*, p.13].

revoltado e sofro moralmente, choro interiormente por todos os sofrimentos do mundo, por todos os crimes terríveis cometidos pelos Estados, por causa de um orgulho verdadeiramente ímpio. Todos os dias nossa consciência humana é insultada e nos sentimos rodeados pela lepra de uma desonra permanente, e também terrivelmente ameaçados por este mar de crimes, de grosserias, de atos de canibalismo, protegidos, sustentados pelas leis, pela imprensa etc. É absolutamente repugnante e, a cada dia, tenho vários instantes de insuportável tristeza, de vergonha do homem, que dissipo apenas por instinto de conservação para viver, apesar de tudo, o resto do dia."[30] Essas entonações hugoanas (ele está lendo *La Légende des siècles*), ou herdadas de mais perto dele, de Thomas Mann ou de Oswald Spengler, são a expressão de uma angústia quase metafísica do futuro. O olhar direcionado para o mundo é menos diretamente político — mesmo que o nacionalismo seja denunciado — do que o canto do cisne da crença humanista. A "vergonha de homem" que Deleuze fará ouvir mais tarde na expressão da "vergonha de ser um homem", repetida várias vezes em *L'Abécédaire*,[31] em "A comme animal" ou "L comme littérature" demonstra uma resistência profunda à opressão exercida pelos Estados, a consciência de pertencer a um mundo que está sendo destruído. A língua ainda pode carregar a dimensão emotiva do discurso do universal que a violência das destruições bem próximas vai definitivamente destroçar. A entrada na guerra abre Barthes para uma realidade até então mantida afastada: "Eu que não ligava meu pensamento aos problemas do mundo, eu que não compreendia nada dele, meus olhos se abrem paulatinamente e tenho a impressão de que vejo exatamente como tudo se passa e mesmo como tudo se passará. E minha impotência, meu silêncio, o dos outros, me fazem sofrer cruelmente. Por momentos, tenho realmente a impressão de que a verdade dura me queima, e me detenho perdido à beira de um abismo".[32]

---

30. Carta a Philippe Rebeyrol, Sexta-feira Santa, abril de 1939. Fundo Philippe Rebeyrol, IMEC.
31. *L'Abécédaire de Gilles Deleuze*, entrevistas com Claire Parnet, dir. de Pierre-André Boutang, "A comme animal", "L comme littérature" (DVD Éd. Montparnasse, 2004).
32. Carta a Philippe Rebeyrol, 7 de março de 1940. Fundo Philippe Rebeyrol, IMEC.

DO ATLÂNTICO PARA TRÁS

Enquanto a maior parte de seus amigos é mobilizada, ele é dispensado pela comissão de reforma que o convoca em setembro de 1939: provisoriamente, pelo menos, não há serviço auxiliar para os tuberculosos. A partida projetada para a Inglaterra, onde devia ocupar um cargo de leitor, é adiada. Para dar continuidade à licenciatura, Barthes pode escolher completá-la a fim de obter uma licença para ensino ou prolongá-la para um diploma de estudos superiores, mais voltado para a pesquisa. Mas ele precisa trabalhar para pagar suas necessidades materiais, que pesam no orçamento da família. A partir de novembro, propõem-lhe uma classe do nono ano no liceu Biarritz, no qual seu irmão vem sendo escolarizado desde então: Barthes ensina francês, latim e grego. A família mora num pequeno apartamento na rua Cardinal-Lavigerie, num prédio chamado Les Sirènes, e sua mãe presta pequenos serviços no hospital. O começo no magistério é difícil, Barthes tem consciência das responsabilidades do ofício. Sente-se com certa autoridade perante os alunos, mas é cioso de sua imagem. "É um trabalho terrível", escreve para Philippe em 29 de novembro de 1939, "em que para cada ato é preciso internamente escolher de imediato, e essa escolha pode ter circunstâncias [*sic*] terríveis. E este poder que se possui queima os dedos, e, entretanto, é preciso não abandoná-lo nunca".[33] Ele passa por uma inspeção dois meses depois e fica sabendo que cometeu um terrível erro sobre o verbo *hekein*, "ter chegado", mas sua avaliação é boa, como demonstra o relatório do inspetor Cayroux: "R. Barthes, substituto de professor titular, é iniciante no ensino. Faltam-lhe evidentemente ainda as qualidades que apenas a prática do ofício pode conceder: a habilidade na maneira de interrogar, a arte de discernir o que deve ser dito e o que pode ser sacrificado, a naturalidade, enfim, e a segurança que animam e dão vida à aula. Mas a explicação de texto a que assisti é preparada com muito escrúpulo; ela é simples, clara, exata, e acompanhada por inúmeras observações detalhadas muito proveitosas. [...] Creio que o período inevitável das tentativas e hesitações logo acabará para ele. Desde sua chegada, ele causou uma boa impressão no L. de Biarritz;

---

33. Carta a Philippe Rebeyrol, 27 de novembro de 1939. Fundo Philippe Rebeyrol, IMEC. Ele escreve "circunstâncias" em vez de "consequências", o que, nas circunstâncias, pode aparecer como um lapso muito revelador.

gostam muito dele e os alunos seguem suas aulas com prazer, e dou um parecer muito favorável para a renovação de sua substituição".[34] No conjunto, Barthes também se diz contente de ensinar e chega mesmo a falar para seus alunos de sua paixão literária do momento: Charles Péguy. Biarritz, com sua arquitetura *belle époque* e *art déco*, seus jardins luxuriantes e suas praias claras e relativamente desertas, oferece-lhe momentos de bem-estar. Ele faz longos passeios na praia, em direção ao farol (*Itsasargi* em basco, que quer dizer luz do mar), na extremidade do cabo Saint-Martin. "Ontem subi lá, voltando do cinema;[35] a noite estava completamente estranha, imóvel, quase fosca e tomada por tepidezes estagnantes. Na beira de um terraço, muito alto acima do mar, aproximei-me, pois bem diante de mim havia uma inacreditável lua crescente de um amarelo dourado, pequena, arqueada, afilada, verdadeira foice; e, abaixo, eu entrevia, num sentimento de medo cósmico, esse imenso movimento imóvel do mar nas profundezas rochosas."[36] Biarritz é de fato um pequeno porto abrigado pela falésia e agitado pelas vagas e pelo vento. Enquanto Bayonne aumentou suas atividades comerciais a partir do século XVIII, Biarritz continuou um pequeno porto de pesca. O farol, edificado por ocasião do vasto programa de balizamento das costas da França nos anos 1820-1830 e terminado em 1834, branco e situado num promontório elevado, estava ligado à cidade por um passeio municipal que permitia aos caminhantes ir até a balaustrada observar e ouvir o movimento contínuo do oceano, com as montanhas bascas de um lado, o horizonte do outro, que a barra de Bayonne mal interrompe. É preciso imaginar a ressonância que tem para um jovem cujos olhos se abrem aos problemas do mundo o ruído do mar na noite imóvel com os estrondos da guerra na qual combatem vários de seus amigos. Dentro de algumas semanas o farol vai se apagar e o exército alemão vai controlar as costas. Biarritz e o conjunto da região basca se encontram em zona ocupada. Philippe Rebeyrol é preso.

---

34. Rapport Cayroux (Relatório Cayroux) de 11 de dezembro de 1939. BNF, NAF 28630, "Documents administratifs".
35. Uma expressão similar, "em sortant du cinéma", serve de título a um artigo publicado em *Communications* em 1975, no qual Barthes evoca o estado hiper perceptivo de quem se entregou a estado de quase-hipnose na sala escura e diante da tela [ed. bras.: "Ao sair do cinema", in *O rumor da língua*, p.427].
36. Carta a Philippe Rebeyrol, 7 de março de 1940. Fundo Philippe Rebeyrol, IMEC.

Depois da capitulação em junho de 1940, sua mãe e seu irmão voltam para Paris ocupada. O retorno lhe permite encontrar Michel Delacroix, com quem a relação, entre amizade e amor, continua, equilibrada e feliz. Rebeyrol, que escapou, instalou-se em Lyon, na zona livre, para se preparar para o concurso de história. Barthes também sonha em estudar, mas sabe que precisa trabalhar para ganhar a vida. "A situação material é dura. É difícil trabalhar por causa do frio. Nem sempre tenho trabalho, e falta dinheiro. Hoje, falam-me de um possível cargo de redator auxiliar em Beaux-Arts; vou lá ver. Mas já se apresenta o problema terrível de escolher entre os estudos normais e ganhar para sobreviver. Frequentemente tenho desses dilemas. E mais do que nunca estou, em todos os aspectos, mergulhado em conflitos inextrincáveis que me envenenam a vida já tão lúgubre e hostil."[37] Ele se inscreve, no entanto, para o Diploma de Estudos Superiores sobre os ritos de passagem da tragédia grega (Sófocles, Ésquilo, Eurípides), sob a orientação de Paul Mazon, embora obtenha um cargo "como professor indicado" (auxiliar de ensino e professor adjunto) nos liceus Voltaire (avenida da République) e Carnot (bulevar Malesherbes). Os numerosos e longos deslocamentos dificultam dar conta de tudo. Ainda mais porque vários acontecimentos o abatem: Michel Delacroix, tuberculoso como ele, é hospitalizado; sua avó paterna, Berthe Barthes, morre em maio de 1941, no mesmo dia da prova de filologia, o que o obriga a viajar para Bayonne e faltar nos exames de primeira chamada. Ele passa todo o verão na cidadezinha, para fazer companhia à tia enlutada, com quem sempre toca música, mesmo se preparando para o diploma e os certificados que obtém em outubro.[38] Em novembro, tem uma recaída de tuberculose pulmonar. Submete-se a um pneumotórax, chamado também de colapsoterapia, como se fazia para os pacientes tuberculosos até os anos 1950 (e mesmo depois do aparecimento dos antibióticos em 1946); enfraquecia-se o pulmão a fim de fazer cicatrizar a pleura lesada pelos movimentos da respiração e a criação de cavernas tuberculosas, não sem causar numerosas complicações respiratórias que

---

[37]. Carta a Philippe Rebeyrol, outubro de 1940. Fundo Phillipe Rebeyrol, IMEC.
[38]. Sua dissertação para o diploma de estudos superiores, "Évocation et incantation dans la tragédie grecque" (1941) está depositada no fundo dos manuscritos de Roland Barthes, na BNF; 1o depósito de 1997-1998.

podiam culminar com a perda do pulmão. Em 1935 fora publicado o livro *Et moi aussi, j'ai eu vingt ans!*[39], de François Abgrall, que morreu aos 23 anos dessa doença. Ele descreve essa terapia dolorosa e complicada que consiste em deixar o pulmão "em repouso", permitindo a entrada do ar ou injetando um produto oleoso entre as membranas da pleura, separando assim o pulmão das costas. Esta técnica cirúrgica foi popularizada sobretudo por uma cena famosa de *A montanha mágica*: quando acaba de chegar a Berghof, Hans Castorp é surpreendido com o chio agudo que Hermine Kleefeld emite com seu pneumotórax. Seu primo Joachim Ziemssen, em tratamento havia vários meses, explica-lhe: "Depois de ter andado depressa, é capaz de assobiar interiormente, e disso se aproveita para dar um susto à gente, sobretudo aos doentes recém-chegados".[40] Após a prova, quando acabava de obter o cargo de professor no curso privado Hattemer, na rua de Londres, Barthes deve, a partir do mês de novembro, preparar a papelada para entrar no sanatório dos estudantes de Saint-Hilaire, onde é admitido em janeiro de 1942.

Aí começa a outra guerra de Roland Barthes, a única guerra vivida, restrita, e que é aquela contra a doença. Durante mais de quatro anos, de 1942 a 1946, salvo algumas permissões para saídas curtas (Paris ou Bayonne), sua existência vai se desenvolver no espaço paradoxal dos sanatórios, fechado no ar puro, isolado em comunidade. A cronologia dos fatos merece ser exposta, pois demonsta o caráter ao mesmo tempo terrível e comum das estagnações da doença. As recaídas são constantes, quase normais, mas elas tornam a cura distante, aleatória. Barthes entra em Saint-Hilaire-du-Touvet em janeiro de 1942. Em abril tem uma recaída grave com uma infiltração pleural que o obriga a um repouso absoluto por mais de um mês. Ele se recupera entre agosto e dezembro e deixa Saint-Hilaire em janeiro. De janeiro a julho de 1943, ele se crê livre de perigo e para se restabelecer se instala numa clínica para estudantes que o dr. Daniel Douady acaba de abrir, destinada à readaptação dos doentes

---

39. François (Fanch) Abgrall, *Et moi aussi, j'ai eu vingt ans!*, prefácio de Roland Dorgelès (Carhaix: Éd. Armorica, 1935). O livro foi reeditado em 2000 pela Éditions Terre de Brume.
40. Thomas Mann, *La Montagne magique,* trad. do alemão por Maurice Betz, Le livre de Poche (1924/1931), p.79 [ed. bras.: *A montanha mágica*, trad. Herbert Caro (Rio de Janeiro: Nova Fronteira, 2000), p.73].

curados e situada na rua Quatrefages, perto do Jardin des Plantes, no distrito v de Paris. Em julho, quando se hospeda com a família na casa que a avó, Noémie Révelin, possui em Hendaye, tem uma recaída que o leva a Saint-Hilaire-du-Touvet. Lá, por três meses sofre o pior momento de sua internação, que é o tratamento de silêncio, de imobilização completa e de declive (posição alongada, a cabeça inclinada para baixo), então preconizado para tratamento de pacientes em seu estado. Fica lá todo o ano de 1944, e em fevereiro de 1945 é transferido para a clínica Alexandre, do sanatório de Leysin, na Suíça, no cantão de Vaud. Passa sete meses nesse estabelecimento; em setembro, é de novo transferido para a casa da rua Quatrefages. Outra recaída o faz voltar a Leysin, onde se submete a um novo pneumotórax em outubro. Fica na Suíça até fevereiro de 1946, mas dá um pulinho em Paris em dezembro de 1945. Saindo de Leysin, faz um curto périplo pela Suíça para se despedir dos amigos que encontrou durante o tratamento, e volta a Paris em 28 de fevereiro. Mas o processo ainda não havia terminado. Enquanto tenta tomar pé na existência, finalizando sua licenciatura e submetendo-se ao último exame que lhe falta, ainda que saiba que sua doença compromete seriamente, mesmo em definitivo, qualquer carreira na Educação Nacional,[41] ele deve passar os meses de verão em restabelecimento em Neufmoutiers-en-Brie, em Seine-et-Marne. Portanto, apenas em setembro de 1946 é que ele se instala na rua Servandoni.

Nesses anos, as pesquisas científicas aprimoram os antibióticos, permitindo a cura da tuberculose em 1942, com a descoberta da estreptotricina por Selman Waksman e, em 1943, com seu aluno Albert Schatz, da estreptomicina, medicamento que a partir de 1944 assegura a primeira cura por antibiótico de um doente gravemente atingido pela doença. Mas Barthes era tratado segundo métodos em prática desde o fim do século XIX, em sanatório, com tratamentos de repouso, de sol, ou ainda de silêncio e imobilização completa. Sua longa estada ocorre no fim desta "idade de ouro" do sanatório, que dura de 1882, quando Robert Koch identifica o bacilo da tuber-

---

[41]. Uma lei de 1929 tinha limitado severamente o acesso de ex-tuberculosos às carreiras administrativas do Estado, impondo afastamentos obrigatórios. O artigo 23 do decreto de 19 de outubro de 1946 franqueia o funcionalismo público aos tuberculosos curados. Ver Pierre Guillaume, *Du désespoir au salut. Les tuberculeux aux XIXe et XXe siècles* (Paris: Aubier, 1986), p.279.

culose, até 1947, mais ou menos. A programação é pontuada pelo controle de temperatura (mais ou menos quatro medições por dia), pelas refeições e os tratamentos de repouso. Barthes é atingido pela doença numa época em que ela ainda mata muito — mais de 60 mil mortos em 1938 em toda a França e, entre eles, uma maioria de jovens[42] — e a sombra da morte paira e nos cumes das montanhas onde se situam as clínicas. A morte de Michel Delacroix, em 28 de outubro de 1942, lembra-o disso dramaticamente. Barthes diz não ter nunca experimentado "uma tristeza tão grande e estou aqui, encerrado, é preciso continuar a viver, como se nada fosse".[43] Depois desse acontecimento, ele passa por uma depressão que dura vários meses. Com seu amigo, ele tinha construído todos seus sonhos, assumira inúmeros desejos (de literatura, de música). Lembra-se que eles seguiam pessoas nas ruas para delas fazerem personagens.[44] Nunca, com ninguém mais, o romance de Barthes estivera tão próximo de outra pessoa. A violência da doença, a proximidade da morte o atinge em cheio. Mas a tuberculose é também um mito, no sentido que ele lhe dará em "O mito, hoje", uma mitologia social e um mito literário. Como escrevem Isabelle Grellet e Caroline Kruse num livro editado a partir de uma tese defendida em 1978 na EHESS sob orientação do próprio Roland Barthes, "os sonhos e os medos de uma sociedade encontram um meio privilegiado na tísica".[45] Barthes já sabe disso, como sabe que a literatura substituiu essa afeição e que ele mesmo encarna doravante um tipo repertoriado de intelectual ou de escritor — é assim que ele se sonha — retirado, às margens do mundo, longe da vida real e da ação. A tuberculose é incontesta-

---

42. As estatísticas mostram que a regressão da mortalidade só é de fato sensível a partir de 1945. A guerra e a ocupação são fatores que agravam a morbidez tuberculosa. Informações extraídas de dr. Malthête e dr. Boulanger, "La tuberculose en France depuis 1938", *Journal de la Société statistique de Paris*, t. 87, 1946, pp.243-68. A doença atinge muito os estudantes. Os números fornecidos na liberação pelo dr.Douady mostram que perto de 8% dos estudantes examinados são doentes (BDIC 4e delta 1183/7/12).
43. Carta a Philippe Rebeyrol, 6 de novembro de 1942. Fundo Philippe Rebeyrol, IMEC.
44. "Lembrar-me deste jogo privado com Michel Delacroix (cf. talvez a vida inimitável, em Jules Romains) em que tomávamos pessoas conhecidas, as dotávamos de um traço signalético (maneira de falar que podíamos imitar) e as projetávamos nas cenas dialogadas imaginárias (cômicas), fosse entre elas, fosse com personagens históricos (Hitler etc.)" (BNF, NAF 28630, grande fichário, junho de 1979).
45. Isabelle Grellet e Caroline Kruse. *Histoires de la tuberculose. Les fièvres de l'âme, 1800-1940* (Paris: Ramsay, 1983), p.16. As duas autoras foram alunas de Barthes na EPHE.

velmente o maior acontecimento de sua vida, que amplifica certos traços de caráter — o sentimento de estar afastado e a propensão à queixa —, mas determina outros, sobretudo a afabilidade social que a vida em comunidade incita, combinada ao retiro letrado que um relativo ócio autoriza. O caráter paradoxal do lugar (criar o isolamento no meio da vida coletiva) mostra uma ambiguidade do comportamento social e político: um forte desejo de pertencimento, mas sem participação completa, uma adesão um pouco distante mais do que um real engajamento.

Esse ponto é reforçado pelo fato de que a internação ocorreu durante a guerra, durante a ocupação. Barthes, de todos os pontos de vista, se encontra longe. Naquele momento desempenha vagas atividades destinadas a melhorar seu estado e a bem ou mal preencher seus dias. Seus colegas são mobilizados, feitos prisioneiros, alguns são obrigados a se exilar ou entram para a resistência. Em julho de 1944, ele toma conhecimento da morte de seu amigo Jacques Veil, engajado na resistência.[46] E lamenta se encontrar de algum modo ausente do acontecimento. Vista a partir de Saint-Hilaire, a liberação tem ares de "festa de vilarejo". As escolhas e os engajamentos mais importantes de sua geração, aqueles sobre os quais cada um deverá responder em seguida e que fundamentam as linhas de força políticas e intelectuais dos decênios vindouros, não lhe concernem. Sua história, num momento-chave de sua existência, separou-se da grande história. O acontecimento da doença o cortou dos acontecimentos. O sentimento de que podia estar deslocado ou à margem traduziu-se nos fatos. Ele não estava lá.

Ele se encontra, de fato, a 1.200 metros de altitude, num centro aberto em 1933, sob a direção de Daniel Douady, que depois da guerra será diretor da Saúde do Ministério da Educação Nacional, permitindo que os estudantes atingidos pela tuberculose prossigam um pouco os estudos, aproveitando do ar livre, no verão como no inverno. O estabelecimento é orientado para o Sudeste e protegido dos

---

46. Ele escreve aos pais dele e à sua irmã Hélène, em 5 de julho de 1944: "Não esquecerei aquele que vocês choram; sempre falei dele como uma alma muito bela, que tinha todas as virtudes da superioridade, e cuja intuição aguda do Bem e do Justo se acompanhava sempre instantaneamente de um engajamento total de sua pessoa na causa escolhida; sua morte o engrandece mais ainda" (carta a M. e Mme. Veil, 5 de julho de 1944, coleção particular).

ventos do Norte e do Noroeste pelo monte Dent de Crolles. Entre o centro e o Dent, uma floresta de pinheiros permite aos pacientes passear em meio às árvores e aproveitar o ar puro, que então parecia um dos melhores tratamentos para a doença. O acesso ocorria por meio de um funicular que levava das Eymes ao planalto das Petites Roches em vinte minutos. Talvez Barthes tenha pensado, ao chegar, nas ressonâncias do nome de Saint-Hilaire e ao que ele é em Proust (sua leitura é recente), "vulto inesquecível no horizonte onde ainda não assomava Combray", seu campanário; "havia um trecho em que o estreito caminho desembocava de súbito em um imenso planalto delimitado no horizonte pelo recorte irregular de uns bosques, atrás dos quais somente emergia a fina agulha da torre de Santo Hilário, mas tão sutil, tão rósea, que parecia apenas riscada a unha sobre o céu, no intento de dar àquela paisagem, àquele quadro que era só natureza, esse pequeno toque de arte, essa única indicação humana".[47] Não há igreja em Saint-Hilaire-du-Touvet, mas a lembrança tão poderosa dessa leitura era propícia para conferir ao lugar uma qualidade estética.

O sanatório tem um acordo com a Universidade de Grenoble, cujos professores são para lá enviados. Em 1942, é nomeado um diretor de estudos. O dia é regulado segundo uma programação invariável, como atestam todas as lembranças deste lugar: café da manhã às oito horas, higiene, tratamento de repouso das nove às onze horas, refeição do meio-dia (na sala de jantar para aqueles que não estão mais imobilizados), tratamento de silêncio das quatorze às dezesseis horas, passeio ou leitura, novo tratamento de repouso no fim da tarde, jantar às dezenove horas, luzes apagadas às 21 horas. O médico faz sua visita de manhã, acompanhado uma vez por semana do médico-chefe. Nos períodos de imobilização, pelos quais Barthes passa em junho e julho de 1942, depois de agosto a outubro de 1943, as refeições são levadas ao quarto em bandejas, e os doentes dispõem de uma mesa móvel fixada na cabeceira da cama, que também pode servir para ler e escrever. Eles dependem das enfermeiras para os cuidados corporais. Durante o tratamento declive, o de 1943, Barthes fica estendido dezoito horas por dia em posição

---

[47]. Marcel Proust, *Du côté de chez Swann*, in *À la recherche du temps perdu*, *op.cit.*, t. I, p.62 [ed. bras.: *No caminho de Swann*, *op.cit.*, p.92].

inclinada, com os membros inferiores elevados acima do tórax e da cabeça, o que torna penosa até a leitura. Dois textos testemunham a dureza desse tratamento: o romance de Benoîte Groult, *Les Trois Quarts du Temps*, que, numa de suas partes, coloca em cena um jovem estudante de medicina, da resistência, em tratamento a partir de setembro de 1943 no sanatório do planalto de Assy. Sua estada é concomitante à de Barthes e ele se submete também ao pneumotórax e ao declive: "Isso me impede de escrever, tanto mais que é preciso ficar deitado do lado doente, o direito para mim. Mal se pode ler. Em suma, condenam-me à imobilidade absoluta. E estou surpreso com minha absoluta falta de reação".[48] As lembranças de Jean Rousselot recobrem o mesmo período, mas dessa vez em Saint-Hilaire-du-Touvet. Descrevem minuciosamente o emprego do tempo, os tratamentos, a vida material. Evocam também a suspensão de tudo: "A neve parece pairar eternamente sobre nós como sobre todas as coisas. Nossas raízes se alongam, no calor sob este lençol infinito, mas onde estão nossos galhos, nossas folhas? Onde as asperezas que ainda nos prendiam ao mundo dos homens? Não estamos mais aqui, nem alhures; não somos mais de hoje, nem de ontem, não lamentamos nem esperamos nada: somos [...]. O próprio pássaro não sabe mais se ele um dia voou, se um dia cantou [...]".[49] A ausência do tempo e da história repercute na natureza. Os cumes, a claridade do ar, a brancura dos cimos, a brancura de tudo no inverno dão à natureza um caráter inatingível. Nada, nem mesmo a existência, provisória nestes lugares e provisória simplesmente, desses jovens e dessas jovens mulheres alojados em prédios diferentes, Savoie o das mulheres, Dauphiné o dos homens, vêm modificar um curso, alterar uma ordem. Em *Un homme de passage*, Serge Doubrovsky evoca sua estada em Saint-Hilaire-du-Touvet, mas depois da guerra, "incapaz de captar o tempo que passa, de medi-lo com uma outra referência a não ser o ato de encher o pneumotórax a cada semana, dia após dia imóvel num quarto para três".[50] "Mágica", a montanha só é na medida em que as coordenadas não estão ligadas com os espaços-tempo do mundo; mas ela não metamorfoseia nem encanta o que quer que seja, porque apenas retarda

---

48. Benoîte Groult, *Les Trois Quarts du temps* (Paris: Grasset, 1983), p.175.
49. Jean Rousselot, *Le luxe des pauvres* (Paris: Albin Michel, 1956), p.151.
50. Serge Doubrovsky, *Un homme de passage* (Paris: Grasset, 2011), p.194.

a vida e deixa o mundo continuar sem eles. Barthes não tem mais necessidade de se pôr à parte, de sonhar com autarquia ou encontrar outros cenários para si. Ele está concretamente afastado e suspenso. A retaguarda, metáfora corrente para situar os protegidos da guerra, se ela é objetivamente abusiva, já que, doente, ele não tem outra escolha senão o isolamento e o tratamento, pode dar conta de uma disposição subjetiva. Os acontecimentos terão decidido por ele. Sem ligação direta com as coisas, sem ter podido se engajar no momento em que teria sido preciso fazê-lo, ele terá necessidade dos outros para encontrar um lugar.

capítulo 6

ESCAPADAS

O capítulo precedente apresentou a cronologia dos anos de sanatório, de 1942 a 1946, marcados pelas recaídas, pelos deslocamentos de uma clínica a outra, a lenta progressão da cura, pela qual, ao cabo de certo tempo, Barthes não sabe se ainda pode esperar. Agora é preciso voltar ao material deste período, determinante para o pensamento e para a escritura, para a elaboração de métodos que mais tarde serão os seus. O tempo isolado do sanatório dá uma densidade particular à existência: não ocorre grande coisa, mas a experiência do isolamento e do retiro desenvolve práticas autárquicas em relação a si e aos livros que o levam a prestar atenção especial aos signos. O sanatório é também o lugar de uma experiência social alternativa, nem família, nem coletividade: uma pequena comunidade onde se vive junto, numa sociedade isolada. Esses anos são ainda aqueles em que Barthes publica seus primeiros textos em revistas. Que a entrada oficial na escritura ocorra nesse lugar não é sem interesse: marca a publicação, como a reflexão que a precede, de um distanciamento característico; define logo uma forma de atopia, de ausência de lugar fixo, que é o que define sua obra e sua surpresa.

O CORPO DOENTE

Até sua entrada no sanatório, o corpo de Barthes era um longo corpo magro. Ele imaginava que se manteria assim para sempre, permanente, indiferente. "Tive uma morfologia de *ultra magro* durante toda minha juventude; aliás, não fui aceito para o serviço militar porque não tinha o peso regulamentar. E sempre vivi naquele momento com a ideia de que seria eternamente um magro".[1] É em Leysin, depois de seu segundo pneumotórax, que ele diz ter mudado de morfologia. "Ele passa (ou acredita passar) da magreza à gordura".[2] A transformação é perturbadora em mais de um aspecto: ela modifica a imagem de si e obriga a "prestar atenção". Ao longo da vida Barthes vai controlar seu corpo, medindo o peso, fazendo regimes. As agendas registram cada dia — períodos de restrição alimentar, número de calorias consumidas, gramas perdidos ou recuperados. O regime é uma métrica, conta-se tudo. Mas o regime é também uma regra, como nas ordens religiosas: "É um fenômeno religioso, é uma 'neurose religiosa'. Dispor-se a fazer um regime tem todas as características de uma conversão. Com os mesmos problemas de recaídas, depois de retorno à conversão. Com certos livros que são como evangelhos etc. O regime mobiliza um sentimento agudo de falta, que ameaça, que está ali em todo o momento do dia".[3] Implica fazer de seu corpo um objeto de análise, lê-lo como um texto. No começo da doença, o corpo se torna um conjunto de signos. É examinado, pesado, medido, radiografado, cortado, segmentado. Desde 1902, um especialista em tuberculose, dr. Béraud, evoca a obsessão por estas medidas: "Esse cuidado meticuloso, quase religioso, da auto-observação tem algo de original e às vezes engraçado. Os próprios doentes traçam a curva da febre, esperando a hora de 'sua temperatura', impacientes em ver se há subida ou caída, estado estacionário ou progresso. [...] ao lado da temperatura, a balança é um grande fator da psicologia do tuberculoso no sanatório. É para ele um segundo termômetro, que representa o fim de oito ou quinze dias de esforços, suas etapas são esperadas com uma impaciência ansiosa".[4]

A legenda da reprodução da folha de temperatura em *Roland Barthes por Roland Barthes*, "A tuberculose-retrô", ironiza num parêntesis essa maneira de consignar o corpo e desenrolá-lo qual um

---

[1]. Entrevista a Laurent Dispot, *Playboy,* março de 1980 (OC V, p.938).
[2]. *Roland Barthes par Roland Barthes,* OC IV, p.610 [ed. bras.: *Roland Barthes por Roland Barthes,* p.42].
[3]. Entrevista a *Playboy, op.cit.,* OC V, p.938. No texto sobre Brillat-Savarin, Barthes volta para a verdadeira "ascese" que constitui o regime de emagrecimento. "Lecture de Brillat-Savarin", OC IV, pp.817-18 [ed. bras.: "Leitura de Brillat-Savarin", in *O rumor da língua,* pp.268-70].
[4]. M. Béraud, *Essai sur la psychologie des tuberculeux,* tese de medicina, Lyon, 1902, citado por Pierre Guillaume, *Du désespoir au salut. Les tuberculeux aux XIXe et XXe siècles, op.cit.,* p.262.

pergaminho: "Cada mês, colocavam uma nova folha na beirada da antiga; no fim, havia metros delas: modo-farsa de escrever seu corpo no tempo".[5] Se a temperatura como principal escansão dos dias é um motivo do conjunto de narrativas do sanatório — sua estrita observância está ligada, em Thomas Mann, à boa integração na vida do sanatório onde se torna a principal metáfora do tempo[6] — é preciso reconhecer que Barthes logo leva mais longe a analogia entre texto e corpo. Para ele, a anotação dos números não é somente uma marcação do tempo esticado, circular e monótono, da vida isolada; ela é um signo, uma maneira de se expor, de se fragmentar e de durar. Deixa em evidência o corpo-história e o corpo-texto. O primeiro texto sobre Michelet, publicado em 1951 na revista *Esprit* e preparado pelas leituras atentas da obra do historiador, efetuadas no sanatório, desenvolve um pensamento sobre a história habitada pela sucessão e pelo desenvolvimento, sustentada pela ideia de definhamento, aguçada durante a doença. "A alteração é a tal ponto para ele o signo do histórico, que sua História considerou o inerte como lugar de desagregação, portanto, de uma significação."[7] A própria história de Michelet, para Barthes, enuncia-se por meio de diferentes males: "Ele se queixava sempre de uma dor de cabeça, de uma náusea, de um resfriado, de faringite", conta um de seus amigos.[8] O corpo imobilizado é, desse modo, aquele que se dá a ler mais nitidamente: não é atingido por fluxos exteriores ou contraditórios e torna-se um puro lugar de observação do movimento que conduz da vida à morte. Ele é um "corpo certo", como o é o texto para os eruditos árabes, se concordamos com *O prazer do texto*, que se compraz em retomar esta "expressão admirável": nem o corpo dos anatomistas, do qual fala a ciência; nem o corpo erótico, que segue suas próprias ideias, mas o corpo legível em suas diferentes segmentações, permutando suas propriedades com o texto que é um "anagrama do corpo".[9] Assim, a

---

5. *Roland Barthes par Roland Barthes*, OC IV, p.615 [ed. bras.: *Roland Barthes por Roland Barthes*, p.47].
6. "Eu realmente gosto de tomar a temperatura quatro vezes por dia, porque assim se nota o que representa, propriamente, um minuto, ou até sete minutos, para gente que, como nós aqui, esbanja tão pavorosamente os sete dias da semana" (Thomas Mann, *La Montagne magique*, op.cit., p.100; [ed. bras.: *A montanha mágica*, op.cit., p.92:]).
7. "Michelet, l'Histoire et la mort", in *Esprit*, abril de 1951 (OC I, p.109).
8. Antoine Compagnon, "L'entêtement d'écrire", in *Critique*, "Roland Barthes", p.676.
9. *Le Plaisir du texte*, OC IV, p.228 [ed. bras.: *O prazer do texto*, pp.23-24].

atenção aos signos manifestada nos diferentes centros de tratamento por onde Barthes passa por volta de cinco anos de sua juventude e onde ele prossegue parte de sua formação, tem duas consequências principais sobre o pensamento a respeito do corpo: em primeiro lugar, o corpo não é mais *um*. Ele é segmentado em muitos corpos distintos que determinam em parte a analogia entre corpo e texto. "Há, pois, vários corpos."[10] "Que corpo? Temos vários."[11] Em *Roland Barthes por Roland Barthes*, a entrada "A costeleta" apresenta uma fábula dessa dispersão, dessa fragmentação do corpo em vários pedaços. Evocando a ablação de um pequeno pedaço de costela por ocasião do segundo pneumotórax, efetuado em Leysin em 1945, ele reflete em seguida sobre sua relação com a relíquia, ao mesmo tempo distanciado, irônico — sua educação protestante o leva a isso — e vagamente inquieto. Relegado com outros objetos "preciosos" numa gaveta, o osso acaba sendo jogado do alto da sacada na rua Servandoni: a própria evocação hesita entre a imagem da dispersão romântica das cinzas e a do osso lançado aos cachorros. O pedaço de corpo é ao mesmo tempo objeto de uma devoção piedosa e também resto, dejeto; algo a mais e algo demais. A fábula conta também — é a segunda revelação do pensamento sobre o corpo — que o corpo é pura exterioridade: os signos visíveis no exterior ou do exterior ocupam mais do que o interior doente. É surpreendente que Barthes não considere o pulmão um órgão importante. A propósito de seu papel no canto, ele o qualifica mais tarde como "órgão estúpido (pulmão dos gatos!)", que "se enche", mas que não "se avoluma". Ele recusa, aliás, a ideia de que o canto seja uma arte do sopro.[12] Enfim, o corpo é o lugar do fantasma, onde se origina a outra razão da analogia. É o que tinha compreendido Michelet, dedicando-se a ressuscitar os corpos passados e

---

10. "Encore le corps", entrevista transmitida na televisão, com Teri Wehn-Damisch, em 13 de outubro de 1978; transcrita em *Critique*, 1982 (OC V, p.561).
11. *Roland Barthes par Roland Barthes*, p.641, citando *Le Plaisir du texte*, OC IV, p.228 [ed. bras.: *Roland Barthes por Roland Barthes*, p.74].
12. "Le grain de la voix", *Musique en jeu*, novembro de 1972 (OC IV, p.151); recolhido in *L'Obvie et l'obtus* (Paris: Seuil, 1982) [ed. bras.: "O grão da voz", in *O óbvio e o obtuso*, trad. de Léa Novaes (Rio de Janeiro: Nova Fronteira, 1990), p.237]. O texto é uma oportunidade, mais uma vez, de exaltar a interpretação de Panzéra contra aquela, aqui, de Fischer-Diesku: "Ao ouvir F.D., creio ouvir apenas os pulmões, nunca a língua, a glote, os dentes, o septo, o nariz. Toda a arte de Panzéra, ao contrário, estava nas letras, não no sopro (simples traço técnico: não o ouvíamos *respirar*, mas apenas *recortar* a frase)" (p.240).

a fazer da História uma vasta antropologia. Situar-se neste lugar, isto é, no lugar do fantasma, é ao mesmo tempo recusar-se a ocupar o lugar do Pai, "sempre morto, como se sabe",[13] e entrar num espaço móvel, variável, vivo. O corpo pressionado é, pois, o instrumento de uma considerável abertura do corpo. Espalhado, disperso, segmentado no espaço, ele é também prolongado no tempo, histórico, contemporâneo daquele de Hans Castorp quando entra no sanatório de *A montanha mágica* e contemporâneo dos corpos jovens do presente: modulável porque segmentado.

Assim, o corpo doente é o primeiro objeto de investigação, favorece o autorretrato. Refletindo no *Lexique de l'auteur*, Barthes em certo momento pensa numa entrada "Medicamentos", em que imagina poder reconstituir o retrato de alguém a partir de sua farmacopeia, medicamentos aos quais permanece fiel. O resultado dessa projeção do corpo em tudo o que está destinado a tratar dele toma a forma de um quadro de Arcimboldo, "ele se pinta com medicamentos, a cabeça como comprimido de aspirina, o estômago como um envelope de bicarbonato, o nariz como vaporizador etc.".[14] Tal autorretrato composto por aquilo que trata também ressalta aquilo que envenena. Lê-se aí o paradoxo da doença que se aproxima do corpo, mesmo exercendo contra ele grande violência, que o emancipa e o constrange. Enquanto o teatro tinha relegado o corpo em proveito da voz, a doença o aproxima dele, provocando outras feridas: o corpo espalhado, fragmentado, é certamente legível, mas se torna monstruoso. Por isso, leva-o a certo encerramento em si ligado à obsessão da morte que a atenção aos signos e o despedaçamento do próprio corpo acarretam. "Morte = aquilo em que se pensa, mas tabu de verbalização", "a doença, aproximação contemplativa da morte."[15] É então que *A montanha mágica* não se faz simplesmente a ficção de uma experiência positiva, mas um livro que pertence à categoria do "Doloroso", como diz Barthes, quando da segunda aula de apresentação do curso *Como viver junto*: "Eu disse na aula inaugural a relação que tinha com esse livro: a) projetiva (pois:'é verdadeiramente isto'), b) num segundo

---

13. *Leçon*, OC V, p.445 [ed. bras.: *Aula*, p.45].
14. *Le Lexique de l'auteur*, p.306.
15. *Comment vivre ensemble*, aula de 9 de fevereiro de 1977, p.80 [ed. bras.: *Como viver junto*, pp.87-88].

grau de estranhamento. 1907/1942/hoje, já que ele torna meu corpo mais próximo de 1907 do que de hoje. Sou a testemunha histórica de uma ficção. Livro para mim muito pungente, deprimente, quase intolerável: investimento muito sensível da relação humana + morte. Categoria do dilacerante! Não estive bem nos dias em que o li — ou reli (eu o tinha lido antes de ficar doente, e tinha dele uma leve lembrança)".[16] A experiência da separação, tão esplendidamente representada no romance de Thomas Mann, é também tão viva para aquele que a atravessa de fato que ela mal se liga com o tempo de "abaixo" da montanha ou da vida social comum. Daí a dificuldade que Barthes mostra a seus correspondentes de comunicar o que quer que seja dessa experiência, tão triste, escreve, para aqueles com boa saúde. "Ah, esse abismo entre os saudáveis e os doentes", escreve a seu amigo Robert David em 16 de janeiro de 1946. Daí o sentimento de estar perdido para o mundo e meio vivo. "Todas as dores vêm aqui do fato de sentirmos mais ou menos a separação de alguma coisa."[17] O adjetivo "dilacerante" aparece frequentemente em sua correspondência, em particular quando Barthes evoca "Mamãe". "Sua carta é cheia da esperança de que eu venha. É dilacerante."[18] Mais tarde, o adjetivo (que faz parte das palavras-chave da obra) qualifica a relação com a literatura: "Ao praticar até o exagero uma forma desusada de escritura, não estaria eu dizendo que amo a literatura, que a amo de uma maneira dilacerante, no momento mesmo em que ela está a perecer?".[19] Assim, da mãe à literatura, do sanatório à convalescença interminável após a morte de Henriette Barthes, inscreve-se a marca de amores dilacerantes, que são talvez o mesmo, talvez diferentes: esses dois "amores dilacerantes" e seu encontro são, em todo caso, os dois signos mais poderosos que ordenam a continuidade da existência de Barthes.

---

16. *Comment vivre ensemble,* aula de 19 de janeiro de 1977, p.48 [ed. bras.: *Como viver junto, op.cit.,* pp.30-31].
17. Carta a Philippe Rebeyrol, 26 de março de 1942. Fundo Philippe Rebeyrol, IMEC. Fazem-lhe eco as palavras de *Comment vivre ensemble*: "(Hans Castorp, après des années de sana, en est arrivé au point mort: il n'investit plus dans la maladie, la mort elle-même), 'bord du suicide' [...]: c'est le morne désespoir" (p.54) [ed. bras.: *Como viver junto*: "(Hans Castorp, depois dos anos de sanatório, chegou ao ponto morto: ele não investe mais na doença, na própria morte), 'beira do suicídio' [...] é o desespero melancólico" (pp.41-42)].
18. Carta a Robert David, 28 de setembro de 1945. Fundo Roland Barthes. BNF, NAF 28630, fundo privado.
19. "Délibération", *Tel Quel,* n.82, 1979 (OC V, p.680) [ed. bras.: "Deliberação", in *O rumor da língua,* pp.370-71].

O presente do sanatório pode, apesar de tudo, ser rico e intenso, com a condição de se pôr num estado de perfeita disponibilidade. "É preciso abolir lembranças internas, essas manias da alma que fazem a continuidade de um ser. É preciso suprimir todo ponto de comparação entre o passado — o da casa, da mãe, dos amigos, das ruas parisienses, do mundo vivo onde tudo é possível — e o presente — o dos seres com quem se vai viver por muito tempo, sem outros liames com eles senão o de uma doença de nuances e de intensidade, aliás, muito diversas."[20] A propensão ao devaneio e a sensibilidade literária se acham aumentadas; em particular nos períodos de imobilização total que fazem reviver o passado de modo tão espontâneo e tão nítido que eles dão a sensação de "viver" literalmente Proust. Como escreve Max Blecher, outro *habitué* de sanatórios, já que ele tinha o mal de Pott, uma tuberculose nos ossos que o levou a ficar deitado grande parte de sua curta vida — ele passou vários anos em Berck, depois em Leysin —, a doença, a reclusão no quarto provocam a rachadura da fina parede que separa as certezas da realidade do mundo das incertezas. "As coisas eram tomadas por um verdadeiro frenesi de liberdade; elas se revelavam independentes umas das outras, de uma independência que não era um simples isolamento, mas uma exaltação, um êxtase. [...] No instante supremo, a crise se desenlaçava assim: eu flutuava fora do mundo — um estado ao mesmo tempo prazeroso e doloroso. Se ouvisse um ruído de passo, o quarto retomava logo seu antigo aspecto."[21]

Roland Barthes não dá conta dos mundos paralelos nascidos do acamamento e da solidão nesses termos. Mas ninguém duvida que, quando ele diz que tem a impressão de "viver" Proust, não faz somente referência à memória involuntária, mas às sensações dos estados intermediários, como a da ordem dos mundos que se tem ao redor de si dormindo ou a das desordens do quarto no instante do despertar. O quarto se torna assim por muito tempo um espaço para

---

20. Carta a Philippe Rebeyrol, 26 de março de 1942. Fundo Rebeyrol, IMEC.
21. Max Blecher, *Aventures dans l'irréalité immédiate*, trad. do romeno por Marianne Sora, Maurice Nadeau, 1989 (1935), p.33 [ed. bras.: *Acontecimentos na irrealidade imediata*, trad. de Fernando Klabin (São Paulo, Cosac Naif, 2013)]. Ver também o diário do sanatório, escrito em Berck, *Coeurs cicatrisés*.[ed. bras.: *Corações cicatrizados*, trad. de Fernando Klabin (São Paulo: Carambaia, 2016)]. Lemos experiências de modificação sensorial comparável em *Le Sanatorium au croque-mort*, de Bruno Schulz [ed. bras.: *Sanatório*, trad. de Henryk Siewierski (São Paulo: Imago, 1994)].

si, um lugar importante. "O luxo do quarto, na verdade, vem de sua liberdade: estrutura subtraída a toda norma, a todo poder, é, paradoxo exorbitante, o único como estrutura."[22] Mesmo reduzido a uma cama e a uma mesa que a ladeia, como no sanatório, como na casa da tia Léonie de *Em busca do tempo perdido*, mesmo submisso à metáfora do nu,[23] o quarto é o lugar secreto (o da cena primeira) e o lugar dos segredos, aquele em que se guardam os tesouros. Ele se torna facilmente o espaço da introspecção e do reatamento, para além da separação. Quando é compartilhado, como em Saint-Hilaire, favorece e reforça os liames; quando é individual, como às vezes em Leysin, oferece um refúgio protetor, propício à meditação. Já atento à "proxemia", a atenção concedida à relação do ser com seu meio mais próximo, com a organização de um ambiente para os gestos mais correntes, Barthes dispõe seus objetos com grande atenção: "Vivo entre minhas duas mesas", escreve para Robert David em novembro de 1945, com "minha sacola, meu Michelet, meu relógio, minha caixa de fichas",[24] todos esses elementos organizando o espaço e ritmando o tempo. O quarto é também o ambiente de uma vida boa numa má vida, que garante certa autonomia, que ordena as atividades, liberando do ócio: a leitura, a escritura das cartas, a escritura, simplesmente.

"NO SANATÓRIO, EU ERA FELIZ"
Apesar do isolamento, do encerramento, da doença que o corta do mundo e do futuro, os anos de sanatório têm também sua parte positiva, luminosa. "No sanatório, exceto perto do final em que me senti saturado, aniquilado pelo sistema, fui feliz: li e dei muito tempo e energia para minhas amizades."[25] A palavra "felicidade" vira e mexe surge em suas cartas, associada particularmente a certa leitura ou a uma plenitude na consciência de si: "A *felicidade* é talvez a coisa que eu

---

22. *Comment vivre ensemble,* aula de 16 de fevereiro de 1977, p.90 [ed. bras.: *Como viver junto,* p.105].
23. Posta em evidência por Barthes com o exemplo do quarto do abade Faujas em *A conquista de Plassans,* de Zola: "Pas un papier sur la table, pas un objet sur la commode, pas un vêtement aux murs: le bois nu, le marbre nu, le mur nu" (*Comment vivre ensemble,* p.89) [ed. bras.: "Nenhum papel sobre a mesa, nenhum objeto sobre a cômoda, nenhuma roupa pendurada nas paredes, a madeira nua, o mármore nu, a parede nua" (*Como viver junto,* p.104)].
24. Carta a Robert David, 24 de novembro de 1945. BNF, NAF 28630, fundo privado.
25. "Réponses", entrevista filmada com Jean Thibaudeau, primeira publicação em *Tel Quel,* 1971 (OC III, p.1026).

compreenda melhor no mundo".[26] Os centros de tratamentos oferecem uma alternativa à vida social à qual Barthes se adapta e sobre a qual reflete: "Enquanto as outras doenças dessocializam, a tuberculose nos projetava numa pequena sociedade etnográfica que tinha algo de tribo, de convento e de falanstério: ritos, constrangimentos, proteções".[27] Uma primeira reflexão sobre o viver-junto, não formulada ainda nesta época, surge na correspondência. A solidão familiar é muito dura para um menino que está tão próximo de sua mãe e que dela se encontra separado — a ocupação não permite que Henriette Barthes se desloque com facilidade para visitar o filho. Eles se escrevem quase todos os dias, mas as cartas não compensam a ausência. Barthes evoca a este respeito uma unidade perdida. Mas reina no sanatório certa convivialidade que permite o desenvolvimento de outros liames, sobretudo com o pessoal médico, sra. Lardanchey, os doutores Klein, Cohen, Douady, e Brissaud, que o acompanha em Paris. Discutem-se entre camaradas méritos comparados dos diferentes médicos, em particular, com Georges Canetti, ele mesmo médico. Apesar do caráter um pouco forçado desta convivialidade, que faz Pierre Guillaume escrever que "no sanatório, a alegria é um imperativo coletivo, uma manifestação de grupo",[28] as múltiplas distrações oferecidas pelo lugar são vividas de modo mais positivo, mesmo que Barthes saiba marcar sua diferença, em especial no plano das vestimentas,[29] assim como pelas leituras e sua destreza ao argumentar. Ele participa da vida de grupo. Vai às sessões de cinema do sábado e ouve rádio. Em julho de 1943 é eleito para a Associação dos Estudantes do sanatório, na qual é encarregado da biblioteca. Aprecia as refeições em comum que vão propiciar as análises preci-

---

26. Carta a Robert David, 19 de janeiro de 1946. É Barthes que sublinha. BNF, NAF 28630, fundo privado.
27. *Roland Barthes par Roland Barthes,* OC IV, p.615 [ed. bras.: *Roland Barthes por Roland Barthes,* p.47].
28. Pierre Guillaume, *Du désespoir au salut. Les tuberculeux aux XIXe et XXe siècles, op.cit.,* p.264.
29. André Lepeuple, seu companheiro de quarto em Saint-Hilaire, conta que "na primeira noite, no momento de deitar, o desvestir-se de Barthes foi um espetáculo surpreendente. Ele apareceu vestido não com o pijama clássico de todos nós, mas com uma longa camisola de mangas compridas, com a gola e os punhos bordados com fio vermelho, terminada por duas abas com uma longa parte solta [...]. Concluí *in petto* que ele afirmava sua indiferença pelo convencional, o que me pareceu tanto original como simpático" (André Lepeuple, "Chambre 18. Témoignage", *Revue des sciences humaines,* n. 268, 4/2002, pp.143-50, p.144).

sas do "comer-junto" — a convivialidade no sentido estrito — em seu curso de 1977 sobre as pequenas comunidades. Se a superalimentação dos tuberculosos caducara nos anos 1920, e se as refeições suntuosas do sanatório-hotel de Davos não eram mais atuais, sobretudo no contexto da guerra,[30] a sala de jantar favorecia os encontros. "A refeição-conjunta é uma cena cripto-erótica onde se passam coisas", ligadas às mudanças de lugar e à determinação dos prazeres. Pode ser o sinal de um renascimento, de uma *vita nova*. Cada melhoria da condição se mede com a pesagem ("não tenho mais bacilos há dois meses e engordo regularmente");[31] segundo a análise de *Como viver junto*, os doentes da *Montanha mágica* são empanturrados para nascer de novo fora da doença, "entopem-nos de comida, para fazer deles novos humanos".[32] Essa regeneração, que é a trama de numerosas narrativas (a começar por *Siloé*, de 1941, de Paul Gardenne, cuja personagem, Simon, faz da posição ao mesmo tempo em desaprumo e descentrada do sanatório o espaço dramático da mudança e do despertar da consciência), também é experimentada por Roland Barthes. Em maio de 1942, quando se encontra apenas há alguns meses em Grésivaudan, ele descreve este estado particular, mistura de percepção viva, de reminiscência e de plenitude sensível: "Olhei em direção ao vale, lá onde sabia que se encontravam outros homens, onde adivinhava o milagre dos corpos e dos olhares. Como falar dessa substância empoada, dessa luz pesada que adormecia de azul a campina do vale? Eu disse, fazia calor; um vento morno com um viés frio como uma seda, inebriava a gente, fazia passar na alma todos os verões de outrora, aqueles em que eu era criança, arranhando o cascalho ao pé dos maciços de hortênsias no jardim de Bayonne, aqueles em que eu era jovem, com a garganta seca de amor, absolutamente, corpo e alma, mergulhado numa aventura (imprimo a essa palavra uma seriedade terrível). No fundo do meu quarto, um quarteto tocava docemente. [...] Não sei se vivos — quero dizer não

---

30. A superalimentação faz parte da mitologia dos sanatórios. Quando Kafka considera se internar em 1924, teme "os terríveis deveres alimentares que vão me impor". *A montanha mágica* abunda literalmente em descrições de refeições suntuosas, quase enjoativas por tão copiosas.
31. Carta à sra. Rebeyrol, mãe de Philippe, 23 de janeiro de 1944. Fundo Philippe Rebeyrol, IMEC.
32. *Comment vivre ensemble*, seção de 30 de março de 1977, p.153 [ed. bras.: *Como viver junto*, p.215].

doentes, pois agora, não sou senão meio-vivo — podem sentir assim a vida toda nua, toda palpitante, digamos, sem que haja necessidade de ação ou de amor para precisá-la, para manifestá-la. Uma poltrona, uma janela, um vale, música, e era a felicidade, a vida entrava em mim por toda parte, sem que eu fizesse um movimento: meus sentidos imóveis me bastavam. E parece que, ao se manterem escondidos, à força, por causa da doença — eles temiam menos a vida e ela vinha a eles confiante, com tudo o que a acompanha, sua pompa, a beleza íntima de sua essência, talvez invisível para aqueles menos fracos, mais fortes, que fazem um movimento para apanhá-la".[33] A reclusão e a separação têm sua compensação na consciência avivada que elas dão das coisas; o que pode ser um reconforto, uma consolação e implica uma forma de consentimento à vida.

Assim, Barthes tem no sanatório duas experiências principais: a amizade e a leitura. "A primeira experiência é a da amizade: vive-se com pessoas da mesma idade durante anos e costuma compartilhar o quarto com dois ou três: veem-se todos os dias e a afetividade profunda que se desenvolve naquele meio, com suas alegrias, seus problemas, e mesmo com todo seu aspecto romanesco, é um sustento enorme."[34] Ele encontra François Ricci, Georges Canetti, e, sobretudo, Robert David, que vai ser muito importante para ele. Em Saint-Hilaire, divide o quarto 18 com André Lepeuple, estudante de medicina, e Dang Khoc Khan, aluno de ciências políticas. Na Suíça, ele se ligará a André Mosser, Rosèle Hartzfeld, Georges Fournié e à família Sigg, que o acolhe nos fins de semana e com a qual mantém laços um pouco distantes, fundados sobretudo no dinheiro. Robert David, que ele conheceu em Saint-Hilaire, em 1943, o encontra de tempos em tempos durante esses anos: ele se submete a um primeiro período de restabelecimento em dezembro de 1944, então se encontra com Barthes em 1945 em Leysin, algum tempo depois que este foi transferido para lá. Em 17 de setembro de 1945, David deixa a Suíça por Neufmoutiers, onde se restabelece. A amizade com este moço oito anos mais novo — David tem apenas vinte e um anos quando Barthes o conhece — transforma-se muito depressa em pai-

---

33. Carta a Philippe Rebeyrol, 22 de maio de 1942. Fundo Philippe Rebeyrol, IMEC.
34. "Entretien avec Jacques Chancel", 17 de fevereiro de 1975, primeira publicação em *Radioscopies*, 1976 (OC IV, p.900).

xão amorosa e vem ocupar o lugar em seu coração que a morte de Michel Delacroix tinha deixado ferido e vacante.[35] Barthes logo lhe pede para partilhar o quarto e vai fazê-lo conhecer os autores que lê e dos quais gosta, seus gostos musicais. Os momentos de separação e o fim do tratamento são ocasião de intensa correspondência que indica que Barthes lhe conserva sua afeição intacta, mesmo se David não responde à sua paixão como ele desejaria. "Não penso que você me ame bastante para aceitar meu amor, este vai se consumir inutilizado. Não sou feliz, meu amigo; escolhi você, liguei-me a você, você detém minha felicidade [...]."[36] Um dos temas de suas cartas, recorrente, o lamento de que amizades tão fortes como as que sente por alguns seres não possam se prolongar sensualmente e se traduzirem socialmente. "Compreenda e perdoe o que vou lhe dizer", escreve em novembro de 1943 a Philippe Rebeyrol, pensando nele mas também em Robert David, "porém lamentei, então, no meio da emoção pura, que uma amizade tão bela, tão forte entre dois moços como nós, por desígnios de Deus, da Natureza ou da sociedade, não possa jamais ser elevada à dignidade de um amor que nos dispensaria de errar, de não buscar outra coisa na vida, de tal modo ele se encontra no ápice daquilo que podemos desejar e daquilo para o qual fomos postos na terra. Há no meu destino tão pesadas impossibilidades que não vivo mais que por uma ou duas afeições, dentre as quais a sua. Sem estes liames, somente a mecânica me faria viver, e sempre em meio a tais desgostos que um dia ela acabaria por se quebrar prematuramente".

A correspondência com Robert David é muito diferente daquela com Philippe Rebeyrol; Barthes fala muito menos de arte e de literatura, mas nas cartas quase cotidianas de várias páginas ele declina em continuação a pureza e a potência de seus sentimentos. "Quanto mais eu sei, quanto mais sinto que amo você sem logro, mais sinto minha salvação nesse sentimento."[37] Ele opõe logo um "David de dia", que o afasta, e um "David de noite", que sabe compreendê-lo e oferecer algumas respostas sensíveis a seu amor. "E se o David de noite me penetra com um tal movimento de amizade que eu gostaria

---

35. A correspondência com Georges Canetti indica que antes do encontro com David, Barthes tinha experimentado uma paixão muito forte e muito cativante por um outro rapaz.
36. Carta a Robert David, 5 de dezembro de 1944. BNF, NAF 28630, fundo privado.
37. Carta a Robert David, 8 de dezembro de 1944. BNF, NAF 28630, fundo privado.

que ele aceitasse que eu me ponha, completamente, nas suas mãos, no decorrer dos dias, com tudo o que há em mim, compreendo que o David de dia, que me fez sofrer, também se fez estimar e amar por mim, e eu me confio a ambos — se ambos me aceitarem."[38] Mais do que um verdadeiro diálogo, o conjunto compõe uma espécie de longo monólogo dirigido, no entanto, àquele que dá um sentido à sua vida diminuída. "A vida tem para mim um sentido, ela vale a pena ser vivida; há uma finalidade e esta finalidade demanda esforços. [...] Em primeiro lugar, querer se curar. Em seguida, preparar esse retorno, isto é, por exemplo, trabalhar sem parar para ter alguma coisa para oferecer-lhe de meu cérebro. [...] Michelet vai se desenvolver velozmente, trabalho aumentado pela vida na cama, o desprezo dos outros e o amor de um só."[39] Com alguns outros moços, Barthes mantém, no entanto, laços no início mais carnais. Ao seu redor, forma-se um pequeno cenáculo — com Fédoroff, musicólogo de 42 anos, Frémiot, estudante no conservatório, Deschoux, que se prepara para o concurso de filosofia, e Picquemal, aluno da Escola Normal Superior —, cujos debates apaixonados abordam literatura e música, mas estimulam também a expressão dos sentimentos. A fronteira tênue que separa o amor da amizade faz com que o sentimento passional preceda a constituição de um laço mais intelectual. O prazer da sedução e o desejo de submissão são as principais modalidades de sua busca. O motivo da sensualidade desenfreada atribuída aos tuberculosos era havia algum tempo tema dos tratados médicos, com o que se chamava no começo do século a teoria da conflagração, ressaltando a impetuosidade do desejo sexual neles: "O decúbito dorsal", escreve o dr. Delprat, em 1924, "que leva a uma congestão dos órgãos declives, em particular da próstata, esta congestão causa a ereção".[40] Ela havia sido popularizada por um romance de Michel Corday, *Les Embrasés*, em 1902. Se os procedimentos complexos visando a aproximação de homens e mulheres, tais como Gadenne os coloca em cena em *Siloé* no sanatório do cume de Armenaz, onde os dois sexos se encontravam separados como em

---

38. Carta a Robert David, 10 de dezembro de 1944.
39. Carta a Robert David, novembro de 1945.
40. Citado por Pierre Guillaume, *Du désespoir au salut. Les tuberculeux aux* XIXe *et* XXe *siècles*, *op.cit.*, p.294.

Saint-Hilaire, constituem uma força dramática que não concerne a Barthes, ele se diz, no entanto, muito preocupado com os moços. Seu coração não sabe mais o que fazer e o desejo o atormenta. O sanatório, longe de reprimir seu desejo, aviva-o, precisando-o. O afastamento da família, sobretudo da mãe, explica de alguma maneira: primeiro porque, privado de sua mais forte afeição, ele espera mais da amizade; depois porque, isolado, não precisa se esconder de seus desejos ou de seu comportamento.

É o período da ocupação. Até novembro de 1942, uma linha quase intransponível, aquela que separa a zona livre da zona ocupada, o separa do mundo, apartando-o de seus amigos e da família. Os acontecimentos vêm bater apenas timidamente nas portas dos sanatórios, mesmo que tenha havido crianças escondidas em Saint-Hilaire: Yvette Heilbronn, Marcel Müller, em especial. É difícil se deslocar; Michel Salzedo, seu irmão menor, não viaja jamais para Isère. Philippe Rebeyrol vem vê-lo no final de dezembro de 1943, mas o parêntesis se abre para melhor se fechar em seguida. A mãe consegue ver seu filho duas vezes e se instala no pé do funicular, em Crolles. Ela lhe traz sabonete, graxa marrom, cordões de sapato, papel com pauta de música. Ele reata os laços durante os raros períodos intermediários nos quais não se encontra isolado, de janeiro a julho de 1943, quando se acha em restabelecimento, na rua Quatrefages, no mês de julho de 1943, em Hendaye. Encontra a família, que sofre com a situação, e em muitas ocasiões ele se preocupa em ver a mãe se desgastar em trabalhos variados e se esforçar tanto para assegurar a sobrevivência deles. Michel não é tão trabalhador quanto o irmão, e seu futuro preocupa Henriette Barthes. Depois do fim da guerra, depois que Barthes é transferido para a Suíça, os deslocamentos são mais fáceis e, em setembro de 1945, mãe e irmão passam uma temporada ao lado dele em Leysin. Mas, no conjunto, a separação é real e dolorosa. "Há quatro anos encontro-me em albergues lúgubres, separado daqueles que amo; desejo viver um pouco com mamãe."[41] Os raros momentos de reencontros deixam em sua brevidade um sentimento de dor, "uma imagem de ferida que jurei para mim mesmo apagar o mais depressa possível".[42] Ela aumenta

---

41. Carta a Philippe Rebeyrol, 12 de julho de 1945. Fundo Philippe Rebeyrol, IMEC.
42. Carta a Robert David, 15 de fevereiro de 1946. BNF, NAF 28630, fundo privado.

os tormentos sobre o futuro e sobre a situação, e reforça o sentimento de inutilidade. Enquanto, no começo de 1944, Barthes considera seguir o curso de medicina — ambição compreensível e frequente nos jovens aprisionados pela melancolia hospitalar ou cuja vida se encontra ligada à medicina —, ele deve renunciar ao sonho devido à extensão dos estudos, que manteria sua mãe numa indigência que o deixaria culpado. Ele está sobretudo preocupado com a preocupação de seus próximos, e sua saúde refletida na ansiedade dos outros o enclausura num solipsismo apaziguante.

Barthes, que a princípio não se inscreveu para obter um diploma, segue certo número de conferências e em 1944 se matricula para conseguir um certificado preparatório de medicina (PCB). A sociabilidade em Saint-Hilaire é também criada pelos estudos e ele aproveita todos os recursos prodigalizados por este estabelecimento de ponta em matéria de formação: teatro, música, biblioteca e cineclube; concertos, dos quais participa como intérprete ou crítico musical. Estuda inglês "com o adorável Grünwald, excelente professor, cheio de entusiasmo e de delicadeza [...]. Há um mês, fiz um progresso com o qual não estou descontente".[43] Entre março e junho de 1943, assiste às conferências de André François-Poncet (bem antes de sua prisão pela Gestapo, em agosto de 1943); da professora de arte dramática Béatrix Dussane; do teólogo resistente, padre Henri Lubac; de Maurice Denis; do filósofo Jean Lacroix, que faz uma intervenção sobre "a amizade". No que diz respeito às distrações, os estudantes têm direito a um recital de Maurice Chevalier e a vários concertos de música clássica. A música sempre ocupa um lugar proeminente na vida de Barthes. Ele dispõe de vários pianos para se exercitar, dentre os quais aquele reservado aos concertos; assiste às conferências de seus amigos Fédoroff e Frémiot sobre Mozart; a partir de outubro de 1943, propõe um seminário técnico sobre música, voltado sobretudo para a harmonia. A biblioteca de Saint-Hilaire--du-Touvet, da qual ele se ocupa também neste período, é muito rica: antes da guerra, ela recebia 23 jornais diários parisienses, 13 da província, 20 semanários franceses, 47 revistas e periódicos. A revista *Existences* costuma fazer o inventário dos livros e revistas recebidas, o que é a oportunidade de agradecer aos editores pelo precioso envio

---

43. Carta a Georges Canetti, 23 de abril de 1944. Coleção particular.

no contexto da guerra. Barthes lê muito, o que não é nenhuma novidade, pois lia muito também durante os períodos de lazer da adolescência. O que muda são as modalidades de sua prática, que encontra prolongamentos na escritura. O que tinha inaugurado por ocasião de suas viagens, ele dá prosseguimento, imóvel, nas margens do livro que lê, tomando notas, começando a elaborar um modelo da ficha que aperfeiçoará ao longo da vida. O primeiro choque, em 1942, é Dostoiévski, cujo mundo lhe parece em ressonância com sua vida interior. *O idiota*, em particular, o romance em sua totalidade e o caráter de sua personagem, lhe parece cristalizá-lo. Ele recomenda a leitura a todos os amigos, assim como a dos *Chardons du Baragan*, de Panaït Istrati. Depois é Gide, o *Diário*, sobre o qual redige algumas notas, apesar da dificuldade que tem para captá-lo, para exprimi-lo. "Pouco depois de nossa chegada ao sanatório", conta André Lepeuple, "Barthes abandonou sua bíblia e mergulhou num novo livro. Ele me informou que se tratava do *Diário*, de André Gide. [...] Dedicava à leitura desta obra (que me era totalmente desconhecida) todos os períodos de repouso que ele chamava os 'tratamentos', e parecia tão apaixonado que eu não ousava incomodá-lo para questioná-lo sobre seu interesse. Durante os 'inter-tratamentos', períodos de relativa liberdade, ele se instalava na mesa do quarto, abria um caderno do gênero rascunho, análogo àqueles que usávamos na nossa infância na escola primária, pegava uma banal caneta-tinteiro escolar, que mergulhava num vidro de tinta Waterman, e se punha a enegrecer páginas e páginas com uma caligrafia perfeitamente regular, sem a menor rasura".[44] Mas a grande leitura, a leitura prolongada, ativa, exaustiva, continuada ao longo destes anos de sanatório, a leitura obsessiva, ora exaltada, ora desesperante, é a de Michelet. Quando começa a entrar com tudo em sua obra, ele evoca o "o método de leitura tão frutuoso",[45] instaurado desde o começo de sua doença e que consiste em ler anotando.

Para Georges Canetti, ele escreve ter "mais interesse no método, na regularidade, na progressão" de suas leituras "que no seu conteúdo".[46] Seu estado moral se mede com as probabilidades dessa

---
44. André Lepeuple, "Chambre 18. Témoignage", *op.cit.*, p.147.
45. Carta a Philippe Rebeyrol, 4 de abril de 1942. Fundo Philippe Rebeyrol, IMEC.
46. Carta a Georges Canetti, 23 de abril de 1944. Coleção particular.

prática. Em 1944, num momento de intenso desencorajamento, diz ter abandonado todo sistema de notas e de diário. Mas, algum tempo mais tarde, ele se recupera e prossegue suas leituras. Há uma dose de acaso nessa escolha, que está ligada à presença de obras completas na biblioteca dos estudantes de Saint-Hilaire, mas também uma predileção pela desmesura, pela inteligência sensível, mesmo sensual, mesmo visionária. As longínquas origens protestantes de Michelet, sua travessia das disciplinas, sua carreira pública interrompida, a relação que estabelece entre escrita literária e história, a distância que toma em relação a seu século, são também motivos de aproximação. Em compensação, a atenção nosográfica dispensada ao autor do *Peuple*, embora este recuse o "fatalismo médico, fisiológico" de sua época, provém evidentemente das condições nas quais se fez a aprendizagem de sua obra. Várias vezes, em suas cartas, Barthes evoca o estado patológico no qual o imerge esta leitura: "Esforço-me terrivelmente para estudar, mas diante de Michelet, sou como alguém que teria náuseas e seria forçada a comer".[47] O programa aberto pela citação da carta de Michelet a Eugène Noël: "Os homens de letras sofrem sempre e subsistem mesmo assim",[48] os desenvolvimentos inaugurais sobre as enxaquecas de Michelet, são assim, na realidade, reflexões quase autobiográficas. As vidas múltiplas de que o historiador é capaz, apesar de suas "mortes" sucessivas, têm uma força de encorajamento.

Enquanto ele lê também Steinbeck, Hemingway, uma outra leitura determinante para a sequência do percurso é, em 1944, *O estrangeiro*, que motiva um artigo, "Reflexão sobre o estilo de *O estrangeiro*", depois um livro, *O grau zero da escrita*, no qual desenvolve a hipótese do "estilo neutro", da "voz branca", do "grau zero". O que Barthes descobre assim são menos leituras surpreendentes do que a capacidade que tem para produzir pensamento, para escrever a partir delas. O fichário se origina nesses anos consignados nos quais se desenvolve em paralelo uma prática da anotação. Em janeiro de 1946, em carta para Robert David, ele conta que já reuniu mil fichas sobre Michelet. A formação de uma escrita vinculada à leitura está em elaboração. Ela se origi-

---

[47]. Carta a Robert David, 26 de setembro de 1945. BNF, NAF 28630, fundo privado.
[48]. *Michelet*, OC I, p.301 [ed. bras.: *Michelet*, trad. de Paulo Neves (São Paulo: Companhia das Letras, 1991), p.15].

na de uma invenção, daquilo que talvez seja a principal invenção de Barthes, aquela que consiste em fazer sair a leitura do livro: a leitura sai do livro para estudar o mundo, seus signos, suas pequenas frases, suas imagens, suas mitologias... Ela sai também do livro para se fazer escritura e fazer o mundo entrar de novo no livro.

OS PRIMEIROS TEXTOS

A revista *Existences*, criada em outubro de 1934 como boletim trimestral da associação Os Estudantes no Sanatório, torna-se, a partir do número 3 do mês de abril de 1935, uma verdadeira revista com artigos, crônicas, inventários, um registro de eventos sociais.[49] Durante a guerra, ela é obrigada a voltar à datilografia e à reprografia de seu começo, mas continua sendo uma verdadeira revista literária, sua vocação se afirma ainda mais. No número 26, de maio de 1942, uma nota da redação apresenta a escolha que a publicação se impôs: "Ou renunciar mais ou menos ao público exterior, dando à revista o caráter íntimo de uma crônica do sanatório (relato exaustivo das festas e da atividade das diversas disciplinas) [...]. Ou então se sacrificar para o público externo, reduzindo a crônica do sanatório e dando ao conjunto uma postura literária e artística, a mais acessível à maioria dos leitores. Assim, mesmo permanecendo 'jovem', a revista se tornaria mais séria, sem ser pedante".[50] O mesmo editorial diz querer reservar em cada número um espaço para medicina e artigos de fundo sobre os tratamentos da tuberculose. É nesta época e neste quadro que Roland Barthes publica seus primeiros textos. E na primeira vez que escreve para a revista, no número 27, seu artigo sobre o *Diário* de Gide é acompanhado de um curto texto de Paul Hertzog ressaltando as vantagens do tratamento de imobilização absoluta para a cura dos doentes medianamente atingidos.[51]

O primeiro texto publicado por Roland Barthes é, no entanto, anterior ao sanatório. É uma participação dos efêmeros *Cahiers de l'étudiant*, "redigidos pelos estudantes para os estudantes". O redator-

---

49. A revista foi inteiramente digitalizada pelo Conservatório das memórias estudantis: <http://www.cme-u.fr>.
50. "Note de la rédaction", *Existences*, maio de 1942, p.4.
51. Paul Herzog, "Untraitement de la tuberculose pulmonaire par l'immobilisation absolue et lesilence" ("Um tratamento da tuberculose pulmonar pela imobilização absoluta e pelo silêncio"), *Existences*, julho de 1942, pp.56-57.

-chefe é o romancista Robert Mallet, nascido no mesmo ano que Barthes e cujo primeiro romance, *La Poursuite amoureuse, 1932-1940*, é publicado em 1943 no Mercure de France. Ao lado de Barthes, os nomes de René Marill Albérès e de Paul-Louis Mignon também vão ilustrar a crítica do pós-guerra. O título do número é "Ensaios sobre a cultura", e a contribuição de Barthes logicamente se chama "Cultura e tragédia". À tragédia, marca das épocas e lugares que fazem comungar o estilo da vida e o da arte, e mergulhada no puro sofrimento humano, ele opõe o drama, representação de um sofrimento presente, histórico. Não há dúvida de que pensa nos acontecimentos de então quando escreve para concluir sobre sua época: "Ela é certamente dolorosa, dramática até. Mas ainda nada diz que seja trágica. O drama se sofre, mas a tragédia se merece, como tudo o que é grande".[52] A revista anuncia que "os próximos *Cadernos do estudante*, em razão do período das férias escolares, só serão publicados em outubro de 1942. Eles tratarão do seguinte problema: o estudante e a vida social". As circunstâncias farão com que eles não sejam publicados e que a esta edição promissora não se siga nenhuma outra.

Em julho de 1942, Barthes publica em *Existences* suas "Notas sobre André Gide e seu *Diário*", registrando pela primeira vez um pensamento crítico sob forma fragmentária, diretamente derivado de sua prática da leitura e, mais indiretamente, de sua prática de piano: a arte do fragmento é a arte do ataque, do "cunho".[53] Ele não mantém o conjunto de suas notas, mas corrige bem pouco aquelas que destina à publicação e se contenta em reordenar os fragmentos. Em 1943, passa metade do ano em Paris, metade em tratamento de declive — é um período menos prolífico. Publica duas resenhas em *Existences*, uma a propósito de *Anjos do pecado*, de Robert Bresson, lançado em 23 de junho de 1943 e logo depois projetado em Saint-Hilaire, filme que o impressiona pela sobriedade e o caráter vibrante de seu material; um outro sobre o número da revista *Confluences*, de 1943, consagrado

---

52. "Culture et tragédie", *Cahiers de l'étudiant*, "Essais sur la culture". Primeira republicação por Philippe Roger, *Le Monde*, 4 de abril de 1986 (OC I, p.32).
53. "Le germe du fragment vous vient n'importe où [...]; on sort alors son carnet, non pour noter une 'pensée', mais quelque chose comme une frappe" (*Roland Barthes par Roland Barthes*, OC IV, p.671). "O germe do fragmento nos vem em qualquer lugar [...]; a gente tira então o caderninho de apontamentos, não para anotar um 'pensamento', mas algo como um cunho" [ed. bras.: *Roland Barthes por Roland Barthes*, p.109].

aos "Problemas do romance", que apesar da boa repercussão Barthes verá apenas os defeitos: considera-o prolixo, repetitivo, confuso. É interessante que seu julgamento final compara os erros da crítica literária a certo charlatanismo médico: as referências pertencem sempre a seu universo. "Vendo 57 autores darem cada um sua opinião sobre o romance sem consultar o vizinho, parece-me assistir à disputa de 57 médicos ao redor de um doente de Molière. Mas o romance, como qualquer doente de Molière, é apenas um falso moribundo."[54] A distância se manifesta tanto em relação à revista quanto ao próprio gênero romanesco, suspeito de inautenticidade. Reconhece-se uma relação ambígua com a ficção, redobrada por uma relação ambígua consigo mesmo; com frequência o tuberculoso é também um falso moribundo. Ele é um caso singular, inacessível por causa de sua própria diferença, mesmo assim fazendo parte dos vivos, mas num mundo separado.

Dois dos primeiros artigos publicados em *Existences* tratam de escritores que conheceram a mesma afecção pulmonar.[55] Gide e Camus, se não frequentaram o sanatório, viram também seus itinerários existenciais perturbados na adolescência pelos sinais da tuberculose. Gide vai se tratar na Tunísia, onde descobre sua homossexualidade. Camus, que toma conhecimento da doença em dezembro de 1930, aos dezessete anos, é internado no hospital Mustapha de Argel e submete-se ao ciclo das radiografias, consultas, insuflações, pneumotórax, que barra seu futuro e transforma radicalmente sua relação com a existência. Sua experiência se assemelha muito à de Barthes: é obrigado a interromper os estudos, renunciar ao futebol (o que representa para ele um real sacrifício), vê-se impedido de prestar concurso na Escola Normal Superior e seguir a carreira de professor de filosofia, é dispensado do exército, quando queria se alistar em 1939, e sobretudo vê se aproximar a morte enquanto se sente apenas no começo da vida. Como para Barthes, sua postura de intelectual se acha em descompasso em relação àquela de seus contemporâneos, que co-

---

54. "A propósito do número especial de *Confluences* sobre os problemas do romance", *Existences*, n. 21-24, julho-agosto de 1943 (OC I, p.53).
55. Ver François-Bernard Michel, "Roland Barthes: de *La Montagne magique* à *La Chambre claire* — le corps: un lieu fantasmatique", in *Le Souffle coupé. Respirer et écrire* (Paris: Gallimard, 1984), pp.165-78. Escrito por um pneumologista, o livro trata das ligações entre as doenças pulmonares (tuberculose, asma) e os escritores, e além do capítulo sobre Barthes traz capítulos sobre Queneau, Valéry, Proust, Gide, Laforgue, Camus.

nheceram itinerários mais institucionais. Um tanto de sua relação com Sartre, que ocorre em termos diferentes dos que caracterizaram a de Barthes com o filósofo, explica-se por esta diferença. Se não se trata desse ponto comum biográfico nos dois artigos respectivamente consagrados a Gide e a Camus em *Existences*, em "Notas sobre André Gide e seu *Diário*" Barthes evoca o sofrimento como tema principal dos romances do autor dos *Cahiers d'André Walter*. E já introduz o motivo da vida nova, para o qual voltará com regularidade. Dois anos mais tarde, em julho de 1944, em sua "Reflexão sobre o estilo de *O estrangeiro*", conclui sua análise dizendo que o estilo de Camus é o produto de um corte; a linguagem, de uma ausência — todas questões saídas de sua própria experiência do isolamento.

Se procedermos a uma leitura simultânea do conjunto dos textos escritos neste período, outros motivos parecem criar linhas de força: dois adjetivos, "clássico" e "neutro", e dois nomes próprios, "Grécia" e "Michelet", aos quais se pode acrescentar "Orfeu", referência subterrânea, mas, no entanto, emergente. São importantes porque preparam os primeiros livros. O adjetivo "clássico" é o tema mais poderoso. Aparece periodicamente no texto sobre Gide, determinando uma arte da esquiva, da litote, do equívoco, da abreviação, "da sombra propícia às meditações e às descobertas individuais".[56] Mas ele é objeto de investigação principal do texto seguinte, "Prazer nos clássicos", publicado no número de abril de 1944. O texto se apresenta sob a forma de uma argumentação um pouco dissertativa, não isenta de banalidades ("Bem escrever não vai sem bem pensar" ou "O tédio, nem sempre o evitam, mas com quantas belezas e vivacidade ele não é resgatado?"). Faz uma verdadeira apologia do estilo clássico, fundado na economia, na decência, na clareza, na brevidade. A adoção subjetiva dos caracteres estilísticos das obras clássicas torna-se a medida pela qual se julga a maior parte das produções. Não é de surpreender, pois, ler no texto sobre *O estrangeiro*, publicado alguns meses mais tarde, que "Camus construiu uma obra que tem a musical simplicidade de *Berenice*".[57] Mas a apropriação per-

---

56. "Notes sur André Gide et son *Journal*", *Existences*, julho de 1942 (OC I, p.46) [ed. bras.: "Notas sobre André Gide e seu *Diário*", in *Inéditos vol. 2 — Crítica*, p.23].
57. "Réflexion sur le style de l'*Étranger*", *Existences*, julho de 1944 (OC I, p.78) [ed. bras.: "Reflexão sobre o estilo de *O estrangeiro*", in *Inéditos vol. 2 — Crítica*, p.48].

mite também arranjos e, pela primeira vez, passar sem solução de continuidade do clássico ao neutro. O "silêncio do estilo", o "estilo indiferente" de Camus nesse texto, segundo Barthes, são de alguma maneira prolongamentos do clássico, conservando "o cuidado com a forma" e requerendo "os habituais procedimentos da retórica clássica", mas dando também um sentimento de estranheza, ligado à ausência absoluta de ênfase — encontra-se aí a palavra "escada", que é também empregada a propósito do teatro e do canto — e à sua invisibilidade. O crítico utiliza pela primeira vez as expressões "voz branca" e "neutro", que, sabemos, terão prolongamentos na obra ulterior, mas sem lhes dar o sentido que aparecerá em *O grau zero da escrita*. O estilo de *O estrangeiro* "é uma espécie de substância neutra, mas um pouco vertiginosa por força da monotonia, às vezes atravessada por fulgurações, mas sobretudo submetida à presença submarina de areias imóveis que encadeiam esse estilo e o colorem".[58] Ele tem algo de "discretamente atento", "a espécie de ternura familiar das coisas cotidianas".

O mito de Orfeu, apoio importante de *O grau zero*, faz uma aparição discreta em "Prazer nos clássicos" ("renovar o mito de Orfeu e submeter os objetos e os homens insubmissos à palavra") e numa carta a Robert David. As outras linhas de força são: a Grécia, evocada sensualmente em "En Grèce", publicado na revista dos estudantes do sanatório em julho de 1944; filosoficamente no artigo sobre Gide, que trata do helenismo e do "lado dórico" do autor de *Corydon*; e sobretudo Michelet, referência subterrânea mas que se intensifica ao longo de todos esses anos. Nos artigos que abundam de citações, Michelet está presente com suas frases e vê-se que nesse período Barthes é de tal modo habitado por ele que pode fazê-lo servir para tudo. O estudo desses primeiros textos é assim apaixonante tanto pelos ecos que fazem ressoar na vida — os mesmos desenvolvimentos sobre o orgulho, por exemplo, se leem na correspondência privada e no artigo sobre Gide — quanto por aqueles que projetam a obra por vir.

No dia 26 de janeiro de 1946, Barthes escreve de Leysin para Robert David: "Recebo nesta manhã um recado de mamãe, dizendo que o dr. Brissaud concorda com meu retorno. É uma grande notícia". Houve na véspera um tremor de terra que o transtornara. "Senti

---

58. *Ibidem*, p.75 [ed. bras.: *Ibidem*, p.43].

uma imensa tristeza, tive um pânico profundo, pensando em mamãe e em você."[59] Sem que deva ser interpretada, a concomitância dos dois acontecimentos se presta à lenda. Mesmo sendo desejado, o retorno representa também uma imensa perturbação. Barthes não tem suportes materiais nem lugar institucional que possa constituir um refúgio. É jogado "para baixo", "no vale" — são expressões emprestadas de *A montanha mágica*, que ele emprega nas suas cartas —, quase sem proteção. Os cinco anos de isolamento tornaram-no estranho, silencioso, quase neutro para o exterior. "Vejo o mundo que passa ao meu lado, muito rico, e aí não sou nada."[60] Mesmo detestando a Suíça, seu feudalismo, ele também não vê a França como uma terra política segura. Num tom muito inspirado em Michelet, escreve a Philippe Rebeyrol: "Os jornais franceses que leio me consternam; não têm nenhum recuo, não veem nada. É terrível. Será que a França está verdadeiramente perdida? Será preciso, então, sermos uma espécie de judeu, andar por toda parte, dispersar, espalhar o sal; no dia em que a França estiver morta, lhe restará sempre seu papel messiânico; mas talvez ainda me engane; o drama é sem dúvida precisamente que o mundo se contrairá, não vai mais querer nenhum messias vindo do passado".[61] Ele tem o apoio afetivo de sua família, mas os anos no sanatório fizeram-no sonhar com uma outra vida que não a de um apartamento dividido com a mãe e o irmão. Assim, o que costuma aparecer como um traço biográfico considerável de Barthes, o fato de ter sempre vivido com a mãe, deve ser relativizado. Não só ele vive sem ela durante toda a guerra, mas estabelece no sanatório vínculos que o fazem esperar partilhar sua vida com outros. Nos últimos tempos em Leysin, sofre com a distância que David imprime à relação deles, tem ciúme das mulheres que ele frequenta (Rosèle Hatzfeld) ou por quem está apaixonado (Françoise), ciúme dos rapazes que ele vê. "É difícil para você, você diz, ser afetuoso comigo porque tenho certas ideias? Você se choca, às vezes, com sentimentos de uma ternura penosamente suportável? Meu amigo, compreendo bem o que quer dizer, mas como você é cruel! Essas frases me fazem

59. Em 7 de setembro de 1972, um pequeno tremor de terra em Urt faz Barthes reviver a emoção do primeiro.
60. Carta a Robert David, 2 de janeiro de 1946. BNF, NAF 28630, fundo privado.
61. Carta a Philippe Rebeyrol, setembro de 1945. Fundo Philippe Rebeyrol, IMEC.

mal, e estou sem fôlego para responder. [...] Amo mal porque amo demasiadamente."[62] Ele fica ainda mais triste porque tinha o projeto louco de viver com ele em seu retorno: "Entendo essa vida comum no sentido mais pleno, mais completo que lhe demos aqui, que é a felicidade, sem o que não quero mais saber da vida".[63] Na tocante carta em que lhe pede, sabe ao mesmo tempo que isso não será possível e reclama, à guisa de compensação, pelo menos quatro dias no mesmo apartamento, inteiramente partilhados.

A infelicidade amorosa e a preocupação com o futuro fazem-no adiar a volta. Com dinheiro emprestado pelas famílias Sigg e Chesseix, das quais vai se despedir, ele compra ternos e oferece à mãe uma temporada de sonho num hotel muito bonito de Lugano, o hotel Federale. Volta a Paris em 28 de fevereiro de 1946, quando se inicia o período do restabelecimento, que só acaba no final do verão, com a temporada em Neufmoutiers-en-Brie, onde se encontra de novo em companhia de Robert David. Lá prossegue a leitura de Michelet e aprofunda as condições precedentes de sua vida interior, adiando por alguns meses o mergulho na vida prática.

Em maio de 1947, um pouco mais de um ano depois de sua saída de Leysin, Barthes produz um "Esquisse d'une société sanatoriale", que aparece como seu primeiro ensaio de crítica social. O texto revela que os anos de sanatório, apesar das alegrias pontuais que puderam lhe proporcionar, foram difíceis. A descrição da ordem artificial lá criada é impiedosa. Barthes diz o quanto a hierarquia é forte e como tudo é estabelecido para privar o doente de sua consciência, até do sentimento de estar no exílio. Mundo de substituição, o sanatório não se abre para nada a não ser a organização. Mesmo a amizade é proibida "porque a sociedade do sanatório se escandaliza que se possa ser feliz fora dela".[64] Uma sociedade que prefere favorecer a associação contra a amizade, e a comunidade contra a sociedade. "Paternalista, feudal ou liberal, a sociedade burguesa do sanatório, por meio de diversos artifícios, tende sempre a retomar a irresponsabilidade da infância." Mas sempre se está longe do casulo

---

62. Carta a Robert David, janeiro de 1945. BNF, NAF 28630, fundo privado.
63. Carta a Robert David, 1 de novembro de 1945. BNF, NAF 28630, fundo privado.
64. "Esquisse d'une société sanatoriale", inédito reproduzido em R/B, *Roland Barthes*, org. de Marianne Alphant e Nathalie Léger (Paris: Centre Pompidou, 2002), pp.179-77 (p.174). Catálogo de exposição.

materno e protetor da infância real: o sanatório ilustra de preferência o que Barthes chamará mais tarde de "mito da infância", um mundo separado, ordenado e fictício. Essa experiência negativa de vida coletiva, embora na realidade Barthes tenha tido verdadeiros encontros em Saint-Hilaire e em Leysin, embora tenha podido desenvolver suas próprias capacidades e até ser feliz, marca-o para sempre. Ela explica suas reticências a respeito das organizações políticas e o conforta em sua escolha de vida autárquica com a mãe.

capítulo 7

SAÍDAS

LONGE DO SANATÓRIO

Da saída dos sanatórios e das instituições de convalescença, no outono de 1946, à publicação do primeiro livro, em março de 1953, Barthes completa sua juventude, tentando dar-se um futuro não muito distante daquele que esperava na adolescência. Faz 31 anos em novembro de 1946. Esforça-se para recuperar o tempo perdido ao mesmo tempo que procura um lugar, em Paris ou no mundo. Precisa pôr em prática certo número de estratégias — pessoais, sociais, filosóficas — para se inscrever na paisagem intelectual de sua geração, para afirmar sua voz, para *tornar*-se. A primeira dessas estratégias, termo que é preciso entender da maneira mais neutra possível, no sentido que lhe deu Bourdieu de conjunto de práticas ou de posturas visando à legitimidade, é o marxismo. "No armistício", ele diz para Jean Thibaudeau na entrevista de 1970, "sou, pois, sartriano e marxista".[1] Essa dupla convicção, pelo menos a segunda, ele a adquiriu no sanatório, no decorrer das discussões prolongadas com colegas isolados como ele, mas cuja experiência anterior tinha se aproximado de outras necessidades, outros engajamentos. É o caso de Georges Fournié (mais conhecido por seu nome de resistente, Philip), cuja tuberculose não havia sido detectada na adolescência, mas que parece tê-lo atingido em Buchenwald. "Fournié me falou de um modo convincente do marxismo; era um ex-tipógrafo, um militante trotskista que voltava da deportação."[2] Mais tarde, Barthes atribui à liberdade moral, à tranquilidade, à dis-

---

1. "Réponses", OC III, p.1026.
2. *Ibidem*.

tância elegante de Georges Fournié um dos fatores da sedução que o marxismo exerceu sobre ele. Seu colega, à diferença dele, não vem da burguesia decadente, mas do povo; se engajou com os republicanos na Guerra Civil Espanhola, foi resistente, o que lhe confere uma aura inegável: enfim, ele é trotskista, à margem, pois, da discussão dominante. "Assim os acasos da vida põem Barthes em presença de uma encarnação singular e singularmente sedutora do marxismo: na cumplicidade da doença, sob o triplo signo do povo, da epopeia e da heterodoxia."[3] Diz ter sido conquistado sobretudo pela força do pensamento dialético, que oferecia um quadro, uma estrutura, às análises textuais. As cartas dessa época se mostram muito proselitistas e líricas sobre essa questão e seus possíveis desdobramentos concretos na política francesa. Escreve a Rebeyrol: "Politicamente, só posso pensar de modo marxista, porque sua descrição do mundo real me parece justa; e depois tenho com eles a esperança de uma sociedade por assim dizer virginal, onde de alguma maneira tudo será enfim espiritualmente possível; pois num sentido, sinto profundamente que só haverá verdadeira liberdade interior numa sociedade de fato socialista; parece-me que o homem apenas naquele momento poderá começar a filosofar".[4] Barthes chega até a distanciar-se do existencialismo que não pode ter sentido nem serventia senão a partir "daquele momento"; e ele se pergunta verdadeiramente qual o lugar e o papel dos intelectuais nessa revolução. Se, em termos concretos, o marxismo pode ter uma eficácia política, seu alcance filosófico é mais indistinto, mais problemático. Ele se diz com frequência muito aborrecido com a leitura de Marx, sobretudo da *Sagrada família*, que lê em Neufmoutiers-en-Brie e considera fraco e pueril. Os documentos pessoais da época convidam a minorar um pouco esse engajamento do imediato pós-guerra, a identificar uma busca mais do que uma convicção profunda (busca que encontrará sua forma nas *Mitologias*), um protocolo estratégico que, mais do que uma adesão plena e sincera, comporta múltiplas facetas. Tanto mais que ele recusa com unhas e dentes o comunismo de governo. Escreve a Robert David: "O comunismo não pode ser uma esperança. O marxismo, sim, talvez, mas nem a

3. Philippe Roger, "Barthes dans les années de Marx", *Communications*, n.63, 1996, pp.39-65 (p.41).
4. Carta a Philippe Rebeyrol, fim de julho de 1946. Fundo Philippe Rebeyrol, IMEC.

Rússia, nem o partido comunista francês são bem marxistas".[5] As palavras empregadas em relação ao PC são muito duras: "desprezível", "tedioso", "formidável inchaço". Num tom mais lírico, encontramos esta crítica, estendida ao conjunto da Internacional Comunista, no artigo publicado em *Combat* a propósito de *Description du marxisme*, de Roger Caillois: "Para numerosos dissidentes, cujo marxismo continua a fecundar o destino individual, o dogmatismo moscovita não é um escândalo: é uma tragédia, no meio da qual eles tentam, no entanto, conservar, como o coro antigo, a consciência da infelicidade, o gosto pela esperança e a vontade de compreender".[6] Assim, sua ambição pela França não é apenas lutar contra o comunismo em nome da verdadeira Revolução ("há outros meios de não ser burguês"), mas ainda contribuir para a "jacobinização do socialismo", a criação no país de uma força socialista pura. Quando Robert David se diz muito impressionado pela leitura de economistas marxistas, Barthes o chama mais uma vez para pensar "no homem na 'vida corrente do mundo' (expressão exata de Michelet)"; e "mesmo se o socialismo é imperfeito, se faltam homens por enquanto, é para aí que, entretanto, devemos ir, tanto você como eu, David". Se o socialismo lhe parece um partido não burguês, o único capaz de pôr em prática um pensamento marxista, seu repúdio aos engajamentos táticos e ao comunismo de partido marca, no entanto, um limite a seu desejo de implicação concreta no marxismo e sua convicção referente à sua aplicação nos planos nacional e político. Valoriza também a heterodoxia e, palavra que voltará nas publicações desse período, a "dissidência".

A partir do outono de 1946, Barthes se empenha em encontrar trabalho. Cansou-se das pequenas tarefas de redação e das aulas particulares que não lhe dão nem status nem rendimentos suficientes. Philippe Rebeyrol assumiu o cargo de diretor do Instituto Francês de Bucareste e, a partir de novembro, Barthes deseja juntar-se a ele, com autorização do dr. Brissaud, que o considera restabelecido o bastante para uma expatriação.[7] Ele gostaria que seu amigo, que já lhe dá muito — reconforto, apoio e dinheiro —, lhe conseguisse um posto de leitor na universidade ou no instituto. Gostaria de poder levar sua mãe

---

5. Carta a Robert David, 19 de janeiro de 1946. BNF, NAF 28630, fundo privado.
6. "'Scandale' du marxisme", *Combat*, 21 de junho de 1951 (OC I, p.125).
7. "Brissaud, preocupado em me ver correr atrás de bicos de trabalho, me encarregou duas vezes com muita seriedade de lhe perguntar em detalhe sobre as condições de vida e de trabalho que eu teria lá."

para a Romênia: quer um salário suficiente para viver e um alojamento decente para ela. Philippe lhe consegue um posto de professor para o início do ano letivo seguinte, mas no mês de março de 1947 essa função pedagógica se transforma em posto de bibliotecário do instituto, cargo que não desagrada a Barthes — como estava em plena elaboração de sua tese, sentia-se menos apto para ensinar. Em outubro ele se inscreve no terceiro ciclo na Sorbonne sob a direção de René Pintard, que lhe propôs dois assuntos possíveis: um, sobre Vico e Michelet; outro, sobre as técnicas da história em Michelet, que acabará por ser escolhido. Naquele momento ele já pensa num ensaio livre sobre esta obra, mas mergulha com muito entusiasmo no trabalho documental e na argumentação, a base de uma tese. Seu orientador, nascido em 1903 (morre em 2002), é especialista do século XVII, mas também aceita assuntos de outros períodos, com a condição de que as propostas se interessem pela "consciência" de uma época. A tese de Pintard, publicada em 1943 pelo editor Boivin, era sobre *Le Libertinage érudit dans la première moitié du XVIIe siècle*, um movimento de pensamento e uma sociabilidade intelectual que procuravam se libertar das ordens da religião. Muito atencioso e generoso com os estudantes — nesse ponto os testemunhos são unânimes —, ele se mostra particularmente interessado pelas propostas de Barthes no decorrer do ano letivo 1946-1947. Assim, em fevereiro, Barthes pode escrever para Philippe: "A entrevista com Pintard foi triunfante; ele aceitou integralmente minhas propostas, comentou-as com muita inteligência, sem nenhuma restrição, e até com certo entusiasmo, o que me reanimou muito; para além de todas as conveniências corriqueiras do assunto, ele acredita que poderia ser um trabalho novo, que exprimiria uma nova orientação da crítica (acadêmica); nada poderia me dar mais prazer, você sabe que dou uma importância metodológica a essas pesquisas, e que a natureza geral de uma crítica moderna deverá ser, creio, descrever mais e explicar menos, ser mais fenomenológica do que lógica, e se ligar mais à própria obra, à sua constituição orgânica, às linhas permanentes do universo espiritual que ela revela, mais do que a suas fontes e seus contextos, sociológicos ou literários".[8] O programa apaixonante de uma crítica imanente, em parte herdada de Baudelaire, mas atualizada, já aparece nessa época. Mesmo exigindo a devida seriedade científica, seu orientador o deixa desenvolver

---

8. Carta a Philippe Rebeyrol, 10 de fevereiro de 1942. Fundo Philippe Rebeyrol, IMEC.

livremente um método descritivo que se instala pouco a pouco, que concede todo espaço aos textos e se afasta dos contextos. As mil fichas acumuladas desde Saint-Hilaire se enriquecem com numerosos dados bibliográficos que atestam suas leituras eruditas. O fichário começa a se diversificar, com entradas temáticas — "Enxaqueca", "Corpo", "Marcha", "França", "Unidade". Algumas servirão de subtítulos para *Michelet*.

Apesar desse engajamento como professor universitário, Barthes não renuncia ao desejo de continuar a crítica literária em publicações, tal como começou a praticá-la em *Existences*. A oportunidade lhe é logo oferecida pelo encontro, em junho de 1947, com Maurice Nadeau. Ele o vê pela primeira vez na casa de seu amigo Fournié, cuja tuberculose, não curada de todo quando ele sai de Leysin, obriga-o a viver no campo. Fournié e Jacqueline, sua mulher, alugam uma casa em Soisy-sous-Montmorency, onde ele acolhe seus amigos trotskistas e os demais. O encontro não é fortuito. Fournié tinha falado com muito entusiasmo da originalidade e do temperamento profundamente literário de Barthes para Nadeau, que naquele momento dirigia a página literária de *Combat* ao lado de Camus e Pascal Pia. Jacqueline, que acompanhara o marido a Leysin, também estava cativada pelo charme da inteligência de Barthes.[9] Naquele dia, falam sobretudo de Michelet, e Nadeau lhe propõe escrever um artigo. Mergulhado na tese, Barthes reserva Michelet para a pesquisa e prefere prosseguir sua investigação a respeito da literatura contemporânea, iniciada com a reflexão sobre *O estrangeiro*. Aconselhado por Fournié, antes do encontro ele já havia encaminhado para Nadeau um artigo sobre a escritura branca e a moral da forma — o qual não foi aceito, pois Nadeau o julgou muito árduo para o jornal e acabou por perdê-lo.[10]

---

[9]. Num testemunho publicado na *Quinzaine littéraire*, em 2003, ela evoca esse mundo hostil onde a vida estava em jogo e onde "as trocas de ideias, as discussões nos raros momentos de liberdade, arrancados de uma regulamentação rígida dos horários implacáveis, permitiam superar o tédio e sair dele por um tempo". (Jacqueline Fournié, "Notre ami Roland", *La Quinzaine littéraire*, n. 844, 2002, p.30)

[10]. Ver Maurice Nadeau, *Grâces leur soient rendues*, Albin Michel, 1990, p.314. Aqui Nadeau confunde duas lembranças: o momento do encontro, que ocorreu em junho de 1947 (uma carta de 20 de junho de 1947 a Rebeyrol o confirma, mesmo se Nadeau diz julho), e o envio dos primeiros artigos. Numa entrevista pessoal, quando lhe aponto a incoerência das datas (o encontro e a publicação do primeiro artigo são quase concomitantes), ele diz que o primeiro artigo deve ter sido enviado antes. Em "Réponses", Barthes diz que o envio do artigo sobre a escritura branca e o engajamento da forma foi feito por volta de 1946, e a encomenda dos artigos publicados em *Combat* ocorreu em 1947.

Barthes desta vez propõe "O grau zero da escrita", que é publicado em 10 de agosto, pouco tempo antes da partida para a Romênia. Seguem-se vários outros, a maior parte dos quais será retomada no livro de 1953, com a exceção de "Faut-il tuer la grammaire?", resposta às críticas que leitores lhe dirigiram depois do artigo de agosto e de algumas resenhas.[11]

"NADEAU, A QUEM DEVO ESTA COISA CAPITAL, UM COMEÇO..."[12]

Como depois procederá com muitos outros, Maurice Nadeau desempenha o papel decisivo de entronizar Barthes no meio literário. Dá-lhe acesso ao jornalismo saído da resistência, incluindo-o num espaço vivo e engajado do qual seus anos de isolamento o haviam privado. Instalado desde 1944 na redação de *L'Intransigeant*, na rua Réaumur, número 100, o jornal *Combat* procura permanecer um lugar de resistência. Opondo-se ao jogo dos partidos, seus principais editores, Camus, Pascal Pia e, a partir de 1947, Claude Bourdet, querem dar forma a um marxismo não comunista, concordando nisso com a opinião expressa por Barthes a título pessoal. Desde 1945, Nadeau, que fora apresentado a Pascal Pia por Paul Bodin, escreve duas pequenas colunas sobre livros, toda sexta-feira, defendendo *Sursis*, de Sartre, e também Jean-Louis Bory, Valéry Larbaud, Aimé Césaire, René Char, Jacques Prévert, Henry Miller, Claude Simon. Seus posicionamentos, suas emoções, suas escolhas certeiras fazem-no ser muito rapidamente tão bem reconhecido que, com o fim das restrições ao papel, em junho de 1946, e a passagem do jornal para quatro páginas, recebe a proposta de elaborar uma verdadeira página literária. "Entre a frase provocante, os entusiasmos apaixonados e as críticas sóbrias, escritas com honestidade, mas sem excessivo calor, Maurice Nadeau batalha com força contra o conformismo leniente,

---

11. "Faut-il tuer la grammaire?", *Combat*, 26 de setembro de 1947; recolhido com o título "Responsabilité de la grammaire", OC I, pp.96-98 [ed. bras.: "Responsabilidade da gramática", in *Inéditos vol. I – Teoria, op.cit.*, pp.1-6]. Entre 1947 e 1952, Barthes publica em *Combat* seis resenhas: em 1950, de *La Loi des révolutions*, d'André Joussain, de *Marcel Rivière éditeur*, de Benoit Hepner, de *Lazare parmi nous*, de Jean Cayrol; em 1951, de *Description du marxisme*, de Roger Caillois, de *Race et civilisation*, de Michel Leiris, de *Phénoménologie et matérialisme dialectique*, de Tran Duc Thao, assim como um balanço da "querela dos egiptólogos".
12. "Réponses", OC III, p.207.

nascido da liberação."¹³ Ele tem muito interesse em demonstrar sua capacidade — que no decorrer do meio século seguinte se tornará legendária — de fazer um levantamento dos escritores promissores e das vozes singulares. É com esse intuito que recomenda a leitura de André Frédérique e, sobretudo, de Claude Simon, cujo primeiro romance, *Le Tricheur*, ele compara a *O estrangeiro*. É assim que também introduz Roland Barthes.

Mesmo que às vezes, com esta repentina entronização, Barthes conceba um sentimento de ilegitimidade — cuja vergonha sentida no momento da publicação de seus livros não deixa de exprimir¹⁴ —, ele também sabe se aproveitar dela, deslocando a luta para o terreno da escrita do qual logo faz "um esporte de combate". Nadeau não se contenta em lhe dar uma tribuna e fazê-lo encontrar pessoas — ele acompanha seu gesto com uma cerimônia formal. Encabeça a publicação de seu primeiro artigo com um intertítulo elogioso, que dá a seu pensamento um futuro: "Roland Barthes é um desconhecido. É jovem, nunca publicou sequer um artigo. Algumas conversas nos persuadiram de que este apaixonado pela linguagem (há dois anos ele se interessa somente por esta questão) tinha algo de novo a dizer. Ele nos enviou o artigo abaixo, que nem de longe é um artigo de jornal, tanto seu pensamento é denso [...]. Pensamos que os leitores de *Combat* não nos reprovarão por tê-lo publicado mesmo assim".¹⁵ Maurice Nadeau faz um elogio à distância para melhor fundamentar a distinção: não é jornalismo. Mas é ainda melhor. Também distorce a verdade ("ele nunca publicou sequer um artigo") para valorizar seu papel como descobridor de talentos. Segundo suas próprias palavras, estava de fato preocupado com a recepção que o texto poderia ter, alguns podendo ver nele um ataque a Camus. Ele reitera e apoia sua entronização no momento da publicação do primeiro livro, consagrando-lhe um artigo bem longo em *Les*

---

13. Yves-Marc Ajchenbaum, *À la vie, à la mort. Histoire du jornal "Combat", 1941-1974*, Le Monde Éditions, 1994, p.197; recolhido com o título *"Combat", 1941-1974. Une utopie de la Résistance, une aventure de presse*. Gallimard, coll. Folio-Histoire, 2013.
14. A propósito da publicação de seu primeiro livro, Barthes diz: "Enquanto sujeito de um combate ou daquilo que eu estimava como tal, a saber, a demonstração do político e histórico da linguagem literária, estava seguro de mim, mas enquanto sujeito produtor de um objeto oferecido publicamente ao olhar dos outros, estava sobretudo envergonhado" ("Réponses", OC III, p.1027).
15. *Combat*, 1 de agosto de 1947.

Lettres nouvelles, de junho de 1953, e celebrando mais uma vez "uma obra cujos começos é preciso saudar. Estes são notáveis. Anunciam um ensaísta que hoje se distingue de todos os outros".[16]

Para um Barthes tão sensível à questão de começar, "gostando de encontrar, de escrever *começos*",[17] cujo "começo na vida", tão postergado, ele registra explicitamente numa revista parisiense, intitulando seu "primeiro" artigo, assim como seu primeiro livro "o grau zero", esses signos são particularmente fortes. Um vínculo amistoso se forma, feito de confiança, de fidelidade, mas não de estreita proximidade. Tudo os aproximava: da mesma geração — Nadeau é quatro anos mais velho —, ambos do Sudoeste, ambos pupilos da nação. Logo se tratam por você e se frequentam. Nadeau se lembra de ter sido recebido no apartamento de Noémie Révelin, na praça do Panthéon, no momento em que Henriette e seus filhos lá se instalam pouco tempo depois da morte da matriarca. Ele evoca a mãe de Barthes, "simples, culta, amistosa", cita cartas recebidas, calorosas, falando de "confiança definitiva — se esta palavra não o chocar muito, vinda de mim que não fiz quase nada, para você que já fez muito"; depois de Nadeau ter deixado *Combat*, em 1951, Barthes lhe escreve que gostaria muito "de poder trabalhar de novo para você e com você".[18] E de fato Nadeau o fará escrever em *L'Observateur* e *Les Lettres nouvelles*. Mas as comunidades formadas durante a guerra e a resistência não se abrem com facilidade. Enquanto Nadeau, Fournié e outros extraíram desta experiência o espírito do intelectual coletivo, Barthes permanece mais individual, um pouco por fora, afastado de qualquer modelo de organização. Mesmo muito sensível à atenção que Nadeau lhe dispensa, mesmo que o respeite e o admire, ele o mantém à distância, como se percebe pelo

---

16. Maurice Nadeau, "Roland Barthes: *Le Degré zéro de l'écriture*", in *Lettres nouvelles*, junho de 1953; recolhido em *Serviteur! Un itinéraire critique à travers livres et auteurs depuis 1945*, Albin Michel, 2002, pp.195-203 (p.203).
17. *Roland Barthes par Roland Barthes*, OC IV, p.671 [ed. bras.: *Roland Barthes por Roland Barthes*, p.109].
18. Nadeau abandona sua página literária em 1951, quando Henri Smadja se torna o único diretor de *Combat* (ele o será até sua morte e o desaparecimento do jornal, em 1974) e, convidando Louis Pauwels a entrar na redação, leva o jornal nitidamente mais à direita. Claude Bourdet o convida para prosseguir suas atividades no *Observateur*, confiando-lhe a responsabilidade por um suplemento literário; Nadeau aceita e chama Barthes, então recém-chegado de Alexandria.

seguinte detalhe: na primavera de 1952, ele ainda grafa seu nome "Nadaud", numa carta a Rebeyrol. Maurice Nadeau atribui, por sua parte, esta distância que se aprofunda com o tempo a tarefas cada vez mais absorventes tanto para um como para o outro. "A vida é que nos coloca aí, com nossos dons, nossos méritos, nos diversos lugares, submetidos a obrigações que nos fazem gravitar em mundos, dos quais nos tornamos prisioneiros sem nos apercebermos disso."[19] Mas a questão política também é determinante. A recusa de Barthes em assinar o Manifesto dos 121 sobre o "direito à insubmissão" na Argélia e o que Nadeau chama sua "deserção" em 1968 são as causas que explicam, segundo ele, o afastamento. O fim de sua lembrança, em seu livro de memórias, se faz irônico, e nitidamente crítico. Pode-se atribuir esse relativo afastamento à dificuldade de Maurice Nadeau em conservar as amizades por muito tempo. Seu papel de editor e diretor de revista implica não se deixar exceder na relação com os autores, manter uma assimetria que possa garantir a autoridade que é a sua, mantendo a autoridade que é a deles. É por isso também que ele foi um grande editor, conservando uma distância política, mesmo com os mais próximos, criando, por toda parte, formas de organização.

No entanto, os trinta anos que seguem este tempo da primeira colaboração são marcados por parcerias: eles chegam a escrever um artigo juntos para *L'Observateur*, em janeiro de 1953, "Sim, existe de fato uma literatura de esquerda", síntese de uma enquete sobre a literatura e a esquerda, para a qual Barthes tinha dado sua própria resposta dois meses antes, e que eles registram. Se, nos anos 1950, Barthes por vezes se diz dividido entre *Esprit* e *Les Lettres nouvelles*, ele distribui quase equitativamente seus textos entre as duas publicações. Quando em 1966 Maurice Nadeau funda com François Erval *La Quinzaine littéraire*, ele pensa por um momento agregar Barthes ao conselho de redação. Sabe que está muito ocupado e não chega a convidá-lo, mas lhe pede artigos sobre Benveniste, George Painter falando de Proust, Severo Sarduy, Julia Kristeva, Jean Louis Schefer, Gérard Genette; mais ou menos dois por ano, às vezes três, até 1975, em que o ciclo se fecha com "Barthes puissance trois" (foi Nadeau quem deu o título), a saber, um artigo de Roland

---

19. Maurice Nadeau, *Grâces leur soient rendues*, op.cit., p.322.

Barthes sobre *Roland Barthes por Roland Barthes*. Novo chapéu, novo elogio fundamentado (o autor é comparado a Gide, Alain, Valéry), mas sempre um pouco à distância: Nadeau reconhece a capacidade de Barthes para se distanciar, fascinante quando aborda a opinião, o estereótipo, tudo que liga ou congela, mas registra também, o que é mais ambíguo, que ele não se preocupa "com o que essa 'deriva' constante lhe reserva".[20]

Em 13 de março de 1974, Roland Barthes e Maurice Nadeau são convidados a participar do programa *Diálogos* [*Dialogues*], dirigido por Roger Pillaudin na France Culture. "Estou destinado ao papel de 'escada', com o qual me contento de bom grado",[21] lembra-se Nadeau. Mas não foi bem assim. De fato, Barthes conduz a dança, afirmando o caráter social e ideológico da ideia de literatura e de linguagem literária, Nadeau defendendo uma posição mais esperada sobre a diferença da língua da literatura, a qual não se assemelha a nenhuma outra. Mas eles se tratam por você na televisão e Nadeau, apesar de saber apontar os excessos da fala de seu interlocutor — quando, por exemplo, ele fala da necessária "perversão" da literatura —, mostra-se mais prolixo quando se trata da literatura contemporânea, que Barthes conhece bastante mal.[22] Exceto uma entrevista com Renaud Camus, que é a reprodução parcial de um diálogo na France Culture, publicada em 10 de maio de 1975, ou seja, dois meses depois do artigo sobre o *Roland Barthes*, Barthes não escreve mais nada para *La Quinzaine littéraire*, mesmo que doe vários de seus desenhos no momento do grande leilão que Nadeau organiza em 1975 para salvar seu jornal. O afastamento consuma a diferença das posições. Barthes é professor no Collège de France, Nadeau está do outro lado do campo, na edição e na crítica jornalística. Ele gostaria de publicar a "aula" inaugural. Reproduz em suas lembranças uma carta na qual Barthes promete a ele a aula. Depois diz que só poderia ser publicada na Seuil, com o que Nadeau se mostra magoado.

---

20. *Idem*, "Barthes puissance trois", *La Quinzaine littéraire*, n. 205, 1 de março de 1975. Chapéu não reproduzido em OC IV, p.775.
21. Maurice Nadeau, *Grâces leur soient rendues*, op.cit., p.318.
22. "Où/ou va la littérature?", diálogo com Maurice Nadeau no programa *Diálogos*, de Roger Pillaudin, France Culture, em 13 de março de 1974 (OC IV, pp.547-63). Publicado pela primeira vez em *Écrire... pourquoi? pour qui?*, Presses Universitaires de Grenoble, 1974; depois em plaqueta separada intitulada *Sur la littérature*. Presses universitiares de Grenoble, 1980.

Além das pequenas divergências políticas e de mal-entendidos técnicos, a distância torna-se social. No momento de sua morte, é, no entanto, Nadeau em pessoa que lhe presta homenagem no jornal, saudando "um dos melhores espíritos deste tempo", o professor, o escritor "que chegara a fazer partilhar seu gosto sensual pela linguagem"; ele lembra também "a amizade que tinha devotado à nossa *Quinzaine* e a seus apoiadores".[23] A brutalidade do acontecimento convoca o coração, mas, alguns anos mais tarde, as últimas páginas de *Grâces leur soient rendues*, livro de memórias literárias que retoma o texto de homenagem de 1980 com o acréscimo de vários episódios, colocam em cena a separação.

LONGE DE PARIS (1). BUCARESTE

Barthes reveza períodos de estudo, nos quais prossegue suas pesquisas para a tese, e períodos de instabilidade moral e profissional. Ele se sente lunático, alternando depressões, esquecimentos e retomadas espetaculares de força. Tem uma capacidade muito grande de se identificar com o novo, de fazer de cada ocasião a possível partida para um destino. Foi o que ocorreu durante alguns meses com o projeto dos estudos de medicina, e também em junho de 1947, com um estágio num centro de orientação profissional em Versailles que lhe sugere mergulhar na ajuda social. É muito sensível à incoerência das soluções propostas face aos problemas sociais e, não fosse a desvantagem da doença, teria sonhado se inserir nesse setor. Em compensação, nos meses precedentes, ele tinha vivido um retiro completo na casa dos Rebeyrol em Roquebrune, na altura de Menton. Já que seu irmão Michel viajou para a Inglaterra, ele vai para o Sul com a mãe e ambos aproveitam uma primavera encantadora. "Agora temos muitas íris violeta, lilases, um pouco mais adiante lavandas, e essa primavera floral finalmente bem umbrosa é de uma grande beleza. Fora daqui esta região me parece mal interpretada, no sentido da cultura, da beleza, da euforia demasiado fácil, do reaquecimento dos velhos ossos. Mas aqui é verdadeiramente puro, selvagem, um pouco trágico como todo o Sul. Sinto-me admiravelmente bem. Graças à sua grande mesa, inaugurei não mais trabalhar na cama e me acomodo

---

[23]. Maurice Nadeau, "Roland Barthes. Un souvenir de Montmorency", *La Quinzaine littéraire*, n. 323, 16 de abril de 1980.

muito bem, com um melhor rendimento."²⁴ A companhia das flores e a organização material do espaço (ao redor do retângulo da mesa e da luz da lâmpada) definem as condições favoráveis para a escritura, uma forma de autarquia. A atração pelos lugares retirados, onde "vive-se numa instalação" como se pode viver "num domínio", corresponde a um fantasma realizável, em especial todas as vezes que ele se encontra no campo. "O campo (a casa) é mais autárquico do que o apartamento, pela existência de reservas (celeiro, porão): jardim + celeiro + ferramentas = autarquia ! séries de dias em que não se sai de casa ! criação de um microssistema estável, como o de um navio."²⁵ E Barthes continua essa aula do curso sobre *A preparação do romance* evocando a importância da mesa de trabalho, da qual depende a existência do escritor. Ele atribui a recusa de Kafka em viajar com Max Brod a não querer se afastar de uma mesa de trabalho, mesmo por alguns dias. A mesa é de fato uma estrutura, um espaço funcional, centralizando relações com outras microfunções (material de papelaria, ordem/desordem...); ela define uma relação do sujeito com a escritura.

Em novembro de 1947, Barthes se prepara para viajar para a Romênia, depois de ter passado parte das férias em Bayonne, parte em Nièvre, mais precisamente em Pougues, na casa de sua amiga Jacqueline Robin, onde no verão anterior já havia se hospedado em companhia dos dois filhos dela. Estando à disposição do Ministério das Relações Exteriores, receberá apenas em 12 de janeiro de 1950 a resolução de sua nomeação para o começo de 1948: "Sr. BARTHES, Roland, professor licenciado em letras está incorporado aos quadros metropolitanos a contar de 10 de janeiro de 1948, na qualidade de adjunto de ensino e retroativamente posto à disposição do sr. Ministro das Relações Exteriores para o período de 1 0 de janeiro de 1948 a 30 de setembro de 1949 para exercer as funções de professor no Instituto Francês de Bucareste (Romênia)".²⁶ Ele organiza sua partida, decide alugar o apartamento parisiense a Robert David, que fará companhia a Michel Salzedo quando este estiver em Paris;

---

24. Carta a Philippe Rebeyrol, 26 de abril de 1947. Fundo Philippe Rebeyrol, IMEC.
25. *La Préparation du roman I et II*, aula de 26 de janeiro de 1980, pp.301-02 [ed. bras.: *A preparação do romance*, vol.II, p.214].
26. BNF, NAF 28630, caixa 7, "Documents administratifs".

ele parte feliz com sua mãe. Tem dificuldade para obter os vistos, que haviam sido solicitados em outono de 1947 para Roland Barthes e para Barthes Henriette, "sua esposa ([...] que acompanha seu marido)",[27] o que constitui um divertido lapso. Barthes acaba, no entanto, por conseguir toda documentação: é preciso vários vistos, pois a viagem de trem se tornou necessária por causa de seu estado de saúde, fazendo-os passar pela Suíça, Itália, Iugoslávia e Bulgária. Chega a Bucareste e logo assume como bibliotecário, enquanto Philippe Rebeyrol continua como diretor do instituto. Este Institut Français des Hautes Études Roumaines (IFHER) tinha sido criado nos anos 1920 de acordo com o modelo da Escola Francesa de Atenas, na euforia da formação da Grande Romênia e com a ideia de reforçar os laços franco-romenos. Sob a influência decisiva de Mario Roques, diretor do Instituto de Filologia Romena na Sorbonne, e de Henri Focillon, cujo interesse pela Romênia era fruto de uma grande amizade com Georges Opresco, o instituto fora inaugurado em 29 de maio de 1924, na presença do rei Carol II, num prédio pertencente à União Francesa, situado na praça Lahovay. Em 1934 ele será transferido para um prédio (onde funciona até hoje) no bulevar Dácia, número 77.[28] Dirigido por Paul Henry de 1925 a 1932, por Alphonse Dupront de 1932 a 1940, depois por Jean Mouton durante a guerra, ele havia desenvolvido importantíssimas atividades culturais e pedagógicas, coordenando os estabelecimentos de ensino francês por toda a Romênia, enriquecendo bibliotecas, promovendo acontecimentos culturais em Bucareste, mas também em Cluj, Brasov, Iasi, Sibiu...

Philippe Rebeyrol, com 28 anos, é nomeado para essa função em 2 de agosto de 1946. Ele encarna a renovação não por sua pouca idade, mas pela aura que sua evasão das prisões alemãs e sua ação nas forças francesas livres lhe conferem. Ao mesmo tempo, ele chega numa época impossível em que a revolução comunista quer ao mesmo tempo expurgar a universidade romena e sovietizar a cultura. Antes da instalação do novo regime e da proclamação da Constitui-

---

27. Ver a foto do documento oficial, p.249. Arquivo do Ministério das Relações Exteriores, Nantes. Dossiê "Bucarest".
28. Depois de seu fechamento em 1949, o Instituto reabre suas portas em 1970 com o nome Biblioteca Francesa. Em 1989, acordos bilaterais entre a Romênia e a França lhe devolvem o estatuto de Instituto francês.

ção de março de 1948, que faz da Grande Assembleia Nacional "o órgão supremo da autoridade do Estado", ele consegue manter uma atividade importante e conservar todas as pessoas em seus postos. Estão em jogo uma vontade diplomática e laços simbólicos. As relações privilegiadas mantidas havia muito tempo com a França fazem com que o engajamento francês na Romênia perca sua intensidade de modo lento, apesar das afrontas recorrentes. Os alunos são pressionados a deixar de frequentar o instituto; uma conferência de Pierre Emmanuel prevista em Brasov para 7 de novembro de 1947 é proibida e muitas iniciativas procuram boicotar a cultura francesa. A partir de março de 1948, o diretor do liceu francês é coagido a incluir no currículo dos alunos "um ensino cultural educativo" controlado por uma conselheira de educação romena e que não é nem mais nem menos do que um curso de propaganda. É, pois, nesse contexto que Barthes assume sua função como bibliotecário, destinado a substituir Germaine Lebel, nomeada para Argel, mas que partirá apenas seis meses mais tarde. De modo, sem dúvida, exagerado, André Godin, autor de uma obra sobre a história da IFHER, diz que as referências marxistas de Barthes lhe valem a confiança de seus interlocutores comunistas;[29] ora, até essa data, ele havia publicado apenas dois artigos em *Combat* e não estava inscrito em nenhum partido. Mas ele tem outras vantagens, como seu talento de conferencista e sua competência no domínio da música, que ele saberá valorizar ao longo desses dois anos.

As bibliotecas francesas — Bucareste, Cluj, Iasi e Timisoara — se mantêm bastante bem, apesar da censura que Rebeyrol tenta contornar. Ele anota em seu relatório anual de 1948: "Pensei poder pedir aos professores para limitar a filtragem ao estritamente indispensável, isto é, censurar apenas os livros e não os autores (por exemplo: retirar de Gide o *Retour de l'urss* ou certos tomos de J. Romains, mas deixar o conjunto de suas obras)". Nesse quadro, Barthes tem duas iniciativas felizes, que vão permitir prolongar sua ati-

---

[29]. André Godin, *Une passion roumaine. Histoire de l'Institut français des hautes études em Roumanie (1924-1948)* (Paris: L'Harmattan, 1998), p.186. Este livro é uma de nossas fontes de informações sobre esse período. Ver também o artigo de Micaela Ghitescu sobre a temporada romena de Barthes, "Roland Barthes in România", *România literara*, n. 48, 2000 <www.romlit.ro/jos>. Agradeço também Alexandru Matei pelas informações que me forneceu sobre esse período.

vidade. Nas semanas seguintes à sua chegada, ele primeiro propõe criar duas bibliotecas separadas, uma para as ciências, outra para empréstimo. A "biblioteca científica", essencialmente médica e técnica, fica aberta até nove da noite e acolhe médicos e engenheiros, na maioria estudantes. Barthes quer desenvolver também o setor das ciências sociais, muito mais pobre. A segunda biblioteca, aberta de manhã, permite o empréstimo de livros a todos que desejam ler em francês. A frequência é significativa e circulam a cada mês perto de 1.200 livros. Sua segunda iniciativa consiste em retomar e organizar as conferências sobre música no sábado à tarde, tradição do instituto que ele começa a reavivar — e assim ocorrem os encontros "Alguns problemas da linguagem musical", muitos dos quais ele mesmo se encarrega de mediar. Um público muito numeroso se aglomera nessas sessões sobre a música francesa, que ocorrem no hall do edifício. Ele fala sobre a melodia francesa, sobre Ravel, sobre Gluck, sobre *Pélleas et Mélisande*. Mas também sobre a canção francesa (Édith Piaf e Charles Trenet)... Ouvem-se discos, que são comentados: o *Requiem*, de Fauré, *L'Enfant et les sortilèges*, de Ravel, *Jeanne au bûcher*, d'Honegger e Claudel. Há, às vezes, recitais. Algumas conferências têm tanto sucesso que ele deve repeti-las três vezes para contemplar todos os interessados. A tal ponto de, no ápice da crise, no momento em que o Estado francês crê não ter outra solução senão repatriar o conjunto de seu pessoal, Barthes sente medo diante desse sucesso crescente: "O público transborda no hall e eu acho esse sucesso muito pouco prudente. Vou empregar um sistema de convites. Estou um pouco preocupado com isto; a afluência nos torna vulneráveis".[30]

Apesar dessas dificuldades, a vida se organiza de modo feliz. Barthes e sua mãe ocupam um apartamento situado acima da biblioteca. Há uma piscina no estabelecimento. Ele aprende a dirigir para poder passear pela região, e compra um carro. Liberado das limitações econômicas, mesmo que não receba seu salário pleno logo que chega, ele gasta sem controle. De modo que sua mãe é às vezes obrigada a chamar sua atenção (assim, numa carta que Henriette Barthes endereça a Robert David, ela evoca sua "avareza" e razões econômicas

---

30. "Nouvelles de l'Institut", relatório endereçado a Philippe Rebeyrol em fevereiro ou março de 1949. Fundo Philippe Rebeyrol, IMEC.

que são "aquelas que Roland não compreende!").[31] Ele faz amigos entre os professores de francês, como Jean Sirinelli, helenista, que foi condiscípulo de Philippe Rebeyrol na Escola Normal Superior da rua d'Ulm, mas depois dele, Barthes, uma vez que nasceu em 1921 (ele é leitor na Universidade até 1948, data em que volta para Paris e se torna encarregado de missão junto ao Ministério das Relações Exteriores); Pierre Guiraud, professor de língua, que terá, depois de inúmeros postos no estrangeiro e de sua tardia defesa de tese sobre Valéry, uma obra importante de linguista e cujos trabalhos pioneiros em estatística textual na Universidade de Nice marcarão Étienne Brunet e Louis-Jean Calvet, o primeiro biógrafo de Barthes (no começo da década de 50, depois do retorno de Alexandria, Barthes vai sempre visitá-lo em Copenhague, onde ele tem um posto); Charles Sinvegin, filósofo, grande amigo do poeta André Frénaud, que dirige os estudos no instituto (será nomeado a partir de 1948 em Alexandria, onde Barthes se juntará a ele em 1949). Forma-se, pois, uma pequena comunidade de intelectuais e professores. Rebeyrol dá um curso sobre a pintura francesa contemporânea; Singevin, sobre o cartesianismo na história do pensamento francês; Jean Sirinelli e Yves Régnier, sobre Molière e sobre literatura francesa. Entre os professores, figuram também numerosos recrutados locais, já que o bilinguismo é corrente na Romênia naquela época.

Barthes se une a Petre Sirin, este também professor de francês, nascido em 1926 e futuro documentarista renomado. Aproxima-os o gosto pela música e a homossexualidade. Sirin, nascido em Chisinau de pai polonês de Odessa e mãe ucraniana de Kiev — chama-se na realidade Petre Hrsanovschi, retoma o pseudônimo de seu pai, Sirin, e se faz chamar de Pierre —, tem uma história familiar movimentada e retirou de sua infância transnacional uma atitude de vida ao mesmo tempo sábia e original. Fala muitas línguas e fica à vontade em todos os meios. Vive sua homossexualidade de modo bastante livre, não tem vergonha disso, nem junto à família nem junto aos amigos. Por certo tempo seu amante, é ele que introduz Barthes nos meios homossexuais, apresenta-lhe jovens com quem tem ligações, como

---

31. Carta de Henriette Barthes a Robert David, 21 de março de 1948. BNF, NAF 28630, fundo privado.

testemunha uma carta a Barthes, de 3 de fevereiro de 1949.[32] É o que ele conta em seus papéis pessoais (diário e correspondência), publicados postumamente em 2013 — Sirin morreu em 2003 —, *Castele in Spania*.[33] Em suas cartas, Barthes admite ligar-se mais nitidamente a este país pelas relações estreitas que lá formou. Em 16 de março de 1949, fala com Philippe desse "laço particular cuja sequência mostrou infelizmente que não era preciso tomá-lo levianamente". Ele lhe havia confiado em Leysin até onde o levava a totalidade de seu desejo. Mas permanece discreto, pois o amigo lhe pede para não falar disso. É obrigado também à discrição pelas circunstâncias. Os estrangeiros são rigorosamente vigiados a partir do final de 1948 e o novo regime considera a homossexualidade um desvio. Em 31 de agosto, escreve: "À tarde, vou ao clube, onde posso trabalhar durante o repouso. Passo todas as noites com um amigo de quem gosto muito, mas temo há algum tempo que minha vida privada seja vigiada [...], e é este o motivo essencial que torna *absolutamente necessária* minha partida, para longe de um país onde neste ano liguei-me pateticamente, não só para o maior bem como também para o maior mal". Entretanto, não é de tudo nem de todo mundo que ele gosta na Romênia. Queixa-se da comida, demasiado copiosa e pesada. Lamenta não poder trabalhar em sua tese sobre Michelet, encontra imbecis entre os expatriados franceses, sente falta de Paris, apesar do entusiasmo por viver no

32. "[...] Tendo chegado à sua casa por volta de onze horas, não encontrei mais ninguém e fiquei tão contrariado que me veio a ideia de deixar imediatamente Bucareste, sem nem mesmo rever você. E tudo isso porque fazia um tempo tão bonito fora e porque prometi a mim tanto prazer com o passeio que projetamos! [...] Infelizmente eu tinha combinado com certo rapaz que o apresentaria a você naquela noite, e já que eu não queria faltar com a palavra para com ele (já o fiz várias vezes), eis-me obrigado a pagar sua ingratidão com a melhor ação: a de entregar-lhe um moço bem bonito, um pouco rechonchudo, barulhento e fantástico, mas à parte isso muito simpático e sobretudo diabolicamente gentil para todos aqueles que bem o quisessem [...]. Quanto ao resto, peço-lhe para prestar atenção e não aumentar meu aborrecimento com excesso de galanterias para com aquele senhor, que levo mais para vigiá-lo na minha ausência do que para diverti-lo. Adeus e até esta noite..." (carta de Petre Sirin a Roland Barthes, 3 de fevereiro de 1949, coleção particular).
33. Petre Sirin, *Castele in Spania. Cronica de familie (1949-1959)* (Bucareste: Humanitas, 2013). Grande parte desta crônica se refere à sua ligação com o violonista e musicólogo Mihai Radulescu, preso por atentado aos bons costumes em 1959 e por sua implicação no grupo dissidente Noica-Pillat, e que se suicida na prisão. Sirin coloca em cena Barthes sob o nome de Amphytrio num romance *à clé* não publicado e conservado nos arquivos. (Ver Alexandru Matei, "Barthes en Roumanie, 1947-1949. L'enfer de l'Histoire et le purgatoire de l'amour", no prelo.)

estrangeiro. Queixa-se sobretudo de não receber os prazeres de popularidade e reconhecimento que lhe daria o ensino — o ensino sancionado e não as palavras livres e mundanas das conferências para as quais ele não se sente com habilidade suficiente. Esta distinção entre duas espécies de transmissão de saber, ele continuará a fazê-la em seguida, opondo, por exemplo, a concentração do seminário ao anfiteatro do curso no Collège de France. Percebe uma acentuação de sua rigidez e de suas desconfianças. "Devo constatar", escreve a Robert David, "que meu caráter sociável se obscurece e se entristece cada vez mais. Creio que estou agora muito longe da espécie de caridade geral, face oposta do desejo de ser amado a qualquer preço, que fizera da minha primeira temporada em Saint-Hilaire uma época de popularidade ao meu redor."[34] Ele lhe diz gozar de grande prestígio intelectual no instituto, mas o atribui menos a seu saber ou à qualidade de seu raciocínio, do que à sua *"clareza"* (!) que impõe". Se ele valoriza assim em sua carta (pela sublinha e o ponto de exclamação) a palavra "clareza", é porque dois anos antes ele fez dela o traço único de seu caráter, o fundo de sua natureza, fazendo-se aparentado a uma família mediterrânea, áfrico-romana, saída da mesma qualidade de sol — "e quase sem metáfora direi que o sol romano, inundando o homem como um conhecimento total, recusando-lhe qualquer refúgio na frouxa e obscura impostura, força-o a uma espécie de felicidade dura, de felicidade desesperada, uma fúria de lucidez que só pode situar o homem no deserto". Ele fala mais adiante de "fúria de clareza", de "incapacidade de suportar a obscuridade"; "toco em tudo, não deixo amadurecer nenhum mistério, prefiro sofrer a não saber".[35] Escrita no contexto da grande crise amorosa do inverno de 1946, esta análise pode ser lida tanto como uma defesa quanto uma queixa; ela acentua a oposição de caráter entre David e ele próprio e aprofunda a distância e a obscuridade que o fazem sofrer na casa de seu amigo. Mas ela ressalta também um traço marcante do homem e do escritor, em quem a maior parte dos gestos, intelectuais e materiais, do fichamento de todas as coisas vistas, ouvidas, lidas ou vividas para a explicação minuciosas dos textos, visam ao esclarecimento de si mesmo e da literatura, assim como de um pelo prisma do outro.

---

34. Carta a Robert David, 7 de maio de 1948. BNF, NAF 28630, fundo privado.
35. Carta a Robert David, 7 de janeiro de 1946.

É uma época em que ele continua a ler muito. Suas fichas mostram que, se prossegue a leitura de Marx, Sartre e Merleau-Ponty, também se interessa de perto pela história (à margem de Michelet), sobretudo pelos historiadores da Escola dos Annales, Marc Bloch, Lucien Febvre, cujo livro sobre Michelet foi publicado em Lausanne, em 1946, e do qual ele aprecia o interesse pelas estruturas e sensibilidades. É então que ele começa, além disso, suas leituras no campo da linguística: ao contrário do que se costuma dizer, não é Greimas que o inicia no assunto em Alexandria. Em Bucareste, Barthes já descobre Viggo Brondal, do qual lê *Essais de linguistique générale,* publicado em Copenhague em 1943 (e escrito em francês), *Des mots à la pensée, essai de grammaire de langue française,* de Jacques Damourette e Édouard Pichon, *Histoire de la clarté française,* de Daniel Mornet, grande especialista do século XVIII francês e autor de manuais para estudantes de letras, muito difundidos na universidade nos anos 1930-1940. Graças a eles, começa a amadurecer uma longa reflexão sobre certos mitos da linguagem, como a clareza, que desenvolverá nos anos seguintes.

Barthes, no entanto, tem razão de se queixar, pois a cada dia a situação se torna mais difícil para os franceses na Romênia, mesmo que ela não seja comparável à dos próprios romenos, que nas esferas intelectuais conhecem a censura, uma vigilância permanente e, ao menor sinal de dissidência, a deportação e o internamento. Assim, a Securitate, criada em 1948, uma das mais importantes polícias políticas do bloco soviético, recruta numerosos informantes civis e começa a perseguir todos os "inimigos de classe" e a tentar impedir vínculos entre romenos e estrangeiros.[36] Annie Guénard, autora de um estudo sobre a supressão progressiva da cultura francesa nas democracias populares, escreve que aquele país, espécie de laboratório do exercício da potência soviética, é o primeiro a "dar fim, de maneira extremamente rápida, brutal e quase completa, à presença em seu território de agentes culturais da França e a exigir o fechamento de todos os lugares de intervenção cultural dessa potência".[37] Em 20 de

---

[36]. Em uma busca no site dos arquivos da Securitate, em que todo cidadão pode hoje consultar seu dossiê (CNSAS, ou Conselho Nacional para o Estudo dos Arquivos de Securitate), não encontramos nada nas entradas "Barthes" ou "Roland Barthes". Mas é verdade que parte desses arquivos foi queimada em 1990.
[37]. Annie Guénard, *La Présence culturelle française en Europe centrale et orientale avant et après*

novembro de 1948, o acordo cultural franco-romeno é denunciado e a maior parte das instituições francesas, entre as quais o instituto, deve fechar. Em todo lugar, as novas autoridades condenam o "cosmopolitismo ocidental" e Paris é qualificada como "capital intelectual do cosmopolitismo denunciado por Moscou".

Pouco tempo antes de sua partida, Barthes produz um estudo que descontrói as bases sobre as quais se edifica a nova ciência romena, a qual recusa os trabalhos norte-americanos ou europeus ocidentais e afirma a superioridadea da ciência soviética, apoiando-se sobretudo no "nominalismo de todo escrito stalinista": "A história das palavras *nacionalismo* e *cosmopolitismo* é exemplar; estas duas palavras, pejorativas, são reservadas aos sentimentos 'ocidentais'; quando estes mesmos sentimentos tornam-se 'orientais', mudam de nome, são afetados por um sentimento eufêmico e tornam-se: *patriotismo* e *internacionalismo*. Assim cada palavra constitui um abuso de confiança, pois é o veículo de um equívoco voluntário destinado a baralhar qualquer reação crítica".[38] A análise é fina e desenvolve um método de decifração dos princípios formais num cruzamento das *Mitologias* e de *s/z*.

Philippe Rebeyrol vai embora em março de 1949, acompanhado de numerosos funcionários franceses. Algumas dessas partidas forçadas constituem dramas humanos, que Barthes ecoa em suas cartas, numa época em que ele ainda tenta regularizar "o problema dos maridos romenos que ficaram no local". Apenas são mantidos no posto Roland Barthes, que será nomeado adido cultural; Paule Prié, ex-diretora da Escola primária francesa; Pierre Dillan, ex-secretário; a sra. Rassiat e a sra. Hagi-Hédouin, secretárias encarregadas do serviço da biblioteca, do inventário dos livros e do material a ser repatriado. Barthes tenta encontrar soluções para que não desapareçam os 45 mil volumes com os quais contam as bibliotecas francesas da Romênia. Cerca de 12 mil vão ficar *in loco* (mas pode-se ficar razoavelmente preocupado com o seu futuro), alguns vão retornar e ele entrega outros a pessoas de confiança, com a condição de empres-

---

la Seconde Guerre mondiale (1936-1940; 1944-1949), tese de doutorado em história, sob a orientação de René Girault, Universidade Paris I, 1994, citada por André Godin, *Une passion roumaine*, *op.cit.*, p.201.
38. "La politisation de la science en Roumanie", documento de 21 de julho de 1949. Arquivo do Instituto Francês de Bucareste. Uma parte dessa análise será retomada quase palavra por palavra no capítulo do *Grau Zero* intitulado "Escrituras políticas".

tarem, a título pessoal, a estudantes. Entre essas pessoas figura o professor de filologia francesa da Universidade de Iasi e o diretor da faculdade, Ion Popa, com o qual Barthes mantém uma correspondência a este propósito, conservada nos arquivos do instituto. Uma carta de Popa de 10 de março de 1949 agradece a Barthes o envio de "belos livros franceses" e o felicita por sua nomeação como adido cultural, não duvidando que possa prosseguir a colaboração cultural entre os dois países, "inspirada por nossa comunidade de ideologia progressista". Numa carta de 3 de junho de 1949, Barthes insiste a respeito das condições dessas doações: "O senhor os terá à inteira disposição, com a única condição de que fará aproveitar deles, a título pessoal, alguns de seus estudantes, toda vez que isto for possível, e de que os devolverá mais tarde ao seminário de francês, quando a situação geral o permitir". Em julho, Popa lhe agradece o envio de 96 volumes e diz ainda esperar que seu interlocutor possa ficar na Romênia. Mas, há vários meses, a situação para Barthes e sua mãe se degrada. Como todos os diplomatas e o pessoal da legação, ele não tem mais o direito de circular, exceto em Predeal e Sinaia, situadas entre Bucareste e Brasov (a partir de agosto, ele não terá sequer a possibilidade de ir até aquelas cidades). Ele luta para obter os documentos de identidade para o pessoal, isto é, seu reconhecimento como funcionários regulares da legação, o que lhes permitiria se deslocar. Ele tem também muita dificuldade para obter os cartões de alimentação e teme não conseguir visto de saída e entrada para as férias. No ano anterior pôde voltar no verão, mas agora duvida dessa possibilidade, mesmo que tenha saudade do país e o jardineiro nem tenha plantado rosas no jardim. Sente-se prisioneiro e sonha com outros destinos. Falam-lhe de Roma, que lhe parece mais arejada. Alexandria é também um horizonte possível e desejável.

Parte de seu trabalho consiste em proteger a casa deserta, "menos requisições romenas que a nuvem de gafanhotos franceses (colônia que espreita esta bela presa de peças vazias, de cadeiras, de mesas, de camas etc.)",[39] e em organizar o repatriamento do material: livros, três pianos de cauda, prataria, roupa branca, projetores de cinema, discos... Há também quadros emprestados ao instituto pelo Mobiliário Nacional: um Vlaminck, um Bonnard... Tudo isto

---

39. Carta a Philippe Rebeyrol, 18 de junho de 1949. Fundo Philippe Rebeyrol, IMEC.

ocupa quase todo seu verão. "É uma agonia que se prolonga sobretudo para deixar à morte suas responsabilidades."[40] Em 21 de julho, o comunicado de expulsão definitiva chega, enfim, quando não era mais esperado. Estranhamente, o nome de Barthes não figura, o que poderia significar que o governo romeno o mantém na função de adido cultural. Ele não vê nenhum inconveniente nisso, já que sua vida lá é mais do que suportável, apesar das circunstâncias: está com a mãe, sua vida sentimental é feliz e tem amigos caros. Mas parece que este prazo é de curta duração. Continuam lhe recusando os cartões de alimentação e a carteira para circular. Sua partida ocorre em setembro. Ele cuida de apressar sua nomeação em Alexandria. Retorna de carro e seu irmão o espera em Viena para ajudá-lo a dirigir. Antes de partir, dá seu adeus ao público do último concerto. "Hoje é a última vez, por um tempo desconhecido, que me dirijo a vocês; o governo romeno pediu, de fato, a partida de todos os funcionários da legação que pertenceram ao instituto, entre os quais se encontravam o adido cultural e seis de seus colaboradores. Estes partiram na última semana; eu mesmo deixo a Romênia dentro de alguns dias." A biblioteca foi posta sob a guarda de Margareta Petrescu, que tem toda sua confiança, e o instituto a outros funcionários romenos que não farão talvez tanta questão de manter o espírito do lugar. Menos de um ano depois, em março de 1950, a repressão e a censura vão se exercer também sobre o pessoal romeno e, em especial, sobre os leitores. Uns vinte são presos por colaboração com o inimigo.

Resta saber como seu marxismo pôde operar esta experiência... Barthes, por enquanto, permanece em silêncio sobre esse ponto.

LONGE DE PARIS (2). ALEXANDRIA

Depois desse episódio movimentado e em parte doloroso (um de seus amigos próximos, Dan, suicidou-se na primavera de 1949), Barthes não deseja ficar em Paris. Ele quer, a todo preço, permanecer no sistema dos franceses no estrangeiro, tanto ele lhe traz segurança material e estabilidade social. Os postos que lhe propõem não são de muito prestígio, mas, comparados aos que obteria na França, oferecem um reconhecimento apreciável: a gratificação de expatriação dá um poder de compra inesperado, sobretudo nos países mais fra-

---

40. *Ibidem.*

cos economicamente, como a Romênia e o Egito; o fato de pertencer, mesmo um pouco à margem, ao pessoal diplomático, permite frequentar um meio culturalmente privilegiado, tanto no plano nacional quanto local. Em suma, Barthes conta com Rebeyrol e suas novas relações neste mundo para lhe dar uma força. Dois meses depois voa para o Egito — desta vez sem a mãe, que fica com Michel Salzedo em Paris — e se instala bem perto da casa de Charles e Anna Singevin, ocupando dois quartos numa família e indo fazer suas refeições na casa destes amigos que conheceu na Romênia.

Em 1949, a situação dos franceses no Egito é ainda bem florescente, ainda que os egípcios tentem retomar o controle das escolas e a língua comece a sofrer séria concorrência do inglês. Jean-Claude Chevalier encontrou os seguintes números nos arquivos do Ministério das Relações Exteriores, que foram enviados pelo embaixador Arvengas, em 17 de abril de 1948: "Há 34.887 alunos no ensino francês, dos quais 4.746 no secundário, 1.090 nos jardins de infância. A título de comparação, o ensino egípcio, em 1948, tem 48 mil alunos no secundário e 44 mil no preparatório".[41] O ensino dirige-se sobretudo aos egípcios, de preferência judeus e gregos, numerosos em Alexandria, mas também aos franceses que lá se encontram. Barthes ensina sobretudo a língua, mas também se empenha, com Charles Singevin e Greimas, para que os livros cheguem até os estudantes. Os arquivos comportam uma carta de 8 de junho de 1959 reclamando ao ministério o envio de uma centena de livros corriqueiros (romances, mas também o *Traité de logique*, de Piaget), e Maurice Couve de Murville, embaixador de 1950 a 1954, reclama um ano depois a criação de uma biblioteca francesa no Egito. As coisas são frágeis, como na Romênia, mas por outras razões. A situação demanda muito esforço paralelo, para acomodação, encontros. O pensamento pode desfrutar de uma ocasião de desabrochamento diferente do que encontraria na universidade francesa. E Barthes, assim como seus companheiros, aproveita esse mundo flutuante.

---

41. Jean-Claude Chevalier, "Barthes et Greimas à Alexandrie, 1949-1950", precedido de "Barthes à Bucarest, 1947-1948", *Documents pour l'histoire du français langue étrangère ou seconde*, n. 27, dezembro de 2001, pp.115-26. Arquivo do Ministério das Relações Exteriores. Dossiê "Relations culturelles, 1949-1959", n. 435.

Sua vida se desenvolve de maneira muito diversa da que experimentou em Bucareste. É mais livre em seus movimentos e tem muito menos encargos técnicos e administrativos. Em novembro vai conhecer as pirâmides, e em fevereiro viaja para Assouan e para o Alto Egito, suas melhores lembranças do país, como dirá mais tarde. Escreve a Philippe Rebeyrol, que foi nomeado para o Instituto Francês de Londres: "Moro agora num apartamento bastante confortável, num bairro tranquilo, com jardins; tenho um empregado e tempo livre: nove horas de curso por semana, que não exigem nenhuma preparação; o ensino da língua não dá lugar à literatura; isso suprime todas as angustiantes questões da ideologia".[42] Se, em seus anos romenos, escreveu bem pouco, tomado pela novidade e pelas circunstâncias, ocupado com muitos aborrecimentos materiais e com a redação de relatórios tão intermináveis quanto necessários, agora ele encontra em Alexandria a tranquilidade de espírito propícia para prosseguir seu trabalho sobre Michelet e elaborar novos artigos. É lá que ele escreve, além de algumas resenhas, seu primeiro grande ensaio sobre o historiador, publicado em *Esprit*, em abril de 1951, "Michelet, l'Histoire et la mort", e a sequência de artigos para *Combat* sobre a escritura que formarão a matéria do *Grau Zero*, sobre o qual ele já tem a ideia nesse momento. No outono de 1950, começa a redigir seu texto sobre Cayrol. Tenta reproduzir a experiência de Bucareste dando uma conferência sobre música que acaba sendo considerada demasiado intelectual, não suficientemente artística, e isso o aborrece bastante, sente-se incompreendido. Aprecia, entretanto, o ar morno, os jardins e tem a impressão de viver numa espécie de sonho. Confessa ter saudade da Romênia e dos amigos que lá ficaram, mas se adapta. Alexandria lembra-lhe Biarritz. "Sobre o desvanecimento um pouco frouxo do cenário, meu abatimento, meus problemas, minhas questões encontram certo aspecto trágico, porque tenho a condição essencial do trágico: a solidão. Não estou longe de *compreender* um certo materialismo trágico — que será talvez, na minha idade madura, a posição de síntese de minhas duas juventudes."[43] Está preocupado porque a comissão médica egípcia não o aprovou por causa da tuberculose, decisão mais ou menos im-

---

42. Carta a Philippe Rebeyrol, 3 de janeiro de 1950. Fundo Philippe Rebeyrol, IMEC.
43. *Ibidem*.

possível de contornar neste país formalista. Caso não seja repatriado de imediato, é provável que no ano seguinte não seja reconduzido como professor. Sente dificuldade de se projetar no futuro. Refugia-se no presente dos encontros noturnos, contingentes, possíveis em lugares privilegiados, circunscritos. Tem longas conversas filosóficas com Charles Singevin, que naquele momento é profundamente marxista e que mais tarde publicará vários ensaios sobre Platão, sobre a filosofia da linguagem;[44] Barthes também toca piano com Anna. Nesta cidade onde nada resta da biblioteca mítica, ele e outros integram um grupo de reflexão e de discussão que exerce sobre cada um profunda influência intelectual.

Em Alexandria, Barthes tem, de fato, um dos encontros decisivos de sua existência: conhece Algirdas Julien Greimas. É a primeira vez que a igualdade atua em tantos planos: da geração, da marginalidade, da atração pela teoria. O encontro não resulta nem do companheirismo adolescente nem da sociabilidade do sanatório. Deve-se à circunstância e à eleição; o itinerário precedente de ambos lhes dá imediatamente muitas razões de ser e de solidez. Greimas faz parte de um grupo de pesquisadores reunidos em Paris logo depois da guerra e que se autointitulava Grupo dos Não Agregados, todos mais ou menos reunidos ao redor de Charles Bruneau, titular da cadeira de língua francesa na Sorbonne. Com relação aos "agregados", os "não agregados" reuniam traços em comum, permitindo a Barthes "agregar-se" a eles, se assim pudermos dizer: primeiramente, eles são licenciados, não tendo podido, fosse por estrangeiros, fosse por doentes, fazer o concurso de agregação; inscrevem-se para a tese em condições de recursos muito difíceis, que os obrigam a solicitar um posto no estrangeiro. É o caso de Michel Butor na mesma época. "Eles têm um capital medíocre, em todos os sentidos do termo. Pelo menos são solidários e costumam passam as férias juntos."[45] A segunda característica do grupo é que estão unidos pelos assuntos, mais leves que aqueles atribuídos aos agregados, e também pelas pesquisas de vocabulário; enfim, têm carreiras provisórias. Nascido em 1917 na Rússia, mas de nacionalidade lituana, Greimas obteve antes da guerra uma licenciatura em

---

44. Charles Singevin, *Essai sur l'un* (Paris: Seuil, 1969). Col. L'Ordre philosophique; *Dramaturgie de l'esprit* (Dordrecht; Boston; Londres: Kluwer, 1988).
45. Jean-Claude Chevalier, "Barthes et Greimas à Alexandrie, 1949-1950", *op.cit.*, p.116.

Grenoble, depois voltou para seu país durante a guerra, continuando bem ou mal seus estudos em Kaunas. Depois da guerra, propõe a Bruneau um assunto de tese sobre o léxico; ele e a mulher vivem da mão para a boca do Inventário Geral da Língua Francesa de Mario Roques, para o qual fazem fichas lexicográficas. Quando Barthes o encontra, ele é mestre de conferências na Faculdade de Letras de Alexandria, desde 1949 — aí ficará até 1958. Com 31 anos, acaba de defender sua tese na Sorbonne sob a orientação de Charles Bruneau: *La Mode en 1830. Essai de description du vocabulaire vestimentaire d'après les journaux de mode de l'époque*. Aplica o método da lexicografia de Georges Matoré, que conheceu na Lituânia em circunstâncias bastante terríveis e com o qual publica no mesmo ano *La Méthode en lexicologie, à propos de quelques thèses récentes*, depois, em 1950, *La Méthode en lexicologie, II*.[46] Ninguém duvida que Barthes se lembra disso quando realiza sua própria pesquisa neste campo, no começo dos anos 1960. O forte sotaque lituano de Greimas não deixa esquecer suas origens, que ele, aliás, não procura esconder: seu estatuto de estrangeiro em todo lugar e seu discurso à margem permitem-lhe manter-se no não-lugar da generalidade, que será determinante para a pesquisa teórica. Barthes e ele têm conversas muito longas sobre literatura e Greimas o faz ler sobre linguística, Saussure, Hjelmslev[47] em especial, ao qual Barthes prefere Brondal, mas também Merleau-Ponty, que lhe "parece por muitas perspectivas — considerados o tom pessoal do autor e convergências de pensamentos múltiplos, como o prolongamento do pensamento saussuriano",[48] e Lévi-Strauss. A influência de Greimas sobre Barthes e a influência de Barthes sobre Greimas são reais. Greimas fala disso num artigo do *Bulletin du Groupe de recherches sémio-linguistiques*[49] e na intervenção de encerramento no colóquio de Cerisy em torno de sua

---

46. Ver Georges Matoré, *La Méthode en lexicologie* (Paris: Librairie Marcel Didier, 1950).
47. Michel Arrivé observa que o itinerário que leva Greimas de Saussure a Hjelmslev é exatamente concordante com o de Barthes, in "Souvenirs scientifiques et autres sur A. J. Greimas", Limoges, PULIM, 1993, pp.13-23 (p.18). Na entrevista de encerramento do Colóquio de Cerisy consagrado a Greimas, o homenageado declara, no entanto, sobre Hjelmslev: "Não sei se foi Barthes que me disse que era importante ou se fui eu quem disse a Barthes" (Michel Arrivé e Jean-Claude Coquet, *Sémiotique en jeu. À partir et autour de l'œuvre d'A. J. Greimas* (Paris; Amsterdã: Hadès; Benjamin, 1987), p.303).
48. A. J. Greimas, "L'actualité du saussurisme", *Le Français moderne*, n. 3, 1956, p.193.
49. A. J. Greimas, "Roland Barthes: une biographie à construire", *Bulletin du Groupe de recherches sémio-linguistiques*, n. 13, março de 1990.

obra em 1983. "Creio poder dizer", escreve, "que era um amigo". No seu primeiro artigo consagrado a "L'actualité du sassurisme", publicado em 1953, ele evoca *O grau zero da escrita* e a metalinguagem literária como programação possível da semiótica.

Ao redor deles e de sua amizade, mas também na órbita de Charles Singevin, que parece deter a autoridade filosófica, forma-se um grupo de discussão animado, que se encontra toda semana na casa do dr. Salama, o qual tinha seguido cursos de Heidegger, como conta Greimas para Pierre Encrevé e para Jean-Claude Chevalier.[50] "Uma espécie de clube filosófico: sociólogos, psicólogos, filósofos. Só havia um único tema possível, comum a todos, era a epistemologia, as condições do conhecimento. Durante sete anos, todas as semanas ou quase, fizemos epistemologia alexandrina."[51] No grupo estavam Jean Margot-Duclos, um aluno de Mauss; Bernard Clergerie, um filósofo; François Neel, que fará carreira de conselheiro cultural. Eles leem Jakobson, os linguistas dinamarqueses, Lévi-Strauss, depois, um pouco mais tarde, Lacan. A Barthes, que lhe mostra seu artigo sobre Michelet e que lhe fala de sua tese, Greimas retorque: "E Saussure?". Essa leitura, feita naquele momento, com livros emprestados por Greimas, é capital para estruturar os anos de escritura que se seguem. A comunidade formada dá uma tal base aos projetos e ao pensamento que Barthes, então debatendo-se com problemas metodológicos — faltam-lhe livros e ele não chega a ligar estreitamente o método histórico e o método estrutural —, entrevê uma salvação na linguística. Para Rebeyrol, em 10 de abril de 1950, escreve: "Um jovem lituano, professor aqui, Greimas, que tem um doutorado, insiste para que eu converta — sem prejuízo, ele diz — minha tese em trabalho lexicológico, ao abrigo do qual eu poderia fazer todas as pesquisas que quisesse, mas que me asseguraria, pelo menos rapidamente, uma cadeira na França, uma vez que faltam candidatos para as disciplinas filológicas. Seria, mais profundamente, encontrar, enfim, uma ordem de pesquisas positivas, uma maneira não hipotética de fazer sociologia por meio da linguagem [...] velha nostalgia. Discuto muito

---

50. Jean-Claude Chevalier e Pierre Encrevé, *Combat pour la linguistique, de Martinet à Kristeva. Essai de dramaturgie épistémologique* (Lyon: ENS Éditions, 2006), p.334.
51. Entrevista de Greimas com Jean-Claude Chevalier e Pierre Encrevé, retomada no artigo de Jean-Claude Chevalier, "Barthes et Greimas à Alexandrie, 1949-1950", *op.cit.*, p.124.

com ele sobre tudo isso". Por sua vez, Greimas conta: "Disse-lhe: 'Bobagem, a literatura, não é possível'. Comecei a vender-lhe a linguística. Em Alexandria, estávamos ambos muito isolados. Quanto aos franceses, tratava-se de uma colônia de Vichy, que vinha do tempo da guerra em que a frota francesa tinha se refugiado em Alexandria. Diziam-se marxistas, comunistas. Barthes vinha da Romênia, onde os comunistas tinham fechado o instituto; os egípcios tinham encontrado traços de tuberculose nele; ele precisava se submeter a exames; ele partiu ao final de um ano. Depois ficamos juntos uns vinte anos".[52] Barthes é determinado, ele quer dar aulas no ensino superior e não deseja continuar vagando "de país fascista em país fascista, privado de todo material para um trabalho crítico, que esteja à altura de uma vida, já bem iniciada".[53] Vai ser preciso encontrar estratégias: aquela proposta por Greimas lhe parece mais hábil, mesmo que não tenha dado a ele mesmo um posto qualificado.

O ano de 1949-1950 passado em Alexandria é, pois, importante para o período seguinte, para as escolhas institucionais e para as realizações científicas. Barthes não só havia compreendido havia muito tempo que não obteria facilmente um posto na universidade, como encontrara pessoas na mesma situação que ele e que assim mesmo lutavam para existir, para fazer de sua marginalidade uma força. Alexandria dá assim uma base comunitária a seu estatuto de marginal solitário. Os vínculos estabelecidos com Greimas, em especial, são decisivos para suas resoluções: no plano acadêmico, abandonar a tese iniciada com Pintard e se voltar para a linguística; no plano da escrita, exercer a inteligência crítica na materialidade da língua, buscar a ideologia no ritmo das palavras e das frases. Os encontros egípcios não representam somente a virada linguística do pensamento de Barthes; eles também conferem à sua escritura um acabamento mais filosófico. O que se afirma e se expõe é um pensamento estruturado e abstrato, um método construtivo.

ESCRITURAS: O MINISTÉRIO E "O GRAU ZERO"
Barthes volta para Paris, já que seu contrato em Alexandria não foi renovado em razão de seus problemas de saúde. Nomeado redator

---

52. Jean-Claude Chevalier, "Barthes et Greimas à Alexandrie, 1949-1950", *op.cit.*, p.125.
53. Carta a Philippe Rebeyrol, 1º de abril de 1950. Fundo Philippe Rebeyrol, IMEC.

na direção-geral das relações culturais (RC) do Ministério das Relações Exteriores, é encarregado das missões pedagógicas do "francês, língua estrangeira", posto para o qual suas duas temporadas no exterior o qualificam. Suas jornadas de trabalho ocorrem nas instalações do ministério no cais de Orsay, com expediente de escritório, o que lhe deixa pouco tempo para escrever. Ser, de alguma maneira, escriturário, como se dizia dos empregados de escritório, nem sempre favorece os projetos pessoais. Mesmo que não considere a ocupação particularmente irritante, ele se sente dividido entre a necessidade de ter um ganha-pão e a preocupação de encontrar um emprego mais à sua altura, simbólica e intelectualmente. Isso o deixa um pouco hesitante. Sonha com um trabalho mais arejado, que lhe dê tempo de mergulhar por três anos na ascese necessária para a finalização da tese. É candidato a um posto em Cambridge para o início do ano letivo de 1951. Ele o obtém em junho, mas acaba por recusá-lo, para grande prejuízo de Robert David, que esperava assumir seu posto no ministério. Barthes tem a impressão de que é o momento para realizar alguma coisa na França, porque depois seria tarde demais. De nada serve, sem dúvida, buscar uma solução geográfica na fuga. A saída, se é que há uma, é essencialmente psicológica. Pouco depois, em dezembro de 1951, apresenta-se um novo leitorado, desta vez em Bolonha, que não dá certo. Em 1952, naufraga uma candidatura a uma missão pedagógica da Unesco, no Líbano, por um ano ou dois, muito bem paga e interessante: "Fui candidato da direção (que tinha tido a ideia) e tinha a benção e o apoio de todo mundo (Joxe, Baillon, Lucet, Abraham e Bizot), mas o delegado do Líbano, religioso muito hipócrita (monsenhor Maroun), escolheu outro candidato".[54] Barthes é tomado por um sentimento de incapacidade criativa que acha mais fácil atribuir a seu posto administrativo, já que vê a seu redor colegas cuja vida muda e não é como a sua, vazia de realizações. Certa ocasião em que Greimas está em Paris — desde que o amigo voltou, quando está de férias ele se hospeda com a mulher num hotel da rua Servandoni —, ele o apresenta a Georges Matoré, com quem colabora há muito tempo. Foi graças a Matoré que Greimas obteve seu posto no inventário de Mario Roques, e é com ele que prepara o que será mais do

---

54. Carta a Philippe Rebeyrol, (abril) 1952. Fundo Philippe Rebeyrol, IMEC.

que um manual: *La Méthode en lexicologie*, publicado pela editora Didier em 1950. Se há muitos itinerários atípicos entre os membros desse grupo que Barthes encontra no estrangeiro e que é formado sobretudo por não agregados, o de Matoré é, sem dúvida, o mais espetacular. Autodidata como seus pais — o pai é violonista e retratista reconhecido —, Matoré não frequenta o liceu e se matricula na escola Boulle, antes de trabalhar como decorador. O serviço militar o leva para a África do Norte; lá aprende o árabe dialetal, aprendizagem que prossegue em seu retorno a Langues O', onde se inscreve em árabe clássico. Antes da guerra, faz uma licenciatura, a par de sua posição como secretário dos Concertos Lamoureux. Em 1938 é enviado à Lituânia, e lá encontra Greimas. No começo da guerra, com a chegada das tropas russas ele fica preso vários meses, mas ainda desenvolvendo suas competências linguísticas. Leitor na universidade de Vilnius, é considerado subversivo pela NKVD e preso novamente. Solto, volta para Paris e escreve suas duas teses (tese principal e tese complementar), que defende em 1946, sob a orientação de Charles Bruneau. É nomeado para Besançon, onde é diretor até 1952, depois para a Sorbonne, e com frequência é convidado no estrangeiro. Se hoje ele está um pouco esquecido, foi, durante muito tempo, uma referência nos campos da linguística e mesmo da filosofia — seu ensaio sobre *L'Espace humain*[55] foi considerado um modelo para as aulas de filosofia —, tendo publicado muitas obras, sobre Proust, sobre os dicionários, e várias edições críticas, entre as quais uma edição completa das obras de Molière. Ele é a ilustração viva da possibilidade de seguir uma carreira acadêmica prestigiosa sem percorrer um itinerário canônico, possibilidade que paradoxalmente era mais viável na universidade dos mandarins daqueles anos do que na de hoje.

Barthes conta com Matoré para um posto de assistente em seu laboratório de lexicologia estrutural, onde a análise minuciosa de muitas obras construiria uma grande base manual de dados, visando não separar o estruturalismo nem da significação nem da história. É um programa militante, que se opõe a certas tendências abstratas, até mesmo mecanicistas da linguística estrutural, que

---

55. Publicada pela primeira vez nas Éditions La Colombe, em 1953, a obra foi reeditada pela Nizet em 1976.

Matoré expõe no prefácio de *La Méthode en lexicologie*.[56] Mas embora Barthes estivesse esperando uma resposta em junho de 1951, ele continua sem novidades até outubro. Enfim a notícia da bolsa chega em novembro ("a coisa a mais feliz que eu podia desejar há dois anos"),[57] o que libera seu tempo para o trabalho pessoal e lhe permite pensar que em três anos poderá concluir a tese. Matoré o aconselha a se inscrever também com Charles Bruneau, continuador da *Histoire de la langue française*, de Ferdinand Brunot e eminente dialetólogo. O assunto, próximo daquele de Greimas, quanto a métodos e período considerado, é sobre *Le Vocabulaire des rapports entre l'État, les patrons et les ouvriers de à 1827 à 1834, d'après les textes législatifs, administratifs et académiques*. No ano seguinte, Barthes vai regularmente à Biblioteca Nacional, na rua Richelieu, para examinar obras sobre a história operária do século XIX. Os arquivos conservam os vestígios desse trabalho intenso. Ele está à procura de um método alternativo, que possa poupá-lo dessas fastidiosas análises detalhistas, que fazem da pesquisa uma servidão. Escreve suas fichas em papel bíblia rosa ou papel amarelo cortado em quatro. A parte de cima da ficha em geral comporta o nome do autor, e a data à esquerda. Embaixo da ficha figura a cota eventual do catálogo da BNF. Ele faz também listas de "palavras-valores", de coisas "para examinar", por exemplo: "1) Palavras valorizadas (a partir de sensibilidade, rotina, damas)/ 2) O díptico (vida, moral/ propriedade)/ 3) Os clichês-pares (casebre ≠ palácio)/ 4) As áreas nocionais/ 5) Carta social de uma palavra/Carta técnica da palavra (fábrica, manufatura)/ 6) Os diferentes tipos de linguagem (jurídica, moral)/ 7) As passagens de sentido próprio a figurado/ 8) Neologismos [...]". Ele se pergunta como se supre a ausência de uma palavra, interroga-se sobre o estado de necessidade de uma palavra. Ficha Fourier e Saint-Simon, mas também obras de e sobre Béranger, Blanqui, Blondin, Babeuf, Cabet, Armand Carrel, Considérant etc. Também vasculha um bom número de jornais, assim como arquivos parlamentares.[58]

56. Georges Matoré, *La Méthode en lexicologie*, op.cit., p.XIII.
57. Carta a Philippe Rebeyrol, 3 de novembro de 1952. Fundo Philippe Rebeyrol, IMEC.
58. BNF, NAF 28630, fichário, 2ª caixa, "Index-glossaire".

Em certas fichas a ambição de seu trabalho se revela e permite ver que seu fichário não se limita ao memento nocional ou bibliográfico, como costuma ocorrer entre os pós-graduandos antes da era digital. Mas estende sua função para a expressão de conteúdos: "Todo o sentido da tese deve ser esta coisa nova, em relação à etimologia e à semântica: que as palavras não proliferam por seus compostos e derivados, mas por seus adjuntos. [...] São os estados, os *campos* da palavra que mudam". Ou ainda esta ficha que revela bem a visada intelectual da tese e de suas consequências para o pensamento da linguagem: "Meu repertório fraseológico — se fosse exaustivo — deveria permitir ver o grau de mobilidade de articulação do léxico. Poderíamos medir exatamente o poder de conexão de cada palavra. Tal palavra seria numericamente mais rica em situações possíveis que tal outra. Poderíamos assim chegar a uma espécie de classificação das palavras, segundo sua flexibilidade, sua elasticidade, sua eletricidade, seu conteúdo em valências. Consequências incalculáveis, já que se começaria assim uma dinâmica extensiva das palavras tomadas em situação. Seria lutar contra uma ideia essencialista e associacionista da linguagem, segundo a qual cada unidade é comumente considerada como suscetível de combinações idealmente infinitas, o que é falso, sendo a existência de uma palavra incluída em certos limites possíveis de situações. É o problema do homem e dos homens. As palavras não são livres; há uma morte espacial das palavras". A energia investida é considerável, mesmo que este trabalho preparatório não se encaminhe no sentido da produção de um discurso contínuo. A reticência com relação à argumentação já é perceptível no método. Seus dois orientadores se dizem, entretanto, muito contentes com o avanço de seus trabalhos. O dossiê de carreira do CNRS comporta relatórios elogiosos de Bruneau e de Matoré: "Pude apreciar", escreve, por exemplo, Matoré, "o interesse considerável dos trabalhos do sr. Barthes, que até aqui esquadrinhou um certo número de jornais e textos administrativos e legislativos, assim como autores da época, romancistas, historiadores, escritores políticos. Os estudos do sr. Barthes utilizam textos cuja data é conhecida; são fundamentados no concreto das palavras, segundo um método objetivo que a maior parte dos lexicólogos franceses utiliza hoje. É certo que o sr. Barthes, graças a um método, que já foi provado, graças sobretudo à sua inteligência e à sua cultura, que pude muitas vezes apreciar, trará uma contribuição de absoluta primeira ordem a esta época no decorrer da qual nasceu a maior parte das ideias modernas sobre a sociedade".[59]

Apesar do tempo consagrado à tese, Barthes pode se dividir entre a redação de artigos para revistas, a preparação de seus livros e o trabalho documentário. O emprego do tempo do intelectual é estabilizado. O que não o poupa de depressões cíclicas. A de 1951--1952 tem certa intensidade. Aos 37 anos, ele sente o meio da vida se aproximar, motivo recorrente, que toma ares de ritornelo. "Crise difusa, bem banal, é verdade — do 'meio da vida', mas infelizmente *esse mezzo del camin di nostra vita* é ainda mais desértico; ainda não realizei nada. Chego ao cerne da idade madura com uma juventude imperfeitamente realizada. Não é, para dizer a verdade, a velhice que me perturba, é envelhecer antes de ter esgotado os ritos sociais de cada idade."[60] Apesar dos inúmeros projetos, das encomendas de artigos cada vez mais urgentes, dos livros a serem publicados, ele ainda não vislumbra o programa de uma *vita nova*. Para que sua vida mudasse, sem dúvida para ele seria preciso, naquele momento, que as pessoas mudassem. O vínculo quase necessário entre os intelectuais e o comunismo o fatiga terrivelmente. Ele gostaria de ver pessoas novas, encontrar pessoas diferentes. Seus melhores amigos, Rebeyrol e Greimas, estão no exterior, e ele os encontra apenas por breves períodos. Robert David se afastou um pouco. Sirinelli está de novo em Paris, mas sua conversão religiosa o conduz a análises políticas que Barthes considera fascizantes, e por isso se afasta dele. Não sabe o que fazer de suas noites, onde passá-las, quem ver. Luta livre em Élysée- Montmartre, Carrasco de Béthume versus o Anjo Branco; filmes, alguns concertos, peças de teatro. A noite se apossa dele sem retê-lo. As viagens são diversões interessantes. Liberam sua vida e seu ser. Em julho de 1951, passa três semanas na Dinamarca e, na primavera de 1952, vai ver Pierre Guiraud, que tem um posto em Groningue, na Holanda. Aproveita para fazer uma verdadeira viagem turística, de Amsterdã, a Haia, do Rijksmuseum ao Mauritshuis, onde é tomado por uma paixão pela pintura holandesa, que lhe ins-

---

59. Dossiê de carreira científica e administrativa, missão dos arquivos nacionais junto ao CNRS, Gif-sur-Yvette, citado por Jacqueline Guittard, "Hygiène du roman. *Le Degré zéro de l'écriture* sous influence", *Romanesques*, n.6, 2014, pp.19-32 (p.21), que estuda nesse artigo a marca desses estudos lexicográficos, no primeiro livro publicado.
60. Carta a Philippe Rebeyrol, 20 de abril de 1952. Fundo Philippe Rebeyrol, IMEC.

pira a ideia de uma crítica de arte fundada em assuntos e não em pintores ou escolas. No exterior ele se sente leve, não precisa proteger sua mãe, nem sua posição. Estreita relações, sai muito à noite, chega a "viver livremente", como escreve pudico em suas cartas.

O último encontro decisivo daqueles anos tão frutíferos é com Jean Cayrol, que conhece graças a Albert Béguin,[61] depois da resenha de *Lazare parmi nous* que Barthes publica no número de *Combat* de 21 de setembro de 1950. Cayrol é, então, um importante ator no campo literário. Se antes da guerra havia publicado apenas poesia, depois de sua volta do campo de Mauthausen, para onde foi deportado por ações de resistência, escreve narrativas e ensaios. Abordado por Paul Flamand em 1949, entra na editora Seuil. Em 1956 ele funda a revista Écrire, consagrada à publicação dos primeiros textos de jovens autores, o que a faz parecida a uma coleção (no que se tornará em 1965). Sollers, em dezembro de 1956 e sob o nome de Philippe Joyaux, escreve uma carta a Cayrol dizendo que espera ser publicado. Muitos futuros membros do conselho da revista nela publicaram seu primeiro texto: Sollers, Faye e Pleynet em 1957; Boisrouvray e Jacques Coudol em 1959; Denis Roche em 1962. Desenhando um retrato muito negro da literatura contemporânea, Cayrol quer descobrir novos autores, fazendo-lhes ao mesmo tempo tomar consciência do clima de anestesia geral pelo qual são afetados, e da necessidade de sair dele. Sua posição está na encruzilhada de várias tendências desse meio: o existencialismo, de que está próximo por meio de Camus; o personalismo cristão, muito presente na Seuil; a vanguarda, encarnada pelos jovens escritores para os quais solicita matérias para Écrire. A editora Seuil tinha sido fundada por Henri Söjberg para reunir jovens católicos ao redor de uma vontade comum de engajamento na sociedade. Com edições organizadas por Paul Flamand e Jean Bardet, até a ocupação ela publica apenas para a juventude e para o movimento escoteiro. Sem capital simbólico nem econômico, os jovens editores têm necessidade de atrair a atenção dos autores importantes e que podem ter um lugar na França do pós-guerra. Procuram reunir redes católicas progressistas da resistência, suscetíveis de arregimentarem outros antigos resistentes. É assim que eles se aproximam das edições suíças La Baconnière, dirigidas durante a guerra por Albert Béguin,

---

[61]. A primeira carta de Cayrol dirigida a Barthes indica, com efeito, que ele lhe escreve "da parte de [meu] amigo Albert Béguin".

editor dos poetas da resistência e então professor na Universidade de Basileia. Béguin se instala em Paris em 1946 e as Éditions du Seuil lhe propõem entrar no conselho; Béguin assume a direção da revista *Esprit*. Em 1947, coeditado pelas duas casas, La Baconnière e Le Seuil, *Je vivrai l'amour des autres*, de Jean Cayrol, recebe o prêmio Renaudot, e o autor, por sua vez, entra no conselho. A estratégia consiste, além disso, em não se fechar numa imagem confessional e religiosa e em diversificar a imagem da Seuil junto à crítica e ao público: é com essa finalidade que a casa republicou a *Histoire du surréalisme*, de Maurice Nadeau, em 1945; *Sade mon prochain*, de Pierre Klossowski, em 1948; e *La Signification humaine du rire*, de Francis Jeanson, em 1951.[62] Em 1951, o dinheiro trazido pelo extraordinário sucesso do *Petit Monde de Don Camillo*, de Giovanni Guareschi — um milhão e duzentos mil exemplares vendidos no total — é objeto de uma operação de investimento em diversas coleções, podendo trazer rendimentos, mas sobretudo assegurar um lugar no campo intelectual e literário. É, pois, numa casa jovem, em boa situação e na direção da vanguarda, que Barthes assina seu primeiro contrato em 1953, por iniciativa de Jean Cayrol.

Esse encontro é decisivo por três razões: primeiro porque insere Barthes numa editora a que permanecerá fiel durante toda a vida, a Éditions du Seuil, no momento em que Queneau, na Gallimard, recusa-se a publicar *O grau zero da escrita*;[63] segundo porque libera sua escritura ensaística e lhe fornece matéria para reflexão e tomada de posição; enfim, porque lhe permite criar novos vínculos, incluí-lo num meio literário que não o dos trotskistas, aberto por Nadeau, nem o da universidade. Barthes começa a diversificar seus meios de publicação.

---

62. As fontes são numerosas para a história das Éditions du Seuil. Ver, em particular: Anna Boschetti, "Légitimité littéraire et stratégies éditoriales", in *Histoire de l'édition française. Le livre concurrencé, 1900-1950*, org. de Roger Chartier e Henri-Jean Martin (Paris: Fayard, Cercle de la librairie, 1986), pp.510-51; Hervé Serry, *Les Éditions du Seuil, 70 ans d'histoires* (Paris: Seuil, 2008); Jean Lacouture, *Paul Flamand éditeur. La grande aventure des Éditions du Seuil* (Paris: Les Arènes, 2010); André Parinaud, "'Le Seuil', le plus jeune des 'grands', nous explique comment on devient éditeur", *Arts*, n. 594, 21-27 de novembro de 1956.
63. Carta de Raymond Queneau, 8 de fevereiro de 1952. Coleção particular. "Do ponto de vista puramente de edição, há poucas chances de que publiquemos aqui uma obra tão curta. [...] Que tudo isso não o impeça de publicar a parte inédita em T[emps] M[odernes]." Quando, para a redação de *Roland Barthes por Roland Barthes*, Barthes faz fichas sobre o conjunto de suas obras, uma das anotações se refere a esse episódio: "Grau zero: a segunda parte do DZ bem melhor, bem mais bem-vinda que a primeira (é, creio, a parte original). (Não foi aquela recusada por Gallimard?)". Ver BNF, NAF 28630, fichário verde 1.

Graças ao encontro com Albert Béguin, que o procura desde outubro de 1950, depois da publicação de seu artigo sobre "o grau zero",[64] ele propõe à *Esprit* seu grande artigo sobre Michelet, e o conselho da revista o convida logo para uma colaboração constante. Lá ele publicará suas primeiras "mitologias", a partir de 1952, antes de dá-las às *Lettres nouvelles*. Compreende-se, ao ler o artigo hoje, o que pode ter chocado os leitores de "Michelet, l'Histoire et la mort". Numa sociedade onde se revela o crime de massa, o pensamento que aí se desvela convém a esses tempos decadentes. Há nesse artigo passagens que antecipam o livro de 1954 e que neste serão, aliás, retomadas: sobre o vegetal, o quadro, as diversas corporalidades que atravessam o texto de Michelet, a tensão fecunda que ocorre entre narrativa e quadro. Mas as páginas consagradas à pós-história, a de um tempo pós-revolucionário, sem verdadeira dimensão temporal, se por um lado contradizem a esperança marxista, por outro correspondem ao sentimento de desmoronamento da cultura experimentado depois da Segunda Guerra Mundial. Nesse sentido, esse artigo também dialoga com Cayrol, com a própria reflexão de Cayrol sobre a possibilidade de sobrevida no contexto dos campos de concentração. O ponto comum entre o imaginário de Lázaro, segundo Cayrol, e a história de Michelet, segundo Barthes, é uma capacidade de viver a morte, de se levar em conta no pensamento e na escritura "a morte carnal de milhões de homens". Em Cayrol como em Michelet, desse encontro direto com a morte procede a possibilidade de uma ressurreição. Mas do mesmo modo que em Cayrol o renascimento não é total, que a literatura carrega o traço do desastre, a memória do sinistro e os estigmas do "grande medo",[65] assim também o fim de Michelet "não é uma ressurreição integral que deixaria sempre subsistir a vida com seu enfrentamento da morte".[66]

---

64. Carta de Albert Béguin, 2 de outubro de 1950. Coleção particular. "Senhor, gostaria muito de entrar em contato e, se possível, convencê-lo a colaborar com *Esprit*. Seu artigo, no ano passado, sobre o grau zero, me tinha vivamente impressionado e, desde então desejei conhecê-lo. Perdoe-me por expressar esse desejo apenas hoje e por solicitá-lo. Creia-me seu, Albert Béguin." A sequência da correspondência não desmente nunca essa admiração de Béguin por Barthes, que ele exprime artigo após artigo, livro após livro, sem economizar os cumprimentos.
65. "Un prolongement de la littérature de l'absurde", *Combat*, 21 de setembro de 1950 (OC I, p.105).
66. "Michelet, L'Histoire et la mort", *Esprit*, abril de 1951 (OC I, p.123).

O propósito do artigo sobre Michelet assemelha-se, em diferentes momentos, ao que Lucien Febvre, em seus cursos no Collège de France durante a guerra, apresentava: ele fazia de seus seminários verdadeiras lições de resistência; dizia, por exemplo, que "criando" com todas as peças a história da França, Michelet a tinha liberado da raça; ele convidava o auditório a reagir face a "esta grande liquidação, esta grande demolição de um mundo material, mas também espiritual e moral", e se liberar da morte.[67] É possível que Barthes tenha seguido algumas sessões do curso de 1943, "Michelet, la Renaissance". De janeiro a julho de 1943, ele se achava, de fato, em convalescença na rua Quatrefages e, durante o dia, podia sair para preparar um certificado de licenciatura. Já mergulhado na leitura de Michelet, informado, sem dúvida, sobre o curso no Collège, vizinho da Sorbonne, é possível que tenha entrado na sala vez ou outra. Não há como confirmar, e Barthes não menciona Febvre no dia da *Aula*, em 1977, mas o historiador constitui para ele uma referência importante, recorrente, o que permite fazer essa hipótese. Coincidência impressionante, quando Lucien Febvre resenha o *Michelet par lui-même* em 1954 em *Combat*, começa por uma referência a Lázaro: "História viva [...]. Mas a mais viva de todas as histórias não é antes a dos homens que receberam o dom precioso de ressurreição? *Lazare, veni foras* — e Lázaro se levanta, sai e anda".[68] Não se poderia ilustrar melhor afinidade tão profunda.

Vários traços aproximam Barthes e Cayrol. Como Barthes, Cayrol vive com a mãe, na aldeia de Saint-Chéron, na Essone, onde Paul Flamand também tem uma casa. Da experiência do campo de concentração, ele tirou uma reflexão sobre formas particulares de fugas, nas quais Barthes se reconhece mais que num comportamento de intelectual engajado, para quem a luta, a resistência armada, resultam numa vontade desenfreada de mudar o mundo. Sem nivelar o campo de deportação ao sanatório, o que seria uma redução ultrajante de tal modo a consideração do humano e do indivíduo é diametralmente oposta, Barthes considera que Cayrol está um passo além da prova do

---

67. Lucien Febvre, *Michelet, créateur de l'Histoire de France*, org. de Brigitte Mazon e Yann Potin (Paris: Vuibert, 2014). O curso do ano precedente, que Barthes poderia ter seguido em parte: *Michelet, la Renaissance*, org. de Paule Braudel (Paris: Fayard, 1992).
68. Lucien Febvre, "Michelet pas mort", *Combat*, 24-25 de abril de 1954, p.1. Na sequência do artigo, Febvre se mostra muito elogioso sobre o livro de Barthes. Ele até mesmo prevê que a publicação do *Journal* de Michelet confirmará intuições fortes do livro.

afastamento e do aprisionamento. Definindo a literatura da época a partir da noção de "romanesco lazareano", o autor de *Lazare parmi nous* faz da prisão a experiência capital desse tempo. Ele é, aliás, um dos primeiros, com Jean Rousset, a considerar que a literatura possa se transformar sob o impacto dos acontecimentos dos campos de concentração. Barthes é sensível a isso no estudo complexo que começa em 1951 e que ele publica no número de *Esprit* de março de 1952: "Todo romance de Cayrol tende a mostrar que há uma ordem de existências — talvez aquelas que sobreviveram aos campos — onde o poder de assumir um sofrimento humano formado em nossa própria e pessoal história constitui um estado pesado e rico da humanidade, um triunfo muito elaborado aquém do qual existiram tempos de uma incrível pobreza".[69] Assim, vencer o desastre passa nele por duas figuras: a da testemunha denunciando um estado da humanidade e do mundo, mas também a da reviravolta, a travessia da morte propiciando um novo acontecimento. Barthes, que faz de Cayrol, com Camus, uma de suas principais referências contemporâneas nesse período, retém essencialmente duas linhas de força de suas leituras: Orfeu, versão mitológica do Lázaro cristão, mas que tem com ele muitos traços comuns — é também uma figura da metamorfose, pela qual se desloca um limite, uma figura de renovação —, e a escritura branca. Ao preço de certo apagamento das dimensões históricas e éticas da reflexão de Cayrol, Barthes chega pouco a pouco a fazer nascer de suas proposições alvos estéticos que se juntam aos dele. Na introdução de *O grau zero da escrita*, ele faz de Cayrol um dos exemplos da escritura branca, ao lado e Blanchot ou Camus. Mais do que recolocar seus textos na órbita teórica de *Lazare parmi nous*, ele se apropria deste em proveito de sua própria definição da escritura, não literária e atonal. Oculta pouco a pouco a dimensão espiritual da obra de Cayrol, e a referência entretanto central aos campos de concentração, testemunhando uma forma de confiscação dos textos de que gosta, algo que mais tarde ele vai tornar uma regra.[70]

---

69. "Jean Cayrol et ses romans", *Esprit*, março de 1952 (OC I, p.157) [ed. bras.: "Jean Cayrol e seus romances", in *Inéditos vol. 2 — Crítica*, p.52]. O artigo é consagrado aos dois primeiros romances de Cayrol, reunidos sob o título *Je vivrai l'amour des autres* e *Le Feu qui prend*.
70. Ver o artigo de Bernard Comment, "Prétextes de Roland Barthes", *Magazine littéraire*, n. 314, outubro de 1993, pp.59-63, que mostra esta operação de apropriação de Cayrol, Camus e Robbe-Grillet.

No decorrer desse período, Barthes escreve ou retoma os artigos de *O grau zero*: relê, faz muitas rasuras, depois datilografa e relê de novo, risca e substitui. Na introdução, por exemplo, a frase "A escritura clássica explodiu, pois, e a Literatura inteira, de Flaubert a nossos dias, tornou-se uma problemática da linguagem" era prolongada, no manuscrito, por esta outra frase: "problemática irresoluta, com certeza, pois a História é sempre alienada e as consciências dilaceradas: o aniquilamento das escrituras é ainda impossível".[71] Essas correções não procuram apenas suavizar o estilo do discurso proselitista marxista: visam também purificar o estilo, reduzir as imagens, talvez para aproximar sua própria escritura daquelas sobre as quais fala. A obra é publicada em março de 1953 na coleção Pierres vives, criada desde 1945 por Paul Flamand, mas cuja direção foi confiada a Claude-Edmonde Magny (que também tinha publicado na La Baconnière logo depois da guerra e colaborava na revista *Esprit*). O texto é acompanhado de "Prière d'insérer", programático ao extremo, mesmo que, modesto, o autor o apresente como uma hipótese. Uma hipótese com dimensão poética — a obsessão de um não estilo ou de um estilo puramente falado, em suma, de um "grau zero da escrita literária" — e uma dimensão histórica, já que Barthes faz voltar para meados do século xix essa distância do escritor em relação à ideia de uma linguagem separada. É um livro curto, que responde por sua brevidade a uma preocupação dos anos anteriores com o tempo e a coragem que faltam. "Por que não produzir voluntariamente uma literatura curta?", perguntava ele a Rebeyrol em dezembro de 1951. Se essa brevidade corresponde ao mesmo tempo a uma obrigação e a um desejo, ela se expõe as reações da crítica. A decisão da publicação torna Barthes vulnerável. Ei-lo "saído" dos anos sombrios, exposto, enfim, neste mundo literário do qual espera muito, mas onde continua a se sentir inadaptado, sempre lhe faltando um pouco de ar.

---

71. BNF, NAF 28630, "Le Degré zéro de l'écriture. Manuscrits".

capítulo 8

BARTHES
E SARTRE

Já bem introduzido na esfera intelectual, Barthes procura definir seu papel, sua posição crítica, seu discurso político. Em 1953, acaba de publicar seu primeiro livro, mas ainda se interroga sobre o alcance social e político da escrita. É no quadro dessa busca que ele encontra inevitavelmente a figura de Jean-Paul Sartre.

O paralelo entre Barthes e Sartre provém menos da narrativa biográfica no sentido estrito — eles apenas se cruzaram e não têm laço pessoal direto — do que da preocupação de compreender uma *vida histórica*, isto é, uma vida tomada em sua época e que ao mesmo tempo possa dar certa representação da época. É bem disso que se trata para um e para outro, que, com seus nomes com sonoridades vizinhas, fizeram do pensamento uma arte (no cerne mesmo de seus dois patronímicos): Sartre, Barthes, esses monossílabos formam os limites de um período histórico. O pensamento francês do século XX os inscreve entre as figuras tutelares, e suas decisões, como suas obras, se justificam pela observação interior ou exterior que fizeram de sua época. Entretanto, são eles exatamente contemporâneos? ("De quem sou contemporâneo? Com quem é que eu vivo?", pergunta Barthes em seu primeiro curso no Collège de France. "O calendário não responde bem.")[1] Partilham uma história e uma visão de história? O olhar retrospectivo sobre seus itinerários cruzados os insere no mesmo movimento? É óbvio que não. Quando, logo depois da guerra, Sartre aparece como referência do moderno, Barthes não pretende se definir segundo essa injunção; quando, mais tarde, Barthes se torna o

---

1. *Comment vivre ensemble*, p.36 [ed. bras.: *Como viver junto*, p.11].

número 1 da vanguarda com a nova crítica, Sartre prega um retorno ao humanismo que parece extemporâneo. Ao engajamento ativo de Sartre opõe-se a oscilação, tão regular em Barthes quanto a batida de um relógio, entre engajamento e desengajamento. Vistos de fora, eles oferecem a dupla face do intelectual francês, um sempre às voltas com o mundo, o outro no movimento de retomada e renúncia que dá liberdade e dinamismo ao pensamento. Entretanto, não se pode limitar seu duplo retrato à figura da oposição. Eles se unem também em muitos pontos, sem dúvida, mais interiores e secretos, e este encontro, mais legível nos textos do que nas anedotas da vida, explica que hoje tenhamos necessidade das duas personagens para compreender o que estava em jogo naquele momento da história das culturas, na França e na língua francesa: eles encarnam um vínculo inédito entre literatura, política e filosofia, que dá à literatura uma potência crítica e cognitiva inegável, concedendo-lhe todas as capacidades — de transformação, de revolução e de compreensão. Depois esse vínculo foi cortado e essa potência, enfraquecida; mas retomar a história desse liame, compreender o que ele foi, é, ao mesmo tempo, uma maneira de lembrar seu papel reparador após o desastre das duas guerras mundiais e do horror impensável da exterminação dos judeus, e afirmar que a crítica pode ter uma eficácia social, inclusive quando se apoia na literatura, que ela mesma se faz literatura e, sem dúvida, em parte graças a isso mesmo.

Nesta pausa na narrativa cronológica, o que está em jogo é a elaboração da síntese de alguns aspectos importantes do percurso de Barthes: mensurar como Sartre foi determinante para permitir a Barthes afirmar-se, não ter medo de seu poder de afirmação; compreender em seguida relações variadas e às vezes divergentes do intelectual crítico em relação ao moderno; captar, enfim, uma relação entre sexualidade e controle (ou não controle) que determina, em parte, posições intelectuais disjuntas.

A QUERELA DAS RESPONSABILIDADES

Há assim numerosas razões para comparar Barthes e Sartre e para contar a história de seus laços. Comentou-se a dedicatória de *A câmara clara*, "Em homenagem a *O imaginário*, de Sartre", a diferença de engajamento, as respectivas contribuições no campo cultural e intelectual, a relação ambígua com os sistemas, as mortes quase simultâneas. Um número avulso da *Revue d'esthétique*, em 1991, os associa numa mesma celebração: não para compará-los, mas para perfilá-los face a face e no mesmo plano: para marcar sua equivalência na história do pensamento. Sartre, porém, parece mais velho. Não só nasceu dez anos antes, como começa mais jovem na literatura, ao passo que Barthes estreia tardiamente, quinze anos depois. Sartre é, então, uma referência para aquele que se inicia na vida intelectual. Barthes admite isso na entrevista com Normand Biron para a rádio Canada, em que confessa estar na posição de leitor em relação a ele: "Desembarquei na vida intelectual imediatamente depois da liberação de Paris, no momento em que o escritor que líamos, aquele que mostrava o caminho, que ensinava a nova linguagem, era Sartre. Ora, uma das ações mais importantes de Sartre foi, precisamente, desmitificar a literatura em seu aspecto institucional, reacionário e, de alguma maneira, sacralizado; essa foi uma de suas grandes realizações".[2] Barthes acrescenta ter participado, guardadas as proporções, dessa operação, primeiro se atribuindo tarefas de desmitificação ideológica (por exemplo, nas *Mitologias*), e em seguida voltando a se centrar na escritura. No mesmo momento, em *Roland Barthes por Roland Barthes*, ele afirma que "sua maneira de escrever se formou num momento em que a escritura do ensaio tentava renovar-se pela combinação de intenções políticas, de noções filosóficas e de verdadeiras figuras retóricas (Sartre está repleto delas)".[3] Podemos tomar ao pé da letra essas reconstruções da autobiografia intelectual, reiteradas, marteladas, nos anos 1970, e que reconhecem uma influência direta, uma marca insistente?[4] Nada é menos seguro. É a história complexa de uma "longa série de gestos de filiações e de desfiliações",[5] legível nas aparições como nas rasuras do nome de Sartre nos escritos de Barthes.

---

2. "La dernière des solitudes", entrevista com Normand Biron, in *Revue d'esthétique, Sartre/Barthes*, p.114; recolhido em OC v, p.419.
3. OC IV, p.635 [ed. bras.: *Roland Barthes por Roland Barthes*, p.89].
4. Ver também "Vingt mots-clés pour Roland Barthes" (Entrevista com Jean-Jacques Brochier, *Magazine littéraire*, n. 97, fevereiro de 1975) (OC IV, p.857) [ed. bras.: "Vinte palavras-chave para Roland Barthes", in *O grão da voz*, p.302: "No momento em que comecei a escrever, depois da guerra, a vanguarda era Sartre. O encontro com Sartre foi muito importante para mim. Sempre estive não fascinado, a palavra é absurda, mas modificado, arrebatado, quase incendiado, por sua escrita de ensaísta. Ele realmente criou uma nova língua do ensaio, que me impressionou muito"].
5. Marielle Macé, "Barthes, Sartre, comme um roman", conferência pronunciada em 17 de janeiro de 2003 no colóquio "Barthes et la traversée des signes", Centre Georges Pompidou, gentilmente comunicado à autora.

Na medida em que desaparece a relação com Gide, intensifica-se aquela com Sartre, que é também da ordem da confrontação. Gide morreu em 1951, bem antes de Barthes começar a publicar; progressivamente surge essa outra influência, que não é de uma concordância ou uma conivência de temperamentos, como com Gide, mas uma espécie de rivalidade mais ou menos consciente, mais ou menos expressa. Afirmar-se como um intelectual que conta, ter a palavra e uma palavra que se faça ouvir, implica ser ao mesmo tempo como Sartre e diferente dele. Assim, as posições de ambos costumam divergir, mas suas escolhas essenciais, como, aliás, seus dados biográficos, também os aproximam. "Ambos se engajam. Não do mesmo modo: Sartre é o único a querer, às vezes, descer na arena, e chega a descer, sem, no entanto, abandonar sua escrivaninha. Mas ambos são, primeiro, escritores, e é como tais que eles se engajam."[6] Por sua vez, Susan Sontag (que prefaciou a tradução em língua inglesa de *O grau zero*) faz do engajamento o lugar de expressão de uma diferença de caráter: "Há algo de brutal, de bom menino na concepção sartriana do mundo, uma atitude voluntarista com relação à simplicidade, à resolução, à transparência; a concepção que disso tem Barthes é irrevogavelmente complexa, vigilante com relação a si, refinada, irresoluta".[7] Um busca o enfrentamento que o outro evita; um é diretamente político enquanto o outro mantém com a política uma relação defensiva.

De maneira muito estratégica — é, com o marxismo, a segunda estratégia visível realizada em seu percurso —, Barthes posiciona seus artigos de *Combat* e seu primeiro livro num diálogo com Sartre. Afirma sem margem para dúvida sua vontade de ocupar uma posição no debate intelectual daquele momento e também talvez com mais discrição, procura esquecer os anos cerceados em que esteve ausente na história. Ele não o cita jamais textualmente em *O grau zero da escrita*, mas o nome de Sartre aparece três vezes e algumas de suas proposições são respostas diretas às questões postas em 1947 em *Que é a literatura?*, assim como objeções a suas proposições. É,

---

[6]. Mikel Dufrenne, "Présentation", *Revue d'esthétique*, edição especial "Sartre/Barthes", 1991, p.5.
[7]. Susan Sontag, *L'Écriture même: à propos de Barthes*, trad. do inglês por Philippe Blanchard, em colaboração com o autor (Paris: Christian Bourgois, 1982), p.35.

aliás, surpreendente ver como todo um trabalho de Barthes, legível nos manuscritos, consiste em apagar a presença explícita, nominal, de Sartre em seus livros. Ele não inclui o primeiro artigo de *Combat* ("Responsabilité de la grammaire") em *O grau zero da escrita*, no qual elogiava soluções encontradas pelo autor de *Sursis* contra os impasses do estilo; da mesma maneira, transforma consideravelmente o último artigo retomado com o título "A utopia da linguagem", eliminando em parte a referência a Sartre, mas ao mesmo tempo lhe prestando uma homenagem direta pelo termo "utopia", presente no fim de "Para quem se escreve?" (enquanto o título do artigo de *Combat* era "Le sentiment tragique de l'écriture"). Na segunda versão manuscrita das *Mitologias*, outro exemplo quase que ainda mais surpreendente: nove notas são consagradas a Sartre, e elas são retiradas do conjunto de sua obra;[8] na versão final publicada, são retomadas numa única nota, sobre *Saint Genet*. Se Sartre constitui de fato um modelo — e um contramodelo —, não se trata de deixar isto visível, o que situaria o filósofo acima do autor. Barthes toma muito cuidado em marcar a relação, a diferença, a necessidade de se medir com a noção de engajamento, de tomar parte no debate sobre a responsabilidade da literatura, mas fazendo ouvir sua própria voz, sem assimilar sua fala a um quadro ou a um discurso externos.

Parte da concepção sartriana da literatura aparece como natural em *O grau zero*, em especial a ligação da literatura e da prosa, mas também o caráter ético do imperativo literário. Mas enquanto Sartre constrói uma moral dos fins, um pensamento funcional da literatura — "ao falar, desvendo a situação por meu próprio projeto de mudá-la [...] passo a dispor dela; a cada palavra que digo, engajo-me um pouco mais no mundo e, ao mesmo tempo, passo a emergir dele um pouco mais, já que o ultrapasso na direção do porvir"[9] —, Barthes lhe opõe uma moral das formas que a reabre consideravelmente: "Colocada no âmago da problemática literária, que não começa senão com ela, a escrita é então essencialmente a moral da

---

8. BNF, NAF 28630, "Mythologies".
9. Jean-Paul Sartre, *Qu'est-ce que la littérature?* [1948] (Paris: Gallimard, 1981), p.29. Col. Idées [ed. bras.: *Que é a literatura?*, trad. de Carlos Felipe Moisés. 3ª ed. (São Paulo: Ática, 2004), p.20].

forma, é a escolha da área social no seio da qual o escritor decide situar a Natureza de sua linguagem".[10] Sartre oscila entre uma sacralização da literatura (ela é "tudo") e um desdém por seu jogo e irresponsabilidade; Barthes, por sua vez, hesita entre a morte da literatura e a assunção da escritura, num movimento de essencialização da forma que parece contradizer o desaparecimento evocado antes. À pergunta: "O que é a literatura?", Barthes opõe, na abertura de seu livro, a questão paralela "O que é a escritura?", que é, ao mesmo tempo, uma questão simétrica e uma resposta à pergunta sartriana. O verdadeiro escritor seria aquele que escapa à literatura, um escritor sem literatura, produzindo uma escritura branca, um "grau zero" — ele retoma a formulação de Viggo Brondal (lembremos que ele havia lido, na Romênia, seus *Essais de linguistique générale*), como também seu termo "neutro"[11] —, antes de fazer de "grau zero" uma metáfora capaz de dizer muitas coisas (encontramos cerca de cinquenta ocorrências no conjunto da obra), por exemplo os jovens como "grau zero da classe social",[12] a torre Eiffel como "grau zero do monumento",[13] Racine como "grau zero do objeto crítico"[14] ou a Escola Prática de Estudos Avançados como "grau zero de qualquer instituição de ensino",[15] uma fórmula com o destino que conhecemos e recuperável por todos. Esta escrita no grau zero é, no entanto, pensada por Barthes como um signo trágico, já que resulta num impasse. "Por mais que [o escritor] crie uma linguagem livre, devolvem-na a ele fabricada, pois o luxo nunca é inocente: e é essa linguagem socada e fechada pela imensa pressão de todos os ho-

---

10. *Le Degré zéro de l'écriture*, OC I, p.180 [ed. bras.: *O grau zero da escrita* seguido de *Novos ensaios críticos*, *op.cit.*, p.14].
11. O neutro e o grau zero são mais ou menos similares em Brondal: o grau zero é um termo que se opõe ao negativo e ao positivo (que designam quaisquer contrários) e que é definido pela não aplicação da relação (termo zero da morfologia ou grau zero da fonologia). É, por exemplo, o indicativo como forma a-modal (nem subjuntivo, nem imperativo) ou a terceira pessoa (nem a primeira, nem a segunda). Ver Claude Zilberberg, "Relation et rationalité. Actualité de Brondal", *Langages*, ano 22, n. 86, 1987, pp.59-77. Barthes não cita nominalmente Brondal em *O grau zero*. Ele o faz mais tarde em "Éléments de sémiologie", OC II, p.641 [ed. bras.: *Elementos de semiologia*].
12. "Tragédie et hauteur" (OC I, p.976).
13. *La Tour Eiffel*, OC II, p.54.
14. *Sur Racine*, OC II, p.54 [ed. bras.: *Sobre Racine*, trad. de Antonio Carlos Viana (Porto Alegre: L&PM, 1987), p.5].
15. "École", in "Fragments inédits du *Roland Barthes par Roland Barthes*", *Le Lexique de l'auteur*, p.277.

mens, que não a falam, que ele deve continuar a usar. Há pois um impasse da escrita, e é o impasse da própria sociedade: os escritores de hoje o sentem: para eles, a busca de um não estilo, ou de um estilo oral, de um grau zero ou de um grau falado da escrita é, em suma, a antecipação de um estado absolutamente homogêneo à sociedade; a maioria compreende que não pode haver linguagem universal fora de uma universalidade concreta, e não mais mística ou nominal, do mundo civil."[16] Esse momento quase conclusivo de *O grau zero* permite ler os três estratos de discurso subentendidos nesse texto e cuja mistura cria a complexidade: o *discurso existencialista* da liberdade, da pressão, da humanidade, como em Sartre, mas talvez ainda mais fundamentado; o *discurso marxista* da sociedade sem classes como visada última, da sociedade desalienada; enfim, o *discurso da linguística*, presente aqui por meio da expressão "grau zero", mas por toda parte na distinção estabelecida entre língua, estilo e escritura. Esse entrelaçamento, que às vezes confina com a fusão, é um modo de marcar sua distância em relação a Sartre, de ir mais longe que ele talvez,[17] de se posicionar de outro modo na escritura do ensaio.

A *démarche* de Barthes no primeiro livro publicado é reveladora daquilo que será sua marca no pensamento: ele é ao mesmo tempo afirmativo e fugidio ou reservado, buscando uma inserção, mas recusando as etiquetas. Assim, ao "sabe-se que" que abre o primeiro artigo, e a outras fórmulas peremptórias desse gênero, respondem enunciados ondulantes como "a pesquisa do não estilo, ou de um estilo oral, de um grau zero ou de um grau falado da escritura", nos quais se perdem as atribuições, nos quais a escritura se faz busca e não hesita em se perder em equivalências incertas, mesmo em francas contradições.

Se podemos considerar *O grau zero da escrita* como uma data essencial na vocação do intelectual crítico, é, de um lado, por seu modo de se posicionar no campo do pensamento — e aqui Sartre é, tanto para Barthes como para muitos outros intelectuais de es-

---

16. *Le Degré zéro de l'écriture*, OC I, pp.223-24 [ed. bras.: *O grau zero da escrita*, *op.cit.*, pp.75-76].
17. É a opinião de Jean-Claude Milner: "Sartre deteve-se no limite da língua, Barthes suportava o peso da inteligência desalojada na materialidade das palavras e das frases; ele ousava sustentar que a literatura, como forma ideológica, implica decisões sobre a escrita — e, reciprocamente, que toda decisão de escrita engaja uma ideologia". *Le Périple structural* (Paris: Verdier Poche, 2002), p.161.

querda, a figura principal — e, de outro, por seu modo de construir um estilo próprio, na retomada e na renúncia dos outros. Medem-se bem as leituras que estão no plano de fundo do texto, mas vê-se também como Barthes se apropria delas e as mistura para fazer "seu" pensamento, "seu" estilo. Sua implicação na leitura é de tal modo existencial e afetiva que, quando ele se identifica com uma imagem ou um pensamento num autor, pode tomá-los para si. Em "O que é a influência?", fragmento de *Roland Barthes por Roland Barthes*, ele distingue entre os autores sobre os quais escrevemos, que constituem o objeto de uma análise, com os quais a relação é nitidamente estabelecida, e os autores que lemos. O que vem destes últimos é "uma espécie de música, uma sonoridade pensativa, um jogo mais ou menos denso de anagramas".[18] Entre estes dois polos, o escritor de que gostamos, aquele que a leitura nos transportou e que continua a viver na memória e no coração, e a figura pública do intelectual que admiramos e que irrita por sua presença e alguns de seus engajamentos, mantêm sem dúvida a complexidade e a força do vínculo com Sartre. É claro que Barthes reivindica, desde o começo, um lugar no campo intelectual. Isso implica ter um pensamento sobre a história, mas também tomar posições. É interessante notar que, se o livro, no que diz respeito aos artigos de *Combat*, procura camuflar a referência a Sartre e parte da admiração que ele lhe dedica, Barthes acrescenta ao mesmo tempo dois textos inéditos que são vivas implicações no campo de ação, em particular suas análises de "Situação do escritor em 1947": na primeira parte, o capítulo "Escrituras políticas" retoma certos aspectos do relatório feito na Romênia sobre a linguagem stalinista e coloca em cena o tipo novo de "scriptor", imposto pela expansão do político no campo das letras, "a meio caminho entre o militante e o escritor, tirando do primeiro uma imagem ideal do homem engajado, e do segundo a ideia de que a obra de arte escrita é um ato". Assim a escritura *"Esprit"* e a escritura *"Temps modernes"* se unem numa mesma defesa e ilustração de um propósito comum que se tornou instituição, o da "presença". "O impasse destas escrituras é, pois, total," conclui Barthes com veemência, "elas só podem remeter a uma cumplicidade ou a uma impotência, isto é, de toda maneira, a uma alienação." Numa segunda parte, o título do

---

18. OC IV, p.683 [ed. bras.: *Roland Barthes por Roland Barthes*, p.123].

capítulo acrescentado é "Escritura e revolução". É uma crítica pesada, polêmica e irônica ao extremo, ao realismo socialista à francesa tal como ilustrado sobretudo por André Stil, escritura convencional que apresenta todos os signos da literatura burguesa, "mecanizando sem moderação todos os signos intencionais da arte". Se poupa Aragon de sua vindita porque ele soube cruzar o realismo com tintas vindas do século XVIII, vê-se bem em que direções estratégicas Barthes conduz seu livro: para um posicionamento nitidamente marxista, mas bastante separado do comunismo, intenção que já exprimira a seus interlocutores privados; e em direção ao traçado de uma demarcação nítida em relação à escrita engajada tal como é concretizada por Sartre em seus ensaios e em sua revista. É bem assim que este o entende, pois, no contexto de uma recepção extremamente favorável do primeiro livro de Barthes (com o artigo de oito páginas de Nadeau, resenhas elogiosas de Dominique Arban no *Monde*, de Roger Nimier em *Carrefour*), o texto que lhe é consagrado em *Les Temps modernes*, assinado por J.B. Pontalis, é sem dúvida mais crítico. Se celebra o nascimento de um escritor, reprova-lhe também uma "segurança, às vezes, irritante do tom", uma "confusão no pensamento", e certo esquematismo.[19]

    A sequência do percurso paralelo e cruzado das duas figuras se faz nesse mesmo modo de proximidade longínqua, e quase sempre no mesmo sentido: no qual é Sartre que é instituído como modelo e antimodelo, e não Barthes. Quando Sartre sustenta posições muito declaradas e está presente em demasiado na cena pública, Barthes o ignora ou minimiza sua influência: é assim que ocorre durante as décadas de 50 e 60, em que ele se recusa a se engajar, não assinando nem o Manifesto dos 121, nem o texto de 10 de maio de 1968, publicado em *Le Monde*, em solidariedade ao movimento estudantil, e em que finalmente ele o evoca bem pouco. Mas quando Sartre é atacado ou enfraquecido, Barthes o socorre e o defende. É o que ocorre na querela de *Nekrassov*, em 1955, à qual voltaremos no próximo capítulo, em que Barthes, sozinho contra quase todos, o defende com vigor contra o conjunto de seus detratores. É o caso também dos anos 1970, no momento em que Sartre, mais velho do

---

[19]. J. B. Pontalis, "Roland Barthes, *Le Degré zéro de l'écriture*", *Les Temps modernes*, novembro de 1953, pp.934-38.

que ele, perde sua autoridade, vendo também suas forças físicas o abandonarem. Em 1974 e 1975, quando Sartre já teve dois ataques, dos quais o segundo o deixou quase cego, Barthes fala claramente sobre a influência que o filósofo teve sobre ele. Essa configuração psicológica particular, na qual se esconde a dependência, opondo-se a todas as invectivas exteriores, estabelece de fato o quadro de uma relação de *filiação*. A relativa não contemporaneidade deles se baseia nessa influência, da qual é preciso se separar para existir por si mesmo, mas à qual se liga também parte de herança e de afetos, cuja transmissão é bom assegurar. A relação de filiação não é a mesma que se tem com um mestre; quando se escolhe a primeira e quando ela não é puramente geracional, é uma relação muito mais maleável e pode tomar várias direções. Com frequência é assim que Barthes recebe a marca dos outros; menos como um discípulo — ele é livre e marginal demais para isso — do que como um filho, um irmão, um amigo, podendo os três papéis atuarem juntos, e se frustrarem, no espaço deixado livre pela ausência do pai.

INFÂNCIAS E HISTÓRIAS

A ausência de pai é um ponto comum na biografia de Barthes e Sartre, que não passa ilesa em seus respectivos gestos, na relação com a história e na narrativa de vida. Numerosos detalhes factuais os aproximam: os pais, militares na Marinha, morrem quando os filhos têm um ano. Os meninos são educados em parte no meio protestante — Sartre, pelos avós maternos; Barthes, pelos paternos — e ambos têm na família a figura de avós fortes, Charles Schweitzer e Louis-Gustave Binger, alsacianos de origem que escolheram a França em 1871, mesmo que o primeiro constitua mais uma figura paterna que o segundo, na narrativa que os escritores fazem do período. Suas infâncias solitárias encontram refúgio em leituras longas e variadas e nas aulas de piano. Como Barthes, Sartre passa pelo liceu Montaigne, depois estuda no Henri-IV, vizinho do Louis-le-Grand. Ambos se destinam a carreiras literárias, que Sartre pode levar até o fim: a Escola Normal Superior e a agregação. Mas o mais marcante desses pontos comuns é o desaparecimento paterno: a falta do superego é expressa nos mesmos termos por um e por outro. À "grande frustração edipiana" evocada por Barthes, sem pai para matar, sem família para odiar, sem meio para reprovar, corresponde, em Sartre, a ideia de um "édipo" incompleto: "Contra quem, contra o que iria eu revoltar-me? O capricho de outrem nunca pretendera ser minha lei".[20] E, mais adiante no livro: "Deixei atrás de mim um jovem morto que não teve tempo de ser meu pai e que poderia ser, hoje, meu filho. Foi um mal, um bem? Não sei; mas subscrevo de bom grado o veredito de um eminente psicanalista: não tenho Superego".[21] Nos dois casos, a liberdade ambígua, fundada na falta e ausência de determinação pela lei, tem por consequência a harmonia na doçura: "Minha mãe me pertencia", conta Sartre, "ninguém me contestava sua tranquila posse; eu ignorava a violência e o ódio; pouparam-me esse duro aprendizado, o ciúme; por não me haver chocado contra suas arestas, só conheci inicialmente a realidade através de sua ridente inconsistência".[22] De maneira menos analítica, mas explícita em Barthes, a "demanda de amor" dirige-se somente à mãe, e a existência do pai é apenas sensível: "Por intermédio da mãe, sua memória, jamais opressiva, apenas roçava a infância, com uma gratificação quase silenciosa".[23] Eles concebem uma impressão de suspenção que Sartre traduzirá em termos de "contingência" e Barthes em "ser para nada",[24] que nivela os limites, estende o território dos possíveis e, para Barthes, liberta da questão da reprodução.

Essa liberdade, que às vezes pode ser vivida como uma infelicidade, explica nos dois autores a propensão para a contradição, para a modificação, para a correção, que deve ser atribuída não a uma fraqueza, mas a uma força de singularidade do pensamento. Praticando a contrapartida, pensando, às vezes, contra si mesmos, eles continuam a afirmar seu não determinismo, sua atopia. Jean-Pierre Martin mostrou bem, em Éloge de l'*apostat*, o quanto essas vidas sinuosas ou trânsfugas, marcadas pela reviravolta, pela metamorfose ou pelo deslocamento, também podiam, contra toda expectativa, serem vidas fiéis. O capítulo que ele consagra a Sartre indica como as fraturas — no engajamento e na obra — estão também relacionadas a uma forma de

---

20. Jean-Paul Sartre, *Les Mots* [1964] (Paris: Gallimard, 1972), p.24. Col. Folio [ed. bras.: *As palavras*, trad. de J. Guinsburg (São Paulo: Difel, 1964), p.19].
21. *Ibidem*, pp.18-19 [ed. bras.: *ibidem*, p.15].
22. *Ibidem*, p.24 [ed. bras.: *ibidem*, p.19].
23. *Roland Barthes par Roland Barthes,* OC IV, p.595 [ed. bras.: *Roland Barthes por Roland Barthes*, p.27].
24. "Dernière stase de cette descente: mon corps. La lignée a fini par produire un être pour rien" (*ibidem*, p.500) [ed. bras.: *ibidem*, "Última estase dessa descida: meu corpo. A linhagem acabou produzindo um ser para nada", p.31].

amnésia, uma ausência de retratação, um sentimento de fidelidade a si em que estaria em jogo "uma estranha relação com o passado, e de uma maneira mais geral, uma estranha relação com o tempo que poderia se resumir nesta fórmula [...]: 'Não tenho nenhuma continuidade comigo mesmo'".[25] A torção da linha do tempo em Barthes tem menos o desenho da fratura, e mais o de inúmeras voltas, bruscas interrupções, retornos, deslocamentos ou contiguidades que manifestam sua recusa a um esquema evolutivo contínuo. Esse aspecto das coisas levou numerosos críticos a enumerar os "Barthes", a distinguir, a ponto de se tornar um topos, um primeiro, um segundo, um terceiro Barthes, ou a se perguntarem, como faz Antoine Compagnon: "Qual é o verdadeiro?".[26] Robbe-Grillet, em *Le Miroir qui revient*, o compara a uma enguia, o que poderia ter um valor pejorativo, mas ele escolhe fazer dela a marca de seu pensamento: "Ao contrário, a palavra que muda, bifurca, volta, é a sua lição".[27] Ele evoca um pensador não dogmático que não se quer mestre do pensamento, que deixa o leitor livre. Traça, então, um paralelo com Sartre, que se viu obrigado a deixar tudo inacabado, fugindo, tendo minado em todas as suas realizações a própria ideia de liberdade. "Querendo ser o último filósofo, o último pensador da totalidade, ele terá sido, afinal de contas, a vanguarda das novas estruturas de pensamento: a incerteza, o movimento, a derrapagem."

Antes que Barthes imponha a si mesmo o imperativo da *vita nova* e que surja o motivo da "conversão", ele toma posições, formula arrependimentos, "alguns enunciados com nuance e desenvoltura, alternando refutação e retorno, retratação e esquiva, mas arrependimentos que, considerados em seu conjunto, designam assim mesmo uma apostasia bastante consistente, afinal das contas, com o 'superego teórico'".[28] Se essa disposição para a mudança sem dúvida pro-

---

25. Jean-Pierre Martin, Éloge de l 'Apostat. *Essai sur la* vita nova (Paris: Seuil, 2010), p.103. Col. Fiction & Cie. Ele cita, de Jean-Paul Sartre, *Carnets de la drôle de guerre* (Paris: Gallimard, 1995), p.39.
26. Antoine Compagnon, "Lequel est le vrai?", *Magazine littéraire*, n. 314, outubro de 1993, pp.26-28.
27. Alain Robbe-Grillet, *Le Miroir qui revient* (Paris: Minuit, 1984), pp.64 e 67: "Roland Barthes era um pensador deslizante [...]. Os deslizamentos desta enguia [...] não são o simples fruto do acaso, nem provocados por alguma fraqueza de julgamento ou de caráter".
28. Jean-Pierre Martin, Éloge de l'apostat, *op.cit.*, p.183. A expressão "superego teórico", ou mais exatamente "de abalo do superego teórico" aparece em *La Préparation du roman I et II*, p.276 [ed. bras.: *A preparação do romance*, vol. II, p.168].

vém de uma fraca relação com a lei do pai, ela é também um modo de escapar da repetição, de lutar contra o tédio, este tédio marcante, ontológico, que acaba por compor o principal traço de caráter e que contamina — mas as coisas estão certamente ligadas, e talvez o tédio preceda essa tranquilidade estagnada, da ausência de conflito na origem. A reação ao tédio toma, na escritura, a forma de uma fobia da repetição: "Um tema maléfico para mim é a repetição, o repisar, o estereótipo, a naturalidade como repetição".[29] A ela Barthes opõe o "flerte", que implica uma temporalidade, enfatizando o encontro, a primeira vez. Fazendo ressurgir essa primeira vez, o flerte, ao se repetir, retira a repetição de si mesmo.

Assim, a tendência para a mudança é também uma disposição libidinal. Não ter se medido com um pai teve como consequência, em Barthes como em Sartre, que eles não se atribuíram mestres. O fato de não se reconhecerem na relação epigonal não se traduz, entretanto, pela mesma atitude em relação à autoridade. A atitude ativa de Sartre o leva a buscar formas de poder, pausas prolongadas sobre os objetos. Ela se mede ainda por uma sexualidade orientada para a posse e a presa. Mas ele se dedica também a desmistificar qualquer postura de controle, recusando o prêmio Nobel e, de forma mais geral, destruindo a partir de dentro certa liderança intelectual.[30] A atitude mais passiva de Barthes o torna mais flexível face a seus objetos e suas posições. Ele prefere a forma breve, nunca se detém muito sobre os assuntos, e sua sexualidade é marcada pela busca, até mesmo a caça, mas sem que ao prazer da sedução suceda uma vontade de dominação. Sua liberdade em relação a toda ideia de poder o insere sob o império definitivo do desejo, da curiosidade, que encontramos no lado falansteriano do seminário: fazer repousar o assunto do curso num fantasma assegura a circulação da palavra e dos afetos. É sua vida e sua atividade que Barthes propõe como modelo, não estruturas ou princípios a serem aplicados.[31]

---

29. "Vingt mots-clés pour Roland Barthes", OC IV, p.873 [ed. bras.: "Vinte palavras-chave para Roland Barthes", in *O grão da voz*, p.328].
30. Ver a este respeito *La Préparation du roman I et II*, p.355, em que Barthes evoca o desaparecimento das grandes lideranças literárias, mutação realizada por Sartre, que se dedicou a autodestruir o mito. [ed. bras.:*A preparação do romance*, vol. II, p.308].
31. "Barthes frequentemente nos ensinou que o conhecimento nasce da prática da escritura, e não de um diagrama abstrato do qual em seguida se tentariam as aplicações" (Umberto Eco, "La maîtrise de Barthes", *Magazine littéraire*, n. 314, 1993, p.42).

Para compreender a configuração particular da relação de Barthes com a alteridade, incluindo aí a relação com Sartre como modelo, é importante relacionar sua capacidade de leitor — com suas faculdades de empatia, identificação e apropriação — e sua criatividade de autor, caracterizada por deslocamentos e delicadeza. A retomada impulsiona sempre a lembrança para adiante; assim, ela é uma maneira de se desprender, ao mesmo tempo, dos modelos e de si mesmo. A retomada abre um ciclo de absorção e recusa que impede qualquer fixação, qualquer contemplação narcísica na escritura. Ela permite elaborar uma dinâmica retomada/desprendimento que é a maneira de contornar o domínio. O assunto evolui de acordo com leituras e encontros com os quais ele caminha, reivindicando as "aspas incertas", os "parêntesis flutuantes". O movimento de retomada/desprendimento encontra aqui um outro motivo também explorado por Sartre em *As palavras*, o da inautenticidade, ligada a uma ausência de homogeneidade para consigo mesmo, pelo fato de a escritura não chegar a exprimir inteiramente seu autor. No início do *Roland Barthes por Roland Barthes*, o consentimento a esta constatação: "Desde que produzo, desde que escrevo, é o próprio Texto que me despoja (felizmente) de minha duração narrativa".[32] É assim que, durante toda vida, Barthes retoma Sartre, sem forçosamente se lembrar dele sempre com uma clara consciência: "Explicação para o *Estrangeiro*", de Sartre, artigo lido nos *Cahiers du Sud* no sanatório, fornece uma bela matéria para as reflexões de Barthes sobre Camus; encontramos considerações sobre a temática do silêncio e uma formulação do neutro com a apelação de "absurdo": "Seu herói não era nem bom nem mau, nem moral nem imoral. Essas categorias não convêm: ele faz parte de uma espécie muito singular à qual o autor reserva o nome de absurdo".[33] A expressão "império dos signos" vem de *Que é a literatura?*.[34] Mais tarde, os textos sobre Genet e sobre Baudelaire permitem dispor de modelos de ensaios entre o saber e a ficção. A *câmara clara* retoma de *O imaginário* tantas ideias que seria fastidioso enumerá-las todas. Em suma, Sartre é incorporado.

---

32. *Roland Barthes par Roland Barthes*, OC IV, p.582 [ed. bras.: *Roland Barthes por Roland Barthes*, p.14].
33. Jean-Paul Sartre, "Explication de *L'Étranger*", *Cahiers du Sud*, fevereiro de 1943; recolhido em *Situations I* (Paris: Gallimard, 1947), p.93.
34. Jean-Paul Sartre, *Qu'est-ce que la littérature?*, *op.cit.*, p.17 [ed. bras.: *Que é a literatura?*, *op.cit.*, p.13].

O que é assimilado, admirado, retomado, é um estilo de discurso. O poder de Sartre, para Barthes, é a invenção de um novo estilo de ensaio, "que deixou um signo na história da intelectualidade francesa".[35] Esse estilo é direto, sugestivo; mistura pensamento e forma literária. Tem esta qualidade que Barthes quer também dar a tudo que faz: é sedutor. "Mal Sartre propõe uma ideia, que esta ideia seduz, em todo caso, *me* seduz."[36] Saindo da filosofia de sua língua acadêmica, secularizando de algum modo o pensamento, Sartre o reinsere na cidade que ele não deveria ter deixado.

O CONVITE AO IMAGINÁRIO

Como ocorreu em relação a Gide, é, pois, tardiamente que Barthes reconhece a influência de Sartre, quando ela pode ser expressa pelo modo do afeto. "Gosto de Sartre", ele afirma em seu autorretrato. Em janeiro de 1977, anuncia ao auditório do Collège de France um próximo seminário consagrado ao filósofo.[37] Se pôde haver um hábil acobertamento da influência em alguns textos, não se pode dizer, como fizeram certos críticos, que teria havido traição. É desde então bem mais interessante compreender sua proximidade do que assinalar seu afastamento pontual. Com frequência tendemos, por exemplo, a opô-los em suas *démarches* autobiográficas, uma construtivista, narrativa, totalizante, a outra dilapidada e fragmentária. É esquecer a ruptura operada por Sartre no gênero autobiográfico e desdenhar um pouco rápido demais o caráter intensamente crítico e desmistificador de seu texto. Momento de busca e investigação, *As palavras* não querem ser apenas um retorno reflexivo sobre si, mas a busca de uma fusão nova do filosófico e do narrativo. Há ainda um trabalho contra os códigos e os gêneros ao qual Barthes é sensível e aprova. A vacância permitida pela ausência do superego é um formidável convite ao imaginário, entendido como projeção e incerteza. A afirmação de uma subjetividade ultrapassa a asserção peremptória e

---

35. "À propos de Sartre et de l'existentialisme", entrevista com Ellis Donda e Ruggero Guarini para RAI 2, gravada no Collège de France, em 15 de fevereiro de 1980; transcrito e publicado em *L'Espresso*, 27 de abril de 1980; traduzida e publicada no *Magazine littéraire*, n. 314, outubro de 1993, pp.51-53; (não retomada nas *Obras Completas*).
36. *Ibidem*.
37. Este seminário, anunciado de viva voz, nunca ocorreu de fato (provavelmente porque ele não realizou seminário em 1978).

essa evolução implica Sartre. Ela lança uma ponte com a dedicatória de 1980 em *O imaginário*, que naquele momento Barthes considera um livro magnífico. Barthes, no fim, encontra o Sartre dos começos, aquele da fenomenologia, onde "eu sinto", "eu experimento", antecede "eu penso", ou em todo caso o precede. "Vejo, sinto, portanto noto, olho e penso."[38] Mesmo que se trate de uma fenomenologia vaga, até mesmo desenvolta, as relações do sujeito com o mundo encontram grande mobilidade e é a singularidade da experiência que prevalece sobre qualquer coisa. O pensamento e o projeto científico se refugiaram no imaginário. Eles correspondem ao projeto de uma *mathesis singularis*, de uma ciência das singularidades exposta em *Roland Barthes por Roland Barthes* e sobretudo em *A aula*: todas as ciências estão presentes na literatura, mas de maneira móvel, instável. "A literatura faz girar os saberes, ela não fixa, não fetichiza nenhum deles; ela lhes dá um lugar indireto, e esse indireto é precioso."[39] O movimento é o que funda o sonho enciclopédico em Barthes, para o qual ele vai buscar formas em toda sua vida: uma enciclopédia que relança sempre o jogo dos saberes, que o insere nas "engrenagens de uma reflexividade infinita" e o coloca em cena na escritura.

Ainda aí, surgem proximidades com Sartre. Nesse projeto singular de enciclopédia, Barthes deve muito ao Roquetin de *A náusea* e à sua vontade de ver claro, de dizer com ele "como vejo esta mesa, a rua, as pessoas, meu pacote de tabaco" (pensamos nas laranjas de Werther e no tabaco de Michelet); ele tem do autodidata a mania de classificação, sempre a retomar e a modular. Como ele, ordena seus conhecimentos a partir da classificação alfabética que é aquela da biblioteca, mas ele a transforma em "farsa", como a enciclopédia de *Bouvard e Pécuchet*. A linguagem adquire autonomia, resiste às intimidações da língua, fazendo-se matéria e sabor. Aparece, então, a familiaridade que existe entre Proust, Sartre e Barthes. Proust: "O que as palavras nos apresentam das coisas é uma imagem clara e usual como essas que se dependuram nas paredes das escolas".[40] Sartre:

---

38. *La Chambre claire*, OC V, p.805 [ed. bras.: *A câmara clara*, p.39].
39. *Leçon*, OC V, p.434 [ed. bras.: *Aula*, p.18]. Ver também "La littérature comme mathésis", in *Roland Barthes par Roland Barthes*, OC IV, p.694 [ed. bras.: "A literatura como *mathesis*", in *Roland Barthes por Roland Barthes*, pp.135-36].
40. Marcel Proust, *Du côté de chez Swann*, *op.cit.*, t.I, p.187 [ed. bras.: *No caminho de Swann*, *op.cit.*, p.463].

"Cada palavra tem uma fisionomia própria [...]. A fisionomia da palavra torna-se representativa daquela que o objeto possui".[41] Barthes: "Tenho uma doença: eu *vejo* a linguagem".[42] A Roquetin, Barthes deve sobretudo este sentimento ao mesmo tempo perturbador e jubiloso de flutuar, de não coincidir consigo mesmo. E ao Poulou de *As palavras*, a impressão desagradável de usar máscaras. Assim, *A câmara clara*, que cita longamente Sartre, e com aspas explícitas, aparece como uma síntese de tudo o que Barthes deve a Sartre e que lhe permitiu assumir suas próprias posições.

É então possível dizer que Barthes prolongou uma via aberta por Sartre na relação entre literatura e pensamento. De tanto pensarem de acordo com a literatura, eles inventaram uma forma de ensaio a meio caminho do romance e do tratado, no qual a escritura, em vez de congelar o raciocínio, abre-o para um mundo tão vasto, tão utópico quanto o dos romances. Eles assim reinventaram o ensaio, fazendo dele o lugar de uma palavra sonhadora, exaltada, pessoal, "em que a escritura a disputa com a análise". Longe da modéstia filológica, da restrição da palavra acadêmica, que avança mascarada e protegida por armaduras científicas e retóricas, essa terceira forma, frequentemente desprezada pela instituição acadêmica, teve dois méritos: liberar a racionalidade e afirmar a força da literatura para as operações do pensamento.

Paralelamente ao discurso filosófico, e numa forma e numa *démarche* contrárias às suas, o discurso do romance (sempre por fazer, sempre em preparação) propõe uma outra linguagem, muito mais instável que a teoria, mas detentora de uma verdade da qual a época tem necessidade: Barthes e Sartre compreenderam que era preciso dar um lugar ao efêmero, ao neutro, àquilo que frustra os sistemas e as grandes oposições (que pode corresponder a certa ideia de romance). O gesto inaugural de *A náusea* aparece, então, como o golpe do gênio absoluto, porque a náusea é quase exatamente o romance, sua forma informe. Tudo o que se despreende não se mantém mais, o que se transforma e o que torna líquido, o gosto de

---

41. Jean-Paul Sartre, *L'Imaginaire* (Paris: Gallimard, 1966), p.133 [ed. bras.: *O imaginário*, trad. de Duda Machado (São Paulo: Ática, 1996), p.95].
42. *Roland Barthes par Roland Barthes*, OC IV, p.735 [ed. bras.: *Roland Barthes por Roland Barthes*, p.179].

cinzas dos domingos, as cores que volteiam, os movimentos vagos, tudo o que, de um instante para outro, vai se diluir ou desabar, é o signo da contingência e do caráter efêmero dos estados. "Fluem em mim, mais depressa ou mais devagar, não fixo nada, deixo correr. A maioria das vezes, por não se ligarem a palavras, meus pensamentos permanecem nebulosos. Desenham formas vagas e agradáveis, submergem: esqueço-os imediatamente."[43] *A náusea* é a história dessa passagem do discurso positivo da teoria para o discurso negativo, privado, do romance.

Barthes retém daí a ideia do incidente, o fantasma de uma relação imediata, mas efêmera, com o real, com o estar-ali das coisas, do qual a escritura dá conta, sem nenhuma conotação: uma espécie de evidência do real que se apossa daquele que escreve e que, sem transição, se detém no texto. As observações sobre o haicai em *A preparação do romance*, depois das sugestões que ele deu em *O império dos signos*, fazem delas o tipo exemplar de anotação do presente. O haicai "coloca em jogo o sentir-ser do sujeito, a pura e misteriosa sensação da vida".[44] Há um presente da sensação, do sentimento de estar no mundo, do tempo que passa e do tempo que faz, história e meteorologia, que "descola" os pedaços e contribui para tornar a forma informe.

A leitura de Sartre é assim uma etapa importante no caminho para o Neutro, que Barthes conduz ao longo de todo o seu percurso.[45] O grau zero do neutro não é o nem... nem..., o entre-dois frouxo da posição exatamente no meio pequeno-burguês; é um termo bifacial, apto a desestabilizar o discurso da doxa e a fazer chegar um novo tipo de sentido, levando em conta o indeterminado. O Neutro pode ser encontrado graças a certa forma de disponibilidade no mundo dada por estados intermediários, hipnagógicos, favorecendo a copresença sem estabilizar o sentido: a náusea em Sartre, o adormecimento em Proust, o *hupar*, o doce êxtase em Barthes, a embriaguez sutil, "o grande sonho claro", de maior ou menor intensidade.

---

43. Jean-Paul Sartre, *La Nausée*, in *Œuvres romanesques* [1938] (Paris: Gallimard, 1982), p.12. Col. Pléiade [ed. bras.: *A náusea*, trad. de Rita Braga (São Paulo: Círculo do Livro, n.d.), p.20].
44. *Ibidem*, p.72 [ed. bras.: *ibidem*, p.80]
45. "Para o neutro", anuncia Bernard Comment a partir do título de seu livro: a preposição é importante. *Roland Barthes, vers le neutre, op.cit.*

Em todos os casos, trata-se de tender em direção a um inatingível ou a uma impossibilidade, de ir em direção a alguma coisa que vemos ao mesmo tempo que desvanecemos.

Uma equação singular de inteligência e sensibilidade aproximou Barthes de Sartre, permitindo que suas obras se encontrem ainda hoje. Esse encontro é intelectual e marcou época. Ele possibilita duas mudanças importantes na história do pensamento: uma transformação profunda das modalidades da interpretação, que Barthes vai assumir em favor de um primeiro diálogo com Sartre; uma renovação da atividade crítica, graças a seu deslocamento para o lado da escritura, o que Todorov chamou a "ponte lançada entre a prosa e a crítica", que tem por corolário uma concepção da teoria como ficção. A "transformação da palavra discursiva [...], a mesma que aproxima o crítico do escritor", escreve Barthes em *Crítica e verdade*,[46] inaugura um período em que um verdadeiro peso social é dado ao pensamento crítico, formado a partir da literatura, ao pensamento crítico como literatura. A ficção filosófica proposta por Sartre, as diversas escrituras que realizou, abriram o caminho. Como diz Barthes retrospectivamente: "De certa maneira, a teoria é também uma ficção e é sempre a esse título que ela me tentou: a teoria é um pouco o romance que se teria prazer de escrever, nestes dez últimos anos".[47] A teoria, como o romance, abre mundos possíveis.

---

46. *Critique et vérité*, OC II, p.783 [ed. bras.: *Crítica e verdade*, trad. de Leyla Perrone-Moisés (São Paulo: Perspectiva, 2009), p.211].
47. "Barthes en bouffes de langage", entrevista com Claude Bonnefoy, in *Les Nouvelles littéraires*, 21 de abril de 1977 (OC V, p.395).

capítulo 9

CENAS

Na segunda parte da década de 50, a energia de Roland Barthes se espalha em várias cenas. É certamente a cena concreta do teatro, que ele não vivencia mais como ator, mas como espectador e crítico. É também a cena literária sobre a qual seu papel se estende e se reafirma, levando-o a se tornar um interlocutor importante. É enfim a cena como combate de linguagem, num período em que ele se compromete em várias frentes, por vezes empregando a palavra como uma arma capaz de se voltar contra a linguagem.

Barthes consagrou várias análises ao termo "cena": em todos os casos, ele se refere mais à guerra das linguagens do que ao espaço da representação. Sua desconfiança, até mesmo seu medo da linguagem, aparece claramente. "Se a cena tem uma repercussão tão grave, é porque ela mostra a nu o câncer da linguagem. A linguagem é impotente para fechar a linguagem, é o que diz a cena."[1] A afirmação retoma o ódio da linguagem manifestado pelas vanguardas, segundo a análise de Jean Paulhan em *Les Fleurs de Tarbes* em 1936 (não se tem certeza de que Barthes a tenha lido).[2] O teatro, obrigando a cena a acabar, opõe uma violência salutar à violência da linguagem: é talvez uma razão da paixão que naquele momento Barthes sente

---

1. *Roland Barthes par Roland Barthes*, OC IV, p.732 [ed. bras.: *Roland Barthes por Roland Barthes*, p.176].
2. Ele nunca cita este livro, enquanto algumas de suas análises, sobre a retórica sobretudo, coincidem com as de Paulhan. Num artigo hostil a Claudel, Barthes reconhece a lucidez de Paulhan com relação a "provas etimológicas", que Claudel apresenta sobre a fé. ("L'Arlésienne du catholicisme", OC I, p.283), mas, como se verá, Paulhan é antes de tudo um inimigo nos anos 1950.

por ele, que de alguma maneira responde à própria linguagem. É o alvo do primeiro seminário no Collège de France sobre "Fazer um discurso", em 1977, no decorrer do qual Barthes analisa o discurso do barão de Charlus em *O lado de Guermantes*: as palavras do outro provocam uma vaga afetiva que liga o diálogo à ofensa: as palavras são como chicotadas.[3] No mesmo período, interessando-se pela cena como disputa amorosa em *Fragmentos de um discurso amoroso*, ele desenvolve a ligação entre cena e controle. O desejo de dar a última palavra, a vontade de concluir, são maneiras de acentuar o sentido: "No espaço da palavra, o último a chegar ganha um lugar soberano, ocupado, segundo um privilégio regulamentado, por professores, presidentes, juízes, confessores: qualquer combate de linguagem (*mâché* dos antigos sofistas, *disputatio* dos escolásticos) visa a posse desse lugar; com a última palavra irei desagregar, 'liquidar' o adversário, infligir-lhe uma ferida (narcísica) mortal, acuá-lo no silêncio, castrá-lo de toda palavra".[4] Ao contrário, aquele que não deseja concluir a qualquer preço se impõe uma moral anti-heroica por excelência, que é a de Abraão, consentindo no sacrifício sem tomar a palavra; que é a do mestre zen que, à pergunta "quem é Buda?", responde tirando a sandália, pondo-a sobre a cabeça e saindo, que é a de todos aqueles que preferem o não controle ao controle. Essa posição para a qual Barthes tende durante toda a vida não é, nos anos 1950, claramente afirmada. Seus engajamentos críticos e políticos, como se verá, levam-no às vezes a buscar o enfrentamento, a entrar nas disputas e experimentar a violência da linguagem.

LIQUIDAÇÕES

Com a publicação do *Michelet par lui-même* na coleção Écrivains de toujours, da Seuil, Barthes acaba com anos de aprendizagem solitária com o historiador e liquida assim seu passado de pesquisador isolado anônimo. A encomenda lhe havia sido feita por Francis Jeanson no momento da publicação do artigo de *Esprit* de abril de 1951 e, com relação a seus interesses presentes, o livro pode parecer, como diz Éric

---

[3]. *Comment vivre ensemble*, pp.203-18 [ed. bras.: *Como viver junto*, pp.297-310].
[4]. *Fragments d'un discours amoureux*, OC V, p.257 [ed. bras.: *Fragmentos de um discurso amoroso*, p.56].

Marty, uma "obra tardia",[5] um texto de uma época anterior de sua vida, e a insistência que nele lemos sobre o encerramento da obra de Michelet faz ressoar o quadro no qual ele a leu e nela trabalhou. *Michelet*, sobre o qual ele dirá mais tarde em Cerisy que é "dos meus livros o que mais suporto e do qual menos se fala",[6] aparece assim como a síntese e o resultado de numerosos elementos daquilo que foi desenvolvido nos anos precedentes, do ponto de vista tanto das ambições quanto das leituras e métodos. A dedicação a esta obra enciclopédica lhe foi proveitosa em quatro planos. O primeiro aporte é disciplinar. A obra do historiador lhe dá, de fato, a possibilidade de sair do terreno exclusivo da literatura para se abrir ao conjunto das ciências humanas. Publicando *O grau zero* e *Michelet* com alguns meses de intervalo, Barthes apresenta um perfil de não especialista que ele considera uma vantagem. Em notas tomadas à margem de uma releitura ulterior, ele reconhece dever isto a Michelet: "Assim como um etnólogo em campo deve se tornar, diante de uma comunidade, arqueólogo, linguista, botânico, geógrafo, esteticista etc., da mesma forma, com Michelet, diante do mundo, da história, do corpo, devemos nos tornar tudo ao mesmo tempo".[7] Mergulhar durante anos na obra de um historiador favoreceu essa abertura intelectual, convencendo-o da necessidade de sempre relacionar os problemas com a história. É também Michelet, com sua vontade de fazer uma história das classes trabalhadoras e dos sem-voz, que o conduziu a Marx (primeiro a suas análises da Revolução Francesa) e ao materialismo histórico: por esse viés, sua influência é prolongada nesse período.

O segundo aporte é crítico. Prestando atenção continuada aos aspectos sensuais da obra, legível nos títulos dados aos fragmentos — "Michelet me forneceu uma mina, uma quantidade prodigiosa de *objetos sensuais*: silício, peixe, cisne, pedregulho, bode, camélia, ogiva, buraco, coração, chama etc. De fato, é *essencialmente* isto que vi e gostei nele" —, privilegiando categorias do sensível (o seco, o liso, o acre e o picante, o quente), ele desenvolve uma crítica temática e afetiva cuja matriz o próprio Michelet fornece. "Há na obra de Michelet uma realidade crítica independente da ideia, da influência ou

---

5. Éric Marty, "Présentation", OC I, p.17.
6. *Prétexte: Roland Barthes*, *op.cit.*, p.408.
7. BNF, NAF 28630, fichário verde 1: "Livres, morceaux choisis".

da imagem, é o tema."[8] Esses temas (palavras ou imagens dispostas em rede) implicam uma grade de leitura específica fundada sobre o destaque, sobre a evidência de um sistema de valores. Quando da publicação do livro, esse programa de uma crítica temática foi, aliás, saudado por Albert Béguin, Jean Starobinski e Gaston Bachelard — seu mais ilustre representante naquela época e do qual Barthes provavelmente tinha lido a análise de *La Mer*, de Michelet, em *L'Eau et les rêves*, publicado pela José Corti em 1942 — em cartas bem elogiosas. "Em sua obra", escreve-lhe Bachelard, "o Detalhe torna-se Profundidade. Sua técnica de iluminação por jato de luz penetra na profundidade do ser. O senhor não tem necessidade do fio da história para manter a continuidade do ser. Os temas são tão bem escolhidos que o relevo revela o pensamento íntimo. O senhor acaba tranquilamente de fazer uma grande obra. Digo-lhe eu também tranquilamente".[9] "É bem assim", escreve por sua vez Starobinski, "que a crítica deve proceder. [...] Não renuncie à pesquisa temática".[10] É uma crítica subjetiva, na qual Barthes não se projeta por completo. Como em todo gesto de apropriação, há pontos que chamam a atenção, a começar pelas "enxaquecas" que abrem o volume, aproximando o crítico e seu assunto em suas relações com o corpo, mas há também o reconhecimento da escritura crítica como estilística de desvio: o nervosismo, a sensibilidade exacerbada de Jules Michelet não coincidem com a busca de neutralidade de Roland Barthes. As enxaquecas poderão desde então ser a marca da distinção. "Bem diferentes das enxaquecas de Michelet, 'mistos de deslumbramento e de náusea', minhas enxaquecas são foscas. Ter dor de cabeça (nunca forte demais) é para mim um modo de tornar meu corpo opaco, teimoso, amontoado, *caído*, isto é, no fim das contas (grande tema reencontrado): *neutro*."[11] Essa diferenciação retrospectiva não é somente uma maneira de reduzir o

---

8. *Michelet par lui même*, OC I, p.429 [ed. bras.: *Michelet*, trad. de Paulo Neves (São Paulo: Companhia das Letras, 1991), p.167].
9. Carta de Gaston Bachelard, 8 de abril de 1954. Coleção particular. Ele prossegue exprimindo seu desejo de ler o *Journal* de Michelet, que espera não estar censurado para poder observar todos seus "humores": "Será preciso, então, partir de seus quadros, de seus instantâneos, de sua alimentação para ler com proveito as confidências de um grande Vivente".
10. Carta de Jean Starobinski, 18 de julho de 1954. Coleção particular.
11. *Roland Barthes par Roland Barthes*, OC IV, p.700 [ed. bras.: *Roland Barthes por Roland Barthes*, p.142].

espaço comum: é afirmar que o conhecimento de si dado pela literatura de ideias não nasce da parasitação, mas da compreensão de uma diferença. Há talvez ainda uma referência à *Náusea* e à personagem Anny, que se constrói na edição ilustrada da *História da França,* de Michelet. A coerência que ele busca na figura de Michelet, na recusa de separar suas obras históricas de seus outros escritos, como se faz em geral, passa decerto por esta apropriação crítica em que se cruzam interpretação de si e interpretação do outro.[12] Mas bem cedo Barthes tinha transformado em teoria observações existenciais que poderiam ligá-lo a Michelet, *via* Sartre. Uma reflexão pessoal sobre o humor, na correspondência com Robert David, é traduzida em termos filosóficos e psicológicos. Inspiradas pela leitura da *Idade da razão,* de Sartre, feita em 1945 em Leysin, essas observações fazem do humor "a forma contemporânea da fatalidade antiga", que torna amanhã diferente de hoje, sendo uma noite suficiente "para fazer cair na náusea o que tinha se construído no entusiasmo".[13] Ela se opõe à paixão clássica e se apresenta como "o motor dos filósofos da hora, dos romances de Sartre, dos dias de Barthes". As variações infinitas que ela acarreta, que criam opacidades, pontos de fuga, mas também esclarecimentos, devem ser lidas nos textos dos outros, mas também convidam a ler cada ser como um texto. É, com efeito, "o ser interior *total*, vísceras e cérebro, se deslocando *totalmente* no tempo".[14] O livro se escreveu assim, num ir e vir entre texto e corpo, no esforço para teorizar a intimidade, situando-se no mais interior do texto. Ele anuncia assim as obras de 1970 e liga o começo e o fim do percurso.

 O terceiro aporte é metodológico. De acordo com as especificidades da coleção, o livro traz inúmeras citações de Michelet. Cada capítulo é baseado na alternância entre análise e citação, que se respondem quase termo a termo, com sutis variantes. O caráter antológico está longe de ser uma coerção para Barthes, que refreia sua mania de redigir textos longos e se permite registrar em livro o método das fichas, ao mesmo tempo fragmentário e teatral. Ao caráter flexível e pouco autoritário do fragmento corresponde um traço

---

12. Éric Marty fala de "predação" para caracterizar o método de Barthes, em *Michelet par lui même* ("Présentation", OC I, p.17).
13. Carta a Robert David, 20 de dezembro de 1945. BNF, NAF 28630, acervo privado.
14. Carta a Robert David, 26 de dezembro de 1945. Ele sublinha.

ou de uma imagem sob a forma de um quadro ou de uma cena que estão na epígrafe. "A carnagem", "A mulher humilhada", "Casamento da pele e da seda", "Um cabelo de mulher": cada entrada serve de legenda a uma pintura, é o subtítulo de uma encenação. Esse método torna a literatura muito animada e visual. Talvez tenha a ver com a necessidade que Barthes sente de ter suportes fotográficos para trabalhar. Desde 1945, ele pede para Robert David lhe enviar uma fotografia de Michelet; fica extremamente emocionado ao receber um retrato de autoria de Nadar e logo o coloca sobre a escrivaninha, de onde vê o historiador com a mão no redingote, vigiando seu trabalho com um ar ao mesmo tempo benévolo e altivo.[15]

O último aporte é estilístico. Barthes, nesse livro, cultiva a asserção: a ordem sintática sujeito-verbo, o modo indicativo, a locução "é", uma afirmação apoiada, modalizada por advérbios, "isto é", "evidentemente", "para dizer tudo", a estrutura binária que satura o espaço ("não só/mas também", "nem/nem", "ou bem/ou bem"). O discurso se expõe e se fecha. Por exemplo, o fragmento "Michelet andarilho", que abre assim: "De que modo Michelet come a História? Ele a 'pasta', ou seja, percorre-a e engole-a ao mesmo tempo".[16] Todos os elementos de um discurso de saber estão presentes: questão, resposta, desenvolvimento, compreensão. Vemos também como Barthes coloca em cena este discurso sábio — de preferência com maiúscula, que é a marca de fábrica do estilo neste texto, como notou Jean-Claude Milner: porque, de fato, ele não usa somente a maiúscula conceitual própria do discurso filosófico (escrevendo His-

---

15. Carta a Robert David, 24 de novembro de 1945: "Você vai tentar encontrar para mim um retrato-fotografia (foto e não pintura) de Michelet. Existe, sei, eu o vi. Você poderia encontrar isso numa loja na rua des Écoles na frente da Sorbonne, uma outra, na rua de Seine, à esquerda, indo em direção ao Sena, no trecho que vai do bulevar Saint-Germain à rua de Buci". — Carta a Robert David, 14 de dezembro de 1945: "Recebi esta manhã a bela fotografia de Michelet. Meu amigo, como lhe agradecer? [...] Ela me desorienta e desorganiza as improvisações brilhantes — mas inverificáveis — que eu tinha feito sobre o demoníaco primeiro retrato. Não chego a comentar o segundo retrato, que sinto, no entanto, vivamente. A Bondade de uma fisionomia é sempre difícil de descrever, eu já o senti por você".
16. *Michelet par lui même*, OC I, p.304 [ed. bras.: *Michelet, op.cit.*, p.19]. Barthes dá aqui um sentido alimentar, parece, ao verbo "pastar". No seminário do Collège de France de 1977, "Fazer um discurso", ele lhe acrescenta um sentido mecânico: "Cortar por sobressaltos, no caso de certas ferramentas, agir por golpes sucessivos, em se tratando de um freio, de uma embreagem, de uma máquina". (*Comment vivre ensemble*, p.208 [ed. bras.: *Como viver junto*, p.307].)

tória com maiúscula, por exemplo); mas porque ele combina estes conceitos com sensações comuns, elas também submetidas à maiúscula: "[...] o Úmido, o Seco etc., de modo que as maiúsculas mais habituais (a Mulher, a França, Robespierre) ficavam apagadas com isso e se impregnavam, por sua vez, de uma inquietante estranheza".[17] Ele desloca também a asserção pela figura, a animalização da relação de Michelet com a história é induzida pelo verbo "roer", ele próprio entre aspas, o que é uma maneira de sublinhar e ao mesmo tempo distanciar. Assim, podemos ver que se realiza uma escritura muito característica, extremamente autoritária na aparência, mas que se olhada mais de perto, muito desconfiada em relação a enunciados de verdade, expondo um distanciamento, favorecendo as imagens, os fantasmas, o sonho: uma escritura que se esforça em não ser o que parece. Lutando contra a autoridade da própria linguagem, Barthes intensifica a rigidez enunciativa. Voltaremos a esse ponto, pois essa vontade de inflectir a arrogância da asserção vai marcar o conjunto de seus escritos. Mas ele é sempre delicado e imprime certo recuo às análises. Em Michelet, procedendo por colagens de fragmentos, ele já introduz uma "fraqueza" do discurso, visando reduzir a afirmação de uma tese. A redução do peso do manuscrito vai no mesmo sentido. Ele escreve em papel bíblia ou no verso de formulários do ministério (relatório de despesas, prestação de contas da estada de personalidades estrangeiras na França, ordens de compra). Eis um exemplo de redução: o manuscrito registra, no primeiro parágrafo: *"Eu devo prevenir honestamente* o leitor, ele não encontrará neste pequeno livro nem uma história do pensamento de Michelet, nem uma história de sua vida, ainda menos uma explicação de uma por outra, *e para dizer tudo, nada de sua 'psicologia'"*.[18] O começo e o fim, acima em itálico, são eliminados na versão final. Isto dá mais firmeza à asserção, mas também mais incerteza e mais sombra. O livro suprime qualquer marca pedagógica. Ele prefere insistir sobre a potência orgânica da obra de Michelet, sua materialidade, sua sensualidade, sua adesão às coisas materiais. A onipresença do corpo lembra as circunstâncias da leitura integral no sanatório.

---

17. Jean-Claude Milner, *Le Périple structural, op.cit.*, p.162. Ver também sobre este assunto Marielle Macé, "Barthes et l'assertion", *Revue des sciences humaines,* n. 268, 4/2002, pp.151-62.
18. BNF, NAF 28630, "Michelet".

Tudo isto faz do historiador um retrato vivo e poético, mas não o resume a algumas chaves de compreensão. É talvez o que explica que o livro tenha sido mal recebido na imprensa quando publicado. Robert Coiplet, no *Le Monde*, e Robert Kemp, no *Le Figaro*, ridicularizam seu método. Mas os amigos vêm socorrê-lo. Bernard Dort, em *Critique*, é enfático ao assinalar as implicações de *Michelet*.[19] Albert Béguin defende Barthes contra seus detratores no número 215 de *Esprit*: "A originalidade de Barthes só aparece numa leitura atenta, e parece ter escapado àqueles que seu livro escandalizou como uma profanação ou como um ato de indiscreta curiosidade".[20] Ao contrário, ele prossegue, esse método que o autor tem a modéstia de chamar "pré-crítica" é uma investigação inovadora, propícia para que se vislumbre o que o discurso histórico costuma dissimular: humores, reiterações, fantasmas. A correspondência privada é também muito calorosa, mesmo que o método às vezes surpreenda. Michel Vinaver conclui seu elogio com esta frase ambígua: "Você fez demais para que ele [Michelet] não escapasse. Li este livro como se assiste a uma batalha. Foi palpitante". Mas Jean Genet, que ele conhecera na casa de Marguerite Duras, escreve-lhe de modo mais direto, mas também lírico, que teve o sentimento, lendo-o, "de voltar nadando não só aos humores e ao sangue de Michelet, mas aos humores e ao sangue da história". Sobretudo, ele obtém o reconhecimento dos historiadores graças ao artigo de Lucien Febvre em *Combat:* ele o critica discretamente por não ter lido com atenção o livro de Gabriel Monod sobre Michelet, tem reservas quanto à ideia de "lesbianismo" de Michelet, mas seu elogio é loquaz: "Como ele sabe dizer corretamente e ver claro! Como o sentimos nutrido, bem nutrido, do melhor Michelet. Como ele julga de dentro, e não mais de fora! Como ele gosta e compreende a vida em Michelet, e Michelet pela vida!".[21]

Os anos 1953-1954 são também marcados por várias mortes: a do dr. Brissaud, que cuidara dele por toda a duração da tuberculose, que o aborrece mais do que ele teria pensado; e, mais consequente do ponto de vista material, a de sua avó materna, Noémi Révelin, em agosto de 1953, aos 81 anos. Barthes estava de novo na Holanda, na

---

19. Bernard Dort, "Vers une critique 'totalitaire'", *Critique*, x, n. 88, 1954, pp.725-32.
20. Albert Béguin, "Pré-critique", *Esprit*, n. 215, 1954, pp.1013-19 (p.1013).
21. Lucien Febvre, "Michelet pas mort", *Combat*, 24-25 de abril de 1954.

casa de Pierre Guiraud, para onde fora com sua mãe. A notícia os chama para Paris e os obriga a liquidações financeiras, mobiliárias e imobiliárias. Os últimos anos de sua avó haviam sido entristecidos pela morte, em 1945, de seu último filho, Etienne, que ela teve com seu segundo marido e que era poucos anos mais velho que Roland. Mesmo que Barthes não transbordasse de afeição por ela, ele a via com regularidade, e, sobretudo, suas dificuldades e seus problemas de saúde no fim da vida eram uma pesada preocupação para Henriette Barthes. O inventário é complicado. Sua mãe e seu tio, Philippe Binger, que vive no Canadá, herdam a fundição familiar, na Lorraine, assim como a casa de Hendaye. O apartamento da praça do Panthéon não pertencia aos Rivelin, mas os herdeiros esperam comprá-lo, a fim de poder fazer um bom investimento. É com essa finalidade que eles lá se instalam, desde o mês de outubro, "de maneira a multiplicar as chances de ter este apartamento, que seria uma magnífica moeda de troca".[22] É lá que Barthes organiza o manuscrito final do *Michelet*, do qual uma parte dos folíolos têm no cabeçalho o endereço da avó materna: praça do Panthéon, número 1 (Paris, V^e).

A herança é a promessa de uma vida melhor, livre de preocupações financeiras, com as quais Barthes se sente embaraçado desde que saiu do sanatório. Sua bolsa do CNRS não basta para garantir o aluguel e alimentar três pessoas. Ele aceitou os cursos de civilização francesa da Sorbonne, destinados a estudantes estrangeiros, e é pago por suas muitas colaborações em jornais, mas não o suficiente para deixá-lo tranquilo. A morte da avó marca uma virada importante em sua vida pessoal, dando-lhe mais folga nas despesas, menos culpa em relação à mãe e menos assuntos de queixa. "O único objetivo", ele escreve em setembro para Philippe Rebeyrol, "é certamente preparar para mamãe uma vida calma e sem fadiga. Nossa primeira preocupação é, pois, aumentar nossas instalações." Depois de *démarches* muito complexas, sobre as quais testemunha a correspondência com Philippe, pois é o tio deste, Pierre Rebeyrol, que se ocupa do inventário, a fundição é vendida, o apartamento do Panthéon, liberado, e os Barthes estão em condições de comprar o apartamento do quinto andar da rua Servandoni, assim como um quarto de empregada no último andar. Pela primeira vez Barthes dispõe de

---

22. Carta a Philippe Rebeyrol, outubro de 1953. Acervo Philippe Rebeyrol, IMEC.

um escritório separado (que ele chama sempre de seu "quarto") em Paris, no qual pode receber e levar uma vida mais autônoma. Mais tarde, Michel Salzedo já casado com Rachel, e depois de eles terem vivido juntos no mesmo apartamento — coabitação às vezes difícil, mas, no conjunto, feliz —, Barthes alugará um apartamento no segundo andar, no qual se instalará com a mãe em 1976, no momento em que ela começa a ficar doente. Em outubro de 1960, ele manda fazer uma abertura que liga o escritório ao apartamento materno (em 1964, Guy Le Clec'h menciona isso em uma legenda em *Le Figaro littéraire:* "Ele levanta a tampa de uma abertura do assoalho de seu quarto. Desce alguns degraus, volta com sua capa e nós deixamos a cabine onde se elabora um dos pensamentos mais cativantes destes últimos anos").[23] Barthes almoça frequentemente com a mãe, mas já sai quase toda noite para ir ao teatro e jantar com amigos, e a fruição de um lugar à parte assegura o funcionamento harmonioso desse protocolo. Ele bota sua escrivaninha contra a parede, perpendicularmente a uma das duas janelas, e instala seu material de papelaria, livros, fotografias, reproduções de quadros, cartões-postais. "Esse espaço é, em toda parte, o mesmo, pacientemente adaptado ao prazer de pintar, de escrever, de classificar."[24] Há certa acumulação, mas não desordem: a obsessão de que tudo tenha seu lugar é sensível. O emprego do tempo é regulamentado segundo as tarefas urgentes, mas também segundo uma divisão em quatro setores, cujo modo de emprego ele indica em *A preparação do romance:* "1) Setor da Necessidade: comer, dormir, lavar-se (já cultural!). 2) Setor do Trabalho de criação: o livro (o Curso? Sim, mas menos criativo que a verdadeira escritura, a do livro). 3) Setor da Gestão: correspondência, manuscritos, *writings*, entrevistas inevitáveis, correção de provas, saídas (barbeiro!), vernissages e filmes de amigos. 4) Sociabilidade, Convívio, Amizade. Tudo isso, por mais reduzido e contido que seja. Em 24 horas: 10 horas para a necessidade, 4 para o convívio (por exemplo, as *soirées*), 5 para o trabalho criativo, 5 para a gestão".[25]

---

23. "Entretien sur les *Essais critiques*", com Guy Le Clec'h, *Le Figaro littéraire*, 16-22 de abril de 1964 (OC II, p.621).
24. *Roland Barthes par Roland Barthes*, OC IV, p.618 [ed. bras.: *Roland Barthes por Roland Barthes*, p.50].
25. *La Préparation du roman I et II*, aula de 19 de janeiro de 1980, p.288 [ed. bras.: *A preparação do romance*, vol. II, p.188].

Nos anos 1950, o tempo da gestão se ocupa mais de atividades de primeira necessidade lucrativa e longas correspondências com amigos do que por respostas às solicitações de reconhecimento, mas a alocação dessas atividades permanece mais ou menos estável.

Barthes multiplica os trabalhos. Logo depois de publicar *O grau zero*, que recebeu uma acolhida bastante considerável para um primeiro livro, ele é convidado a ir para a Grã-Bretanha, dar uma série de conferências em Londres, em Manchester e em Edimburgo. Prepara duas intervenções diferentes, uma sobre a linguagem da literatura e a outra sobre o teatro, para as quais recicla alguns de seus artigos. Já então, ele se diz incomodado pelo "gênero falso da conferência",[26] o que se tornará um *leitmotiv* até a legenda de uma das fotos do autorretrato: "Desamparo: a conferência".[27] Mas isso lhe dá a oportunidade de viajar, uma considerável compensação, já que ele se sente bem fora, em meio a línguas que não compreende ou só entende parcialmente, das quais ouve a música, o ruído, outros sinais que não os da linguagem. Nessa época ele viaja muito. Em maio de 1953, passa uma temporada na Espanha com Cayrol, num antigo forte transformado numa residência confortável em Pasajes, na costa basca; depois vai para a Holanda com sua mãe; e, enfim, para a Inglaterra. Nos anos seguintes, ele viaja pela França, na beira do lago de Annecy, na casa de Michel Vinaver, em Avignon (para o festival), e várias vezes vai para a Itália. Começa a tecer vínculos intelectuais que vão ter muita importância no período seguinte. Na primavera de 1954 volta à Inglaterra para participar de programas da BBC, hospedando-se na casa de Jean-Pierre Richard e de sua mulher Lucie (a filha mais nova de Lucien Febvre); Richard lhe fora apresentado por Sirinelli e naquele momento ocupava um cargo em Londres. Com frequência viaja para Hendaye, ficando na casa legada por sua avó, a vila Etchetoa, que enfim lhe parece agradável. Essa casa imponente, construída nos anos 1930 pelo arquiteto Edmond Durandeau, não deixa de ter classe, com sua sacada exterior que se estende nos dois lados mais expostos e de onde se avista o mar.

---

26. Carta a Philippe Rebeyrol, 10 de dezembro de 1953.
27. *Roland Barthes par Roland Barthes*, OC IV, p.605 [ed. bras.: *Roland Barthes por Roland Barthes*, p.27].

Ele desfruta de intensas amizades. Além daquelas do pessoal de teatro, uma das mais marcantes deste período é a amizade com Violette Morin. Essa mulher inteligente e original, dois anos mais nova que ele, conservou de sua Dordogne natal — seu nome de solteira é Violette Chapellaubeau, nascida em 1917 em Hautefort — um forte sotaque do Sudoeste, que faz dela uma *camponesa*, além de ser uma contemporânea. Ela estudava filosofia em Toulouse quando Vladimir Jankélévitch, cujos cursos seguia com admiração, foi suspenso pelo regime de Vichy, em 1940. Ela então organiza um protesto e é por ocasião dessa manifestação que encontra Edgar Nahoum, futuro Edgar Morin, com o qual se engaja no comunismo, depois na rede de Resistência MNPGD, Movimento Nacional dos Prisioneiros de Guerra e Deportados. Eles se casam na liberação e moram por um tempo em Paris, na casa de Marguerite Duras, Robert Antelme e Dionys Mascolo, na rua Saint-Benoît, e é aí, segundo o biógrafo de Edgar Morin, que Barthes os encontra, no fim da década de 40.[28] Ele se aproxima dos dois, que desenvolvem projetos em sociologia da comunicação. Em 1954, ele lê *L'Homme et la mort*, de Edgar Morin, e lhe escreve, de Hendaye, em 12 de agosto de 1954, dizendo o quanto o havia apreciado. Mas é sobretudo com Violette que a sintonia é perfeita, que a relação é contínua e verdadeiramente cordial. Embora com uma trajetória mais clássica que a dele (ela passou no concurso de *agrégation* de filosofia), sua personalidade a leva a trilhar caminhos que não os canônicos. Sua paixão por Jankélévitch é contagiante, e como ele também vai a Paris depois da liberação, Violette leva Barthes a seu apartamento no cais aux Fleurs, onde podem partilhar a música e o piano (mesmo que Jankélévitch não escute mais música alemã e não possam falar de Schumann ou de música romântica). Violette se interessa por assuntos marginais e inovadores para a época: o erotismo, sobre o qual publicará um livro em 1965;[29] o humor e as piadas, das quais se tornará verdadeira especialista, trabalhando sobretudo com as funções do cômico nas comunicações de massa.[30] Barthes lhe apresenta Greimas, do qual ela retém o esquema do "quadrado se-

---

28. Emmanuel Lemieux, *Edgar Morin, L'Indiscipliné* (Paris: Seuil, 2009), p.251.
29. Violette Morin e Joseph Majault, *Un Mythe moderne, l'érotisme* (Bruxelas: Casterman, 1965).
30. No momento de sua morte em 2003, um número de *Humoresques*, "Hommage à Violette Morin", n. 20, junho de 2004, reúne alguns textos dela sobre o assunto, até então inéditos.

mântico"[31] para aplicá-lo às piadas. Por sua vez, ela dá força para o projeto das "mitologias", tendo, a propósito da morte de Edith Piaf, por exemplo, ou sobre outros assuntos, análises convergentes. Partilham o gosto pelo neologismo e pela escritura, presente também nos textos dela, que inventa, num artigo sobre o desenho humorístico publicado em *Communications*, o verbo "disjuntar", que, como se sabe, teve sucesso. Vão ficar muito próximos até o fim; vão pelo menos uma vez por semana ao cinema ao longo da década de 60. Depois do divórcio do casal Morin, Barthes frequenta a casa dela, na rua Soufflot, onde ela mora com as filhas, Véronique e Irène. As agendas de 1962-1963 mencionam "a aula de Irène", sugerindo que ele ajudava a caçula nos estudos.

Violette Morin e Barthes juntos, mas também com Edgar Morin, fazem parte de todas as entidades que se fundam nessa época. Participam da aventura de *Arguments*, revista fundada por Morin em 1956 na editora Minuit, numa perspectiva "pós-marxista" (necessária depois do terrível abalo da crise da Hungria), com uma reflexão heterodoxa e promovendo novo peso às ciências sociais. Multiplicam-se as trocas com Franco Fortini, Jean Duvignaud, Colette Audry, François Fetjö, Dionys Mascolo. No primeiro número, encontramos um artigo de Fortini sobre *Mimesis*, de Auerbach; um de Greimas (convidado por Barthes) sobre o livro do linguista Marcel Cohen, grande especialista das línguas semíticas e camito-semíticas, *Pour une sociologie du langage*. Barthes trata nessa edição das "tarefas da crítica brechtiana", cujo programa se situa nos quatro planos da sociologia, da ideologia, da semiologia e da moral.[32] A história dessa revista, concebida como um espaço de liberdade para intelectuais que, com exceção de Barthes,[33] passaram pelo comunismo e voltaram, prova

---

31. O quadrado semântico representa os conceitos que estão na base de uma estrutura (narrativa, mensagem publicitária) em binômios de termos opostos e contraditórios (verdadeiro/falso, não verdadeiro/não falso). As relações de conjunções e de disjunção aparecem na parte superior e na base do quadrado; as relações de complementaridade nas partes laterais.

32. Este texto é recolhido em *Essais critiques* [ed. bras.: "As tarefas da crítica brechtiana", in *Crítica e verdade*, op.cit., pp.133-38]. O nome de Barthes desaparece do conselho a partir do n. 6 (fevereiro de 1958).

33. Mais tarde, Edgar Morin dirá que esta diferença é a razão do afastamento de Barthes: ele "não partilhava esta experiência e esta cultura e não ficava muito à vontade em nossas reuniões" (Edgar Morin, "Une tribune de discussion", *Rue Descartes*, n. 18, "Kostas Axelos et la question du monde" (Paris: PUF; Collège International de philosophie, 1997), p.122).

também a existência de vínculos entre vida pessoal e pensamento. Ela se apresenta como um boletim e permanece até o fim um empreendimento artesanal, em que cada um bota a mão na massa. "*Arguments* afirma-se como grupo em fusão ao mesmo tempo por sua rápida e calorosa formação e por sua lúcida e brutal dispersão. Por isso não surpreende que tenha instituído procedimentos que provocaram efeitos contrários, próprios desse tipo de grupo: uma grande comunhão de pensamento, de ação, de situação, mas também uma exaltação desnorteante, que escamoteia os antagonismos e se confessa vencida pelos encargos institucionais",[34] que acabam por enterrar o empreendimento em 1962. Mas a aventura prova que o Barthes dessa época chega a viver coletivamente suas posições intelectuais e políticas, mesmo por períodos breves.

Em seguida, na energia extremamente voluntarista, embora um pouco incerta, daqueles anos, Barthes participa da fundação do CECMAS, Centro de Estudos das Comunicações de Massa na EPHE, sob a direção de Georges Friedmann.[35] Já associado aos trabalhos do Centro de Estudos Sociológicos desde 1956 (o que é confirmado por um relatório do conselho de direção),[36] ele contribui com o CECMAS ao longo dos anos 1960, assistindo aos seminários e às reuniões, próximo também do pesquisador Olivier Burgelin. Violette Morin se lembra desse momento e da participação de Barthes; num texto escrito

---

[34]. Gil Delannoi, "*Arguments,* 1956-1962, ou la parenthèse de l'ouverture", *Revue française de science politique,* ano 34, n. 1, 1984, pp.127-45 (p.141). Sobre este assunto, ver também o número de *Rue Descartes,* consagrado a Kostas Axelos, n. 18, "Kostas Axelos et la question du monde", *op.cit.,* pp.11-126.

[35]. Georges Friedmann (1902-1977), de formação filosófica, passa pelo Centro de Documentação Social da Escola Normal Superior no começo da década de 30 e centra suas pesquisas sobre o trabalho e as relações sociais. Marxista, vai estudar estas questões na URSS e publica duas obras comparatistas sobre a situação econômica deste país, nas quais se mostra lúcido sobre suas dificuldades, o que o deixa numa situação ambígua com o PCF. Volta para a França, resiste durante a guerra e encontra seu lugar na liberação graças à publicação de sua tese sobre *Le Machinisme industriel.* Dirige o Centro de Estudos Sociológicos do CNRS e suscita numerosas pesquisas no setor da sociologia do trabalho e também em outros campos da cultura técnica, como a mídia e a comunicação. Entre seus principais livros, todos publicados pela editora Gallimard, estão *Le Travail en miettes. Spécialisation et loisirs* (1956); *Signal d'une troisième voie?* (1961); *Fin du peuple juif?* (1965). Em 1961, Barthes publica nos *Annales* uma nota sobre o Centro de Estudos das Comunicações de Massa para marcar e defender sua existência (OC I, pp.1102-03).

[36]. Este relatório delega a Jean Stoedzel, então diretor do Centro de Estudos Sociológicos, a autorização de encarregar Barthes de uma jornada sobre "a sociologia do espetáculo e seu público". NA, "Arquivo da direção central do CNRS", 19780305, caixa 10.

em homenagem a Friedmann, no momento de sua morte, ela conta: "Foi em 1959, numa manhã ensolarada de junho. Reunidos no terraço de seu apartamento, emocionados e estupefatos por essa clarividência otimista que lhe dava, às vezes, deslizando sob a pesada pálpebra, o riso curioso de um adolescente, éramos quatro a escutá-lo percorrer a dimensão sociológica de nossos futuros trabalhos: Paul Lazarsfeld, Roland Barthes, Edgar Morin e eu. Não é sem emoção que, ouvindo suas vozes, reúno estes quatro 'presentes', cujos nomes ele gostava de repetir prosodicamente, como uma lembrança do além das batalhas, uma lembrança de clareira. Ele nos incitou de imediato a não deixar aos americanos o privilégio de avaliar, sozinhos, a importância destes meios audiovisuais e afinar estas famosas análises de conteúdo cujos primeiros modelos haviam sido fornecidos pela escola de Berelson. Naquela manhã tudo foi prometido, como se já estivesse feito".[37] Enfim, ele participa do nascimento da revista *Communications* em 1961, assim como do projeto de "revista internacional", sob a égide de Blanchot. Voltaremos a falar sobre isso.

Como Barthes não terminou o projeto lexicológico no qual havia se engajado, em 1954 o CNRS não renova sua bolsa. Ele cogita abandonar o trabalho sobre o vocabulário empreendido com Georges Matoré, com o qual as relações esfriaram durante o ano de 1954 — "alguma coisa se quebrou desde meu livro que visivelmente criticou seu sistema; ele o achou muito mal escrito, enquanto eu cada vez mais tenho dificuldade em acreditar no lado aguado de sua lexicologia, que com a aparência de inovação, data mais ou menos desse Théodule Ribot que nos era explicado pelo sinistro e criminoso Milhaud (criminoso por nos ter ensinado tão mal a filosofia)".[38] E ele acalenta a ideia de agregar um terceiro assunto a sua tese, sobre o espetáculo ou sobre a moda. Entra em contato com André Martinet e é ainda Greimas que promove o encontro. Anos mais tarde, tendo se distanciado de Martinet, Greimas relata esse primeiro encontro. Barthes quer trabalhar sobre a moda e pergunta ao linguista qual seria seu lugar mais significativo. Martinet teria respondido "as pernas", quando Barthes achava, sem dúvida

---

37. Violette Morin, "À Georges Friedmann", *Communications*, n. 28, 1978, pp.1-4 (p.2).
38. Carta a Philippe Rebeyrol, 1954. Acervo Philippe Rebeyrol, IMEC. O nome de "Milhaud" (ortografado Millaud na sua tentativa de "Biografia", citada p.102), refere-se ao seu professor de filosofia no Louis-le-Grand.

com razão, que "o xale" articulava bem mais significações.[39] A semiótica que os dois amigos alexandrinos queriam promover já enfrentava um programa pouco apoiado na literatura. É finalmente no laboratório de sociologia de Friedmann, mais aberto a seu método e sua maneira desmistificadora de perceber os objetos, que Barthes vai procurar desenvolver sua pesquisa sobre a moda escrita. No ano seguinte, recebe uma bolsa. Enquanto isso, precisa encontrar meios de subsistência. Robert Voisin lhe propõe o posto de conselheiro literário da editora Arche — situada na rua Saint-André-des-Arts —, da qual é diretor. Barthes aceita não só pelo salário: o lugar é coerente com seu papel na crítica de teatro.

Crítico reconhecido, ele é bastante solicitado pelos jornais e revistas, sobretudo desde a publicação das primeiras "mitologias" — "O mundo do catch", em *Esprit*, em outubro de 1952, lhe rendeu muita notoriedade e numerosas cartas de admiração. Além de *France Observateur*, onde lhe é confiada uma crônica mensal sobre espetáculos; de *Lettres nouvelles*, que Nadeau acaba de fundar e para a qual Barthes encaminha as "mitologias" seguintes, com o título "pequena mitologia do mês"; e de *Esprit*, com a qual continua a colaborar, ele é solicitado por *Les Temps modernes* e por *La Nouvelle Revue française*. Para Paulhan, que em 1953 teria desejado que "no próximo ano o nome [de Barthes] aparecesse amiúde nos índices da NRF",[40] e que lhe propõe uma remuneração de 2 mil francos por página, ele não envia nada; para Marcel Arland, que no ano seguinte o pressiona para escrever artigos para *La Nouvelle NRF*, ele é obrigado a responder que, enquanto sua situação no CNRS não estiver esclarecida e assegurada sua inscrição na sessão de sociologia, ele não pode aceitar novos compromissos. O rascunho da carta traz esta menção, riscada em seguida: "Coloco meu desejo de me dedicar com afinco a uma obra verdadeiramente sociológica antes de qualquer outra tarefa e *não me sentirei livre em relação à literatura antes de ter esgotado todas as chances de ter o apoio do CNRS, o que por enquanto impõe sacrifícios de tempo*".[41] Há certamente um desejo de

---

39. Jean-Claude Chevalier e Pierre Encrevé, *Combat pour la linguistique, de Martinet à Kristeva. Essai de dramaturgie épistémologique* (Lyon: ENS Éditions, 2006), p.336.
40. Carta de Jean Paulhan, 20 de dezembro de 1953. Coleção particular.
41. Carta a Marcel Arland, 4 de setembro de 1954. A parte sublinhada por nós está riscada no rascunho e substituída por "antes de qualquer outra satisfação; e por isso, o apoio do CNRS me é necessário, não me posso sentir realmente livre antes de ter feito tudo para obtê-lo". Coleção particular.

reconhecimento social, mas também o sentimento de que a formação de uma verdadeira obra implica extensão e duração, que contradizem a brevidade e o imediatismo que caracterizam a maior parte de sua produção. É também a época da aventura da revista *Théâtre Populaire*, ao mesmo tempo cronófago e excitante, que vai ocupar a maior parte de seu tempo de 1954 a 1960.

TEATRO
Na encruzilhada de todos os seus livros, talvez o Teatro...[42]

A inserção de Barthes na vida teatral decerto prolonga uma paixão que remonta à adolescência, mas é também a marca de uma época e de sua vontade de participar. É preciso lembrar a importância do teatro daqueles anos, a extraordinária ebulição que animava os palcos, a ligação privilegiada que aí se estabelecia entre arte e política. Se a lembrança do "cartel dos quatro" ainda estava bem presente (Dullin, Baty, Jouvet, Pitoëff) e alguns de seus atores continuavam ativos, há sobretudo o movimento de renovação no palácio Chaillot coordenado por Jean Vilar, que é nomeado em 1951 e ao qual batiza de Théatre Nacional Populaire (TNP); e em Avignon, onde dirige o festival desde 1948. Naquele momento o teatro tem um papel social que, examinado hoje, espanta: em doze anos, o Chaillot registra 5.193.895 entradas, ou seja, 2.336 espectadores, em média, por representação! Barthes reconhece em Vilar "a amplitude sociológica" de sua ação; "graças à experiência de Vilar, o teatro tende a se tornar um grande lazer popular, do mesmo modo que o cinema e o futebol".[43] Mas ele ressalta ainda mais o fato de ele ter operado uma verdadeira mutação estética. "Hoje, quando se fala da saga de Vilar", escreve a dramaturga Brigitte Jaques-Wajeman, "insiste-se essencialmente na revolução social que seu teatro acarretou. Perde-se de vista a revolução estética que operou, que permitiu todo o resto: uma nova percepção das implicações e talvez da função do teatro. Vilar coloca a nu o espaço cênico; é, segundo Barthes, um ato fundador: ele o esvazia, o despe de toda decoração, de tudo que *gruda*, daquilo

---

42. *Roland Barthes par Roland Barthes*, OC IV, p.749 [ed. bras.: *Roland Barthes por Roland Barthes*, p.195].
43. "Le théâtre populaire d'aujourd'hui", in *Théâtre de France*, 1954 (OC I, pp.529-33).

que *cola* o olhar e o espírito do espectador. [...] Abolido o cenário, o espaço se abre enfim e Barthes aplaude 'o nascimento de um lugar claro onde tudo enfim se compreende, fora de uma camada cega onde tudo ainda é ambíguo'."[44] Barthes encontra no teatro o que vai encontrar no romance de Robbe-Grillet, isto é, um espaço crítico capaz de mostrar o social e transformá-lo, de se engajar e oferecer ao intelectual daquele tempo um verdadeiro lugar de intervenção.

É nesse contexto que é fundada a revista *Théâtre populaire*, apoiando a agenda de Vilar, mas também cuidando para inventar uma crítica teatral à altura desses desafios, não temendo impor textos difíceis (publicação de textos na íntegra de obras francesas ou estrangeiras, em particular, Maturin ou Büchner...) nem desagradar, formulando críticas contumazes, às vezes intransigentes, por vezes até injustas. O conselho de redação reúne inicialmente Morvan Lebesque, Guy Dumur e Roland Barthes (primeiro número), todos chamados por Robert Voisin com base em suas carreiras atípicas e em seus engajamentos públicos em favor do TNP,[45] que Barthes tinha manifestado em *Les Lettres nouvelles* por ocasião da encenação por Vilar em *Prince de Hombourg*. Depois se juntam a eles, a partir do segundo número, Jean Paris, Jean Duvignaud e Bernard Dort, de quem Barthes fica amigo. Em maio de 1953, o editorial do primeiro número, redigido em grande parte por Morvan Lebesque e Barthes, questiona, mas sem orientação ideológica precisa, o teatro institucionalizado ou aquilo que eles chamam de "teatro burguês". A vocação declarada da revista é também "dar às obras o esclarecimento que lhes convém, em suma, para informar, para fornecer a explicação que a Arte carrega em si, mas não exprime, já que há entre ela e nós uma diferença de linguagem". Naquele momento, a ambição dos editores é crítica, estética, mas também política. Jean Duvignaud lembra que foi nesse período que, em suas discussões, surgiu o termo "teatralidade", ecoando as intuições de Artaud em *O teatro e seu duplo*. "Essa teatralidade", diz, "nós a imergíamos no social e no público. Às postulações fulgurantes do poeta, atribuíamos

---

44. Brigitte Jaques-Wajeman, "Retour à Barthes", in *Empreintes de Roland Barthes*, org. de Daniel Bougnoux (Nantes: Éd. Cécile Defaut; Paris: INA, 2009), pp.97-107 (p.105).
45. Morvan Lebesque, presidente da Associação dos Amigos do Teatro Popular, era o crítico teatral de *Carrefour* e jornalista do *Canard enchaîné*. Guy Dumur, que fora ator e autor de alguns romances, escrevia críticas dramáticas em *La Table ronde* e em *Médecine de France*.

um enraizamento nesses públicos que mal conhecíamos, então, e para os quais, às vezes não sem ingenuidade, concedíamos a mesma inocência consciente que a Justiça ao 'júri'".[46] O engajamento deles os leva a se interessar pelas novas escrituras cênicas, Blin, Serreau, Planchon, no Théâtre des Nations, dirigido por Claude Planson no Sarah-Bernhardt, que apresenta grupos estrangeiros e, em particular, os dos exilados de Weimar, os que voltam dos Estados Unidos (Piscator, Brecht). É aí que a ideia teórica e política defendida por Barthes, que estava na base da criação, encontra sua verdadeira ilustração. As implicações ideológicas se afirmam mais claramente, visando os indiferentes — àqueles que não vão ao teatro ou não gostam de teatro, é preciso dizer que o teatro é a arte política e cívica deste tempo — e os "consumidores" do teatro de entretenimento.

A história de Barthes com a revista *Théâtre populaire* é sua experiência mais nítida de pertencimento geracional, com a ideia de que a arte pode intervir na história e que essa intervenção deve se fazer conforme à comunidade, de um lado, e em conflito com os mais velhos, de outro. Trata-se de considerar uma sociedade solidária e reconciliada em torno de uma purificação do teatro capaz de atingir um despojamento, um "grau zero" que as peças de Adamov, de Beckett e de Ionesco parecem realizar, dispensando a psicologia e desnudando o espaço cênico. Esse acordo dos membros da revista não contempla todos os aspectos do campo teatral, e os conflitos internos não sossegam. Marco Consolini, no livro que ele consagra ao Théâtre Populaire, relata as divergências entre colaboradores que não se encontram regularmente, que se contentam em se ler uns aos outros. Dumur aprecia Giraudoux, Barthes o execra; e se interessa por Jules Roy, de quem Barthes diz desconfiar por causa de todo "este escotismo da guerra que acaba sempre em fascismo"; ambos estão divididos a respeito de Claudel. Dort, em compensação, está na mesma linha editorial que ele por suas posições muito mais engajadas contra os espectadores de teatro, influenciando um mercado em grande parte dirigido para o "consumo". Seu artigo "Un théâtre sans public, des publics sans théâtre", publicado no número 3 da revista em dezembro de 1953, muda a orientação ao engajá-lo num terreno diretamente

---

46. Jean Duvignaud, "*Théâtre populaire*: histoire d'une revue", *Magazine littéraire*, n. 314, 1993, pp.63-64.

político, que necessita do que Barthes nomeia em *Les Lettres nouvelles* em 1953 uma "crítica total".[47] Essa radicalização é ainda mais visível no editorial do número 5 de janeiro-fevereiro de 1955, escrito desta vez por Barthes, no qual ele critica o teatro burguês de maneira muito violenta: "A complacência geral de que o teatro burguês goza hoje é tal que nossa tarefa inicial só pode ser destruidora. Não podemos definir o Théatre Populaire senão como um teatro purificado das estruturas burguesas, libertos do dinheiro e de suas máscaras. É de nossa oposição que é preciso, primeiro, tomar consciência. Essa oposição visa o geral e não se embaraça com nuances".[48] O vigor dessa diatribe provoca o distanciamento de Guy Dumur, mas sobretudo de Morvan Lebesque, cujo desacordo com Barthes culmina pouco depois, por ocasião da polêmica Barthes-Camus.

Progressivamente, Voisin, Barthes e Dort se impõem como os únicos líderes e são as posições deles que são defendidas, o que não deixa de provocar turbulência no conjunto do meio teatral. A linha deles é dura, e os ataques, mordazes. Gérard Philipe, por um momento amado, é vilipendiado por sua interpretação estereotipada de Richard II: "Por trás do aburguesamento de Philipe, todo um partido se mantém preparado, o da mediocridade e do engano. Forças imensas que pedem apenas a menor falha para aí introduzir sua gangrena"[49]. Essa crítica é publicada, evidentemente, em *Les Lettres nouvelles*, mas é reveladora do tom apaixonado e polêmico que Barthes emprega quando fala de teatro, onde tudo o interessa, o figurino as cortinas, os atores e os críticos, o repertório e os jovens atores. É uma posição sem dúvida estratégica, a da ocupação maciça de um espaço de visibilidade, sem deixar de lado uma intensa convicção, na confluência do estético e do político, que torna esse momento de sua existência particularmente dinâmico: suas ideias marxistas não perdem ocasião para se exprimir e ele está encantado por seu envolvimento no conflito.

De 1954 a 1963, Barthes escreve oitentaoitenta artigos ou resenhas de espetáculos para 22 revistas diferentes, dos quais uns cinquenta são publicados em *Théâtre populaire* e *France Observateur*. A

---

47. "L'Arlésienne du catholicisme", OC I, p.285.
48. Roland Barthes, "Éditorial", *Théâtre populaire*, n. 5, janeiro-fevereiro de 1954.
49. "Fin de *Richard II*", *Les Lettres nouvelles*, março de 1954 (OC I, p.471).

maior parte ele escreveu antes de 1960, e os artigos praticamente dão conta de todas as encenações de Jean Vilar (*Richard II, Ruy Blas, Macbeth, Le Triomphe de l'amour, Le Faiseur*), nem sempre incensadas, mas também de Roger Planchon, de Jean-Louis Barrault (que também nem sempre é defendido por *Théâtre populaire*), de Raymond Hermantier. Quase todos enformados tom da crítica social pregada pela revista, mesmo quando publicados em outros veículos. Essas numerosíssimas intervenções são escandidas pela reiteração da paixão por Brecht, cada vez que uma oportunidade se apresenta.

A descoberta de Brecht é com certeza "capital", pois substitui o modelo sartriano por uma nova maneira de estabelecer as relações entre literatura e engajamento. Permite a Barthes afirmar duas direções fortes de seu pensamento: o marxismo pela ideia de uma responsabilidade da forma; o estruturalismo pelo trabalho sobre o distanciamento dos signos. Se a representação de *Mãe Coragem* de junho de 1954 o "incendiou", como ele declara a Jean-José Marchand na entrevista televisionada de 1970, ou, como diz ainda a Jean-Jacques Brochier em 1975,[50] é por uma aliança de responsabilidade e prazer na qual ele reconhece o pensamento: "Sua exemplaridade, a meu ver, não se deve, para falar a verdade, nem a seu marxismo nem a sua estética (ainda que um e outro tenham grande importância), mas à conjunção dos dois: a saber, de uma razão marxista e de um pensamento semântico: era um marxista que tinha refletido sobre os *efeitos do signo*: coisa rara".[51] Esse "deslumbramento" (palavra que vem do *Michelet* e é retomada em "Théâtre capital") é uma conversão ao mesmo tempo individual e coletiva. Barthes aprecia a extrema clareza da asserção de Brecht: encontra as razões pelas quais o teatro é a verdadeira arte da época, e também as razões de um combate. Para *Théâtre populaire*, essa encenação de 1954 permanecerá até o fim como o espetáculo mais importante: "A revista finalmente encontrará aí sua verdadeira identidade. Toda a equipe sentiu este espetáculo como uma revelação e esse choque provocou um *black-out* no resto do festival"[52] Em 1957, Barthes volta a insistir

---

50. OC IV, p.868 [ed. bras.: "Vinte palavas-chave para Roland Barthes", in *O grão da voz*, p.320].
51. "Réponses", OC III, p.1030.
52. Marco Consolini, *"Théâtre populaire" 1953-1964. Histoire d'une revue engagée*, trad. do italiano por Karin Wackers-Espinosa (Paris: Ed. do IMEC, 1998), p.34.

sobre essa extraordinária clareza: "Quando vi *Mãe Coragem* do Berliner Ensemble, em 1954, compreendi de um modo claro (clareza que não exclui, bem entendido, uma viva impressão de beleza e, a bem dizer, uma emoção profunda), compreendi que havia uma responsabilidade das formas dramáticas".[53] A peça também apresenta uma figura de mãe heroica que acrescenta ao encontro uma forte ressonância íntima.

 O primeiro artigo, consagrado à presença do Berliner Ensemble em Paris e às representações de *Mãe Coragem*, é publicado em *France Observateur*, no suplemento literário dirigido por Nadeau, que deixou o *Combat* e confiou a Barthes uma coluna de teatro. O artigo, publicado em 8 de julho de 1954, com o título de "Théâtre capital", atribui a Brecht quatro qualidades revolucionárias: é um teatro de liberação, político, justificado e desenraizado. Barthes o opõe tanto ao teatro retrógrado, segundo ele um "teatro pesado, gordurento, graxo", que consagra a ordem existente com cumplicidade e ênfase, como a um teatro progressista que expõe explicitamente sua tese, sem deixar que a consciência do espectador se liberte. Descolando o espectador do espetáculo, dispondo os objetos à distância, a peça o prepara para a operação de desmistificação. Quinze dias mais tarde, em 22 de julho, Barthes consagra ao dramaturgo um novo artigo, dessa vez sobre a representação dos atores e da dramaturgia da distância. Nesse meio de tempo ele leu textos críticos de Brecht e assimilou a importância que as codificações do teatro oriental, afastado de qualquer ontologia, teve para ele. Soube que seguiu a *masterclass* de Mei Lafang em Moscou em 1935, em companhia de Eisenstein e Stanislavski, e que lá descobriu o princípio de estranhamento (*ostranenie*) de Chklovski, ao qual a teoria do distanciamento deve muito. Barthes faz referência ao nô japonês para explicar a necessária abstração do ator.

 Em 1955, um artigo para *Tribune étudiante* evoca três lições de Brecht a serem retidas: primeiro, que a arte teatral não se dirige apenas aos sentidos, mas deve ser pensada intelectualmente; segundo, que o político deve suscitar sua própria forma dramática; e enfim que o engajamento deve ser total. Brecht convida a desalienar não só o repertório como também as técnicas teatrais. Os artigos seguintes

---

53. "La rencontre est aussi un combat", *Rendez-vous des théâtres du monde*, abril de 1957 (OC I, p.877).

tratam das encenações francesas de Brecht — *Um homem é um homem*, por Jean-Marie Serreau no Théâtre de l'Œuvre, cujo esforço ele elogia, mas critica o "clima de aproximação", incompatível com o rigor exigido pelo teatro de Brecht; *Terror e miséria no Terceiro Reich*, encenada por Roger Planchon no Théâtre de Lyon. Escreve também sobre cada aparição do Berliner Ensemble em solo francês. Não menos de doze artigos consagrados a Brecht em três anos: trata-se de um esquadrinhamento generalizado. Publicando em diferentes jornais, Barthes amplia o terreno do dramaturgo e o seu também. Ao afirmar que Brecht propõe um teatro verdadeiramente político, capaz de reatar com a tragédia grega e sua força de intervenção na história, ele também se afirma como crítico político.

Nesse mesmo momento, enquanto diretor literário na Arche, Barthes publica em vários volumes uma edição do *Théâtre complet* do dramaturgo alemão. A editora havia se comprometido — por intermédio de Gérard Philipe, que desejava representar peças de jovens autores e não apenas o repertório — a publicar todos os textos das encenações de Vilar em Chaillot, e ela contribuiu enormemente, com a ajuda de Barthes, para difundir a obra de Brecht. Robert Voisin e Barthes decidem fazer uma campanha editorial que é ao mesmo tempo de divulgação e propaganda. Publicam os textos em pequenos volumes compreendendo três peças, cada um conduzido por uma peça "locomotiva", como *Mãe Coragem*, *O círculo de giz caucasiano*, *A vida de Galileu*, *O senhor Puntila e seu criado Matti*. Ao mesmo tempo, a Arche edita, em sua coleção Os Grandes Dramaturgos, o ensaio sobre Brecht de Geneviève Serreau, e *Théâtre populaire* lhe dedica o conjunto de seu número 11, falando da ruptura operada em termos de revolução, ruptura com vinte e quatro séculos de teatro aristotélico, considerado "natural". O editorial não é assinado, mas é em grande parte redigido por Barthes e provoca importantes reações negativas no meio teatral e no grupo da revista, precipitando a saída de Jean Paris, depois a de Jean Duvignaud. Algum tempo depois, em 1956, Morvan Lebesque acerta suas contas em *Carrefour*, por ocasião de uma resenha de *L'Impromptu de l'Alma*, de Ionesco, que se apresenta como uma espécie de panfleto contra *Théâtre populaire*, onde ele se coloca em cena com seu nome, atormentado por três doutores, Bartolomeus I, II e III, que tentam fazer com que ele escreva um teatro aceitável — os dois primeiros lhe ditando o evangelho brechtiano; o terceiro, o do teatro de entretenimento. "*Théâtre populaire*", escreve Lebesque, "é uma revista que, na origem, devia simplesmente responder às curiosidades de um público amador de teatro e apaixonado pela obra de Vilar. Dois jovens doutores marxistas, srs. Roland Barthes e Bernard Dort, fizeram dela um instrumento de doutrina particular [...]. O grupo se tornou capela, logo depois igreja: *Fora de Brecht, não há salvação*. Ritos, excomunhões, fórmulas litúrgicas (o *gestus* social, a *teatralidade*, a *desmistificação*, a *historicidade*...), nada faltou".[54] Vê-se que as dissensões são poderosas e que eles se exprimem numa arena em que cada palavra é uma luta, e cada tomada de posição, um combate.

O dogmatismo é uma característica daqueles anos: postura geracional e motor para o funcionamento de uma revista. Barthes, aliás, tinha escrito, no editorial do número 9, em setembro de 1954, que "nosso 'dogmatismo' significa simplesmente que julgamos nossa tarefa clara e nosso objetivo evidente [...]. Lutar em todos os fronts e manter o espetáculo burguês contemporâneo como objeto de uma interrogação total. E se essa interrogação às vezes toma uma forma um pouco dogmática demais aos olhos de alguns, que eles nos perdoem, mas nos compreendam: o teatro burguês é bem defendido, não o combatemos pela metade".[55] Talvez fosse interessante conjecturar qual seria a atitude e o comportamento de Barthes nas reuniões da revista. Tendo sido uma de suas mais fortes experiências geracionais, a mais importante desde a adolescência, seu modo de agir teria algo a dizer sobre sua relação com o coletivo. Michel Vinaver evoca o espírito irreverente, a percepção da festa: "Havia uma atitude iconoclasta devida, a meu ver, à personalidade de Barthes. Ele se alegrava nessa violência que era a fonte de energia intelectual, isso fazia parte dessa festa permanente que era a revista".[56] Outros testemunhos insistem na autoridade firme e tranquila, sem impor seu ponto de vista de modo histérico. Em depoimento a Marco Consolini, Pierre Trotignon evoca Bernard Dort com suas posições francas e seu sentido de persuasão, contrastantes com a postura mais reservada de Barthes: "Ele se mantinha ao lado do aquecedor, por

---

54. Morvan Lebesque, "Ionesco 'démystificateur'", *Carrefour*, 22 de fevereiro de 1956.
55. Roland Barthes, "Editorial" (não assinado), *Théâtre populaire*, n. 9, setembro-outubro de 1954, pp.1-2.
56. Michel Vinaver, entrevista com Marco Consolini, in *"Théâtre populaire"*, 1953-1964. *Histoire d'une revue engagée*, op.cit., p.72.

exemplo, ao lado da janela, com um sorriso um pouco budista, escutando os argumentos, e depois intervinha com uma voz muito calma [...]. Era muito hábil, deixava Dort falar, deixava-o ir e depois, no último momento, quando os outros não estavam de acordo [...], ele intervinha e com algumas pequenas frases bastante tranquilas, acariciando as mãos, dava duas ou três apreciações que finalmente se impunham".[57] O número representado em dupla com Dort era decerto muito bem ensaiado, considerando-se a amizade entre eles, e explica como dominaram a redação por tanto tempo.

Esses anos teatrais são férteis em amizade. Foi quando Barthes iniciou suas relações com homens mais jovens, que durarão até o fim da vida. Ele aprofunda vínculos muito fortes com certas pessoas, sobretudo Bernard Dort e Michel Vinaver. Dort nasceu em 1929 numa família de professores primários, perdeu a mãe aos dez anos e chegou a Paris em 1945. Durante o período de internato no liceu de Auch lê muito e desenvolve numerosas paixões — pelo teatro, pela ópera, pelo cinema, pela literatura. Cursando direito em Paris, começa a colaborar para jornais como os *Cahiers du Sud* e *Les Temps modernes*. Defende os mesmos autores que Barthes (em particular Cayrol e Camus) e é admirado pelo saber enciclopédico e a inteligência contestadora, capaz de ações excepcionais, grandes admirações e verdadeiras revelações. É por intermédio dele que Barthes descobre Robbe-Grillet, quando lê nos *Cahiers du Sud* e em *Les Temps modernes* dois artigos seus sobre *Les Gommes*, em 1954. No ano seguinte, ambos publicarão um artigo sobre *Le Voyeur*. Dort faz o concurso da Escola Nacional em 1951 e se torna administrador no Ministério da Saúde a partir de 1953, continuando a escrever sobre literatura, ópera, cinema, mas sua verdadeira paixão é o teatro — e ele será um dos melhores críticos de seu tempo (permanecerá em *Théâtre populaire* até o fim de 1964 e fundará imediatamente depois a revista *Travail théâtral*). Em 1963 defende uma tese sobre Brecht, deixa o ministério e dá aulas no Instituto de Estudos Teatrais e depois no Conservatório. Sua influência nesse meio, por quarenta anos, foi tamanha que ainda hoje ele é uma referência importante. Dono de uma capacidade de trabalho notável, colaborou com inúmeros jornais e revistas, e publicou livros importantes, como

---

57. Marco Consolini, entrevista de Pierre Trotignon, in *ibidem*, pp.170-71, nota 1.

Lecture de Brecht, Pédagogie et forme épique[58] ou *Théâtre réel*, que sai pela Seuil em 1971. Barthes e ele se encontram no *France Observateur*, para o qual colaboram concomitantemente, e já são amigos quando vão juntos à representação de *Mãe Coragem*, em 1954. Em geral eles se encontram nos ensaios finais e depois vão jantar e fumar um charuto, quase sempre compartilhando da mesma opinião sobre o espetáculo. A homossexualidade de ambos também os aproxima, pelo fato de que não têm obrigações familiares.

    A personalidade extrovertida e apaixonada de Dort, sempre tentada pela vanguarda, nomeando-a quase antes de sua existência, combina bem com o espírito mais reservado, mas arguto, de Barthes, sua vontade de participar da história e não perder tempo. A inteligência de ambos coincide na desconfiança dos clichês, das posturas imutáveis. Preferem a fragilidade das estruturas ou dos movimentos incipientes — Dort será um fervoroso entusiasta do começo da Nouvelle Vague — aos empreendimentos mais estáveis, quaisquer que sejam. Intelectual singular, como diz sua biógrafa,[59] Dort escolhe a divulgação e o ensino, enquanto Barthes, que deseja experimentar o pensamento em territórios variados, dedicará mais tempo à reflexão. Afastam-se quando Barthes deixa de ir ao teatro e praticamente não intervém mais nesse campo, mas continuam a acompanhar os trabalhos um do outro, encontrando-se de vez em quando para jantar uma ou duas vezes por ano na década de 60. Um traço característico da relação de Barthes com seus amigos homens era esse: marcada por uma admiração instantânea, a amizade passa por uma fase de exaltação em que os encontros são quase diários, como é o caso com Dort em 1954-1955. Depois, outras solicitações insistentes surgem e a relação se distende, o que às vezes é mal compreendido pelo *alter ego*. Dort declara ter sentido certo ressentimento, ou pelo menos nostalgia. Mesmo que com o tempo alguma coisa se transforme, a amizade não se rompe. Assim, ainda que se possam elencar inúmeras razões intelectuais da desafeição progressiva de Barthes pelo teatro, subsiste esta razão mais psicológica — sua necessidade de descobertas, mudanças, o medo da repetição e do tédio — que o faz se mover o tempo todo.

---

58. Bernard Dort, *Lecture de Brecht, Pédagogie et forme épique* (Paris: Seuil, 1960). Col. Pierres Vives.
59. Chantal Meyer-Plantureux, *Bernard Dort: un intellectuel singulier* (Paris: Seuil, 2000).

Data dessa época o encontro com Michel Foucault. Quando estão juntos em Paris, o que é raro, já que naquele momento Foucault tem uma carreira no exterior (Suécia, Polônia, Alemanha), eles se veem quase todas as noites, assistem a lutas de judô, bebem com amigos, em especial Robert Mauzi, que conhecera Foucault na Fundação Thiers e que os apresentou, e sobretudo Louis Lepage. Entre 1955 e 1965, se acreditarmos no que em 1975 conta Foucault a Jacques Chancel no programa *Radioscopie*, eles são muito importantes um para o outro, tanto no plano da amizade quanto no plano intelectual, "numa época em que ele também estava sozinho" [diz Foucault], isto é, num contexto em que suas proposições teóricas ainda não eram unanimamente aceitas.[60]

Com Michel Vinaver, nascido em 1927, Barthes desenvolve uma amizade muito diferente, não tanto de companheirismo e programas, mais de admiração recíproca e confiança. Vinaver, filho de russos, nasceu em Paris com o nome de Michel Grinberg. Muito jovem, engajou-se como voluntário na Segunda Guerra Mundial e cursou a primeira parte dos estudos superiores nos Estados Unidos. Quando Vinaver volta para a França, Albert Camus publica seu primeiro romance, *Lataume*, pela editora Gallimard. Seu itinerário é singular na medida em que sua produção intelectual corre em paralelo a uma carreira brilhante de homem de negócios. Consegue um emprego na Gillette, da qual se torna diretor-presidente em apenas dez anos. A partir de 1955, desenvolve uma atividade literária inteiramente voltada para o teatro. Sob esse ângulo, a influência de Barthes, que ele encontrou no começo da década de 50, foi decisiva. Barthes já o havia convidado a escrever para *Théâtre populaire* quando ele fizera um estágio de teatro amador em Annecy no verão de 1955, sob a direção de Gabriel Monnet. Monnet propõe a Vinaver que escreva uma peça para ele. E assim nasceu *Aujourd'hui, ou les Coréens*, que se tornou em seguida *Les Coréens*, cuja composição Barthes acompanha. A peça deve muito à discussão deles sobre a elaboração de

---

60. "[...] foi para mim alguém muito importante, na medida em que, precisamente, foi mais ou menos nos anos [...] entre 1955 e 1965, numa época em que ele também estava sozinho [...] ele foi certamente aquele que mais nos ajudou a sacudir certo saber acadêmico que era não saber" (Michel Foucault, *Radioscopie*, entrevista com Jacques Chancel, France Inter, 10 de março de 1975). Sobre as relações entre Barthes e Foucault, ver *infra* o capítulo que lhe é consagrado.

um teatro político que não seja um teatro de propaganda.[61] Engajada a peça é, já que apresenta, apenas três anos depois do fim da Guerra da Coreia, dois discursos antagônicos, o de um grupo de voluntários franceses e o de uma pequena comunidade camponesa da Coreia do Norte. Encenada em plena Guerra da Argélia — por Roger Planchon em Lyon, em 1956, e depois por Jean-Marie Serreau em Paris, em 1957 —, ela suscita importantes reações, tanto dos partidários da independência como do outro lado (Gabriel Monnet não é autorizado a encená-la por ocasião do estágio de Vinaver em Annecy, de tal modo ela é considerada subversiva); mas também promove debates no seio do jornal, Barthes polemizando com André Gisselbrecht. Enquanto para Gisselbrecht a lição brechtiana não foi suficientemente reconhecida, Barthes celebra a novidade de sua linguagem e seu poder desmistificador, e a compara com a de Chaplin em Carlitos.[62] Tomando desta vez como assunto a Guerra da Argélia, Vinaver escreve uma nova peça em 1957, *Les Huissiers*, misturando a língua vazia dos discursos políticos com os episódios dramáticos da guerra. Barthes acompanha seu trabalho com atenção, dando-lhe conselhos no decorrer da escrita, como por exemplo para "encontrar um meio para apresentar a situação dramática argelina [...] sem inflá-la demais fraseologicamente".[63] Vinaver confessará mais tarde que essa proximidade, o fato de ter Barthes como primeiro leitor, foram determinantes. E Barthes encontrou nele um verdadeiro interlocutor intelectual e viu em seu trabalho "elementos de uma crítica realmente nova".[64] Vinaver admira em Barthes um sentido da aventura que não se desfaz nunca e que sempre o impele a seguir em frente. No momento da publicação de *s/z*, ele lhe descreve o que parece ser o cerne da ligação deles: "Produz-se aí uma emergência. O reconhecimento de uma continuidade da aventura (em você), desdobrada para além do que eu podia imaginar, e também de uma

---

61. As declarações de Michel Vinaver sobre este assunto coincidem com a visão de Barthes sobre a força do teatro de Brecht. Seria decerto muito interessante estudar este diálogo mais atentamente. Ver Michel Vinaver, *Écrits sur le théâtre* (Lausanne: Aire, 1982).
62. "À propos des *Coréens*", *Théâtre populaire,* março de 1957 (OC I, p.888). Barthes escreve dois outros artigos sobre essa peça, dos quais um, o mais surpreendente, será editado apenas em 1978, num volume sobre Michel Vinaver, e o outro é publicado em *France Observateur*, em 1 de novembro de 1956 (OC I, pp.887-88).
63. Carta a Michel Vinaver, s.d., arquivo Michel Vinaver.
64. "La fête du cordonnier", *Théâtre populaire*, segundo trimestre de 1959 (OC I, p.987).

continuidade (entre nós dois) no que interessa, com o mesmo frêmito e com o mesmo riso, ou sorriso".[65] A correspondência deles atesta uma amizade que permaneceu forte e verdadeira, mas a interrupção da aventura da revista *Théâtre populaire* encerra a estreita colaboração. Como com Dort, um vínculo muito estreito é brutalmente distendido (e isso por causa de Barthes). Vinaver experimentou com tristeza o que sentiu como uma forma de abandono.

Barthes fez do teatro o espaço por excelência do engajamento suscetível de uma crítica total. O deslocamento operado em relação a Sartre em *O grau zero*, de uma responsabilidade do escritor para uma responsabilidade da forma, não tem pois incidência direta sobre seu próprio comportamento de homem, que sustenta posições claras, que defende com unhas e dentes o que reconhece como justo, política e eticamente, movimentando uma energia colossal para modificar o comportamento do público como o que se escreve, seja no campo da crítica, seja da dramaturgia. Além de demandar muito empenho e tempo, esse posicionamento é o corolário de uma convicção e de um desejo: a arte pode ter um poder no campo social, e em nenhum lugar melhor do que no teatro ela expressa esse poder durante aqueles anos. É por isso que, entre todas as explicações que foram dadas para sua desafeição pelo teatro — Brecht teria "prevalecido sobre tudo", engajamentos pessoais teriam suplantado aquele, a Guerra da Argélia —, a mais interessante parece ser a que levantou Philippe Roger, que atribui o afastamento à recuperação do teatro alternativo numa política de Estado, a cargo de De Gaulle e Malraux.[66] Em sua última "pequena mitologia" entregue às *Lettres nouvelles* em abril de 1959, depois da publicação do livro, Barthes ironiza a reforma de Malraux ao adotar a linguagem da revolução, ativando "uma causalidade deceptiva [...]: queremos que isto mude, é por isso que não mudaremos nada".[67] Há na reforma, sem dúvida, um projeto social, mas dirigido a um mito atual, a Juventude, em vez de se referir ao mundo e sua possível transformação. O segundo aporte destes anos marcados pela

---

65. Carta de Michel Vinaver, de 15 de outubro de 1970. O termo "reconhecimento" volta nos textos de Vinaver quase todas as vezes que escreve a Barthes sobre seus livros: "Leio você e é ao mesmo tempo um reconhecimento e uma surpresa". Carta de Michel Vinaver de 21 de novembro de 1961. Fundo Roland Barthes. BNF, NAF 28630.
66. Philippe Roger, "Barthes dans les années Marx", *Communications*, n. 63, 1996, pp.39-65.
67. "Tragédie et hauteur", OC I, p.974.

paixão pelo teatro é um traço de estilo que poderia ser descrito como a tendência à alfinetada, no duplo sentido de prender e arranhar, e que vai se opor ao cartaz como publicidade, como signo exibido: trata-se de entalhar a linguagem para combater o senso comum.

 A militância de Barthes se verifica por sua linguagem, numa tripla capacidade de mirar, recolher e afixar. A arte da fórmula é uma forma particular de escritura militante; a propósito do teatro popular: "Três obrigações concorrentes [...]: um público de massa, um repertório de alta cultura, uma dramaturgia de vanguarda";[68] "a ampliação do público de teatro não deve ser em nenhum momento fruto de caridade; ao contrário, deve ser o signo de uma democracia sem fraude";[69] a propósito de Maria Casarès: "É preciso engajar a fisionomia, toda a fisionomia, na aventura do teatro";[70] do crítico Jean-Jacques Gautier, que ele detesta: "Aquele homem não é um crítico, é um portão automático: passe, não passe; a escolha está dada desde sempre, nada pode mudá-la".[71]

 Quer seja positivo ou negativo, o propósito crítico é nítido, afirmativo, enquadrado; ele alfineta para afirmar. Alfinetar é também cortar, expor, afixar na parede uma imagem ou um papel, e é interessante sublinhar o quê, da relação de Barthes com o teatro, se desloca para a fotografia — os dois interesses se cruzando nas *Mitologias*. O último artigo que ele consagra a Brecht é sobre as fotos que Pic fez da segunda representação de *Mãe Coragem* pelo Berliner Ensemble em 1957. Barthes especifica que o mais precioso, nessa série, e na fotografia em geral, é que a fotografia revela "precisamente o que se sobrepõe pela representação",[72] e que é o detalhe. É o detalhe que vai reter a atenção do semiólogo, mas que foi revelado pelo militante. Do teatro à fotografia, o outro deslocamento ocorre da duração ao instante, da história à intimidade, mas esse trajeto leva uma década para se realizar de fato. Digamos que é possível ler aqui o primeiro marco.

 Uma última força desse período de engajamento no teatro se deve à expressão do coletivo. Barthes participa de todos os em-

---

68. "Pour une définition du théâtre populaire", OC I, p.515.
69. "Le théâtre populaire d'aujourd'hui", OC I, p.530.
70. "Une tragédienne sans public", OC I, p.494.
71. "Comment s'en passer", OC I, p.517.
72. "Sept photos modèles de *Mère Courage*", OC I, p.997.

preendimentos e brilha no conjunto do campo intelectual; tem-se a impressão de que não se pode fazer nada sem ele. Ele contribui com uma participação plena mas leve, com uma afirmação sem violência, apesar das implicações da época e das polêmicas que fazem a crítica viver. Podemos ilustrá-la pela compreensão muito esclarecedora que ele tem do conceito *Verfremdungseffekt*, esta famosa distanciação que ele chama "distanciamento", e que serve de *slogan* para certos sectários que opõem "cruzados e heréticos", como lembra Geneviève Serreau.[73] Sua ideia segundo a qual "distanciar é representar" vem sem dúvida de seu sentimento muito forte de afastamento de tudo que o cinema da década seguinte também testemunha — por exemplo, *Crônica de um verão,* de Rouch e Morin, cuja realização ele acompanha. Barthes está agora na vida e no espírito de seu tempo. Ele não obedece estritamente a ele, mas o revela e o põe à distância.

O ANO 1955

Os anos 1950 não são apenas aqueles em que Barthes assiste a mais peças: são também aqueles em que ele se coloca em cena, em que vivencia a cena literária como um grande teatro. O ano de 1955 é exemplar — ele está no centro de três disputas nas quais não hesita em aparecer, representar e se engajar como ator. No decorrer deste ano prolífico e ativo — ele publica quarenta textos de crítica —, há primeiramente, em janeiro, o artigo muito negativo que ele consagra à *Peste* e que abre a polêmica com Camus; depois, na primavera, um vivo bate-boca com Jean Guérin (aliás Jean Paulhan); enfim, no outono, a defesa apaixonada de *Nekrassov* contra seus detratores. Estes três episódios são importantes e devem ser interpretados com a maior exatidão possível. Eles não demonstram, como se diz, a versatilidade ou o oportunismo de seu protagonista, mas um debate complexo, abordando sua relação filosófica com o marxismo e suas ideias sobre literatura.

O exame desses anos mostrou que Barthes considera legítima a ação política do teatro. Ele tem mais dúvidas sobre a eficácia da literatura e empreende uma pesquisa para pensá-la. O artigo contra Camus deve ser lido sob essa ótica. A partir de *O grau zero da escrita,* que já demonstra um mal-estar difícil de captar, dadas suas considerações às vezes contraditórias entre literatura responsável e

---

[73]. Geneviève Serreau, "Croisés et hérétiques", *L'Arc,* n. 55, "Brecht", 1973, pp.70-72.

literatura impossível, ele teria podido fazer de Camus o representante da única literatura possível, isto é, de uma literatura não reconciliada com o mundo e suas linguagens: ele se limitava, então, à análise de seu estilo e podia fazer dele um revelador formal. Em 1954, mostra que se pode ler *O estrangeiro* de outro modo. Entregando ao *Club* o artigo "L'Étranger, roman solaire", ele insiste sobre o lirismo do texto e o associa a um mito solar que o provê não só de uma moral, mas de um humor (reencontramos o vocabulário do *Michelet*). Enquanto no artigo de 1944 Barthes havia percebido o silêncio do romance, agora ele pode falar de seu simbolismo, o qual explica que o livro já seja um clássico.

Em 1955, tudo muda de novo. Barthes desaprova em *A peste* o simbolismo, que em 1954 elogiava em *O estrangeiro*, num momento em que parecia defendê-lo contra Sartre e seus detratores dos *Temps modernes*, em seguida à muito dolorosa ruptura de 1952. Ao escrever que vê aí "um lirismo que teríamos, sem dúvida, reprovado menos nas obras posteriores de Camus, se tivéssemos sabido entrevê-lo em seu primeiro romance",[74] ele não dirigia a crítica a si, mas àqueles que haviam demolido *A peste* dois anos antes. Desde então, como compreender o artigo sobre o livro publicado no mesmo jornal, *Club*, menos de um ano mais tarde? Trata-se, como às vezes se diz, de uma renegação? É preciso ver a necessidade de agir como outros, "liquidando" Camus? Como dissemos, nessa época Barthes está mais próximo de Sartre que de Camus. Aliás, resenhar *A peste* em 1955 não apresenta nenhum caráter de atualidade (o romance foi publicado desde 1947), é retomar polêmica dos *Temps modernes*. Podemos ver aqui um pretexto — a preocupação de compreender uma postura intelectual mais do que atacar um livro. Sem dúvida o crítico reprova em Camus a recusa tanto da história como da tragédia; ele pensa que seu simbolismo elimina as lutas reais e o impede de liberar um "conteúdo político refletido" que poderia combater os males da história. Mas também reconhece sua beleza e diz que os efeitos de generalização, induzidos pelo símbolo, tornam o texto ainda mais dilacerante.

---

74. "*L'Étranger*, roman solaire", in *Club*, abril de 1954 (OC I, p.480). Sobre a polêmica, opondo Sartre e Camus e precipitando a ruptura, ver *Les Temps modernes*, maio e agosto de 1952.

Na realidade, é Barthes que se debate neste texto: ele vê grandeza no recuo de Camus, mas sente falta de engajamento. Quando remete o julgamento do livro à pessoa, compreendemos que ele, muito engajado nessa data, defendendo por meio do teatro a necessidade de o intelectual explicar a história, afirma sua posição contra a de Camus. "*A peste* começou para seu autor uma carreira de solidão; a obra nascida de uma consciência da história não vai, entretanto, encontrar evidência e prefere transformar a lucidez em moral; é pelo mesmo movimento que seu autor, primeira testemunha de nossa história atual, preferiu recusar os compromissos — mas também a solidariedade — de seu combate".[75] A formulação é ambígua. A escolha de Barthes é clara, é a da solidariedade, mas se compreende a postura de Camus ("recusar os compromissos") e sua solidão talvez desejável. Não se pode, pois, falar de renegação. Barthes procura resolver um problema estético — o que pode a literatura hoje? qual deve ser sua forma? — e ele vai logo encontrar soluções em Robbe-Grillet, compreendendo que Camus deixou o romance num impasse teórico; ele também procura resolver o problema moral do papel do escritor e do crítico no espaço social e de sua adesão proclamada a um princípio marxista. Ainda assim a solução de Camus não lhe parece boa. Ele tem, no entanto, o tato de endereçar sua crítica ao autor antes da publicação e o jornal publica a resposta do resenhado (datada por Camus de 11 de janeiro de 1955) no mesmo número do artigo, com o consentimento de Barthes. Camus, numa carta de 13 de janeiro de 1955, exprime seu reconhecimento: "[M. Carlier] me transmitiu sua concordância e quero lhe agradecer essa lealdade, que sei, por experiência, não ser muito comum".[76]

As outras tomadas de posição de Barthes nesse ano vão no mesmo sentido: a afirmação de seu engajamento intelectual, com mais convicção ainda. A resposta de Camus era hábil e se fundamentava nas "contradições" do artigo de Barthes. No plano estético, ele não compreende que o que no *Estrangeiro* era força, em *A peste* se transformasse em crítica, apesar de ele ter ido somente no sentido do coletivo e da solidariedade; responde com o símbolo, declarando

---

75. "*La Peste*. Annales d'une épidémie ou roman de la solitude?", *Club*, fevereiro de 1955 (OC I, pp.544-45).
76. Carta de Albert Camus, 13 de janeiro de 1955. Coleção particular.

que não acredita no realismo na arte. No plano político, rejeita a crítica de a-historicidade e pede a Barthes para dizer em nome de que moral superior ele recusa aquela moral do romance, no entanto, explícita, segundo ele. A resposta de Barthes, que *Club* publica em seu número de abril a pedido explícito de Camus, afirma mais claramente suas "soluções" na defesa de uma "literatura literal" (que lembra "a função do escritor é chamar o gato de gato",[77] de Sartre) e na expressão, literal desta vez, de seu marxismo: "O senhor me pede para dizer em nome de que eu acho a moral de *A peste* insuficiente. Não faço disso nenhum segredo, é em nome do materialismo histórico: considero uma moral da explicação mais completa do que uma moral da expressão".[78] E acrescenta um argumento que pode justificá-lo, mas que faz de seu engajamento um método de análise mais do que de fidelidade: "Eu o teria dito anteriormente se não temesse sempre ser muito pretensioso ao invocar um método que exige muito de seus partidários".

A essa afirmação do marxismo de Barthes segue-se um segundo episódio. Nesse mesmo mês de abril, Jean Guérin critica em *La Nouvelle* NRF "as pequenas mitologias do mês". Cita quatro, que comenta em sua rubrica consagrada às revistas e aos jornais; interroga-se sobre a definição que Barthes dá do mito — "Mas será que um dia Barthes nos dirá o que que não é um mito?"[79] — e põe, enfim, a questão à qual Barthes se sente intimado a responder em *Les Lettres nouvelles,* de julho-agosto 1955: "Mas, no final das contas, talvez o sr. Barthes seja simplesmente marxista. Por que ele não diz isso?". Barthes volta a dizer nesta ocasião que o marxismo é antes de tudo um método e que é neste sentido que ele o invoca. Mas faz com mais mordacidade, acusando Guérin-Paulhan de macarthismo e manifestando seu desprezo por etiquetas, tão apressadas quanto redutoras. A instituição literária quer alocar os escritores em compartimentos para autorizar a si mesma altivez e liberdade? Por mais bem que lhe faça, isso não substituirá a eficácia da leitura: "Assim, basta-me ler *La Nouvelle* NRF", conclui Barthes, "para reconhecer seu caráter per-

---

[77]. Jean-Paul Sartre, *Qu'est-ce que la littérature?, op.cit.*, p.341 [ed. bras.: *Que é a literatura?, op.cit.*, p.208].
[78]. "Réponse de Roland Barthes à Albert Camus", *Club,* abril de 1955 (OC I, pp.573-74).
[79]. Jean Guérin, "Mythologies", *La Nouvelle NRF,* junho de 1955, pp.1118-19.

feitamente reacionário; não tenho necessidade de nenhuma declaração a esse respeito".[80]

A terceira encenação de si como marxista polemista ocorre quase após este segundo episódio. O início da temporada teatral é marcado pelas resenhas negativas da peça *Nekrassov*, de Sartre, pela quase totalidade da crítica teatral, com exceção de Morvan Lebesque (que aqui se junta a Barthes, embora não tivesse endossado sua atitude com relação a Camus em *Théâtre populaire*) e de Henri Magnan em *Combat*. A peça era uma transposição mal disfarçada do caso Kravtchenko que havia agitado a imprensa alguns anos antes e se transformara num pugilato entre comunistas e anticomunistas. Os primeiros faziam de Kravtchenko um impostor, os outros brandiam seu testemunho, *J'ai choisi la liberté*, como uma arma contra o stalinismo. Aos olhos de hoje, o debate é desfavorável aos comunistas e a muitos intelectuais franceses, mas em 1955 a proximidade do processo retumbante que Kravtchenko intentou contra as *Lettres françaises* estava na memória de todos e por muitas razões a dúvida, senão a convicção, podia se justificar: *J'ai choisi la liberté* tinha sido em parte escrito por um jornalista norte-americano, e hoje se sabe que a CIA aproveitou o processo para introduzir na França uma máquina de guerra anticomunista. Mas que os detratores de Kravtchenko não tenham sido abalados pelo testemunho de Margarete Buber-Neumann, deportada ao Cazaquistão pelo regime de Stálin antes de ser entregue aos nazistas, e que foi a primeira, nessa ocasião, a propor um paralelo entre os campos stalinistas e hitlerianos, denota certa cegueira. Entretanto, apesar da decisão da justiça em favor de Kravtchenko, os comunistas franceses angariaram muito apoio para eles.

Para Sartre, que em 1952 se reaproximou do PCF depois da prisão de Jacques Duclos,[81] o assunto é simbólico. Parece apoiá-los nessa

---

80. "Suis-je marxiste?", *Les Lettres nouvelles*, julho-agosto de 1955 (OC I, p.596). Com o título "M. Barthes se met encolère" [Barthes fica furioso], Guérin responde à resposta de Barthes: "O senhor Barthes é bem visto pela sociedade burguesa que lhe dá, salvo erro, subvenções. Ele será dentro de quinze anos, ao que tudo indica, ministro da Educação Nacional. Não será um mau ministro. Mas que não venha nos perseguir. Isso seria de um gosto duvidoso". (*La Nouvelle NRF*, outubro de 1955, pp.802-04).
81. Em 28 de maio de 1952, manifestações contra a Guerra da Coreia, com o pretexto da vinda do general Ridgway, levaram à prisão e ao encarceramento de Jacques Duclos, então secretário geral interino do Partido Comunista francês: foram encontrados pombos e um fuzil em seu carro (ele voltava de uma caçada); consideraram os pássaros como pombos-correio, destinados a enviar mensagens codificadas para Moscou. O episódio é conhecido com o nome do "caso dos pombos-correio".

sátira do anticomunismo primário, na qual a personalidade de Kravtchenko está nominalmente presente em certos discursos de personagens. De qualquer forma, o episódio é obscuro; que Barthes tome partido a favor da peça indica que ele tem alguma coisa a defender que ultrapassa as causas a que se dedica. Antes de mais nada, ele se opõe a uma concepção bem-pensante, requintada e civilizada da "literatura" como a "bela escritura". Gosta do que na peça é criticado: da falta de gosto, da má educação, do maniqueísmo marxista (que justifica como verossímil); mais uma vez, o que de fato o enfurece é a concepção burguesa da literatura, até em seus subterfúgios psicológicos. Criticando o conjunto da imprensa e os críticos nominalmente interpelados, de Françoise Giroud a Thierry Maulnier, Barthes defende ainda uma concepção da crítica que não se põe a serviço das instituições. Mas por trás disso há sobretudo uma resposta a Camus (que é, aliás, atacado no artigo) e sua recusa ao realismo por meio da ideia de que a moral burguesa quer a psicologia, enquanto a política escolhe o realismo de uma realidade geral, aquela, por exemplo, que mostra a solidariedade do governo e da grande imprensa. O texto é militante e não se preocupa com sutilezas. Barthes defende um campo.

Esse campo, porém, não é o seu. Barthes jamais quis ser assimilado aos comunistas, nem mesmo submetido ao rótulo de marxista. Seu marxismo é antes de tudo um método de leitura, um princípio desmistificador. Se continua a fazer do materialismo histórico um guia, um quadro de análise, é porque acredita, como muitos de seus contemporâneos, que haja ali um horizonte necessário, incontornável. A sociedade francesa é percebida como esclerosada e a IV República se mostra incapaz de propor transformações profundas, mergulhada em sua política colonial e no desequilíbrio de suas instituições. Barthes não gosta da França em que vive e é também por esta razão que ele intervém. E por trás de todos esses engajamentos, a questão, lancinante, é: o que é ser um intelectual hoje? Pela busca de uma postura adequada, a obsessão de todos esses anos, desvela-se a preocupação de encontrar uma alternativa ao recrutamento, à retratação sartriana, ao isolamento de Camus. Embora desconfie da vanguarda, sempre recuperável, ele ainda crê na "revolução profunda das linguagens e dos mitos", assim como a define num outro texto famoso de 1955, "La vaccine de l'avant-garde".[82] Ele vai provar sua convicção em três pla-

---

82. OC I, p.565.

nos — e todos os três indicam a direção positiva e ativa que quer dar a suas intervenções: reconhecer a literatura contemporânea; denunciar a colonização, alfinetar os franceses de hoje.

TEATRALIDADE

Já que a solução literária de Camus havia se revelado um impasse, Barthes vai continuar a procurar o que, na produção contemporânea, merece ser reconhecido como literatura, isto é, uma produção consciente, capaz dar conta das implicações políticas e estéticas de uma sociedade. No teatro, ele a reconhece em Beckett, Adamov e Ionesco, que contribuem para acompanhar as transformações das artes cênicas com peças despojadas, empregando uma linguagem nova. Para o romance é mais difícil, já que também, desde Proust, as obras fortes se fazem sempre contra elas mesmas, criticando o programa que determinaram para si mesmas, a saber, o romance. No importante artigo "Pré-romans", Barthes indica pela primeira vez o que considera a criação verdadeira no campo do romance. Reconhecendo em Cayrol, Robbe-Grillet e Duvignaud uma ruptura do romance tradicional e de seu mito da profundidade, uma eliminação da psicologia e da metafísica, ele vê a possibilidade da literatura num novo acomodamento do olhar destinado a explorar as superfícies. Falando de novo de *L'espace d'une nuit*, de Cayrol, em *Esprit*, algumas semanas mais tarde, ele mantém e reforça esta ideia de romance sempre por vir, conduzido por "uma palavra que tenta tragicamente aceder ao romance": "Como todas as outras obras de Cayrol, *L'espace d'une nuit* é um pré-romance, ou, se preferirmos, um discurso dividido entre a imagem e a recusa do romance, de maneira que o leitor é levado, seguindo Cayrol, numa caminhada ao longo do romance, ou em direção a ele, mas nunca nele".[83] Barthes formula uma concepção da literatura romanesca muito pessoal e precisa, tornando inseparável crítica e romance, a qual dali para frente vai guiar seu procedimento crítico e seus projetos de escritura. Certamente inspirada por Blanchot, que ele lê no começo da década de 50, época dos grandes artigos deste último na NRF, e em *Critique*, esta ideia de uma literatura que se apresenta sempre no horizonte da escritura, por vir, o separa definitivamente de Sartre.

---

83. "Jean Cayrol, *L'espace d'une nuit*", *Esprit*, julho de 1954, OC I, p.506.

O segundo poder de afirmação de Barthes ilustra-se em suas posturas anticolonialistas. A crítica imediata que exerce nos jornais lhe permite se exprimir de maneira clara, em especial nas "mitologias" que ele publica nas *Lettres nouvelles*: em "O cruzeiro do *Batory*", compara o totalitarismo soviético e o totalitarismo colonial; em "O utente da greve", critica a mobilização dos convocados para o contingente militar (e no mesmo momento, em sua vida privada, ele apoia moralmente Dort, que lhe declara que, se for convocado, vai desertar); em "Gramática africana", dedica-se a uma análise cerrada do "vocabulário oficial dos assuntos africanos", decifrando a ideologia dissimulada atrás da frase, a fraseologia presente nos termos "guerra", por exemplo, a finalidade sendo a de negar a coisa, ou de "população", "palavra querida do vocabulário burguês", antídoto do termo "classe", demasiado politizado. "Geralmente o termo é enobrecido no plural: *as populações muçulmanas*, o que não deixa de sugerir uma diferença de maturidade entre a unidade metropolitana e o pluralismo dos colonizados, a França *reunindo*, sob sua alçada, aquilo que, por natureza é diverso e plural". Depois da publicação das *Mitologias*, em 1958 e 1959, ele se torna ainda mais crítico. Aproveita-se de um artigo sobre *Ubu*, encenado por Jean Vilar, para escarnecer os ridículos protestos do governo sobre a "pacificação na Argélia". Numa nova "mitologia", denuncia as ações em prol das mulheres argelianas propostas pela mulher do general Massu e sua iniciativa chamada "tricôs em casa"; a crítica se faz denúncia contumaz e justa — "fingir, em terra muçulmana, liberar a condição feminina, é, como se nada fosse, transformar a responsabilidade colonial em responsabilidade islâmica, é sugerir que a mulher aqui é retrógrada porque está submetida a uma religião que, como é bem conhecido, a subjuga".[84] Ele prossegue seu trabalho de decifração da linguagem no distanciamento da frase "A Argélia é francesa", ou na denúncia da retórica heróica de De Gaulle. Em 1959, respondendo um questionário de Dionys Mascolo sobre o regime do general De Gaulle a denúncia por parte dos intelectuais de um poder autoritário, ele evoca ainda e sempre a técnica da desmistificação: propõe até abrir "uma espécie de Escritório de Informa-

---

84. "Tricots à domicile", *Lettres nouvelles*, 1 de abril de 1959 (OC I, p.965).

ção Mitológica, (para) substituir os protestos éticos por análises de conteúdo, qualquer que seja a forma".[85]

Como vemos, o engajamento é direto, sem ambiguidade. O que o torna diferente daquele de muitos de seus contemporâneos é que, mais que uma militância coletiva, Barthes propõe um trabalho obstinado sobre e contra as linguagens. A teatralidade aparece sobre a cena da linguagem. Ele estende o programa da denúncia da ordem burguesa ao conjunto da doxa. Encontra assim, pouco a pouco, o espaço próprio de sua intervenção no que ele chama "a mitologia", isto é, o lugar de uma desconstrução dos mitos. É o que explica que, em relação a muitos outros engajamentos da época, o seu permanece sempre eficaz: não só denuncia superfícies, objetos, como elenca operações fundamentais da linguagem que fazem dela um instrumento privilegiado do poder, um instrumento de esclerose, mentira e reificação. Se as *Mitologias* são o livro de Barthes até hoje ainda mais lido, não é pelos objetos de que trata — a maior dos quais parte provém do museu —, ou em todo caso não só, mas pela acuidade do distanciamento, pelo poder da crítica (vimos a que ponto ela podia ser ativa na denúncia da Guerra da Argélia). Apertando o cerco das falsas evidências como o caçador das pistas, Barthes não se contenta em fazer um quadro da vida dos franceses nos anos 1950, como se diz com frequência — que, por exemplo, a edição ilustrada do livro[86] reduz um pouco demais —, mas realiza plenamente o programa de um pensamento crítico. À naturalidade, ao senso comum, ao esquecimento da história, ele opõe a inteligibilidade dos signos.

O inimigo é a doxa, o discurso pronto, o estereótipo. Conceito-chave das *Mitologias*, a doxa remete às opiniões e aos preconceitos sobre os quais se funda a comunicação corrente. Apoiando o saber no reconhecimento daquilo que já se conhece, a doxa impede precisamente ver a realidade que ela recorta sob forma de mito: "Uma de nossas principais servidões: o divórcio avassalador entre o conhecimento e a mitologia. A ciência segue o seu caminho depressa e bem; mas as representações coletivas não a acompanham,

---

85. "Sur le régime du général de Gaulle", resposta a um questionário endereçado por Maurice Blanchot, André Breton, Dionys Mascolo e Jean Schuster a 99 escritores, em *14 juillet*, 18 de junho de 1959 (OC I, p.986).
86. *Mythologies*, edição ilustrada, org. de Jacqueline Guittard, 2010. Uma leitura "nostálgica" das *Mitologias* é, entretanto, responsável pela recepção desse texto, hoje.

mantêm-se séculos atrás, estagnadas no erro pelo poder, a grande imprensa e os valores da ordem".[87] A noção de mito é assim o outro conceito fundamental das *Mitologias*. O mito é um signo. Seu significado é um fragmento de ideologia, seu significante pode ser qualquer coisa: "Cada objeto do mundo pode passar de uma existência fechada, muda, a um estado oral, aberto à apropriação da sociedade".[88] O mito opera uma conversão do cultural em natural, da história em essência. Essa conversão é insuportável para Barthes: "Sofria ao ver a todo momento confundidas, nos relatos de nossa atualidade, Natureza e História, e queria recuperar na exposição decorativa do-que-é-óbvio, o abuso ideológico que, na minha opinião, nele se dissimula".[89] Ou ainda em "O mito, hoje": "O mundo penetra na linguagem como uma relação dialética de atividades, de atos humanos: sai do mito como um quadro harmonioso de essências".[90]

Contra "o-que-é-óbvio", a única verdadeira violência segundo o fragmento "Violência, evidência, natureza", em *Roland Barthes por Roland Barthes*, ele oferece um projeto teórico que combina a crítica da ideologia de obediência marxista, a leitura dos símbolos e das qualidades sensíveis (que ele herda de Bachelard e que já está acionada em *Michelet*) e a semiologia saussuriana. Assim, talvez mais do que o DS da Citroën,[91] o caso Dominici, a Volta da França, a enchente do Sena, Minou Drouet ou o corredor ciclista Billy Graham, mais que Poujade, a cozinha de *Elle* ou o *Guide bleu*, são essas alfinetadas da matéria que contam: o encoberto e o liso, o grudento e o colante, todos atributos da doxa que vêm contradizer o descontínuo e o liberto da escritura reflexiva. A força desse método é o resultado de um longo trabalho. Os intercâmbios entre os artigos sobre teatro e as *Mitologias* são numerosos: o texto sobre Maria Casarès faz referência aos retratos dos estúdios Harcourt; "O mundo do catch" é lido por meio da tragédia grega, enquanto o artigo de 1953 sobre os "Pouvoirs de la tragédie antique" remete à luta livre. Sobretudo, o

---

87. OC I, p.721 [ed. bras.: *Mitologias*, p.45].
88. *Ibidem*, p.823 [ed. bras.: *ibidem*, p.131].
89. *Ibidem*, p.675 [ed. bras.: *ibidem*, p.7].
90. *Ibidem*, p.854 [ed. bras.: *ibidem*, p.163].
91. "A capa das *Mitologias*, que representava um carro, um DS Citroën, me agradou" (Antoine Compagnon, *Une question de discipline. Entretiens avec Jean-Baptiste Amadieu* (Paris: Flammarion, 2013), p.73).

poder da crítica de Barthes vem do fato de que, apesar da violência da oposição à doxa, ele não faz uma simples condenação. Ele se faz precursor de uma análise dos meios da comunicação de massa que leva em conta novos mecanismos de adesão. Antecipa-se sobre a entrada na era da comunicação visual, mostrando o poder de sedução das imagens. Não se situa numa posição preponderante de denúncia: reconhece a atração dos mitos, seu efeito de magia. É assim que ele crê também na capacidade crítica do espectador, simétrica à relação de sedução. Diz isso com grande lucidez em 1963, num artigo de *Communications* sobre as vedetes (Soraya, Jackie Kennedy, Brigitte Bardot, Marilyn Monroe...): quando se afirma que "a análise de imprensa (de tipo estrutural) é infinitamente mais urgente do que as pesquisas de audiência" é porque temermos perceber que a "vedetismo não é recebido sem combate"; todas as pessoas que sucumbem à atração das estrelas têm também "uma consciência aguda do fenômeno, 'distanciado' pelo sujeito, mesmo no caso de adesão, segundo as melhores regras do espírito crítico".[92]

O volume, que reúne textos já publicados em revista, aparece em 1957 na coleção Pierres vives, envolto em uma faixa onde figuram alguns dos mitos estudados, o que contribui muito para as vendas. Jean-Claude Milner foi atraído pelo livro graças ao retrato de Garbo, como rainha Cristina, na capa. Antoine Compagnon diz que comprou o livro pela imagem do DS. Barthes fez algumas modificações nos artigos publicados em *Les Lettres nouvelles,* algumas supressões, alguns acréscimos, mas nada de notável. Trata-se sobretudo de tirar os textos de sua circunstância, fundada numa conivência com o leitor e num imediatismo do vínculo entre a mitologia e uma atualidade presente, um suporte de época (artigo de imprensa, fotografia de semanário, exposição, filme...) destinado a não perdurar. As correções mais substanciais recaem em "Brinquedos", que se intitulava "L'enfance et ses jouets" e cujo discurso um pouco moralista sobre o adulto é suprimido.[93] Mais amplamente, não se trata apenas de apagar a circunstância, mas ir no sentido da densidade e da generalidade. Mais do que falar daquilo que é, o mitólogo retira o fundo de esquecimento sobre o qual o mito repousa. Do mesmo modo que o bebedor de vinho tinto deve

---

92. "La vedette: enquêtes d'audience?", *Communications,* n. 2, 1963 (OC II, p.228).
93. BNF, NAF 28630, "Mythologies. [Cópia para impressão]".

se lembrar de que o que bebe é também o produto de uma expropriação (em particular colonial), também o leitor crítico, desmistificando, deve interromper a alienação da realidade, arrancando-a da amnésia, reencontrando a história para poder assim tornar a politizá-la. Esta operação acrescenta à alfinetada o gesto do desvelamento caro ao Iluminismo: Montesquieu lembrava que era à custa da escravidão dos negros que se usava açúcar na Europa. O exemplo é diretamente político: na imagem do "negro saudando a bandeira francesa", o mito existe a partir do momento que o imperialismo francês aparece como "natural"; se ela é reconhecida ou desvelada como álibi do colonialismo, então ela se destrói a si mesma. O método é bastante eficaz, liberando os dois discursos no mesmo movimento, dando ao leitor o sentimento de que participa da operação de elucidação. Neste sentido há de fato uma teatralidade das *Mitologias* que é ao mesmo tempo cômica e pedagógica — "É verdadeiramente um livro sobre o espetáculo, o Teatro, o Cartaz, o Signo", anota ele em seu fichário.[94] O crítico convida o leitor a ver o real de outro modo, a escrutar sua cultura, seus hábitos cotidianos, as palavras que o cercam, para desconfiar de tudo isso, rir, situar a certa distância, não mais se deixar enganar. Trata-se menos de denunciar do que mostrar e deixar o distanciamento operar, daí o equilíbrio muito bem sucedido entre prescrição e descrição, discurso moral e literatura que aproxima Barthes dos moralistas clássicos e lembra que o ensaio pode ter uma eficácia social, poderíamos dizer quase popular. Assim, praticando a escrita como encenador de teatro, Barthes dá uma resposta política à questão da responsabilidade da forma, abordada em *O grau zero da escrita*. Vendendo perto de 30 mil exemplares do livro em sua coleção de origem, depois, a partir de 1970, mais de 300 mil em formato de bolso, realiza a mesma proeza de Vilar com o teatro: com o livro, consegue reunir dois tipos de público, o que não deixa de ter efeito sobre o lugar que vão tomar as ciências humanas nos anos seguintes.

A constelação intelectual da década de 50 traz para Barthes uma dupla consagração. Ele se instala de modo duradouro na vida intelectual, sua palavra heterodoxa, mas engajada, conta; seu reconhecimento já ultrapassa os limites desse meio restrito. Em 29 de maio de 1957, grava com Pierre Desgraupes o programa de televisão

---

94. BNF, NAF 28630, fichário verde.

Lecture pour tous, a propósito das *Mitologias*, que são apresentadas pelo entrevistador como um livro acessível a todos, pelo menos em sua primeira parte. Barthes começa a receber convites de fora: assim, no verão de 1958, vai aos Estados Unidos como *Visiting Professor* em Middlebury College, em Vermont. Vai de navio. Aproveita para descobrir Nova York e conhecer Richard Howard, na casa de quem se hospedará regularmente depois.[95] Sobretudo, a maneira como Barthes pôs sua Inteligência a serviço da busca de uma postura correta, multiplicando suas atividades e seus lugares de intervenção, acabou por lhe dar posições firmes a serem defendidas, ao mesmo tempo que um estilo. Chega mesmo a propor um método, dar-lhe um nome (semiologia), inscrevê-lo num paradigma (estruturalismo) e acompanhar a ação de uma prática de ensino.

---

95. Barthes menciona esta primeira estada americana no colóquio de Cerisy (*Prétexte: Roland Barthes, op.cit.*, p.460). Ver também Richard Howard, "Remembering Roland Barthes", *The Nation*, 20 de novembro de 1982: "Amigos comuns nos aproximaram em 1957 [*sic*]. Ele veio para minha casa no verão daquele ano, desconcertado com suas aulas (ensinando para estudantes não acostumados com um visitante que não fala inglês) e apresentou, a título de introdução, uma edição recente de *Mitologias*. (*Michelet* e *O grau zero da escrita* já tinham sido publicados na França, mas ele ainda não era conhecido nos Estados Unidos, nem mesmo na maioria dos departamentos franceses. Middlebury era empreendedora)". Recolhido em *Signs in Culture: Roland Barthes Today*, org. de Steven Ungar e Betty R. MacGraw (Iowa: University of Iowa Press, 1989), p.32. Richard Howard se engana sobre a data dessa primeira viagem norte-americana de Barthes. Cartões-postais endereçados a Georges Poulot (Georges Perros) em julho de 1958 confirmam a data da estada em Middlebury em 1958; em especial um cartão enviado de Vermont: "Nova York, que cidade admirável! Em algumas horas, eu já estava em casa; 12 milhões de homens para si e a liberdade".

capítulo 10

ESTRUTURAS

Depois da dispersão do período precedente, da proliferação de intervenções em lugares muito diferentes, da abundância das formas breves, parece que Barthes sente necessidade de se fixar, se instalar numa obra longa, uma obra científica. Os anos 1955-1965 são os do engajamento anticolonialista; veem também a emergência da noção de estrutura, que reúne grande parte de seu trabalho intelectual. O estabelecimento progressivo de Barthes na Escola Prática de Estudos Avançados em Ciências Sociais favorece sua afirmação científica; um maior conforto material lhe propícia refúgios favoráveis para a escrita.

Num artigo encomendado pela revista iugoslava *Politica* em 1959, Barthes distingue dois tipos de crítica literária: "a crítica imediata", aquela dos jornais, das revistas e que é sobretudo uma crítica de valor ou de juízo; e "a crítica de estrutura", que liga a obra a um além dela mesma, que apresenta uma dimensão cognitiva e que constitui sozinha "uma verdadeira interrogação à literatura".[1] Ninguém duvida que o que ele ambiciona naquele momento é propor uma crítica de estrutura e fazer obra científica. A partir de meados da década de 50, ele exprime este desejo de pesquisa e de obra longa: "Eu gostaria muito de estar livre disso", escreve, no momento em que reúne seus textos para o volume de *Mitologias*, "não ser mais, pelo menos por um tempo, um intelectual, mas somente um pesquisador".[2] E ele recusa as numerosas solicitações que lhe são feitas — por exemplo,

---

1. "Voies nouvelles de la critique littéraire en France", in *Politica*, Belgrado, maio de 1959 (OC I, pp.977-80).
2. Carta a Philippe Rebeyrol, 2 de abril de 1956. Fundo Philippe Rebeyrol, IMEC.

quando Sartre, depois da história *Nekrassov,* lhe propõe uma crônica fixa em *Temps modernes*: "Fui nomeado, depois designado para o CNRS (pelo menos para este ano) e isso, ao mesmo tempo administrativa e materialmente, me impede de assumir novas tarefas fora da Pesquisa".[3] Exceto o parêntesis 1954-1955, em que Barthes ganha a vida trabalhando para L'Arche, ele é estagiário de 1952 a 1954, na seção de lexicologia, depois designado, de 1955 a 1959 (data em que perde de novo sua bolsa antes de ser "aproveitado" por Fernand Braudel na EPHE), na seção de sociologia. Os diferentes projetos ou relatórios que ele redige no decorrer desses anos para dar conta de suas pesquisas marcam uma evolução que o leva a deslocar seu método do estudo do vocabulário para a semiologia e mudar seus objetos, da linguagem política para a linguagem social (a moda, em especial, mas também a alimentação). Seu domínio dos instrumentos da linguística fornece um quadro sólido para suas análises e estas são a base de um pensamento que se quer sistemático.

Portanto, o desejo de ciência não é mais motivado apenas pela pesquisa de uma base institucional, mas por uma busca de ordem intelectual. As conversas com Foucault, que se lançou numa enorme pesquisa sobre a loucura (e quem, não é um detalhe, o faz ler Dumézil), mas também com Robert Mauzi, que prepara sua tese sobre a ideia de felicidade na literatura e o pensamento francês no século XVIII, com Edgar e Violette Morin ou ainda Georges Friedmann, e sempre com Greimas, confirmam sua vontade de dar conta de um conjunto complexo. Ele encara tudo isso com certa preocupação, consciente de sua dificuldade em produzir uma argumentação contínua, mas também com felicidade, já que a tentação da obra longa o acompanha por toda a vida, desde os primeiros romances da adolescência até o sonho proustiano do fim.[4] Em retrospectiva, Barthes recusa considerar este período e sua produção em termos de crise; foi uma época de confiança e entusiasmo (que o levava a concordar com o pensamento de seu tempo: "Atravessei um sonho (eufórico) de cientificidade (do qual o *Sistema da moda* e *Os elementos de semiologia*

---

3. Carta a Jean-Paul Sartre, 7 de dezembro de 1955. Coleção particular.
4. Em 1979, ele confia a Pierre Boncenne que tem "a tentação fortíssima de fazer uma grande obra contínua e não fragmentária". E acrescenta que esta tentação é tão forte que ele montou o conjunto de seu curso com base nesta questão. "Roland Barthes s'explique", OC V, p.750 [ed. bras.: "Roland Barthes se explica", in *O grão da voz*, p.459].

são os resíduos)".[5] A reflexão sobre esses anos deve levar em conta essas duas obras, mesmo que sejam publicadas numa data ulterior, pois foram preparadas e amadurecidas naquele momento e testemunham o grande canteiro estruturalista de Roland Barthes.

O SIGNO

Neste itinerário rumo ao conhecimento científico, a primeira investida é "O mito, hoje", o ensaio que conclui *Mitologias*. Barthes o escreve em 1956 — em grande parte no verão, na casa de Hendaye —, com o objetivo de retirar o livro de sua circunstância e de seu caráter jornalístico para lhe dar um alcance geral e participar da discussão contemporânea sobre o mito. O texto tem uma função de definição — responder à questão inicial "O que é um mito?" — e uma função programática, explicando a que tipo de leitura e de análise ele deve pertencer. Algumas das referências são literárias (Valéry, Sartre), mas a maior parte é linguística, remetendo sobretudo a Saussure, mesmo que, como para Sartre, Barthes tenda a minimizar sistematicamente, ao longo das versões manuscritas, as referências diretas: assim cinco notas sobre Saussure são suprimidas entre a segunda versão manuscrita (que levava ainda o título "Esquema de uma mitologia") e o texto publicado. Das 69 notas dessa versão intermediária, subsistem apenas 30 na versão final.[6] Para isso, o modelo de inteligibilidade é a descrição do signo por Saussure que define a semiologia como postulação de uma relação entre dois termos de ordem diferente, um significante e um significado, dispostos não numa relação de igualdade, mas de equivalência, e situados num esquema tridimensional cujo terceiro termo é o signo.

Barthes apresenta a hipótese de que o mito é um sistema semiológico segundo, que elabora o mesmo esquema uma segunda vez, a partir do terceiro termo linguístico. Essa semiologia, que podemos dizer estrutural desde o instante em que toma como fundamento o pensamento da linguagem como sistema, repousa sobre três princípios: o exame das *conotações* de todos esses sentidos segundos que vêm se acrescentar ao sentido literal ou primeiro, cujo programa

---

5. "Réponses", OC III, p.1032.
6. BNF, NAF 28630, "Mythologies". Por exemplo, "mito é uma fala" é uma referência a Valéry, antes de ser apresentada como uma definição pessoal de Barthes.

ele herda explicitamente de Saussure e mais subterraneamente de Hjelmslev;[7] o pensamento de um *sistema com três termos* (e não dois como quer uma doxa estruturalista), que o aproxima da semiótica de Charles Sanders Peirce, que Barthes entretanto não havia lido até aquela data (o nome de Peirce aparecerá na bibliografia somente em *Elementos de semiologia*, em 1964); a *combinação de formalismo e história* para compreender como se inscreve a ideologia e por quais operações o mito se naturaliza. Estes três princípios combinados resultam num método híbrido, nem hermenêutico nem formal, que parece convir ao mito como Barthes o define, mas parece ter dificuldade em generalizar. Sua hibridez, legível em certas obscuridades do texto — ele afirma de imediato que a mitologia como ciência nova provém da semiologia e apresenta em seguida a disciplina como fazendo parte "simultaneamente da semiologia como ciência formal e da ideologia como ciência histórica"[8] — está na origem de numerosos mal-entendidos, mas também das direções que tomará seu trabalho ulterior. A crítica com frequência aponta que esta aventura científica de Barthes é uma excursão tediosa num domínio que não era o seu e que um exame atento desses textos permite ver que eles não resistem, vítimas de uma ausência de rigor de seu autor e de uma camada de subjetividade. Ou ainda que, na alternativa entre ideologizar e poetizar que o texto coloca — "Hoje em dia, pelo menos por enquanto, só existe uma escolha possível, e essa escolha só pode incidir sobre dois métodos, igualmente excessivos: ou estabelecer a existência de um real inteiramente permeável à história, e 'ideologizar'; ou, pelo contrário, estabelecer a existência de um real *finalmente* impenetrável, irredutível, e nesse caso, poetizar"[9] —, e que não pode encontrar síntese, Barthes inscreveu seu projeto num horizonte que era o da ciência, conduzindo-o segundo um procedimento errante, e por esta razão merece que seja discutido cientificamente, na base de seus pressupostos teóricos. Afinal de contas, não foi ele quase que o mais importante representante desta semiologia, cuja definição ele começa em "O mito, hoje" e que leva à criação de

---

7. Segundo Louis-Jean Calvet, *Roland Barthes, un regard politique sur le signe* (Paris: Payot, 1973).
8. "Le mythe aujourd'hui", in *Mythologies*, OC I, p.826 [ed. bras.: "O mito, hoje", in *Mitologias*, p.134].
9. *Ibidem*, p.868 [ed. bras.: *ibidem*, p.178].

uma cadeira nesta disciplina no Collège de France, que ele ocupa a partir de 1977? Se nos debruçarmos sobre as grandes etapas de um percurso em sua continuidade, como autoriza para isso o gesto biográfico, vemos bem que não há nada de fantasia. Desde o instante em que Barthes se encontra num impasse, que enfrenta suas próprias contradições, ele tenta deslocar seu método com novas leituras novos interlocutores — é o papel que Lévi-Strauss no começo dos anos 1960 vai desempenhar para ele— interessando-se sempre pelo mesmo gênero de objetos: aqueles que concentram mais elementos "sociais", que cristalizam a maior carga ideológica ou que são dotados de forte densidade simbólica.

Na linha reta das pequenas mitologias, Barthes se deixa atingir pela matéria do cotidiano para fazer avançar sua pesquisa e neste campo todos os objetos são bons objetos — quanto mais engajam o corpo e o sentido, tanto melhores eles são. Assim o interesse pela roupa não vem apenas da pesquisa e da sugestão de Greimas, mas de um gosto de Barthes pelas vestimentas (ele é muito cuidadoso com suas roupas, que compra duas vezes por ano na Old England ou, mais tarde, quando tem mais dinheiro, em Lanvin) e do olhar que dirige a seus contemporâneos; a alimentação não é somente um material sociológico, mas o objeto da atenção cuidadosa que ele dispensa ao que se encontra em seu prato, ao que gosta e ao que não gosta, a que, por sua vez, ele dá uma dimensão crítica. Esses "sistemas contemporâneos de significação", sobre os quais ele elabora seus primeiros cursos da Escola Prática, entrelaçam estreitamente vida e teoria.

Isso pode dar a impressão de que ele está demasiado próximo de seus objetos para deles ter a distância adequada a uma verdadeira ciência. O mito parece frequentemente mais sério quando é analisado com base em *corpus* afastado, no tempo e no espaço, o qual não pode ser extraído de sua dimensão histórica. Mas o trabalho de Barthes torna inseparáveis uma pulsão desejosa e uma ambição etnográfica, que ele tenta fazer convergir. Sua pulsão sempre o leva a associar desejo e crítica: assim, as *Mitologias* não são puramente denotativas. A força do livro vem também do fato de que nem tudo é semiológico ou objeto de uma crítica ideológica; também entra em jogo o poder de um desejo, para os jogadores do boxe, para Garbo, para os brinquedos de madeira.

O fantasma conta, pois, muito. Deslancha a escritura. É de tal modo evidente retrospectivamente que, mais tarde, Barthes vai dizer que ele é o ponto de partida do método, para a reflexão, para o ensino: ele o define bem simplesmente como "uma intriga, na qual o sujeito se coloca em função de seu desejo",[10] uma origem, uma figura que se imprime na ciência. As circunstâncias também influem. Ele vê *Nas garras do vício* [*Le beau Serge*] em 1959 e começa por lhe atribuir uma mitologia em *Les Lettres nouvelles* na qual exprime seu sentimento imediato: ternura por certas cenas ("a partida de futebol que as crianças jogam na rua") e irritação com o realismo sem visada que ele diz ser o do diretor [Claude Chabrol].[11] No ano seguinte, o mesmo filme serve de exemplo para uma sistematização estrutural do "problema da significação no cinema".[12] Ele vê *Goldfinger* com Violette Morin em 1965 e logo consagra ao filme um estudo no calor da hora (como testemunham as anotações das agendas nos dias seguintes), cujos elementos ele retomará distanciadamente em "Introdução à análise estrutural das narrativas", publicada em *Communications* em novembro de 1966. Propõem-lhe escrever sobre a *Encyclopédie*, ele se precipita no dia seguinte para a biblioteca da Sorbonne. De seus volumes extrai um artigo, publicado em 1964, primeiro como introdução a uma edição separada das pranchas com o título "Image, raison, déraison" ("Imagem, razão, desrazão"). À primeira vista, o artigo é uma pura aplicação do método da semiologia estrutural a um sistema iconográfico. Mas quem o ler com atenção compreende que Barthes chega a identificar um transbordamento da razão sobre si mesma, que ameaça qualquer realização totalizante e que deixa aparecer o desejo. Encontramos esta dualidade de perspectiva e de narrativa em seus objetos de estudo: "Se lermos a prancha de baixo para cima, obtemos de algum modo uma leitura vivida, revivemos o trajeto épico do objeto, o seu desabrochar no mundo complexo dos consumidores; vamos da natureza à socialidade; mas se lermos a imagem de cima para baixo, partindo da vinheta, é o caminho contrário do espírito analítico que reproduzimos; o mundo nos dá algo usual, evidente (é a cena); com o enciclopedista, descemos progressivamente às causas, às matérias, aos elementos primeiros, *vai*

---

10. "Un grand rhétoricien des figures érotiques", entrevista com Jean-Jacques Brochier, *Magazine littéraire*, junho de 1976 (OC IV, p.1007).
11. "Cinéma droite et gauche", in *Les Lettres nouvelles*, 11 de março de 1959 (OC I, pp.943-45).
12. "Le problème de la significaton au cinéma", in *Revue internationale de filmologie*, janeiro-junho de 1960 (OC I, pp.1039-46).

do vivido ao causal, intelectualiza o objeto".[13] O controle exercido pela explicação é uma forma de apropriação, que, porém, não faz desaparecer de todo o olhar desejante inicial.

Barthes combina o fantasma com uma ambição etnográfica: sua descrição do cotidiano ultrapassa também o projeto formal: corresponde a um gosto pelo próximo, pelo acontecimento comum, pelo habitual, duplicado por um interesse pela maneira como os homens investem em seu meio, dando-lhe sentido. Antecipando as análises de Michel de Certeau em *A invenção do cotidiano*, ele indica quanto "a observação da evidência" marca a pesquisa científica de um "tormento salutar".[14] Os detalhes das vestimentas, por exemplo, não são apenas signos interessantes de se observar: revelam um cotidiano, subvertendo assim a relação entre significante e significado. Esta pesquisa é com certeza é marcada pela leitura de Henri Lefebvre, cuja *Critique de la vie quotidienne* tinha sido publicada em 1947, e seu segundo volume, *Fondements d'une sociologie de la quotidienneté*, em 1961. Lefebvre, que Barthes conheceu no círculo de Blanchot e Mascolo, é seu amigo desde 1948;[15] partilham uma origem comum no Sudoeste: com frequência Barthes vai vê-lo no verão em sua casa de Navarrenx, e Lefebvre vai regularmente para Urt. Barthes se reconhece também em seu marxismo anticomunista a partir de 1958. Mesmo que não assumam sempre nas mesmas posições (Lefebvre assina o Manifesto dos 121, está na linha de front em maio de 1968), ambos reconhecem a necessidade de lançar as bases de uma verdadeira etnologia do cotidiano. A multiplicação dos objetos, o impulso dado ao consumo são muito responsáveis pela importância atribuída a esse programa. Entretanto, mais do que os produtos ou os usos, interessam-lhes seus resíduos, seus restos. Num texto sobre Henri Lefebvre, Maurice Blanchot especifica assim que o Cotidiano é "o que há de mais difícil a descobrir". "Ele pertence à insignificância, e o insignificante é sem verdade, sem realidade, sem segredo, mas

---

13. "Les planches de l'*Encyclopédie*", in *Nouveaux essais critiques* (OC IV, p 49). Nós sublinhamos. [ed. bras.: "As pranchas da Enciclopédia", in *O grau zero da escrita* seguido de *Novos ensaios críticos, op.cit.*, p.117].
14. "Langage et vêtement", *Critique*, n. 142, março de 1959 (OC I, p.949). A respeito da marca do pensamento de Barthes sobre o de Michel de Certeau, ver Michael Sherigham, *Traversées du quotidien* (Paris: PUF, 2013).
15. Segundo Rémi Hess, *Henri Lefebvre et l'aventure du siècle*. (Paris: Métaillé, 1988), p.321.

é talvez também o lugar de toda significação possível":[16] ele se dissimula atrás dos acontecimentos, das ideologias, tudo o que temos o hábito de considerar como importante, naquilo que Perec, muito marcado por Lefebvre, que leu, e por Barthes, cujo curso segue, chamará mais tarde "o infra-ordinário": "o que se passa verdadeiramente, o que vivemos, o resto, todo o resto".[17]

Barthes inventa, pois, uma ciência situada, relativa no tempo, até mesmo efêmera, que implica uma dupla apreensão dos problemas ou dos objetos, uma sensível e outra intelectual. A estrutura dual das *Mitologias* promove exemplarmente este método. Isso não impede um cuidado com a exatidão, uma pertinência das análises perceptíveis até em *Sistema da moda*. Dois fatores tornam seu estruturalismo flexível: o terceiro termo, nem *a* nem *b*, o famoso grau zero ou neutro, que está sempre aí em filigrana, mesmo quando Barthes cede ao binarismo das estruturas, e o jogo. Da mitologia "que pode fazer de um sarcasmo a condição da verdade",[18] aos enunciados de moda que abrem cada capítulo de *Sistema de moda* — "Para o almoço festivo em Deauville, o corpete leve", "um pequeno alamar faz a elegância" — Barthes manipula a ironia, inscreve a distância. Com relação ao estruturalismo lévi-straussiano, concebido como "uma teoria geral das relações",[19] que descobre leis a partir do ordenamento metódico de séries de variantes, a semiologia estrutural conserva uma ambição desmistificadora, criticando os valores dominantes, a opinião, a doxa e finalmente a própria linguagem, que provoca a confissão de uma desconfiança com relação ao método. O mitólogo deveria poder ser objeto de uma análise mitológica bem como "há, haverá fatalmente uma semiologia dos semiólogos".[20] Não somente "o projeto semiológico dá ao analista os meios formais de incorporar-se ele

---

16. Maurice Blanchot, "La parole quotidienne", in *L'Entretien infini, op.cit.*, pp.355 e 357 [ed. bras.: *A conversa infinita, op.cit.*, vol. 2, pp.235 e 237].
17. Georges Perec, "Approches de quoi?" [1974], in *L'infra-ordinaire* (Paris: Seuil, 1989), p.11.
18. "Avant-propos", in *Mythologies*, OC I, p.676 [ed. bras.: "Introdução", in *Mitologias, op.cit.*, p.8]. Ver também, p.867 [ed. bras.: p.176]: a ligação da mitologia com o mundo "é de ordem sarcástica".
19. Claude Lévi-Strauss, *Anthropologie structurale II* [1958] (Paris: Plon, 1996), p.30 [ed. bras.: *Antropologia estrutural dois*, trad. de Beatriz Perrone-Moisés (Sao Paulo: Ubu, 2017)].
20. *Système de la mode*, OC II, p.1132 [ed. bras.: *Sistema da moda*, trad. de Lineide do Lago Salvador Mosca (São Paulo: Ed. Nacional; Edusp, 1979), pp.221-22].

próprio ao sistema que ele reconstitui",[21] mas o torna consciente dos riscos da falsa distância. Onipresente em todos os textos do período, esta lucidez metacrítica é também uma maneira de tomar o programa pelo avesso e manifestar, em última análise, a melancolia do pesquisador, que "corre o risco incessante de fazer desaparecer o real que ele pretende proteger"[22] ou "que exprime sua morte futura nos mesmos termos em que nomeou e compreendeu o mundo".[23] Mas é assim que ele não se isenta da história e pode encontrar o tempo.

A ESCOLA

A primeira consagração acadêmica ocorre em seu ingresso na Escola Prática de Estudos Avançados (EPHE, na VI seção — que se tornará a EHESS em 1975), dirigida naquele momento por Fernand Braudel. É nomeado chefe de trabalho e diretor de estudos em 1960, depois orientador de pesquisas em 1962, por 42 votos sobre 60 (sua nomeação data de 1º de julho de 1962), o que lhe permite ensinar lá. A instituição é de fato periférica em relação à Sorbonne, mas está longe de ser marginal. Desde que Victor Duruy a criou, em 1868, por sugestão de Renan, que julgava a vida intelectual alemã muito mais rica e produtiva que a francesa, ela é um complemento e uma alternativa para a universidade: complemento porque assegura a formação, a erudição e a pesquisa nas disciplinas que a universidade clássica ignora em grande parte; e alternativa porque privilegia a pedagogia dos seminários em detrimento dos cursos, e "não levando em conta títulos acadêmicos de seus professores (que podem ser recrutados sem terem saído do mundo acadêmico e que são chamados de "diretores de estudos"), nem, em certa medida, de seus estudantes",[24] que são desde então considerados "ouvintes" mais do que alunos. Os títulos das cadeiras não são fixos e dependem dos recrutamentos. Os cursos são públicos, com assuntos e horários anunciados por cartazes. A EPHE contribui enormemente para a expansão das ciências sociais e a rapidez de seu desenvolvimento multiplica as iniciativas — já evocamos a criação do CECMAS de Georges Friedmann — e aumenta

---

21. *Ibidem*, p.1190 [ed. bras.: *ibidem*, p.274].
22. *Mythologies*, OC I, p.867 [ed. bras.: *Mitologias, op.cit.*, p.177].
23. *Système de mode*, OC II, p.1192 [ed. bras.: *Sistema da moda, op.cit.*, p.276].
24. Ver *Une école pour les sciences sociales. De la vie section à l'École des hautes études en sciences sociales*, org. de Jacques Revel e Nathan Wachtel (Paris: Le Cerf, 1996), pp.11-12.

os créditos concedidos. Neste estabelecimento, Barthes pode operar de fato a mudança que o faz passar de intelectual que intervém nas tribunas a pesquisador ocupado com pesquisas lentas, amadurecidas na reflexão e destinadas ao ensino.

Essa metamorfose merece ser examinada. Há decerto o desejo de realizar uma obra de longo fôlego, uma obra que importe. Há também a vontade de um cargo que o estabeleça melhor socialmente do que seus bicos em diversos jornais. Mas resta um ponto obscuro: a escolha da sociologia, quando a literatura e o teatro haviam sido os principais objetos de análise, vetores de seu interesse. O impacto das *Mitologias* é uma explicação, o gosto pela análise do cotidiano também. Uma outra talvez se deva a um pensamento da irredutibilidade da linguagem literária, que faz dela uma entidade fundamentalmente descontínua e distante, pouco suscetível de se tornar o lugar de uma interpretação e de um saber compartilhável. Como ele escreve em *Crítica e verdade*, "as ambiguidades da linguagem prática nada são ao lado das da linguagem literária. As primeiras são com efeito redutíveis pela *situação* em que aparecem. Alguma coisa fora da mais ambígua das frases, um contexto, um gesto, uma lembrança nos diz como se deve compreendê-la, se quisermos utilizar *praticamente* a informação que ela está encarregada de nos transmitir: é a contingência que faz um lugar claro".[25] Não sendo a obra cercada por nenhuma situação, caracterizada por sua ausência de contexto, é difícil dar-lhe um sentido, submetê-la a uma grade ou transmiti-la como um saber, mesmo que Barthes se empenhe em encontrar soluções para fazê-lo e para aplicar o programa estrutural à literatura (em *Sobre Racine* como em certo número de artigos desse período). Mas decerto lhe parece mais fácil, já que está começando, se limitar à linguagem prática. Uma última razão, ao que tudo indica, poderia ser a situação política. A chegada do general De Gaulle ao poder em 1958 reduziu as condições de uma crítica de esquerda. A questão colonial, que tanto preocupava Barthes nos anos 1950, está prestes a ser regulamentada, e pela direita. À preocupação manifestada no questionário de Blanchot e de Mascolo sobre o caráter antidemocrático do poder instaurado em 13 de maio de 1958, Barthes responde de modo claro: o acontecimento

---

25. *Critique et vérité*, OC II, p.786 [ed. bras.: *Crítica e verdade*, *op.cit.*, p.215].

muda o alcance da contestação intelectual. Não se trata de denunciar um fascismo, mas de compreender os álibis, a organização dos valores de tal poder, em todos os níveis. Não se pode mais se contentar com uma oposição de superfície, com uma oposição militante; é preciso renunciar ao gestual tirado da panóplia revolucionária para empreender um trabalho de longo fôlego, que permita lutar contra a regressão ideológica trazida pelo advento do gaullismo.

Alguns meses mais tarde, em *France Observateur*, num artigo percuciente e engajado contra as *Memórias* de De Gaulle, Barthes procura ilustrar sua convicção: já que com De Gaulle de repente toda crítica se desorganiza, é preciso tentar lutar, compreendendo as mesmas razões dessa desorganização. E uma dentre elas é o rebaixamento do político sobre o literário que sacraliza o herói e transfere a história para a metafísica. "Os franceses sempre tomaram seus escritores (não digo seus intelectuais) por pessoas de 'bem'. Na admiração mais ou menos unânime da crítica com relação ao General-Escritor, há um sentimento de segurança de que em suma nenhum mal, nenhuma lesão pode vir de um homem que se preocupa em escrever bem o francês".[26] A literatura como valor ou como exorcismo reduz tanto a desconfiança do fascismo como a possibilidade da crítica. Diante desta constatação, é preciso, sem dúvida, guardar para si, como um segredo, uma outra concepção da literatura, menos redutível à ideologia, e optar por se situar entre os intelectuais mais do que na fileira dos escritores. Mas já que ainda é a vida intelectual que muda por completo naquele momento, pode-se compreender o amortecimento da voz pública, jornalística, de Barthes, a redução de seus lugares de intervenção e o refúgio na pesquisa como uma escolha inspirada pela situação.

É sem dúvida também neste contexto que é preciso interpretar a recusa em assinar o Manifesto dos 121, tão criticada em Barthes, e no entanto perfeitamente lógica na evolução do papel do intelectual que ele pensava naquele momento. Blanchot e Mascolo, que multiplicam as iniciativas contra a V República iniciante, preparam um texto que conhecerá numerosas versões — Blanchot evoca a série dos

---

[26]. "De Gaulle, les Français et la littérature", *France Observateur*, 12 de novembro de 1959 (OC I, p.996).

"inumeráveis encontros, quase cotidianos"[27] — sobre a contestação da Guerra da Argélia. Partindo da constatação do desmoronamento das colônias, o manifesto pontua o papel político do exército no conflito, denunciando a prática da tortura que vai "contra as instituições democráticas". A "Declaração sobre o direito à insubmissão" termina com três proposições que não são consenso, mesmo entre os signatários: "Nós respeitamos e julgamos justificada a recusa em pegar em armas contra o povo argelino. Nós respeitamos e julgamos justificada a conduta dos franceses que consideram seu dever levar ajuda e proteção aos argelinos oprimidos em nome do povo francês. A causa do povo argelino, que contribui de modo decisivo para arruinar o sistema colonial, é a causa de todos os homens livres".

O apelo à insubmissão marca os espíritos e explica que este texto tenha se tornado histórico, entre as inumeráveis iniciativas tomadas naquela época contra a guerra.

Enquanto durante o verão Mascolo, Schuster, Nadeau, Pouillon, Péju e Leiris dirigem-se aos escritores e aos intelectuais para colher as assinaturas, algumas das pessoas solicitadas se preocupam com a questão da ilegalidade. Barthes tem longas discussões com os Morin sobre este assunto, e por ocasião das reuniões do conselho de *Arguments* só se fala disso. Claude Lefort, Jean Duvignaud e Edgar Morin então decidem redigir seu próprio "Apelo à opinião", que será divulgado um mês depois do manifesto (este divulgado em 6 de setembro de 1960 na revista *Vérité-Liberté*) na publicação mensal da FEN (Federação da Educação nacional). É um texto firme em seu pacifismo e sua oposição ao poder militar, que reclama uma paz imediata e negociada na Argélia. É assinado por dezenas de intelectuais, além do conjunto do conselho de *Arguments*, Étiemble, Merleau-Ponty, Jacques Le Goff, Paul Ricoeur, Jacques Prévert, Jean-Marie Domenach... Os intelectuais apoiadores da FLN criticam a iniciativa, que lhes parece muito branda. Mas a segunda petição reuniu aqueles que se recusavam a subscrever a ilegalidade, mesmo estando de acordo com a necessidade de um protesto. A posição de Barthes, apesar de refletir suas relações sociais naquele período, mais próximo de Edgar Morin, como amigo, do que de Mascolo ou de Nadeau, vai no sentido de uma convicção mais profunda, segundo a qual a militância revo-

---

27. Maurice Blanchot, *Pour amitié* (Paris: Fourbis, 1996), p.20.

lucionária não tem mais sentido na sociedade contemporânea. Ele não acredita mais nas armas para-políticas da contestação, e diz isso com todas as letras em "Sobre o regime do general De Gaulle"; mais subliminarmente, talvez seu estatuto de "tutelado pelo Estado" o impeça de se sentir em falta em relação à República e em situação de desobediência. Em todo caso, não se pode negar que mais uma vez ele procura adotar a atitude que julga mais justa, com risco, de se ficar numa situação desconfortável com muitos de seus amigos e com a história, que conservou apenas o Manifesto dos 121 e sua excepcional coragem ofensiva (custando mesmo a certos signatários alguns dias de prisão e vistorias na casa). Restabelecer o contexto permite exonerar Barthes da acusação de não engajamento. Se ele prefere o apelo de Lefort e de Morin é menos por indiferença ou submissão ao Estado do que por uma consciência exacerbada do gesto de contestação e suas implicações ideológicas. Vira e mexe ele volta à sua desconfiança com relação a atitudes heroicas, que transformam o ato em postura, sempre marcada por uma forma de mentira.[28] O episódio revela suas dúvidas com relação à possibilidade de expressão do intelectual crítico, como revela também seu recolhimento num éthos de pesquisador.

Em torno da Guerra da Argélia e contra o regime de De Gaulle, Barthes continua convencido de que é preciso que os escritores se reúnam para refletir sobre uma ação comunitária possível. Quando Blanchot diz que quer prosseguir a ação, além do manifesto, criando uma revista internacional, ele adere sem hesitação. Sempre à escuta das iniciativas intelectuais, desta vez Barthes está consciente de que a mudança é profunda e inspira novos comportamentos, no que se une a Maurice Blanchot, mesmo que o exprima em termos menos dramatizados: é provável que não esteja tão convencido da existência de um comunismo de pensamento. Se Blanchot escreve

---

28. Ver por exemplo *Le lexique de l'auteur*, p.313, o fragmento não conservado do autorretrato intitulado "L'intellectuel et son imaginaire": "O intelectual revolucionário sempre exala o odor de um *papel*: ele é aquele que se toma por Lenin, por Mao, que vai fundar um partido, esclarecer as massas etc. Não passa de um ser de linguagem, mas esses grandes exemplos lhe dão a ilusão de que é possível deslizar, por uma metonímia natural, da linguagem para a ação (seu poder)"; e p.271:"Em todo lugar onde a *Doxa* apresenta uma conduta, faz desta uma *atitude*; transforma o ato em gesto; se ainda ela deixasse este gesto bem visível, sua mentira estética. Mas a *Doxa naturaliza* tudo o que ela toca, imerso no seu discurso; o heroísmo é uma excrescência da natureza, não uma *diferença* do desejo".

num texto preparatório para a revista que "nos aproximamos de um movimento extremo do tempo [...], é preciso pois tentar responder a este enigma grave que a passagem de um tempo para outro representa",[29] Barthes naquele momento permanece mais no plano dos instrumentos concretos da denúncia e da desmistificação ideológica. Nesse sentido, ele é menos filosoficamente político, mesmo convencido de que o Estado gaullista é o maior responsável pela ruína de toda a vida intelectual na França.[30]

De início Blanchot contatou Sartre, que se recusou a se engajar; em seguida, Blanchot se empenhou em constituir um comitê tripartite reunindo, na França, Antelme, Blanchot, Duras, Butor, Des Forêts, Leiris, Mascolo e Nadeau; na Itália, Calvino, Vittorini e Pasolini; e na Alemanha, Bachmann, Enzensberger, Grass, Walser, Uwe Johnson. O exílio de Enzensberger na Noruega, depois da construção do muro de Berlim, em 13 de maio de 1961, subverte o equilíbrio e os alemães exprimem seu desacordo sobre muitos pontos, sempre ameaçando se retirar. É em maio de 1962 que Blanchot contata Barthes para lhe propor unir-se ao projeto, o que ele aceita de modo entusiasta e ativo. "Fiquei feliz que você tenha aceitado participar da direção e da elaboração da revista. Quando a redação alemã e a italiana estiverem prontas para iniciar o trabalho, é preciso que nos disponhamos a começar o nosso, e decidimos, pelo menos enquanto não tivermos local independente, nos reunir todas as quartas-feiras, às catorze horas, na casa de Dionys Mascolo (rua Saint-Benoît, 3º andar, à esquerda)."[31] Barthes vai a essas reuniões e participa de um encontro coletivo em Zurique para tentar acabar com o impasse alemão.

Em 18 de janeiro de 1963, de manhã, ele toma um avião com Des Forêts, Blanchot e Mascolo, mas a energia deles é insuficiente para responder às objeções e eliminar as oposições ideológicas que

---

29. "Textes préparatoires, lignes, définitions de la *Revue internationale*", *Lignes*, n. 11, 1990, p.179. Este número reúne os documentos elaborados no âmbito da montagem da revista em 1961 e diversas correspondências trocadas entre os diferentes membros entre 1961 e 1965. Ver também a narrativa feita por Christophe Bident em *Maurice Blanchot, partenaire invisible* (Seyssel: Champ Vallon, 1998), pp.403-17.
30. Seu antigaullismo permanece feroz até o fim. Prova disse é um detalhe significativo: enquanto as agendas não registram menção relativa a elementos externos, na data de 27 de abril de 1969, lê-se "referendo não", que pode remeter a seu próprio voto como ao resultado geral; e em 10 de novembro de 1970, "Morte de De Gaulle". BNF, NAF 28630, "Agendas".
31. Carta de Maurice Blanchot, 28 de setembro (1962). Coleção particular.

surgem a cada proposta. Alguns dias mais tarde, Blanchot envia uma carta a Uwe Johnson que testemunha essas tensões e críticas: "Fomos denunciados como filosoficamente culpados de abstração, culpados de ignorar o 'concreto', de nos comprazer no 'heroísmo intelectual sublime' e de nos desviar do carnal. [...] Na verdade, fiquei chocado ao constatar que a crítica que nos foi dirigida é exatamente a crítica que, na França, as pessoas de direita endereçavam aos intelectuais de esquerda, a saber, de serem pessoas com princípios, extremamente meticulosas e somente capazes de uma pesquisa longa, pobre, sem certeza de verdade. Na França, as pessoas de direita denunciam unanimemente a filosofia, porque elas têm medo da contestação e do questionamento que é essencialmente para nós a 'filosofia', e porque, sob pretexto de elogiar o concreto, de elogiar o empirismo sem princípios, eles entendem manter-se no *statu quo* social, no conforto sociológico".[32]

Os italianos, em particular Vittorini, resistem a conceitos que consideram demasiado místicos; eles atacam o "ontologismo" dos franceses. Em turnê na Itália em fevereiro, Barthes encontra os interlocutores italianos que lhe comunicam seu incômodo. "Conversamos um pouco com Barthes sobre a situação italiana, escreve Vittorini a Blanchot, em março de 1963. Dissemos a ele (Leonetti e eu) como, por exemplo, certas "noções" (a noção do silêncio, a noção da ausência), que têm entre vocês certo sentido, têm para nós um outro muito diferente e desagradável pelo fato de que foram introduzidas e desenvolvidas na Itália por uma escola de místicos cristãos (os herméticos, poetas e ensaístas entre 1935 e 1945)".[33] Enfim, não compartilham de nenhuma definição de exigência literária. Em vão Blanchot apelou para mais tolerância e abertura: os diferentes grupos, os comitês nacionais têm dificuldade para chegar a um acordo sobre autores que os uniriam, por exemplo, ou mesmo sobre um título. Há entre eles um problema manifesto de tradução, apesar de terem sobre esse assunto reflexões preparatórias muito interessantes;[34] a dimensão internacional tem difi-

---

32. Carta de Maurice Blanchot a Uwe Johnson, 1 de fevereiro de 1968, *Lignes*, n. 11, 1990, p.270.
33. Carta de Elio Vittorini a Maurice Blanchot, 1 de março de 1963, *ibidem*, p.280.
34. "O tradutor será, de certa maneira, o verdadeiro escritor da revista." Tomando o exemplo de Hölderlin, Maurice Blanchot apresenta a tradução como uma forma da atividade literária. "O tradutor é o mestre secreto da diferença das línguas, não para abolir essa diferença, mas utilizá-la, a fim de despertar, na sua, pelas mudanças que ele lhe traz, a presença daquilo que há de diferente na obra original." ("Textes préparatoires, lignes, définitions de la *Revue internationale*", *Lignes*, n. 11, 1990, p.187).

culdade para se expressar de outro modo que não pelo conflito. É preciso dizer que os meios literários alemães e italianos diferem muito do campo francês. Nos países pouco centralizados, os escritores vivem em cidades às vezes afastadas e não interagem. O único número da revista saiu em italiano; com o título de *Gulliver*, foi inserida no magazine *Il Menabò*, publicado pela Einaudi, e na qual Barthes apresenta três fragmentos — um sobre uma representação moderna de Édipo, de Sófocles; um outro sobre o diálogo; um último sobre a noção de forma.[35] O projeto de sair da solidão intelectual que cada um sentia em seu país não resultou em nada, mas que um escritor tão reservado como Blanchot tenha tido a coragem deste engajamento público, cheio de implicações diplomáticas e detalhes técnicos, decerto impressionou Barthes, cujas posições convergiram para as de Blanchot pelo menos um ponto: a convicção de que a comunidade política se fundava na amizade. Ele fala disso, aliás, com muita emoção na entrevista sobre revistas que dá em 1979 para Maria-Teresa Padova: "Interessava-me muito ver alguém como Blanchot dramaticamente confrontado com aqueles problemas. Houve muitas reuniões preparatórias e elas eram todas marcadas — era, aliás, muito bonito e um pouco terrível — por uma espécie de... destino, de *fatum* negativo, que vinha de... Blanchot; isto é, no fundo, eu diria num segundo grau, a fatalidade, a necessidade do empreendimento era não chegar a um bom termo".[36] Quanto ao resto, muitas coisas ainda os separam.

Alguns anos mais tarde, quando Maurice Blanchot pede de novo a Barthes para comentar e assinar um outro texto de resistência ao regime gaullista, Barthes se nega, como para a declaração sobre o direito de insubmissão, e com argumentos próximos daqueles utilizados em 1959 em sua resposta à enquete de *14 Juillet*. O texto proposto para leitura e revisão é uma acusação extremamente violenta. Denunciando um "regime de estranha regressão" social e política, levado ao poder por um golpe militar e a cada ano mais autoritário, ele pede "a todos os pensadores, escritores, sábios e jornalistas" que

---

35. "Trois fragments", OC II, pp.559-62. Esses textos apareceram em tradução italiana. Um último fragmento intitulado "Une société sans roman?" foi excluído por erro do conjunto. Foi recolhido em OC II, p.563.
36. "Vie et mort des revues", entrevista com Maria-Teresa Padova (1979), em *Scarabée international*, 1982 (OC V, p.779).

interrompam toda forma de aliança com o regime, recusando "sua colaboração com os serviços, organizações, instituições ou tribunas controladas pelo governo e não tendo verdadeira autonomia, como a ORTF, e que proíbam a utilização de suas palavras, de seus escritos, de suas obras, de seus nomes".[37] Barthes dá três razões à sua recusa. A primeira é ideológica. Se for preciso lutar contra este regime — e, segundo ele, é preciso fazê-lo —, deve-se analisar com precisão o que ele é, e não reconhecê-lo como uma ditadura, o que ele não é propriamente falando, e que se aproxima de uma situação estereotipada. Ora "se a análise não é exata, ela provoca forçosamente gestos falsos". A segunda resposta é política e insere o terreno da luta no plano internacional e não nacional, quando Barthes diz que tudo já deve "ser relacionado à futura guerra dos Estados Unidos contra a China". A última razão é ética: o escritor não pode se servir de seu nome e de sua obra como de um capital que lhe daria vantagens e meios de pressão extraliterários; embora Barthes destaque o paradoxo de assinar um texto sobre a recusa de participar ou de assinar, ele questiona um gesto intelectual que faz da obra uma justificativa, "um capital que vem dar peso a escolhas extraliterárias"; "como assinar, em nome de uma obra, no momento mesmo em que atacamos de todas as partes a ideia de que uma obra possa ser assinada?".[38] Compreende-se melhor, desde então, a energia que Barthes despende em revistas cujas posturas não são dissociadas das funções da literatura. A experiência da revista internacional mostra também que Barthes não se afasta dos meios literários, embora tenha adquirido uma posição de pesquisador. Seu trabalho científico se nutre de sua atividade nos jornais; sua base institucional dá peso a seu engajamento como cidadão. Escreve artigos mais longos, polêmicos, nas revistas que naquele momento são lidas pela classe intelectual: *Critique, Arguments, Communications, Annales*... No decorrer do decênio 1958-1968, ocupa discreta porém indubitavelmente a totalidade do campo. O duplo reconhecimento, público e científico, é efeito direto desta ampla presença.

---

37. O texto enviado por Maurice Blanchot para Roland Barthes, em 11 de maio de 1967, acompanhado de uma carta em que ele lhe pergunta sua opinião sobre a iniciativa, termina com estas palavras: "O senhor assinaria este texto?". BNF, NAF 28630.
38. Carta inédita a Maurice Blanchot, 22 de maio de 1967, publicada por Éric Marty em *Cités*, edição especial "Voyages inédits dans la pensée contemporaine", org. de Yves-Charles Zarka (Paris: PUF, 2010), pp.459-60.

Seus cursos também refletem esta dupla ancoragem. O público dos primeiros anos é, aliás, em grande parte constituído de amigos. "Éramos apenas dois ou três estudantes 'normais'", lembra Jean-Claude Milner. "Havia Violette Morin, a filha de Maurice Leenhardt, Robert Davi, um pequeno grupo de próximos".[39] Entre os primeiros ouvintes, nota-se também, além da presença de Jean-Claude Milner, Jean Baudrillard, que vai ter a ideia de *Sistema dos objetos* (cuja reflexão muito se nutriu dos cursos de Barthes e de seus artigos em *Communications*); Lucile Baudrillard, sua primeira mulher; Yvonne Bernard; Luc Boltanski, Jacques Bouzerand; Olivier Burgelin e Jacques-Alain Miller, que desde o fim do primeiro ano são os "alunos titulares". A cadeira de Barthes tem o nome de "Sociologia dos signos, símbolos e representações" e ele consagra os dois primeiros anos do seminário a um "inventário dos sistemas contemporâneos de significação: sistemas de objetos (vestuário, alimentação, moradia)".[40] Ele fornece o quadro teórico do método semiológico relacionado essencialmente a Saussure, mas também a Hjelmslev, Jakobson e Martinet, e especifica em que ele pode ser útil para outras disciplinas, como psicologia, sociologia, história, economia, antropologia e lógica. O seminário define os "elementos de semiologia" a partir dos conceitos da linguística estrutural, dos pares língua/fala, significante/significado, sintagma/sistema, denotação/conotação. Que modificações sofrem esses conceitos quando aplicados a realidades extralinguísticas? É a questão que ele põe aos ouvintes, pedindo-lhes que façam fichas sobre objetos do cotidiano. Jean-Claude Milner lembra ter realizado duas, uma sobre a homologia entre a refeição tradicional à francesa (entrada, prato principal, sobremesa) e a morfologia da língua (prefixo, radical, sufixo, e a outra sobre a correspondência relativa da cor dada às carnes (brancas, vermelhas ou escuras) e suas cores efetivas. Encontramos seus ecos em *Elementos de semiologia*. O "cardápio" do restaurante serve assim para explicar os eixos da linguagem, atualizando dois planos: "A leitura horizontal das entradas, por exemplo, corresponde ao sistema, a leitura vertical do cardápio corresponde ao sintagma".[41] Barthes

---

39. Entrevista com Jean-Claude Milner, 9 de agosto de 2009.
40. OC II, pp.253-54.
41. "Éléments de sémiologie", OC II, p.676 [ed. bras.: *Elementos de semiologia*, p.67].

também convida conferencistas externos. No primeiro ano, Greimas faz uma intervenção sobre "A noção de sistema em Saussure"; Jean-Paul Aron faz um balanço das "Pesquisas históricas sobre as representações da ideia de nobreza"; e Jean- Louis Ferrier, aluno de Pierre Francastel e crítico de arte em *Temps modernes*, fala sobre "Pintura e significação".

  No decorrer do segundo ano, Barthes centra suas análises em "substâncias outras que o som articulado [:] a imagem [...] e [o] gesto".[42] Ele se interessa em particular pela imagem icônica literal, uma mensagem linguística e uma mensagem icônica conotada. As intervenções externas foram de Michel Tardy, sobre a percepção da imagem; de Robert Linhart, sobre *O Imaginário* de Sartre; e de Christian Metz, sobre a semiologia do cinema. Com base em seus cursos, Barthes escreve importantes artigos: "A mensagem publicitária", publicado em 1963 em *Les Cahiers de la publicité*, em que retoma a distinção entre os diferentes tipos de mensagens presentes na imagem publicitária; "Retórica da imagem", que repete o artigo precedente, especificando-o, é um artigo publicado no número 4 de *Communications* em novembro de 1964, ao mesmo tempo que "Elementos de semiologia"; em "A cozinha do sentido", ele dissemina seu método aplicado ao vestuário, ao automóvel, à comida cozida, ao filme, à música, à imagem publicitária (o programa inteiro do curso está aí) para os leitores de *Nouvel Observateur*. Também retira das aulas a matéria de suas conferências no exterior: assim, "Semântica do objeto", no âmbito de um colóquio sobre "A arte e a cultura na civilização contemporânea" na Fundação Cini, em Veneza, para onde volta em setembro de 1966; ou "Semiologia e urbanismo" no Instituto de História e de Arquitetura da universidade de Nápoles, em 1967. É ainda um traço da prática barthesiana fazer um uso maciço e diversificado de seu trabalho. Grande parte de sua notoriedade, na França e no estrangeiro, se deve à divulgação de sua pesquisa.

  "Elementos de semiologia", texto publicado em *Communications* em 1964 (depois na Denoël, em 1965, a pedido de Maurice Nadeau, que acaba de entrar na editora), procede também dos dois primeiros anos do curso. É um grande artigo de síntese sobre o qual é preciso se deter um instante, pois resume o método e explicita seu

---

42. "Inventaire des systèmes de signification contemporains", OC II, p.613.

alcance. As quatro partes são estabelecidas pelos quatro pares ou rubricas da linguística estrutural e, depois de uma retomada das definições da linguística e das variações eventuais segundo os autores (Peirce é, por exemplo, citado na rubrica significante/significado), Barthes mede seu impacto sociológico em quatro tipos de exemplos: o modo escrito, que é o mais frequentemente convocado porque dispõe de grande número de materiais; a comida; o mobiliário; a arquitetura. No primeiro capítulo, "Língua e fala", ele retoma o rearranjo que Hjelmslev fez de Saussure para pensar a diferença entre língua e fala (a distinção entre esquema, norma e uso) e o aplica à moda e à comida. Mostra, por exemplo, que a língua alimentar é constituída por regras de exclusão, oposições (como salgado/doce), regras de associação, usos, quando a fala alimentar compreende todas as variações pessoais da preparação. Mas também diz que os sistemas mais interessantes para estudar são aqueles complexos, nos quais não se podem afixar *a priori* os fatos de fala e de língua, como o cinema, a televisão e a publicidade. O segundo capítulo, "Significado e significante", distingue signo semiológico de signo linguístico. "O signo semiológico também é, como seu modelo, composto de um significante e de um significado (a cor de um farol, por exemplo, é uma ordem de trânsito, no código rodoviário), mas dele se separa no nível de suas substâncias. Muitos sistemas semiológicos (objetos, gestos, imagens) têm uma substância da expressão cujo ser não está na significação."[43] Os alimentos servem para alimentar, as roupas para proteger, as casas para alojar... Barthes propõe chamar esses signos de "funções-signos". O terceiro capítulo, "Sintagma e sistema", retoma os dois eixos saussurianos, o sintagmático (combinação variada de signos recorrentes) e o paradigmático (o arranjo interno dos termos de um campo associativo correspondendo aqui ao sistema), cujos fatos são o objeto do estudo: oposição e neutralização. O quarto capítulo, enfim, trabalha o par "Denotação e conotação", o segundo termo sendo precisamente o objeto de estudo da semiologia. Barthes até se refere no fim de seu livro a "uma linguística da conotação, pois a sociedade desenvolve incessantemente, a partir do sistema primeiro que lhe fornece a linguagem humana, sistemas de sentidos segundos e esta elaboração, ora ostentada, ora

---

43. "Éléments de sémiologie", OC II, p.659 [ed. bras.: *Elementos de semiologia*, p.44].

mascarada, racionalizada, toca muito de perto uma verdadeira Antropologia Histórica".[44]

Retomando os principais elementos do curso, "Elementos de semiologia" deve a ele longos trechos extraídos dos exemplos, das pausas, dos ritmos alternados da oralidade e da situação de interlocução e de diálogo. Pode ser lido como o texto fundador da nova ciência semiológica e é assim, sem dúvida, que Barthes o concebe, querendo inseri-lo numa comunidade de pesquisa (citando Lacan e Lévi-Strauss, sobretudo). Ele situa de modo nítido esta ciência no seio do estruturalismo que ele se dedica a definir certo número de artigos publicados durante o mesmo período. Em "A atividade estruturalista", publicado em *Les Lettres nouvelles* em 1963, ele tenta estabelecer o lugar comum do conjunto dessas pesquisas e caracterizar "o homem estrutural" como o homem fabricante de sentido. Por meio da segmentação e do rearranjo, ele produz um "simulacro de objeto", fazendo desaparecer algo que até aí permanecia invisível "ou, se preferirmos, ininteligível no objeto natural".[45] Barthes explicita assim o horizonte comum que preside esta atividade nos pensadores como Lévi-Strauss, Dumézil, Troubetzkoy: em todos os casos, trata-se de um formalismo criador (à maneira de Mondrian, de Boulez ou de Butor) capaz de tornar legíveis significações despercebidas nos objetos do mundo.

O curso é ministrado nas dependências da EPHE no 2º andar da escada E, na antiga Sorbonne. Jacques-Alain Miller lembra da "mesa escura oval" ao redor da qual ficam em pé umas vinte pessoas, e da felicidade em aprender "que tudo significa, não que tudo seja um piscar de olho do Ser, mas que tudo compõe sistema, se articula, para quem nada de humano era estranho, porque o humano aos seus olhos era estruturado como uma linguagem de Saussure. Ele tomava a sério este postulado e o levava a suas últimas consequências. Operação poderosa, corrosiva, de natureza a fazer vacilar o ser-no-mundo de um estudante de filosofia".[46] Para os jovens estudantes da Escola Normal daquela época, a abertura às novas disciplinas, às

---

44. *Ibidem*, p.696 [ed. bras.: *ibidem*, p.96].
45. "L'Activité structuraliste", *Les Lettres nouvelles*, 1963; recolhido em *Essais critiques*, OC II, p.467 [ed. bras.: "A atividade estruturalista", in "Ensaios críticos", 1ª parte de *Crítica e verdade, op.cit.*, p.51].
46. Jacques-Alain Miller, "Pseudo-Barthes", in *Prétexte: Roland-Barthes, op.cit.*, pp.227-28.

ciências humanas que não eram representadas na Sorbonne, era uma decisão forte, mas incitada pelos professores da Escola Normal. Se acreditarmos em Jacques-Alain Miller, Jean Hyppolite não fazia particularmente da filosofia uma escolha positiva e, sobretudo, Althusser começava a mostrar que se passava algo importante ao redor do estruturalismo. Crendo no desenvolvimento de um marxismo que fosse não de reiteração, mas de renovação, ele convidava os alunos para a abertura transdisciplinar. Antes de transferir as aulas de Lacan para a ENS no âmbito de um anexo da EPHE instituído graças ao apoio de Fernand Braudel, ele havia oferecido a Foucault, que seguia o seminário de Lacan em Sainte-Anne desde 1953, um posto de auxiliar de orientador de estudos de psicologia. Foi assim que vários estudantes da Escola Normal, futuros intelectuais de renome, procuraram Barthes pela escolha da psicanálise (Jacques-Alain Miller) ou da linguística (Jean-Claude Milner). Milner está no segundo ano da ENS quando segue o primeiro seminário de Barthes, a partir da segunda aula. Permanece assíduo até o terceiro ano. Lembra-se de seu espanto ao ouvir Barthes pensar em voz alta. "É um momento muito particular ao qual assisti e onde nada estava definitivamente adquirido. A palavra 'semiologia' não era conhecida; era portadora de promessas, mas também de incertezas. Aliás, quando ela passou ao estado de realização em *Elementos de semiologia* e no *Sistema da moda*, ossificou-se. Mas naquela época, com seus cursos, tinha-se a impressão de entrar em outro mundo".[47] Em retrospectiva, Jean-Claude Milner lê tudo isso numa perspectiva política. A consciência do desaparecimento da esquerda que se aproxima é um traumatismo que inverte a postura do intelectual crítico. Barthes compreende que não é mais possível pensar em termos de superfície e de profundidade. Escolher as estruturas é confiar nas superfícies e nas permutações das superfícies. O sentido não é mais um mistério a ser interpretado, mas se constrói no deslocamento dos signos.

Barthes se sente livre e feliz na Escola Prática de Estudos Avançados. Experimenta um prazer afetivo e intelectual nos seminários onde se estreitam relações de trabalho, de amizade e estima. Mesmo que em pouco tempo a afluência seja tal que ele é levado a distinguir dois seminários, o "grande", concorrido e magistral, e o "pequeno",

---

47. Entrevista com Jean-Claude Milner, 9 de agosto de 2009.

no qual elabora com alguns estudantes escolhidos um assunto coletivo, ele gosta desta sociedade, que parece escapar do aparelho do Estado e parecer "uma sociedade de espíritos livres (estudantes e professores misturados), ao que se teria chamado no século XVIII uma *academia* (de saber e de linguagem)".[48] Mesmo que preveja com certa pré-ciência será entre dois poderes, "o da tecnocracia governamental e o da reivindicação, contestatária e promocional", aproveita-se de sua estrutura aberta, propícia para a constituição de comunidades de trabalho que valorizam a escuta e são valorizadas por ela. Esta observação notavelmente lúcida diz muito sobre o milagre provisório que foi a VI seção da EPHE para a pesquisa em ciências humanas. Barthes é sensível ao valor transferencial da relação de professor na qual toda atitude é produtora. Como explica mais tarde para Jean Thibaudeau, que o interroga sobre a dedicatória de *S/Z* aos estudantes, ouvintes e amigos "que participaram deste seminário": "A liberação não consiste em dar ao estudante o direito de falar (medida mínima), mas em tentar modificar o circuito da palavra — não seu circuito físico ("tomar" a palavra), mas seu circuito topológico (refiro-me aqui, bem entendido, à psicanálise)".[49] Desenvolve relações amistosas com alguns dos ouvintes que o visitam ou que encontra no café, no final da tarde, segundo um ritual que começa a se desenvolver naquela época em que ele sai de casa no final da tarde para vários encontros diferentes que o levam para a noite. Longe de ter vivido como uma perturbação em seu emprego do tempo ou um corte no trabalho, o ensino se integra à sua vida pessoal, servindo de base a seu trabalho e lhe trazendo satisfações intelectuais e amistosas.

A ESTRUTURA

O estruturalismo é ao mesmo tempo um rótulo, sustentado por iniciativas editoriais e pelo jornalismo literário, e um programa científico, disponível em tantas formas quanto representantes. Ele é, sem dúvida, o último "ismo" discordante do século XX, acarretando adesões, pensamentos e recusas (o pós-modernismo na sequência provo-

---

48. "L'École", in "Fragments inédits de *Roland Barthes par Roland Barthes*", *Le lexique de l'auteur*, pp.276-77.
49. 49 "Réponses", OC III, p.1036.

cando menos adesão que recusa)[50]. Sua história foi feita numerosas vezes, desde a época de sua expansão. Antes mesmo da publicação, sob a direção de François Wahl, do livro coletivo *Qu'est-ce que le strucuturalisme?*, haviam aparecido em 1967 *Clefs pour le structuralisme*, de Jean-Marie Auzias e *Comprendre le structuralisme*, de Jean Baptiste Fagès, e em 1968 o "Que sais-je?" sobre o estruturalismo de Jean Piaget. Mais tarde, o vasto panorama de François Dosse dá a palavra aos atores e se esforça em ler em conjunto as múltiplas declinações do fenômeno, enquanto pontos de vista diferentes se fazem ouvir de um e de outro lado do campo: a linguística (*Le Périple structural*, de Jean-Claude Milner), a sociologia (*Homo academicus*, de Pierre Bourdieu), a história literária (o estudo sobre a recepção dos formalistas russos na França por Frédéric Matonti), a psicanálise (*Résistances de la psychanalyse*, de Jacques Derrida). No cerne desta história, costuma-se dizer que Barthes se afastou do estruturalismo, apoiando-se no próprio autor, que evoca uma virada a partir do fim da década de 60, começando a desacreditar um pouco seu trabalho neste domínio e evidenciando *a contrario* uma prática mais centrada nos problemas da escritura. Ele diz, por exemplo, que S*istema da moda* é mais uma bricolagem na qual ele se divertiu fabricando um sistema do que um livro propriamente dito, construído como tal. Também diz não se sentir mais "motivado" para manter um discurso linguístico. "De qualquer maneira", acrescenta, "em linguística, nunca fui mais do que um amador".[51] Mesmo se nos lembrarmos das conotações positivas que ele atribui a este termo, não podemos ignorar seu caráter depreciativo aqui. Anna Boschetti se refere a "aggiornamento" e renúncia à cientificidade, retomando a propósito de Barthes a opinião de François Dosse, que fala de "bifurcação" e "ruptura", marcando o fôlego curto do programa estruturalista.[52]

Do que se trata realmente? Será que os textos de Barthes podem mesmo receber etiquetas seguras? Os períodos seriam distintos e contrastados? Consciente da grande mobilidade de sua vida

---

[50]. Ver Anna Boschetti, *Ismes. Du réalisme au postmodernisme* (Paris: CNRS Éditions, 2014).
[51]. "Vingt mots-clés pour Roland Barthes", OC IV, p.857 [ed. bras.: "Vinte palavras-chave para Roland Barthes", in *O grão da voz*, p.302].
[52]. François Dosse, *Histoire du structuralisme*, t. II: *Le Chant du cygne, 1967 à nos jours* [1992] (Paris: La Découverte Poche, 2012), p.251 [ed. bras.: *História do estruturalismo*, trad. de Álvaro Cabral (Sao Paulo: Ensaio/Campinas: Editora da Unicamp, 1994)].

intelectual, ele aproveitou a ebulição característica dos começos para experimentar seu espírito criativo ou acreditou de fato na fecundidade do programa semiológico? Foi apenas o desejo do prazer do texto e da escritura que o desviou dele ou há razões mais circunstanciais? Antes das respostas, é preciso compreender *como* Barthes foi estruturalista. A semiologia não é todo o estruturalismo, é claro, mas, como os outros ramos e programas que se desenvolvem sob este nome, ela se fundamenta na linguística saussuriana, amplamente difundida na época por Roman Jakobson; ela confia na possibilidade de criar um sistema dos objetos e das relações, tomando como pressuposto que todas as disciplinas humanas podem ser tão científicas como as ciências hoje chamadas "duras", mas que naquela época eram as únicas: a física, a matemática, a biologia. Ora, Barthes é aquele que quis abraçar o maior número possível de objetos sob sua disciplina, e, em particular, objetos perceptíveis. Mas logo se dá conta de que, se a descrição é adequada e o método aplicável e transmissível, ela não é muito produtiva intelectualmente. A compreensão se restringe aos sistemas de objetos descritos, parecendo-lhe uma ciência limitada, como mostra sua relação distanciada e um pouco irônica em *Sistema da moda*. Seu trajeto o leva da sociologia à literatura por razões em parte circunstanciais, certamente relacionadas às encomendas que lhe são feitas — Barthes escreve a maior parte do tempo por encomenda —, mas também porque, com Genette, Todorov e o suporte dos formalistas russos introduzidos naquele momento na França e que o fazem descobrir Julia Kristeva e Tzvetan Todorov, ele tem a esperança de que o estruturalismo literário tenha mais futuro que a semiologia sociológica. Mas é preciso recuar um pouco e evocar a relação difícil com Claude Lévi-Strauss, de tal modo ela é determinante, biograficamente, para compreender o itinerário de Barthes. Ela surge como a primeira decepção de seu percurso naqueles anos.

Em 1960, Barthes solicita um encontro com Lévi-Strauss, esperando que ele aceite orientar sua tese sobre a moda. Já tendo abandonado a lexicologia de Matoré havia algum tempo, decidiu prosseguir a pesquisa sobre a moda, estimulado por Greimas, que trabalhara nisso em sua tese. Vimos que o encontro com Martinet não tinha dado certo e Barthes resolve se voltar para a antropologia, pensando que sua reflexão sobre o mito poderia interessar a Lévi--Strauss. Ele lhe escreve no começo de 1960 e Lévi-Strauss, que se diz feliz com a ideia de conversar com ele, marca um encontro em sua casa para 16 de janeiro, às seis da tarde.[53] O encontro foi decepcionante — Lévi-Strauss não aceita orientar a tese — e determinante por pelo menos duas razões: traz a sugestão da leitura de *Morfologia do conto*, de Vladimir Propp,[54] e modifica radicalmente o programa da pesquisa sobre a moda. Não conhecemos as razões que levaram Lévi-Strauss a recusar a orientação. Não é, em todo caso, aquela invocada por Dosse, que disse que "o desacordo era sobre o alcance demasiado restrito do projeto, na medida em que, para Lévi-Strauss, o trabalho de Barthes era apenas sobre o sistema da moda escrita, e não sobre a moda em geral. O próprio Barthes considerava que não havia nada de significante neste domínio fora do escrito".[55] Ocorre o inverso: Barthes chegou com a ideia de trabalhar com o vestuário e Lévi-Strauss lhe sugeriu se limitar ao discurso sobre a moda, o que transforma a direção de sua pesquisa e representa uma etapa importante na delimitação de seu método estruturalista. Barthes voltou a falar várias vezes sobre esta virada: "Eu havia pensado em elaborar uma sócio-semiologia séria do Vestuário, de todo Vestuário (cheguei a começar algumas pesquisas); depois, a partir de uma observação de Lévi-Strauss, decidi homogeneizar o *corpus* e me ater ao vestuário escrito (descrito pelas revistas de moda)".[56] Como vemos, ele aderiu de imediato à sugestão de Lévi-Strauss, mergulhando num exame sistemático de *Elle* e do *Jardin des modes*, e é mais provável que a recusa do antropólogo tenha se baseado em movimentos diferentes. Lévi-Strauss não concorda cientificamente com ele em duas noções fundamentais, o mito e a estrutura. Sem que as objeções sejam explícitas por ocasião do primeiro encontro, não é difícil pensar que a extensão considerável que Barthes deu à noção de mito, sua dimensão sociológica e ideológica (a ideologia não constituindo para Lévi-Strauss senão parte do fato social), a popularidade das *Mitologias*, suscitem um movimento de desconfiança naquele que está preparando sua grande suma das *Mitológicas*, cujo primeiro volume aparece na Plon, em 1964. Mesmo que eles se assemelhem na condenação das narra-

---

53. Carta de Claude Lévi-Strauss, 13 de janeiro de 1960. BNF, NAF 28630.
54. "Li Propp em inglês, não sei em que data, por uma indicação oral de Lévi-Strauss." ("Réponses", OC III, p.1033).
55. François Dosse, *Histoire du strucuturalisme*, t.1: *Le champ du signe, 1945-1966* [1991] (Paris: La Découverte Poche, 2012), p.256.
56. "Réponses", OC III, p.1035.

tivas midiáticas de exploradores (Lévi-Strauss com as conferências de "Conhecimento do mundo"; Barthes, com as reportagens de *Paris Match*) que mascaram o trabalho da história; mesmo que "O mito, hoje" dê uma definição do mito como metalinguagem conforme aquela proposta em *Antropologia estrutural,* as análises de Barthes parecem conceder muito espaço a fatos sociológicos e estilísticos que naquele momento Lévi-Strauss minimiza. A este distanciamento científico acrescenta-se também uma rivalidade simbólica. Desde o sucesso de *Tristes trópicos* em 1955, Lévi-Strauss tem a ambição de fazer obra literária e não apenas científica. A ocupação dos dois campos, literário e científico, por Barthes, talvez lhe soe como ameaça ou arrogância, o que a sequência da relação deles confirmará.

O outro desacordo se refere à noção de estrutura: se ambos remetem ao uso linguístico, não lhe dão inteiramente a mesma função. Quando Lévi-Strauss "privilegia sempre, nos dados observados, seu pertencimento a um sistema, a atualidade deste sistema (mais do que sua genealogia) e sua coerência interna",[57] dando prioridade ao método indutivo, Barthes se interessa sobretudo pelas variações (valorizadas em *Sistema da moda* por meio da noção de *shifter* emprestada de Jakobson) e ao que elas podem acarretar de diferença — que Barthes celebrará mais tarde como "*o impreciso da diferença*" no fragmento "O *shifter* como utopia", em *Roland Barthes por Roland Barthes.* É certo que o projeto científico com o horizonte da noção de estrutura difere em um e em outro. Lévi-Strauss trabalha a partir de várias versões do mesmo mito para diminuir as diferenças; ele busca universais, enquanto Barthes se interessa pelos signos e pelos códigos presentes nos discursos. O primeiro acredita no poder da ciência ao passo que o segundo mantém sempre em seu trabalho uma dimensão de jogo e uma atenção à língua que produz o incerto e a diferença, reviravoltas e contradições. Vincent Debaene recapitulou bem esta diferença de uso do termo "estrutura" entre os dois, dizendo que ela é em Barthes um modo de organização da significação, enquanto, para Lévi-Strauss, um conjunto de regras que permitem passar de um dado para outro. "Diferença no projeto: desvendar em Barthes; restituir as condições do exercício do pensamento simbólico em Lévi-Strauss. Diferença no objeto, enfim: estudo de um enunciado dado no pri-

---

[57]. Marcel Hénaff, *Claude Lévi-Strauss* (Paris: Belfond, 1991), p.22.

meiro — *Sarrasine, Goldfinger,* ou o catálogo de moda —; estudo das diferentes versões de uma mesma história retiradas de suas bases no segundo".[58] Além disso, este projeto científico tem para Lévi-Strauss consequências acadêmicas. Ele não hesita, no decorrer de toda a sua carreira, em minimizar o impacto de suas influências (em particular Mauss e Durkheim) e em tentar liquidar seus adversários contemporâneos. Ele terá muitas outras discussões, às vezes ainda mais graves, com Foucault, com Derrida, que consequentemente o levam a deixar progressivamente livre o campo do estruturalismo.[59]

Assim, de imediato Lévi-Strauss estabelece uma relação desigual com Barthes, inscrevendo-o entre os estruturalistas da moda e não entre os cientistas sérios. Como confia a Didier Eribon mais tarde: "Nunca me senti próximo dele e sua evolução ulterior confirmou este meu sentimento. O último Barthes fez o oposto do que fazia o precedente e que, estou convencido disso, não era da sua natureza".[60] Ele modera sua suscetibilidade porque Barthes é útil para seu reconhecimento: com efeito, este lhe consagra dois artigos em revistas prestigiosas. O primeiro, o mais importante, "Sociologie et sociologique", é publicado em 1962 na novíssima revista *Information sur les sciences sociales* e será retomado num volume consagrado a Claude Lévi-Strauss na coleção Idées, da Gallimard em 1979. Ele resenha *O pensamento selvagem* e *O totemismo hoje,* interrogando-se sobre a aplicação possível da análise estrutural a objetos da sociedade moderna. O segundo, "Les sciences humaines et l'œuvre de Lévi-Strauss", é simplesmente a apresentação de um dossiê Lévi-Strauss publicado em *Annales,* no fim do ano de 1964, e afirma que sua obra principal leva a reconfigurar o conjunto das ciências humanas. Mas o primeiro mostra que, se Barthes tem uma grande admiração pelo antropólogo, se num momento (que não dura muito tempo) ele o situa no lugar do pai, não é por isso que se mostra servil. É impressionante,

---

58. Vincent Debaene, *L'Adieu au voyage. L'ethnologie française entre science et littérature* (Paris: Gallimard, 2010), p.462.
59. Sobre estes conflitos, ver Anna Boschetti, *Ismes. Du realisme au postmodernisme, op.cit.,* pp.258-64.
60. Claude Lévi-Strauss e Didier Eribon, *De près et de loin* [1988] (Paris: Odile Jacob Poche, 2001), p.107 [Edição brasileira: *De perto e de longe,* trad. de Léa Mello e Julieta Leite (Rio de Janeiro: Nova Fronteira, 1990), pp.155-162]. A frase de abertura citada por François Hartog encontra-se em Claude Lévi-Strauss, *La pensée sauvage.* Paris: Plon, 1962, p.348 [ed. bras.: *O pensamento selvagem* (Campinas: Papirus, 1989), p.291].

de fato, que "Sociologie et sociologique" conduza todo o assunto a uma confrontação entre seus dois objetos e seus dois métodos (aliás, Barthes faz mais referências à moda do que aos exemplos de Lévi--Strauss). Distinguindo entre sociedade etnográfica e sociedade sociológica, ele justifica implicitamente a existência de vários estruturalismos. Além disso, questiona a universalidade da lógica binária apresentada, afirmando que o próprio antropólogo reconheceu a importância do neutro, sobretudo a propósito do mana como valor simbólico zero. "Podemos nos perguntar (mas isso é somente uma ideia, nem mesmo uma hipótese), se precisamente, face às sociedades etnológicas cuja lógica seria binária (mesmo quando elas praticam o grau zero do signo), as sociedades sociológicas não teriam de desenvolver lógicas mais complexas (ou simplesmente menos afirmadas), seja porque multiplicam os recursos dos termos derivados da oposição-mãe, seja porque têm o poder de imaginar *séries* de termos, isto é, em suma, paradigmas intensivos, nos quais a língua introduziria um descontínuo bem relativo."[61] A objeção ao projeto totalizante é considerável, e ele reafirma a importância da semiologia estrutural para a compreensão das sociedades contemporâneas. O artigo está, pois, longe de obedecer ao mestre, que provavelmente não o apreciou. A grandeza de Barthes, perceptível desde "O mito, hoje", é ter desfeito a oposição entre antropologia e história e se esforçado em conjugá-las. Nada escapa à dimensão histórica, nem mesmo o corpo: "Coisa singular: o corpo humano, pertencendo ao tempo antropológico, não é imutável? De forma alguma: a morfologia está submetida à história, como ela o está à geografia".[62] A referência à história, pelo menos enquanto a ciência dos signos, é, pois, uma tática possível contra o imobilismo de toda doxa, inclusive a do mito.

Lévi-Strauss não tem nada contra a etnografia do contemporâneo, mesmo que a considere bastante trivial em relação a seu projeto generalista. Em compensação, quando lhe é dada ocasião para comentar os trabalhos do estruturalismo literário, no qual alinha rapidamente os textos de Barthes, ele mostra pouco interesse

---

61. "Sociologie et socio-logique. À propos de deux ouvrages recents de Claude Lévi--Strauss", *Informations sur les sciences sociales*, dezembro de 1962 (OC II, p.41).
62. Prefácio ao catálogo da exposição *L'affiche anglaise: les années 1890*, no Museu das Artes Decorativas (OC IV, p.186).

por esses textos, que provêm, no melhor dos casos, do encanto ou do delírio — mesmo que se trate de "delírios coerentes", reveladores de uma "mitologia de nosso tempo".[63] Em 1966, ele lhe endereça uma carta muito severa por ocasião da publicação de *Crítica e verdade* que Barthes lhe enviou. É interessante citá-la, pois exprime toda a distância que Lévi-Strauss toma em relação a Barthes: "Para ser franco, não estou certo de estar completamente de acordo com o senhor. Primeiro porque defendendo a 'nova crítica' em geral, o senhor parece cobrir muitas coisas que não o merecem muito, a meu ver. Em seguida, por causa de um ecletismo que se manifesta por demais complacente para com a subjetividade, a afetividade e, digamos a palavra, certo misticismo face à literatura. Para mim, a obra não é aberta (concepção que a abre para a pior filosofia: a do desejo metafísico, do sujeito justamente negado, mas para hipostasiar sua metáfora etc.); ela é fechada, e é precisamente este fechamento que permite fazer dela um estudo objetivo. Em outras palavras, não separo a obra de sua inteligibilidade; a análise estrutural consiste, ao contrário, em voltar a inteligibilidade para a obra. E, a menos que se caia numa hermenêutica à Ricoeur, devemos, parece-me, distinguir mais radicalmente as formas simbólicas, integral e objetivamente determináveis (só elas me interessam), dos conteúdos insignificantes que os homens e os séculos podem aí verter".[64] Subjetividade, afetividade, misticismo: a crítica é frontal; ela mostra que mesmo o trabalho de Lévi-Strauss sobre as variantes não leva em conta variáveis históricas, mas formais. A objetividade científica pede este preço. É provável que o artigo "Da ciência à literatura", que Barthes publicou no ano seguinte, seja uma forma de resposta a esta carta pessoal ou a esta crítica. Retomando a distinção entre escritor e escrevente, popularizada em *Essais critiques*, ele distingue a linguagem como instrumento submetido à matéria científica e a linguagem como ser da literatura: "Se a ciência tem, certamente, necessidade da linguagem, ela não está, como a literatura, na linguagem; uma se ensina, quer dizer que ela se enuncia e se expõe; a outra se realiza mais do que se transmite (é somente sua história que ensinamos)". E ele recorre em seguida a um deslocamento

---

63. Claude Lévi-Strauss, *Anthropologie structurale II, op.cit.*, p.324 [ed. bras.: *Antropologia estrutural dois, op.cit.*].
64. Carta de Lévi-Strauss, 18 de março de 1966. BNF, NAF 28630, "Critique et vérité".

do estruturalismo para o lado da escritura literária, o que não é contraditório com as considerações anteriores sobre a metalinguagem que já implicavam um transbordamento, uma vez que algum dia seria preciso fazer uma mitologia do mitólogo ou uma semiologia do semiólogo. "Resta ao estruturalista transformar-se em 'escritor', não para professar ou praticar o 'belo estilo', mas para reencontrar os problemas candentes de toda enunciação, desde que não mais se envolva na nuvem benfazeja das ilusões propriamente *realistas*, que fazem da linguagem um simples *medium* do pensamento."[65] Dizendo isso, Barthes opera um trajeto lógico fundado no reconhecimento dos limites da objetividade científica para as ciências humanas e da necessidade de uma implicação maior na linguagem e na escritura. Trata-se menos de uma renúncia ao estruturalismo que de uma redução da distância entre o sujeito e o objeto.

Jacques Derrida faz uma constatação equivalente no mesmo momento e Lévi-Strauss entra numa polêmica com Foucault sobre a própria definição do estruturalismo. Tocar assim os limites da ciência objetiva e do discurso da racionalidade formal faz deles precursores preferíveis a Lévi-Strauss, encerrado na solidez incontestável de seu método, quaisquer que sejam seus enormes resultados concretos de outro ponto de vista. É curioso que este artigo de Barthes apareça no mesmo ano que *Sistema da moda*, o mais estruturalista de seus livros. Mas, como *O grau zero da escrita* em seu tempo, *Sistema da moda* faz parte desses "livros atrasados", terminados bem antes de sua publicação. Trabalha nele em todos os verões de 1959 a 1963 em Urt: "Fim da Moda (exceto bibliografia a ser feita em Paris)".[66] François Wahl, que o achava um pouco árduo, não tinha pressa em publicá-lo, primeiro porque poderia surpreender o público habitual de Barthes, depois porque veio se intercalar no calendário de publicação *Crítica e verdade*, livro não previsto, escrito na urgência da resposta a Raymond Picard. Logo no prefácio, Barthes reconhece que ele é o resultado de uma aventura "já datada",[67] não somente em seu itinerário pessoal mas também na

---

65. "De la science à la littérature" [*Science versus Littérature*], *Times Literary Supplement*, 28 de setembro de 1967 (OC II, p.1267) [ed. bras.: "Da ciência à literatura", in *O rumor da língua*, p.8].
66. BNF, NAF 28630, caixa 1, "Agenda 1963". A agenda 1964 registra de novo na data de 27 de abril: "Fim Moda!".
67. *Système de la mode*, OC II, p.897 [ed. bras.: *Sistema da moda, op.cit.*, p.XIX].

evolução da semiologia. Ele se apoia, com efeito, numa estrita linguística saussuriana, que foi depois completada por Chomsky, Jakobson e Benveniste. Quando o livro sai, nas entrevistas aos jornais e revistas Barthes reconhece sua dívida para com Lévi-Strauss no que se refere à escolha da moda escrita. Mas é uma boa ocasião para ele insistir que trabalha numa escritura (mesmo que seja uma escritura codificada e estereotipada) e que nada tem significado fora da linguagem. Ele explicita também naquele momento que seu objeto principal é a literatura e que, por essa razão, mesmo que lhe pareça interessante experimentar métodos científicos, sua finalidade não é a ciência em si e ele não pode concluir seus trabalhos "por uma cláusula tipicamente científica, pois a ciência literária não pode em caso algum e de nenhum modo ter a última palavra sobre a literatura".[68] A propósito do estruturalismo, ele afirma que "o momento das separações se aproxima". Depois de terem se entendido sobre a ideia de que o homem não estava mais no centro das estruturas, as pesquisas se põem a divergir na relação com a própria escritura. Se virada há, esta concerne, segundo Barthes, a todos os atores do método estrutural e não só à sua própria produção.

Mais tarde, Barthes e Lévi-Strauss se distanciam. Eles enviam seus livros um ao outro, escrevem-se em agradecimento, mas apenas Barthes continua a exprimir sua admiração e a fazer do outro uma referência em seu percurso. Quando da publicação de *s/z*, Lévi-Strauss lhe envia uma análise estrutural do parentesco em *Sarrasine*, que parece prolongar o texto de Barthes e ser uma vibrante homenagem a este livro que ele qualifica como "brilhante" no começo de sua carta. Com a autorização de ambos, o texto é retomado no volume da coleção Idées Gallimard consagrado a Lévi-Strauss.[69] Ora, menos de dez anos mais tarde, Lévi-Strauss diz a Didier Eribon que se trata de um "texto que escrevi como uma piada. *s/z* tinha me desagradado. Os comentários de Barthes assemelhavam-se por demais aos do professor Libellule em *À la manière de Racine*, de Muller e Reboux. Então lhe enviei-lhe essas poucas páginas nas quais 'eu acrescentava outras', um pouco por ironia e para evitar um constrangimento em

---

68. "Sur le *système de la mode* et l'analyse strucuturale des récits", entrevista com Raymond Bellour, *Les Lettres françaises*, 2 de março de 1967 (OC II, p.1303) [ed. bras.: "Sobre *O sistema da moda* e a análise estrutural das narrativas", in *O grão da voz*, p.72].
69. Carta de Claude Lévi-Strauss, 31 de março de 1970, publicada em *Claude Lévi-Strauss* (Paris: Gallimard, 1979), pp.495-97. Col. Idées.

vez dos cumprimentos que eu me sentia incapaz de dar. Ele levou isso muito a sério. Pediram-me para republicar este texto. Por que não? Eu disse sim".[70] É bastante cruel.

Para encerrar o resgate dessa relação, que tem tudo de um encontro malogrado, com uma nota um pouco menos negativa, assinalemos que uma semana depois de enviar a carta sobre *Sarrasine*, em 5 de abril de 1970, Lévi-Strauss lhe endereça outra, na qual, se ele volta precisamente a s/z para completar a leitura precedente, fala sobretudo de *O império dos signos*, que acaba de ler. Ele se diz ainda mais tocado porque "transformado em fanático pela arte japonesa aos seis anos por uma estampa de Hiroshige que ganhei de presente, passei toda minha infância e adolescência representando os pequenos colecionadores, a ponto de me tornar, por algum tempo, quase um *expert*; e talvez tenha sido para preservar o Japão como um mito que eu nunca decidi ir para lá. Por isso estou contente de visitá-lo conduzido pelo senhor, já que declara desde as primeiras páginas sua intenção de tratar o Japão como um mito".[71] A evocação da lembrança da infância, rara em Lévi-Strauss, indica que ele é capaz de consentir ao fantasma e ao desejo quando se trata de arte e que pode entender a palavra "mito" num outro sentido que não aquele que ele lhe dá mais regularmente. Em 1975, quando Barthes faz suas visitas em vista de sua eventual eleição para o Collège de France, Lévi-Strauss, apesar das reservas quanto ao método de Barthes e que Foucault procura suprimir, garante-lhe seu voto.

A relação assimétrica entre Barthes e Lévi-Strauss é exemplar do corte que marca o estruturalismo entre aqueles que querem fazer dele uma ciência à parte e aqueles que fazem dele um terreno de experimentação metodológica. Ela nos ensina também que Barthes, em nenhum momento, mesmo em suas realizações mais formais, postula um uso transparente e objetivo da linguagem. Esta não é mais o simples instrumento do pensamento porque precisa ser constantemente pensada. O papel da literatura é, assim, contestar o domínio dos códigos e das linguagens, inclusive os da própria ciência.

---

70. Claude Lévi-Strauss e Didier Eribon, *De près et de loin, op.cit.*, p.106 [ed. bras.: *De perto e de longe, op. cit.*].
71. Carta de Claude Lévi-Strauss, 5 de abril de 1970. Fundo Roland Barthes, BNF, NAF 28630, "*L'Empire des signes*".

A CASA

A casa de campo de Hendaye era muito agradável, embora próxima demais da animação turística estival para que pudesse ser um verdadeiro refúgio. Assim, em 1960 a família procura uma alternativa ao redor de Bayonne. Não que Barthes não conseguisse trabalhar em Hendaye — lá ele escreveu "O mito, hoje" e a quase totalidade do *Sistema da moda* —, mas Etchetoa fica entre a praia e a estrada de Saint-Jean-de-Luz, e no verão há barulho. Parece também que sua mãe não se sentia muito à vontade lá, como indica a última anotação do *Diário de luto*: "Hendaye. Ela: não muito feliz/era uma *herança*".[72] A praia, que Barthes gosta e frequenta de vez em quando, em Biarritz ou em Hossegor, para ouvir o mar e olhar as pessoas, não pode ser uma distração cotidiana. Ela é, na melhor das hipóteses, um lugar de meditação quando não há ninguém, de manhã cedo, ou de observação quando fica cheia. É também um espaço em transformação, que inscreve uma diferença entre o outrora e o hoje. Assim, uma página de diário volta a essa passagem do tempo, com ressonâncias existenciais e sociológicas: "Ontem, na praia de Hossegor, um tempo esplêndido, muita gente (além do mais, era domingo). Desconfortável no que me concerne: este lugar que, quando adolescente, conheci deserto, inabitado, aristocrático — chamavam isso "o mar selvagem" —, hoje pequenos hotéis, rosquinhas, bolas, doces, praia cheia de gente, carros etc.; imagem em miniatura da França: nem aristocrática, nem mesmo burguesa, nem 'popular', simplesmente *numerosa*. O que me impressiona mais é que agora os franceses têm os pés limpos, enquanto no meu passado, o povo tinha os pés sujos; mesmo lavados, incrustados de sujeiras, de desgraças".[73] À beira do mar instrutiva mas agressiva e divertida, Barthes prefere o campo pela polaridade contrária que institui com a cidade. Foi em Urt, num vilarejo com mais ou menos dois mil habitantes, situado à beira do Adour, na fronteira do País Basco e de Landes, que se fixa a escolha deles, na casa Carboué, que estão prestes a comprar em setembro de 1963. Desde 1960 Barthes já passa grande parte do verão em Urt, no que ainda é uma locação, seduzido pela doçura e pela calma do lugar que lhe lembra a infância. A casa, cubo branco e maciço, à margem de uma estrada do vilarejo, que faz naquele ponto um ângulo, é dotada

---

72. *Journal de deuil*, p.270 [ed. bras.: *Diário de luto*, p.252].
73. Diário de 1973 (inédito).

de quatro aberturas em cada um de seus lados, dentre os quais um dá para o jardim de tamanho modesto, mas escondido do olhar dos transeuntes. A estrada que a contorna é comparada ao curso calmo de um rio que vai "irrigar todo um bairro longínquo da aldeia".[74] Ouve-se passar um trator ou uma bicicleta motorizada, mas esses ruídos só ressaltam o caráter calmo e campestre do lugar. "A casa é charmosa", ele escreve para Philippe Rebeyrol em julho de 1961, "e mamãe e eu sentimos muito prazer nela". A partir dessa data, ele se instala lá nos verões, para temporadas que de dois a três meses, interrompidas por curtas estadas em Paris e algumas viagens ao exterior. No final de junho vai para lá de carro com sua mãe, numa migração regular que lembra os ritmos aristocráticos — invernos em Paris, verões nas terras no interior. Em geral é lá que passam o Natal e as tradicionais férias de Páscoa e de primavera. Ele gosta de dirigir, e as onze ou doze horas de estrada não lhe dão medo. Vai com a velha e bela Panhard de sua avó Noémie, com a qual gostava de passear em Paris, mas que logo se revela inadequada para longos trajetos (permanecerá sempre para ele seu carro "mitológico"). No começo dos anos 1960 compra um Fusca Coccinelle, enquanto seu irmão Michel, que de vez em quando também acompanha a mãe, anda de Porsche.

Como em Paris, sua vida campestre é ritmada, mas muito menos social. Vai às compras em Bayonne, para onde se pode chegar por quatro rodovias diferentes, o que ele menciona em "A luz do Sudoeste". Há a *route départementale* 261, que se toma para buscar ou levar rapidamente uma pessoa à estação, ou pegar a tia para passar o dia; duas estradas de campo no interior das terras; e por fim a rodovia preferida, a que ladeia a margem direita do Adour e que sempre propicia uma sensação de calma, com suas chácaras e suas belas casas, mistura de nobreza e familiaridade: "É ainda uma verdadeira *estrada*, não uma via funcional de comunicação, mas algo como uma *experiência* complexa, em que se localizam ao mesmo tempo um espetáculo contínuo (o Adour é um rio lindíssimo, menosprezado) e a lembrança de uma prática ancestral, a da caminhada, da penetração lenta e como que ritmada da paisagem, que toma desde então outras proporções".[75] São também os momentos em que os amigos vão passar

---

74. "La lumière du Sud-Ouest", OC V, p.330 [ed. bras.: "A luz do Sudoeste", *op.cit.*, p.3].
75. *Ibidem*, p.332 [ed. bras.: *Ibidem*, *op.cit.*, p.7].

uma temporada; no começo, Violette Morin, François Wahl e Severo Sarduy, Jean Girodon, seu velho amigo de Leysin, François Braunschweig, Marthe Robert e Michel d'Uzan. A casa é hospitaleira, e todos os que a visitam no decorrer da vida de Barthes se lembram da acolhida generosa e cuidadosa de Henriette, do prazer da conversa, do entusiasmo de Roland em mostrar a região. Mas a vida é sobretudo familiar, a dois, a três, a quatro, já que o casal Salzedo também se instala por muito tempo; Michel também passa curtas temporadas na Espanha e longas em Israel, onde vive a família de sua mulher. Com a mãe se ocupando de tudo, Barthes tem poucas preocupações materiais e, quando deixa Urt, é para se distrair na cidade, ir ao cinema ou ao concerto em Bayonne ou em Biarritz, comprar cigarros ou material de papelaria. Montou o escritório, que ele também chama de seu quarto, como em Paris, dispondo da mesma maneira a mesa e o piano, reproduzindo identicamente sua organização material. Ele chega ao ponto de transportar essa mesma organização para todo lugar. "Mal tendo chegado a uma casa nova, reconstituo minha 'estrutura' (desprezaríamos menos esta palavra se soubéssemos tudo o que ela carrega de desejo); pouco importa a natureza dos objetos (dos termos); só vai funcionar a forma do espaço, a relação dos utensílios e dos cenários. Daí nasce uma intensa bricolagem; é uma força perversa: tal como o fetichista que faz de uma trança ou de um pé o instrumento de seu prazer, eu substituo com ânimo duas cadeiras por uma mesa — contanto que a superfície assim criada seja lateral —, uma caixa de papelão por um atril — desde que eu possa pregar inúteis papelotes: triunfo da homologia sobre a analogia."[76] Essa primeira redação de uma reflexão do *Roland Barthes por Roland Barthes*, escrita na casa de Daniel Cordier em Juan-les-Pins em agosto de 1974, indica a felicidade lúcida que ele tira de seu temperamento obsessivo, visível nas estruturas espaciais (os espaços de trabalho) e temporais (os ritmos inteiramente regrados). Retomando a ideia do autorretrato de 1975, ele limita a homologia aos dois lugares contrários (a cidade/o campo) e, no entanto, semelhantes: nada é nunca transportado, mas os quartos são idênticos. "Por quê? Porque a distribuição dos utensílios (papel, penas, carteiras, relógios, cinzeiros) é a mesma: é a estrutura do espaço que faz sua identidade. Esse fenômeno privado

---

76. "Inédits du *Roland Barthes par Roland Barthes*", in *Le Lexique de l'auteur*, pp.260-61.

bastaria para esclarecer acerca do estruturalismo: o sistema prevalece sobre o ser dos objetos."[77]

Por duas vezes Barthes realça o liame entre regra de vida e método intelectual: as estruturas, antes de se tornarem um instrumento de análise, correspondem a um modo de vida. Elas atraem porque tranquilizam, barram a angústia de abandono e de morte e libertam imediatamente.

A organização temporal é também estruturada. De Paris para Urt, é a regularidade que é transportada, mais do que o estrito emprego do tempo, o que revelam com exatidão as agendas em que cada sequência é marcada por uma inicial ou uma abreviação. Os dias urbanos são segmentados em manhã (m), almoço (alm), tarde (tar), jantar (j) e noite (n). É que, de fato, os almoços e jantares em Paris são em geral momentos fora de casa, ocasiões de encontros profissionais (sobretudo no almoço) e amistosos; quando Barthes fica em casa, o que é raro, os "alm" ou "j" são simplesmente seguidos da menção "casa". Mas na maior parte do tempo ele informa o nome das pessoas que encontra ou os lugares que frequenta. Em Urt, como as refeições são sempre familiares, é inútil registrá-las diariamente. A manhã é consagrada ao trabalho e à correspondência, em Paris como no campo. As tardes parisienses são ocupadas por cursos, visitas, preparação de seminários, ao passo que em Urt elas são também consagradas ao trabalho, ao prosseguimento das tarefas iniciadas de manhã ou então a leituras. Acrescenta-se a essas ocupações, nos dois espaços, a sesta que segue o almoço, o desenho, a pintura que precede a retomada do trabalho, o piano antes do jantar. Os trabalhos de fundo, a escritura de livros, a organização de coletâneas, ele faz em Urt na quietude propiciada pelo frescor salutar da casa em tempos de forte calor e nas longas horas ininterruptas, sem outras obrigações a não ser aquelas que se pode ter consigo mesmo, nem visitas ou encontros.

Nessa casa, Barthes reúne e se reúne: reúne ideias, documentação, textos acumulados, fichas, para fazer ou imaginar os livros. E se reúne limitando as satisfações de seus desejos (em particular sexuais),

---

77. *Roland Barthes par Roland Barthes*, OC IV, p.626 [ed. bras.: *Roland Barthes por Roland Barthes*, p.59]. Ver também as fotos de Barthes em sua mesa de trabalho e suas legendas, p.618: "Esse espaço é, em toda parte, o mesmo, pacientemente adaptado ao prazer de pintar, de escrever, de classificar" [ed. bras.: *ibidem*, p.50].

deixando-se levar muito pouco pelo que vem de fora e cedendo quase todo o espaço para o fantasma, motor de tudo o que faz. É assim que escreve num fragmento do qual o *Roland Barthes por Roland Barthes* conservará apenas o primeiro segmento: "A delícia dessas manhãs em U.: o sol, a casa, o silêncio, a música, os cheiros, o café, o trabalho, a quietude insexual, a ausência das agressões".[78] Ele aprecia a monotonia quase insignificante dos dias que escrupulosamente descreve no fragmento "Horário": "Durante as férias, levanto-me às sete horas, desço, abro a casa, faço chá, pico o pão para os passarinhos que esperam no jardim, lavo-me, espano minha mesa de trabalho, esvazio seus cinzeiros, corto uma rosa, ouço o noticiário das sete e meia. Às oito horas, minha mãe desce, por sua vez; como com ela dois ovos quentes, uma rodela de pão torrado e tomo café preto sem açúcar".[79] E no mesmo tom até a noite, ocupações regulares e fúteis que o tornam feliz. Numerosos documentos pessoais voltam a falar da plenitude que lhe dá o retiro rural e maternal numa região com a qual desenvolveu uma relação profunda, carnal, eletiva. O retorno à infância é feliz e produtivo. Nutre com qualidades sensíveis, sons de voz, ruídos de insetos, perfumes de flores, cheiros de interiores. É por isso que Barthes prefere o interior ao litoral: há mais pregas para desdobrar e conservar essas existências sensíveis e frágeis, tão determinantes para estimular a escritura. Ele constrói precisamente esta região em grande parte escolhida como uma paisagem da memória. Está atento a seus movimentos e a seus relevos, nela projeta suas lembranças e seus desejos. "*Gosto* [...] da curva do rio Adour vista da casa do doutor L."[80] Ele a representa para si como um corpo. Nada de inteiramente negativo nela, nem no relevo, nem no clima. Em "A luz do Sudoeste": "Nunca há momentos ingratos nesse tempo do Sudoeste? Certamente, mas para mim não são os momentos de chuva ou de tempestade (frequentes entretanto); não são nem mesmo os momentos em que o céu está cinzento; os acidentes da luz, aqui, parece-me, não geram nenhum *spleen*; não afetam a 'alma', mas somente o corpo, por vezes encharcado de umidade, ébrio de clorofila, ou enlanguescido, extenuado pelo

---

[78]. "Inédits du *Roland Barthes par Roland Barthes*", in *Le lexique de l'auteur*, p.264.
[79]. *Roland Barthes par Roland Barthes*, OC IV, p.658 [ed. bras.: *Roland Barthes por Roland Barthes*, pp.94-95].
[80]. *Ibidem*, p.692 [ed. bras.: *ibidem*, p.133].

vento da Espanha".[81] Na tentativa de diário, no fim do verão: "De manhã, o dia demora e se levanta bem negro, chove (mas sempre, abrindo minha janela, o poder metonímico do cheiro do campo: todo o passado, toda a literatura etc.). Levantar-me cedo, quando o faço, me proporciona tanto prazer quanto uma noite agradável em Paris (mas é um pouco como Maria Antonieta representando a leiteira). O que faz com que eu seja feliz aqui e que eu tenha em suma tanto prazer quanto em Paris". Com a distância necessária (de que é preciso) (o parêntesis irônico e pouco elogioso), Barthes exprime a natureza desta plenitude: ela substitui a satisfação que lhe dá a relação com outros corpos. Ela preenche o sentido.

A sociabilidade campestre não é perturbadora, pois ela também reconduz à infância. Conhecemos rapidamente todo mundo em Urt, mas são quase sempre relações superficiais, calorosas e codificadas. Um pouco como em Bedous, Barthes vai tocar música na casa dos vizinhos, a mãe recebe algumas visitas. Sua tia Alice costuma passar alguns dias. Há em particular o dr. Michel Lepoivre (o "doutor L." do autorretrato), médico generalista em Urt de 1963 a 1994, cuja casa ele gosta de frequentar, que aprecia por ser alegre, cheia dos gritos e dos risos de suas três filhas. Bom violinista, o médico toca duos com Barthes, sonatas de Mozart, sonatinas de Schubert... Ele se lembra de seu vizinho, no verão com roupa de chofer e no inverno usando um cachecol vermelho que uma amiga tinha tricotado para ele. "Penso que ele se sentia bem aqui, pois reinava uma atmosfera bem diferente daquelas das panelas literárias parisienses. Ele aqui respirava um perfume de burguesia provinciana da qual, no fundo, gostava: um pai de família, uma mãe, três moças, tudo o que ele não tinha..."[82] Barthes gosta da simplicidade protetora daquela burguesia, e desculpa seu caráter convencional e por vezes frívolo: "As conversas Lepoivre: sobre a música, a vida, a medicina, banalidades sérias e sentidas. Diríamos que eles fazem questão de serem superficiais por pudor, como se as profundezas fossem obscenidades".[83]

No começo a família Barthes tem também um cachorro, Lux (outra "luz" do Sudoeste!), que contribui para assegurar proteção e serenidade. Ele morre em 15 de abril de 1964, nas férias de Páscoa;

---

81. "La lumière du Sud-Ouest", OC v, p.331 [ed. bras.: "A luz do Sudoeste", *op.cit.*, p.6].
82. Emmanuel Planes: "Les beaux étés de Barthes à Urt", *Sud-Ouest,* 21 de julho de 2011.
83. BNF, NAF 28630, grande fichário, 6 de agosto de 1978.

Barthes, que gostava de brincar com ele ou de tê-lo a seus pés quando lia, se comove e se entristece. Um fragmento inédito do *Roland Barthes por Roland Barthes* desloca essa afeição para o lado de uma reflexão sobre a coragem do animal: ele acaba de exprimir sua repulsa pelo gesto heroico; "e entretanto uma espécie de admiração, por nosso cachorro, quando morreu. Esta morte nua (ela não podia mesmo escolher ser silenciosa, já que um cachorro não fala) me tocou; todos os discursos estoicos de minhas versões latinas voltavam à minha memória a propósito deste cachorro, purificados, enfim, de toda ênfase e por assim dizer de toda linguagem, tornavam-se *críveis*". A experiência animal torna-se filosófica. Ela corresponde bem à felicidade específica do campo (mesmo que o cachorro esteja também com eles em Paris, onde Michel o encontrara), feita de calma, de silêncio, de imutabilidade. Ela é também uma resposta, radicalmente outra, à violência das linguagens. Da mesma forma como o cachorro descansa, é assim que no campo se descansa da opinião e dos discursos.

Esses anos de ancoragem na terra da infância, de duplo sedentarismo nos lugares bastante polarizados (o apartamento de Paris e a casa de campo) são paradoxalmente também aqueles de nomadismo, marcados por numerosos deslocamentos para o exterior. Talvez não seja um paradoxo, aliás: é porque sabemos pertencer a lugares que mudamos sem sofrimento. A partir de 1958, ano em que passa sua primeira temporada nos Estados Unidos, Barthes aceita numerosos convites e faz também viagens por prazer. Podemos distinguir três modalidades de viagem: o deslocamento profissional, para participar de um colóquio, fazer uma turnê de conferências ou responder a um convite preciso de tal ou tal instituição; a viagem por prazer, durante as férias, onde se descobre uma região e onde se visitam amigos, o que ele faz na Espanha, onde encontra Jean-Pierre Richard e sua mulher Lucie, e na Itália, em La Spezia, na costa liguriana onde os Morin têm uma casa; em Nápoles na casa de Charles Singevin; e o turismo sexual, enfim, que ele pratica desde 1963 no Marrocos e que se torna hábito regular em todos os anos 1960.

É interessante dar uma ideia dessa diversidade traçando a cronologia de seus deslocamentos ao longo de vários anos. O ano de 1961 começa com uma longa estada de três semanas na América do Norte, que o leva primeiro a Montreal, onde faz uma conferência sobre o *fait divers*, e trabalha com o cineasta Michel Brault num filme sobre a luta, depois para Quebec. De lá vai para Nova York, depois volta para Montreal para continuar o filme. Em fevereiro vai para Londres para uma conferência. Em julho parte para a Itália com Violette Morin para um congresso sobre informação visual que ocorre em Milão; vai também para Florença e La Spezia, transformando a viagem profissional em viagem de prazer. Em outubro faz uma turnê pela Escandinávia — Hamburgo, Copenhague, Gotemburgo, Oslo, Uppsala, Estocolmo. Em janeiro de 1962 vai de novo à Itália, para a casa dos Morin, mas também participa de um simpósio sobre filme etnográfico. Em março vai a Bruxelas a convite de Michel Vinaver e faz uma apresentação sobre teatro e significação. As férias de verão começam com ele indo em junho para a Itália — Spezia, Nápoles e Sicília — antes de se deter em Urt. Em outubro volta para Hamburgo para uma conferência. Em janeiro de 1963 vai a Zurique para a reunião da *Revue Internationale*; vai à Itália em fevereiro para conferências em Roma, Palermo e Milão. Em abril faz conferências no Instituto de Madri, vai a Barcelona e Madri e, enfim, parte para Lisboa e Coimbra, onde faz uma intervenção sobre literatura e significação. Em junho volta a Madri e Lisboa para férias. Encontra José, que conheceu na viagem anterior, com quem viaja a Sintra e Estoril. Passa em seguida três semanas em Urt, depois vai com Michel Foucault e Robert Mauzi para Marrakech (onde se hospedam no famoso hotel Mamounia) e Tanger. Encontra-se em Hamburgo por razões profissionais em outubro, e na Itália por razões pessoais em dezembro. Em 1964 vai para Holanda com sua mãe e seu irmão, depois para Frankfurt. Volta para a casa de Ian Boon em Amsterdã em maio, depois vai para um colóquio sobre Lucien Goldmann em Bruxelas. Vai para a Argélia no fim do mesmo mês, depois fica quase todo o tempo no Marrocos, em Tanger, em Casablanca e em Marrakech, onde se encontra com Robert Mauzi. Vai para a Itália em agosto (férias) e em setembro (para cursos). No começo de 1965 faz uma turnê de conferências na Itália; na Páscoa vai a Basileia e Munique para uma viagem de lazer. Em 21 de maio, um colóquio de sociologia em Colônia. Em junho parte de férias para Florença. Em 27 de agosto voa para Varsóvia com Jakobson para um colóquio de semiologia. Em novembro volta de Marrakech, mas também dá um seminário em Rabat; em dezembro está de novo na Itália, em Bolonha e em Florença. Em 1966 viaja ao Japão pela primeira vez, de 2 de maio a 2 de junho, depois de dois deslocamentos para os Países-Baixos e a Itália, e antes de uma estada no Marrocos em agosto e um colóquio, que se tornou famoso, em Baltimore, em outubro. Em 1967 volta ao Japão e a o Marrocos antes de passar três meses nos Estados Unidos, convidado pela Universidade Johns Hopkins, onde sua mãe e seu irmão o visitam em novembro. Termina o ano de 1967 no Japão, vindo dos Estados Unidos.

Por mais fastidioso que possa parecer, esse inventário indica que Barthes faz, em média, pelo menos cinco viagens por ano para o exterior, quase sempre para atender a convites, ainda que as determinações do deslocamento possam mudar no decorrer do percurso. Assim, a viagem para o Japão se revela muito rica do ponto de vista de encontros amistosos e mesmo carnais, ao passo que de início estava prevista como uma série de intervenções científicas e acadêmicas. Inversamente, Barthes pode ser convidado para fazer conferências em Rabat, quando seus deslocamentos para o Marrocos são ligados sobretudo ao desejo de encontrar rapazes. Sua arte de viajar reúne vários traços característicos. Nota-se, primeiro, sua grande facilidade em se deslocar, para fazer longos trajetos de carro ou de avião. Ele chega a fazer uma pequena viagem de dois dias para Paris a partir de Urt de avião. Vai às vezes para Tanger de carro, por Madri e depois Málaga, onde toma o navio. Na primeira vez que vai ao Japão, em 1966, ele para em Atenas, depois passa três dias em Bangkok, antes de ganhar Hong Kong e então Tóquio. Quando passa um mês na cidade no ano seguinte, seu avião segue a rota do polo e a viagem lhe toma apenas um dia. Faz às vezes dois ou três deslocamentos no mesmo mês. Essa mobilidade típica do *homo academicus* contemporâneo estende sua influência para o estrangeiro, o que tem como resultado que os convites se multiplicam. Ele chega a sentir certo cansaço, mas, no conjunto, a facilidade com que vai e vem está ligada à grande liberdade que sente no estrangeiro. Ele se deixa tocar por aquilo que vê, tem a impressão de que tudo é possível. A intensa liberdade de viagem é dada antes pelos hotéis, esses lugares impessoais onde a vida está como que suspensa, irresponsável, aberta. Ninguém fica muito mal consigo mesmo. É como uma espécie de parêntesis temporal no qual se experimentam a diferença e o descontínuo. A liberdade pode ser ainda aumentada pela língua estrangeira, cuja incompreensão é mais um dom do que um incômodo. Como Elias Canetti que, em *As vozes de Marrakech*, se diz fascinado pelas imagens e pelos sons cujo sentido lhe escapa inicialmente, sonhando "com um homem que teria desaprendido as línguas da terra até que ele não possa mais compreender, em nenhum país, o que aí se diz".[84] Em *O império dos signos*, Barthes reflete sobre a poderosa atração que exercem sobre ele os idiomas desconhecidos: "O sonho: conhecer uma língua estrangeira (estranha) e, contudo, não a compreender: perceber nela a diferença, sem que essa diferença seja jamais recuperada pela sociabilidade superficial da linguagem, comunicação ou vulgaridade".[85] A experiência une-se àquela experimentada no momento da morte de Lux, convidando a pensar os próprios limites da língua: a língua paterna, sua ênfase, suas leis são revogadas sob o efeito do intraduzível, o real se desloca e pode-se ter acesso a uma outra imaginação do signo. É por isso que o amor costuma estar associado à língua estrangeira: se ele gosta de amar, no estrangeiro, estrangeiros, não é só pela liberdade que lhe dá estar longe de sua casa, mas também porque fora ele se liberta do peso dos preconceitos, dos estereótipos, de seu próprio corpo, graças ao distanciamento e às descobertas que ele ocasiona. A reflexão sobre o "rumor da língua" tem sua origem nessa experiência: ele a formula a partir de uma cena do filme de Antonioni sobre a China, na qual, numa rua de um vilarejo, crianças leem em voz alta, todas juntas, livros diferentes: o que se ouve, então, é a tensão, a aplicação, o fôlego, os ritmos numa percepção quase alucinatória em que a cena sonora é "impregnada de gozo".[86]

As viagens o atraem — um traço que se nota desde a primeira ida à Grécia na adolescência — menos pelas riquezas culturais do lugar, suas curiosidades turísticas, do que pelo modo como as pessoas vivem, os objetos do cotidiano, os movimentos dos corpos no espaço, os bairros populares e periféricos. Seu olhar etnográfico se interessa pelas pequenas diferenças mais do que pelos brilhos da grandeza passada ou os caracteres notáveis da sociedade presente. É o que surpreende também seus companheiros de viagem à China. Ele fica no ônibus quando os levam para a via sagrada do mausoléu dos Ming, mas se interessa pelos penteados, as roupas, os cuidados com as crianças. Ele tem a ideia de mandar fazer um paletó Mao, por exemplo. Barthes raramente viaja sozinho. Os colóquios são

---

84. Elias Canetti, *Les Voix de Marrakech* (Paris: Biblio Poche, 1978), p.27 [ed. bras.: *As vozes de Marrakech*, trad. de Samuel Titan Jr. (São Paulo: Cosac Naify, 2007)].
85. *L'Empire des signes*, OC III, p.352 [ed. bras.: *O império dos signos, op.cit.*, p.11].
86. "Le bruissement de la langue", in *Mélanges Mikel Dufrenne*, UGE, 1975 (OC IV, p.802) [ed. bras.: *O rumor da língua*, p.97].

lugar de uma grande sociabilidade colegial que o aborrece. Quando é convidado a fazer conferências, fica sob a responsabilidade do Ministério das Relações Exteriores, suas embaixadas ou institutos, sempre convidado para coquetéis, jantares. Ocorre-lhe ainda viajar em família — vai para Amsterdã e para Nova York com a mãe e o irmão — e a manutenção, na idade madura, dessa prática das viagens é muito característica desse núcleo irredutível que os mantém todos juntos. Para ele, é importante escapar, encontrar espaços para si, suscetíveis de fazê-lo experimentar a liberdade que busca na viagem e que a viagem lhe dá. Ele os encontra nos lugares anônimos onde sua imaginação e seu desejo são mais facilmente solicitados.

Barthes vai, não obstante, conhecer também uma espécie de fim das viagens. Ao cabo das décadas de 60 e 70, dois acontecimentos vão diminuir seu ritmo. O primeiro, no final dos anos 1960, é a retomada das estadas longas no estrangeiro, sobretudo Marrocos, onde passou um ano e meio entre 1969 e 1971, lecionando na universidade de Rabat. O segundo é a morte de sua mãe. Em 1978, depois de ter adiado várias vezes uma estada em Túnis, onde devia visitar Philippe Rebeyrol, nomeado embaixador na Tunísia, Barthes lhe escreve que somente a amizade poderia ainda justificar um deslocamento que, finalmente, ele não fará: "Eu queria ir te ver, pois, agora, o que é bem enigmático, depois da morte de Mamãe, tenho uma grande resistência à viagem 'em si'".[87] Essa observação e outras similares confirmam a ligação, em Barthes, entre mobilidade e estrutura. É porque ele está ancorado na casa, estruturado pelo amor maternal, que o mundo lhe pertence e nele passeia sem dificuldade. Quando sua mãe desaparece, tudo se torna invivível, o apartamento da rua Servandoni, a casa de Urt, o mundo inteiro. Essa perda o desmobiliza, literalmente. O penúltimo fragmento do autorretrato traz uma conversa telefônica na qual, de retorno de férias, uma pessoa lhe conta seus deslocamentos sem interrogá-lo sobre os seus: "Não vejo nisso nenhuma indiferença; é mais a demonstração de uma defesa: *ali, onde eu não estava, o mundo permaneceu imóvel*: grande segurança".[88] Durante quase toda a sua vida, essa segurança foi a sua.

---

[87]. Carta a Philippe Rebeyrol, 25 de março de 1979. Fundo Philippe Rebeyrol, IMEC.
[88]. *Roland Barthes par Roland Barthes*, OC IV, p.752 [ed. bras.: *Roland Barthes por Roland Barthes*, p.197].

capítulo 11

LITERATURA

A célebre distinção que Barthes opera em 1960 na revista *Arguments* entre "escritores e escreventes" fornece o quadro de uma reflexão que leva a duas direções principais: uma linguagem pública que veicula um pensamento sobre o mundo, o da universidade, da política e da pesquisa, e uma linguagem tautológica absorvendo "o porquê do mundo num como escrever", o da literatura. Mas é a figura híbrida resultante da mistura dos dois que define a posição reivindicada por Barthes: "Cada um, hoje, se move mais ou menos abertamente entre duas postulações, a de escritor e a de escrevente; a história, sem dúvida, o quer assim, pois ela nos fez nascer tarde demais para sermos escritores soberbos (de boa consciência) e cedo demais (?) para sermos escreventes escutados".[1] Essa definição do intelectual que se sente na virada dos anos 1960, que o leva a se mostrar consciente de seu lugar na história, indica também que, mesmo se centrando massivamente numa pesquisa de tipo acadêmico, Barthes não abandona nunca a literatura, como *corpus*, como produção e como projeto: ela permanece no horizonte do trabalho sociológico e semiológico. Sua trajetória, se vai da ciência para a literatura, dedica-se sobretudo a pensar a linguagem em todas as suas formas.

A busca voluntarista e produtiva de métodos característica dos anos 1958-1966 pode ser pensada como o exercício da explicação, e, em particular, da explicação de texto cuja fórmula sobre diferentes tipos de linguagem Barthes experimenta: a publicidade, o jornal de

---

[1]. "Écrivains et écrivants", *Arguments*, n. 20, 1960; recolhido em *Essais critiques*, OC II, p.409 [ed. bras.: "Escritores e escreventes", in *Crítica e verdade, op.cit.*, pp.37-38].

moda, o cinema, a literatura. Para tanto é preciso transformar a explicação clássica e renová-la. O artigo "Œuvres de masse et explication de texte", que ele publica no número 2 de *Communications* em março de 1963, indica o interesse do método como crítica da linguagem, mas apresenta seu necessário arranjo para pensar certo número de objetos contemporâneos (o cinema comercial, a canção de sucesso, a fotonovela) que, se lhes aplicamos as regras habituais da explicação, corremos o risco de fracassar: "Será conveniente sobretudo revisar noções críticas como a da originalidade. Será preciso também aceitar a noção de 'pertinência' estética, isto é, de lógica formal, interior numa grande estrutura coletiva, ainda que seja muito comercial".[2] A crítica do exercício permite não só analisar linguagens dos objetos de grande consumo (nas pesquisas que ele faz, por exemplo, para a Publicis), mas também ler a literatura de maneira nova. Esses anos são, portanto, aqueles em que Barthes forma seu pensamento sobre o texto, de que são testemunha *Essais critiques* e *Sobre Racine*, nos quais ele expõe as linhas gerais dos grandes textos sobre a leitura como modelo de liberdade e de criatividade, que são *s/z* e *O prazer do texto* no começo dos anos 1970.

ENCONTROS

Uma atenção cronológica cuidadosa a todos os escritos de Barthes permite ver que é apressado classificar sua produção por períodos

---

[2]. "Œuvres de masse et explication de texte", *Communications*, n. 2, março de 1963 (OC II, p.201).

nitidamente distintos. Durante os anos 1960, nos quais, como vimos no capítulo precedente, ele está muito ocupado em decifrar o cotidiano, da alimentação aos veículos, passando por vilarejos de férias ou a rivalidade entre Chanel e Courrèges, ele continua lendo e estudando literatura, escrevendo críticas de livros nos jornais, buscando um método novo de leitura aprofundada dos textos que possa se inscrever no estruturalismo acadêmico.

Amizades e encontros favorecem esse movimento. Barthes conhece em Londres, por intermédio de Charles Singevin, Jean-Pierre Richard, que publicara *Littérature et sensation* em 1954; na esteira dos críticos da escola de Genebra, Georges Poulet, Jean Starobinski e Albert Béguin, que conhece no começo dos anos 1950, ele pratica uma crítica temática, influenciada por Bachelard, e atenta às matérias e às sensações das quais se sente muito próximo, desde seu livro sobre Michelet. No começo da década de 60, Richard prepara seu grande texto sobre Mallarmé e é possível que eles tenham conversado sobre *La Dernière Mode*, revista que o poeta tinha criado sobre o fútil, os nadas, o vazio, o bibelô, e à qual Barthes se refere em *Sistema da moda*, dizendo que teria sonhado refazê-la. A referência a Mallarmé é a que permite a Barthes extrair um terceiro nível, depois da função e da gratuidade, que é aquele no qual a moda se torna abstrata e poética: essa ideia é importante, pois permite perceber como "os homens fazem sentido com nada" e revela uma paixão histórica pela significação.[3] É por meio de Richard que Barthes encontra Genette em 1956, o qual se torna um interlocutor muito importante e um amigo durante os anos 1960, tanto em torno de *Tel Quel* (na qual Genette publica sete artigos bem notáveis, dentre os quais "Bonheur de Mallarmé", "Proust palimpseste" e "Vertige fixé", sobre Robbe-Grillet) quanto na Escola Prática, em que Barthes contribui para sua nomeação em 1967. Genette, como Barthes, está convencido de que a crítica também pode ser literatura, e encontramos neles um pensamento partilhado sobre a indissociabilidade dos dois discursos. Num questionário de *Tel Quel* de 1963, de sua iniciativa, e para o qual convida Barthes a participar, Genette prediz a vinda de uma era em que a crítica se tornará, de fato, literária: "A literatura se interessa ainda mais pela crítica do que a crítica se interessa pela literatura,

---

[3]. Ver "Entretien autour d'un poème scientifique", *Sept jours*, 8 de julho de 1967 (OC II, p.1321).

e poderíamos, sem risco de errar, anunciar o momento em que a crítica não terá mais a literatura como objeto, porque a literatura terá tomado como objeto a crítica".[4] No mesmo número, Barthes, que não vai tão longe, diz porém que "a linguagem se tornou ao mesmo tempo um problema e um modelo, e aproxima-se talvez o momento em que esses dois 'papéis' poderão comunicar-se".[5] A afinidade de visões é real. Outro encontro importante é com Marthe Robert: ele lê seu livro sobre Kafka no começo de 1960 e publica uma resenha em *France Observateur*;[6] ela logo se torna uma amiga querida. Com seu marido, o psicanalista Michel de M'Uzan (que desempenha um papel importante na "escalada" dos conceitos psicanalíticos no discurso de Barthes), eles se veem regularmente, se visitam nas férias, em Hendaye, depois Urt, Antibes. Não é uma amizade tão estreita quanto com Violette Morin, mas a correspondência deles testemunha uma confiança e uma afeição vivas, assim como discussões inesgotáveis sobre literatura. Barthes deve a Marthe Robert, em especial, uma leitura precisa da obra de Kafka, em particular dos *Diários*, que influencia sua própria prática do diário.

Na Escola Prática de Estudos Avançados ele encontra Lucien Goldmann, que exerce também um grande papel na evolução de seu pensamento sobre a literatura: ele intervém em seu seminário em dezembro de 1960 com uma conferência sobre La Rochefoucauld, e seu livro sobre Pascal e Racine, *Le Dieu caché*, publicado em 1955, é determinante para a escritura de *Sobre Racine*. Lucien Goldmann está naquele momento no cerne do que Barthes chama de "crítica de interpretação", em oposição à crítica acadêmica positivista, cuja influência é maior. As pessoas acorrem a seu seminário, e seu marxismo não mecanicista, que deve muito à *História e consciência de classe*, de Lukács, faz dele um mestre de pensamento para toda uma geração que quer tê-lo como orientador de tese: Todorov, Kristeva, Jacques Leenhardt e muitos outros. Sobre sua crítica, Barthes diz que "é uma das mais flexíveis e das mais engenhosas que se possa imaginar

---

4. Gérard Genette, "Enquête sur la critique", *Tel Quel*, n.14, 1963, p.70.
5. "Littérature et signification", *Tel Quel*, n. 14, 1963, recolhido em *Essais critiques*, OC II, p.523 [ed. bras.: "Literatura e significação", in *Crítica e verdade, op.cit.*, p.182].
6. "La réponse de Kafka", *France Observateur*, 1960, recolhido em *Essais critiques*, OC II, pp.395-99.

a partir da história social e política".⁷ Em maio de 1964, ele participa do colóquio organizado em Bruxelas a respeito do trabalho de Goldmann com uma intervenção sobre a retórica. Suas trajetórias divergem a partir de 1968, mas por um bom tempo ambos partilharam um mesmo marxismo teórico e podiam, para alguns estudantes (é o caso de Julia Kristeva), figurar juntos como mestres.

Esses anos de grande produtividade intelectual são assim muito ricos no plano das relações de amizade e sociais, sobretudo no campo literário. Podem-se distinguir vários círculos de sociabilidade que não se misturam forçosamente e que favorecem práticas variadas. Muitos dos primeiros círculos são definidos pelo meio editorial e pelos conselhos de revista aos quais Barthes pertence ou dos quais é próximo. Um encontro decisivo, na Seuil, depois daquele com Jean Cayrol, deu-se com François Wahl, então responsável, desde sua entrada na editora, em 1957, por literatura (em particular italiana), antes de coordenar o setor de ciências humanas, a partir de meados da década de 60. Dez anos mais jovem que Barthes, seu itinerário é bem diferente. Adolescente durante a guerra, chegou a escapar das perseguições nazistas (embora seu pai tenha morrido em Auschwitz em 1943) e se engajou na resistência. Depois da guerra, estuda filosofia e se interessa pela psicanálise; entre 1954 e 1960 é analisado por Lacan, de quem se torna amigo. Barthes e Wahl ficam íntimos, amizade que durará a vida toda. Suas personalidades reflexivas e audaciosas se afinam. Wahl vive abertamente sua homossexualidade, casado com o escritor cubano Severo Sarduy, exilado na França desde 1961; isso também favorece a confidência, a partilha da vida privada.

Ao redor da revista *Arguments*, os amigos são os Morin, Kostas Axelos, mas também Franco Fortini, amigo de Edgar Morin, que fundou a revista *Ragionamenti*,⁸ ou ainda Jean Duvignaud. Em torno de *Critique*, Barthes encontra Michel Deguy; Jean Piel, à casa de quem janta com regularidade;, Klossowski, Paule Thévenin, Claude

---

7. "Qu'est-ce que la critique?", *Times Literary Supplement*, 1963; recolhido em *Essais critiques*, OC II, p.502 [ed. bras.: "O que é a crítica", in *Crítica e verdade, op.cit.*, p.158].
8. A relação com Fortini não sobrevive à Guerra da Argélia: depois da repressão de 17 de outubro de 1961, Fortini censura Barthes por não agir enquanto intelectual. Barthes lhe responde com humor e o intercâmbio entre eles se esgota. Ver Roland Barthes e Franco Fortini, "Lettre scelte 1956-1961", in *L'ospite ingrato*, 1999, pp.243-66. Mas Fortini lhe prestará homenagem na Itália depois de sua morte, fazendo um paralelo entre ele e Pasolini.

Simon e Jacques Derrida. Com o projeto da *Revue Internationale*, ele fica em contato estreito com Blanchot, Mascolo e Duras. Em torno de *Tel Quel*, enfim, ele se liga a Jean Thibaudeau e Jean-Pierre Faye, mas sobretudo a Philippe Sollers, de quem logo se torna muito próximo. Há também o círculo dos estudantes: Georges Perec segue seu curso em 1964; Abdelkebir Khatibi no mesmo ano; e ele fica amigo de Todorov, depois de Julia Kristeva, no momento em que eles frequentam o seminário. Um segundo estrato é formado por amigos de adolescência ou de sanatório, que ele vê sempre, e cujas famílias conhece: Robert David, Philippe Rebeyrol e Jean Girodon; a relação com eles é sólida e constante até o fim. Há também os amigos fora da França, expatriados provisórios como Jean-Pierre Richard em Londres, depois em Nápoles; Maurice Pinguet em Tóquio; Georges Raillard em Barcelona; Josette Pacaly ou Jean-Claude Bonnet em Rabat; ou amigos estrangeiros, numerosos, no Marrocos e na Itália.

No que se refere a práticas sociais e de amizade, Barthes segue o caráter muito ritualizado de seu emprego do tempo. Há os amigos que vê a sós ou num pequeno grupo, para um drinque ou para jantar: François Wahl e Severo Sarduy; Philippe Sollers e, a partir de 1966, Julia Kristeva; Gérard Genette e sua mulher Raymonde Debray-Genette. Há aqueles que o recebem para jantar, com quem desfruta uma sociabilidade mais mundana: Paule Thévenin, em cuja casa encontra muitas pessoas (em particular Jean Genet e Jacques Derrida); os Dumayet; Klossowski e sua mulher Denise Morin, com quem Barthes toca piano a quatro mãos. Lá ele também encontra Michel Butor e às vezes seu amigo Georges Perros,[9] que também toca piano com Denise. Se ele diz às vezes se aborrecer nessas reuniões, nelas mergulha num estimulante meio de criação e anticonformismo. Há aqueles com os quais ele parte para colóquios, como Todorov, Derrida e Deguy, e aqueles com os quais passa as férias familiares: Butor, Marthe Robert, Violette Morin, na casa de quem ele também encontra Pierre Naville (com quem ela volta a se casar em 1970), e Raymond Queneau. Há enfim aqueles com os quais ele passa noites inteiras, inclusive, depois do

---

9. Barthes conheceu Georges Perros em 1952. Este tinha renunciado havia pouco à carreira como societário da Comédie-Française e dividia o tempo entre leituras para o TNP de Vilar e crônicas para a *Nouvelle* NRF. Quando se instala em Douarnenez, em 1959, a relação deles prossegue por cartas e eles tentam se ver em cada uma das estadas parisienses de Perros.

jantar, nas boates gays em Saint-Germain ou Montmartre; assim, com Foucault, Mauzi e Louis Lepage, mas também com François Braunschweig e Bruno Vercier, ele por vezes frequenta o Fiacre, o Apollinaire, o Speakeasy; depois, mais tarde, o Pimm's e o Sept, abertos por Fabrice Emaer, em 1964 e 1968. Às vezes vai sozinho.

O grande encontro daqueles anos é sem dúvida François Braunschweig, ao qual dedica os *Essais critiques* em 1964. Enquanto Barthes costuma se devastar por amores não correspondidos, por homens heterossexuais ou que não o amam, com Braunschweig ele vai ter uma relação amorosa e fraterna sólida até sua morte. Se vive sua sexualidade de modo um pouco sub-reptício em lugares reservados, com ele mantém uma relação socializada. Conhece-o em novembro de 1963 no círculo do grupo *Tel Quel*. Trinta anos mais novo, François Braunschweig (nascido em 1946), estudante de direito, procurou se introduzir no meio literário, pois tinha começado a escrever. Em dezembro partem para a Itália, primeiro Veneza, depois Nápoles, Capri, Pompeia e Roma, onde passam o réveillon. Durante o ano de 1964, eles se veem quase todas as noites, passam férias juntos e Barthes chega até mesmo a trabalhar à tarde em sua companhia. Vão ambos à famosa "conferência improvisada" de Francis Ponge, organizada por *Tel Quel*, em 13 de março de 1964, nas dependências do antigo Collège de Sociologie de Georges Bataille. São recebidos na casa dos amigos comuns Paule Thénevin, os Genette, os Klossowski. Costumam se ver a quatro com Wahl e Sarduy. Mesmo que decidam se ver um pouco menos no fim do ano de 1964, ainda ficam juntos durante o ano de 1965. Vão para a Alemanha em abril e para a Itália em julho. Em 8 de novembro de 1965 Barthes registra na agenda: "Na casa de F, 2º aniversário de encontro". Em 1966, a relação passa a ser mais fraterna do que amorosa: ocorre-lhes ainda com frequência sair ou jantar e, durante o verão, François vai alguns dias para Urt com seus pais. Pode-se imaginar que Henriette Barthes não se deixava enganar pela afeição do filho por esse jovem, mesmo que Barthes, fiel a seu voto de silêncio em relação é mãe, mantivesse com ela a maior discrição. Não dizer nada, da parte de um e de outro, era a maneira deles de exprimir amor e respeito. Mas, para o resto, Barthes não dissimula. Muitos de seus amigos estão a par e a dedicatória de *Essais critiques* é um gesto forte de reconhecimento público.

No mesmo ano de 1964, Barthes escreve um artigo sobre os textos que François o faz ler, quando ainda não foram publicados (e que não o serão jamais). Revelado pela primeira vez em *O rumor da língua*, em 1984, o ensaio sóbria e misteriosamente intitulado "F.B." é acompanhado de uma discreta advertência da parte de François Wahl: "Inédito, este texto foi escrito à margem de fragmentos de um jovem escritor que parece não ter prosseguido neste caminho, o da literatura, e nada publicou". A dissimulação, da parte de alguém que sabe quem é François Braunschweig, manifesta um cuidado que hoje talvez não seja mais aceito, tanto mais que Barthes na verdade não escondeu essa história. Mas Wahl acrescenta, com todo conhecimento de causa: "Texto, pois, escrito à margem e com a intenção para aquele que testemunhou a *démarche*. Deve haver aí um tom e uma habilidade claramente lúdicos. O que não o impede — bem ao contrário — de constituir um sistema de proposições agudas sobre um novo tipo de romanesco — não se diz: de romance — no qual não se pode deixar de reconhecer *in nucleo*, desde 1964, certos traços da prática final — as últimas e as mais novas realizações — de Barthes escritor".[10] E é verdade que Barthes fala muito de si nesse texto que escreve no calor da relação amorosa, sem temer os efeitos de espelho, até mesmo os procurando. Ele insiste na realização da escritura fragmentária em textos que não são nem esquemas, nem anotações, nem entradas de diário, mas "brilhos de linguagem". Ele lhe dá um nome que já tinha reservado para sua própria prática de escritura: os "incidentes", "coisas que *caem*, sem choque e entretanto com um movimento que não é infinito: contínuo descontínuo do floco de neve"; pois "neles reina o tempo fundamental das literaturas livres, a última conquista da linguagem (se acreditarmos em sua pré-história): o *indicativo*".[11] Certas observações a respeito da rapidez, do romanesco do fragmento, prefiguram o último curso no Collège de France sobre o haicai. Sobretudo, é um texto que fala do desejo: não só do "desejo dos meninos" que não está nunca nos textos, escreve Barthes, culturalizado, mas do desejo escoltado pela escritura: "Nos textos de F.B., não há nunca nenhum objeto *in-desejável*. O autor cria assim uma vasta metonímia do desejo: escritura *contagiosa* que derrama em seu leitor o

---

10. "F.B.", "Note de l'éditeur" (François Wahl), OC II, p.601.
11. *Ibidem*, pp.602-03. Uma definição muito comparável do "incidente" é retomada no prefácio a *Aziyadé* (in *Novos ensaios críticos*) e em *O império dos signos*.

desejo com o qual ela formou as coisas".[12] É um propósito bonito de ler, com tudo que traz da emoção do encontro, do prazer de escrever sobre o outro e para o outro, da cumplicidade propiciada por se ler através do outro. Até a morte de Barthes, François Braunschweig e ele continuarão se vendo, jantando sozinhos ou em companhia de Hugues Autexier, o companheiro de François com quem este abre uma galeria de fotografia e de livros de arte, a galeria Texbraun, na rua Mazarine, depois de ter ocupado uma pequena loja no mercado das Pulgas de Clignancourt, rapidamente conhecida dos interessados por fotografia, dadas suas escolhas certeiras.[13] Pode-se supor que parte dos conhecimentos de Barthes sobre a história da fotografia tenha vindo desse contato.

CRÍTICA LITERÁRIA

Durante os anos 1960, Barthes não se contenta em frequentar amistosamente o meio literário. Ele prossegue seu trabalho de análise e de descoberta da literatura, nas suas três temporalidades representadas pelo estudo dos clássicos (o passado), da literatura contemporânea (o presente), da vanguarda (o futuro). Desenvolve em paralelo uma pesquisa no plano dos métodos de leitura e de explicação que lhe concede um papel marcante na constituição de um estruturalismo literário ou do que às vezes é chamado semiologia literária.

O primeiro campo de intervenção é o contemporâneo, que ele continua a resenhar nas revistas. Escreve sobre algumas obras importantes de crítica literária ou de ensaios que podem formar uma nova concepção da literatura, como o *Kafka*, de Marthe Robert, a *História da loucura*, de Foucault, a biografia de Proust escrita por Painter, o primeiro volume de *Problemas de linguística geral*, de Benveniste... Permanece fiel aos autores dos quais foi próximo na década anterior: Queneau, ao qual consagra um artigo notável em *Critique* quando da publicação de *Zazie no metrô*, em 1959, para fazer dele um monumento de antiliteratura, uma destruição sistemática do mito da literatura; Cayrol, para cuja reedição de *Corps étrangers*, em 1964, na coleção

---

12. *Ibidem*, p.608.
13. Ver para a história desta galeria e certas informações biográficas: Harry Lunn, "François Braunschweig & Hugues Autexier (Photography's Lost Generation)", *American Photo*, vol. 4, n. 2, março-abril de 1993, p.71. François Braunschweig morre de AIDS em 1986 e Hugues Autexier suicida-se seis semanas depois.

de bolso, ele escreve o posfácio; e Bataille, cuja *História do olho* ele resenha em 1963. Um ponto comum dessas leituras consiste numa atenção constante aos efeitos de superfície, às vozes que afloram, como ele escreve a propósito de Cayrol: "Como a carícia, a palavra fica aqui na superfície das coisas, a superfície é seu domínio".[14] Mesmo que distinga a arte de esgotar as superfícies de Robbe-Grillet e a coerção para ficar ao rés do chão em Cayrol, a Barthes importa reconduzir essa obra aos debates teóricos da vanguarda. Ele faz o mesmo com Bataille. Tudo, ele escreve a propósito de *História do olho*, é apresentado superficialmente e sem hierarquia. Tal exibição do mundo sem reverso nem profundidade convida à explicação mais do que à interpretação, à explicação como desdobramento progressivo da superfície, do tecido textual.

Para compreender a relação de Barthes com a literatura contemporânea, parece importante retomar sua relação com Maurice Blanchot. Os vínculos eram reais, ativos e políticos, como vimos. Eles também permitem uma compreensão e uma definição do espaço literário e da escritura, e isso desde o começo, já que é no sanatório que Barthes lê os primeiros artigos de Blanchot em *Les Temps modernes* e *Critique*; é bem possível que tenha lido antes, a partir de 1942, a crônica literária que ele assinava em *Journal des débats*. Na definição de ensaio que Blanchot apresenta, por exemplo, a propósito de Jean Grenier, Barthes pode se encontrar ou se imaginar: "Experiência no decorrer da qual o escritor, às vezes indiretamente, não somente se engaja, mas se contesta, coloca-se como problema, conduz suas ideias até o ponto em que é rejeitado por elas, tira de suas experiências pessoais um sentido que é acolhido por todos, em resumo, faz de si mesmo o herói de uma aventura cuja significação o ultrapassa".[15] Blanchot estimula de imediato a reflexão sobre os limites e as impossibilidades da escritura. Saindo do sanatório, onde Barthes se confrontou de inúmeras maneiras com a morte, pensar a literatura como desaparecimento e experiência do silêncio se coaduna com uma experiência pessoal que se reconhece na inquietude e no nada. Assim *O grau zero da escrita*, pelo menos tanto quanto com Sartre, dialoga

---

14. "La rature", posfácio de *Corps étrangers*, OC II, p.593.
15. Maurice Blanchot, "Inspirations méditerranéennes", *Journal des débats,* 30 de setembro de 1941, p.3. Citado por Marielle Macéin, *Le Temps de l'essai* (Paris: Belin, 2006), p.212.

explicitamente com Blanchot, que por sua vez faz de Barthes um interlocutor importante em *O livro por vir*.[16] Em Barthes, o nome de Blanchot aparece numa lista de escritores, de Flaubert a Camus, que questionam a literatura, escrevendo-a, e o texto "A escritura e o silêncio" retoma a figura de Orfeu como a impossibilidade da literatura, que só pode se escrever se destruindo: "É Orfeu que só pode salvar o que ama renunciando a ele, mas que assim mesmo olha um pouco para trás; é a Literatura levada às portas da Terra Prometida, ou seja, às portas de um mundo sem Literatura, mas do qual caberia aos escritores dar testemunho".[17] Voltar-se para a língua é ao mesmo tempo um dever (Moisés) e uma transgressão (Orfeu): o ato implica uma vigilância e uma destruição. Barthes reconhece essa impossibilidade da literatura da qual são subtraídos o poder de questionamento e o risco desde que ela existe socialmente como literatura, mas também percebe o perigo de ficar fechado nessa impossibilidade. Ao retiro incandescente de Blanchot, ele vai objetar sem descanso com um "assim mesmo", um "apesar de tudo"; inscrever o possível no impossível, o que talvez também seja o lado gideano que venha à tona. Mesmo reconhecendo em Blanchot um discurso importante e inalienável sobre a literatura, ele procura por todos os meios se afastar de seu niilismo. Escolher a defesa de Robbe-Grillet pode ser lido como uma maneira de imaginar a possibilidade de um Orfeu feliz, de um Orfeu que não olha para atrás; é também o que fascinará Barthes em Sollers.

O primeiro modo de afastar Blanchot é isolá-lo em listas em que seu nome sublinha a radicalidade de sua obra, mas que também o distancia em seu caráter inadequado. Por exemplo, em "Il n'y a pas d'école Robbe-Grillet", Barthes opõe a negatividade absoluta de Blanchot e de Mallarmé, obras "que foram ou que são deliberadamente o resíduo do impossível", a uma negação que em Robbe-Grillet fica no plano das técnicas. Em *Crítica e verdade*, ele retoma a associação Blanchot/Mallarmé para evocar as obras que falam das condições de sua ausência, a que ele opõe o romance proustiano, que enuncia as condições de seu nascimento. Em 1983, em resposta ao questionário

---

16. Maurice Blanchot, *Le livre à venir* (Paris: Gallimard, 1959), pp.279-82. Col. Folio [ed. bras.: *O livro por vir*, trad. de Leyla Perrone-Moisés (São Paulo: Martins Fontes, 2005), pp.301-03].
17. *Le Degré zéro de l'écriture*, OC I, p.217 [ed. bras.: *O grau zero da escrita*, *op.cit.*, p.91].

de *Tel Quel* sobre a crítica, ele explicita sua resistência ao projeto — apesar de toda sua admiração por ele: "'Aniquilar' o sentido", ele diz a propósito de Blanchot, "é um projeto desesperado, na proporção de sua impossibilidade. Por quê? Porque o 'fora de sentido' é infalivelmente absorvido (num dado momento em que a obra só tem o poder de retardar) no 'não sentido', que, este, é decididamente um sentido (sob o nome de *absurdo*)".[18] Assim, o poder inquietante de Blanchot, sua singularidade, é ficar sempre antes do sentido, lá onde ele é o primeiro a falar. É seu notável isolamento que faz com que apenas categorias únicas lhe sejam atribuídas. Na grande entrevista com Raymond Bellour logo depois da publicação de *Sistema da moda*, Barthes pode dizer: "Blanchot está no inigualável, no inimitável e inaplicável. Ele está na escritura, ele está nesta transgressão da ciência que constitui a literatura".[19] Ele é, aliás, sistematicamente inserido nas linhagens de escritores e não de pensadores ou críticos. Ele não pode constituir uma reserva de frases ou de instrumentos. Apesar do engajamento público de Blanchot nos anos 1960, Barthes nunca o considera um intelectual, mas um escritor, um escritor superior, um escritor magistral. Aliás, fora do âmbito do curso sobre "O neutro", no qual ele o menciona extensamente, Barthes não se refere quase nunca literalmente a ele, salvo sua análise de Ulisses e as sereias em *O livro por vir*, citada duas vezes em "Escuta", artigo de 1977 em colaboração com Roland Havas, e em *A câmara clara*.[20] Por alguns anos ele parece esquecê-lo, como testemunha a estranha declaração em entrevista televisiva a Jean Thibaudeau, em que diz que nunca tinha lido Blanchot no momento do *Grau zero*, ao passo que o livro traz duas menções a ele.[21] Éric Marty, num artigo importante sobre as diferentes etapas da relação entre os dois, lança a hipótese que, de 1968 a 1977, Blanchot deixa de ser um contemporâneo de Barthes: ele o situa no imemorável, entre os grandes mortos. "Reduzindo a nada o elo vivo com Blanchot, Barthes lhe atribui um lugar, um lugar sem dúvida terrível mas

---

18. "Littérature et signification", *Tel Quel*, n. 16, 1964; recolhido em *Essais critiques*, OC II, p.518 [ed. bras.: "Literatura e significação", in *Crítica e verdade, op.cit.*, p.177].
19. "Sur le *Système de la mode* et l'analyse strucuturale des récits", entrevista com Raymond Bellour, in *Les Lettres françaises*, março de 1967 (OC II, p.1302).
20. OC V, pp.349 e 873 [ed. bras.: *O grau zero da escrita, op.cit.*, pp.50 e 72; *A câmara clara*, p.157].
21. OC III, p.1028.

talvez o único que só existe entre Proust e Kafka, o do morto, aquele que, desde esta região silenciosa e longínqua, aparece então como o verdadeiro receptador do desejo de escrever".[22] Há várias maneiras de compreender este apagamento — o nome de Blanchot não aparece nem em *O prazer do texto* nem em *Roland Barthes por Roland Barthes* —, que pode ser visto mais como uma luta contra o niilismo, inclusive na construção de uma figura jubilosa de Sade contra o Sade da negação de Blanchot. Mas, com a hipótese de uma amizade impossível, fundada numa discordância dos tempos, Blanchot sendo, como Proust, um incitador e uma potência memoriável e não um interlocutor ou um contemporâneo, toca-se numa verdade dessa relação tão especial para aquele que é talvez um outro contemporâneo importante no sentido de que ele o põe para trabalhar, o conduz para a escritura. À discussão amistosa, ao diálogo, caracterizado por trocas de todo tipo, inclusive epistolares, mas cujas peças principais são os dois artigos que Blanchot consagra a Barthes — um a *O grau zero da escrita* (retomado em parte em *O livro por vir*) e outro a *Mitologias*[23] —, sucede a conversa infinita incitada pela escritura. Por duas vezes, Barthes faz sua a proposição de Roger Laporte: "A leitura de Proust, de Blanchot, de Kafka, de Artaud não me deu vontade de escrever sobre esses autores (nem mesmo, acrescento, *como eles*), mas de escrever".[24]

Uma última explicação para se afastar de Blanchot, que não deixa de estar relacionado à luta contra a negação, deve-se ao esforço para manter distante a angústia da morte nos anos 1960. Isso permite compreender por que Camus e Cayrol, cujas obras haviam sido objeto de uma apropriação apaixonada durante os anos 1945-1955, são descartados em proveito de Robbe-Grillet e de Butor; e por que à espiritualidade mais ou menos confessada e aos diversos confrontos com a morte ele prefere a análise das superfícies, todos os jogos de distanciamento do sentido. Pode-se assim sugerir que a escolha da vanguarda, bem como a prática racional da anotação do diário que começa em

---

22. Éric Marty, "Maurice Blanchot, Roland Barthes, le neutre en question", *Cahier de l'Herne "Maurice Blanchot"*, L'Herne, 2014, p.346.
23. Maurice Blanchot, "La recherche du degré zéro", in NRF, setembro de 1953; recolhido em *Le livre à venir, op.cit.*, pp.279-82 [ed. bras.: *O livro por vir, op.cit.*, pp.301-03]. "La grande tromperie (à propos de *Mythologies*)", *La Nouvelle* NRF, junho de 1957 [não recolhido em volume].
24. "Sur la lecture", OC IV, p.934. "Rapports entre fiction et critique selon Roger Laporte", OC IV, p.758.

1960 e o emprego ritual do tempo são outras tantas estratégias de evitação, em que a decisão pela atividade e pela vida se faz também *contra* o silêncio e a morte. É interessante que o título do artigo sobre Cayrol de 1964 seja "A rasura", enquanto aí é mais uma questão de riscos, de entalhes feitos na superfície das coisas que de rasuras propriamente ditas (exceto na epígrafe, a palavra não é retomada). Como dizer melhor uma forma de apagamento? Ela se deve provavelmente ao potencial de deslocamento semiológico operado naqueles anos, que marca o fim de uma solidariedade entre o homem e os objetos. A relação significante e significado barra a presença do referente.

O fato de que o nome "Blanchot" reapareça inúmeras vezes a partir de 1977 (dezenove referências no curso sobre "O neutro"), quando Henriette Barthes começa a ficar doente, confirma a sugestão. Na trajetória de Barthes, existe uma oscilação entre o neutro como supressão do elo entre o signo e o referente, e o neutro como silêncio (que esconde sua parte de negatividade, como em Blanchot, e se torna confrontação à morte). Em *Fragmentos de um discurso amoroso*, em 1975, uma alusão ao escritor o religa ao tema da fadiga: "Foi preciso esperar por Blanchot para que alguém me falasse do cansaço" e, em nota: "Blanchot: antiga conversa".[25] No curso do Collège de France de 1977-1978, que começa depois da morte da mãe, a indicação é longamente desenvolvida. Desde a primeira aula, trata-se do cansaço como lugar inclassificável, sem local, insustentável socialmente: "Donde o grito (cansado!) de Blanchot: 'Não peço que se suprima o cansaço. Peço para ser levado a uma região onde seja possível estar cansado'".[26] Barthes cita de novo Blanchot na aula seguinte, quando faz da fadiga, isto é, de certa forma de ausência de sociabilidade em si, portanto, de neutralidade, a própria condição do trabalho. Ao mesmo tempo ele convoca o velho Gide, que, um ano antes de morrer, se sentia como um pneu que murcha e queria "'jogar com o cansaço', mas também 'jogar o cansaço em cena', representando-o".[27] Essa linhagem explícita

---

25. *Fragments d'un discours amoureux*, OC v, p.149 [ed. bras.: *Fragmentos de um discurso amoroso*, p.196]. Como sublinha Éric Marty no artigo citado, a expressão "*antiga conversa*" enfatiza o afastamento temporal no qual a referência está inscrita.
26. *Le Neutre*, p.44 [ed. bras.: *O neutro*, pp.40-41]. A referência é a Maurice Blanchot, *L'Entretien infini, op.cit.*, p.XXI [ed. bras.: *A conversa infinita, op.cit.*, vol. 1, p.21].
27. *Ibidem*, p.48 [ed. bras.: *ibidem*, p.47].

mostra sem dúvida a que ponto, como Gide, Blanchot se situa no terreno capital do imemorial, do estratificado.

Na virada dos anos 1950, a vanguarda é uma estratégia para lutar contra o caráter devastador da literatura moderna, quando ela se confronta com a morte. É também um meio de conciliar a desmistificação operada nos trabalhos de sociologia e na literatura, para propor um método capaz de ler conjuntamente textos e objetos. A obra de Robbe-Grillet é o principal terreno de experimentação dessa pesquisa, e logo nos artigos que lhe são consagrados ele estabelece a ligação entre literatura e objeto. O primeiro, "Littérature objective", contemporâneo da descoberta de Brecht, pode-se ler como um manifesto em prol de uma literatura de superfície, uma literatura de mitólogo que se torna também etnografia do cotidiano. Barthes sublinha a presença dos elementos de cenário urbano e dos objetos manufaturados "(óculos, interruptores, borrachas, cafeteiras, manequins de costureira, sanduíches pré-fabricados)"[28] esgotados pela descrição. Sem função nem substância, eles desvelam seu caráter mistificador e conduzem o leitor a uma experiência sensorial da matéria. Retirados de seu espaço tradicional, mostram-se em sua pura dimensão do tempo. No ano seguinte, "Littérature littérale" consolida o impacto do primeiro artigo, agora dando conta de *Le Voyeur*, que leva mais longe ainda o projeto de liquidação, desembaraçando-se até da história: "A fábula recua, míngua, aniquila-se sob o peso dos objetos".[29] Renunciando à alma do escritor confessional, médico ou demiurgo, Robbe-Grillet tira do romance todo essencialismo e o insere na via do formalismo radical que vai determinar em parte o formalismo metódico de Barthes no decorrer dos anos seguintes. Contemporâneos das *Mitologias*, esses primeiros artigos sobre Robbe-Grillet, bem conhecidos, revelam as preocupações de Barthes referentes aos objetos e à metalinguagem, bem como o horizonte estruturalista e formal dado pela linguística. Trata-se de pensar a literatura como mitologia e se interessar por todas as obras que se valem dela ou então que lhe dão um valor essencialmente questionador.

---

28. "Littérature objective", in *Critique*, 1954; recolhido em *Essais critiques*, OC II, p.293 [ed. bras.: "Literatura objetiva" in *Crítica e verdade, op.cit.*, p.82].
29. "Littérature littérale", *Critique*, 1955; in *ibidem*, p.327 [ed. bras.: "Literatura literal", in *Crítica e verdade, op.cit.*, p.95].

Uma reviravolta impressionante ocorre em 1962, quando Barthes, prefaciando o livro de Bruce Morrissette sobre Robbe-Grillet, parece subscrever a visão mais humanista, mais vertical, que o crítico atribui ao romancista, embora lembrando que a concepção dele seja portadora de uma emancipação salutar dos códigos da literatura realista para um "tratamento do ponderado do real".[30] Mesmo que permaneça fiel àquele que chama o "primeiro Robbe-Grillet", ele toma suas distâncias face ao segundo, o de *Marienbad* e *Dans le labyrinthe*. O gesto é surpreendente: não só porque é raro que um prefácio manifeste seu desacordo com o livro, como também porque o prefaciador parece renegar bem depressa um autor para cujo sucesso ele havia contribuído. Os *Essais critiques* demonstram esse relativo afastamento — relativo, pois os elos entre os dois permanecem importantes: o prefácio de *La Sorcière* é determinante para o roteiro de *Glissements progressifs du plaisir*, livremente inspirado no livro de Michelet, e Robbe-Grillet, por ocasião do colóquio de Cerisy de 1977, presta uma grande homenagem a Barthes com sua intervenção, que publica em seguida em plaqueta, *Pourquoi j'aime Barthes*; mas, de qualquer modo, é um afastamento, que se deve a questões de afinidade e a razões políticas. Quanto à amizade, Barthes é menos próximo de Robbe-Grillet que de Butor, de quem, quando o encontra no Middlebury College, logo se torna íntimo. A correspondência deles testemunha um elo quase familiar, em que se preocupam com a saúde dos próximos: Butor pede a Barthes notícias de sua mãe e de seu irmão, e o informa do nascimento de suas três filhas e da saúde de sua mulher, Marie-Jo Butor. Barthes desempenha mais ou menos o papel que desempenhou com Vinaver como conselheiro literário, o interlocutor principal para a concepção dos projetos em curso.[31] Quando em 1962 ele escreve sobre *Mobile*, de Butor, diz que o livro colagem sobre os Estados Unidos corresponde mais ao processo permanente feito contra formas indis-

---

30. "Il n'y a pas d'école Robbe-Grillet", *Arguments*, n. 6, 1958; recolhido em *Essais critiques*, OC II, p.362 [ed. bras.: "Uma conclusão sobre Robbe Grillet?", in *Crítica e verdade*, *op.cit.*, p.101].

31. Barthes conservou as numerosíssimas cartas que Michel Butor lhe envia dos Estados Unidos no momento em que, em 1960, ele ocupa um cargo na universidade de Bryn Mawr, na Pensilvânia. Butor fala de problemas muito materiais, de seu ensino, sua dificuldade para trabalhar. A correspondência contém também inúmeros desenhos e pastéis. A prática artística de Butor talvez tenha encorajado a de Barthes, que só se tornou regular a partir do começo da década de 70.

cutidas da literatura do que as últimas obras de Robbe-Grillet. Elogia a lesão causada à ideia de livro como encadeamento, desenvolvimento, fluidez, que anuncia os desenvolvimentos sobre o "álbum" em *A preparação do romance*. E compara a *démarche* de Butor à de Lévi-Strauss em *O pensamento selvagem*, dizendo que ela testemunha uma pesquisa premente: "É *experimentando* entre eles fragmentos de acontecimentos que o sentido nasce, é transformando incansavelmente esses acontecimentos em funções que a estrutura se edifica".[32]

Assim, razões pessoais de amizade podem favorecer a atenção mais dedicada a uma obra que a outra. Mas Barthes também exprime reservas políticas em relação às etiquetas que encerram e reúnem projetos por assim dizer opostos. Sem criticar diretamente *Pour un nouveau roman*, de Robbe-Grillet, ele exprime suas reservas quanto à assimilação das obras sob um *slogan* que, para ele, tem tudo de uma manobra estratégica. Em 1964, diz a Renaud Matignon, para *France Observateur*, que nunca defendeu o "Novo Romance". Faz dele uma "montagem" sociológica mais do que doutrinária, o que é uma pedra lançada no jardim de Robbe-Grillet. E este não se engana quando escreve a Sollers, que em 1964 critica *Pour un nouveau roman* em *Tel Quel*, ao passo que num número anterior havia consagrado um artigo importante a sua obra: "Leio por acaso sua pequena nota sobre *Pour un nouveau roman*. Olhe só, olhe só…! Que decepção! Alinhando-se com o bom Roland Barthes! Esquecendo-se do que foi dito sobre *Le Labyrinthe* e *L'Immortelle* [ambos condenados por Barthes na época], o que foi dito mesmo sobre os principais ensaios dessa coletânea! Mas que pena. Trilhamos um pedaço do caminho juntos. Não me resta mais senão lhe desejar boa viagem…".[33] Na entrevista a Guy Le Clec'h, para *Le Figaro littéraire*, a propósito dos *Essais critiques*, Barthes manifesta suas próprias reservas: "Sobre sua obra, não tive influência. Talvez eu lhe tenha fornecido elementos que o ajudaram a formular suas visões teóricas. Mas desde a publicação de Bruce Morrissette so-

---

32. "Littérature et discontinu", *Critique*, n. 185, 1962; recolhido em *Essais critiques*, OC II, p.440 [ed. bras.: "Literatura e descontínuo", in *Crítica e verdade*, *op.cit.*, p.123]. Alguns anos mais tarde, Michel Butor publica um belíssimo artigo sobre Barthes: "La fascinatrice", *Les Cahiers du Chemin*, n. 4, 1968, recolhido em Répertoire *iv*, in *Œuvres complètes de Michel Butor*, org. de Mireille Calle-Gruber (Paris: La Différence, 2006), pp.391-413).
33. Carta de Alain Robbe-Grillet a Philippe Sollers, 10 de janeiro de 1965 (arquivo Sollers), citada por Philippe Forest in *Histoire Tel Quel, 1960-1982* (Pairs: Seuil, 1995), p.176. Col. Fiction & Cie.

bre os romances de Robbe-Grillet, sua obra me importa menos. Vê-se que está tentado a substituir a simples descrição dos objetos por sentimentos, por fragmentos de símbolos".[34]

Os *Essais critiques*, publicados em 1964, são estruturados ao redor das duas vanguardas destacadas nos anos 1950 — Brecht e Robbe-Grillet —, e desenham em seguida o itinerário que conduz das *Mitologias* à *Análise estrutural da narrativa*: lê-se como a primazia do significante sobre o significado e a explicação da superfície levam a certa crítica que deixa ao leitor grande parte da construção do sentido. Abandona-se o real em prol da criação dos impensados da linguagem. Nesse sentido, é um livro importante para gerações de estudantes e leitores. Os escritores que Barthes conhece testemunham seu reconhecimento por aquilo que ele diz sobre a escritura, como Claude Simon, que lhe envia uma carta de Salses, em 9 de março de 1964, saudando análises de uma importância fundamental. O livro não contém nenhum texto inédito, com exceção do prefácio, mas a concepção cronológica da coletânea dá força e complexidade ao volume, mostrando um itinerário — e testemunhando certas escolhas: os artigos sobre Cayrol, por exemplo, não são retomados (conforme a lógica da oscilação, observada no momento). Lê-se o exercício do tema e da variação, o modo como certas obras insistem ou retornam. Mede-se também a força das predileções e dos abandonos. Vê-se enfim a operação viva da contradição que Barthes atribui à própria palavra crítica, obrigatoriamente assertiva, e no entanto desejosa de ser indireta. Daí formas de infidelidade e de discordância dos tempos que se manifestam num percurso e que impedem que se leia uma teleologia, como o indica o prefácio de 1971. O presente da escritura já é passado, o passado do anterior muito longínquo e é, portanto, no presente que é preciso fazê-lo viver.

No prefácio de 1964, a principal ambiguidade é aquela que afeta os substantivos "escritor" e "escritura", assim como o verbo "escrever": não se sabe nunca se Barthes os emprega para se referir aos autores dos quais fala ou para falar de si mesmo. Quando escreve que a "escritura não é nunca senão uma linguagem" ou quando evoca "a infidelidade do escritor", a dúvida é permitida. No entanto,

---

[34]. "Entretien sur les *Essais critiques*", com Guy Clec'h, *Le Figaro littéraire*, 16-22 de abril de 1964 (OC II, p.620).

ela é esclarecida no fim do texto, que pela primeira vez explicita a relação com Proust: o escritor é aquele cuja escritura é sempre um futuro, ele é aquele que vai escrever, portanto, assim como o crítico que está em liberdade condicional. "Semelhante ao narrador proustiano", o crítico (Roland Barthes) é aquele que procura seu "eu", que "preenche essa espera com uma obra *de acréscimo*, que se faz ao procurar-se e cuja função é realizar seu projeto de escrever se esquivando".[35] No conjunto dos gestos, a crítica literária tem um papel em que o autor se faz escritor em espera. Quando ele se relê em 1974 para escrever seu autorretrato, acha suas ideias sobre a escritura confusas, obscuras, "uma repetição vazia, um pouco obsessiva: frequentemente é bem menos inteligente que o resto — ora, é precisamente disso que gosto, '*meu*' domínio, minha imagem de marca! E mais precisamente: não é o campo de meu gozo que me torna bobo?".[36] Ele reconhece ainda o espaço que é seu, seu território privilegiado, mas também o núcleo indivisível da bobagem, elemento "primitivo"[37] que é também da ordem do fantasma em *Roland Barthes por Roland Barthes*. Essa dupla temporalidade, sempre em direção ao futuro e inscrita no mais longínquo passado, dá ao presente o ritmo estagnante da variação e da repetição.

A publicação de *Essais critiques* na nova coleção Tel Quel da Seuil e não em Pierres vives, como seus textos precedentes, é outro signo forte em direção à vanguarda. No começo Barthes estava muito cético em relação à revista de Sollers. Achava que a "Declaração" que abria o primeiro número fazia da literatura um dogma ou uma mitologia, que seu próprio trabalho se dedicava a denunciar. E quando Jean-Edern Hallier lhe envia a seguinte questão para a revista "O senhor pensa ter o dom de escritor?", Barthes retruca, ríspido, que seria melhor que ele formulasse a pergunta ao general De Gaulle.[38] Mas ele aceita responder no ano seguinte à enquete sobre "A literatura hoje", e se reaproxima de Sollers e do grupo. Além da amizade que estreita com Philippe Sollers

---

35. "Préface", in *Essais critiques*, OC II, p.282 [ed. bras.: "Prefácio", in *Crítica e verdade*, *op.cit.*, p.26].
36. BNF, NAF 28630, fichário verde 1: "Livres, morceaux choisis".
37. "De la bêtise, je n'ai le droit...", in *Roland Barthes par Roland Barthes*, OC IV, p.631 [ed. bras.: "Da bobagem, não tenho direito...", in *Roland Barthes por Roland Barthes*, p.64]. Sobre este assunto, ver Claude Coste, *Bêtise de Barthes* (Paris: Hourvari, 2011).
38. Carta de Roland Barthes a Jean-Edern Hallier (arquivos Hallier), citada por Philippe Forest, *Histoire de Tel Quel*, *op.cit.*, p.195.

e da qual falaremos num próximo capítulo, a decisão é vantajosa para todo mundo: a notoriedade e o sucesso de Barthes, em 1964, dão peso à revista, que naquele momento se perde em polêmicas e em suas infindáveis hesitações sobre que linha seguir. Seu acompanhamento fiel precipita a orientação claramente formalista de *Tel Quel*, e as trocas entre o seminário e as publicações se intensificam. A antologia *Teoria da literatura*, dos formalistas russos, é lançada na coleção Tel Quel com organização de Todorov, que acabara de falar no curso de Barthes. Inversamente, o dinamismo do grupo dá visibilidade a certas proposições barthesianas, em particular aquelas sobre literatura, e a algumas de suas pesquisas que de outro modo se veriam confinadas em publicações mais acadêmicas, e que assim ganham em impacto e polêmica. *Tel Quel* também manifesta apoio público ruidoso — e reconfortante — a Barthes no momento do conflito com Raymond Picard.

BARTHES SE EXPLICA

Entre a relação complicada com o moderno e a relação voluntarista com as vanguardas, Barthes cria um terceiro termo graças à explicação das obras clássicas. Assim os *Essais critiques* incluem alguns textos sobre autores canônicos — Voltaire, Baudelaire, Michelet, La Bruyère — que são também predileções, correspondendo para alguns a certas leituras antigas, para outros a uma fidelidade ao século clássico. É aí, parece, que se encontra a chave de uma ideia da literatura e da língua que será deturpada em seguida, um gesto claro de exibição dos signos que é também para ele um horizonte de escritura. Barthes nunca abandona as obras que o acompanharam. Mesmo aquelas que às vezes constituem lugares de oposição, como as de Stendhal, Zola ou Maupassant, são objetos de artigos notáveis. Desde "Plaisir aux classiques", artigo de *Existences*, Barthes faz também das obras do século dito "clássico" o futuro da literatura: a clareza delas se acompanha com efeito de incompletude, o que mantém sua abertura e explica o interesse que ainda se pode ter por elas. "A força clássica repousa nesta distinção; os Clássicos foram claros, de uma clareza terrível, mas tão claro[s] que pressentimos nesta transparência vazios inquietantes sobre os quais não se sabe, por causa de sua habilidade, se eles os colocaram ou simplesmente os deixaram aí."[39] Sua relação íntima e necessária com o fragmentário encontra aqui

---

[39]. "Plaisir aux classiques", in *Existences*, 1944 (OC I, p.59).

seu exercício mais perfeito; na abertura da forma (La Bruyère) e, às vezes, em seu fechamento não totalitário no espírito de ponta, tal como podemos lê-la em La Rochefoucauld; na relação com a anotação que aparece no prefácio aos *Caracteres* e cuja preocupação encontramos até no último seminário: "O que mudou, do mundo de La Bruyère ao nosso, é o *anotável*: não *anotamos* mais o mundo como La Bruyère",[40] e isso porque o real se ampliou tanto que a reflexão da literatura não dá conta de abarcá-lo, e as ciências especializadas se encarregam de segmentá-lo e falar sobre ele. Escritos na mesma época, *Sobre Racine*, o prefácio de *Caracteres* e o de *Maximes et sentences de La Rochefoucauld* permitem evidenciar a dupla relação de Barthes com os clássicos. Os termos "clássicos" ou "classicismo" são de um emprego incerto e ambivalente em sua obra. Eles são pejorativos quando remetem às "Instituições Clássicas", culpadas de terem mutilado a língua, ou à "crítica clássica", estigmatizada em *Crítica e verdade*, quando Barthes responde a Raymond Picard e o classicismo é recuperado como instituição. Mas eles são valorizados quando caracterizam essas obras que deixam o leitor livre para supor tudo e oferecem um formidável terreno de exploração. Racine carrega sozinho essas duas polaridades: ele é "o mais escolar dos autores", aquele em quem "converge todo um conjunto de tabus que me parece excelente destacar",[41] mas é também um imenso escritor "se a literatura é essencialmente, como eu o creio, ao mesmo tempo sentido posto e sentido deposto";[42] a máxima clássica pode também trazer uma visão essencialista da natureza humana ou ter uma arrogância terrorista e ser ao mesmo tempo o modelo de uma escritura desmistificadora. Primeira de uma longa série, esta oposição frontal à doxa escolar terá consequências.

Vê-se que não serve para nada opor o clássico ao moderno com Barthes, já que o classicismo só é portador de valor positivo se tomar as características do moderno (silêncio, incompletude, incerteza e disponibilidade) ou se for recuperado pelos modernos. Embora La Bruyère se preste mal às "grandes conscientizações", lê-lo em 1963 tem sentido para medir a distância entre seu mundo e o nosso, para

---

40. "La Bruyère", prefácio aos *Caracteres*, 1963; recolhido em *Essais critiques*, OC II, p.477 [ed. bras.: este artigo não foi selecionado in *Crítica e verdade*].
41. "Au nom de la 'nouvelle critique', Roland Barthes responde a Raymond Picard", OC II, p.750.
42. *Sur Racine*, OC II, p.54 [ed. bras.: *Sobre Racine, op.cit.*, p.5].

colher "o sentido moderno de sua obra".[43] Também Racine deve ser compreendido no auge de sua atualidade: "Tentemos sobre Racine, em virtude de seu silêncio mesmo, todas as linguagens que nosso século nos sugere".[44] Trata-se de explicar e de inquietar: a mesma tarefa é reservada aos clássicos e aos modernos. Essa modernidade do classicismo é com certeza herdada de Gide, que, quando Barthes estava no sanatório, lhe inspirava para "ler os clássicos", pois "Bossuet, Fénelon, Montesquieu nunca são tão belos como quando citados por Gide",[45] mas ela também entra num projeto crítico consequente, que procede não do anacronismo constitutivo de toda grande obra, como Barthes escreve em seu texto fascinante sobre a *Vida de Rancé*, de Chateaubriand, de 1965 ("a obra lida é *anacrônica* e este anacronismo é a questão capital que ela coloca ao crítico")[46] e que torna vã qualquer reconstituição histórica.

O projeto também visa se inscrever na renovação crítica recente. O prefácio sobre Racine é claro neste último ponto: "A obra de Racine foi alvo de todas as tentativas críticas de alguma importância, empreendidas na França de uns dez anos para cá: crítica sociológica com Lucien Goldmann, psicanalítica com Charles Mauron, biográfica com Jean Pommier e Raymond Picard, de psicologia profunda com Georges Poulet e Jean Starobinski".[47] Essa disponibilidade da obra de Racine à crítica moderna é o signo mesmo da literatura, segundo ele, justo quando ela não se reduz a nenhuma instituição; instituições nunca se põem a questão "O que é literatura?", ocupadas que estão em atestar sua existência. No último ensaio de *Sobre Racine*, "História ou literatura?", Barthes, decidido a tirar o autor da cultura escolar e acadêmica, critica certos historiadores da literatura (e nomeadamente Raymond Picard) em nome da ideia de que em geral a obra escapa de seu tempo. Ele opõe a essa história literária factual, filológica e cronológica o programa de Lucien Febvre (o texto de Barthes é publicado nos *Annales* e o autor se situa claramente na filiação de Febvre,

---

43. "La Bruyère", prefácio de *Caracteres*, 1963; recolhido em *Essais critiques*, OC II, pp.473 e 475.
44. *Sur Racine*, OC II, p.55 [ed. bras.: *Sobre Racine, op.cit.*, p.6].
45. "Note sur André Gide et son *Journal*", OC I, p.36.
46. "Chateaubriand: *Vie de Rance*", prefácio, 1965, in *Nouveuax essais critiques* (Paris: Seuil, 1972), OC IV, p.55 [ed. bras.: "Chateaubriand: 'Vida de Rance'", in *O grau zero da escrita* seguido de *Novos ensaios críticos, op.cit.*, pp.127-28].
47. *Sur Racine*, OC II, p.54 [ed. bras.: *Sobre Racine, op.cit.*, p.4].

como ocorrera em seu primeiro artigo sobre Michelet), que em seu livro sobre Rabelais prioriza a importância de um estudo do meio no qual a obra floresce, do público e da formação intelectual desse público. Barthes vai mais longe ao aceitar o anacronismo que Febvre recusa, já que ele sempre propõe uma adequação das obras a seu tempo. Como Rancé em Chateaubriand, a obra literária, sobretudo quando continua a poder ser atualizada, é sempre "mais que o tempo".

Se esse último ensaio do volume podia legitimamente suscitar a exasperação dos acadêmicos, é sobretudo o primeiro, "O homem raciniano", de longe o mais longo e que foi escrito para servir de prefácio à edição do *Teatro* de Racine pelo Clube do Livro em 1960, que é objeto dos ataques mais intensos por parte dos adversários de Barthes. Althusser percebe sua dimensão subversiva desde a primeira leitura: "Enfim alguém para dizer que a famosa 'psicologia' raciniana, que as famosas e tão violentas, puras e ferozes paixões racinianas *simplesmente não existem!* Alguém para dizer que é antes de tudo literatura [...]".[48] A dramaturgia da polêmica com Raymond Picard merece ser retomada com precisão, pois ela nunca foi contada segundo a ordem dos acontecimentos. Sabe-se que Picard atacou *Sobre Racine* em *Nouvelle critique et nouvelle imposture* e que Barthes respondeu com *Crítica e verdade*. É esquecer um pouco depressa que *Sobre Racine* é publicado em abril de 1963 e que o texto de Picard é publicado no outono de 1965, ou seja, dois anos e meio mais tarde. Se o ensaio sobre Racine suscitou a reprovação de certo número de especialistas, estes, em virtude de uma tradicional reserva, não a demonstraram. A publicação de *Essais critiques*, em 1964, é a gota d'água: o artigo sobre "As duas críticas", que opõe a crítica acadêmica e seu método positivista herdado de Lanson e a nova crítica (encarnada por Bachelard, Goldmann, Poulet, Starobinski, Weber, Richard, Girard), provoca uma primeira reação de Picard no *Le Monde* de 14 de março de 1964: "A universidade não responde nunca, mas talvez se compreenda que um acadêmico reaja, em seu próprio nome, a ataques cuja repetição — em vez de seu alcance ou mesmo de sua pertinência — acaba por tornar perigosos".[49] O artigo é bastante geral

---

48. Louis Althusser, *Lettres à Franca (1961-1973)* (Paris: Stock/IMEC, 1988), p.412.
49. "M. Barthes et la 'critique universitaire'", *Le Monde*, 14 de março de 1964. O artigo imputa ao autor das *Mitologias* forjar ou aceitar uma "mitologia" da universidade dominada pela "crítica biográfica" uniforme e sem nuances.

e lamenta essa concepção bipolar da crítica, injusta para a universidade; Picard se recusa a entrar na polêmica, apesar das explicações que Barthes dá sobre Racine, segundo ele bem pouco convincentes. Em seguida publica um longo artigo na *Revue des sciences humaines* que explicita as razões de sua crítica, mas destinado, considerando o público deste tipo de revista, somente a acadêmicos.[50] Desenvolvendo esse artigo e fazendo dele um pequeno livro para o grande público, Picard lança o debate no campo intelectual, reunindo as objeções, criticando a redução das personagens a funções, essencialmente movidas por um espírito de transgressão. Acusa Barthes de sobretudo submeter o texto a categorias psicanalíticas anacrônicas, chegando a caracterizações simbólicas que esquecem o sentido literal e a pertinência histórica das peças. Certas objeções são ridículas, reduzem a crítica à decência e ao bom gosto e reprovam em Barthes a obsessão sexual; outras são pertinentes, como o perigo de o relativismo ameaçar qualquer crítica funcional, ou ainda o emprego flutuante das categorias psicanalíticas; aliás, Barthes reconhece isso: "A linguagem é um tanto quanto psicanalítica, mas o tratamento quase não o é".[51]

Esses ataques chegam tardiamente e surpreendem Barthes. É a publicação de *Sobre Racine* quase em seguida à de *Essais critiques* que parece insuportável numa época em que a separação entre a Sorbonne e as instituições mais à margem começa a se fazer sentir e a influência de Barthes sobre os estudantes é cada vez maior. Todorov conta, por exemplo, como, quando de sua chegada em Paris na primavera de 1963, ele se apresenta ao diretor da faculdade de letras, munido de uma recomendação do reitor da Universidade de Sofia e pergunta sobre os programas de teoria literária: "Ele me olhou como a um extraterrestre e me disse: 'Isso não existe, a literatura deve ser estudada numa perspectiva histórica e nacional'".[52] Élisabeth Roudinesco também fala de sua insatisfação com o ensino que recebe, quando começa seus estudos em 1964: "Quando fazíamos letras, o crivo era: você leu o último Barthes? Havia dois campos".[53]

---

50. Raymond Picard, "Racine et la nouvelle critique", *Revue des sciences humaines*, n. 117, janeiro-março de 1965, pp.29-49.
51. *Sur Racine*, OC II, p.53 [ed. bras.: *Sobre Racine, op.cit.*, p.3].
52. Tzvetan Todorov, *Devoirs et délices, op. cit.*, p.72. [ed. bras.: *Deveres e deleites, op. cit.*].
53. Citado por François Dosse in *Histoire du structuralisme*, t.I: *Le champ du signe, 1945-1966*, *op.cit.*, p.232.

Essa presença do discurso de Barthes nas conversas dos estudantes, no seio mesmo da universidade, provoca uma reação. Enquanto Barthes atuava no campo da literatura contemporânea, suas experimentações não podiam fazer nenhum mal, já que na Sorbonne não se ensinava nenhum autor vivo. Mas que ele se aproprie das obras canônicas, que constituem há muito tempo o objeto das pesquisas mais avançadas da universidade — Racine como domínio exclusivo e como monumento — e que o faça, além do mais, questionando a concepção positivista da história literária desde o século XIX ("Se quisermos fazer história literária é preciso renunciar ao indivíduo Racine"), obriga os acadêmicos a reagir e a defender suas posições.

É preciso compreender bem que, mesmo pessoalmente envolvidos, os adversários Roland Barthes e Raymond Picard representam cada um deles um campo, no final das contas, um pouco a contragosto. Eles são levados a endurecer suas respectivas posições para fazê-las corresponder ao conjunto dos dois grupos dos quais provêm e para encarnar os dois polos opostos do campo intelectual e acadêmico, o que faz disso um conflito exemplar para muitos historiadores e sociólogos — veja-se Pierre Bourdieu em *Homo academicus*[54] —, enquanto nos fatos a separação não é tão nítida. De um lado, ambos podem ser considerados acadêmicos, mesmo que Barthes faça parte de uma instituição mais marginal. De outro lado, Picard, inteiramente devotado às pesquisas acadêmicas, está longe de ser o modelo de uma crítica positivista e velha. Em 1947 ele publicou um romance pela Gallimard, *Les prestige;*. em *La carrière de Jean Racine*, livro originado de sua tese, ele aplica a Racine uma crítica que empresta muito da sociologia, e seu prefácio às *Œuvres*, de Racine, na Pléiade, chega a atacar a crítica acadêmica que relaciona a menor linha da obra à vida do homem. Não é, pois, a crítica biográfica, no sentido que Barthes a entende e a denuncia. Também não é uma querela dos antigos e modernos, mesmo se, depois da explosão da Sorbonne provocada por Maio de 68, seja tentador ler as coisas dessa maneira e ver nesta batalha intelectual algumas premissas do acontecimento. Reduzir o texto de Picard, *Nouvelle critique ou nouvelle imposture,* que em setembro de 1965 é publicado pela Pauvert, na coleção Libertés, dirigida por Jean-François Revel,

---

54. Pierre Bourdieu, *Homo academicus* (Paris: Minuit, 1984), pp.149-55 [ed. bras.: *Homo academicus*, trad. de Ione Ribeiro Valle, Nilton Valle (Florianópolis: Ed. da UFSC, 2011)].

a um simples panfleto (que faz eco ao termo "libelo", empregado sistematicamente por Barthes para falar dele), faz parte das estratégias de endurecimento da oposição. Algumas críticas dirigidas a Barthes são certeiras, em particular aquelas relativas a seu poder assertivo: "Um dos aspectos mais irritantes deste livro", ele escreve, "é a segurança intelectual de seu autor: ele decide, ele resolve, ele faz a afirmação intrépida. O próprio mistério para ele não tem mistério".[55] É verdade que Barthes pode sempre se deixar levar pelo sentido da fórmula e pelo gosto das generalizações ("todas as personagens", por exemplo). Mas como já dissemos, ele não emprega nunca apenas a asserção. Ela é sempre seguida de um leve deslocamento ou de um recuo que traz uma nuance, mesmo uma contradição, e isso Picard não reconhece. Outros críticos de Barthes revelam, ao contrário, uma rigidez filológica exemplar, sobretudo no tocante à compreensão do verbo "respirar", transformado no teatro da oposição entre "antiga" e "nova" crítica. Picard desaprova em Barthes o entendimento da palavra em seu sentido fisiológico, quando no século XVII seu sentido mais corrente é "repousar, relaxar depois de uma prova". A seu detrator, que o aconselha gentilmente a consultar dicionários e léxicos, Barthes responde invocando a existência, mesmo na época clássica, desse primeiro sentido e sobretudo sublinhando que a beleza da linguagem de Racine vem do fato de que, atravessando os séculos, ela se impregna de novos sentidos e novos pensamentos. Nas primeiras páginas de *Crítica e verdade*, Barthes recorre a Proust para mostrar toda inanidade desta objeção: "Sobre este ponto [...] eu pediria a Proust que respondesse, lembrando o que ele escrevia a Paul Souday, que o tinha acusado de cometer erros de francês: 'Meu livro pode não revelar nenhum talento; pelo menos, ele pressupõe, ele implica uma cultura suficiente para que não haja nele verossimilhança moral de que eu cometa erros tão grosseiros como os que senhor assinala'".[56]

Se Barthes gosta do jogo, ele se sente muito desconfortável com os conflitos e, na verdade, não compreende a razão dos ataques de Picard, nem a repercussão que têm na imprensa, satisfeita em encontrar a oportunidade de não apoiar a universidade e de manifestar seu anti-intelectualismo. É assim que os campos se formam,

---

55. Raymond Picard, *Nouvelle critique ou nouvelle imposture* (Paris: Pauvert, 1965), p.36.
56. *Critique et vérité*, OC II, p.764 [ed. bras.: *Crítica e verdade, op.cit.*, p.193, nota 17].

por alianças às vezes inesperadas. Os jornais, que outrora elogiavam o talento de Barthes, situam-se quase todos do lado de Picard (mesmo Duvignaud e *Le Nouvel Observateur*) e denunciam "trapaças intelectuais", o "jargão" e o "delírio verbal". Barthes se dá o prazer, em *Crítica e verdade,* de lembrar como *Le Monde, Pariscope, L'Orient, La Croix, Carrefour, La Revue parlementaire* felicitam Picard pelo "golpe acertado" que lhe desferiu, a "surra bem dada", "o ataque de pontas assassinas". Apenas Jean-Jacques Brochier, em *Les Temps modernes,* e Pierre Lepape, em *Paris-Normandie,* tomam seu partido. Barthes fica de fato incomodado. É a palavra "impostura", sobretudo, que o fere, pois toca naquilo que dói, o medo de ser um impostor — veremos isso até no episódio da eleição no Collège de France. Ele então procura também o apoio de seu campo. Responde a algumas entrevistas, em especial a Guy Le Clec'h, que lhe dá a palavra em *Le Figaro littéraire* no começo de outubro, e, em 22 de outubro, participa de uma reunião na editora Seuil com Sollers, Wahl, Genette e Cayrol, na qual decidem a resposta a ser dada a Picard. No número 24 de *Tel Quel,* Sollers desmonta o caráter ideológico do livro: "Seria pouco dizer deste discurso que ele é reacionário. Parece encarnar a própria ordem moral".[57] Para compensar o artigo de Duvignaud, *Le Nouvel Observateur* oferece a Barthes espaço para uma resposta. Em 10 de novembro de 1965 ele publica "Si ce n'est toi...", em que denuncia as proporções tomadas por aquela "crítica folhetim", iniciada quase dois anos antes como o artigo do *Le Monde*: "Estamos hoje no libelo, do qual ocupo ainda 60%. Amanhã, será um livro...".[58] Genette, em 18 de novembro, lhe submete o texto de uma resposta a Picard que não é publicado, mas que dá a Barthes a ideia de escrever um livro no qual ele não se contenta em se explicar ao adversário, mas tenta provar os fundamentos de sua concepção da crítica. Ele logo se põe a trabalhar o que se tornará *Crítica e verdade,* mas que tem por título inicial, durante todo o tempo da redação, "Como falar de um livro".

---

57. Philippe Sollers, "Picard, cheval de bataille", *Tel Quel,* n. 24, 1965, p. 92. Jean-François Revel responde ao artigo de Sollers em "J'ai cherché à ouvrir une discussion", *La Quinzaine littéraire,* 15 de abril de 1966.
58. "Si ce n'est toi...", *Le Nouvel Observateur,* 10-16 de novembro de 1965 (OC II, p. 720). Barthes acha que não se expressaria tão bem. René Pommier vai dedicar sua tese e sua vida a demolir *Sur Racine* e seu autor em mais de mil páginas! René Pommier, *Le "Sur Racine" de Roland Barthes,* CDU e SEDES, 1988.

Ocupa-se dele nas férias de Natal, em Urt, com angústia e dificuldade, e durante todo o mês de janeiro. Em 3 de janeiro: "A ponto de abandonar, depois retomo. Absolutamente tomado por isso. Angústia de terminar". Em 8 de fevereiro: "Acabado CPL [Como falar de um livro], salvo todo o começo, sem dúvida a ser retificado (sobre a bobagem)".[59] O livro é publicado em março, apenas seis meses depois do de Picard, com uma faixa chamativa: "É preciso queimar Barthes?". Barthes tem a inteligência de não se dirigir exclusivamente a Picard, mas de opor uma crítica tradicional — obsedada pelas ideias vagas de "verossímil" ou de "bom senso", limitando a intervenção das outras ciências na explicação dos textos — e uma crítica nova que se atribui um duplo programa. Primeiro: fazer da literatura um dos elementos-chave de uma antropologia geral (tendo pois por disciplinas conexas a história, a sociologia, a linguística, a psicanálise); a disponibilidade e a força da obra se medem então por sua capacidade em participar do movimento inovador da ciência. Segundo: afirmar uma soberania do crítico cuja *démarche* o aproxima do escritor, outra maneira de estender o território dos estudos literários, suprimindo a separação entre diferentes modalidades da escritura. *Crítica e verdade* não tem somente um caráter defensivo: ele se apresenta como um texto programático com dimensão ao mesmo tempo coletiva, para o trabalho do conjunto da crítica, e pessoal, na busca de um lugar próprio, marcado pela indissociabilidade das escrituras: "Se a crítica nova tem alguma realidade", ele escreve, "ela está nisto: não na unidade de seus métodos, [...] mas na solidão do ato crítico, doravante afirmado, longe dos álibis da ciência ou das instituições, como um ato de plena escritura. Outrora separados pelo mito gasto do '*soberbo criador e do humilde servido, ambos necessários, cada um no seu lugar* etc.', o escritor e o crítico se reúnem na mesma condição difícil, em face ao mesmo objeto: a linguagem".[60]

Sobre Racine já manifestava a vontade de fazer convergir escritura pessoal e escritura crítica, a expressão de um projeto e de uma subjetividade. Como escreve Claude Coste, que lê um "Sobre Barthes" no *Sobre Racine*, "separando e organizando fragmentos de pensamento, Barthes propõe uma reflexão pessoal a respeito da

---

59. Agenda 1966. BNF, NAF 28630.
60. *Critique et vérité*, OC II, p.782 [ed. bras.: *Crítica e verdade, op.cit.*, p.210].

noção de sujeito, manifestando uma subjetividade que *Sobre Racine* materializa em sua irredutível (sua intratável) singularidade".[61] Sem dúvida foi assim que Barthes o havia pensado, como corroboram notas pessoais que registram a presença do tema do Amor-Alienação ligada a uma experiência vivida. "*Sobre Racine*: livro da *relação de autoridade* (e não da relação amorosa, descrita como subsequente); de fato toda a parte Amor-Alienação vem de mim (eu e O[62]); essa origem (biográfica) encontrou o Amor-Paixão não em Racine, mas na *doxa* raciniana. Bem mais, esse Amor-Paixão veio em mim de meu saber cultural *sobre* Racine (e não de uma leitura/frequentação de Racine, pouco lido). Eu estava apaixonado dessa maneira, porque conhecia a imagem daquele amor, segundo a imagem de Racine (e não segundo Racine)."[63] A literatura então não é mais um programa, ela é a explicação da própria vida.

Quando da publicação de *Crítica e verdade*, Barthes recebe muitos testemunhos de amizade e apoio que reparam um pouco a ferida ocasionada pela polêmica e a exposição que ela causou. Em 17 de março de 1966, Butor lhe escreve: "Quando respondemos a ataques é difícil não descer ao nível do adversário; o senhor soube perfeitamente fazer de Picard um pretexto, um animal microscópico entre tantos outros na gota do caldo parisiense. [...] Como as pessoas vão lamentar agora não terem tomado sua defesa. Vão ver como a partida era bela, que nobreza e que inteligência teria havido! Pior para elas". No mesmo dia, Louis-René Des Forêts cumprimenta Barthes pela coragem da verdade que demonstra e que lhe permite opor a maior seriedade à polêmica mais frívola. Em 12 de abril, Jacques Lacan lhe escreve que "era preciso responder e desse modo"; em 19 de abril, J.M.G. Le Clézio elogia a finura, a nuance do livro e acrescenta que "não é mais possível ignorar a profundidade da literatura, não é mais possível ficar no conforto macio e facilmente satisfeito

---

61. Claude Coste, *Bêtise de Barthes*, *op.cit.*, p.132.
62. Trata-se de Olivier de Meslon, por quem Barthes se apaixona entre os anos 1956 e 1961. Não se sabe se as cartas de Barthes foram conservadas. Em compensação, pela agenda de 1961, sabe-se que ele consagra dois dias de dezembro para lhe escrever uma longuíssima carta depois de uma separação por iniciativa de Meslon. Numa carta a Jean Cayrol de abril de 1957, Barthes explica que ele foi por dois dias a Bordeaux, "com um amigo, Olivier de Meslon, que você viu um dia no terraço dos Magots, e que é da região". (Fundo Jean Cayrol, IMEC).
63. BNF, NAF 28630, fichário verde 1: "Livres, morceaux choisis".

quando houve Rimbaud, Mallarmé e Lautréamont"; em 6 de maio, Gilles Deleuze saúda nesse livro um modelo de rigor; em 16 de maio, Starobinski lhe envia uma longa carta se dizendo inteiramente a seu lado no que se refere à recusa da "crítica-mordaça", mas preocupado com as reflexões da segunda parte sobre o "vazio do sujeito", e ele tem, a propósito de um sujeito sempre fora de si na fala, a intuição do neutro, nem objetivo, nem subjetivo, que aproxima Barthes de Blanchot.[64] Reconfortado por esses testemunhos de solidariedade, aliviado por ter podido responder, Barthes supera esse episódio, apesar de ele ter acentuado seu sentimento de impostura.

O ANO 1966

O ano 1966, que vê se encadear a escritura e a publicação imediata de *Crítica e verdade*, foi um período decisivo para Roland Barthes. Com certeza esse gesto forte de afirmação mostra que, praticando a sociologia dos objetos, ele não abandonou o terreno da literatura, longe disso. O curso sobre retórica iniciado no começo do ano letivo 1964-1965 prossegue e ele aproveita para elaborar um sistema da linguagem como "techné". Barthes vê na retórica "um imenso esforço secular para lutar contra a afasia, fundada na ideia de que a linguagem não é 'natural', fácil".[65] O horizonte do curso, explicitado na primeira aula, é ao mesmo tempo uma antropologia da fala e "aquele que quer falar, que vai escrever". O primeiro ano consistiu em explorar o discurso de retóricos, de Gorgias à retórica clássica, passando por Platão, Aristóteles, a sofística e o trívio medieval. Ao preparar o curso, ele lê o abade Batteux e o *Traité des tropes*, de Dumarsais; apoia-se também em *La Rhétorique ou L'Art de parler*, de Bernard Lamy, de 1675, que ele já cita em *Sobre Racine*. Inspira-se na leitura de Curtius sobre *A literatura europeia e a Idade Média latina*, traduzido para o francês em 1956. Suas referências, que ele apresenta no começo do grande artigo de *Communications*, de 1970, sobre "A antiga retórica" (inteiramente

---

64. Carta de Michel Butor, 17 de março de 1966; carta de Louis-René Des Forêts, 17 de março de 1966; carta de Jacques Lacan, 12 de abril de 1966; carta de J.M.G. Le Clézio, 19 de abril de 1966; carta de Gilles Deleuze, 6 de maio de 1966; carta de Jean Starobinski, 16 de maio de 1966. Fundo Roland Barthes, BNF, NAF 28630.
65. Fundo Roland Barthes, BNF, NAF 28630, "Séminaire sur la rhétorique". Ele acrescenta, sublinhando seu propósito: "Ret: faz do homem *aquele que quer falar, aquele que quer escrever, e isso me tocou sempre*".

derivado do curso), são bastante clássicas: além de Curtius e do "livro fundamental", de Charles Baldwin, *Ancien Rhetoric and Poetic*, e *Medieval Rhetoric and Poetic*, publicados em 1959 e que ele lê em inglês, encontramos *La Formation de la doctrine en France*, de René Bray, a *Histoire de la langue française*, de Ferdinand Brunot, o *Dictionnaire de poétique et de rhétorique*, de Henri Morier.[66] Desde aquele ano, ele fala também de retórica com Marc Fumaroli, que conhece por intermédio de Robert Mauzi e que, ainda bolsista da Fondation Thiers, começa sua tese sobre a retórica em Corneille — ironia da história: quando Fumaroli obtém um cargo de assistente em 1976, ele ocupa a cadeira de Picard!

Mais do que a história ou a retórica de tal ou tal autor, são os problemas de classificação que fascinam Barthes, tanto sua organização intelectual e pessoal depende disso. Ele também procura verificar uma hipótese segundo a qual, pensando em termos estruturais, é provável que exista uma única *forma* de retórica, comum, por exemplo, à literatura e à imagem. Ao longo do ano 1965-1966, ele se interessa pelo desaparecimento do sistema do Renascimento no século XIX e se pergunta o que o substituiu. "Qual consciência da modernidade teve, há uma centena de anos, signos da literatura? Em que nível da experiência esses signos estão, doravante, situados?" Seu *corpus* é o da literatura contemporânea, de Flaubert a Butor. No outono, Sollers faz uma apresentação sobre Mallarmé: "Criar um mundo total, novo, estranho na língua", da qual ele publicará uma versão escrita em *L'Écriture et l'expérience des limites*; Oswald Ducrot fala de Hjelmslev; Marthe Robert, de Kafka; Jean Dubois, da gramática distribucional; Nicolas Ruwe, de Chomsky. Genette, Todorov e André Glucksmann, estudantes, também fazem intervenções.

No mês de fevereiro de 1966, Julia Kristeva assiste pela primeira vez ao curso de Roland Barthes. Ela conta: "Alguns dias depois de minha chegada à França, em dezembro de 1965 — o general De Gaulle dava bolsas a estudantes que falavam francês, já os búlgaros em geral as concediam a velhos que não falavam a língua; mesmo assim, acabei por obter uma delas —, encontrei Todorov, que me encaminhou a Lucien Goldmann, mas não a Barthes. Fui ao Collège de France encontrar Goldmann, e ele me falou de Lukács, mas também

---

[66]. "L'ancienne rhétorique", *Communications*, n. 16, 1970 (OC III, p.528).

fui procurar Barthes. No primeiro curso que segui, Marthe Robert falava de Kafka".[67] Em "Mémoire" (publicado no primeiro número de *L'Infini*) e em *Os samurais*, ela relata a impressão de abundância que sente ao chegar a Paris, seguindo os cursos de Goldmann. Em comum acordo com Goldmann, abandona o projeto de tese sobre o Novo Romance, cujos recentes desenvolvimentos ela acompanhava desde a Bulgária. Opta por outro tema, sobre a gênese da forma romanesca a partir de um texto do século xv, *Jehan de Saintré*, de Antoine de La Sale, que lhe fora apresentado por Aragon. É a partir desse trabalho que ela elabora a distinção entre feno-texto (o texto tal qual se oferece à leitura) e geno-texto (o conjunto dos elementos que constituem a escritura e a gênese). Foi por meio de Genette, a quem conheceu no seminário de Barthes, que Kristeva foi à redação de *Tel Quel*, onde conheceu Philippe Sollers. O encontro, intenso, magnetizou a ambos imediatamente. Essa história de amor, ainda viva, a partir daquele instante desempenhou um papel importante na vida intelectual e afetiva de Barthes.

Em 3 de março de 1966, Barthes escreve em sua agenda: "Reunião estudante búlgara". Em 4 de março: "Questionário da búlgara sobre a crítica". Julia Kristeva ainda não renunciou ao trabalho sobre o Novo Romance e quer submeter certo número de escritores e de críticos a um questionário. Em seu primeiro encontro, Barthes fica fascinado não só pela inteligência dessa jovem mulher de 24 anos, mas também por sua energia para mover montanhas (ele a tratará em seguida por "buldôzer") e por tudo o que seus conhecimentos no campo da linguística e do marxismo, uma vez combinados, podem trazer ao método estrutural. Sobretudo, ela é aquela que "passa" Bakhtin a Barthes, acontecimento capital para o desenvolvimento do pensamento dele. No final de 1966, Julia Kristeva faz uma apresentação no seminário, memorável, sobre Bakhtin, que impressiona os ouvintes, a começar pelo próprio Barthes. A fala é nova: ela é feminina, ela é estrangeira, ela se interessa por movimentos mais que por estruturas, ela introduz novos conceitos ("intertextualidade", "paragrama"), ela é

---

67. Julia Kristeva, entrevista com a autora, 25 de setembro de 2013. Esta comunicação de Marthe Robert marcou indiscutivelmente os ouvintes. Gérard Genette conta em *Bardadrac*, com uma distância divertida, que na ocasião correra o boato de uma ligação amorosa entre Barthes e ela.

política. Barthes logo vê na ultrapassagem do formalismo operada por Bakhtin um possível impulso para seu próprio sistema. A ideia de Bakhtin segundo a qual um texto não está fechado sobre si mesmo, mas contém uma pluralidade de línguas e discursos, permite pensar de outro modo o texto literário e ler os liames entre ele e os outros discursos que ele transforma e contesta com uma eficiência crítica e política muito grande. De Saussure, Kristeva retém menos o *Curso de linguística geral* que o trabalho sobre os "Anagramas" que Jean Starobinski publica em *Mercure de France* em 1964, depois em *Tel Quel* alguns anos mais tarde.[68] A partir da leitura de Starobinski sobre Saussure, ela desenvolve a noção de paragrama, que afirma a relação de transformação perpétua das unidades de um texto, que, segundo ela, é o modo único de produção textual. Faz explodir a noção de signo como unidade dual para propor o conceito de "grama", considerado o centro de todos os sentidos que um conjunto fônico pode tomar.

Essa nova concepção do texto, a própria palavra "texto", tomada nesse sentido dinâmico, tem consequências importantes no pensamento de Barthes, que podem se aferidas pela distância entre a "Introdução à análise estrutural das narrativas" (1966) e *s/z* (1970), em que não se trata mais de se deter nas grandes estruturas, mas observar "a migração dos sentidos, o afloramento dos códigos, a passagem das citações".[69] Kristeva traz a força do deslocamento. Barthes o diz na belíssima resenha de *Séméiôtikè* que publica em *La Quinzaine littéraire* em maio de 1970, com o título "L'étrangère": ele exprime tudo o que lhe deve desde o começo, sua força de subversão, sua maneira de pôr em movimento todas as coisas fixas. Ele manifesta uma real compreensão das implicações de seu livro, prestando-lhe uma magnífica homenagem: "Julia Kristeva muda o lugar das coisas".[70] Sem dúvida sua condição de mulher e estrangeira influi muito neste processo. Mulher, porque assim ela tem uma relação muito forte com a lei do pai, o que lhe autoriza todas as transgressões. Barthes não o diz, mas é muito provável que a falta do pai o impeça de qualquer transgressão

---

68. Jean Starobinski, "Le texte dans le texte", Ferdinand de Saussure, "Extraits inédits des cahiers d'anagrammes", *Tel Quel*, n. 37, 1969.
69. s/z, OC III, p.129 [ed. bras.: s/z, trad. de Léa Novaes (Rio de Janeiro: Nova Fronteira, 1992)].
70. "L'étrangère", *La Quinzaine littéraire*, 10 de maio 1970 (OC III, p.477).

frontal, daí sua fascinação pela atitude de Kristeva. Estrangeira, ela ouve de Barthes que seu trabalho abala o "pequeno nacionalismo da *intelligentsia* francesa", abrindo-o para outra língua: "A outra língua é aquela que se fala de um lugar política e ideologicamente inabitável: lugar do interstício, da margem, do viés, da claudicação: lugar *insolente*, já que ela atravessa, cavalga, faz um panorama e ofende. Aquela a quem devemos um saber novo, vindo do Leste e do Extremo Oriente [...] nos ensina a trabalhar na diferença, isto é, acima das diferenças em nome das quais nos impedem de fazer germinar juntas a escritura e a ciência, a história e a forma, a ciência dos signos e a destruição do signo".[71] Esta defesa em favor do estrangeiro, rara mas recorrente na obra de Barthes, é uma maneira de registrar seu próprio deslocamento no ano em que publica quase ao mesmo tempo s/z e *O império dos signos*.

Ao redor do grupo *Tel Quel*, mas também, a partir de 1964, no conselho da revista *Critique*, Barthes encontra Jacques Derrida e conhece o trabalho que ele consagra à escritura em *Gramatologia*, ao questionamento dos pressupostos ideológicos que subentendem toda a teoria do signo. Derrida desempenha um papel talvez um pouco mais indireto, mas não menos importante que o de Julia Kristeva, para o pensamento da diferença. No fim de 1966, Barthes vai com ele (viajam no mesmo avião, em companhia também de Todorov e de Nicolas Ruwet) ao colóquio de Johns Hopkins em Baltimore para o qual Barthes anunciou uma apresentação sobre a retórica que sintetiza certos elementos de seu curso. Ele mostra como o desaparecimento definitivo da retórica no século XIX separou da linguagem a literatura e o pensamento. É uma maneira de explicar historicamente o interesse de um método que se esforça para unir de novo os dois. Com o título "The Language of Criticism and the Sciences of Man", o colóquio, organizado por Richard Macksey, que acaba de fundar o Humanities Center nessa universidade, e por Eugenio Donato, que no ano anterior defendeu um PhD, sob a orientação de René Girard, financiado pela Ford Foundation, quer reunir pensamento crítico e ciências do homem.[72] Se a conferência de Barthes, como a de La-

---

71. *Ibidem*, p.479.
72. Será publicado alguns anos mais tarde com (sob) um título que indica bem as reviravoltas teóricas que marcaram o colóquio: *The Strucuturalist Controversy. The Languages*

can,[73] era uma das mais esperadas e foi marcante pela distância já tomada em relação às estruturas, segundo todas as testemunhas o grande acontecimento foi sem dúvida Jacques Derrida. Nesse colóquio, o primeiro consagrado ao estruturalismo na América do Norte, Derrida anuncia as razões pelas quais este deve ser ultrapassado. Desconstruindo certos pressupostos de Lévi-Strauss, os essencialismos da linguística centrados no ocidente (em particular o caráter teológico do termo "signo") retomados pelo estruturalismo, aos *scholars* norte-americanos (sobretudo a Paul de Man e Hillis Miller, que rapidamente vão radicalizar esse processo com a "desconstrução"), ele parece um crítico do estruturalismo. Pietro Pucci, professor de estudos clássicos em Cornell, que era o "responsável" por Jean-Pierre Vernant nesse encontro, lembra o choque que foi ouvir, num colóquio que deveria estabelecer as bases do estruturalismo crítico na universidade norte-americana, que uma outra voz interpretativa devia se impor, não mais na linhagem de Saussure e de Lévi-Strauss, mas na de Nietzsche, Freud e Heidegger.[74]

É preciso, é claro, levar em conta as implicações disciplinares que sempre radicalizam as posições nesse tipo de contexto. De modo muito estratégico, Derrida procura impor a filosofia contra as ciências ditas do homem. Ele é claro: "A gramatologia [...] não deve ser uma das ciências do homem, porque ela coloca antes, como sua própria questão, a questão do nome do homem".[75] Também Barthes, avesso aos enquadramentos e não querendo de nenhum modo ser o porta-voz de um movimento ou de um grupo, embaralha as pistas apresentando a ideia de produtividade textual contra a fixidez da estrutura. Nota-se um primeiro ponto em comum entre Barthes e Derrida, na maneira de se contrapor a tudo que estabiliza e aprisiona o sentido, mesmo que Barthes dê preferência à pluralização, enquanto Derrida

---

of Criticism and the Sciences of Man, org. de Richard Mackey e Eugenio Donato (Baltimore & Londres: Johns Hopkins University Press, 1970 e 1972). A Ford Foundation também financiou a Maison des Sciences de L'homme que abriga a EHESS, à criação da qual, como se verá, Barthes não fica alheio nos anos 1970.
73. Ver o relato que Élisabeth Roudinesco apresenta deste congresso em *Histoire de la psychanalyse em France*, t. II (Paris: Seuil, 1986), pp.414-21. Segundo ela, Lacan achou a conferência de Barthes excelente (p.417).
74. Entrevista com a autora, 9 de julho de 2012.
75. Jacques Derrida, *De la grammatologie* (Paris: Minuit, 1967), p.126. [Ed. bras.: *Gramatologia*, trad. de Renato Janine Ribeiro (São Paulo: Perspectiva, 2013)].

reivindica o deslocamento perpétuo, o que não é de fato a mesma coisa. Embora apoiados em pressupostos e *corpus* totalmente diferentes, ambos estão sempre à frente de seu próprio pensamento, sempre ultrapassando o que dizem. Eles se unem na ideia de que o essencial ocorre fora do pensamento do livro como argumentação fechada ou uma totalidade, mesmo se por razões em grande parte institucionais ainda em 1966 eles não o afirmem. Assim, Barthes não deseja fixar seus textos em volumes. Seus livros são quase todos fruto de encomenda ou circunstância. Ele prefere, de longe, o caráter temporário e atual da revista que faz o pensamento entrar em diálogo com outros, que convida à retomada e não imobiliza a fala como uma estátua. Umberto Eco conta que Barthes de jeito nenhum tinha a intenção de lançar em volume os "Elementos de semiologia", publicado no número 4 de *Communications*. "Ele os considerava um rascunho, um dossiê de notas para seus seminários." Eco então decide publicá-lo na revista *Marcatre*, e pede autorização a Barthes para traduzi-lo (tarefa encomendada a Andrea Bonomi). Barthes aceita porque o texto podia se apresentar tal como lhe parecia, isto é, um material de trabalho. O escritor Elio Vittorini, editor e conselheiro da Einaudi, morre, e os responsáveis pela editora dizem a Eco que o desejo dele era publicar os "Elementos" num volume na coleção Nuovo Politecnico. "Este pedido funciona como uma espécie de chantagem sentimental tanto para Barthes quanto para mim mesmo: cedi a tradução de Bonomi e Barthes consentiu a edição do volume."[76] Por comodidade, costuma-se abordar o Barthes dos livros, o que pode falsear a perspectiva. Restabelecer a verdadeira cronologia de seu pensamento, seguindo sua produção nas revistas, faz de seus livros acidentes antes de vontades, revela uma figura muito menos assertiva ou definitiva. Isso leva a ler de outro modo o tempo do pensamento: momentos de conjunção, pesquisa, tentativas ou ensaios, definitivamente provisórios, como diria Queneau, sempre em curso.

    A primeira viagem ao Japão, de 2 de maio a 2 de junho, é outro tempo marcante do ano 1966. Como ele diz sobre o encontro

---

76. Umberto Eco, "La maîtrise de Barthes", discurso pronunciado no colóquio sobre Roland Barthes (Reggio, Emilia, 13-14 de abril de 1984), trad. do italiano por Myriem Bouzaher, *Magazine littéraire*, n. 314, "Roland Barthes", 1993, p.43. Lembremos que nesta data (1966) Barthes já tinha cedido às instâncias amigas de Maurice Nadeau e publicado o artigo num volume (acompanhado de *O grau zero da escrita*) na Denoël, em 1965.

com Julia Kristeva, essa descoberta o desloca radicalmente. Ele se depara diante de uma língua e de uma cultura das quais não conhece nenhum código. O trabalho sobre a significação se desenvolve com muito mais liberdade e Barthes encontra, enfim, essa língua da margem, do interstício, essa língua inabitável na qual todos os jogos são possíveis. Ele é recebido por Maurice Pinguet, então diretor do Instituto Franco-Japonês de Tóquio, que vive no Japão desde 1958. Pinguet não atua como um diplomata expatriado clássico: aprendeu a língua e conhece as sutilezas da cultura oriental. O livro que publicará depois de seu retorno, *La Mort volontaire au Japon*,[77] que trata da tradição do haraquiri e do Japão em geral, mostra sua finíssima concepção desse país, sentida de dentro, pouco centrada no ocidente. Barthes e ele logo se tornam amigos, e Pinguet desempenha um papel de verdadeiro guia, um pouco como Virgílio para Dante na *Divina comédia* — em 1970, será para ele a dedicatória de *O império dos signos*. A comparação com Dante se justifica porque o Japão constitui para Barthes um choque, na verdadeira acepção da palavra. Esta cultura que celebra a opacidade, o silêncio e a recusa do sentido lhe parece a razão de ser de seu trabalho sobre as significações. Ele descobre também alguma coisa que não se entrega e que atiça sua paixão por compreender. Preparou-se para duas conferências, sobre a crítica literária e sobre as mitologias, que ele faz nas universidades que o convidaram: Todai em Tóquio, Nagoya, Kyoto, Osaka. No fim de semana, chega a se hospedar na casa de campo de Pinguet, em Hamaya, para onde o anfitrião convida alguns amigos. Falam incansavelmente do país, mas também de tudo o que os aproxima. Michaël Ferrier publicou os textos raros ou inéditos que Maurice Pinguet escreveu sobre sua experiência. Seu retrato de Barthes (como, aliás, o de Foucault e o de Lacan, que ele também recebeu no instituto) traz várias observações que indicam o quanto Barthes abordou com precisão sua compreensão de um país em que as relações nem sempre são fáceis. "No Japão, imediatamente, Barthes sensibilizou-se com esta sobriedade do indivíduo: ela casava bem com sua própria reserva, com sua aversão ao drapeado."[78] Barthes sente

---

[77]. Maurice Pinguet, *La Mort volontaire au Japon* (Paris: Gallimard, 1984) [ed. bras.: *A Morte voluntária do Japão*, trad. de Regina Abjamra Machado (Rio de Janeiro: Rocco, 1987)].
[78]. Maurice Pinguet, *Le Texte Japon*, raros e inéditos, apresentados por Michaël Ferrier (Paris: Seuil, 2009), p.39. Col. Réflexion.

um prazer estético e uma satisfação ética. O formalismo não é empobrecimento, mas purificação. O fantasma que ele projeta sobre o país e que depois vai exprimir com muita força em *O império dos signos*, na sua prática do desenho, é aquele do primitivo elevado ao patamar de cultura superior.

Barthes não cessou de retornar a esse país onde se sente feliz. Confia a Maurice Pinguet que se sente muito triste desde que voltou na Paris. Pede-lhe para encontrar para ele um cargo na universidade por dois ou três anos, a fim de que possa se instalar de fato. E já tem a ideia de escrever um livro sobre o país. Na quinta-feira, 9 de junho, registra: "Ah, sim, estava previsto, estou triste por deixar o Japão, esse sentimento de separação longe daquilo que se ama, no fundo tão próximo da existencialidade pura, a ponto de certas línguas, como o romeno ou o português, confundirem numa mesma palavra (o "fado") a ideia de separação nostálgica e a de destino (*fatum*)". Ele acrescenta que os objetos que trouxe consigo o ajudam muito: "Uns dão muito prazer ao meu redor; os outros se integram pouco a pouco no meu quarto; tenho na minha frente a foto do belo ator Kazuo Funaki como samurai (pense no meu crescimento, pequena loja de Yurakucho) e retomo em mim, lentamente, a ideia de um texto sobre a fisionomia japonesa — isto é, pouco a pouco sobre o Japão".[79] Sente falta não do que costuma experimentar quando está no estrangeiro — um sentimento de liberdade e de suspensão no qual vive sua sexualidade sem amarras e que oxigena uma vida ordenada e blindada ao extremo —, mas do conjunto da cultura, a maneira diferente de regrar e desregrar sua vida. Alguns dias mais tarde, escreve de novo para Maurice Pinguet e diz estar em Paris tomado pelo tédio, o peso de seus encargos lhe é insuportável. "O Japão, aqui ainda, não fez senão cristalizar esta necessidade de uma *outra* dimensão no trabalho cotidiano, a necessidade de equilibrar a hipertrofia intelectual por uma verdadeira arte de viver."[80] Prova de seu engajamento total, ele começa a aprender a língua. Os arquivos conservam cadernos muito caprichados com longas listas de palavras, indicando que ele não se contenta com um simples método de conversação. Ele também exercita a caligrafia, tendo aulas com um

---

79. Carta a Maurice Pinguet, 9 de junho. Fundo Maurice Pinguet, IMEC.
80. Carta a Maurice Pinguet, 20 de junho. Fundo Maurice Pinguet, IMEC.

estudante. As duas viagens seguintes, de 4 de março a 5 de abril de 1967, e de 17 de dezembro de 1967 a 10 de janeiro de 1968, aprofundam seu conhecimento e reforçam o vínculo, fornecendo o material de um dos únicos livros seus que respondem a um impulso interior e não a um incentivo de fora (mesmo se ele responde à solicitação de Albert Skira): *O império dos signos*.

Quanto ao resto, a matéria de um ano é também feita de muitas coisas que escapam à lenda e que formam o tecido de uma existência plena e ativa. Ele participa do nascimento de *La Quinzaine littéraire*, de Maurice Nadeau, lançada num coquetel na livraria La Hune em Saint-Germain-des-Prés, no dia 14 de março, e para a qual ele escreve um artigo sobre Benveniste. Foi Kristeva que lhe assinalou a importância do linguista e que organiza um encontro entre seus dois mestres em dezembro do mesmo ano. Barthes mergulha no primeiro volume de *Problemas de linguística geral*, que acaba de ser publicado pela Gallimard, e não se contenta em sublinhar o "saber impecável", a clareza e a densidade de um livro capital para a ciência da cultura, que "fundamenta linguisticamente, isto é, cientificamente, a identidade do sujeito e da linguagem";[81] ele celebra também a grande beleza do livro, um estilo de pensamento que lhe confere "esta espécie de clareza inesgotável, com a qual são feitas também as grandes obras literárias". O ano de 1966 vê se aprofundarem ainda as relações com os intelectuais e escritores italianos. Não são meras relações pessoais que estão em jogo, mas momentos-chave da história intercultural. Quando ele vai para a Itália em abril de 1966 para o lançamento da tradução de *Essais critiques*, ele janta com Edoardo Sanguinetti — sobre o qual escreve um texto no ano seguinte para o catálogo Feltrinelli — em Turim; com Umberto Eco, que apresenta o volume em Milão; com a escritora Lalla Romano. Em Roma, ele vê Italo Calvino, Alberto Moravia, Giorgio Manganelli. Todos esses encontros indicam que ele é uma figura central da vida intelectual não só francesa, mas também italiana. Nos anos seguintes, Calvino passa dois anos em Paris para seguir seu seminário sobre *Sarrasine*; e o aporte de Barthes para a elaboração de uma escritura combinatória é tão decisivo para ele quanto aqueles de Perec ou de Queneau. Calvino registra tudo isso num texto em

---

81. "Situation du linguiste", *La Quinzaine littéraire*, 15 de maio de 1966 (OC II, pp.815 e 816).

que lhe presta homenagem.[82] Umberto Eco é um verdadeiro amigo. É fascinado pela ligação em Barthes do projeto científico e do poder literário. As *Mitologias* não lhe pareceram simples exercícios de desmistificação, mas verdadeiras pequenas obras que respondem a um ambicioso projeto de epistemologia geral.[83] Ele desempenha um papel importante para a definição italiana da semiologia e do estruturalismo que se inscreve logo no contexto acadêmico e cujo poder contestador é menos nítido que na França. A importância de Barthes na Itália se mede também pela força das oposições que aí surgem. Assim, Cesare Segre e Maria Corti procuram distinguir a semiologia italiana, que não abandona a aproximação filológica e histórica que faz a força de sua tradição de leitura dos textos. O ponto de desacordo incide sobretudo na função da crítica; segundo eles, ela deve conservar sua especificidade de comentário e se distinguir da obra literária. O embaralhamento das fronteiras entre escritor e crítico, a ambiguidade de seus papéis lhes parece contraditório com a intenção de conferir um estatuto científico à crítica e torná-la autônoma em relação a outras práticas de escritura.[84]

É ainda naquele ano que Barthes termina sua grande pesquisa sobre automóveis para Publicis, a pedido da companhia Renault. As trocas entre o mundo social e o mundo intelectual estão, então, no ápice. Os artigos que ele consagra às vedetes, ao carro (do qual ele faz uma mitologia geral, além daquela do DS), à mensagem publicitária (sua participação nos *Cahiers de la publicité*) no começo dos anos 1960, seu trabalho sobre a comunicação de massa com Georges Friedmann e Violette Morin acrescidos ao sucesso das *Mitologias* atraem para seu seminário personalidades de outros meios, e não apenas estudantes ou acadêmicos. Assim Georges Péninou, diretor do departamento das pesquisas em Publicis desde 1961 — empresa então muito inovadora em matéria de criação publicitária —, se matricula no seminário em 1963 e começa sob sua orientação uma

---

82. Italo Calvino, "In memoria di Roland Barthes", in *Saggi 1945-1985* (Milan: Mandadori, 1995), vol. 1, p.481.
83. Ver Umberto Eco e Isabella Pezzini, "La sémiologie des *Mythologies*", *Communications*, n. 36, 1982, pp.19-42.
84. Cesare Segre, resenha de Roland Barthes: *Saggi critici* (Turin: Einaudi, 1966), *Strumenti critici*, n. 1, outubro de 1966, pp.89-91. Ver também *I metodi attuali della critica in Italia*, org. de Cesare Segre e Maria Conti (Turin: Edizioni RAI, 1970).

tese sobre "a semiologia da publicidade" (ele a publicará em 1972 pela Robert Laffont com o título *Intelligence de la publicité*). Em 12 de junho de 1964, ele convida Barthes para fazer uma conferência sobre os intercâmbios entre semiologia e publicidade para os chefes de grupo na sede de Publicis, na praça da Étoile, e lhe propõe análises de mensagens visando melhorar a divulgação dos produtos. Tais encomendas têm a vantagem de serem muito bem pagas e dar uma ressonância mais vasta para a pesquisa. Mas exigem um trabalho que o monopoliza: em agosto de 1966, Barthes registraa em sua agenda que o texto sobre o carro para Péninou lhe tomou dezenove dias inteiros. Os arquivos da Renault conservaram esse trabalho inédito. Em 7 de setembro, Barthes encaminha a Péninou seu relatório final, acompanhado de uma carta em que ele se mostra um pouco ressabiado: "Fiz o melhor que pude, e entretanto o resultado é breve. Isso porque preferi não estender o que tinha a dizer, e o que eu tinha a dizer dependia da própria publicidade do carro. Ora — pelo menos para mim, foi isso que aprendi com este trabalho — esta publicidade é pobre — muito pobre mesmo [...]. Estou convencido que outros produtos se prestam melhor a uma análise semântica mais 'acidentada'; com o automóvel, não tivemos muitas chances (mas não podíamos sabê-lo de antemão); caímos num objeto semanticamente 'opaco'".[85] Barthes não prossegue a consultoria, mas continua a intervir pontualmente no IREP (Instituto de Pesquisas e de Estudos Publicitários), dada sua expertise sobre as imagens.

PENSAR A IMAGEM
Pois Barthes vive com as imagens. Inserir um fantasma no começo de toda leitura, de toda escolha de objeto, é uma maneira de exprimir o poder superior da imagem. Um dos textos mais importantes de toda sua obra é aquele disposto no início dos *Essais critiques*, que não trata da literatura, mas da pintura holandesa. Uma espécie de texto programa no qual todos os temas colocados em cena pelo engajamento e trabalho de Barthes se encontram presentes e tecidos juntos — a burguesia, o catálogo de objetos, o uso, certas qualidades

---

85. "L'image publicitaire de l'automobile: analyse sémiologique", 30 pp. + annexes, 1966, inédito. Ver Jacques Durand, "Georges Péninou (1926-2001), l'un des créateurs de la sémiologie publicitaire", *Hermès*, n. 32-33, 2002/1, pp.581-88.

concretas (o aveludado, o brilho), o corpo, a ausência de estilo. Da imagem publicitária ao cinema, da iconografia eleitoral à fotografia, é todo o espectro das representações icônicas que o interessam. Nos anos 1960 ele vai ao cinema várias vezes por semana, sem excluir nada: gosta de Godard, Resnais ou Baratier, mas vê também o cinema francês para grande público e os filmes de gênero americano. Ele pode dizer o seguinte em 1964 para a revista *Image et son*: "Vi *O homem do Rio* [de Philippe de Broca] e *O silêncio*, de Bergman,[86] um depois do outro". Em 1965, fica fascinado por *Le Coup de grâce*, de Jean Cayrol, e o exprime de maneira muito calorosa ao amigo.[87] Barthes teve mesmo uma experiência pontual de direção em Montreal em 1961, quando trabalhou num documentário sobre luta com Michel Brault. Este último conta que os comentários de Barthes foram determinantes para o pensamento do filme. Barthes o acompanhou primeiro ao Centro Paul-Sauvé para assistir a uma luta. Ele teria vivamente se oposto à sua intenção de criticar o aspecto fabricado do espetáculo. "Você está louco. É como se você quisesse desmontar os mecanismos do teatro", ele lhe teria dito.[88] Dar a ver o real em lugar de desmontar seu aspecto ilusório constitui uma linha de conduta que mostra bem que sua preocupação com as imagens não é somente ideológica, mas erótica; mesmo quando desmistifica algumas de suas características, alguns códigos (a franja dos atores de filme histórico, os gestos dos atores de filmes policiais, a pose dos candidatos às eleições...), ele mantém com esses elementos uma relação de desejo. É ainda o caso da fotografia. Das "mitologias" dedicadas a "O ator de Harcourt", às "Fotos-choques" e à "Fotogenia eleitoral", até o ensaio "A civilização da imagem", publicado no segundo número de *Communications*, há uma paixão sentida pelo "real literal", a pura denotação da fotografia. Ao mesmo tempo, é porque a visibilidade se acompanha de uma legibilidade que estes signos são lidos e traduzidos em palavras, que eles são objeto do estudo semiológico. "O

---

86. "Sémiologie et cinema", entrevista com Philippe Pilard e Michel Tardy, *Image et son*, julho de 1964 (OC II, p.625).
87. "Meu querido Jean, tomo o trem dentro de um minuto, mas como não lhe dizer que nós (François B. e eu) ficamos *emocionados* com seu filme; que força, que beleza, que enigma e também que clareza; é doloroso e, no entanto, saí dele com coragem de viver; é ambíguo e, no entanto, sem compromisso; com que alegria estamos no fundo *para*..." (carta a Jean Cayrol, 1965. Fundo Jean Cayrol, IMEC).
88. Michel Brault, em *Le Cinéma est ce qu'on veut en faire*, dir. Pina Sherman, 1993.

sentimento muito vivo que temos atualmente de uma 'montagem' das imagens nos faz esquecer que nesta civilização da imagem, a imagem precisamente não é nunca, por assim dizer, privada de palavra (fotografia legendada, publicidade anunciada, cinema falado, *fumetti*); chega-se a pensar que o estudo deste universo moderno da imagem — que não foi ainda realmente realizado — corre o risco de ser de antemão falseado, se não se trabalhar imediatamente com um objeto original, que não é nem a imagem nem a linguagem, mas esta imagem forrada de linguagem, que se poderia chamar de comunicação logo-icônica."[89] Esse forro do visível pelo legível explica que a imagem publicitária constitua uma reserva particularmente interessante para a análise. Depois de "Saponáceos e detergentes" e "Publicidade da profundidade", o ensaio "Rhétorique de l'image" e um texto publicado em italiano "Società, immagionazione, pubblicità", Barthes distingue dois registros de língua (visual e o verbal) e evoca a função de "ancoragem" concedida à palavra: é a palavra que permite à publicidade constituir um universo de símbolos que Barthes denomina "imageria".

    A competência adquirida sobre a imagem, acrescida ao prazer que Barthes sente em analisar, tem como consequência pedidos cada vez mais frequentes para escrever catálogos de exposição ou sobre obras de artistas. O texto mais representativo deste tipo de encomenda é aquele que ele escreve para acompanhar as fotografias de André Martin da torre Eiffel. As imagens ressaltam a matéria leve e vazada da torre, sua composição harmônica e a tessitura das vigas, vigotas, rebites, barras, cavilhas e arabescos que multiplicam suas aberturas e perspectivas. O poder do monumento parece vir de sua dificuldade em enquadrá-lo: é preciso multiplicar os ângulos de visão para captar alguma coisa de sua arquitetura, mas sem nunca dar a sensaçãode dominá-la. O texto de Barthes parte da observação das fotos, mas está longe de ser um simples comentário. É a torre Eiffel como imagem e como símbolo que está em questão. A edição inglesa, que faz dela uma mitologia entre outras, manteve sobretudo o caráter desmistificador do propósito. A torre é um sinal total, no qual cada um é livre para atribuir qualquer significação; signo puro, ela é o que o homem quer botar nela. Ela é o suporte de todos os es-

---

89. "La civilisation de l'image", *Communications* n. 2, 1964 (OC II, p.565).

tereótipos: falar dela é logo se perder em metáforas, em clichês. Para desmanchar este discurso superficial induzido pelo próprio monumento, Barthes recorre a todos os saberes — literário, linguístico, arquitetônico, científico — que, como as fotos de Martin, produzem uma multiplicação de perspectivas que acabam, enfim, por tornar a torre inatingível.

O texto de Barthes é também uma reflexão muito poderosa sobre a imagem. A torre, esbelta e pontiaguda, só tem de circular as figuras que a caracterizam: a argola (ela é vista e olha) e a reversibilidade e a completude (dentro e fora, nem cheio, nem vazio). Sobretudo, a torre é uma imagem e ela suscita todo um imaginário pessoal, o "para mim" a partir do qual se constrói qualquer discurso, mesmo aquele do saber. Barthes liga, pois, a torre Eiffel àquilo que nela o atrai: o panorama, a posição elevada que faz dela a versão moderna de Notre-Dame de Paris[90] e sua maleabilidade que lhe permite todas as apropriações. "Na hora em que, escrevendo estas linhas, começo a falar dela, ela está ali, diante de mim, recortada por minha janela."[91]

Vemos a torre do quarto da rua Servandoni e o sinal amistoso que ela envia todos os dias situa o espectador na cidade. Para melhor exprimir a particularidade do monumento, Barthes inventa uma imagem muito potente, embora um pouco assustadora: ao contrário de outros monumentos, nos quais nos engolfamos ou desaparecemos (embora todos tenham alguma coisa de caverna), na torre passamos diretamente por seu vazio, tornamo-nos de algum modo seu parasita. Ao formigamento urbano que domina e ao formigueiro de visitantes que acolhe, ela opõe a solidão e a singularidade, a verticalidade e a imobilidade. Responder a essa diferença é multiplicar as representações do objeto: daí a fascinação de Barthes pelas reproduções miniaturas da torre: "Dispondo de uma *redução* deste monumento, o comprador de bibelô sente um espanto renovado, é lhe dado *ter* a torre em sua mão, em sua mesa: o que faz seu preço

---

90. Ver *La Tour Eiffel*, OC II, p.549; ver também "Sémiologie et urbanisme", em que Barthes elogia Victor Hugo por ter concebido o monumento como escritura em *Notre-Dame de Paris* (OC II, p.1278); ver sobretudo o grande texto sobre o romance de Hugo, "La cathédrale des romans", que desenvolve sobre a altura e o panorama proposições comparáveis às de *La Tour Eiffel* (OC I, pp.873-76). "Modèle de géographie intelligente", esta apreciação que Barthes faz da descrição hugoliana das torres poderia lhe ser aplicada.
91. *La Tour Eiffel*, com fotografias de André Martin (Paris: Delpire, 1964 ; OC II, p.533).

real, isto é, o prodígio de seu tamanho, está, de alguma maneira, à sua disposição e ele pode misturar na sua decoração cotidiana um objeto estranho, inacessível, inapropriado".[92] Procurando um presente para um amigo japonês, Barthes não encontra nada melhor do que lhe oferecer uma pequena reprodução da torre Eiffel em latão.

A importância dos anos 1960, aqueles que precedem e preparam 1968, se lê no excesso trazido pela literatura e pela imagem que ultrapassa o programa estruturalista, multiplicando seus objetos de estudo. Fascinado pela abertura infinita da escritura e o poder de retomada das imagens, Barthes desloca pouco a pouco sua crítica, afastando-a de seu pretexto para fazer dela a aventura pessoal de um pensamento e a pesquisa de uma escritura autônoma. Esta passa pela extensão desmesurada e inédita dos poderes atribuídos à leitura.

---

92. *La Tour Eiffel*, OC II, p.548.

capítulo 12

ACONTECIMENTOS

Em 1967 Barthes fica muito pouco na França. No começo da primavera, faz uma viagem de um mês ao Japão; vai por duas vezes à Itália, uma vez ao Marrocos e passas os meses de setembro a dezembro nos Estados Unidos. Depois do colóquio de Johns Hopkins, foi convidado a ensinar um semestre em Baltimore. Durante a semana Barthes fica num hotel não longe da universidade, mas passa quase todos os finais de semana em Nova York onde tem amigos, Richard Howard em particular. Ele recicla seu seminário sobre a retórica e aproveita para fazer conferências em grande parte dos Estados Unidos: Filadélfia, Boston, São Francisco, Santa Bárbara, Indianópolis, Chicago... Embora seja o ano da publicação do *Sistema da moda*, os textos e as questões que o ocupam são bem diferentes. O estruturalismo lhe parece sempre uma solução contra a hermenêutica, mas seu interesse pela disseminação e pelo plural do sentido leva suas pesquisas a outras direções.

Barthes trabalha sobre o Japão, continuando a aprender a língua e lendo várias obras importantes sobre a arte cavalheiresca do arqueiro zen, o livro de Alan Watts sobre o budismo zen e os trabalhos de Daisetz Teitaro Suzuki para os quais sua atenção foi talvez atraída pela leitura de *Sobre Nietzsche*, de Georges Bataille, que faz deles longas citações.[1] Ele também se interessa pelo *haiku* e lê tra-

---

[1]. Eugen Herrigel, *Le Zen dans l'art chevaleresque du tir à l'art*, prefácio de D.T. Suzuki (Lyon: Paul Derain, 1955) [ed. bras.: *A arte cavalheiresca do arqueiro zen*, trad. J. C. Ismael (São Paulo: Editora Pensamento, 2011)]; Georges Braque, *Le Tir à l'arc* (Paris: Louis Broder, 1960); Alan Watts, *Le Bouddhisme zen*, trad. de Pierre Berlot (Paris: Payot, 1960). Col. Bibliothèque Scientifique; Daisetz Teitaro Suzuki, *Essais sur le bouddhisme zen*, trad. de Jean Herbert (Paris: Albin Michel, 1958).

duções de Bashô ou de Issa, assim como os quatro volumes de Blyth sobre os haicais. Ao mesmo tempo, ele se apaixona pela novela de Balzac, *Sarrasine*: a ideia lhe foi dada por um artigo do psicanalista Jean Reboul publicado em 1967 nos *Cahiers pour l'analyse*, "Sarrasine ou la castration personnifiée". Consagrando a *Sarrasine* seu seminário da EPHE, Barthes começa a pensar num texto sobre o livro, em homenagem a Lévi-Strauss.[2] Escreve principalmente sobre Loyola a partir de numerosíssimas fichas acumuladas sobre sua obra. É interessante ler em conjunto esses três livros (*s/z*, *O império dos signos* e *Sade, Fourier e Loyola*), na sua restrita contemporaneidade. Se, à primeira vista, podem parecer muito distantes um do outro — *s/z* realizando um programa científico e *O império dos signos* respondendo à ambição literária e pessoal —, pode-se também ler as numerosíssimas trocas que se estabelecem e os diálogos que se tecem: esse procedimento tem a vantagem de não tornar rígidas as oposições entre um Barthes que seria mais isto ou mais aquilo, e de ler a coerência de um projeto independentemente do modo de escritura adotado.

Assim encontramos fichas "Japão" no seminário de 1968 sobre *Sarrasine*, referências ao mestre zen para caracterizar o ensino; e a espécie de mecanografia imaginada para descrever a fábrica da escritura em Inácio de Loyola, a segmentação, nele, das unidades,

---

2. "Masculin, féminin, neutre", in *Echanges et communications. Mélanges offerts à Claude Lévi-Strauss*, (Paris: Mouton, 1970; OC V, pp.1027-43). O texto foi escrito em 1967 e constitui um primeiro esboço de *s/z*.

evocam o método utilizado por Barthes para ler o texto de Balzac.³ A grande revolução deste período deve-se assim ao deslocamento da atenção da escritura para a leitura, que acaba de subverter os códigos da explicação escolar aplicada aos clássicos e que multiplica infinitamente as direções que toma o sentido.

AUSÊNCIAS

Criticou-se muito em Barthes sua relativa indiferença aos acontecimentos de Maio de 68. Ainda que não tenha estado no proscênio da contestação, ele dela se ocupou e por ela se preocupou; sua linha de conduta permaneceu fiel àquela que fixara desde a chegada ao poder do general De Gaulle, sem gestos histéricos, sem chantagem pela palavra — "A palavra é uma chantagem", ele diz na primeira aula do seminário depois da interrupção de Maio⁴ —, mas sem nenhuma adesão silenciosa, com uma consciência aguda do papel e dos deveres do pensamento crítico.

A sequência 1967-1970 compõe uma unidade significante para a biografia: ela corresponde a uma crise sem que o termo lhe corresponda bem. O deslocamento que decorre disso não é nem da ordem da revelação nem da virada, como muitos disseram, mas do aprofundamento do tema (que é tanto um *ethos* como uma angústia) da ausência. As leituras que dominam este período, que de algum modo constituem o pano de fundo do cotidiano, são capitais, ao mesmo tempo causas e consequências deste movimento. Porque Barthes recusa os decretos impostos pelas normas, as violências da linguagem, a morte, ele é obsedado pelas figuras da dispersão, da falta e do vazio. Os textos que o atraem (*Sarrasine, A verdade sobre o caso do sr. Valdemar; Em busca do tempo perdido*) lhe fornecem redes de sentido, figuras para pensar essas questões aparentemente insignificantes da dispersão, dos resíduos. A ação singular exercida por *Sarrasine* se manifesta continuamente, a ponto de o texto de Balzac parecer o "modelo", no sentido

---

3. "*Les Exercices* são um pouco como uma máquina, no sentido cibernético do termo: introduz-se nela um 'caso' bruto, que é a matéria da eleição; deve sair, não uma resposta automática, mas uma pergunta codificada e, por isso mesmo, 'aceitável' (no sentido que a palavra pode ter em linguística)." O texto sobre Loyola apareceu primeiro em 1969 no número 38 de *Tel Quel* com o título "Comment parler à Dieu?" (*Sade, Fourier, Loyola*, OC III, p.750) [ed. bras.: *Sade, Fourier, Loyola, op.cit.*, pp.58-59].
4. "*Sarrasine*" *de Balzac*, aula de 21 de novembro de 1968, p.325.

que o termo tem para a costura, de todos os textos dessa época. A referência a Balzac cruza de modo às vezes inesperado, mas sempre interessante, a exploração do budismo zen, a prática do tao ou do *kô--an*. O tema da castração na novela de Balzac é uma falta dolorosa e turva, cuja violência o vazio japonês suaviza. A figura da morte obseda *Sarrasine*; Barthes encontra no pensamento chinês clássico outra forma de ausência, a de um sujeito não pleno. Contra o *querer-possuir* ou o *querer-impressionar* do sujeito pleno, senhor da palavra (aquele que *toma* a palavra ou se apodera do microfone nas grandes assembleias), o mestre zen, a cujo modelo Barthes quer cada vez mais se conformar, em especial no quadro de seus cursos, opõe um "não querer possuir", inspirado em Lao-tseu: "Ele não se exibe e resplandecerá. Ele não se afirma e se imporá".[5] Desde 1968, o comportamento de Barthes em política se regula de acordo com este programa.

O famoso texto sobre "A morte do autor", escrito em 1967, abre com uma evocação de *Sarrasine*: "Na sua novela *Sarrasine*, Balzac, falando de um castrado disfarçado de mulher, escreve esta frase: 'Era a mulher, com seus repentinos temores, seus caprichos irracionais, suas perturbações instintivas, suas audácias inexplicáveis, suas bravatas e sua deliciosa finura de sentimentos'. Quem fala assim? É o herói da novela, interessado em ignorar o castrado que se esconde sob a mulher? É o indivíduo Balzac que, por meio de sua experiência pessoal, adquiriu uma filosofia da mulher? É o autor Balzac, professando ideias 'literárias' sobre a feminilidade? É a sabedoria universal? A psicologia romântica? Será sempre impossível sabê-lo pela boa razão de que a escritura é destruição de toda voz, de toda origem. A escritura é este neutro, este compósito, este oblíquo para onde foge nosso sujeito, o preto e branco para onde vem se perder toda identidade, a começar por aquela do corpo que escreve".[6] O curso sobre *Sarrasine*, que começa logo depois,

---

5. Lao-tseu, *Tao-tö king*, trad. de Liou Kia-hway (Paris: Gallimard, 1969), p.37. Um dos textos de *Fragmentos de um discurso amoroso*, "Sobria ebrietas" apoia-se inteiramente nesta noção de "non-vouloir-saisir", "NVS" (OC V, pp.285-87) [ed. bras.: *Fragmentos de um discurso amoroso*, "Sobria ebrietas", noção de N.Q.P., "não querer possuir", p.283].
6. "La mort de l'auteur", in *Manteia*, 1968 (OC III, p.40). O texto foi antes publicado em inglês com o título "The Death of the Author" (*Aspen Magazine*, n. 5-6, 1967), ao lado de obras minimalistas. Intitulado "The Minimalism Issue", o único número duplo da revista vanguardista de Phyllis Johnson contém também textos de Susan Sontag e registros sonoros de John Cage, de William Burroughs e de Samuel Backett. O texto foi encomendado a Barthes por Brian O'Doherty, artista e crítico de arte que o conhecia por intermédio de Susan Sontag.

em 8 de fevereiro de 1968, desde a primeira aula faz da morte do autor uma condição do trabalho sobre o texto: "A ressurreição do texto implica a morte do autor, ligada à promoção da leitura".[7] Algum tempo mais tarde: "A narrativa é um tecido predicativo sem sujeito, com sujeito migrante, evanescente. O que fala não é nem o autor, nem o personagem (não é pois o 'sujeito'), é o sentido".[8] Pode-se avaliar agora a influência das proposições de Julia Kristeva sobre essa organização do sistema que acrescenta à estrutura a questão, doravante primordial, do plural das vozes: a noção de paragrama, que faz do texto literário uma rede absolutamente móvel, é logo convocada, assim como o nome de Bakhtin, para as ideias de polifonia e de diálogo das vozes. A análise estrutural das narrativas, o número 8 de *Communications* sobre a narrativa — que Barthes coordenou em 1966 —, Propp e os formalistas russos são considerados conhecidos dos estudantes e o professor só volta a falar sobre isso muito rapidamente. O que é novidade, em compensação, são as noções de disseminação e de eflorescência que levam a reflexão teórica para o lado da intertextualidade (mesmo que a palavra ainda não apareça): "Todo texto se constrói como mosaico de citações, todo texto é absorção e transformação de um outro texto", segundo a célebre fórmula que Julia Kristeva lança em 1969 em *Sèméiotikè*.[9] Já no seminário de Barthes de 1968, o texto remete apenas a si mesmo ou infinitamente a outros textos.

A ideia da "morte do autor" exprime a seguinte abstração: a do texto como configuração estelar de fragmentos de vozes, códigos, citações que a escritura trança sem jamais reduzi-los à de um deles. Num contexto intelectual em que se questiona a ideia de sujeito, em que várias reflexões se associam para denunciar a autoridade das instâncias da fala,[10] a fórmula impressionava: ela parece destruir o autor real enquanto ataca, de fato, apenas a sua função unitária. O autor, segundo Barthes, por sua unicidade e seu poder simbólico sobre o texto, não dá conta de produzir a multiplicidade dos códigos e do

---

7. "*Sarrasine*" *de Balzac*, p.66.
8. *Ibidem*, p.138.
9. Julia Kristeva, *Sèméiotikè* (Paris: Seuil, 1969), p.85 [ed. bras.: *Introdução à semanálise*, trad. de Lucia Helena França Ferraz (São Paulo: Perspectiva, 2012)].
10. Michel Foucault, "Qu'est-ce qu'un auteur?", *Bulletin de la Société française de philosophie*, n. 3, 1969, recolhido em *Dits et écrits 1954-1969*, t.1, org. de Daniel Defert e François Ewald (Paris: Gallimard, 1994).

sentido. Mas matá-lo é também um ato simbólico que manifesta uma autoridade paradoxal quanto à suposta dispersão das funções. Reconhecemos a capacidade assertiva e a arte da fórmula que caracterizam em certa medida a escritura de Barthes; percebemos também a piscada dirigida a Foucault e ao fim das *Palavras e as coisas*, mas não podemos deixar de ver o contágio do texto na base da reflexão que programa o assassinato de Sarrasine, sua personagem principal.[11] A morte faz seu trabalho. Certamente o leitor, o crítico, recuperam grande parte do papel abandonado pelo autor, contra a sua vontade. Mas seu ser plural, seu anonimato, fazem correr menos o risco da autoridade abusiva.

    A reviravolta das posições se inscreve no processo de mutação institucional reclamado por Maio de 68. É a instalação de um protocolo já adotado há muito tempo por Barthes em seus cursos; ele se lê também no enfraquecimento da palavra assertiva em seus textos. Ao longo da década de 60 várias personalidades experimentaram esses espaços de ensino alternativos, esta relação diferente com a autoridade e o saber. O ensino de Louis Althusser na Escola Normal Superior, particularmente no ano em que ele lê *O Capital* de Marx, em 1964-1965, mas também o seminário de Lacan (acolhido a partir desta data na rua D'Ulm), que trata dos fundamentos da psicanálise, têm uma repercussão considerável. A publicação, por iniciativa de François Wahl, dos *Escritos*, em 1966 — que abre com a análise de "A carta roubada", de Poe — bem como o livro coletivo *Ler "o Capital"*, do qual participam, além de Althusser, Étienne Balibar, Roger Establet, Pierre Macherey e Jacques Rancière, revelam que a atenção se deslocou do autor para o leitor e que a prioridade é dada à análise e à decifração. Estruturas ou sintomas, trata-se de revelar dados novos, não positivistas nem referenciais. Neste sentido, as mudanças de lugar, do mestre para o aluno, ou a figura inédita do leitor-autor promovida por Barthes já ocorrem antes de 1968. É de fato a existência dessas proposições diferentes que precipita a necessidade mais geral de transformação.

---

11. A novela de Balzac conta a seguinte história: na Itália no século XVIII, um escultor, Sarrasine, se apaixona loucamente pela cantora Zambinella. Quando ele descobre, ao cabo de certo número de peripécias destinadas a entretê-lo em seu equívoco, que esta é, de fato, um castrado, ele quer matá-la e morre assassinado por ordem do cardeal Cicognara, protetor de Zambinella.

Barthes foi, sem dúvida, um dos precursores do movimento no contexto acadêmico, assinalando que outra relação com o saber, outra relação com a palavra eram possíveis. Em novembro de 1968, uma parte do curso sobre *Sarrasine* apresenta a arqueologia das instituições pedagógicas que conduziram a uma prática hierárquica fundada na autoridade da tomada de palavra; Barthes propõe em seguida um programa de questionamento radical de certas práticas da linguagem. A oposição entre fala e escritura é levada a uma distinção entre monologismo da fala e polifonia do escrito, e mais simplesmente à diferença entre oral e escrito. Para deslocar a autoridade da fala, Barthes apela para a cultura japonesa. O zen, deixando que o aluno tome a iniciativa de decidir a direção das relações entre mestre e discípulo, impõe dois princípios: não há nada para ensinar e o mestre não ajuda o aluno. Seu controle é antes de tudo um controle das formas às quais o aluno, graças à imitação e muitas tentativas, pode progressivamente ter acesso. Às vezes, é porque não compreende que o aluno se torna o mestre.[12] Fazer do seminário o espaço de aprendizagem da forma é substituir a fala pela escritura, ou pelo menos responder à "atração da pesquisa na fala" pelo "espectro ou o fantasma da escritura".[13]

Como explicar, desde então, que Barthes não tenha se sentido envolvido por Maio de 68, quando o movimento está tão presente em suas premissas; quando em fevereiro ele participa das manifestações em frente à cinemateca contra a expulsão de Henri Langlois;[14] quando seu discurso sobre a literatura, as imagens e as mídias se

---

12. Barthes convoca este exemplo do sexto patriarca que sucede ao quinto porque ele não compreendia o budismo, mas simplesmente o caminho, no curso de 1977-1978 sobre *Le Neutre*, p.57 [ed. bras.: *O neutro*, p.64].
13. "*Sarrasine*" de Balzac, p.334. É um ponto comum interessante para destacar entre Barthes e Lacan, mesmo que não empreguem em seus respectivos seminários as mesmas técnicas de ensino: a primeira página do livro 1 do *Seminário* de Lacan traz assim esta indicação: "O mestre interrompe o silêncio por qualquer coisa, um sarcasmo, um chute. É assim que procede na pesquisa do sentido um mestre budista, segundo a técnica zen. Cabe aos próprios alunos buscar a resposta às suas próprias questões. O mestre não ensina *ex cathedra* uma ciência pronta, ele traz a resposta quando os alunos estão prestes a encontrá-la. Este ensinamento é a recusa de qualquer sistema" (1953).
14. Recusando as qualidades de gestor de Henri Langlois, Malraux quer lhe retirar a direção administrativa da cinemateca, decisão condenada por Daniel Cohn-Bendit e, na Assembleia, por François Mitterrand. É o começo do "caso Langlois", no qual se envolvem muitas personalidades francesas e estrangeiras dos meios artísticos e intelectuais.

distingue das argumentações acadêmicas de tal modo que ele representa a figura de mestre de pensamento e de incitador indireto da revolta? Várias razões podem ser indicadas para explicar este isolamento e o sentimento que ele experimenta de não participar do movimento. Ele está com 52 anos e não tem mais a energia que o animava durante o grande período de atividade da década de 50. A extrema juventude dos manifestantes o exclui; sua desconfiança da teatralidade revolucionária o impede de representar um papel, de imitar atitudes, mesmo aquelas que ele encarna, como a do mestre ignorante. Além disso, a doença reaparece precisamente em 1968. No final da tarde de 27 de abril, em companhia de Robert Mauzi, ele desmaia na rua. É levado ao hospital Laennec, onde fica em observação algumas horas depois de lhe fazerem uma sutura no supercílio. Em 6 de maio, três dias depois do começo do movimento estudantil, ele tem um eletroencefalograma marcado, na avenida Victor Hugo, enquanto oito estudantes de Nanterre, entre os quais Cohn-Bendit, são convocados pela comissão disciplinar; Henri Lefebvre, Alain Touraine, Guy Michaud e Paul Ricoeur os acompanham para lhes dar apoio. Em 7 de maio, quando grandes manifestações estudantis e violentos protestos contra as forças da ordem ocorrem, ele tem sangramentos na laringe e passa por um exame médico no consultório do dr. Jeanguyot. Seu ritmo de trabalho diminui. Em 10 de maio, barricadas são levantadas no Quartier Latin; no mesmo dia, ele recebe os resultados do exame do cérebro, que não são bons, o que o deprime. Ele tem uma consulta em 18 de maio com um neurologista do hospital Pitié-Salpêtrière; enquanto espera, tenta mais ou menos dar continuidade ao trabalho em curso (sua correspondência, teses para ler, trabalhos para corrigir, o texto sobre o bunraku que prometera a Sollers...), seguindo o desenrolar dos acontecimentos; ele dá uma volta na Sorbonne, reaberta em 14 de maio e transformada numa imensa tribuna livre onde se fazem propostas e se debate dia e noite; dia 16, ele participa de uma discussão animada sobre o que está ocorrendo; é vivamente interpelado (teria sido nesse dia que lhe disseram ter vestido a carapuça da famosa frase "As estruturas não descem para a rua"?); à noite vai ao Odéon com Wahl e Sarduy para ouvir os debates que reúnem estudantes, sindicalistas, secundaristas, curiosos. A partir da grande manifestação de 13 de maio começa a greve geral que vai paralisar a cidade e o país; no dia 18 ele vai à consulta marcada, desafiando a greve. "Alívio quase completo", escreve na agenda sem que se possa saber se se refere aos resultados do exame ou ao fato de ter atravessado a cidade sem incidente. As defesas de teses de que participaria na Sorbonne são canceladas. Em 22 de maio, ele passa três horas num laboratório da rua de Solférino, onde faz um exame de hiperglicemia. Assiste ao pronunciamento de De Gaulle na televisão e ouve o rumor de manifestações ainda mais violentas do que de costume no bulevar Saint-Michel, e que dessa vez soam ainda mais insurrecionais. Barthes agora não fala "manifestações", mas "motins". Em 25 de maio é convidado para uma assembleia plenária da VI seção da Escola.

Essa narrativa estereográfica dos acontecimentos da história coletiva e da existência individual não visa desculpar Barthes do tímido engajamento, mas lembrar o quanto a vida corriqueira pode se entrechocar com a atualidade efervescente, apesar das diferenças de escala. Barthes retoma progressivamente a escritura, consagrando parte de seus dias ao texto sobre o bunraku, parte a um texto sobre Fourier. O espetáculo de marionetes japonesas, ele o tinha visto no teatro do Odéon em 2 de maio, acompanhado da mãe e de Salzedo. A resenha que faz, retomada com muitas variantes em *O império dos signos* contém, como *Fourier*, alusões explícitas à situação presente. Exaltando o caráter não teatral do espetáculo, ele elege como valores a limitação dos poderes da voz e a supressão da histeria. O alcance filosófico do bunraku estaria no apagamento da antítese entre o dentro e o fora, entre o animado e o inanimado; a antítese, por sua fez, figura privilegiada da cultura ocidental, "faz converter todo substantivo em palavra de ordem contra seu antônimo (a criatividade contra a inteligência, a espontaneidade contra a reflexão, a verdade contra a aparência etc.)".[15] A ironia contra os *slogans* e as palavras de ordem de Maio dificilmente poderiam ser mais explícitas. Dos valores propostos por 68, de autonomia, realização pessoal, comunidade, autogestão, o único que julga capital e possível de interiorizar é a anulação da autoridade magistral. Os outros lhe parecem demasiado espetaculares para se impor de um modo que não a histeria. A crítica que faz a esta forma de revolta aparece nos textos escritos durante os acontecimentos — nos quais é tratado apenas obliquamente (por exemplo, em *Fourier*, "Fourier quer decifrar o mundo para

---

15. "Leçon d'écriture", OC III, pp.33-34.

refazê-lo")[16] — e em sua correspondência. Nas cartas para Maurice Pinguet, evoca seus problemas de saúde e, tendo tomado conhecimento de que o amigo seria nomeado para a Sorbonne em sua volta do Japão, ele escreve em 9 de junho: "Depois dessa greve terrível que, aliás, acabou mal". Ele prossegue numa análise preocupada com a situação, prevenindo Pinguet: "Será preciso que você, como todos nós, tenha muita coragem para enfrentar o começo das aulas — se ocorrer; você não imagina a confusão dos espíritos, das linguagens, no cenário de uma instituição ausente; hoje ninguém, acredito, pode prever a dialética que poderá unir a universidade que se proclama maoísta e a instituição gaullista, se for retomada. Quanto a mim, confesso que no momento não vejo bem que lugar terei em tudo isso. Houve momentos peníveis, as hostilidades, animosidades e acertos de contas emergindo no momento desta grande crise; e resta muita apreensão, em todos os níveis. — Naturalmente, meu projeto de viagem tornou-se muito incerto".[17]

Durante esse mês de junho, em que as atividades acadêmicas, como as outras, são retomadas aos poucos, ele continua a temer ser isolado e questionado, como o foi na Sorbonne. Participa das grandes assembleias, mas sem convicção. Deslocar-se até Nanterre, para as defesas com Greimas e Lefebvre, é motivo de preocupação; seu papel e seu engajamento tímido o afetam (as famosas interpelações de então: "De onde você está falando?", "Quais são seus conceitos?"); por outro lado, solidariza-se com ao menos uma coisa: a virtude do deslocamento na relação pedagógica. Julga injustos os ataques contra ele, em particular aquele orquestrado por *L'Express* bem no começo do junho e ao qual ele se sente obrigado a responder. No segundo de seus suplementos especiais, o jornal consagra um longo artigo à universidade e à "derrocada dos mestres do pensamento": "Louis Althusser, que reinterpretou Marx à luz do estruturalismo, está no hospital: depressão nervosa. Michel Foucault, saudado há dois anos como o filósofo do futuro, continua tranquilamente seus cursos na universidade de Túnis [...]. Roland Barthes, diretor de pesquisas na Escola Prática de Estudos Avançados, dava 56 horas de aulas por ano. Seus alunos eram estudantes de uma elite, em princípio, decidida a

---

16. *Sade, Fourier, Loyola*, OC III, p.784 [ed. bras.: *Sade, Fourier, Loyola, op.cit.*, p.108].
17. Carta a Maurice Pinguet, 9 de junho de 1968. Fundo Maurice Pinguet, IMEC.

se consagrar à pesquisa. Ele os fazia, desde a volta às aulas, examinar anúncios de casamento do 'Chasseur français', para integrar a seus estudos linguísticos. Ele pensa em pedir demissão e abandonar o ensino".[18] Felizmente, prossegue Gérard Bonnot, autor do artigo, ele é uma exceção: a maior parte dos professores decidiu jogar o jogo e reformar sua pedagogia. Barthes envia logo uma retificação, que é publicada no primeiro número da volta ao normal, em 17 de junho: "De um lado, nunca promovi nenhum seminário sobre o assunto que seu colaborador me atribui, e nunca 'fiz meus estudantes' examinarem o que quer que seja para meu próprio trabalho. De outro lado, não penso de jeito nenhum pedir demissão de meu cargo de diretor de estudos".[19] O boato lhe imputa um desengajamento culpado; ele está desorientado.

Politicamente, não sabe que posição adotar, ou melhor, não vê onde sua posição o situa. Não é partidário da escolha estratégica que o grupo *Tel Quel* faz do PCF, afirmando que uma revolução não pode senão ser marxista-leninista. Tampouco participa da fundação do Comitê Revolucionário de Ação Estudantes-Escritores, de Jean-Pierre Faye, com Butor, Roubaud, Duras, Nadeau, Blanchot e Sarraute. Não assinará o manifesto "A revolução, aqui e agora", no número 34 de *Tel Quel*, e mesmo que ele frequente esporadicamente as reuniões do Grupo de Estudos Teóricos, na quarta-feira à noite na rua de Rennes, ele intervém apenas uma vez. Toda essa agitação o aborrece e o fadiga, e ele não tem o sentimento, como muitos de seus colegas, de que a história respondeu à convocação dos textos. Ele se sente questionado em seu papel crítico e de oposição. Talvez seja uma situação com a qual o verdadeiro precursor sempre se vê confrontado, num momento ou outro: quando o que ele predisse ou instituiu previamente é recuperado e toma forma, ele se acha normalizado e mesmo transformado em passado. Há muito tempo, Barthes deu esta descrição da vanguarda, com a famosa metáfora da "vacina": "Inocularam um pouco de progresso [...] na tradição, e eis a tradição imunizada contra o progresso: alguns *signos* de van-

---

18. Gérard Bonnot, "Université", *L'Express*, suplemento especial II, "L'affrontement", 2 de junho de 1968, pp.12-13.
19. "Une lettre de M. Roland Barthes", *L'Express*, 17-23 de junho de 1968, p.32. A carta de Barthes é seguida de uma "Lettre de M. Lucien Goldmann", que, embora celebrado pelo artigo como professor aberto às reformas, retifica também certo número de erros.

guarda são suficientes para castrar a verdadeira vanguarda".[20] A burguesia delega assim a uns a tarefa de subverter e contestar, com uma finalidade de purificação social. Mesmo se essa economia é legível apenas na escala da história de longo prazo — a vanguarda pode ser, ao contrário, vivida pelo criador como uma liberação total —, não se pode ignorar que um dia a ordem recuperará essa experiência criadora radical. Ou então, diz Barthes, é a estrutura fundamental, política, da sociedade que é preciso incriminar, o que, por seu próprio funcionamento, essa sociedade burguesa impede.

    É um pouco o drama de Barthes: seu espírito criador o empurra para a frente, para questões propostas pelas vanguardas históricas (em particular a ligação entre teoria, criação e revolução), mas sua inteligência histórica e política o convence da inutilidade desse movimento. Por isso ele é levado para *Tel Quel*, estando convencido de que o grupo e a revista sofrerão a mesma reviravolta. Barthes sente provavelmente com a maior dor essa recuperação em 1968. Sua força subversiva foi reconhecida, mas institucionalizada (mais que o *Traité*, de Vaneigem, e *A sociedade do espetáculo*, de Debord, o que indica que certas margens podem conservar por mais tempo sua capacidade de subversão). São novas vanguardas contestatórias e criadoras que se impõem, deixando-o na beira da estrada. Essa ambiguidade também se manifesta no papel que o convidam a representar e ao qual ele se presta de bom grado: aconselhar as reformas, em particular a da universidade. Foi chamado por Edgar Faure para a criação de Vincennes — uma das grandes conquistas de Maio de 1968 —, e participa das reuniões sobre a organização dos estudos (com Gérard Genette, Jean-Pierre Richard e outros) e a cooptação de pessoas para ensinarem (seu irmão encontra, aliás, um cargo de docente, como assistente de hebraico). Barthes, sensível ao caráter experimental e rico do projeto, está convencido da necessidade de abrir a universidade a novos métodos e a outras disciplinas, e de franquear o ensino aos não bacharéis. Mas, se faz isso com consciência, não manifesta o entusiasmo característico daquele tempo em que, para muitos outros, tudo parece aberto.

    Não é, pois, a bem dizer, a indiferença que caracteriza sua relação com Maio de 68, mas um questionamento doloroso de seu

---

20. "La vaccine de l'avant-garde", OC I, p.565.

lugar no mundo, como nas primeiras crises ligadas à descoberta de sua doença. Barthes se sente deslocado, perturbado em seu próprio deslocamento. Os textos e atos que se seguem fazem ecoar essa perturbação em vários níveis: primeiro porque alguns se esforçam em aderir à crise e produzir sobre ela um discurso aceitável. Barthes participa do famoso número 34 de *Tel Quel* do verão de 1968 com o artigo sobre o bunraku e, a partir de julho, começa a escrever um texto sobre os acontecimentos, que é publicado no número de novembro de *Communications*. Em "L'écriture de l'événement", o tal texto, ele opõe logicamente fala e escritura, insiste no modo como a revolta pode ser lida como uma "tomada da linguagem" — como se diz "tomada da Bastilha" —, mas sem esclarecer até que ponto essa autoridade nova é, segundo ele, abusiva e regressiva. A crítica não é legível na superfície (é preciso conhecer outros textos do mesmo período para percebê-la). Também, no momento da retomada dos cursos na EPHE, em novembro de 1968, Barthes propõe sua leitura dos acontecimentos quando quase todos os docentes da Escola sentem a necessidade de fazê-lo, ou porque respondem a uma demanda estudantil, ou porque consideram seu método capaz de assumir a contestação. Edgar Morin propõe uma "Fenomenologia de Maio e sistemas explicativos"; Michel de Certeau analisa "Os problemas de interpretação de Maio". Barthes também entra na roda, enfatizando a "disseminação descentrada, de origem enganosa".[21] Seu discurso não é isento de demagogia: os ouvintes não trabalham sob sua direção, mas com ele, "a (seu) lado"; ele diz desconfiar de todas as normas institucionais. Já há uma perturbação visível nessa maneira de recrutar os estudantes, de defender a capacidade de seu próprio programa de leitura de responder a essa mutação; assim, sobre a "decifração" dos signos: "Não é fácil, isso demanda um trabalho contínuo, começado, é preciso lembrá-lo, aqui e ali, há alguns anos".[22] Na entrevista a Pierre Daix para *Les Lettres françaises*, que dá em Urt em julho de 1968, ele sublinha várias vezes os méritos da semiologia e do ensino na EPHE para responder à demanda dos acontecimentos. "Não seria preciso", ele diz, "a cada vez partir do zero". Esse gênero de defesa *pro domo*, raro em Barthes quando se sente seguro em suas posições, marca uma preocupação quanto a seu papel.

---

[21]. *"Sarrasine" de Balzac*, p.320.
[22]. "L'écriture de l'événement", *Communications*, n. 12, novembro de 1968 (OC II, p.51).

Sobre dois pontos, não negligenciáveis, sua análise se revela inovadora e politicamente lúcida, se a olharmos na perspectiva de hoje. O primeiro concerne ao imediatismo do discurso e do acontecimento, que dá um poder inédito à palavra e à tomada de poder pela palavra. Neste sentido, Maio de 68 é o resultado histórico de um processo de comunicação de massa, fundado na mídia e no imediato, na mensagem e no efêmero, na imaginação irrefletida e na necessidade de realização. Barthes não faz senão denunciar um anti-intelectualismo — ele o recusa desde a polêmica acerca de *Sobre Racine* —, que ameaça, de fato, qualquer possibilidade de crítica da cultura. "Há um pujadismo intelectual que é sempre possível: desconfiança brutal com relação à linguagem, descarte das formas, reputadas sempre como sofisticadas, acusação de 'jargão', recusa da escritura etc.: conhecemos esse velho mito anti-intelectualista, tão tenaz na França."[23] Dizendo isso, ele reitera sua posição contra a arrogância da palavra da qual as Assembleias Gerais constituíam o teatro: sua desafeição pelo teatro, mais cedo no decorrer da década, já manifestava a mesma dificuldade com relação à palavra que está quase sempre, quando imposta e violenta, do lado da lei. Ele lhe opõe mais uma vez a polissemia do escrito, no qual tudo está sempre para ser inventado e que só ali pode ocorrer uma verdadeira revolução: é um *leitmotiv* em que se lê o desdém de Barthes pela espontaneidade dos acontecimentos e sua convicção de que a escrita — não como transcrição da fala, mas como reflexão plural do sentido — pode reunir o cultural e o político: "Consideraremos suspeita toda rejeição da escritura, todo primado sistemático da palavra, porque, qualquer que seja o álibi revolucionário, ambos fazem questão de *conservar* o antigo sistema simbólico e recusam associar sua revolução àquela da sociedade".[24] Como o capitalismo cultural só se acentuou

---

23. "Strucuturalisme et Sémiologie", entrevista com Pierre Daix, *Les Lettres françaises*, 31 de julho de 1968 (OC III, p.82).
24. "L'écriture de l'événement", *op.cit.*, p.51. Um outro texto, de 1969, afirma nitidamente o problema de uma crítica cultural isolada de seu argumento político: trata-se de uma reflexão sobre o movimento hippie, que, criticando com razão uma sociedade de consumo desenfreado e uma civilização de abastados, se defronta também com a pobreza real que ela não assume politicamente, mesmo se apropriando de seus códigos pelo "*disfarce*, forma inferior de narcisismo cultural". A análise é muito eficaz e termina com a busca de uma outra via, sem dúvida fácil de imaginar: "Pode-se conceber uma crítica política da cultura, uma crítica ativa e não mais somente analítica, intelectual, que se estabeleceria além do adestramento ideológico das comunicações de massa [...]? Crítica política e crítica cultural não chegam a coincidir". ("Um cas de critique culturelle", *Communications*, n. 14, 1969; OC III, pp.104-07.)

desde que Barthes escreveu estas linhas, não podemos senão destacar a acuidade de sua análise, que precede de vários anos aquela de seu amigo, Michel Deguy, sobre o mesmo assunto.[25]

Outro ponto sobre o qual Barthes se mostra um verdadeiro visionário concerne à chegada da tecnocracia como um momento do capitalismo que investe menos no trabalho humano do que na rentabilidade da ciência. "Hoje", ele diz na aula de 21 de novembro de 1968, "é certamente um momento de virada, ou, pelo menos, de significativa escalada. Como defini-lo? Conjunção, confluência de uma ideologia e de uma política: uma ideologia, a das ciências do homem, uma política tecnocrática. A aliança objetiva das ciências do homem e da tecnocracia corre o risco de irromper na Escola, reivindicação tecnocrática (pesquisa, especialização, qualificação) partilhada pelas instâncias e pelas assembleias de maio (documento da comissão de reforma: '*Setores de ponta ou muito especializados*' etc.)."[26] Em outro momento, ele sublinha que as palavras de ordem de 1968 referentes à universidade, se as juntarmos como peças de um quebra-cabeça, formam uma imagem que "não é outra senão a da universidade americana".[27] Essa denúncia de tudo o que sacrifica a cultura à eficácia projeta tão exatamente o modelo da universidade atual que não se pode atribuir à posição de Barthes uma atitude reacionária. É sempre em nome dos mesmos princípios que ele estabelece sua linha de conduta. Enquanto sua relação com a escritura permite a possibilidade da contradição, em nome mesmo do plural e da disseminação do sentido, seu comportamento político e as razões de sua recusa ou de sua denúncia não mudam.

O LIVRO DE MAIO: "SADE, FOURIER, LOYOLA"
No texto sobre a cultura hippie, Barthes se pergunta se é possível encontrar uma crítica verdadeiramente política da cultura, e é somente em Fourier que ele vê a imagem de uma arte de viver desengajada, que possa coadunar política e cultura. A virada de Maio de 68 determina novos projetos, novas direções para a escritura. Nas entrevistas, Barthes insiste na necessidade de não fazer de "nada

---

25. Michel Deguy, *Choses de la poésie et affaires culturelles* (Paris: Hachette, 1986).
26. "*Sarrasine*" *de Balzac*, p.317.
27. "L'écriture de l'événement", OC III, p.48.

será como antes" uma fórmula vazia, de não fazer dela a expressão inversa do desejo de que tudo se torne como antes.[28] É preciso, diz Barthes a Pierre Daix, "aproveitar todo acontecimento para 'fazer' passado", isto é, "para fazer cair no passado o que se estava pensando" e tentar retomá-lo para pensá-lo de maneira renovada.[29] Fourier, mas também Sade, constituem esses espaços novos nos quais se pode pensar o acontecimento e dizer o que idealmente este teria podido ser. Se um primeiro comentário de Sade (que constituirá o livro "Sade I") já tinha sido publicado, no final de 1967, no número 27 de *Tel Quel*, a longa análise de Fourier, assim como o outro texto sobre Sade, são escritos durante e depois de 1968, enquanto "Loyola" tinha sido redigido no momento precedente, mas sempre na órbita do acontecimento. Fourier se revela muito esclarecedor para pensar politicamente formas de vida desalienada, o que seria para Barthes um Maio bem-sucedido. Ele diz também na entrevista das *Lettres françaises*: "Gostaria de descrever (isto é, deduzir de uma escritura) algumas dessas utopias domésticas, algumas dessas artes de viver imaginárias. Penso tomá-las da obra de dois grandes classificadores, ambos inimigos implacáveis da 'civilização': Sade e Fourier. Penso que a análise da utopia permitirá, mais uma vez, não só continuar uma crítica de nossa cultura, mas também explicitar uma espécie de imaginação do prazer, que me parece que deve estar presente naquilo que se procura e se conquista hoje".[30] Na vertente utópica do "mudar a vida", como a liberação sexual, esses dois autores realizam, segundo Barthes, o que as palavras de ordem da contestação reclamavam sem chegar a realizá-lo; pois a utopia, mais do que nas grandes mudanças espetaculares, se projeta melhor no cotidiano, nos acontecimentos comuns, nos detalhes. A reflexão sobre os "biografemas" resultou assim diretamente da questão política. Se ela é posta como tal neste livro, como o será mais tarde no ateliê "sobre a teatralidade biográfica", com Patrick Mauriès em 1963 e com o gru-

---

28. "A insistência com a qual se repetiu, de um lado e de outro, que, o que quer que *aconteça, depois* não poderia mais ser como *antes*, traduz, sem dúvida, negativamente, o temor (ou a esperança) de que, precisamente, *depois* volte a se tornar *antes*: o acontecimento sendo palavra, pode, miticamente, se anular" ("L'écriture de l'événement", OC III, p.47).
29. "Strucuturalisme et sémiologie", entrevista com Pierre Daix, *Les Lettres françaises*, 31 de julho de 1968 (OC III, p.79).
30. *Ibidem*, pp.82-83.

po de trabalho de 1974 consagrado aos "biografemas coletivos com o MLF", é com a vontade de compensar o esquecimento da grande História, de reabilitar figuras menores, não autoritárias, que podemos relacionar com o projeto de Michel Foucault das vidas dos "homens infames", definido como "uma antologia de existências. Vidas de algumas linhas ou de algumas páginas, de infelicidades ou de aventuras inumeráveis, reunidas num punhado de palavras".[31]

É assim possível ver, no livro de 1971, um dos grandes textos sobre o que se passou em 1968 — para Barthes, com certeza, mas não somente.[32] Alguns poucos colocaram em cena como fantasma, como utopia e como desejo, a verdade do que passou lá e que logo se viu presa numa doxa, recrutada por imperativos ideológicos. Se compararmos, por exemplo, *Mai 1968 en France*, de Jean Thibaudeau, publicado na coleção Tel Quel da Seuil em 1970 — para o qual Philippe Sollers escreveu o prefácio "Printemps rouge" —, com *Sade, Fourier, Loyola*, que sai na mesma coleção um ano depois, avaliamos toda a distância que separa um livro-espelho de um livro-pensamento. Se Jean Thibaudeau, com o jogo de entrecruzamento de múltiplas vozes, chega a restituir um pouco da criatividade espontânea e do surgimento da fala naquele momento, ele permanece colado ao acontecimento, faz dele um passado do qual já se tem saudade. Abrindo o texto para um futuro revolucionário, Sollers apenas o encerra um pouco mais numa massa ideológica. *Sade, Fourier, Loyola*, ao contrário, apresenta um futuro para a revolta. Ele critica, como sempre, a militância — nesse sentido, o texto é também uma crítica de Maio de 68 —, mas abre uma outra dimensão da revolução. Por exemplo, numa passagem de "Sade II": "A subversão mais profunda (a contra censura) não consiste, pois, forçosamente em dizer o que choca a opinião, a moral, a lei, a polícia, mas em inventar um discurso paradoxal (puro de toda doxa). A *invenção* (e não a provocação) é um ato revolucionário: este só se pode cumprir na fundação de uma nova língua. A grandeza de Sade não está em ter celebrado o crime, a perversão, nem em ter empregado para tal celebração uma linguagem radical;está em ter inventado um discurso imenso, fundamentado em suas próprias repetições (e não nas dos outros), trocado em pormenores, surpresas,

---

[31]. "La vie des hommes infames", *Cahiers du chemin*, janeiro de 1977, p.12.
[32]. Sem esquecer *Vous les entendez?*, de Nathalie Sarraute (Paris: Gallimard, 1972).

viagens, cardápios, retratos, configurações, nomes próprios etc.: em resumo, a contracensura foi, a partir do interdito, fazer romanesco".[33] Ao contrário da verdadeira censura que reprime, sufoca e retém, a invenção de uma língua aparece como um modo de confundir os encerramentos abusivos, incluindo aqueles que não vemos porque imaginamos que correspondam a uma transgressão.

O texto sobre Fourier assume precisamente a injunção de 68 de "refazer o mundo", mas propondo maneiras inéditas e que parecem se livrar das restrições da teologia e da teleologia. A combinatória e a classificação substituem a ordem hierárquica. O Desejo toma o lugar da Necessidade, o Doméstico substitui o Político. Aí o liame — ao mesmo tempo relação e oposição a 68 — está bem estabelecido: "Poderá alguma vez ser política uma utopia? Não seria a política *todas as linguagens menos uma, a do Desejo?* Em Maio de 68, foi proposto a um grupo que se constituía espontaneamente na Sorbonne estudar a *Utopia doméstica* — pensava-se evidentemente em Fourier; ao que se respondeu que a expressão era 'rebuscada' demais, portanto 'burguesa'; o político é aquilo que exclui o desejo, a menos que ele entre aí sob a forma de neurose; a neurose política ou, mais exatamente, a neurose de politização".[34] O propósito de Barthes situa à distância o discurso dominante de 68, considerando-o uma fala privada de sujeito, ("se respondeu"/" foi respondido?"), discurso flutuante, puramente ideológico. Mas a utopia pode existir sem desejo? Barthes faz uma crítica direta ao discurso revolucionário, quase sempre paradoxal, já que, por querer reduzir sua dimensão utópica, acaba também por apagar seu desejo. O que Fourier permite então é propor outras formas de mudança radical que possam servir como alternativas (marxismo e fourierismo são admitidos neste texto).

Os três escritores, Sade, Fourier, Loyola, construíram um edifício ideológico repressivo, mas, ao mesmo tempo, o destruíram por um excesso que Barthes denomina escritura e que dissemina sua força nos detalhes. A atenção a esses signos sutis é um modo para o autor submetê-los a seu imaginário: vestimenta, clima, viagens, doenças, flores, e fazer a linguagem defrontar-se com o silêncio. Os grandes autores trabalham com a variação múltipla das linguagens, o que dei-

---

33. *Sade, Fourier, Loyola*, OC III, p.812 [ed. bras.: *Sade, Fourier, Loyola, op.cit.*, p.148].
34. *Ibidem*, pp.775-76 [ed. bras.: *ibidem*, pp.94-95].

xa o leitor livre para escolher qual prefere, para fazer ressoar certos detalhes em seu espírito. Prefere-se a abertura do afeto, e a eventual dissolução que o acompanha, aos mundos fechados e às linguagens densas que encerram o mundo numa ilusória compreensão. "Porque, se é necessário que, por uma dialética arrevesada, haja no Texto, destruidor de todo sujeito, um sujeito para amar, tal sujeito é disperso, um pouco como as cinzas que se atiram ao vento após a morte (ao tema da *urna* e da *estela*, objetos fortes, fechados, instituidores de destino, opor-se-iam os estilhaços de lembrança, a erosão que só deixa da vida passada alguns vincos)."[35] O biografema, o detalhe destinado à dispersão, está para a biografia o que a lembrança está para o monumento ou para a estela: uma memória frágil mas aberta, liberando o fantasma e as obras por vir.

Todo um sentido da experiência do sanatório também se revela para Barthes, quando ele se ocupa dessas três obras. "Eles fizeram um balanço das espécies de protocolos de retiro: para Sade é o enclausuramento, para Fourier o falanstério, para Loyola o lugar de retiro. Trata-se cada vez de isolar a linguagem nova por uma operação material, separá-la do mundo que poderia perturbar o sentido novo. Eles criam assim um espaço puro, um espaço semântico."[36] O que poderia parecer uma experiência retardadora, produtora de certo número de limites, podia, pois, em certo sentido se revelar benéfica? É sem dúvida o que sente Barthes depois de Maio: que a secessão, o afastamento, uma solidão escolhida, podem permitir se livrar da fala e da doxa, levar à escritura no sentido pleno e infinitamente aberto que ele lhe dá. Interessar-se por formas de vida diferentes ou separadas, como ele faz com os três autores de *Sade, Fourier, Loyola*, convida a se interrogar sobre a sua. A força do biográfico como espaço crítico, que é um traço importante da obra de Barthes, toma forma no exato momento em que seus lugares anteriores lhe parecem relegados ao passado. Tecendo seus biografemas — o sanatório, certa relação com o dinheiro e a despesa, o bairro Saint-Sulpice — com os dos autores, ele afasta o "eu" do mundo social para fazê-lo entrar no movimento

---

35. *Ibidem*, pp.705-06 [ed. bras.: *ibidem*, pp.xvi-xvii).
36. "Voyage autor de Roland Barthes", entrevista com Gilles Lapouge, *La Quinzaine littéraire*, 1-15 de dezembro, 1971 (OC III, p.1046).

infinito do texto, que se lê sem a inscrição do Pai[37] e, aparece, pois, como o estrito inverso do discurso político. Ele compõe ao mesmo tempo uma arte da memória frágil que é aquela que ele vai tentar estabelecer para si mesmo nos anos seguintes.

MUDANÇAS

A crise de Maio convida à viagem. É um dos principais motivos do texto sobre Sade e o *incipit* do livro: "Viaja-se muito em certos romances de Sade".[38] Barthes se queixa com Maurice Pinguet por não poder retornar logo ao Japão: como Michel Salzedo partiu para uma longa temporada em Israel, ele não quer deixar sua mãe sozinha. Em 15 de julho decide partir para Tanger, onde se juntará a Robert Mauzi, François Wahl e Severo Sarduy. Retorna em novembro, onde passa as férias de fim do ano. Além de permitir a satisfação dos desejos sem restrição, a não ser a do dinheiro, o lugar propicia a Barthes sólidas ligaçõess nos meios literários e acadêmicos: com Abdelkebir Khatibi, que seguira seu seminário em 1964 e se tornara um amigo (Barthes chega a reproduzir, no começo do texto sobre Fourier, uma longa carta de Khatibi a propósito da manteiga rançosa em certos cuscuzes,[39] e em 1979, num belo texto de homenagem que servirá de posfácio a *La Mémoire tatouée*, Barthes dirá tudo que os une — imagens, gosto pelos vestígios e pelas cartas);[40] o poeta Zaghloul Morsy, que ele conheceu em Rabat em 1965 por intermédio de Khatibi, companheiro de múltiplas aventuras no Marrocos. Barthes, que mal escreve sobre poesia, resenha para o *Nouvel Observateur* a antologia que ele publicou pela Grasset, em 1969, retomando o motivo da "língua segunda", mas dessa vez literalmente: "O poema nos mostra, então, como a *outra* língua (a nossa) é entendida, operada do outro lado: desta vez, somos nós que estamos de frente: *a* partir de nossa

---

37. Cf. "De l'œuvre au texte", *Revue d'esthétique*, 3° trimestre, 1971 (OC III, p.913): "Quanto ao Texto, ele se lê sem a inscrição do Pai", pois a vida é produzida por um *eu* de papel.
38. *Sade, Fourier, Loyola*, OC III, p.713 [ed. bras.: *Sade, Fourier, Loyola, op.cit.*, p.3].
39. *Ibidem*, p.770 [ed. bras.: *ibidem*, p.85].
40. "Khatibi e eu nos interessamos pelas mesmas coisas: imagens, signos, vestígios, cartas, marcas. E ao mesmo tempo, porque ele desloca essas formas, tais como as vejo, porque ele me arrasta para longe de mim, a seu território, e entretanto, como no fundo de mim mesmo Khatibi me ensina algo de novo, ele abala meu saber" ("Ce que je dois à Khatibi", 1979; OC V, p.666).

própria língua".[41] É com Morsy, em Tanger, nas Grutas de Hércules, que Barthes faz a transição entre o ano de 1968 e o ano de 1969, prometendo vir em futuro próximo passar um tempo nessa região e atender ao convite de seu amigo que por dez anos dirigiu o departamento de literatura e de civilização francesas em Rabat.[42]

Cuidando dos preparativos de sua partida, Barthes ocupa a primeira parte do ano de 1969 com a finalização de seu texto sobre *Sarrasine*, que ainda não se chama *S/Z*. Mas seu cotidiano se revela cada vez mais morno e difícil. A recidiva de seus problemas de saúde em 1968 provoca um real estresse físico. Sente-se frequentemente cansado e até triste. É obrigado a cancelar uma viagem à Bélgica no começo de 1969, assim como conferências que deveria fazer em Bordeaux e em Angers; e se vai para a Inglaterra em fevereiro, é sem entusiasmo. Lá se distrai, comprando em Oxford inúmeros livros sobre o Oriente. O ano de 1969 é aquele em que publica menos: é verdade que ele está acabando *S/Z* e *O império dos signos*, e portanto é preciso relativizar essa fraca produtividade, mas nota-se que ele aceita menos encomendas, venham de revistas, exposições ou jornais.

Ele assina um contrato de três anos com o Ministério da Educação Nacional para ser temporariamente transferido, como professor de "letras francesas", para a universidade de Rabat, a partir de 10 de setembro de 1970. Nesse meio tempo, participa, depois de muitas hesitações, do Colóquio de Cerisy sobre o ensino da literatura: faz uma comunicação sobre o manual clássico conhecido com o nome de "Lagarde et Michard", na qual propõe um discurso de defesa por uma contra-história da literatura, que seria antes a história de suas censuras.[43] Não participa de todo o evento, fazendo um bate--e- volta em 24 de julho, o que, quando se conhecem as dificuldades de acesso ao castelo de Cerisy, é uma proeza; e indica também que ele não quer mais participar de uma reflexão coletiva, que naque-

---

41. "*D'un soleil réticent* de Zaghloul Morsy", *Le Nouvel Observateur*, 17 de junho de 1969 (OC III, p.103).
42. A partir de 1967, Morsy faz carreira diplomática em Nova York, em Paris, depois na Unesco, a partir de 1972. Sua obra poética é simultânea a uma produção importante no campo das ciências da educação. Contribuiu para a criação da revista *Souffles*, em 1966, depois tocada por seus ex-alunos, Abdellatif Laâbi e Tahar Bem Jelloun, assim como por Mohammed Khaïr-Eddine, numa *démarche* muito militante durante os anos 1969-1972.
43. "Réflexions sur un manuel", in *L'Enseignement de la littérature,* atas do colóquio de Cerisy-la-Salle, julho de 1969 (Paris: Plon, 1971; OC III, pp.945-51).

le momento tem dificuldade com esse tipo de sociabilidade acadêmica. Em meados de agosto, vai para a esplêndida Villa Serbelloni, em Bellagio, local da Fundação Rockefeller, para um colóquio sobre o estilo em literatura. Faz uma conferência sobre "Le style et son image", apresentando o estilo como a sucessão das transformações operadas a partir de fórmulas coletivas ou idioletais. Dá uma versão muito pessoal dos efeitos da intertextualidade até mesmo na vida do leitor: "Tendo trabalhado durante bastante tempo numa novela de Balzac, com frequência agora me surpreendo transportando espontaneamente às circunstâncias da vida pedaços de frases, formulações saídas do texto balzaquiano, [...] escrevo a vida (é verdade que na minha cabeça) por meio dessas fórmulas herdadas de uma escritura anterior, ou ainda, mais precisamente, a vida é aquilo mesmo que vem *já* constituído como uma escritura literária: a escritura *nascente* é uma escritura *passada*".[44] O princípio de reescritura não concerne mais somente à literatura, mas à tessitura mesmo da existência. A observação confirma a influência de *Sarrasine* nesse período em que a vida começa a se confundir com o texto, de tal forma a escritura é seu motivo principal. O texto de Balzac também constitui a base de um artigo sobre "Les suites d'actions", em que ele apresenta um dos códigos analisados para *S/Z*, o código "proairético" que faz escolher entre dois termos de uma alternativa: ao mesmo tempo que a narrativa escolhe o termo que assegura sua sobrevida como narrativa, a personagem parece escolher seu futuro ou seu próprio destino.[45] Aí também texto e vida se unem e têm uma causa em comum.

A vontade concreta de fazer da escritura o sentido da vida aparece desde a chegada ao Marrocos, onde Barthes se dispõe a redigir um diário, a não mais se limitar à prática da anotação herdada do livro de razão de origem protestante, mas fazer logo um texto da escritura do dia. Conforme seus hábitos, ele não carrega sua agenda em viagem, mas registra suas impressões num caderno à parte. É dessas anotações mais ou menos detalhadas ou mais ou menos longas que surgem os *Incidentes*. Ao contrário do que se costuma dizer, o texto

---

44. "Le styleet son image", colóquio de Bellagio, 1969, in *Literary Style: A Symposium*, org. de Seymour Chatman (Londres; Nova York: Oxford University Press, 1971; OC III, p.979).
45. "Les suítes d'actions" (1969), in *Patterns of Literary Style*, org. de Joseph Strelka (University Park: The Pennsylvania State University Press, 1971; OC II, pp.962-71).

não emerge inteiro da longa temporada marroquina de 1969 a 1970. As numerosas viagens anteriores haviam engrenado a prática do reconhecimento da "cena" e de sua anotação. A tal ponto que em julho de 1969, antes de sua partida, ele já passou a limpo sua caderneta "Incidents": o projeto que leva esse título existe e encontrou sua forma. Várias menções na agenda o provam e o grande fichário recolhe desde 1968, com este nome, impressões ou coisas vistas. O que nos permite estabelecer uma continuidade entre a longa temporada e as duas curtas, anuais, no Marrocos, a partir do começo dos anos 1960, e que perduram até 1973 (ele retoma o hábito em 1977). As curtas temporadas, alegres e luminosas, orientadas para a busca dos prazeres, com frequência se opõem à longa, pesada e enfadonha. Ora, as coisas não estão tão nitidamente separadas. De fato, Barthes assume naquele ano vários encargos administrativos e pedagógicos que tornam, em certos aspectos, sua vida semelhante àquela que ele tem em Paris. Além disso, o ano de 1970 é, antes da virada ultra-autoritária do regime de Hassan II, e francamente paranoica depois do atentado de Kenitra em 1972, um momento de amplas revoltas da juventude que bloqueiam a vida acadêmica e que Barthes não pode ignorar. Impedido de dar o curso, ele se encontra na mesma situação em que estava em Paris dois anos antes. Seu desejo de se retirar, longe da agitação política, sofreu um grande revés. Por isso, ele não renuncia à vida de prazeres que o país lhe oferece, satisfazendo seu gosto pela observação, pela sedução, a multiplicação dos corpos. Desde sua chegada a Tanger, ele anota: "Sábado, 27 de setembro de 69: Chegada por volta das 12h30. Sol, vento quente. Hotel, dormi, li o jornal no Petit Socco. Repouso. Gosto renovado por esta cidade, cidade escolhida. O tempo fica encoberto, o vento se transforma em tempestade, tudo isto fica triste. O tédio aqui: a solidão absoluta, irremediável. Café na Place de France. Passagens. Pequenas compras (mania de comprar aqui). Descida a pé para o hotel. Dormi. Bar no terraço do último andar do hotel: atraente tematicamente. Na casa de M., maravilhoso (cinco!). Curta parada no Petit Socco (nada), jantar leve no Café de Paris. Isba, onde encontro Kiki e o eterno Abdulah. Blow up. Kiki, louco e embriagado, me irrita e me preocupa; ele quer ser meu 'escravo'. No festival, primeiro com Abdulah, depois abordado por um Ahmed de Oudja. De volta às duas horas, li ainda um pouco de Jules Verne". A alternância entre a euforia e a infelicidade atravessa sempre as impressões de viagem, dá movimento à escritura. A infelicidade sensível, em *Incidentes*, não pode ser atribuída apenas às pressões da longa temporada. Ela está também ligada à fase de recaída que segue a excitação, aos imprevistos do desejo e ao fato de que a escritura segue sempre o gozo, não é exatamente concomitante a ele.

Em "Malogramos sempre ao falar do que amamos", seu último artigo, sobre Stendhal, Barthes evoca suas temporadas marroquinas de modo muito franco; ele explicita o que teria desejado encontrar por ocasião desse exílio, uma verdadeira ruptura e a liberdade do coração. "A Itália é o país onde Stendhal, não sendo nem completamente viajante (turista) nem totalmente autóctone, acha-se voluptuosamente isento da responsabilidade de *cidadão*; se Stendhal fosse cidadão italiano, morreria 'envenenado de melancolia': enquanto milanês de coração, mas não de estado civil, ele só tem de recolher os efeitos brilhantes de uma civilização pela qual não é responsável. Eu mesmo pude experimentar a comodidade desta dialética artificiosa: gostei muito do Marrocos. Fui frequentemente como turista, lá passando muitas longas temporadas de ócio; tive, então, a ideia de passar um ano como professor: a magia desapareceu, desafiado por problemas administrativos e profissionais, mergulhado no mundo ingrato das causas, das determinações, eu abandonava a Festa para encontrar o Dever."[46] Barthes não pôde, como Stendhal, se livrar de suas responsabilidades e encontrar um país de adoção no qual pudesse ter apenas prazer, no qual pudesse ser ele próprio sem se ligar a uma coletividade. Ele foi posto numa situação ambígua, que se abre a um dilema ético que ele evoca indiretamente num texto começado em agosto de 1970 no Marrocos, o prefácio para uma edição italiana de *Aziyadé*, de Pierre Loti, que lhe foi encomendado por seu amigo Franco Maria Ricci. Barthes transpõe os principais motivos de sua existência presente: a comparação de Marrakech e da Istambul do romance, a deriva de Loti e o sentimento de deserdação que ele pode experimentar no Marrocos, sua própria situação e a do viajante ("Cem anos mais tarde, isto é, em nossos dias, qual teria sido o fantasma oriental do tenente Loti? Sem dúvida algum país árabe, Egito ou Marrocos",[47]

---

46. "On échoue toujours à parler de ce qu'on aime", OC V, p.909.
47. "*Aziyadé*", prefácio para uma edição italiana de *Aziyadé* (Parma: Franco Maria Ricci, 1971); publicado pela primeira vez em francês em *Critique*, n. 297, fevereiro de 1972, recolhido em *Nouveaux essais critiques* (Paris: Seuil, 1972; OC IV, p.116) [Ed. bras.: *Novos ensaios críticos, op. cit.*].

os dois países de residência de Barthes), tudo isso indica uma transposição explícita e direta. Mais obliquamente, as passagens sobre a homossexualidade e a libertinagem evocam uma similaridade de outra natureza, também ela impressionante.

Esteticamente, Barthes identifica Loti com sua própria *démarche*, e não o inverso: a definição do incidente como pequena prega e grau zero da anotação, bem como a distinção entre Loti personagem e Loti autor, Loti I e Loti II, que antecipa o autorretrato, são modos de destacar a arte poética do próprio Barthes. A identificação se revela até no *lapsus* ou no erro: ele evoca, de fato, duas vezes a célebre casa de Loti, fazendo dela "sua casa de Hendaye", enquanto é na casa de Rochefort que ele se fazia fotografar no meio de todos seus souvenires exóticos.[48] Esse deslocamento é significativo, pois mostra que Barthes também associa Loti a suas origens paterna e materna: oficial de marinha como seu pai, ele encarna e relata uma possibilidade não realizada de sua história; explorador e aventureiro como seu avô materno, ele se faz fotografar numa casa (para Binger é aquela de Ville-Avray, mas Hendaye permanece para Barthes como um signo que evoca sua ascendência materna) rodeado de seus troféus. Esse texto propõe sobretudo uma primeira reflexão sobre as noções de residência e temporada, mais nuançada que a formulação que ele dá em 1980. Barthes evoca as três etapas possíveis de *dépaysement*: a viagem, a temporada e a naturalização. Loti é ora turista, ora residente, ora nacional (como oficial do exército turco). Se não conhece a terceira gradação, Barthes, quando escreve este texto, conhece a transição do primeiro *dépaysement* (a viagem) para o segundo (a residência). Ele elabora, então, uma definição sutil da dificuldade própria à "temporada", na qual o sujeito não tem mais "a irresponsabilidade ética do turista" nem a responsabilidade do cidadão. Esse estatuto intermediário oferece a oportunidade de se tornar um ser paradoxal, inclassificável. É um estado que em outros lugares Barthes poderia dizer neutro, um estado que se repete sempre e ameaça suspender-se. No espaço residencial, "o sujeito pode *mergulhar*: isto é,

---

48. Loti comprou de fato uma casa em Hendaye para nela instalar sua amante, a casa Bachar-Etchea, na rua dos Pêcheurs (que Barthes frequentava quando estava na cidade), mas ele não morará lá quase nunca mais, hospedando logo depois Juana Cruz-Guainza numa casa da periferia de Rochefort.

se enterrar, se esconder, se deslocar, se intoxicar, desmaiar, desaparecer, ausentar-se, morrer para tudo o que não é seu desejo".[49]

Essa vertente ideal da experiência da longa temporada (exposta no artigo sobre Loti, reconhecido por Althusser como "luminoso" quando ele o descobre nos *Novos ensaios críticos* em 1972),[50] o retiro absoluto que é infinitamente buscado e onde não se conhece o medo é, ainda assim, perturbado por uma vertente muito mais problemática que é a das responsabilidades. Antes de partir Barthes preparou com extremo cuidado seus cursos, sobre Proust, sobre Verne, sobre Poe, mas ele deve se adaptar a um novo público, muito diferente do auditório preparado que ele tem na EPHE. Em Rabat, a maior parte dos estudantes cursa a licenciatura ou só terminou o segundo grau. Desde fevereiro, as greves impedem a realização dos cursos. A situação é ainda mais tensa a partir de julho no momento do golpe de estado, fracassado, de Skhirat. As reivindicações maoístas da maioria dos estudantes — apoiados por muitos dos professores marroquinos e colaboradores franceses — reinstalam o triunfo da palavra que tanto tinha incomodado Barthes em Paris, em 1968. A presença de uma dezena de estudantes chineses na faculdade de letras em 1969-1970 propicia uma rivalidade entre os grupos políticos distintos, ligados a centros culturais estrangeiros: o centro soviético e o bairro das laranjeiras onde residiam os jovens chineses eram assim os principais locais de reunião dos membros da União dos Estudantes marroquinos e o cerne da contestação. As cinematecas do centro soviético e do francês serviam também de espaço para debates políticos e ideológicos.[51]

A dificuldade de Barthes em aproveitar livremente o país escolhido, como pôde fazê-lo Stendhal, tem, sem dúvida, mais a ver com transformação histórica do que com determinação individual. Mas a melancolia que ele sente não se deve somente à dependência e às funções, deve-se também à pressão da morte sobre o caráter; ela faz do desengajamento não a vontade egoísta de não abstrair sua individualidade, mas a suspensão do interesse pelo mundo exterior, a tris-

---

49. "*Aziyadê*", OC IV, p.117.
50. Carta de Louis Althusser a Roland Barthes, 4 de outubro de 1972. Coleção particular.
51. Mohammed El-Ayadi, "Les mouvements de la jeunesse au Maroc. L'émergenced'une nouvelle intelligentsia politique dans les années soixante et soixante-dix", in Émeutes et mouvements sociaux au Maghreb, org. de Didier Le Saout e Marguerite Rollinde (Paris: Karthalla, 1999), pp.201-30 (p.221).

teza, o tédio. *Incidentes*, constituído por aquilo que passa pelos olhos, é assim marcado de uma extremidade a outra pela mancha, "mancha de sujeira alaranjada na frente", mancha nas calças "nesse branco de leite", "uma mancha, um ligeiro traço de fezes, como as necessidades de um pombo, sobre o seu capuz imaculado", "uma mosca que só incomoda depois de certo tempo", "a lama do Mercado das Pulgas"; mas também pela cor das *djellabas*, "as rosas campestres em montes de menta" do mercado de Marrakech. Algumas anotações registram as circunstâncias das curtas temporadas, na companhia de amigos como Robert Mauzi, François Wahl, Severo Sarduy, e foram provavelmente redigidas antes de 1969 — por exemplo: "Em Ito, diante de uma paisagem vastíssima e nobilíssima, um de nós mostra, de brincadeira (bem sublinhada) uma figura de mulher nua (de uma *Playboy* qualquer) ao jovem Moha, vendedor de pedras: sorriso, reserva, seriedade, distância do rapaz"[52] —; outras, ao contrário, evocam a temporada de ensino, referindo-se a estudantes e a professores franceses. Mas na maior parte do tempo, as pequenas cenas valem menos pela circunstância do que se poderia chamar sua *pontualidade*: momento e ponto muito preciso de realidade, que é exatamente o que Barthes caracteriza em *A câmara clara* como o *punctum* da fotografia: "Pois *punctum* é também picada, pequeno buraco, pequena mancha, pequeno corte — e também lance de dados. O *punctum* de uma foto é esse acaso que, nela, me *punge* (mas também me mortifica, me fere)".[53] O que se visa com o olhar e que volta sua flecha para o coração: sujeira, pobreza, desespero, interesse, tudo que atinge e fascina (sexualidade). Os *Incidentes* são de fato instantâneos na medida em que neles qualquer coisa dura, como na fotografia. Esse algo é o estrito contrário do gozo. É um resto, um momento em que o real se desrealiza, ao se generalizar. Nesse mundo de possíveis aberto pelo Marrocos, onde muitos jovens se oferecem (por dinheiro, com certeza), Barthes é levado a um verdadeiro frenesi de contatos físicos. O momento da escritura, das "anotações", como lhe diz um rapaz ("O senhor está fazendo anotações?"),[54] corresponde a um momento de calma, no qual subsiste apenas a evidência clara, às vezes um pouco dolorosa, daquilo que existiu.

---

52. *Incidents*, OC v, p.971 [ed. bras.: *Incidentes*, *op.cit.*, pp.39-40].
53. *La Chambre claire*, OC v, p.809 [ed. bras.: *A câmara clara*, p.46].
54. *Incidents*, OC v, p.974 [ed. bras.: *Incidentes*, *op.cit.*, p.45].

Barthes alugou um apartamento perto da estação. A mãe e o irmão vão a Rabat em janeiro de 1970. Michel Salzedo quer acrescentar a seu conhecimento de hebraico a aprendizagem da língua árabe, e Barthes o apresenta a um professor da faculdade. Eles aproveitam o tempo livre para visitar Marrocos: Barthes acompanha a mãe às lojas de cestaria de Salé, e os leva a Tanger, Asilah, Fez. Michel parte no começo de fevereiro e Barthes, que está liberado do ensino pelas greves, vai a Paris por um curto tempo para a divulgação de S/Z, concedendo inúmeras entrevistas (*L'Express*, *Les Nouvelles littéraires*, programas de rádio...). Volta ao Marrocos em 20 de fevereiro, onde o convidam para dar uma "aula pública", mais em chave contestatória. Já naquele momento ele comunica ao reitor seu desejo de não honrar seu contrato até o fim. Sente-se mais uma vez questionado em sua legitimidade e função. Tem vontade de partir. Seus cursos sobre Proust, sobretudo, não interessam aos alunos, que veem no autor o modelo da cultura clássica e dominante. Uma das reivindicações ideológicas dos estudantes é dissociar o conhecimento da língua daquilo que consideram uma imposição cultural colonial. Numa entrevista a Guy Scarpetta publicada na revista *Promesse*, em 1971, Barthes volta a essa questão, exprimindo seu distaciamento dessa demanda: "Prevalece atualmente", ele diz, "em certos países ainda incomodados com a antiga língua colonial (o francês), a ideia *reacionária* que se pode separar a língua da 'literatura', ensinar uma (como língua estrangeira) e recusar a outra (reputada 'burguesa')".[55] Mas nem todos os alunos reclamam dos seminários de Barthes: é o caso de Abdellah Bounfour, por exemplo, que, mesmo convencido da necessidade de valorizar a literatura do Marrocos — hoje ele é um grande especialista da literatura berbere, professor no Inalco (Instituto nacional de Línguas e Civilizações Orientais) —, recebe com proveito seu ensino e suas análises.

No fim de fevereiro, Barthes faz uma bela excursão ao Sul com um grupo de amigos: Erfoud, Merzouga, Ouarzazate; depois vai ao vale do Todra, fonte dos peixes sagrados; visita as gargantas e os palmeirais de Tinghir. Terminado o passeio, logo volta a Paris para o lançamento, apenas um mês depois de S/Z, do segundo livro daquele ano, *O império dos signos*. Regressa em 6 de abril, mas não consegue retomar as aulas normalmente. Aproveita para viajar mais uma vez, desta vez sozinho,

---

[55.] "Digressions", entrevista com Guy Scarpetta, *Promesse*, n. 29, 1971 (OC III, pp.998-99).

para uma outra região, seguindo a trilha turística: Taroudant, Goulimine, o mercado dos camelos, depois retorno por Essaouira, onde se aloja num bangalô-hotel. Recebe a visita de Todorov em maio; de Sarduy e Wahl em julho, de Henriette e Michel em junho. Além das relações marroquinas que já tinha, ele conhece os expatriados que ensinam ou têm responsabilidades diplomáticas, sobretudo Josette Pacaly, que dirige o departamento de francês da universidade Mohammed-v; Claude Palazzoli, professor de direito, que alguns anos mais tarde escreve *Maroc politique*[56] e que costuma dar festas; Jean-Claude Bonnet, jovem colaborador que o hospeda no verão de 1970, quando ele deixa seu apartamento em Rabat, antes de, na volta às aulas, alugar um outro na rua d'Aumale, em Casablanca, onde vai morar com a mãe; Bernard Sichère, também colaborador, que chega no outono de 1970. Ainda encontra Claude Ollier, que mais tarde viverá muito tempo no país, mas que então passa longas temporadas por lá. Ollier já havia publicado dois livros ambientados no Marrocos (*A encenação*, em 1958, e *Le Maintien de l'ordre*, em 1961). Em seu livro *Marrakch Medine* (1976), faz do encontro das línguas árabe, francesa e berbere um fermento ativo de sua escritura; quando dá um testemunho sobre seu encontro com Barthes em Rabat, ele o critica por ter desconsiderado o país e sobretudo sua língua.[57] É verdade que Barthes não se esforça para aprender a língua, como ocorre com o japonês. O julgamento, porém, é um pouco injusto e desmentido por seus textos sobre os escritores marroquinos, mas também por *Incidentes* e o seminário que dá sobre a polissemia, onde mostra uma atenção acentuada à cultura árabe e mesmo à língua. Sempre muito perto dos textos, em virtude do método de análise que pratica em *s/z* e que aplica também a Poe, ele se interessa pelos fenômenos de pluralização, abrindo sempre mais o sentido. O seminário sobre a polissemia demonstra seu fascínio sobre a obra de Jacques Berque e de Jean-Paul Charnay, *L'Ambivalence dans la culture arabe*. "A polissemia é assim sucessivamente considerada em seu contexto francês e árabe",[58] os exemplos de homônimos com

---

56. Claude Gérald Palazzoli, *Le Maroc politique. De l'indépendance à 1973* (Paris: Sinbad, 1974).
57. Ver Ridha Boulaâbi, "Barthes et l'Orient: lecture d'*Incidents*", in *Roland Barthes au Maroc*, org. de Ridha Boulaâbi, Claude Coste e Mohammed Lehdahda (Meknès: Publications de l'Université Moulay-Ismaïl, 2013), pp.35-51 (p.46).
58. Claude Coste, "Notes de cours pour le Maroc", in *Roland Barthes au Maroc, op.cit.*, pp.9-22 (p.18). Jacques Berque, Jean- Paul Charnay *et al.*, *L'Ambivalence dans la culture arabe* (Paris: Anthropos, 1968).

sentidos contrários (os *ad'adâd* em árabe, que Barthes chama de "enantiosemas", que podem receber dois sentidos opostos, como a palavra "hôte" em francês [em português, hóspede e hospedeiro]), multiplicam os possíveis e rompem com as normas de estabilidade e de causalidade — o que é problemático para uma cultura da escrita, que se baseia num princípio de imutabilidade do texto. Barthes analisa assim *azrun* (força, fraqueza), *baht'nun* (mar, terra), *jawnun* (preto, branco), *jarun* (dono, cliente). Como Jacques Derrida — que vai buscar essas palavras na língua grega: *pharmakon* (remédio, veneno) —, Barthes vê nessas ambivalências uma maneira de trabalhar contra a lógica argumentativa e racional inteiramente voltada para a verdade, em benefício de uma extensão dos possíveis do sentido. Como em Derrida, a análise textual, baseando-se no desdobramento e na diferença, é uma outra maneira, descentrada, de fazer aparecer o pensamento. É ainda um princípio de delicadeza que ultrapassa a alternativa, embaralha ou atrasa o sentido. Barthes encontra essa mesma abertura no jogo sexual: "O interdito sexual é inteiramente suprimido, não em proveito de uma 'liberdade' mítica (conceito adequado para satisfazer os tímidos fantasmas da chamada sociedade de massa), mas em proveito de códigos vazios, o que libera a sexualidade da mentira espontânea".[59] As oposições são desfeitas por essas bipolaridades ou ambivalências: é o que ocorre também na cozinha, que fornece uma gama de exemplos disso, "múltiplas e eruditas combinações ambíguas", "cozinha de Fez (cidadania): *bstalla*, frango no açúcar; *mrouzia* (prato do Aïd El-Kebir), carneiro no mel; o *majun*, narcótico e afrodisíaco [...]".[60]

Bem antes que a questão do bilinguismo se mostre óbvia para a literatura pós-colonial, Barthes destaca a força desse francês escrito a partir de uma outra língua, podendo descentrar o assunto europeu. É a beleza que ele encontra na "Carta de Jilali", reproduzida em *Roland Barthes por Roland Barthes*, cuja língua diz "ao mesmo tempo a verdade e o desejo"; mas é também o levantamento dos elementos linguísticos estrangeiros em *Incidentes*, que são uma maneira de deslocar os signos que fascina Barthes. "Gosto do vocabulário de Amidou: *sonhar* e *explodir* para *ter ereção* e *gozar*. *Explodir* é vegetal, salpicante,

---

[59]. "Digressions", considerações recolhidas por Guy Scarpetta, *op.cit* (OC III, p.1000).
[60]. Anotações de aulas sobre "La polysémie", citadas por Claude Coste, "Notes de cours pour le Maroc", *op.cit.*, p.19.

dispersante, disseminador; *gozar* é moral, narcísico, repleto, fechado." "Selam, veterano de Tanger, dá gargalhadas porque encontrou três italianos que o fizeram perder tempo: 'eles pensaram que eu era feminina!'."[61] É ainda o devaneio com os nomes árabes, tão sensível nesse texto que parece tudo aflorar como superfícies: Najib, Lahoucine, "Abdessalam, interno em Tétouan", "Mohamed com mãos suaves". "Azemmour"... são sons, ritmos, fórmulas antes da frase que levam à utopia linguística sonhada em *O império dos signos* ou em *O prazer do texto*, quando Barthes evoca a estereofonia de uma praça de Tanger. Essa atenção aos signos e às línguas é de fato a prova de uma atitude não indiferente de Barthes para com o país, ao contrário: o reconhecimento de sua diferença, com a qual é preciso aprender.

Mas o que lhe mais agrada, sem dúvida, no Marrocos, são as casas, a casa mediterrânea como lugar comum que ele transforma num fantasma puramente individual. Quando está lá, tanto nas breves temporadas anteriores como durante o ano de residência, ele costuma se refazer em Mehioula, no sul de Casablanca, não longe do mar, onde seu amigo Alain Benchaya costuma passar quase todos os fins de semana.[62] Barthes evoca em *Incidentes* a casa hotel mantida por uma francesa, "onde se iluminava com petróleo e onde, no inverno, gelávamos":[63] "Felicidade em Mehioula: a grande cozinha, à noite, chuvarada lá fora, a 'harrira' que está a ferver, os grandes lampiões da Butagaz, todo o balé das pequenas visitas, o calor, *djellaba* e ler Lacan! (Lacan envolto nesse trivial confortável)".[64] Pura imagem da serenidade, que a flechada irônica sobre Lacan transforma em lugar de projeção e de desejo. O mesmo desejo é formulado em *A câmara clara* a propósito de uma fotografia de Charles Clifford: "Uma velha casa, um pórtico com sombra, telhas, uma ornamentação árabe envelhecida, um homem sentado de costas para a parede, uma rua deserta, uma árvore mediterrânea (*Alhambra*, de Charles Clifford):

---

61. *Incidents*. OC IV, pp.967 e 960 [ed. bras.: *Incidentes, op.cit.*, pp.33 e 21].
62. Alain Benchaya, a quem ele agradece (no início de *Roland Barthes por Roland Barthes*, é o autor da fotografia do palmeiral, reproduzida no dossiê iconográfico do livro e tirada na estrada de Tafraout.
63. François Whal, "Ouf!", in R/B, *Roland Barthes, op.cit.*, p.108.
64. *Incidents*, OC V, p.974 [ed. bras.: *Incidentes, op.cit.*, p.46]. François Whal confirma este detalhe biográfico: "É aí neste lugar entre um sufoco de cores e de cheiros e o desastre de um campo de ruínas humanas, que, na escadaria do terraço do hotel, Roland Barthes leu, domingo após domingo, os *Escritos* de Lacan" ("Ouf!", *op.cit.*, p.108).

essa foto antiga (1854) me toca: simplesmente porque tenho vontade de viver *aí*".[65] O desejo de habitação o leva de modo utópico a esses lugares de um outro tempo, onde se confundem o imemorável da infância e o futuro fantasmático da utopia. Um lugar que sempre se inscreve num ambiente mediterrâneo, igualmente evocado em *Como viver junto*, a propósito do monte Athos. "No fundo, é uma paisagem. Vejo-me lá, à beira de um terraço, o mar ao longe, o reboco branco, dispondo de dois quartos para mim e outros tantos para alguns amigos."[66] Estar na companhia de livros e amigos num lugar que organiza a solidão e o convívio, o afastamento e a beleza, é encontrar um equivalente do corpo da mãe. Barthes o reconhece de maneira lógica em *A câmara clara*: "Diante dessas paisagens de predileção, tudo se passa como se *eu estivesse certo* de aí ter estado ou de aí dever ir. Ora, Freud diz do corpo materno que 'não há outro lugar do qual possamos dizer com tanta certeza que nele já estivemos'. Tal seria, então, a essência da paisagem (escolhida pelo desejo): *heimlich*, despertando em mim a Mãe (de modo algum inquietante)".[67] Eis também uma das razões da felicidade de Barthes nesse país, apesar das dificuldades. Lá ele se encontra numa profunda familiaridade. Rodeado de amigos próximos, em particular de Alain Benchaya e sobretudo de "Joël" Lévy-Corcos, seu maior amigo no Marrocos, que segue seu seminário em Rabat e com quem passa grande parte do tempo. Mais tarde, Lévy-Corcos se instala em Israel e sua partida é também uma das razões pelas quais Barthes viaja menos para o país. Entre seus amigos, na casa grande, ele se reconcilia com uma palavra pacífica, onde ninguém julga, intimida ou defende uma grande causa. Ele aprecia o ambiente e o suspense propiciados pelo haxixe, o que ele relata num texto no qual não se esperaria tal confidência: "Escritores, intelectuais, professores". Enquanto ele próprio é incapaz de aspirar a fumaça por causa de seus problemas respiratórios, gosta da "*benevolência* geral que impregna certos locais estrangeiros onde

---

65. *La Chambre claire*, OC V, p.819 [ed. bras.: *A câmara clara*, p.63]. A foto, reproduzida na p.820 [ed. bras.: p.64], tem à guisa de legenda: "É aí que eu gostaria de viver...".
66. *Comment vivre ensemble*, p.37 [ed. bras.: *Como viver junto*, p.14]. Num texto de 1979 sobre Cy Twombly, Barthes compara suas telas a "grandes quartos mediterrâneos, quentes e luminosos, com elementos perdidos (*rari*) que o espírito quer povoar" ("Sagesse de l'art", OC V, p.692).
67. *La Chambre claire*, OC V, p.819 [ed. bras.: *A câmara clara*, p.65].

se fuma o haxixe". "Os gestos, as palavras (raras), toda a relação com o corpo (todavia imóvel e distante) é distendida, desarmada."[68] Nessas projeções serenas entram também alguns biografemas: a cozinha, os lampiões, a *djellaba*, tão presente em *Incidentes*, com a qual Barthes se veste à noite, da qual gosta da flexibilidade, da cor, da ausência de pressão e do signo ambíguo;[69] o grupo, do qual sente que faz parte, mas sempre um pouco afastado.

CORTES

A necessidade de descentramento se manifesta também nos livros de 1970, *S/Z* e *O império dos signos*, ambos terminados antes da partida para Marrocos.[70] Apesar da diferença sensível entre os dois, pode-se notar que eles se apresentam juntos sob o signo do corte: *S/Z* no corte dos sintagmas ou das lexias, comparável ao "corte da onda sonora em medidas";[71] *O império dos signos* registrando rapidamente a noção a propósito da cozinha japonesa: "A única operação que sofreram, de fato," ele escreve a propósito dos alimentos, "é a de serem cortados".[72] Nos dois casos, a divisão não separa, não espalha, mas valoriza a coesão do conjunto. O desconforto eventualmente sentido diante da decupagem como corte ou como barra em geral vem do fato de que nossas divisões são outras. Por uma espécie de contágio da castração que está no cerne da novela de Balzac, Barthes divide a totalidade para levar as coisas à fragmentação, mais próxima da verdade. Ele estava muito atento neste ponto quando de seu seminário sobre *Sarrasine*: os objetos, as palavras já são cortes. É preciso habituar-se a pensar de outro modo, olhando diferentemente o texto e o real como texto. E cortar segundo outros princípios: "Procedimento de todos aqueles que procuram algo de pequeno ou de fugidio num vasto espaço

---

68. "Écrivains, intellectuels, professeurs", *Tel Quel*, n. 47, 1971 (OC III, p.906). No curso sobre "O neutro", volta para esta benevolência preguiçosa, amiga e muda provocada pelo haxixe; ele a opõe à benevolência dura, indiferente do Tao (*Le Neutre*, p.41) [ed.bras.: *O neutro*, pp.35-36].
69. Agenda, 7 de março de 1970: "Em El Jadida, com Jean-Pierre, comprar uma *djellaba* para mim".
70. Barthes termina o texto de *O império dos signos* em 16 de novembro de 1968, mas passa boa parte de 1969 fazendo pesquisas para a iconografia. A redação de *S/Z* dura até 22 de julho de 1969, data em que remete o manuscrito para François Whal.
71. *S/Z*, OC III, p.141 [ed. bras.: *S/Z, op. cit.*, p.61].
72. *L'Empire des signes*, OC III, p.358 [ed. bras.: *O império dos signos, op.cit.*, p.20].

homogêneo",[73] adivinho, arqueólogo, garimpeiro. Assim, esses dois livros representam, na obra de Barthes, uma verdadeira mutação, e sua força, ainda ativa hoje, deve-se em grande parte à reviravolta que propõem do significado ocidental, descentrando a relação do sujeito com o sentido, renunciando ao símbolo e à profundidade. Recusando a ideia de um modelo transcendente em vários textos, s/z tem como proposição metódica principal que cada texto é para si mesmo seu próprio modelo e deve ser tratado em sua diferença, até a menor vibração que faz seu próprio acontecimento. A exemplo do *satori* do zen, "abalo sísmico mais ou menos forte (nada solene) que faz vacilar o conhecimento, o sujeito",[74] incidente igualmente, uma zona de texto pode, em virtude da lei tectônica das placas, abalar todo o sentido que acreditávamos poder depositar.

Desta mutação, s/z representa a vertente teórica e metódica, enquanto *O império dos signos*, a vertente ética. Barthes reconhece que a virada teórica operada pelo primeiro vem do fato de que ele renunciou a postular uma estrutura geral, da qual poderia derivar a análise de qualquer texto, o que a "Introdução à análise estrutural das narrativas" fazia. Essa mudança veio da própria aproximação. Mudando o olhar sobre o objeto, avançando com lentidão, ele transformou o próprio objeto: "Assim, indo passo a passo através de um texto, mudei o objeto, e por isso mesmo fui levado a esta espécie de mutação teórica da qual falávamos há pouco".[75] Barthes reconhece que esta mutação também veio da leitura dos outros: "É porque ao meu redor havia pesquisadores, 'formuladores' que eram Derrida, Sollers, Kristeva (sempre os mesmos, com certeza), e que me ensinaram coisas, me abriram os olhos, me convenceram".[76] Já dissemos sua dívida para com Kristeva em realação ao pensamento da pluralização do texto e à renúncia a qualquer redução a uma coisa só. É importante se deter um instante sobre o que ele deve a Derrida, ou antes, sobre o que os faz serem, juntos, no mesmo momento, inventores de método. O caminho paralelo de ambos repousa em duas operações: desconstrução — desdobramento, recorte — e análise. Sobretudo, questionar os

---

73. *"Sarrasine" de Balzac*, p.176.
74. *L'Empire des signes*, OC III, p.352 [ed. bras.: *O império dos signos, op.cit.*, p.10].
75. "Digressions", considerações recolhidas por Guy Scarpetta, *op.cit.* (OC III, p.1010).
76. *Ibidem*.

conceitos da metafísica, para Derrida, ou os mecanismos ocidentais do sentido, para Barthes, passa pela *leitura* que produz estas operações: ler, tudo reler para ligar de outra maneira, fora dos condicionamentos escolares ou culturais. Leitura e escritura não são mais pensadas como atividades separadas, mas se redefinem juntas para participar da reforma do sentido. A convicção de que não é preciso separar as duas coisas provoca desenvolvimentos magníficos sobre a leitura, a releitura, os ritmos segundos os quais lemos, segundo o que lemos mais depressa ou mais lentamente, coisas que podiam parecer opacas tornam-se brilhantes. É impressionante que num período em que Barthes assume seu gosto clássico e sua indiferença pela vanguarda, ele se mostre, em suas proposições sobre a leitura, singularmente inovador. A força que reconhece em *Éden, Éden, Éden*, de Pierre Guyotat, está assim ligada ao fato de que o romance questiona nossos hábitos de leitura linear, refratários à repetição, por exemplo. E a força de seu método crítico consiste em consequentemente levar a escrever de outro modo: "Ler é encontrar sentidos, e encontrar sentidos é nomeá-los; mas esses sentidos nomeados são levados em direção a outros nomes; os nomes mutuamente se atraem, unem-se, e seu agrupamento quer também ser nomeado: nomeio, re-nomeio".[77] A análise é o nome dessa operação interminável. Com a condição de pensá-la sem o fechamento da síntese, como deslocamento e como devir — o que Derrida chama de *diferência*. Em Derrida também a leitura inclui a escritura. O que caracteriza a escritura é a *textualidade*, que é, ao mesmo tempo, clausura e não clausura do texto: "Não se pode pensar a clausura daquilo que não tem fim. A fechadura é o limite circular no interior do qual a repetição da *diferência* se repete indefinidamente. Isso é seu espaço de jogo. Esse movimento é o movimento do mundo como jogo".[78] É notável também que a autoafirmação de si como escritor, em Barthes, ou pelo menos a expressão pública de uma vontade de escrever, ocorra no momento em que o método da análise textual o situe como crítico e como leitor. A noção de *escrevível* vem traduzir e suprimir esse paradoxo, já que ela faz do leitor um produtor de texto. Trabalhar no significante é, assim, se dar a possibilidade de escrever.

77. S/Z, OC III, p.127 [ed. bras.: S/Z, *op.cit.*, pp.44-45].
78. Jacques Derrida, *De la grammatologie*, *op.cit.*, p.367 [ed. bras.: *Gramatologia*, *op.cit.*].

O golpe de força de s/z é constituir o primeiro mergulho no universo desprezado e obscuro da leitura, que a instituição sempre cuidou de canalizar. "*No texto, fala apenas o leitor.*"[79] Uma vez mais, Barthes se apodera de um texto clássico, que constitui o objeto, como Racine, de uma recuperação pela leitura escolar e acadêmica, e se apropria dele para subverter seus códigos. Ele desestabiliza o texto de Balzac, mostrando que ele não obedece simplesmente à lei clássica da representação, a saber, a verossimilhança. Faz dele um território livre e aberto a todas apropriações e desejos. A forma do texto não é arquitetada nem unitária: ela se perde em movimentos e inflexões infinitas que remetem ao já lido, visto, feito ou vivido. Cada código é assim uma das forças que podem monopolizar o texto, mostrar suas variações, sua pluralidade, seu "*moiré*". A leitura contribui para desfazer a origem dos enunciados e dos discursos. "A melhor maneira de imaginar o plural clássico é, então, ouvir o texto como uma troca que espelha múltiplas vozes, situadas em ondas diferentes e tomadas, por vezes, de um *fading* brusco, cuja irrupção permite à enunciação migrar de um ponto de vista a outro, sem prevenir: a escritura se constitui através desta instabilidade tonal (no texto moderno, atinge a atonalidade), que a transforma em *moiré* brilhante de origens efêmeras."[80]

Os primeiros leitores do texto compreenderam a novidade da proposição que, frequentemente, nas cartas que escrevem a Barthes, acrescentam sua leitura àquela proposta por ele, perseguindo o movimento deslanchado pelo próprio texto, como o faz Lévi-Strauss com os Sarrasins ou Paule Thévenin, escrevendo uma longa carta com comentários sobre "sarrasin", trigo negro e sobre "Zambinella", pequeno presunto.[81] Em 4 de agosto de 1969, o primeiro leitor, a saber, o editor e amigo François Whal, se diz "com ciúme" do extraordinário avanço teórico do livro: "Você conseguiu: a) que aberto o infinito das lexias e dos códigos, se tenha vontade de ter ainda mais (deles) [...] b) puxar o leitor, o seu, para um processo de análise, conjugação do infinito dos encadeamentos com o invencível de um progresso: aqui, a castração pouco a pouco (ou melhor, a castratura como estado) destrói tudo, e o próprio leitor (o outro leitor: RB) encontra aí (ele mesmo)

---

79. s/z, OC III, p.245 [ed. bras.: s/z, *op.cit.*, p.173].
80. *Ibidem*, p.52 [ed. bras.: *ibidem*, p.73].
81. Carta de Paule Thévenin, 10 de maio de 1970. Fundo Roland Barthes, "s/z".

a oportunidade de um canto que é de ouro". A sequência da carta propõe algumas sugestões pertinentes que Barthes não parece ter, de fato, levado em conta na releitura, conforme as correções nas primeiras provas, e Wahl conclui: "O que nos leva a te ler é a organização que se opera com o escrevível, com a perda de vista, com a resistência sistêmica: do tecido, das vozes e dos níveis da partitura, e da trama dos progressos [...]; porém, mais do que tudo, como você vence a estrutura sólida, através do signo, o *fading* das vozes, a pseudoempiria das sequências de ação, a superposição do retrato, o significado-conclusão, o inoperável, o nome próprio, a obra prima, a cena (uma análise sublime) e a suspensão: tudo isso de que desde sempre gostaríamos tanto de nos livrar e que você faz saltar com um piparote". Ele encaminha o manuscrito a Philippe Sollers, segundo leitor, que também o considera admirável. Ele avalia seu "impacto subversivo absolutamente capital" e compreende que Barthes, ao reescrever *Sarrasine*, produziu uma obra-prima, o que a novela não era antes. Não é surpreendente que, com a publicação do livro, em fevereiro, a aprovação de Derrida seja total: "Caro amigo, eu lhe exprimirei muito simplesmente meu reconhecimento e minha admiração por s/z. E que com relação a nenhum outro texto, eu me sinto hoje tão *absolutamente* aquiescente, engajado. Tudo na paginação, na encenação de s/z deveria constituir o que teríamos chamado, no velho código, um modelo ou um método ou uma referência exemplar. Em todo caso, desenhar, multiplicar, 'liberar' um novo espaço de leitura e de escritura, tenho certeza de que s/z o faz e o fará por muito tempo". Gilles Deleuze também elogia o "método de tal maneira novo" e a potência do livro no que ele reconhece, segundo seu vocabulário da época, "uma nova máquina". Jacqueline Risset, por sua parte, compreende que tudo foi organizado para que o leitor se ache confrontado "com seu próprio desejo de ficção", e Michel Leiris se escusa pelo atraso da resposta, justificando-a por que, com este livro, ele aprende a ler ("e este aprendizado — apaixonante — é evidentemente bastante demorado!").[82] O psicanalista Jean Reboul, a quem Barthes reconhece sua

---

82. Carta de François Whal, 4 de agosto de 1969; carta de Philippe Sollers, 15 de agosto de 1969; carta de Jacques Derrida, 22 de março de 1970; carta de Gilles Deleuze, 24 de abril de 1970; carta de Jacqueline Risset, 17 de abril de 1970; carta de Michel Leiris, 10 de julho de 1970. BNF, NAF 28630, "s/z".

dívida no começo do livro, já que foi seu artigo sobre a novela de Balzac (escolhida por uma sugestão de Bataille) que chamou sua atenção para esse texto,[83] também assinala grande interesse por sua análise.

Do lado dos especialistas em Balzac, em compensação, a crítica fica perdida e, às vezes, francamente hostil. Não é a querela a respeito de *Sobre Racine* que se repete, mas certas réplicas são muito violentas. Em *Le Monde*, Pierre Citron denuncia um método "que acentua o lado subjetivo de toda leitura"; Pierre Barbéris, crítico marxista, profere uma verdadeira condenação, que publica em *L'Année balzacienne*, o que pode dar a impressão de que ele tem o aval dos especialistas em Balzac consigo. A primeira reprovação concerne à escolha de uma novela marginal, que oculta o resto da obra; a segunda é metodológica e se dirige à leitura impressionista à qual se consagra Barthes; o esquecimento da história (em particular a dimensão sociopolítica de uma novela escrita logo após a revolução de 1830) constituía a terceira principal objeção.[84] Entretanto, com exceção de alguns espaços em que Balzac constitui objeto de estudo, *s/z* é unanimidade no campo intelectual, inventando um novo leitor, representando seus próprios leitores em outros autores. Barthes reconhece que a dupla recepção do livro, nos órgãos habituais da crítica mas também nas numerosas cartas recebidas, incluindo de leitores desconhecidos "que faziam proliferar os sentidos que eu tinha encontrado, encontrando outros sentidos", foi a verdadeira justificativa de seu trabalho.[85]

O império dos signos se apresenta como a vertente ética desta outra relação com o sentido. E o Japão é pois igualmente o objeto de uma leitura-escritura. Nesse sentido, o livro constitui um gesto quase tão inovador quanto *s/z*, renovando radicalmente o gênero da narrativa ou das impressões de viagem. Fazendo repousar seu livro sobre o fantasma mais que sobre a experiência ou sobre o conhecimento, ele submete o país às leis de seu imaginário e de seu desejo. Porque

---

83. Jean Reboul, "Sarrasine ou la castration personnifiée", *Cahiers pour l'analyse*, março-abril de 1967 (citado in *s/z*, OC III, p.131) [ed. bras.: *s/z, op.cit.*, p.50].
84. Pierre Citron, *Le Monde des livres*, 9 de maio de 1970: este artigo é publicado ao mesmo tempo que uma resenha mais elogiosa de Raymond Jean; Pierre Barbéris. "À propos de s/z de Roland Barthes. Deux pas en avant, un pas en arrière?", *L'Année balzacienne*, 1971, pp.111-23.
85. "Digressions", considerações recolhidas por Guy Scarpetta, *op.cit.* (OC III, p.1014).

Barthes faz dele o espaço do primitivo, do vazio e da isenção do sentido, o Japão se apresenta como um texto escrevível e constitui um verdadeiro antídoto à palavra intimadora, um meio de acabar com a religião do sentido e o terrorismo da palavra. O Japão é um signo, mas um signo vazio, irrecuperável, que fissura nossas crenças e nossos símbolos. Ele não é pensável no modo da articulação do sujeito, do mundo e do sentido, mas ele se lê em sua materialidade imóvel. Pouco importa que Barthes tenha ou não compreendido os conceitos de zen e suas ressonâncias íntimas no Japão que ele descobre. O que importa é compreender como o Japão o ajuda moralmente, afetivamente, a assumir suas posições críticas. A predominância do visual poderia ser o sentimento de todo turista visitando países que não conhece: olha, fotografa para captar o que não compreende. Barthes sabe disso e se recusa a deixar seu olhar ser apenas impressionado. Em compensação, aceita ser fotografado ou captado pelo real que o cerca, e por isso mesmo modificado. Reduzindo radicalmente o que pode ter de reflexo recuperador em sua observação, deixa as coisas, os gestos, os lugares — pauzinhos, loja, caráter, papelaria — virem até ele, renunciando a interpretá-los. Ocorre que são coisas de que seu caráter gosta: a papelaria, as tintas, os cadernos, as canetas é um traço biográfico que vai além do anedótico: define condutas, uma relação com o trabalho. Seu amor pelos jardins é intenso desde a infância. Ele privilegia a caligrafia, assinala tudo que é traço, fenda, mais que olhar ou alma. Nisso, aproxima-se da definição dada por Lacan da "coisa japonesa": modo específico de prazer ligado ao funcionamento caligráfico da escritura e ilustrado por um simples traço horizontal que Lacan chama "litoral" e situa entre saber e gozo.[86] Este traço único é evocado duas vezes em *O império dos signos*: a propósito do Pachinko, reprodução, na ordem do mecânico, do "próprio princípio da pintura *alla prima*, que exige executar o traço comum único movimento, uma vez por todas"; e a propósito da pálpebra traçada num só traço, como por um calígrafo anatomista, "como convém na pintura *alla prima*", "com um giro rápido da mão".[87]

---

86. Ver Élisabeth Roudinesco, *Jacques Lacan. Esquisse d'une vie, d'um système de pensée* (Paris: Fayard, 1993), p.459 [ed. bras.: *Jacques Lacan. Esboço de uma vida, história de um sistema de pensamento*, trad. de Paulo Neves (São Paulo: Companhia das Letras, 2008), p.479].
87. *L'Empire des signes*, OC III, pp.372 e 438 [ed. bras.: *O império dos signos, op.cit.*, pp.41-42 e 135].

Ainda que se apresentando como uma coleção de imagens, deixando no mesmo plano documentos iconográficos (conforme o contrato) da coleção Sentiers de la création, da Editora Skira, e fragmentos em prosa — que, com frequência, mantêm do poema em prosa, tal qual o concebia Baudelaire, emoção diante de uma cena e pequeno apólogo —, o livro de Barthes contém várias ideias teóricas importantes, na direção exata de suas preocupações atuais: sobre a escritura, com certeza, que doravante ocupa todo o espaço do real e que lhe permite se desdobrar diante de nossos olhos como um imenso tecido estampado; sobre o corpo, em particular, sobre o corpo do autor, que confirma propósitos elaborados há muito, desde o contato com Brecht (lembremos que ele mesmo tinha estado em contato com o ensino da representação do ator chinês) sobre a ausência de ênfase e a exibição dos códigos; sobre a língua estrangeira como deslocamento necessário, que confirma, radicalizando-o, o sentimento experimentado no Marrocos sobre a importância de um descentramento para se desfazer do sentido pleno.[88] Barthes também afirma a importância de um modelo de pensamento e de agir que não seja nem paranoico (a racionalidade) nem histérico (o romantismo), mas liberado, isento do sentido. Recusando-se a participar de uma das quatro proposições do paradigma (A — Não-A — nem A nem Não-A (grau zero) — A e não-A (grau complexo), o zen quebra o mecanismo da linguagem para conservar em cada pensamento seu valor de acontecimento, para não arrastá-lo na espiral infinita da metáfora e do símbolo. Porém, mais que essas formulações teóricas, é a expressão de um desejo e a inscrição do corpo — o seu, o dos japoneses — que dão ao livro seu charme ainda efetivo para muitos leitores de hoje, sua delicadeza.

O império dos signos corresponde à ordenação e organização das notas que ele toma quando viaja, em cadernos (viagem à China) ou fi-

---

88. Essa ausência de centro é verificada em linguagens outras que a linguagem verbal e, em particular, a cozinha: "Nenhum prato japonês é provido de um *centro* (centro alimentar implicado entre nós pelo rito que consiste em ordenar a refeição, em cercar e cobrir de molho as iguarias); tudo ali é ornamento de um outro ornamento" (*L'Empire des signes*, OC III, p.367) [ed. bras.: *O império dos signos, op.cit.*, p.32]. Nas notas de *Sollers écrivain*, Barthes propõe um novo desenvolvimento essencial sobre a possibilidade de construir uma relação do sujeito com a enunciação "centrando ou descentrando de uma maneira nova para nós e para nossa língua-mãe" (*Sollers écrivain*, OC V, p.597 [ed. bras.: *Sollers escritor*, p.38]).

chas (viagens ao Marrocos, ao Japão).[89] O caráter fragmentário do livro vem também de uma forma de escritura próxima do diário: as entradas do caderno, bem como as fichas, são na maior parte do tempo datadas e escritas num movimento de muito breve retrospecção (em geral à noite ou no dia seguinte). Mas Barthes tem o hábito de rever suas notas ou fichas, corrigi-las, reclassificá-las. Assim ele as retira de sua circunstância, antes de publicá-las, como no caso do Japão. *O império dos signos* reúne notas redigidas no decorrer das três viagens sucessivas que ele faz ao país, mas é a primeira, de 2 de maio a 2 de junho de 1966, que fornece o material de base que as viagens seguintes apenas afinam e confirmam. A evocação do mercado flutuante de Bangkok,[90] por exemplo, provém de uma observação feita durante a primeira viagem, já que é a única em que faz uma escala de três dias nesta cidade. Igualmente, o pequeno léxico do encontro como os croquis lhe permitindo se localizar em Tóquio lhe são dados por Maurice Pinguet, por ocasião de sua primeira temporada. O conjunto é, aliás, em grande parte recomposto durante a temporada de outono de 1967 em Baltimore, o que explica as comparações recorrentes com os Estados Unidos.[91] *O império dos signos*

---

89. Maurice Pinguet testemunha: Barthes anotava suas ideias e formava suas frases em pequenas fichas separadas, permutáveis. (*Le Texte Japon, op.cit.*, p.25).
90. "No Mercado Flutuante de Bangkok, cada vendedor se mantém sobre uma pequena piroga imóvel" (*L'Empire des signes,* OC III, p.362 [ed. bras.: *O império dos signos, op.cit.*, p.24]).
91. Por exemplo: "No Pachinko, nenhum sexo (no Japão — nesse país que chamo de Japão — a sexualidade está no sexo, não em outra parte; nos Estados Unidos é o contrário: o sexo está em toda parte, exceto na sexualidade)" (*ibidem,* p.372 [ed. bras.: *ibidem*, p.42]). Ou ainda, a propósito da papelaria: "A dos Estados Unidos é abundante, precisa, engenhosa [...]. A papelaria japonesa tem por objeto aquela escrita ideográfica, que parece, a nossos olhos, derivada da pintura, quando simplesmente ela a funda (pp.425-16 [ed. bras.: pp.114-15]). Encontramos o mesmo tipo de comparação na correspondência com Maurice Pinguet, escrita em Baltimore logo antes da terceira viagem ao Japão, para onde, lembremos, Barthes vai diretamente dos Estados Unidos em dezembro de 1967: "Minha temporada aqui é rica — de *tédio*, e o tédio pode também, felizmente, ser narrado. [...] é um país sem nenhum sentido do prazer e do inesperado (pelo menos na minha escala); decerto há muitas coisas para serem descobertas e observadas, e eu não me privo delas, mas quando o fazemos, o julgamento intervém, e para mim ele toma irresistivelmente a forma de uma comparação com o Japão: mesma marca técnica, mas na arte de viver, os dois polos: tudo, nesse processo, tudo tende para vantagem do Japão. Comparar um bar americano e um bar japonês é o inferno (morno) e o paraíso! Agora minha mãe e meu irmão estão comigo, o que é uma grande alegria; eles partirão por volta de 25 de novembro; em seguida, terei três semanas de viagens-conferências". Por ocasião dessa turnê que o leva para a Costa Oeste, Barthes escreve dizendo se sentir melhor na Califórnia, "que me reconcilia um pouco com os Estados Unidos (clima, mixagem e gentileza das pessoas — e muitos asiáticos!)". (Cartas a Maurice Pinguet de 10 de novembro e de 2 de dezembro de 1967, fundo Maurice Pinguet, IMEC).

é, pois, um livro composto a partir de uma prática íntima, e que em geral permanece privada, de escritura. Os outros livros que a mesma prática incita (*Incidentes, Diário de luto, Carnets du voyage en Chine*) terão publicação póstuma. É, pois, um livro inteiramente levado por um desejo: primeiro porque o Japão o deixa em situação de escrever e permite encontrar este romanesco sem o romance, para o qual Barthes dá há algum tempo o nome de "incidente"; em seguida, porque lá ele se sente em harmonia perfeita com seu desejo. Ele tem a experiência de uma arte de viver verdadeira, com a qual se sente adaptado e que contrasta com a impressão de distanciamento e inadaptação que sempre sente na França. Ele sonha — literal, — que os dois lugares possam se juntar: "Mal tendo chegado, tive o seguinte sonho: meu quarto da rua Servandoni, situado no alto, como você sabe, comunicava-se diretamente — segundo esse natural perturbador dos sonhos — por uma escada vertical com aquela ruela de Shibuya, onde se encontra o bar PAL".[92] Ele gosta da simplicidade das relações, incluindo sexuais, nos encontros que tem e uma parte de sua nostalgia vem da lembrança que conserva de momentos perfeitamente harmoniosos. "Você sabe como penso neste país, em seus rapazes — e também como, às vezes, voluntariamente, não penso nele para não me afundar na nostalgia", ele escreve a Maurice Pinguet, depois de sua segunda temporada.[93] E em 15 de janeiro de 1968, depois da terceira, ele lhe diz ter a impressão de não ter voltado senão materialmente: "A cada espetáculo da rua, a cada episódio do dia, substituo o equivalente japonês e lamento, num sentimento de profunda nostalgia".[94] Como sempre com o que ele ama mais no mundo (a mãe, a literatura), ele atribui ao Japão a qualidade do "dilacerante". Assim escreve em 23 de maio de 1967: "Tenho sempre uma vontade louca, dilacerante, de voltar ao Japão neste verão", e em 15 de janeiro do ano seguinte: "Tenho momentos de desolação, quando penso, por exemplo, no pequeno Tanaka, na sua vinda ao aeroporto, na sua gravata, na sua fuga pudica: tudo isso indescritivelmente terno e que me dilacera um pouco". E *O império dos signos* comporta todo um subtexto, visível e legível, contando indiretamente

---

92. Carta a Maurice Pinguet, 8 de abril de 1967. Barthes escreve esta carta logo depois de voltar da segunda viagem. Fundo Maurice Pinguet, IMEC.
93. Carta a Maurice Pinguet, 28 de agosto de 1967. Fundo Maurice Pinguet, IMEC,
94. Carta a Maurice Pinguet, 15 de janeiro de 1968. Fundo Maurice Pingeut, IMEC.

as aventuras de seu desejo, sua relação liberada com o corpo. Primeiro o léxico do encontro, expondo, pela reprodução de sua escrita manuscrita, todas as palavras pelas quais ele pode se comunicar com seus amantes: "esta noite: komban", "a que horas? nan ji ni?", "fatigado, tsukareta"... Em seguida, o pequeno plano desenhado à mão no verso de um cartão de visita e que, isto foi observado, reproduz o caminho que conduz ao Pinocchio, um lugar de encontros homossexuais. Mas são sobretudo as imagens que manifestam seu desejo. As fotos do rosto do ator Kazuo Funaki, uma abrindo e a outra fechando o livro com a variante do sorriso no segundo retrato, são de Barthes, assim como as fotos dos lutadores de sumô, no centro do livro, e a do ator de kabuki, rodeado por seus dois filhos. Temos a prova de que Barthes dedicou à ilustração de seu livro um cuidado meticuloso. Ele se beneficiou da ajuda de Daniel Cordier (que o autoriza a reproduzir dois documentos de sua coleção pessoal e a quem ele agradece na página dos créditos fotográficos), de um conservador do museu Guimet, e do próprio Albert Skira, que lhe dá acesso ao fundo das coleções suíças (em particular a de Nicolas Bouvier, da qual várias imagens estão no livro).[95] É surpreendente que todas as fotos de jovens sejam de sua própria autoria. Elas colocam em cena jogos de olhares ou de ocultamento (para a foto do lutador que se serve de comida e mostra apenas a linha de seus ombros e a da coxa direita),[96] uma relação na qual se é retratado, fotografado tanto quanto fotografando, e se pode chegar a uma forma de devir-japonês que Barthes encena exibindo mais adiante um outro documento: um retrato seu no jornal *Kobé Shinbun* com uma fisionomia quase oriental, "com os olhos alongados, a pupila enegrecida pela tipografia nipônica".[97]

Desejado, o devir oriental remete a este tema do sujeito não pleno, que identificamos como a busca principal deste período. Redefinir o sentido passa pela apreensão de uma falta que Barthes encena de um modo mais violento em *S/Z* com o motivo da castração. Pois a castração priva Zambinella de todo acesso ao orgasmo e, como ela é contagiosa, priva também Sarrasine de seu desejo (o que não é o

---

95. Nicolas Bouvier esteve no Japão em 1964 e 1965 e publicou um livro intitulado *Japon* (Lausanne: Éd. Rencontres, 1967), que Barthes possuía.
96. *L'Empire des signes*, OC III, p.379 [ed. bras.: *O império dos signos*, op.cit., p.55].
97. *Ibidem*, p.426 [ed. bras.: *ibidem*, p.121].

caso com o vazio japonês). S(arrasine) é barrada/por Z(ambinella): a perda da letra Z, em seu nome, que deveria logicamente se escrever *Sarrazine*, faz do Z a letra da castração, a letra que falta, a letra má. O motivo é recorrente nos textos desta época. Em *s/z*, com certeza, onde "cortante como um chicote punidor", ele corta, barra, risca e se faz "letra do desvio", "a ferida da falta".[98] Em *Sade, Fourier, Loyola*, onde é dito que o nome de Sade vem da aldeia de Saze (*Sazo*): "Para se chegar ao nome maldito, de uma fórmula ofuscante (já que pôde gerar um nome comum), o Z que zebra e fustiga perdeu-se pelo caminho, cedeu lugar à mais suave das dentais".[99] Mas também no texto sobre as "mulheres-letras" de Erté, onde Barthes comenta o Z como inverso do S, corpo efervescente e liso: "Z não é um S invertido e angulado, isto é, *desmentido*? Para Erté, é uma letra dolente, crepuscular, velada, azulada, na qual a mulher inscreve sua submissão e sua súplica (também para Balzac é uma letra má, como ele explica em sua novela *Z. Marcas*)".[100] Mas esta negatividade da letra tem efeitos positivos no fato de que ela destrói plenamente: o sexo é abolido, a linguagem para e a arte do escultor se torna impossível. "Esta Plena Literatura, legível, já não se pode escrever."[101] Entra-se numa ordem diferente do pensamento, que é também aquela para a qual Gilles Deleuze convida em *Lógica do sentido*, publicado alguns meses antes, em 1969. Sob a forma do famoso "corpo sem órgãos", ele também faz da castração uma fissura do pensamento, ponto de passagem para uma nova relação com o ser.

No trajeto que leva Barthes a recusar as oposições binárias, as dicotomias, *s/z* realiza, pois, a operação mais perfeita reabsorvendo (com Balzac) a distinção entre feminino e masculino, no nome de Sarrasine como no ser de Zambinella. Esta inflexão do conflito, por meio de um trabalho de análise que esgota literalmente o texto, pode ter suas significações importantes para compreender este período da vida de Barthes e para indicar como os dois livros de 1970 a concluem. A primeira é dada sob a forma de um enigma, indiretamente: é um discurso de defesa da homossexualidade e da utopia

---

98. Sobre este z que está em Balzac, ver s/z, OC III, p.207 [ed. bras.: s/z, *op.cit.*, p.133].
99. *Sade, Fourier, Loyola*, OC III, p.853 [ed. bras.: *Sade, Fourier, Loyola*, *op.cit.*, p.209].
100. *Erté* (Parma: Franco Maria Ricci, 1971; OC III, p.943).
101. s/z, OC III, p.287 [ed. bras.: s/z, *op.cit.*, p.218].

que ela permite, de uma reunião sem oposição. Bem antes das principais teses dos *genders studies*, Barthes dissocia os conceitos de sexo e gênero e mostra que não podemos nos satisfazer com a estrutura institucional binária que é aquela dos sexos: já é o que diz o primeiro artigo em homenagem a Lévi-Strauss, "Masculino, feminino, neutro". Não podendo recorrer a um neutro morfológico (por causa das coerções da língua francesa), o texto de Balzac faz tremer o masculino e o feminino.[102] A segunda significação se refere às consequências de Maio 68 sobre o autor: procurando soluções para ultrapassar as grandes querelas orquestradas pela palavra, Barthes se volta para a escritura e os deslocamentos da letra que tornam seu movimento infinito, interditando qualquer apropriação definitiva.

---

102. "Masculin, féminin, neutre", OC V, p.1042.

capítulo 13

BARTHES
E SOLLERS

Em 1971, em plena batalha ideológica, *Tel Quel* consagra o número 47 a Roland Barthes. Maio de 68 dividiu e a revista de Sollers optou por acentuar a separação e os conflitos. Marcada por numerosas viradas teóricas e políticas, ela suscita oposições violentas, cóleras e exasperações. *Tel Quel*, em virtude da dinâmica de agitação permanente que constitui seu programa implícito desde o começo, parece atrair a disputa. A colaboração contínua de Barthes soa, então, uma contradição, ou pelo menos uma bizarrice, tanto este, como vimos, é contrário às guerras de palavras e aos conflitos interpessoais. Se não se situa na primeira fila, ele parece apoiar, implicitamente pelo menos, todas as escolhas de Sollers, mesmo a mais discutível, sem dúvida, de seu ponto de vista, que é se unir ao Partido Comunista Francês em maio. Depois da tomada do hotel de Massa por Jean-Pierre Faye e o Comitê Revolucionário de Ação Estudantes-Escritores, em 23 de maio, os participantes de *Tel Quel* tinham denunciado os desvios esquerdistas e lembrado a necessidade de se situar ao lado dos comunistas na perspectiva de uma revolução proletária: já que esta parece, enfim, possível, a união era uma prioridade; romperam, então, com a União dos Escritores. Depois da repressão de Praga, Faye e a União dos Escritores expressam sua solidariedade com o povo checoslovaco, enquanto os membros de *Tel Quel* reagem com um silêncio que eles explicarão, em seguida, pelo desdém que têm por seus opositores, "liquidadores", que se servem do acontecimento como escudo contra a revolução.[1] De fato, Barthes não

---

[1]. No momento da virada maoísta de 1971, no número consagrado a Barthes, a revista propõe uma cronologia de sua história recente, que retoma o "silêncio" do verão de 1968 e

assina o manifesto "La Révolution, ici et maintenant", que a revista publica no número 34, no outono de 1968; mesmo que ele faça uma breve intervenção em novembro de 1970 no Grupo de Estudos Teóricos, propondo a análise de um texto de Freud, só acompanha o trabalho um pouco de longe (aliás, naquele momento ele se encontra, no Marrocos). Sua hostilidade ao PC continua e sua posição política é sobretudo bastante constante. Mas ele aceita que seus amigos tenham opiniões diferentes e Sollers sabe se mostrar convincente sobre a oportunidade da estratégia adotada.

Em 1971, mesmo que a reviravolta de *Tel Quel* se exponha publicamente no número que devia lhe prestar homenagem, Barthes não toma oficialmente partido a favor do "Movimento de junho 71". Nunca tendo apoiado o PCF, ele não tem necessidade de se manifestar contra ele e seu revisionismo. Tampouco se engaja publicamente com o maoísmo e é de longe que parece acompanhar as escolhas do grupo e da revista. Em compensação, nos conflitos teóricos que agitam o campo intelectual, Barthes toma posição. Assim, no momento da criação de *Change*, cujo nome parece zombar de *Tel Quel*, a querela, que pode parecer bem frívola vista de hoje, toma proporções ainda maiores, já que ocorre no interior da editora Seuil. Faye acusa *Tel Quel* de stalinismo e Sollers ironiza o transformismo generalizado pregado

---

o justifica nestes termos: "A análise é que a intervenção soviética é explorada pela direita e, precisamente, pela oposição de *Tel Quel* (isto é, por aqueles que se opõem a *Tel Quel* no plano de seu trabalho específico por razões reacionárias específicas no campo de nossa prática). O combate que vence os outros é o da consolidação do grupo e da revista. Silêncio. Posição 'estrita'" ("Chronologie", *Tel Quel*, n. 47, 1971, pp.142-43).

por *Change*. Mallarmé e Artaud tornam-se os nomes que cristalizam as oposições, Jacques Roubaud denuncia a pseudocientificidade das teses de Julia Kristeva e Sollers acusa *Change* de fazer "pseudo-*Tel Quel*". Faye chega mesmo a afirmar numa entrevista a Jean Ristat na *Gazette de Lausanne* que, em 1960, o grupo que surge ao redor de Sollers era favorável à Argélia francesa. Em 1970, *La Quinzaine littéraire* acolhe uma polêmica entre Pierre Bourgeade e Sollers, que é também de uma violência verbal estrepitosa.[2] Em todos esses conflitos, Barthes apoia o amigo. Desde o número 34, ele declara a Sollers seu pleno acordo com os textos publicados na revista e, no auge da luta, sempre se apresenta como aliado. Numa carta endereçada a Sollers, mas destinada a proteger o amigo junto à direção da Seuil na pessoa de Paul Flamand, Barthes expressa sua solidariedade: "Não quero que um silêncio qualquer (*embora em um outro sentido justificado pela pusilanimidade e pela vulgaridade dos ataques dirigidos periodicamente contra sua revista*) cubra a operação de difamação da qual *Tel Quel* foi o objeto da parte de Faye", e acrescenta: "A difamação tem sempre algo de pegajoso e, por consequência, por mais *desejo de silêncio e de trabalho que se tenha*, é preciso cortá-la".[3] É a contragosto que Barthes abandona sua reserva e seu silêncio — a retórica dos parênteses e dos incisos é clara nesse ponto. Mas ele se sente obrigado a isso, sem dúvida, por duas razões: a primeira é afetiva e ética (defender seus amigos é um dever!), e Barthes se lembra da rapidez com que Sollers se comprometeu quando do caso Picard; a segunda é teórica: ele está convencido de que a pesquisa defendida por *Tel Quel* é central para o pensamento, a literatura e seu próprio trabalho. Ele o diz também nesta carta: "Minha convicção de que sua revista é atualmente insubstituível (e, portanto, sem concorrência, a não ser por confusionismo interessado), o sentimento às vezes angustiado que, se você não estivesse aí, algo de vital se apagaria para alguns dentre nós, tudo isso é sabido". Diz isso sem vistas à estratégia, no sentido negativo do termo, nem à bajulação. Percebe-se sinceridade em sua busca obsti-

---

2. Para um relato detalhado destes violentos antagonismos, ver Philippe Forest, *Histoire de Tel Quel*, op.cit., pp.342-60. Ver, para a posição mais específica de Barthes, Claude Bremond e Tomas Pavel, *De Barthes à Balzac. Fiction d'un critique, critiques d'une fiction* (Paris: Albin Michel, 1998), pp.17-27.
3. "Carta a Philippe Sollers", 25 de outubro de 1970. Esta carta se encontra no Fundo da Editora Seuil no IMEC. Ela foi publicada por Éric Marty, nos anexos das *Œuvres complètes*, OC V, p.1044. Itálicos nossos.

nada, por vezes, desesperada, em conciliar uma relação cada vez mais individual, intratável, com a escritura e uma existência social propícia para a sua expressão ou, para dizer de outro modo, para conciliar o particular e o político. Barthes está convencido de que *Tel Quel* é um lugar para isso. Ele cria, de fato, ao redor da revista, uma importante rede de amizades. E Barthes nunca se trancar numa torre de marfim, está sempre presente em seu tempo.

  A literatura, para ele como para Sollers, só tem sentido se for deliberadamente moderna, mesmo que ele ache que a modernidade pode ser melhor em épocas anteriores do que na sua própria, e que, no final das contas, seu gosto pessoal o leve mais para as obras de Schumann ou de Chateaubriand do que para Messiaen ou Robbe-Grillet... Compreender Barthes é compreender duas postulações que são contraditórias apenas na aparência, mas que suscitam muitos mal-entendidos, até mesmo acusações de impostura. *Amar a literatura* é amar sua modernidade, sua maneira de dizer o mundo renovado, sua força de expressão, de deflagração e de mudança, qualquer que seja a época em que ela apareça, tanto Racine quanto Michelet, Baudelaire quanto Cayrol, Proust quanto Sollers. Em seguida, *defender a literatura* no presente não é contentar-se em lembrar como os antigos eram modernos, é defender todas as tentativas para fazê-la ir a outros lugares, mudar o mundo ou dizê-lo de outro modo: a experimentação nem sempre se revela tão produtiva quanto se teria podido esperar — o que Barthes sente, por exemplo, bem depressa com relação a Robbe-Grillet —, mas ela é reconhecida lá onde se encontra. Se, por gosto, Barthes prefere ler Proust, ele não quer exaltar sua obra *contra* a literatura contemporânea. Se esta ainda tem um sentido no mundo atual, deve ser considerada em sua capacidade virtual de impor a mesma revelação que aquela exigida por *Em busca do tempo perdido*. Não há, pois, conflito histórico entre antigos e modernos em Barthes, em suas posições não há alternância entre vanguarda e retaguarda; é precisamente o que sugere a fórmula "estou na retaguarda da vanguarda", a posição do moderno, que não é um lugar nem uma ideologia, mas a convicção de uma capacidade da literatura em prosseguir sua ação no mundo. Que essa posição ultrarrigorosa, que sem dúvida define a política de sua crítica, não ocorra sem divisões interiores nem conflitos exteriores na imagem que os outros têm dele, explica-se muito bem.

A AMIZADE

A relação obstinada e incondicional de Barthes com a literatura une-se à de Sollers, que nos anos 1960-1970 a exprime num vocabulário diferente, muito mais radical, sob o signo da revolução da linguagem, da virtude libertadora dos textos e da loucura. Em seus respectivos "panteões", eles não têm muito em comum naquele momento a não ser Sade, e mesmo assim não pelas mesmas razões. Mas partilham um gosto pela afirmação, uma mesma forma de inteligência, capaz de abstração e de síntese de um lado, de sensibilidade e de sensualidade, do outro. *A priori*, tudo em seus temperamentos os opõe. De um a lado o homossexual discreto, o intelectual pusilânime, o solitário sem superego; do outro, o heterossexual brilhante, o chefe de matilha, assassino dos pais. Embora Sollers seja uns bons vinte anos mais jovem (nasceu em 1936), eles também não mantêm uma relação de pai e filho, a questão de geração tem pouca importância para ambos; nada na atitude de Barthes faz dele um pai — se assim não fosse, é bem provável que Sollers teria se oposto a ele. Com relação aos outros paralelos já esquematizados, a configuração é diferente: o outro não é nem o mais velho que serve de modelo durante os anos de iniciação (Gide); nem o contemporâneo importante, com o qual mantém uma relação de diálogo (com seu quinhão de rivalidade implícito), mas afastada (Sartre); com Sollers, trata-se mais do contemporâneo amigo com quem Barthes divide visões sobre o terreno essencial para ele, para eles, a literatura. Sujeito ao tédio, sobretudo em circunstâncias mundanas, Barthes aprecia a conversa brilhante de Sollers, a extensão de suas leituras, sua combatividade. Mesmo seu espírito de intriga o diverte. Sollers, de seu lado, admira Barthes, sua independência, seu desengajamento, sua lucidez. Nos frequentes jantares a partir de 1965, na Coupole ou no Falstaff em Montparnasse, no Flore ou na Palette em Saint-Germain, eles falam de suas leituras e de seus trabalhos em curso. Pensar ou dizer que a ligação se deve apenas à aliança ou à estratégia não é, pois, justo — fica faltando a parte profundamente afetiva, confirmada por numerosos fatos para os quais é preciso voltar. É evidente que a amizade supõe, às vezes, em certos contextos, momentos de aliança, e o itinerário deles os conheceu, mas estes não contradizem a real afeição que conservam um pelo outro até o fim. Sua comum ancoragem no Sudoeste, para o qual voltam periodicamente, se não justifica o vínculo, lhe dá uma base, ou melhor, um esclarecimento. "Estamos ao mesmo tempo na mesma região e no mesmo horizonte: as Luzes. Isto fazia parte dos pontos fixos que tínhamos em comum."[4]

Eles se veem pela primeira vez nas dependências da Seuil, no número 27 da rua Jacob, em 1963. *Tel Quel* dispõe de um pequeno escritório, teatro de ardentes batalhas, de expulsões sucessivas, de escolhas estratégicas, de entronizações. Barthes concedera responder a um questionário da revista, depois de em duas ocasiões ter enfatizado suas distâncias em relação a ela. Tratava-se da pesquisa sobre "A literatura de hoje", publicada no número 7, em 1961. Mas foi se prestando ao jogo das questões de Gérard Genette sobre a crítica, numa reflexão marcante, "Literatura e significação", publicada no número 16 de 1963, que sua verdadeira colaboração com *Tel Quel* começa, embora ele jamais tenha integrado o conselho.[5] Sollers vislumbra a vantagem que seu movimento e sua revista podem obter publicando Barthes na nova coleção Tel Quel. A notoriedade do ensaísta só pode lhe trazer prestígio. Barthes, por seu lado, não quer ficar encerrado na sociologia e no programa científico que se atribuiu na Escola Prática. Unir-se a esses jovens ousados é promessa de abertura e renovação; sobretudo, essa inserção lhe dá um lugar na literatura que está sendo feita, o que não é negligenciável.

Em 1963 eles iniciam uma colaboração oficial, enquanto o vínculo entre os dois se transforma em amizade. Barthes fica seduzido pela leitura de *Drame*, o terceiro romance de Sollers. Faz uma longa e profunda análise que sai em *Critique* com o título "Drame, poème, roman" — texto que seu autor tem em alta conta, a ponto de publicá-lo três vezes: a primeira na revista; a segunda, acompanhado de anotações, na obra coletiva organizada por Sollers, *Théorie d'ensemble*, em 1968; e a terceira em *Sollers écrivain*, em 1979.[6] Ele

---

4. "Roland Barthes, tel quel", entrevista de Philippe Sollers para Jerôme-Alexandre Nielsberg, *Contrepoint*, 2 de dezembro de 2002 [disponível on-line]. Em *Médium*, Sollers volta para as razões deste distanciamento: "Na minha casa, no Sudoeste protegido por muitos filtros, o oceano, o vinho, as ilhas, toda uma série de desacelerações desenvoltas. Um girondino que acredita na França? Não é encontrável" (Paris: Gallimard, 2014, p.41). Ver Barthes, "La lumière du Sud-Ouest" [ed. bras.: "A luz do Sudoeste", *op.cit.*, pp.3-10]. E Sollers "Encore Bordeaux".
5. Os dois questionários são recolhidos em *Essais critiques*, o segundo encerrando o volume (OC II, pp.411-21 e pp.508-25) [ed. bras.: O primeiro questionário é "A literatura hoje"; o segundo, "Literatura e significação" — "Ensaios críticos", in *Crítica e verdade, op. cit.*, pp.69-80 e 165-84].
6. É o único texto para o qual Barthes dá três destinos diferentes.

atrela o livro ao nascimento da fala, a um momento em que "palavras e coisas circulam pois entre si ao mesmo nível", unindo-se ao mito "do mundo como Livro, da escritura traçada diretamente na terra".[7] *"Drame* é também a ascensão em direção a uma idade de ouro, a da consciência, a da linguagem. Tal tempo é aquele do corpo que desperta, ainda novo, neutro, intocado pela rememoração, pela significação. Aqui aparece o sonho adâmico do corpo total, marcado no amanhecer de nossa modernidade pelo grito de Kierkegaard: *mas deem-me um corpo!"*[8] Puro narrador, o sujeito desaparece, como a história que se torna busca da história. Barthes descobre uma nova experimentação decisiva da literatura moderna: o sentido e a profundidade são descartados em proveito de uma lógica dos eixos e das funções que cabe ao crítico reconstituir, para além da resistência da leitura. A utopia de uma produtividade incessante corresponde bem à teoria do texto que Barthes está construindo. A defesa que ele faz de uma leitura que dá importância capital à decodificação do leitor instruído e lúcido não surpreende. Ela justifica a crítica ao mesmo tempo que permite indicar onde se situa a vanguarda. No campo literário, a distância tomada em relação a Robbe-Grillet em *Tel Quel*, e a atribuição à obra de Sollers das qualidades que eram aquelas reconhecidas em Robbe-Grillet alguns anos antes, são signos claros. A literatura migrou e a aventura da escritura está em *Tel Quel*. Passamos de uma exaltação da pura referência do estar-aí dos objetos para uma *semiosis* da literatura em que os signos não remetem senão a eles mesmos. Alguns meses mais tarde, Sollers se situa do lado de Barthes na querela da nova crítica, com a verve polêmica que conhecemos. A amizade entre os dois se sela, pois, por uma aliança e, nos quinze anos seguintes, um defende o outro quando atacados.

Barthes vai ter ocasião de fazê-lo duas vezes abertamente, sempre por questões literárias — ele não intervém em público a respeito das tomadas de posição políticas de seu amigo. A primeira vez em 1973, a propósito de *H*, publica um artigo que é tanto uma análise do livro quanto uma viva resposta aos ataques dos quais foi objeto na imprensa. Barthes reage às acusações de "falsa novidade", de "for-

---

7. "Drame, poème, roman", oc v, p.595 [ed. bras.: "Drama, poema, romance", in *Sollers escritor*, pp.35-36].
8. *Ibidem*, p.593 [ed. bras.: *ibidem*, pp.31-32].

malismo", de "sofisticação", reprovando em seus adversários, como outrora em Picard, um "amálgama" do qual ele tampouco escapa. Ele lhe opõe um método crítico que renuncia à ideia geral para produzir o comentário de modo fragmentário, nas margens de um livro que leva o comentário a seu limite. "Embora o acompanhe há muito tempo", ele escreve sobre a obra de Sollers, "a cada vez tomo seu trabalho em seu próprio percurso: estes fragmentos são os passos deste caminho: é o movimento do 'companheiro de estrada'".[9] A imagem é surpreendente: primeiro porque ela repercute como uma espécie de *slogan*, remetendo a um partido ao qual Barthes nunca professou fidelidade, nunca se filiou, longe disso; em seguida, porque este artigo precede em apenas quatro meses a viagem à China, na qual Barthes e Sollers serão companheiros de estrada. Misturando prática literária e engajamento político, a imagem empregada por Barthes (sem dúvida um hápax no conjunto de sua obra) deixa transparecer certa ambiguidade. A segunda ocasião de apoio a Sollers se apresenta em 1978. O escritor é terrivelmente atingido pela publicação, em plaqueta, de *Pourquoi j'aime Barthes*, intervenção que Robbe-Grillet havia feito em Cerisy no ano anterior. O autor de *Por um novo romance* se estende sobre o impasse no qual se encontraria o autor de *Paradis*, obrigado a publicar sua obra como folhetim em *Tel Quel*, pois sabia não interessar mais aos leitores, e que a literatura, em particular o romance, seguia por uma via diferente. Enquanto o assunto estava relegado ao âmbito de um colóquio e a suas atas, isso podia passar; mas que a exibição pública de um vínculo afetivo com Barthes passasse por um questionamento de sua obra foi demais para Sollers, que já se sentia muito isolado, uma vez que *Tel Quel* havia perdido muitos leitores nos anos precedentes. A operação toma ares de salvamento. Advertido por François Wahl da cólera de Sollers com a edição do texto de Robbe-Grillet, publicada por iniciativa de Christian Bourgois, Barthes deixa de fazer uma curta viagem a Cannes e vai se explicar com o amigo em 19 de novembro. Juntos, eles preparam o testemunho de reconhecimento e de apoio que Barthes lhe dá de imediato. A pedido do amigo, Barthes organiza uma defesa em dois tempos: numa crônica do *Nouvel Observateur* de 6 de

---

9. "Par-dessus l'épaule", *Critique*, n. 318, novembro de 1973, recolhido em *Sollers-écrivain*, OC V, p.611 [ed. bras.: "Por cima do ombro", in *Sollers escritor*, p.64].

janeiro de 1979, ele publica um diálogo com um interlocutor imaginário, que poderíamos, em geral, considerar como um "Por que gosto de Sollers" ou "Por que defendo Sollers"; afirmar um apoio incondicional para um número muito grande de leitores do semanário é corajoso. Quase ao mesmo tempo, Barthes reúne o conjunto de seus artigos sobre Sollers desde 1965 para publicá-los num volume, acrescido do fragmento "A oscilação", do seminário sobre "O neutro. Tudo ocorre muito rápido e o livro está no prelo no fim de janeiro.

Com frequência, ainda hoje, lê-se ou ouve-se que Barthes forçou a mão, que ele sofreu a ascendência ou a chantagem de um Sollers tirânico e nervoso; é verdade que este insistiu muito para que Barthes publicasse o volume. Mas não procede de jeito nenhum dizer que no fundo ele não poderia apoiá-lo porque naquele momento estava afastado dele e de *Tel Quel* no plano estético. De fato, a aliança entre os dois prossegue na base de evolução paralela, senão absolutamente comum — a diferença de idade, esta vez, serve para alguma coisa. Se *Fragmentos de um discurso amoroso* está muito longe de *Paradis*, ambos estão convencidos de que a vanguarda está atrás deles e que não é mais por aí que prossegue a literatura em marcha. Falam de Chateaubriand (Barthes) e de Saint-Simon (Sollers), e cada um ambiciona escrever uma grande obra legível: Barthes, "Vita Nova", destinada a permanecer como projeto; Sollers, *Mulheres*, publicado em 1983 com o sucesso que conhecemos. Em "Noites de Paris", Barthes evoca um encontro no Rotonde: "Falamos de Chateaubriand, da literatura francesa, depois da Seuil. Com ele, sempre euforia, ideias, confiança e excitação de trabalho".[10] O último texto que Barthes publica em *Tel Quel*, trechos comentados de seus diários, propicia uma reflexão muito pessoal sobre as direções que a escritura pode tomar e teria sido impensável na revista alguns anos antes.[11] O autor parece livre de toda coerção teórica, política ou formal. Aliás, Barthes justifica sempre seu apoio a Sollers pela afeição que lhe tem. Não hesita em se pôr do lado da minoria para defendê-lo. Em 1973, em *Critique*, declara sua amizade para estabelecer a legitimidade de sua leitura.

---

10. "Soirées de Paris", in *Incidents*, OC V, p.982 [ed. bras.: "Noites de Paris", in *Incidentes*, *op.cit.*, p.76].
11. "Délibération", OC V, pp.668-81 [ed. bras.: "Deliberação", in *O rumor da língua*, pp.445-62].

"Quando se terá o direito de instituir e de praticar uma *crítica afetuosa*, sem que ela seja tomada por parcial? Quando estaremos bastante livres (liberados de uma falsa ideia da 'objetividade') para incluir na leitura de um texto o conhecimento que podemos ter de seu autor? Por que — em nome de que, por medo de quem — eu separaria a leitura do livro de Sollers da amizade que tenho por ele?"[12] No artigo do *Nouvel Observateur* de janeiro de 1979, sua reação aos sarcasmos de Robbe-Grillet passa pela construção de uma imagem pessoal de Sollers contra a imagem social que se faz dele. "Vejo Sollers reduzido como uma cabeça de Jivaro: ele agora não é mais do que 'aquele que mudou de ideia' (entretanto, não é o único, que eu saiba). Muito bem, penso que chega um momento em que as imagens sociais devem ser *chamadas à ordem*."[13] E essa imagem é composta de isolamento e de grandeza. Enquanto Sollers é atacado de todos os lados, inclusive pela Seuil, onde sua posição é menos segura e a revista está ameaçada, a atitude de Barthes é decidida e solidária. Ela privilegia a amizade em detrimento das preocupações com a sua imagem. Alguns dias depois, Sollers escreve para Michel Chodkiewicz, que questionava a necessidade de prosseguir a aventura de *Tel Quel*: "Sua pergunta de ontem era, pois: 'Para que serve *Tel Quel*?' Parece-me, pensando bem, que lhe devo uma resposta mais pessoal (que, por conseguinte, se você o desejar, ficará entre nós). É a seguinte — e peso minhas palavras: 'Para não morrer de desespero num mundo ignorante e perverso'".[14] Vê-se a que ponto as questões estratégicas e afetivas estão misturadas. É sobre tudo isso que a relação entre Sollers e Barthes se fundamenta: porque são personalidades públicas e com visibilidade, mas também porque se apoiam moralmente.

Do lado de Sollers, a ligação não é menos fiel. "Barthes", ele diz a *Art Press*, em 1982, "foi a pessoa que me foi mais difícil ver morrer. A amizade." Um pouco mais adiante, evocando Foucault: "Temperamento suscetível, ciumento, a ponto de, na época, fosse preciso ser amigo dele ou de Barthes [...]. Eu gostava de Barthes, talvez reveja Foucault

---

12. *Sollers écrivain*, OC V, p.616 [ed. bras.: *Sollers escritor*, pp.71-72].
13. Este "diálogo" é inserido por Barthes na sua crônica publicada em *Le Nouvel Observateur*, n. 739, recolhido em *Sollers écrivain*, OC V, p.582 [ed. bras.: "Diálogo", in *Sollers escritor*, p.12].
14. Carta de Philippe Sollers a Michel Chodkiwicz, 10 de janeiro de 1979. Arquivos da Seuil, IMEC, "dossier Sollers".

[...]".[15] Em *Un vrai roman*, suas memórias, ele escreve: "Barthes permaneceu um grande amigo até sua morte acidental, que foi um dos grandes sofrimentos de minha vida".[16] Como Barthes em "Noites de Paris", Sollers evoca em *Mulheres* as noites em Montparnasse, os charutos para depois do jantar, um Barthes-Werth "elegante, sóbrio, feliz de ver alguém que gostava muito dele e de quem ele gostava muito". Eles falam sobre o que estão escrevendo, comentam os pequenos acontecimentos ou as grandes leituras. "Gosto comum pela voz, o canto, as abreviações da poesia chinesa, as cadernetas, os cadernos, as canetas, a caligrafia, o piano..."[17] Para Philippe Forest, esta amizade é "a mais longa e a mais sólida que, fora do conselho de *Tel Quel*, tenha unido Sollers a um outro escritor".[18] Pode-se dizer a mesma coisa de Barthes, para quem, fora as amizades de adolescência e de juventude, Sollers representa a fidelidade mais constante, se excetuarmos a relação com François Wahl, tão viva, longa e incessante, mas por proximidades diferentes. Entre os biografemas que seleciona para fazer o retrato do Barthes que conheceu, Renaud Camus anota este: "Ele não suportava a menor crítica ou zombaria a respeito de Philippe Sollers".[19] Éric Marty lembra de um jantar no 7, o restaurante de Fabrice Emaer, onde Barthes lhe falou durante muito tempo de sua amizade por aquele que chamava apenas de "Philippe": uma amizade que compartilha a devoção pela escritura e, na solidão da vida de escritor, estreita a solidariedade com um meio social. Mas com Sollers é mais do que isso, explica Barthes: "A aventura, a ausência de repouso". Marty fica impressionado com a existência em seu universo de "planetas estrangeiros (pelo menos um): força, violência, radicalismo, desejo de ruptura, recusa das heranças, coragem, riso, vitalidade sem desespero".[20]

Sollers também soube ser generoso com Barthes e contribuir, em parte, para o que ele foi. É, por exemplo, ele que, em 1971, "inventa" "R.B.": não Roland Barthes, mas aquele que se põe à distân-

---

15. *Art Press*, n. 44, janeiro de 1981, pp. 10 e 11.
16. Philippe Sollers, *Un vrai roman. Mémoires* (Paris: Plon, 2007), p.111.
17. Idem, *Femmes* (Paris: Gallimard, 1983), p.133.
18. Philippe Forest, *Histoire de Tel Quel*, *op.cit.*, p.196.
19. Renaud Camus, "Biographèmes", *La Règle du jeu*, n. 1, maio de 1990, p.60. Com relação a Sollers, Barthes parecia sentir por Wahl "uma afeição quase temerosa, que parecia mesmo curiosamente filial, embora Wahl fosse claramente mais jovem do que ele".
20. Éric Marty, *Roland Barthes, le métier d'écrire*, *op.cit.*, p.94 [ed. bras.: *Roland Barthes, o ofício de escrever*, *op.cit.*, p.107].

cia, atrás das iniciais, que se torna com este nome, "R.B.", "Herbé" [em francês, a pronúncia das duas letras], uma figura. No número especial de *Tel Quel* dedicado a Barthes — no qual colaboram Julia Kristeva com um texto sobre a escritura; Marcelin Pleynet com dois poemas; François Wahl com um texto sobre o budismo; Severo Sarduy com uma evocação de Tanger, para onde foi com Barthes (o "Petit Socco", "a estereofonia"); Marc Buffat escrevendo sobre o ensino e Annette Lavers sobre tradução[21] —, o retrato de "R.B." por Philippe Sollers faz sucesso: não só porque é uma homenagem incondicional ao conjunto de sua obra, desde *Michelet* e os textos sobre Brecht até *O império dos signos* e a sua teoria do texto plural, mas também porque ele introduziu motivos biográficos e pessoais que anunciam o autorretrato de 1975: seu protestantismo, que Sollers diz "esvaziado, japonizado", sua elegância: "Ele chega na hora, é capaz de mudar de peso bem depressa, se entedia num instante, nunca parece se divertir demais, e se lembra das coisas".[22] O texto também dá continuidade à estratégia de denunciar o meio intelectual, estes viajantes intelectuais de comércio, estas "figuras rotativas e abusivas de sábios cossenos", "os dogmático-revisionistas" e o "tabelionato cultural" — contra o que "R.B." aparece como uma oposição ou um remédio —, mas é até então o mais belo retrato de Barthes jamais esboçado. Sollers insiste na ausência de histeria da personagem, sobre o não querer possuir, que se tornará a obsessão dos anos posteriores; e ele convoca uma imagem, simétrica àquela do "companheiro de estrada", empregada por Barthes em 1973 no texto sobre Sollers: "Estamos aqui", escreve Sollers, "na trajetória que vai de *Mitologias* a *O império dos signos*: do 'francesismo' ao haicai. Em outras palavras, para R.B., a história de uma longa impaciência, de uma longa marcha irritada através do pleno sobrecarregado, decadente de nossa cultura".[23] Aí ainda, com a imagem da "longa marcha", o político, como o horizonte da viagem para a China, vem se inscrever singularmente.

---

21. O número contém também a transcrição de "Réponses", entrevista com Jean Thibaudeau, uma bibliografia muito detalhada, e ele abre com o artigo de Barthes "Écrivains, intellectuels, professeurs". [ed. bras.: "Escritores, intelectuais, professores", in *O rumor da língua*, pp.385-411].
22. Philippe Sollers, "R.B.", *Tel Quel*, n. 47, 1971, p.19.
23. *Ibidem*, p.21.

Sollers inventa, pois, "R.B.", Barthes confirma em Cerisy, quando relata a genealogia dessa figura.[24] Mas não é a única contribuição do amigo. Ele teria sugerido o título do livro escrito a partir da novela de Balzac, S/Z (o autor de *h* gosta das iniciais), o que não é improvável, já que até o fim da redação Barthes se refere ao texto como "Sarrasine".[25] Mas as discussões com ele são, sobretudo, determinantes para dois outros projetos. O primeiro é o das futuras "Noites de Paris". Em 24 de agosto de 1979, Barthes escreve: "Depois de uma palavra de Sollers, ideia de uma narrativa de minhas noites. Redigido na noite de ontem";[26] na véspera, o escritor lhe havia endereçado, de fato, uma carta em que dizia a que ponto ele tinha apreciado a segunda parte de "Délibération", evocando uma noite parisiense. O que dá a Barthes uma ideia, que poderia se inserir no grande projeto de obra que o atormenta na época e cujos fragmentos serão publicados em *Incidentes*: "Se eu tentasse contar assim minhas noites? De uma maneira 'sutilmente' insípida, sem sublinhar o sentido? Não se extrairia uma verdadeira pintura de época?".[27] A outra sugestão resulta num projeto que poderia envolver a ambos. Descobrindo uma paixão comum por Chateaubriand ("descobrimos que nós dois gostamos loucamente de Chateaubriand"), Sollers imagina que eles poderiam escrever uma "história da literatura pelo desejo", que daria ênfase na força antiburguesa da literatura. Eles não terão muito tempo para realizá-la, mas o projeto obseda Barthes no decorrer dos meses seguintes, como prova o fichário: ele imagina uma história *selvagem*, uma história *sensível* da literatura francesa; sobretudo, ele imagina combinar seu projeto literário, "Vita Nova", com essa história pessoal, já que nos dois casos trata-se de ir ter com a literatura. Quanto a Sollers, ele admite que com *La Guerre du goût* e Éloge de *l'infini* ele continuou sozinho um pouco desse projeto comum. Com o tempo, eles se puseram a ler os autores que eram companheiros do outro. Foi assim que Barthes, que do século XVIII só lia Sade e Voltaire, se pôs a ler Diderot por sugestão do amigo. Sollers é também seu guia nos

---

24. "A origem desta expressão, o fato de que me chamam, às vezes, R.B., não tem em absoluto uma origem esotérica, foi Sollers que, pela primeira vez, num texto do número 47 da *Tel Quel*, empregou, para me designar, a expressão R.B., o que não é uma origem privada, é uma origem literária" (discussão em seguida à intervenção de Evelyne Bachellier, in *Pretexte: Roland Barthes*, atas do colóquio de Cerisy-la-Salle, *op.cit.*, p.165).
25. É Kristeva que conta ocaso em *Les Samouraïs* (Paris: Fayard, 1990), p.38.
26. BNF, NAF 28630, "Agendas 1976-1979", 1979.
27. BNF, NAF 28630, grande fichário, envelope 5/6.

círculos de Dante e nos territórios fantásticos de Maldoror. Enquanto seus gostos e sua história com relação à escritura os levavam, no início, para outros autores bastante diferentes, é notável que ambos tenham acabado por escrever sobre Voltaire, Bataille, Twombly...

Mas os "amigos dos meus amigos" não são apenas aqueles que ocupam as prateleiras ou os autores do passado. São também os contemporâneos encontrados aos poucos, por contiguidade. Uma das razões do vínculo contínuo entre Barthes e Sollers deve-se também a Julia Kristeva e ao triângulo que formavam. A partir de 1967 (ano em que Sollers e Kristeva se casam), os três se veem com muita frequência, nos restaurantes e bares da margem esquerda, ou então na casa um do outro. Com Kristeva, a relação, embora se abrindo para perspectivas intelectuais novas, toma também um aspecto mais pessoal, e a jovem mulher logo se torna um elo essencial da relação entre eles. Assim, depois da defesa de sua primeira tese (sobre Jehan de Saintré, sob a orientação de Goldmann), em 3 de julho de 1968, são os três que comemoram seu sucesso. Em 1973, depois de defender a segunda, em Vincennes, cuja banca foi presidida por Barthes, eles têm uma longa conversa sobre o futuro da literatura, tendo Barthes declarado naquele dia que a inventividade teórica de Kristeva correspondia, para ele, ao lugar do romance. Sollers ficou muito incomodado com isso. "É a mulher mais inteligente que já conheci",[28] diz Sollers sobre Kristeva, e é certo que Barthes subscreve esse julgamento, como vimos, ao resenhar seu artigo sobre "L'étrangère", pois ela sempre subverte o preconceito. Sua conversa é viva; cada um de seus pensamentos a encaminha para uma experimentação e uma descoberta. Ela transmite Bakhtin, mas logo descobre e promove Benveniste. Segue os seminários de Barthes, mas também os de Lacan, cujo ensinamento a impressiona e a faz evoluir. As conversas a três não são sobre assuntos diferentes dos que são tratados quando estão a dois. Entretanto, o fato de que ela seja mulher e que estejam apaixonados não é sem importância. Barthes está fascinado pelo erotismo que atravessa o casal, pela aliança entre sexualidade e produção teórica (que é comum na época). Eles são livres, não têm medo de seu desejo. No contato com eles, Barthes é levado a uma reflexão sobre a homossexualidade como visão do mundo, que conti-

---

[28]. Philippe Sollers, *Un vrai roman. Mémoires, op.cit.*, p.102.

nua a preocupá-lo em seguida, e certos aspectos da qual, aos poucos, vão ser aprofundados. Diante deles, não sente o peso da normatividade heterossexual que em geral o sufoca e cujo contato evita o mais possível. Assim, essa relação marcada pela diferença de educação, temperamento e comportamento se funda em duas preocupações semelhantes e, sem dúvida, ligadas: a liberdade e a obra. Algo, sempre, os impulsiona para a frente, numa relativa indiferença quanto à moral, quando esta se faz moralidade. A ética pode caminhar junto com certas formas de imoralidade, que em geral correspondem a uma recusa a fechamentos e repetições. É a conclusão que Barthes tira da viagem à China, anotando no avião os motivos de sua decepção: "Portanto, seria preciso pagar pela Revolução o preço de tudo aquilo de que gosto: discurso 'livre', isento de repetição e imoralidade".[29]

No fim da vida, Barthes reconhece a importância que têm para ele os amigos, agora que todas as suas proteções exteriores desapareceram: ele registra, então, os nomes de Jean-Louis Bouttes e de Philippe Sollers, acompanhados deste comentário que exprime em última análise a confiança embutida na amizade: "(Estou sem a rede de proteção, no trapézio, desde que não tenho mais a rede estruturalista, semiológica, marxista); o Amigo é aquele que fica embaixo, olha com afeição, atenção, temor e confiança, segura a corda do Trapézio".[30]

TODOS NA CHINA

Um momento central dessa amizade, e que não é, sem dúvida, o melhor em muitos pontos de vista, é a viagem à China em 1974. Já tinha havido atividades coletivas comuns, ou melhor, momentos nos quais, apesar das divergências de pontos de vista, Sollers chegara a levar Barthes para atividades um pouco radicais: em 1968, foi *Théorie d'ensemble*, manifesto teórico sob o duplo beneplácito de Mallarmé e Marx, por meio do qual se tratava de definir um espaço, propor conceitos, desenvolver uma história e, sobretudo, elaborar uma política, construção das relações da escritura com o materialismo histórico. Barthes — ao lado de Foucault, Derrida (com seu famoso artigo sobre a "diferência"), Kristeva, Pleynet, Goux, Denis Roche — publica pela segunda vez seu artigo sobre *Drame*. Contra os numerosos detratores da revista,

---

29. *Carnets du Voyage en Chine*, p.215 [ed. bras.: *Cadernos da viagem à China*, p.237].
30. BNF, NAF 28630, grande fichário, 24 de agosto de 1979.

ele recusa sistematicamente considerar sua *démarche* em termos de terrorismo teórico: ele a pensa como uma desmistificação do liberalismo e como radicalismo — "e seu radicalismo está ligado, aliás, à reflexão teórica em *Tel Quel,* que é muito importante, e que em geral é um pouco subestimada nos ataques que se fazem contra este grupo".[31] Em 1970, é o apoio a *Éden, Éden, Éden,* de Pierre Guyotat, no qual Barthes se deixa, de bom grado, embarcar, tanto a sua admiração pela escritura é real: ele inscreve aí a importância que a frase assume para ele. Mas os outros aspectos de seu comentário, a constelação na qual ele o inscreve ("de Sade a Genet, de Mallarmé a Artaud"), são telquelianos.[32] Durante aqueles anos, Barthes colabora com as revistas próximas a *Tel Quel*: publica em *Manteia* o artigo sobre "A morte do autor", e dá uma longa entrevista a *Promesse*. Em 1971, o Movimento de Junho de 71, monumento de arrogância propagandista, declara no número da *Tel Quel* dedicado a Barthes o esforço de "propagação irreversível da teoria e da prática revolucionárias de nosso tempo: o pensamento-maotsetung". Nas paredes do escritório de *Tel Quel,* como nas primeiras páginas da revista, são expostos pensamentos do Grande Timoneiro. E não é somente a adesão chinesa que é espetacular, mas o radicalismo da virada: "*Tel Quel,* apesar de certos resultados práticos e teóricos positivos, seguiu demais uma linha oportunista direitista de consolidação do revisionismo".[33] Na verdade, Barthes não é membro do conselho e não tem de endossar *de facto* as retratações de seus aliados. Mas três pontos permanecem enigmáticos: o reflexo de sua própria constância política no espelho destas revisões sucessivas; a ausência de reação ao extremismo de certas posições de Sollers (quando, por exemplo, este toma partido em favor do Setembro Negro em Munique,[34] acontecimento que abalara Barthes em razão sobretudo das ligações de sua família com Israel);[35] o último ponto surpreendente é o fato de que ele tenha se

---

31. "Critique et autocritique", entrevista com André Bourin, *Nouvelles littéraires*, 3 de março de 1970 (OC III, p.645).
32. "Ce qu'il advient au Signifiant", prefácio a *Éden, Éden, Éden*, de Pierre Guyotat (Paris: Gallimard, 1970; OC III, pp.609-10) [ed. bras.: "O que advém ao significante", in *O rumor da língua*, pp.298-99].
33. "Positions du Mouvement de juin 71", *Tel Quel*, n. 47, 1971, p.136.
34. Um texto legitimando a ação do comando é assinado por Philippe Sollers, Marcelin Pleynet, Jacques Henric, Guy Scarpetta, Jean-Louis Houdebine e outros, mas, na sua grande maioria, por membros ou próximos de *Tel Quel*.
35. No momento dos sequestros, Michel e Rachel Salzedo estavam em Israel.

deixado levar por aquele "mito chinês", cujas principais características parecem contraditórias com seu próprio espírito crítico.

O Movimento de Junho de 71 é constituído depois da interdição de divulgação do livro de Maria-Antonietta Macciocchi na festa do *Humanité* em abril. *Dalla Cina*, que acabava de ser traduzido pela Seuil, trazia para alguns a legitimidade da Revolução Cultural; para outros, era apenas um instrumento de luta contra o comunismo stalinista. Militante do Partido Comunista Italiano, Macciocchi tinha passado uma primeira temporada entusiasmada na China em 1954, e só tinha podido retornar em 1970, depois dos quinze anos de gelo das relações entre a União Soviética e a China. Durante muito tempo responsável pelo serviço estrangeiro do jornal *L'Unità*, ela será excluída do Partido Comunista depois de ter publicado suas *Lettere dall'interno del PCI a Louis Althusser*, tomando suas distâncias de certas orientações do PCI, e *Dalla Cina*, manifestando uma adesão total a Mao.[36] Esse livro que ela publica quando volta da China, para onde foi enviada por seu jornal, é de um entusiasmo tão cândido quanto é desconcertante. É, sem dúvida, este tom exaltado e ingênuo, de uma narrativa de casos uns mais edificantes que os outros, que propiciou a adesão de alguns leitores. A narração é feita sob a forma de testemunho da vida cotidiana de homens e mulheres chinesas, tendo visto sua vida transformada graças às maravilhosas iniciativas do presidente Mao. Macciocchi não faz análise política, não interroga dirigentes ou responsáveis, confia em seus guias e intérpretes. Ela relata o que vê e se exprime por meio de constatações edulcoradas, retomando as expressões consagradas. Assim, ela conclui, depois de 570 páginas de panegírico: "A constatação que posso fazer, dezesseis anos depois, é que a China deu um salto sem precedente na história".[37] Ela mostra, por exemplo, como as relações entre mestres e alunos se transformaram: defende sem nenhum distanciamento as "escolas de 7 de maio" de reeducação dos quadros: "Olho ao meu redor. O que é, pois, que faz esta estranha fraternidade, esta humanidade desconhecida, e que impregna esta escola? Houve uma radical reviravolta dos valores, mas sem violência fundamental, e que sensibilizou todo mundo da mesma maneira".[38] Ela acredita no

---

36. Sua exclusão será efetiva somente no fim na década de 70.
37. Maria-Antonietta Macciocchi, *De la Chine*, trad. do italiano por Louis Bonalumi, Gérard Hug, Micheline Pouteau e Gilbert Taïeb (Paris: Seuil, 1971), p.503.
38. *Ibidem*, p.117.

homem novo. Se Barthes leu o livro — e é provável que o tenha lido, ao menos na transversal, considerando o lugar que lhe concede Sollers no número 47 —, ele sem dúvida não deixou de sublinhar o uso mais ou menos constante que sua autora faz dos estereótipos. Mas se continua distanciado, não endossando nem o rótulo nem o engajamento maoísta para si mesmo, ele consente calado.

A ideia da viagem à China de *Tel Quel* e alguns intelectuais franceses foi de Maria-Antonietta Macciocchi, que havia ficado muito sensibilizada com o apoio que recebera de Sollers e da revista. "Lacan está entusiasmado", diz Élisabeth Roudinesco, "ele acha esta senhora 'espantosa' e logo decide retomar as aulas de chinês. Sollers se encarrega das formalidades."[39] Lacan desistirá no último minuto. A própria Macciocchi vê seu visto ser recusado pelas autoridades chinesas. O grupo fica, então, reduzido a cinco pessoas: três telquelianos — Sollers, autodesignado chefe do grupo; Kristeva e Pleynet — e dois simpatizantes, Barthes e Wahl. A viagem se organiza em plena crise da revista: Thibaudeau e Ricardou foram instados a se demitir; Goux e Derrida, que não manifestam nenhuma simpatia pela China, se afastam. Sollers é sensível à fidelidade de Barthes, ele precisa dela. Barthes, de seu lado, sente-se à vontade para participar, sem assumir todas as implicações ideológicas e políticas de tal viagem. Ainda impregnado por suas leituras sobre o budismo, ele se interessa pelo substrato chinês da cultura e da língua japonesas. Graças a *Tel Quel*, ele descobre o extraordinário trabalho de Joseph Needham, *Science and Civilization in China*, e seu nome representa, com o de Marcel Granet, uma inegável caução científica. O número 49 de *Tel Quel*, na primavera de 1972, presta uma vibrante homenagem a essas duas figuras e propõe estudos importantes sobre a poesia e a escritura chinesas. Na volta da viagem, o número 59 publica uma entrevista apaixonante com Needham. Este interesse profundo pela antiga civilização é real e fica a cargo dos protagonistas da viagem. Como Lacan, Kristeva aprendeu chinês e Sollers se interessa de perto pela escritura ideogramática, da qual ele faz um uso singular em *Nombres*. Há uma busca intelectual e talvez, também, espiritual que, sem justificá-la, dá uma outra dimensão ao entusiasmo político. Em "Pour quoi j'ai été chinois?", autocrítica, publicada em março de 1981 no número 88 de *Tel Quel*, Philippe Sollers insiste na perspectiva de um futuro para o pen-

---

39. Élisabeth Roudinesco, *Histoire de la psychanalyse en France* (Paris: Seuil, 1986), t. II, p. 549.

samento constituído por tal operação: "De outro lado, houve a grande descoberta por volta de 66-67 [...] dos trabalhos de Joseph Needham, que fez este maravilhoso trabalho enciclopédico, que se chama *Science and civilisation in China*. E naquele momento revelou-se a nossos olhos algo absolutamente inédito, pois nos pareceu que era a aurora de uma espécie de referência nova no saber. Needham pensava — ele nos disse — que 'doravante a entrada da China na história do saber ia desempenhar um papel absolutamente comparável à referência grega para as pessoas do Renascimento ocidental'".[40] Não é impossível que o entusiasmo de Sollers, assim como uma pesquisa assumida na direção da tradição taoista, tenham convencido Barthes da ideia de que lá resida uma reserva para o pensamento e para o imaginário.

No episódio da viagem à China, no entanto, Barthes tem um pouco o sentimento de se fazer arregimentar, contra a sua vontade. O próprio Sollers reconhece: "Pobre Barthes! Ele tem 59 anos, eu forcei um pouco a barra para esta viagem, ele está numa fase epicurista e gideana, gostou de sua liberdade no Japão, cai no meio desta total confusão, nas antípodas de qualquer nuance".[41] Ele está, então, em campanha para o Collège de France (sua primeira tentativa para entrar data, de fato, de 1974) e as amizades o retêm em Paris. Em 4 de abril, ele menciona em sua agenda: "Tratativas para renunciar à China"; e em 6, quando fica sabendo que os vistos chegaram na embaixada, ele anota: "na fossa". No entanto, ele se preparou para a viagem: comprou o guia Nagel, viu o filme de Antonioni — que desagrada tanto a seus interlocutores chineses, e com o qual vai comparar suas próprias notas.[42] Do mês de janeiro ao mês de março, ele encontrou numerosos especialistas ou considerados como tal: Maria-Antonietta Macciocchi em 26 de janeiro; Viviane Alleton, professora de gramática chinesa; em 7 de fevereiro, vários membros da embaixada. Na casa de Sollers,

---

40. Philippe Sollers, "Pourquoi j'ai été chinois", entrevista com Shuhsi Kao, *Tel Quel*, n. 88, 1981, p.12.
41. *Idem*, "Le supplice chinois de Roland Barthes. Sur le *Carnets du voyage en Chine*", *Le Nouvel Observateur*, 29 de janeiro de 2009.
42. "Relendo meus cadernos para compor um índice, percebo que publicá-los assim seria exatamente um Antonioni. Mas que outra coisa fazer?" (*Carnets du Voyage em Chine*, p.215) [ed. bras.: *Cadernos da viagem à China*, p.237]. Barthes evoca o filme de Antonioni em "Le bruissement de la langue", escrito em 1974 e publicado em *Vers une esthétique sans entrave*. *Mélanges Mikel Dufrenne*, UGE, 1975 (OC IV, p.802) [ed. bras.: "O rumor da língua", in *O rumor da língua*, p.96].

conhece três estudantes chineses; em 18 de março, encontra Charles Bettelheim, seu colega economista da EPHE, ardente defensor da transformação por Mao da organização industrial. Mas esta intensa preparação repercute mal em Barthes, fatigando-o. Tudo está por demais encaixado: preocupam-no também a viagem "em grupo", a ausência de solidão, a ruptura com o cronograma, a interrupção da escritura.

Os cinco franceses tomam o avião para Pequim em 11 de abril. A apreensão de Barthes é sensível pela irritação que sente durante o voo: a aeromoça, a refeição repugnante, os passageiros amontoados como animais. No decorrer dessa viagem, que dura mais de três semanas, os sinais de nervosismo são numerosos. A relação com Philippe Sollers, em particular, se mostra difícil. Este é objeto, nos *Cadernos da viagem à China*, de muitas reflexões irritadas: Barthes fica contrariado com seu entusiasmo e com seu proselitismo. "[Ph. S. escamoteia completamente o esquerdismo-rival. Tudo isso muito egocêntrico: toda a imprensa é vista a partir da censura que impõe a *Tel Quel*]."[43] Sua retórica lhe parece próxima daquela, exaustiva, de seus interlocutores chineses: "[Ph. S. também procede por *campanhas* — e é cansativo: periodicamente ele bate sempre na mesma tecla, com variações de exemplos de provas, piadas etc.: atualmente, é: Lacan como agente de religião, idealista etc.]".[44] Durante inumeráveis trajetos em 'micro-ônibus', ele quer sempre entoar cantos revolucionários, *A Internacional* etc. Há, de fato, momentos de compartilhamento amistoso com ele, por exemplo, quando, no museu de Xian, "falamos com admiração de Melville",[45] mas sua propensão em saber tudo e agir como chefe faz parte das fatigas da viagem. Em suma, "[o único com quem vou precisar ter paciência é Ph. S.]".[46]

Barthes não se livra do cansaço que toma conta dele desde o dia da partida. É o mais velho do grupo, o que talvez o torne menos ágil. Ele anota com ironia: "'Sou sempre o último (do cortejo).' — Porque você é velho, me diz a adorável guia das frases corretas".[47] Ele sofre de enxaqueca quase todos os dias,[48] costuma sentir náuseas. Parece que ele só sente

---

43. *Carnets du voyage en Chine*, p.63 [ed. bras.: *Cadernos da viagem à China*, p.59].
44. *Ibidem*, p.119 [ed. bras.: *ibidem*, p.124].
45. *Ibidem*, p.161 [ed. bras.: *ibidem*, p.176].
46. *Ibidem*, p.173 [ed. bras.: *ibidem*, p.190].
47. *Ibidem*, p.132 [ed. bras.: *ibidem*, p.141].
48. "[Um dos grandes fatos desta viagem terá sido: minhas enxaquecas quase diárias e fortes: cansaço, falta de sesta, alimentação ou mais sutilmente: desorganização de hábitos, ou ainda: resistências mais graves: *revulsões?*]" (*Ibidem*, p.114) [ed. bras.: *ibidem*, p.118].

as pressões. Estas são, de fato, muito pesadas. O grupo está sob a responsabilidade da agência Luxingshe, chamada simplesmente Agência, que organiza hora por hora o cronograma e os deslocamentos, que fornece os tradutores-intérpretes e determina os interlocutores. Não há muito tempo para o repouso. A partir das nove horas, o grupo em geral faz visitas — imprensa, hospital, universidade, museu, estaleiro... —, ocasião de exposições intermináveis sobre os benefícios das reformas do presidente Mao, ou os malefícios da linha direitista do partido do qual Lin Piao era o chefe. A campanha contra este e contra Confúcio faz com que todas as questões sobre a China antiga sejam eliminadas como reacionárias. Levam-nos a passeio de Pequim até Shangai, depois eles tomam o trem para Nankin; daí vão para Luo-Yang na província do Henan, depois para Xian no Shaanxi, e passam os últimos dias em Pequim, onde encontram Alain Bouc, correspondente do jornal *Le Monde*, e Christian Tual, adido cultural. É preciso tomar notas, o trabalho é constante. Barthes não fica insensível ao lado um pouco ridículo de sua turnê, o lado desenho história em quadrinhos, *Tintim no país dos sovietes*, o que é destacado em alguns comentários irônicos: "*Tel Quel* e seus amigos são aplaudidos nas fábricas da China".[49] O conjunto das restrições impede a apreensão do país: "É a presença contínua, acobertadora dos funcionários da Agência que bloqueia, proíbe, censura, anula a possibilidade de Surpresa, Incidente, Haiku".[50] Pela primeira vez, sem dúvida, mesmo que isso tivesse podido ocorrer em outras ocasiões, particularmente nos Estados Unidos (mas não nessa proporção), a viagem não é uma liberação do peso cotidiano. Ela não oferece essa reserva para a escritura que a observação fascinada pela estranheza poderia constituir. O peso das fórmulas, da linguagem fóssil, do que Barthes chama os "blocos" do discurso ideológico,[51] enclausura o ser, a vida e o olhar — que escapam, quando podem, pelo devaneio, o pensamento que foge, o lápis que desenha, o desejo que desperta, fugaz. Quando viaja, Barthes costuma privilegiar o

---

49. *Ibidem*, p.32 [ed. bras.: *ibidem*, p.22].
50. *Ibidem*, p.120 [ed. bras.: *ibidem*, p.125].
51. Barthes toma emprestado o termo da cibernética para designar um bloco de estereótipos. Como ele escreveu em "Alors, la Chine?": "Todo discurso parece progredir por um caminho dos lugares-comuns (*topoi* e clichês), análogos a esses subprogramas que a cibernética chama de 'blocos'" (OC IV, p.518) [ed. bras.: "E então, a China?", in *Inéditos vol. 4 — Política*, p.186]. Ele fornece a definição apresentada por Mandelbrot em *Logique, langage et théorie de l'information*: "Os 'blocos' ou 'sub-rotinas' são 'pedaços de cálculo codificados previamente e que utilizamos como tijolos na construção de qualquer código'" (OC II, p.984).

acaso dos encontros, os lugares para onde seu desejo o leva. Na China, sofre por nunca ter entrado em contato com corpos. "Ora, o que se conhece de um povo, se não se conhece seu sexo?"[52] A tranca lhe parece estar aí, num gigantesco recalque da sexualidade que o frustra e que ele não chega a compreender. Na volta, ele se abre com os estudantes de seu seminário: "O corpo não parece se pensar, se projetar, se decidir sobre isso ou aquilo; nenhum *papel* desempenhado pelo corpo, nenhuma histeria".[53] A impressão de trancamento que resulta disso pode ser derrubada pela ideia de um completo questionamento da hermenêutica: os corpos não estariam aí para significar, nem as diferenças para aparecer. Na ausência do significante principal, o religioso, e do significante direto, Eros, a ausência de vínculo, o silêncio do sentido levam a uma leitura puramente fenomenológica daquilo que ele vê. Já que a interpretação não é possível, é preciso se ater a elencar os comportamentos, os pequenos rituais, as aparências.

A frágeis escapadas deve-se, em parte, o interesse, apesar de tudo, dos *Cadernos da viagem à China*, com relação ao famoso artigo que lhes deu uma forma ("E então, a China?"): pelos impulsos individuais do viajante com relação ao grupo; pelo pensamento com relação às ideias; pelas piadas que vêm diminuir o tédio; pelo que se supõe, às vezes, como resistência à uniformidade (um penteado, um procedimento); pelo que se gostaria de ver e que não se vê. Barthes procura desesperadamente significantes, encontra poucos, e aqueles que encontra, por exemplo, as crianças, quando chega, se revelam em pouco tempo sem interesse "[Inicialmente classificadas entre os raros significantes, no fim acabei achando as crianças absolutamente chatas]".[54] A moda está quase ausente, a cor também, o chá é insípido. Apenas os ideogramas e a comida o interessam; as peônias de Luo-Yang, os tigres do zoológico de Nankin. Ele gosta da profusão dos pratos, de suas especiarias, de sua organização, do corte das carnes, da preparação dos peixes. Tem prazer em enumerar o que come: "Jantar: *hors d'œuvre* com desenho de peixe colorido vermelho e azul, fininho. Diversas bebidas alcoólicas, cerveja. Camarões quentes picados com um pouco de hortaliças. Prato de Sichuan. Carne. Pimenta.

---

52. *Carnets du voyage en Chine*, p.117 [ed. bras.: *Cadernos da viagem à China*, p.122].
53. *Le Lexique de l'auteur*, aula de 8 de maio de 1974, p.234.
54. *Carnets du voyage en Chine*, p.192 [ed. bras.: *Cadernos da viagem à China*, p.211].

Pinhões. Maravilhoso. Muito picante! Frango *sauté*, broto de bambu. Bolinhos fritos de fígado de pato [Tudo delicioso]. Grande peixe no molho, empanado e pinhões".[55] Enquanto fica assustado com a pintura realista socialista que lhe apresentam ("crianças escrevendo um *dazibao* numa parede de tijolo", "professor ensinando a escrever"), fica enlouquecido com caligrafias e saí à cata de diferentes estilos. Em Pequim, ele faz uma provisão de pincéis, belos papeis, estampagens para seus próprios trabalhos. A contemplação de uma caligrafia de Mao é, aliás, ocasião de uma comparação com sua própria pintura: "Elegância total (estilo de erva), cursiva, impaciente e leve. Reflexão sobre o 'dirigente'; minhas pinturas: também blocos caligráficos; não é uma cena recortada, é um bloco que avança".[56] As compras correspondem aos raros momentos nos quais ele se exalta. Desde a chegada, ele propõe a seus companheiros mandar confeccionar sob medida roupas estilo Mao, com as quais eles se apresentarão em Paris na volta. No seu diário de viagem. Marcelin Pleynet saúda "a feliz iniciativa de RB que leva todo o grupo para comprar trajes chineses".[57] No resto do tempo, a fatiga toma conta dele, a indiferença — "Eu gosto, às vezes, de não me interessar"[58] —, quando não a angústia pura, a rejeição do país ou o sentimento de derrota que toca seu sistema e sua expressão: "Todas estas anotações comprovarão decerto o malogro de minha escrita neste país (em comparação com o Japão). Na verdade, não encontro nada para anotar, enumerar, classificar".[59] Em suas anotações, várias vezes Pleynet insiste na posição adotada por Barthes, sempre um pouco à distância. No dia da visita aos túmulos dos Ming, "RB ficou no carro"; no trem para Nankin, "RB isolou-se para ler *Bouvard e Pécuchet*, JK estuda chinês, PHS joga *xiangqi* (jogo de xadrez chinês) com nosso guia"; quando de um debate dos ideólogos, "RB, que parece seguir esta discussão de muito longe, nos considera como um peixe, uma maçã".[60] O alívio, na partida de Pequim,

---

55. *Ibidem*, p.102 [ed. bras.: *ibidem*, p.104].
56. *Ibidem*, p.57 [ed. bras.: *ibid*em, p.53]. Como assinala Anne Herschberg Pierrot numa nota de sua edição, o adjetivo provém do estilo caligráfico dito "de erva", que corresponde à caligrafia cursiva.
57. Marcelin Pleynet, *Le Voyage en Chine. Chroniques du journal ordinaire, 14 avril-3 mai 1974* (extratos) (Paris: Marciana, 2012), p.28.
58. *Carnets du voyage en Chine*, p.140 [ed. bras.: *Cadernos da viagem à China*, p.149].
59. *Ibidem*, p.73 [ed. bras.: *ibidem*, p.72].
60. Marcelin Pleynet, *Le Voyage en Chine*, op.cit., pp.54, 46 e 39.

em 4 de maio, revela o peso de tudo. "Ouf!", ele diz no ouvido de François Wahl, quando o avião começa a se movimentar.[61]

Como é sabido, todos os participantes testemunharam, na volta de sua experiência chinesa. *Le Monde* acolhe o artigo de Barthes, em 24 de maio de 1974, depois um relato em duas partes de François Wahl, em 15 e 19 de junho. O número 59 de *Tel Quel* é mais uma vez consagrado à China, e Sollers, Kristeva e Pleynet publicam seus pontos de vista. Julia Kristeva lança *Des Chinoises* pelas Éditions des Femmes no mesmo ano, com fotos da viagem e centrado no que há de mais interessante: a vida cotidiana das mulheres, sua relação com o casamento, o divórcio, as crianças, o aleitamento etc. Ela volta depois para as impressões mais pessoais da viagem no romance *Os samurais*. Os documentos mais pessoais são publicados depois no diário de Pleynet (pela primeira vez em 1980), e nos *Carnets* de Barthes em 2009 — eles oferecem muitos detalhes concretos, mas pecam pela ausência de crítica. Pleynet observa "que eles nos mantêm gentilmente afastados do que se passa aqui"[62] e Barthes questiona os discursos estereotipados e edificantes, certas invenções mitológicas — como a narrativa oficial da morte de Lin Piao —, mas seus testemunhos hoje chocam pela cegueira. Que, impedidos de ver pelo exagero de sua convicção ideológica, os membros de *Tel Quel* permaneçam entusiastas e parciais, pode-se compreender, sem ser inteiramente desculpável. Em compensação, a ausência de espírito crítico da parte de Barthes surpreende. "Então, a China??" não faz um retrato justo do país de então, não mais do que o posfácio de 1975, acrescentado no momento da publicação do artigo em plaqueta separada.[63] A "tranquilidade", evocada duas vezes, para caracterizar o país, diz respeito a uma forma de ingenuidade. Apenas François Wahl se mostra mais crítico, em particular sobre dois pontos. Ele viu na China a continuação do modelo soviético, o que não pegava bem nos meios maoístas. E deplora a ruptura que a China está fazendo com seu passado.[64] Esse discurso lúcido é insuportável para Philippe Sollers, que replica

---

61. François Wahl, "Ouf!", in R/B, *Roland Barthes*, *op.cit.*, p.107.
62. *Ibidem*, p.108.
63. Simon Leys fala, a respeito do discurso "nem assertivo, nem negativo, nem neutro", ao qual aspira Barthes, de "bem pequena torneira de água morna" ("Notule em marge d'une réédition barthienne", in *Images brisées* (Paris: Robert Laffont, 1976), p.180.
64. François Wahl, "La Chine sans utopie", *Le Monde*, 15-19 de junho de 1974.

com aspereza no número 59, contradizendo François Wahl ponto por ponto ("Nunca a China teve, como agora, a força para ela mesma falar de seu próprio passado")[65] e ridicularizando a má-fé de Wahl.

Pode parecer fácil criticar hoje a posição desses viajantes, agora que os crimes são conhecidos, e são numerosos aqueles que o fizeram antes de nós.[66] Os posicionamentos dos intelectuais eram tão radicais e tão distintos que se ficava reduzido, com mais frequência, a "escolher seu campo", em vez de refletir de maneira nuançada sobre os problemas. As posições marginais entretanto, eram possíveis, como mostraram alguns dentre eles. A verdade sobre a Revolução Cultural já tinha sido dita em parte e numerosos testemunhos teriam podido alertar Barthes ou levá-lo em busca de uma outra verdade. Simon Leys havia publicado, ainda em 1971, *Les Habits neufs du président Mao*, no qual ele falava das centenas de milhares de mortes causadas pela Revolução Cultural. *Le Monde*, nos escritos de Alain Bouc, que Barthes encontra depois em Pequim, tinha rejeitado o testemunho, fazendo de seu autor um agente da CIA (e Michelle Loi tinha vergonhosamente preferido se pôr ao lado de Macciocchi). Mas essas numerosas controvérsias podiam servir de advertência. Um número de *La Nouvelle Critique*, em novembro de 1971, tinha levantado todos os erros contidos em *De la Chine*; certamente fundamentando-se numa oposição ideológica muito forte, mas a lista podia abalar. Nos textos de Barthes, apesar das reservas de forma, nenhuma ameaça pesa, nenhuma morte a ser deplorada. "Uma outra palavra me vem, mais justa: a China é *tranquila*."[67] Conforme uma postura longamente meditada, Barthes escolhe o assentimento do país mais do que a distância ou a crítica. É uma escolha ética, mas que, nesse caso, convém mal ao conjunto político que aliena a China e seus habitantes. Lemos aí a vontade de submeter o discurso a um valor positivo, distinto da adesão. O assentimento, explica Barthes a seus estudantes, "responde positivamente a uma demanda de reconhecimento e talvez mesmo a uma demanda de amor, a que talvez eu tenha sido mais sensível lá (eu tinha já esboçado essa teoria a respeito de uma peça de Vinaver:

---

65. Philippe Sollers, "Réponse à François Wahl", *Tel Quel*, n. 59, 1974, p.8.
66. Cf. Christophe Bourseiller, *Les Maoïstes. La folle histoire des gardes rouges français* (Paris: Plon, 1996).
67. "Alors, la Chine?", OC IV, p.517 [ed. bras.: "E então, a China?", *op.cit.*, p.185].

Les Coréens, por volta de 1957)".⁶⁸ O que fazer de "Então, a China?" e das notas tomadas na viagem? Como ler esses textos? Este momento de confrontação direta com a história é mais uma vez para Barthes um momento perdido. Há algo de sombrio, de irreparável, que pode lanhar a narrativa de uma vida.

A propósito da peça *La Fuite en Chine*, baseada no romance *René Leys*, de Segalen, Barthes havia escrito quatro anos antes sobre a surdez e a cegueira de personagens ignorantes, e suas considerações se aplicam estranhamente à atenção que ele dá à China quando vai para lá: "Esta situação de leitura é precisamente aquela do trágico, lugar de escuta das mensagens divididas que só parecem se juntar além da cortina, ali onde estamos; mas ali onde estamos é ainda o palco, a última parede do teatro: a linguagem não se detém neste buraco negro onde estaríamos escondidos para melhor espiar, bem protegidos, 'o que se passa' à luz dos projetores".⁶⁹

---

68. *Le Lexique de l'auteur*, p.245. O artigo de Barthes evocava a aquiescência progressiva do soldado ao mundo coreano que ele descobria e denominava essa postura "assentimento", em oposição à escolha ou à conversão. *"Aujourd'hui ou Les Coréens"*, *France Observateur*, 10 de novembro de 1956 (OC I, p.666). Ver também "L'assentiment, non le choix", *Roland Barthes par Roland Barthes*, OC IV, p.628 [ed. bras.: "O assentimento, não a escolha", *Roland Barthes por Roland Barthes*, pp.60-61].
69. Introduction a Bernard Minoret e Danielle Vezolles, *La Fuite en Chine* (baseado em *René Leys*, de Victor Segalen) (Paris: Christian Bourgois, 1970; OC III, p.608).

capítulo 14

CORPO

Esta palavra apareceu na sua obra pouco a pouco; ela foi primeiramente mascarada pela instância da Verdade (a da História), depois pela da Validade (a dos sistemas e das estruturas), agora ela desabrocha; essa palavra-maná é a palavra "corpo".*
Roland Barthes por Roland Barthes

---

* "Palavra-maná", in *Roland Barthes por Roland Barthes*, op.cit., p.146.

No decorrer da década de 70, Barthes faz do corpo o significante principal, podendo ocupar o lugar de qualquer significado. É a palavra vetor, a palavra-maná (ele empresta o termo de Mauss, não sem paradoxo, já que o maná, princípio de poder espiritual, é transmitido pelas almas de outro mundo e pelos espíritos), palavra multiforme que ele utiliza para tudo. A palavra-maná não é uma palavra venerada que pode se tornar um fetiche, mas substitui tudo o que é difícil de nomear, a atopia, o suplemento, a deriva. A palavra "corpo" é compreendida, assim, numa distância com o corpo próprio, o corpo em si. Ela permite, desde então, afastar e disseminar o sujeito, não fazer do eu um centro ou a sede de uma verdade. É nessa compreensão de uma mobilidade e de uma diferença do corpo que é preciso aproximar a escritura pessoal de Barthes. Ela não corresponde a uma virada autobiográfica nem à captura de um sujeito pleno (a subjetividade continua uma questão muito afastada de sua obra), mas a um deslocamento assumido da escrita para o lado dos investimentos do desejo, que são outras tantas maneiras de projetar o corpo.

Afastamento do político, menor investimento na teoria: uma época, segundo Barthes, de retrocesso. Partir de si para ir em direção ao mundo e aos outros se apresenta como uma nova direção, mais de acordo com o desejo de escrever. Barthes manifesta um interesse crescente pelas manifestações do individual: o curso de 1970-1971 é sobre a noção de idioleto, que permite singularizar o estilo de um escritor. As questões que lhe interessam dizem respeito à escrita, à relação entre língua em si e língua do grupo, ao fabrico da obra: questões que são suas desde sempre, mas que sofrem uma série de pequenos deslocamentos que o levam a definir seu lugar e seu papel de outro modo.

451

O primeiro desses deslocamentos é permitido pela passagem à prática. Em muitos domínios, Barthes opera um deslocamento da teoria para a prática, manifesta um gosto pelo fazer, pela experiência, pelo concreto, a matéria modificando alguns de seus hábitos e interesses. Assim, as preocupações referentes à caligrafia e à pintura — à qual ele consagra artigos cada vez mais numerosos e importantes — são acompanhadas de uma intensa atividade de desenhista e colorista. A partir de 1971, depois do almoço, ele reserva um momento para a pintura. "Alívio (repouso) de poder criar algo que não esteja preso diretamente na armadilha da linguagem, na responsabilidade de toda frase: uma espécie de inocência, em suma, da qual a escritura me exclui." A palavra modesta "gosto", o verbo "degustar", tornam-se, com o "prazer", elementos-chave de seu vocabulário, para falar da mesa mas também do texto: "O que aprecio, num relato, não é pois diretamente o seu conteúdo, nem mesmo sua estrutura, mas antes as esfoladuras que imponho ao belo envoltório: corro, salto, levanto a cabeça, torno a mergulhar [...] não engolir, mas pastar, aparar com minúcia, redescobrir, para ler esses autores de hoje, o lazer das antigas leituras".[1] Aí ainda o verbo "pastar", já aplicado a Michelet, exprime o movimento de satisfação minuciosa, na flor da superfície, discreto e também deslocado. Abre-se assim o tempo do "eu gosto/eu não gosto" associado à pintura de Arcimboldo ou à voz de Panzéra, a escolha de expressões incertas, que são um modo de resistência cultural. A circunstância geral é o esgotamento de um radicalismo teórico-político que o pós-68 confirmou. A razão singular é a autorização que a idade lhe confere, a legitimidade, o reconhecimento. Embora prosseguindo a mesma busca, Barthes não se proíbe de "se dar prazer". É seu motor nos anos 1970, com o qual ele se une também a imperativos da época, ainda marcada pelo crescimento e a liberação sexual. Sem fazer totalmente sua a palavra de ordem "gozar sem entraves", ele adapta a fórmula para si em vários domínios. Vê-se aqui como seu itinerário individual depende de uma história, assim como ele a representa de modo exemplar. Compreende-se como continuidade e deslocamentos podem coexistir na vida de Barthes: ele não opera por grandes rupturas, mas de modo pulsional, conforme o encontro ou a circunstância. O centrar-se de novo permite fazer de si o próprio espaço do encontro.

---

1. "*Le Plaisir du texte*", OC IV, p.225 [ed. bras.: *O prazer do texto*, pp.18-19].

"Escritores, intelectuais, professores", o texto de Barthes escrito em 1971, para o número especial de *Tel Quel* que lhe presta homenagem, torna evidente esse deslocamento. O autor testemunha duplamente uma mudança de relação com o corpo: ao corpo social e profissional do "professor" ou do "intelectual", ele opõe o corpo flutuante e separado do "escritor". Ao corpo falante, conduzido pela teoria, responde o corpo escrevente, tomado pela prática. Mais uma vez Barthes exprime seu ódio pela fala, agudizado em 1968. Pela encenação e a histeria, pela opressão e a Lei, a palavra esclerosa o professor, bem como o intelectual que está do mesmo lado, que se contenta em transcrever sua fala. O escritor é, ao contrário, aquele que recusa esse poder da palavra, aquele que deixa esse poder em crise ao se confrontar com o que nunca foi dito, com o que falta, com o impossível — a palavra que diz o choque do encontro da escrita com o real, num sentido herdado de Bataille, é recorrente nos textos do começo da década de 70, em especial em *O prazer do texto*.[2] Permanecer professor, permanecer um intelectual crítico supõe, pois, deslocar a fala para regiões que lhe são desconhecidas, atravessadas pela incerteza, pela recusa do estereótipo, pela reação à doxa. Encenando a impostura do professor numa ficção crítica bem à sua maneira ("Imaginemos que eu seja professor", diz o professor da EPHE), que vê sua mistificação desvelada — exatamente como os irmãos Marx, disfarçados de aviadores russos, veem seus artifícios desmascarados —,[3] Barthes prepara sua mudança de corpo. O professor está do lado da mentira e do engano; o escritor, do lado da verdade. Mas para que essa verdade esclareça os espaços em geral reservados para outros usos da linguagem, é preciso ter em todas as coisas e em todas as circunstâncias o éthos daquele que busca e provoca crise, arriscando-se a ficar sem lugar: "Contra todos os discursos (falas, escrevenças, rituais, protocolos, simbólicas sociais), só ela [a escritura], atualmente, ainda que sob a forma de um luxo, faz da linguagem algo de *atópico*: sem lugar; é essa dispersão, essa insituação, que é materialista".[4] A proposição

---

2. Ver *Le Plaisir du texte*, OC IV, p.220 [ed. bras.: *O prazer do texto*, p.10].
3. No filme, *Uma noite na Ópera*, obra que Barthes considera como alegórica de numerosos problemas textuais. "Écrivains, intellectuels, professeurs", *Tel Quel*, n.47, 1971 (OCIII, p.890) [ed. bras.: "Escritores, intelectuais, professores", in *O rumor da língua*, p.389].
4. *Ibidem*, p.905 [ed. bras.: *ibidem*, p.409].

de uma política do corpo, contra a arrogância política instituída pela fala, o leva a se definir como escritor. Mas como essa autoinstituição não ocorre sem incômodo nem sem paradoxo (já que não se pode dar um lugar à ausência de lugar), ela vai implicar experimentações práticas variáveis.

Dessa mudança de lugar, ou antes, dessa afirmação de si como indivíduo que pensa e sente, *O prazer do texto* é o manifesto. Esse texto breve, publicado diretamente em livro e um dos raros que não foram encomendados, ocupa uma posição de transição no itinerário de Barthes. O prazer torna-se o espaço neutro por excelência: recusando-se a manter a distinção entre prazer e gozo como uma verdadeira oposição, fazendo-a vacilar, Barthes reconcilia, ou pelo menos pode ter o sentimento de fazê-lo, as duas postulações contraditórias que são suas desde sempre: de um lado, o moderno, a violência, as rupturas, a subversão (o gozo); de outro, o classicismo, o conforto, o romanesco, a extensão (o prazer). A vantagem do vocabulário erótico empregado é que ele não pode classificar os textos numa ou noutra categoria. Ele implica um sujeito que escolhe e faz variar seu modo de aproximação: o leitor pode privilegiar um regime de leitura "segundo o gozo" de qualquer texto. Então ele estará atento a suas margens, seus interstícios, sua verticalidade, suas arestas. Ler "segundo o prazer" é, ao contrário, permanecer numa prática confortável de leitura. Barthes não disfarça mais o traço que o leva para os dois lados, que o deixa nesta lógica da reviravolta, que ele tão bem construiu a respeito das personagens proustianas capazes de inverter uma proposição sem que a primeira caduque.[5] Ele não teme mais afirmar o prazer que sente com os clássicos, embora defendendo os modernos. Aceita se instituir como *sujeito anacrônico*, em equilíbrio entre os dois setores: "Ora, é um sujeito anacrônico aquele que mantém os dois textos em seu campo e na sua mão as rédeas do prazer e do gozo, pois ele participa ao mesmo tempo e contraditoriamente do hedonismo profundo de toda cultura (que entra nele pacificamente sob a cobertura de uma arte de viver de

---

5. É a enantiologia (o discurso dos opostos) que caracteriza, segundo ele, a inversão proustiana. "Une idée de recherche", *Paragone*, n. 261 (OC III, pp.917-21). Este texto foi escrito dois anos antes de *O prazer do texto* [ed. bras.: "Uma ideia de pesquisa", in *O rumor da língua*, pp.341-47].

que fazem parte os livros antigos) e da destruição dessa cultura; ele goza da consistência de seu *ego* (é seu prazer) e procura sua perda (é seu gozo). É um sujeito duas vezes clivado, duas vezes perverso".[6] A declaração é ruidosa e direta. Barthes reivindica seu pertencimento a vários tempos e afirma sua perversão, considerada tanto um desvio como uma inversão. Hélène Cixous, para quem ele encaminha seu livro em fevereiro de 1973, saúda as "supressões de censura" que inicia a obra.[7] *O prazer do texto* apresenta também suas proposições como o consentimento político para certa forma de desclassificação: o hedonismo seria rebaixado como "popular" numa sociedade que valoriza extremamente o discurso do desejo, conferindo-lhe uma dignidade particular, epistêmica. Barthes se define como definitivamente atópico, postura que reivindicará com mais nitidez em *Fragmentos de um discurso amoroso*. Mantendo-se assim do lado do prazer, das práticas modestas de pintor de domingo e de pianista amador, ele por vezes aceita se situar fora das linguagens da época atual, com a solidão para a qual essa atitude pode levar.

O OLHO E A MÃO

De 1971 a 1975, de modo muito mais irregular em seguida, Barthes pinta. Sua prática não pode ser dissociada de uma reflexão sobre a escritura que se torna cada vez mais radical, levada a um ponto de ilegibilidade que não se traduz verbalmente, como em Guyotat ou em Sollers, mas por uma linguagem de signos vazios, puros elementos gráficos sem significação aparente. A isenção de sentido que tanto o impressionou no Japão, ligada à aprendizagem da caligrafia, dá origem a uma pesquisa, inseparável de um prazer. Inicialmente, ela é uma atração pela matéria, pelas cores, pelos belos papéis, "uma relação quase maníaca com os instrumentos gráficos".[8] Quando vemos, por exemplo, seu quarto da rua Servandoni filmado por um diretor da televisão no momento da publicação de *O prazer do texto*,

---

6. *Le Plaisir du texte*, OC IV, p.226 [ed. bras.: *O prazer do texto*, p.21]. Substituímos "fruição" por "gozo" e "fruir" por "gozar". [N.E.]
7. Hélène Cixous, cartão de Montreal de março 1973. BNF, NAF 28630, "Le Plaisir du texte".
8. "Un rapport presque maniaque avec les instruments graphiques", entrevista com Jean--Louis de Rambures, *Le Monde*, 27 de setembro de 1973 (OC IV, pp.483-87) [ed. bras.: "Uma relação quase maníaca com os instrumentos gráficos", in *O grão da voz*, pp.251-59].

não distinguimos à sua volta livros ou acessórios em geral associados ao trabalho do escritor, como caneta, máquina de escrever, mas vasilhas, pincéis em grande quantidade, pequenos potes de tinta de cores diferentes. Ele pinta em Paris, de manhã, ao despertar ou logo depois da sesta, quando sua atenção ainda está flutuante, não mobilizada de todo por questões intelectuais. Mas é em Urt, no verão, na primavera e no Natal, que ele pinta mais, na ausência das tarefas absorventes que o ocupam em Paris. Dos 380 desenhos e pinturas conservadas no Fundo Roland Barthes da Biblioteca Nacional, perto de três quartos são datados desses períodos de férias no Sudoeste, onde tudo — a luz, a calma, o tempo — concorre para favorecer essa atividade. Gérard Genette conta, por exemplo, que um dia, quando foi com sua mulher almoçar em Urt, em 1973, Barthes lhe deu uma de suas produções. Aliás, ele as distribuía com grande liberalidade, já que se calcula sua produção global em setecentas peças mais ou menos, das quais perto da metade se encontra em coleções particulares. Sem dúvida Barthes não dava muita importância a essa pesquisa pictórica e gráfica, caso contrário não teria oferecido seus desenhos tão livremente, o que poderia deixar seus destinatários em dívida com relação a ele. Reconhece de bom grado: "Sem ilusão, mas com alegria, faço o papel de artista".[9] Mas a pesquisa é suficientemente notável e consequente.

Severo Sarduy, que faz um "Retrato do escritor enquanto pintor, de manhã", lembra que tudo começa no Japão: "Como se o império dos signos, na multiplicidade de seus ideogramas móveis — neons noturnos nas ruas de Tóquio, inscrições na entrada dos mosteiros zen, traçado dos jardins de pedra que no outono avermelha a flor da cerejeira — transbordasse de uma língua opaca e quisesse se colocar de outro modo, em outro lugar". Ele pôde vê-lo copiar estampas japonesas: "Gueixas fazendo reverência, monges dialogando com um galo, búfalo puxando um palanquim, flores de lótus e outras, paisagens de Hiroshige que ele orna com uma glossolalia sinológica cuidadosamente disposta em colunas. Alguns carimbos também, como que impressos em laca. A menos que sejam luas... Essas cópias japonesas são como os ideogramas de Ezra Pound [...] como a solução invertida de um enigma".[10] Depois seu estilo se libera da cópia, mas a obsessão pelo

---

9. "Le degré zéro du coloriage", *Les Nouvelles littéraires*, 30 de março de 1978 (OC V, p.453).
10. Severo Sarduy, "Portrait de l'écrivain en peintre, le matin", *La Règle du jeu*, n. 3, 1990, p.73.

grafismo ilegível jamais desaparece. Nos nove anos de produção — intensa durante cinco —, não se vê seu estilo evoluir de modo notável. À parte algumas tentativas figurativas, esboços de pequenas personagens presentes na página como sinais de pontuação, ou flores evocando um gosto pelo arabesco, caro a Baudelaire, suas tentativas são na maior parte do tempo abstratas, ornamentos entrelaçados com pequenas curvas cortadas, linhas, pontos combinados de modo variado.

Três aspectos chamam a atenção: a mão que corre leve, alegre, surpresa com sua liberdade e com as trajetórias que esboça; a proximidade com a escritura quando ela se esquece de significar, quando se faz vestígio, lembrança das elaborações infantis, garatuja; a perseguição da cor, sempre equilibrada, harmoniosa, talvez um pouco comportada demais. As influências são legíveis: Henri Michaux, Jackson Pollock, André Masson, Cy Twombly. Como diz a historiadora de arte Céline Flécheux, apenas a mão de Barthes parece engajada.[11] Ele não pinta com todo seu corpo, talvez nem mesmo com todo seu ser. O que busca não está inteiramente contido nessas produções, que continuam semelhantes ao exercício ou ao ócio feliz. Barthes permanece um imitador, na esteira das obras de que gosta e que estão quase todas ligadas ao expressionismo abstrato. Raramente seus desenhos se inspiram na circunstância. Os leitores que descobrem essa atividade na capa de *Roland Barthes por Roland Barthes*, em 1975, são atraídos pela legenda da imagem, que revela a última circunstância do livro: "*Souvenir de Juan-les-Pins,* verão de 1974". No fim da obra, eles são informados sobre o sentido a ser dado a essa prática, já que "a grafia para nada...", "...ou o significante sem significado" são as legendas de duas outras "garatujas". Quando não têm título preciso, quase todas as imagens trazem a menção à data de execução, e, às vezes, ao lugar. Talvez porque as olhemos de maneira envisada, como obras de escritor e não de artista (portanto, não como obras em si), é difícil não as pensarmos em termos de tradução. Elas parecem a transcrição gráfica de uma sensação infraverbal ou a estenografia de uma emoção. Não ambicionam ser um acontecimento, uma vez que assumem rupturas já operadas pela história da arte e da pintura: a

---

11. *Les Dessins de Roland Barthes* (BNF, NAF 28630), ciclo "Les trésors du patrimoine écrit", vídeo apresentando o acervo, comentários de Guillaume Fau, Marie-Odile Germain e Céline Flécheux, Connaisance des arts/ Institut National du Patrimoine.

abstração, a decomposição. Permitem entrar provisoriamente num mundo — infantil? espiritual? — sem linguagem formada, sem pensamento pré-construído. A prática, apesar de distender e convidar para essa flutuação necessária ao trabalho de escritura, é, pois, experimental para o conjunto de uma pesquisa focada na escrita mais que nas artes plásticas. O que não impede de dar valor — inclusive pictórico e gráfico — ao conjunto.

A mão que desenha pensa de outro modo, valendo-se de sua inabilidade e de sua ambivalência. Em *Roland Barthes por Roland Barthes*, ele lembra como a condição de canhoto prejudicou sua aprendizagem: o mundo usual se oferecia ao contrário. A vida material se tornava um pouco delicada e provocava a sensação de uma pequena marginalidade: "Uma exclusão modesta, pouco consequente, socialmente tolerada, marcava a vida adolescente de modo tênue e persistente: a gente se ajeitava e continuava".[12] Mas a tentação da normalidade, com a pressão dos professores primários, acarretava esforços de correção do corpo para ser como os outros. Também, explicita Barthes, "eu desenhava, por coerção, com a mão direita, mas coloria com a mão esquerda: revanche da pulsão". É possível e mesmo provável que ele tenha conservado esta ambidestria em sua prática posterior, ou pelo menos a lembrança dela. Quando deixa a mão correr para o lado do informe, do ilegível, ele reencontra irregularidades infantis, reviravoltas do sistema provocadas pelo encontro das particularidades do corpo e das coerções da norma. A distinção que faz entre a mão lenta e a mão galopante, em *A preparação do romance*, constitui o objeto de uma primeira formulação num texto de 1973, "Variações sobre a escrita", destinado a uma revista italiana. "Por uma espécie de volta para o corpo",[13] ele se mostra interessado pelos fenômenos de "scription", pelas diferentes relações entre a mão e as palavras. A partir da leitura das obras importantes sobre este assunto à época (dentre as quais algumas clássicas, como os livros de Marcel Cohen e de James Février),[14] ele traça em particular uma história da velocidade,

---

12. "Gaucher", *Roland Barthes par Roland Barthes*, OC IV, p.675 [ed. bras.: "Canhoto", *Roland Barthes por Roland Barthes*, p.114].
13. "Variations surl'écriture", OC IV, p.267 [ed. bras.: "Variações sobre a escrita", in *Inéditos vol. I – Teoria*, p.174].
14. Marcel Cohen, *La Grande Invention de l'écriture et son evolution*, 3 vols. (Paris: Klincksieck, 1953-1958); James Février, *Histoire de l'écriture* (Paris: Payot, 1959).

desde o demótico egípcio e o cuneiforme sumeriano, duas escritas ligadas a simplificações, até a introdução de ligaduras, que permitem escrever mais depressa. Trata-se ou de ganhar espaço (o suporte custa caro), ou de ganhar tempo. A cursiva é funcional e modifica a cultura profundamente: "Que a escritura corra!", dirá ele no curso de 1978. "Atrás do quê? Do tempo, da fala, do dinheiro, do pensamento, do deslumbramento, do afeto etc. Que minha mão vá tão depressa quanto minha língua, meus olhos, minha memória viva: sonho demiúrgico; toda a literatura, toda a cultura, toda a 'psicologia' seriam diferentes, se a mão não fosse mais lenta do que o interior da cabeça."[15]

Depois da velocidade, o outro lado da reflexão concerne à estética da grafia e à natureza ritual mais que funcional (na história da escrita chinesa, por exemplo). É erradamente, ele diz, e cegos por uma ideologia burguesa, que lemos escritas antigas, pondo-nos a questão da comunicação, ou pior, do índice. Em Leroi-Gourhan, Barthes enfatiza a distinção entre grafismo e escrita. O grafismo pré-histórico, contemporâneo dos primeiros corantes, apresenta-se sob a forma de linhas de traços gravados no osso ou na pedra, pequenas incisões equidistantes. Antes rítmicas do que significativas, essas primeiras escritas teriam mais a ver com a abstração do que com a imitação ou a significação.[16] Com a pintura, e uma pintura muito gráfica, Barthes revisita toda uma história que faz voltar ao corpo e à origem. E retoma também sua própria história — a ontogênese une-se desde então à filogênese —, que é aquela que o fez passar da escrita informe, contrariada por sua natureza canhota, à bela escrita uniforme e bem formada, perfeitamente legível, que é a sua desde então (mesmo que ele reconheça três, uma para as notas, uma para os textos, uma para a correspondência).[17] Uma dupla gênese, pois, que toma a forma de uma passagem: para ir de um tipo de escrita a um outro, é preciso mudar de mão. A obra pode ser definida como "*uma relação cinética entre a cabeça e a mão*",[18] trata-se de tornar essa relação a melhor possível.

---

15. *La Préparation du roman I et II*, p.337 [ed. bras.: *A preparação do romance*, p.279].
16. "Variations sur l'écriture", OC IV, p.280 [ed. bras.: "Variações sobre a escrita", in *Inéditos vol. I – Teoria*, p.197]. O livro de André Leroi-Gourhan, mencionado por Barthes, é *Le Geste et la parole* (Paris: Albin Michel, 1964).
17. Para o olho experiente na leitura de seus manuscritos, a escrita de Barthes tem de fato variações de velocidade que podem permitir distinguir circunstâncias diversas, mas ela permanece também extraordinariamente constante — e legível.
18. *La Préparation du roman I et II*, p.339 [ed. bras.: *A preparação do romance*, p.282].

Um dos maiores interesses em observar e compreender a produção plástica de Barthes consiste em nela ler um trabalho e um pensamento sobre a escrita. O Japão, Barthes diz, abriu este campo, permitindo se instalar no texto como num espaço hedonista e soberano. Encontrar esse espaço para sua própria obra o leva a se livrar das leis que o subjugam: a significação e a referência. A passagem para a escrita ilegível representa esta etapa de emancipação, até mesmo de purificação. As grafias imaginárias não são palavras nem desenhos, mas a união dos dois, graças a uma experimentação do neutro; uma oscilação entre dois mundos que tudo separa, o legível e o visível, reunidos aqui no escriptível. Mostra-se que há signos, mas não sentido. Barthes se interessa, então, por escritas que se inscrevem num sistema situado fora da decifração. Sempre em "Variações sobre a escrita", texto central para compreender a dinâmica deste período de sua obra, ele evoca práticas de amador, situadas fora de toda intenção ou carreira artística, como a de Mirtha Dermisache, por exemplo, cujo objetivo era primeiro pedagógico antes de ser objeto (a partir de 1974 somente, pois Barthes não pode ter conhecimento disso naquele momento) de exposições e de livros de arte. Ele remete também às "escritas" impenetráveis de André Masson, de Réquichot, que se livram de toda significação, de todo álibi referencial, libertação que é a condição mesma do surgimento do texto. "Ora, o interessante — o espantoso — é que nada, absolutamente nada, distingue essas escritas verdadeiras e essas escritas falsas: nenhuma diferença, a não ser de contexto, entre o não decifrado e o indecifrável. Somos nós, nossa cultura, nossa lei, que decidimos sobre o status de uma escrita. Que quer isso dizer? Que o significante é livre, soberano. Uma escritura não precisa ser 'legível' para ser plenamente uma escrita".[19] Como não reconhecer aqui seu próprio procedimento de desenhista amador nesta exaltação do puro significante? Como não ler uma formidável reflexão sobre a escrita, antes que ela desapareça? Um parêntesis menciona que "nos Estados Unidos, tudo é escrito diretamente à máquina — missivas, textos literários — sem mais precauções humanistas".[20] Mesmo que a escrita manuscrita só

---

19. "Variations sur l'écriture", OC IV, p.284 [ed. bras.: "Variações sobre a escrita", in *Inéditos vol. I – Teoria*, pp.205-06].
20. *Ibidem*, p.294 [ed. bras.: *ibidem*, p.222].

carregue miticamente o corpo afetivo, não deixa de ser verdade que a capacidade da escrita manual em encontrar a memória de sua ilegibilidade é uma garantia contra a lei todo-poderosa da significação.

Todos os textos desse período trazem o vestígio deste imaginário pictórico e gráfico e de sua contribuição para um pensamento renovado sobre a escrita. *O prazer do texto*, escrito no verão de 1972, precede as "Variações sobre a escrita" e o texto sobre André Masson; ele surge logo depois do primeiro artigo sobre as pinturas de Réquichot. Entre 10 de julho e 24 de agosto, em Urt, Barthes faz leituras relacionadas a esse projeto (sobretudo textos de Serge Leclaire — *Démasquer le réel* foi publicado no ano anterior —, Freud, Nietzsche, mas também romances de Sollers e de Severo Sarduy), dedicando muito tempo à pintura. Em *O prazer do texto*, o motivo do ilegível toma outro rumo, demandado pelas pesquisas sobre a desfiguração e a abstração, rumo a se libertar da coerção da frase. O esforço moderno dos artistas para destruir a arte torna-se uma das modalidades da arte, para a qual Barthes dá três formas: ou passar a uma outra mídia — se é escritor, tornar-se cineasta ou pintor, se pintor, tornar-se escritor; ou desenvolver discursos, conduzir a arte à sua crítica; ou abandonar a escrita em definitivo. Para não ser coagido para a última solução, Barthes experimenta as duas outras, mesmo tendo consciência dos limites desses programas subversivos, sempre recuperados como vanguarda. Para isso, importa sair do paradigma da subversão e encontrar os termos da esquiva, uma alternativa inesperada (por exemplo, o riso em Bataille).

É do encontro entre a pintura e a escrita que deriva a noção de "texto", que Barthes teoriza, de fato, naquele momento, no verão de 1972, com *O prazer do texto* e o artigo que redige ao mesmo tempo (em agosto) para a *Encyclopaedia Universalis*: "Texte". Definindo-o como um "tecido", recusa fazer dele um véu atrás do qual se dissimularia o sentido. É o entrelaçamento da matéria que ele privilegia, a ideia dos fios que se entrecruzam e se encadeiam de modo potencialmente infinito. O sujeito se desfaz "qual uma aranha que se dissolvesse ela mesma nas secreções constitutivas de sua teia".[21] O mesmo

---

21. *Le Plaisir du texte*, OC IV, p.259 [ed. bras.: *O prazer do texto*, p.75]; "Texte (théorie du)", OC IV, p.452 [ed. bras.: "Texto (teoria do)", in *Inéditos vol. I – Teoria*, p.277]. É a mesma definição que é apresentada, com ligeiras variantes.

neologismo é proposto para remeter a teoria do texto a uma *hifologia* (*hyphos* é o tecido, o véu e a teia de aranha).[22] Não é apenas a homonímia da tela do pintor e da teia de aranha que aproxima o texto da pintura, mas a ideia de que ali se pode ler uma escrita, que não vale por aquilo que ela significa, mas por sua capacidade em produzir signos. É porque, em vez de ser recuperada por castas socioprofissionais e institucionalizadas, a escrita deveria ser o lugar de exercício desse "praticante particular que era — e poderia ser numa sociedade liberta — o *amador*".[23] Em seguida, o que torna as artes indistintas ou as aproxima numa mesma prática, é a abstração, prolongando as considerações sobre a língua desconhecida enunciadas em *O império dos signos*. Ela pode corresponder a misturas de sons marcados pelo entrelaçamento produtivo e pelo descontínuo (a ausência de frase). Tudo está ligado: a volta ao corpo e à mão leva a um pensamento da escrita como produção material de signos, que a situa no mesmo plano de qualquer outra prática artística. Essa arte liberada se emancipa de numerosas coerções, em particular daquela do contínuo. Ainda submetida à frase, a obra de Barthes se livra da argumentação contínua e interligada. A forma de *O prazer do texto* retoma a fragmentação de *Michelet*, mas sem recorrer aos títulos que faziam dos parágrafos quadros. Em vez de ordená-los "racionalmente", Barthes recorre à ordem "idiota", arbitrária e evidente do alfabeto (que é aquela de que costuma se servir para classificar suas fichas): princípio de progressão de "Variações sobre a escrita" e de *Roland Barthes por Roland Barthes*. É assim que ele se individualiza, cedendo a seus gostos e a pequenas particularidades concretas.

A prática artística é acompanhada de uma intensa produção de escritos sobre a arte, discurso que ele exerce também como amador, o que o distingue dos discursos gerais, de história da arte, da crítica de arte ou da atualidade. Ele tem muitos amigos galeristas, artistas ou críticos. Daniel Cordier fechou sua galeria em 1964, mas conservou uma importante coleção e manteve relações pessoais com alguns artistas, sobretudo com Réquichot, a quem apresentou a Barthes; Cordier também o apresentou a Yves Lambert, com quem Barthes vai colabo-

---

22. Em francês, "toile" significa tela (do pintor), tecido, teia (de aranha). [N.T.]
23. "Texte (théorie du)", OC IV, p.456. [ed. bras.: "Texto (teoria do)", in *Inéditos vol. I – Teoria*, p.284].

rar muito nos últimos anos. François Braunschweig e Hugues Auxier abriram sua primeira galeria de fotografia e compartilharam com ele suas descobertas no mundo da história da fotografia. Barthes é sobretudo muito ligado a Franco Maria Ricci (Calvino os apresentou), que fundou sua editora em Parma, em 1963, e que com frequência lhe pede para prefaciar suas belas edições dos retratos de Arcimboldo, dos abecedários de Erté, do romance gráfico de Guido Crepax a partir de *História de O*, de Pauline Réage. A revista *Tel Quel*, por sua vez, por intermédio sobretudo de Marcelin Pleynet, abre-se à arte contemporânea, em especial ao trabalho do grupo Supports/ Surfaces: uma de suas figuras mais marcantes, Marc Devade,[24] entra no conselho no momento da publicação do número 47, consagrado a Barthes. O contato de Barthes com os artistas se intensifica, e seu tempo é tomado por muitos *vernissages*, visitas a galerias, textos sobre artistas. No decorrer do ano de 1972, o mais dedicado às artes, ele vai à casa da sra. Cartier-Bresson; frequenta Daniel Cordier e André Masson (que lhe apresenta Paule Thévenin); comparece ao *vernissage* Supports/Surfaces na galeria Yvon-Lambert, na rua de l'Échaudé (é a última exposição do grupo antes de sua dissolução); vê uma exposição do fotógrafo Bruno Sauerwein; vai ao Museus das Artes Decorativas ver a exposição *L'affiche anglaise: les années 90* para escrever um artigo; visita uma mostra de arte contemporânea no Grand Palais, os museus de Amsterdã em outubro e comparece à maior parte dos numerosos *vernissages* do outono. Se seus artigos dessa época são particularmente importantes, é porque, fiel a sua maneira de considerar as obras como escritor, ele sempre dá a elas um esclarecimento singular, e também porque desenvolve esta concepção de escrita ilegível, que corresponde à sua própria pesquisa.

Dos cerca de quarenta artigos que ele dedica, ao longo da vida, às artes visuais, quase a metade é sobre pintura. O artigo sobre André Masson está para a arte assim como *O prazer do texto* está para o pensamento sobre a literatura. Barthes desenvolve a mesma reflexão sobre o texto, mas desta vez partindo das obras ideográficas do artista. Com efeito, Masson se servia nesta época da escrita chine-

---

24. A obra de Marc Devade (1943-1983) é marcada por inúmeros diálogos com *Tel Quel*. Algumas de suas telas partem das primeiras palavras de *Paradis*, de Sollers; outras dialogam com Dante e Joyce; ele publica poemas na revista; Pleynet e Sollers lhe consagram artigos importantes.

sa como dinâmica gráfica, não para significar pelo ideograma, mas para fazer experiências com o traço e a cor. Barthes qualifica esse período asiático como "textual", o que confirma a interdependência para ele entre o imaginário oriental e a teoria do texto. Não é mais uma escrita que comunica, mas um "corpo que pulsa". A primazia atribuída ao gesto sobre a palavra permite chegar a uma verdade condicionada pela ilegibilidade. Produzindo o ilegível, Masson "separa a pulsão da escrita do imaginário da comunicação (da legibilidade). É o que quer também o Texto. Mas enquanto o texto escrito deve se debater ainda e continuadamente com uma substância aparentemente significativa (as palavras), a semiografia de Masson, originária diretamente da prática in-significante (a pintura), realiza, logo, a utopia do Texto".[25] O artista engaja seu corpo e seu espírito num problema; ele desencadeia um processo mais do que propõe um produto acabado.

Réquichot é o mais belo exemplo dessa consciência de um engajamento total do corpo. Ele é o farol que ilumina toda a produção de Barthes sobre pintura. Encontramos nele os motivos-chave da escritura ilegível, do amador, da matéria, do corpo. Mas, pela força de sua obra, pela violência de suas obsessões, Réquichot é sinônimo da pintura quando ela se faz destruição, fim da pintura. Quinze dias antes de seu suicídio, aos 32 anos (dois dias antes da inauguração de sua exposição na galeria Daniel Cordier, em 1961, ele se joga da janela do ateliê onde vive, na rua de Courcelles), o pintor escrevera sete textos indecifráveis numa escrita desconhecida, inventada, que fizeram da não significância um testamento. Mas Barthes não se detém nessa última produção, bastante marginal em relação ao resto. Por meio de Daniel Cordier (que tinha proposto na sua galeria a primeira exposição pessoal do artista em 1957 e que o expôs uma segunda vez em 1961), Barthes conhece a obra do pintor e fica fascinado pela força desconcertante da matéria em suas obras. Nelas, vê a expressão de uma fala selvagem, de uma linguagem visceral que faz ver o interior por meio do exterior, não distinguindo entre a alma e o corpo. Em seus "relicários" ou em seus "baús", Réquichot expõe detritos (sapatos, raízes, conchas de caracol, telas pintadas e dobradas, ossos catados no abatedouro, em companhia de seu amigo Dado...) que provocam

---

25. "Sémiographie d'André Masson", catálogo de uma exposição de Masson na Galeria Jacques Davidson, Tours, 1973 (OC IV, p.347).

as obsessões do espectador. No fundo, Réquichot é "católico" demais para que Barthes se una a ele em suas obsessões mais profundas. Seu trabalho é obsedado por uma culpa de que Barthes é poupado pela educação protestante. Em compensação, Barthes conhece a doença, a mecânica do corpo reduzido a restos ("a costeleta" como relíquia é uma maneira de prolongar os relicários de Réquichot no autorretrato), o medo da morte, a obsessão da transformação. E o que surpreende, neste belíssimo texto que é "Réquichot et son corps", é que vemos Barthes levado para além dele, em suas regiões pulsionais e desejáveis, repelidas para o mais longe possível: o suicídio, o morto que fala (Barthes retoma aqui o tema de *Sr. Valdemar*, de Poe, que foi objeto de um de seus cursos em Rabat, depois em Genebra), os detritos e dejetos, todos objetos, entretanto, de uma real fascinação.

O GOSTO

No texto sobre Réquichot, Barthes atribui, à margem da história, duas origens à pintura. A primeira, como vimos, é a escrita; a segunda, a cozinha, "isto é, toda prática que visa transformar a matéria segundo a escala completa de suas consistências, por operações múltiplas tais como amaciamento, espessamento, fluidificação, granulação, lubrificação, produzindo o que se chama em gastronomia a cobertura com molho, o ato de engrossar, o molho untuoso, o cremoso, o crocante etc.".[26] Se Bernard Réquichot mostra do homem a animalidade digestiva, o interior, a cavidade, na maioria das vezes em Barthes a comida é exterioridade benfeitora. Dos autores dos quais gosta, ele retém uma receita preferida ou um alimento fetiche, que constituem um vínculo criado entre o autor e ele: o melão em Fourier, ou os bolinhos aromatizados chamados *mirlitons*; as laranjas em Goethe; a salada de laranja com rum em Sade; o "queijo com creme de Chantilly" em Stendhal. Ele não se lança com gula sobre essas comidas, mas goza com o efeito de realidade que a presença delas produz, gosta de seu caráter de fetiche. Esse prazer não dá lugar a um realismo da decifração ou da interpretação, mas permite sublinhar um "foi" comparável ao da fotografia. Que a arte torne presente uma coisa que não existe mais explica nossa devoção. Barthes chamava o detalhe obstinado, alguns anos antes, de "efeito de real", e o caracterizava como aquilo

---

[26]. "Réquichot et son corps", OC IV, pp.381-82.

que escapava da estrutura: por exemplo, o barômetro da sra. Aubain em *Um coração simples*, de Flaubert. Posteriormente, ele aceita mais a aderência que o detalhe supõe. E com frequência o que reconhece como efeito de real ou ponto de realidade tem a ver com seu próprio equilíbrio no espaço, com a medida que dá de si mesmo e do tempo. Se sabemos, por exemplo, que o barômetro é uma referência significativa em sua existência cotidiana, que ele compra outro imediatamente quando o atual se desequilibra, que durante certos períodos ele anota na agenda a pressão do dia em milibares, compreendemos melhor por que esse detalhe insistente do conto de Flaubert o impressiona tanto. Para ele, não é mais da ordem do observável, pois não conota, como o piano, a burguesia, nem tem função na economia da narrativa. Ele é, ao contrário, uma referência de sua própria vida, portanto ainda mais estranha num texto do século XIX, contando uma história com a qual ele poderia não ter muito a ver. Igualmente, o que o retém em Sade não é a salada de laranja com rum enquanto tal, mas seu consumo em 1791, tal qual nos restaurantes chiques seus contemporâneos. O efeito de real, no fundo, poderia ser assim definido: a conjunção de um "foi" longínquo e por um outro, com um "é" agora e para si. Estamos longe, pois, da "objetividade" antecipada no artigo de 1968 sobre "O efeito de real";[27] mais próximos, em compensação, do encontro entre duas subjetividades, cuja surpresa Barthes aceita cada vez mais.

Esse detalhe do barômetro revela algo da relação muito especial de Barthes com Flaubert. Ele não é o clássico do qual nos apossamos, como Racine ou Balzac, nem o moderno cuja experimentação interrogamos; ele é um companheiro, como o é Proust, uma presença com a qual ele pode sempre contar. Barthes anota numa ficha: "Maneira da qual me sirvo de Flaubert. Não escrevo sobre ele, mas me sirvo dele o tempo todo".[28] Mantém com ele uma relação fraterna: reconhece-se em seus desalentos ("na marinada", como veremos mais adiante), em sua maneira de tornar inseparável

---

27. "L'effet de réel", *Communications*, março de 1968 (OC III, pp.25-32) [ed. bras.: "O efeito de real", in *O rumor da língua*, pp.181-90].
28. BNF, NAF 28639, grande fichário, caixa 5, "Linguistique, St. Simon, Brecht, Zavriev". A frase faz eco a "Proust, é o que me vem", em *O prazer do texto*, em que Barthes aproxima, aliás, sua relação com os dois escritores "Alhures, mas da mesma maneira, em Flaubert, são as macieiras normandas que leio a partir de Proust" (OC IV, p.240) [ed. bras.: *O prazer do texto*, p.45].

a vida da escrita, em sua obstinação. Essa proximidade o leva a dar uma atenção muito material e concreta à obra do escritor. Ele se interessa pelos papéis que Flaubert utiliza, suas rasuras, os diferentes tipos de correção (antecipando a incansável crítica genética feita depois sobre essa obra).[29] Atribuindo à prosa os méritos da poesia, Flaubert libertou a literatura da coerção da retórica para fazê-la entrar num movimento infinito, no incerto. Este reconhecimento tem implicações muito profundas para Barthes e explica o acompanhamento cerrado, contínuo e ainda fraternal de *Bouvard e Pécuchet* nos dez últimos anos de sua vida. Pôde-se ler uma relação ambígua e fascinada de Barthes com a bobagem e talvez mesmo com sua própria bobagem; sem dúvida é mais justo ver no livro a encarnação exemplar — pois com distância — do programa do neutro: *Bouvard e Pécuchet* é para Barthes um livro constantemente incerto, no qual a linguagem não apresenta nenhuma garantia. Nenhum enunciado prevalece: "Não há uma linguagem-mestra, não há linguagem que cubra outra".[30] Flaubert está assim mais próximo de seu pensamento sobre a escrita e o estilo do que qualquer contemporâneo. Ele ilustra uma discordância dos tempos que vem reparar fantasmaticamente a vertigem das datas concomitantes. "Eu estava no 9o ano do ensino fundamental quando a sobrinha de Flaubert morreu (em 3 de fevereiro de 1931 em Antibes)",[31] anota Barthes em seu diário. Ele não poderia exprimir melhor o desejo de unir-se a ele.

O gosto por tudo o que concerne à vida material e aos sentidos, em particular à cozinha, à alimentação, não é fortuito. Ele se inscreve numa tripla relação de Barthes com o corpo, a estética e o prazer. Não sendo, por temperamento, exagerado, ele sabe organizar seus prazeres gustativos: as pessoas que o conheceram ressaltaram sua atração pelos vinhos de Morgon e certos tipos de charutos, como os torcidos em forma de espiral, os Culebras, caros e raros (ele os compra quando está em Genebra). Chega a fumar charutos mais ordinários, e cigarros, mas o verdadeiro prazer se frui na raridade. Também gosta de champanhe e da embriaguez alegre que a acompanha. Reconhece no vinho a pos-

---

29. "Flaubert et la phrase", in *Nouveaux essais critiques*, OC IV, pp.78-85 [ed. bras.: "Flaubert e a frase", in *O grau zero da escrita* seguido de *Novos ensaios críticos*, op.cit., pp.161-72].
30. "La crise de la vérité", entrevista com Jean-Jacques Brochier, *Le Magazine littéraire*, janeiro de 1976 (OC IV, p.998) [ed. bras.: "A crise da verdade", in *O grão da voz*, p.350].
31. BNF, NAF 28630, grande fichário, 6 de outubro de 1979.

sibilidade de excesso. "Talvez o 'estou gozando', o 'começo a ter prazer' não dependa senão de um pouco de vinho — de uma droga."[32] Ele o concebe assim como Baudelaire, que vê nele "a lembrança do esquecimento, a alegria e a melancolia", permitindo ao sujeito deslocar-se para "estados inusitados", e não como Brillat-Savarin, na casa de quem o vinho, longe de levar ao êxtase, acompanha a alimentação de maneira equilibrada e apropriada e faz o papel de antidroga.[33] Se reunirmos todos os textos que Barthes dedicou à cozinha, à alimentação, vemos que ele privilegia quase sempre a perversão ao funcional — salvo quando, por exemplo, em Sade essa funcionalidade é levada a uma sistematização absoluta, alimentação dos carrascos, alimentação das vítimas a serviço do prazer. A cozinha japonesa o fascina porque tira partido de quase todos os sentidos — visão, tato, gosto —, e é precisa nas qualidades de que ele gosta — o aéreo, o flutuante, o crocante, o fragmentário, em oposição à cobertura com molho da cozinha ornamental francesa, que, não sendo funcional, não deixa de conotar certa mitologia burguesa de que ele zomba em *Mitologias* e alhures (ele a retoma em *O império dos signos* para opor a cozinha-escrita dos japoneses à cozinha-ornamento da revista *Elle*). A arte da mesa no Japão é em todos os aspectos diferente daquela que preside a realização da cozinha ocidental: ali tudo se faz diante dos olhos do consumidor, e não em lugares apartados; os pauzinhos que permitem pegar os alimentos são totalmente diferentes de nossos talheres, miniaturas de armas de predação (o arpão, lanças e facas). A cozinha japonesa dá acesso a uma naturalidade em segundo grau: não como evocação da selvageria da origem (a caça, a pesca e a colheita), mas como "pensamento de fonte, de vitalidade profunda", que é seu horizonte ou sua utopia. "Daí o caráter *vivo* (o que não quer dizer *natural*) dessa comida, que parece em todas as estações cumprir o voto do poeta: '*Oh! celebrar a primavera com comidas deliciosas...*'."[34]

A maneira pela qual se exibem os signos é, como sempre, o que interessa Barthes na cozinha. Em 1975, ele faz um inventário particularmente saboroso no prefácio de *A fisiologia do gosto*, de Brillat-Savarin. Escrito no outono de 1974, logo depois de ter terminado o manuscrito de

---

[32]. BNF, NAF 28630, grande fichário, 2 de agosto de 1979.
[33]. "Lecture de Brillat-Savarin", OC IV, p.811 [ed. bras.: "Leitura de Brillat-Savarin", in *O rumor da língua*, p.320].
[34]. *L'Empire des signes*, OC III, p.359 [ed. bras.: *O império dos signos, op.cit.*, p.21].

Roland Barthes por Roland Barthes, o texto sintetiza seu pensamento sobre a "cozinha-signo", que vira e mexe ele desenvolve. Nele ele explicita a figura da "batmologia", experimentada no autorretrato e que corresponde ao jogo dos graus a que o campo do discurso é submetido (o segundo grau e os outros): escalonamento dos fenômenos ligados ao consumo do álcool — excitação, estupefação, entorpecimento —; escalonamento do gosto: "B.-S. decompõe assim *no tempo* (porque não se trata de uma análise simples) a sensação gustativa: 1) *direta* (quando o sabor está ainda impressionando a língua anterior); 2) *completa* (quando o sabor passa ao fundo da boca); 3) *refletida* (no momento final do julgamento). Todo o *luxo* do gosto está nessa escala".[35] É porque ela se desenvolve no tempo, como uma linguagem, com uma dimensão memorial importante, que esta sensação merece toda a atenção que lhe damos, que com ela o prazer do gosto e o prazer da linguagem se unem e se confundem. Daí o interesse das palavras-fetiche que têm um código, social e erótico, um sabor, e exprimem uma relação com o corpo: "Francês pelas frutas (como outros o foram 'pelas mulheres'): gosto pelas peras, cerejas, framboesas; já menor pelas laranjas; e completamente nulo pelas frutas exóticas, mangas, goiabas, jambos".[36] O enunciado diz a escolha de uma estação, o verão mais do que o inverno, o código de uma educação à maneira antiga, longe das modas e das leis de importação, a transformação de uma coisa bem simples em objeto fetiche. Surpreendendo-se por encontrar cerejas em pleno inverno no mercado Saint-Germain, ele também lamenta a frustração da alternância e da espera: "Acabou a maior das alegrias, a da volta. Doravante, no horizonte, mercados sem frutas e verduras antes da estação: passou o tempo das diferenças".[37]

Sua relação com a cozinha é ainda mais objeto de uma atenção sutil, na medida em que Barthes mantém uma relação complicada com seu corpo, como vimos quando da narrativa das temporadas no sanatório. Desde o fim da década de 50 ele vai a restaurantes quase toda noite, o que não favorece o equilíbrio alimentar. Compensa com um almoço de grelhado e salada. Mas é difícil seu peso se esta-

---

35. "Lecture de Brillat-Savarin", OC IV, p.808 [ed. bras.: "Leitura de Brillat-Savarin", in *O rumor da língua*, p.316].
36. "Français", in *Roland Barthes par Roland Barthes*, OC IV, p.673 [ed. bras.: "Francês", in *Roland Barthes por Roland Barthes*, p.112].
37. "Cerises", in "La chronique", *Le Nouvel observateur*, 1979 (OC V, p.629).

bilizar. Ele faz regimes uma ou duas vezes por ano, controlando rigorosamente a alimentação: conta as calorias, anota a curva da balança, toma um inibidor de apetite, o Tenuate — que é uma anfetamina com princípios excitantes, cujo efeito euforizante ele aprecia.[38] Chega a perder 15 quilos em dois meses. Se seu peso ideal é por volta de 78 quilos, seu peso sonhado é bem inferior — denunciando a ditadura da magreza própria das sociedades contemporâneas, ele próprio é obsedado por um ideal de si próximo da magreza. As variações são, pois, importantes, de 68 a 89 quilos — ele oscila de um extremo a outro muito rapidamente — conforme o período. No decorrer dos regimes rigorosos, à noite ele se contenta com uma fatia de presunto no Flore, e evita gordura, pão e açúcar. Ao planejar uma viagem, em geral faz regimes para aproveitar os prazeres que poderá encontrar. Na China, como vimos, são as refeições que oferecem os mais numerosos pretextos para a anotação alegre. Descobre uma cozinha bem diferente dos restaurantes chineses que costuma frequentar (o Route Mandarine, onde janta com amigos, ou o "chinesinho" da rua Tournon, onde almoça com os alunos). Fica sabendo que o arroz só é apresentado no final da refeição, que as cores desempenham um papel decisivo na composição dos pratos, assim como o equilíbrio das consistências, a variedade dos cortes, o uso sutil das especiarias, todas as coisas que ele ignorava quando opunha a cozinha japonesa à cozinha chinesa em *O império dos signos*. Tudo ainda é uma questão de graus e é preciso encontrar as palavras para expressá-los. É assim que o gosto pela batmologia se une ao prazer pelo neologismo. A ciência das escalas e dos graus convida a se instalar no interior da língua para inventá-la e reinventá-la, a sermos "maníacos do segundo grau".[39] A cozinha nunca está muito longe da cozinha da língua. Ela a revela tanto quanto a provoca. É a rejeição do simples, do denotado (até os legumes crus da cozinha japonesa são trabalhados), da repetição inocente. Ela deve testemunhar, como a língua, um poder de descentralização ou deslocamento: "Se retiro a trava de segurança

---

38. Em julho de 1979, na ficha: "Tomo, às vezes, Tenuate para facilitar o trabalho: facilidade, intrepidez mesmo, euforia de ter vencido a esterilidade. Mas passado o efeito e me relendo um pouco, abatido pela falta de interesse. A droga não age sobre a inteligência, mas sobre a consciência que tenho dela" (BNF, NAF 28630, grande fichário).
39. "Le second degré et les autres", *Roland Barthes par Roland Barthes*, OC IV, p.645 [ed. bras.: "O segundo grau e os outros", *Roland Barthes por Roland Barthes*, p.79].

(da razão, da ciência, da moral), se ponho a enunciação *em roda livre*, abro então o caminho para um desligamento sem fim, elimino a *boa consciência da linguagem*".[40] O neologismo é uma maneira de deslocar a língua, de refletir sobre ela, subvertendo-a. Outra maneira pode ser fazer entender de outro modo as palavras usuais, o que Michel Deguy chama de "neologema":[41] não é uma invenção ou reinvenção lexical, mas uma maneira nova de tomar um termo, como a "insipidez" que não conotamos mais negativamente como uma ausência de gosto, mas como uma pacificação ou uma igualização das coisas.

A AUDIÇÃO, A VISÃO

A intensificação do prazer, a promoção considerável da categoria do amador, sempre deixam um belo espaço para a música, sua prática e sua escuta. Nos anos 1970, Barthes se aproxima de um grande músico que muito admira, André Boucourechliev, o qual lhe havia encomendado um artigo para um número especial sobre Beethoven da revista *L'Arc*, em 1970: "Musica practica". Eles continuam em contato até que, em 1974, Boucourechliev realiza uma obra eletroacústica baseada em *Pour un tombeau d'Anatole*, de Mallarmé. Ele pede a Barthes para recitá-la, para ter, nessa ocasião, outra prática de interpretação. Naquele ano e no seguinte, ele dá várias aulas de piano a Barthes, que desde a infância nunca mais havia tido professor, e o estimula a envolver mais o corpo com o instrumento. Já no texto sobre Beethoven, conforme suas preocupações da época, Barthes faz a distinção entre música manual e prática, e música sonora, passiva, que se sobrepõe culturalmente à primeira. A grande virada provocada por Beethoven é ter separado a música da execução para fazê-la entrar na era da performance, ter imaginado o desaparecimento progressivo do amador sob a influência da recuperação burguesa da música. Ora, o fim da prática amadora é o fim do "grão", esta forma de imperfeição e incerteza necessária, própria, segundo ele, para restituir a intimidade da música — a de Schumann, em particular, e é assim que ele exprime no microfone de Claude Maupomé no programa *Comment l'entendez-vous?*, para o qual é convidado. "O 'grão'", ele escreve a propósito de Panzéra no célebre texto "O grão da voz", "é o

---

40. *Ibidem* [ed. bras.: *ibidem*, p.80].
41. Michel Deguy, "Le démon de la néologie", in R/B, *Roland Barthes, op.cit.*, pp.86-90.

corpo na voz que canta, na mão que escreve, no membro que executa."[42] É o que leva a uma avaliação não subjetiva, mas erótica, aquele do "eu gosto" ou "eu não gosto", e que ultrapassa as leis da cultura. "O *grão* de uma voz não é indizível (nada é indizível)", ele ainda diz, "mas penso que não podemos defini-lo cientificamente, pois implica certa relação erótica entre a voz e quem a escuta."[43] A música é também uma escrita do corpo. Aliás, ocorre com frequência que Barthes grave a si mesmo ao piano, pois isso lhe permite ouvir a materialidade da música. Mais tarde, em "Écoute" (escrito com Roland Havas, em 1977), que inspira a Luciano Berio sua ópera *Un re in ascolto,* sobre um libreto de Calvino, Barthes enumera três tipos de escuta distintos: o reconhecimento dos índices, a decifração dos signos auditivos e a fala da escuta, quando o sujeito transforma sua impressão pessoal em texto. Ocorre com a música, assim como com a pintura ou o livro: um momento dilacerante no qual o leitor, o ouvinte, o espectador deve sair de si mesmo e de seu conforto ou de seu prazer para se deixar ultrapassar pela obra.

Como sobre muitos assuntos, a partir daí Barthes é solicitado a falar da música e de sua relação com ela. Escreve a apresentação de um disco de Panzéra, artigos sobre o canto, sobre Schumann, grava programas. Porém, mais que sobre outros assuntos, ele está liberado de qualquer obrigação de expertise. Sua prática remonta à infância e é a propósito da música que ele desenvolve sua convicção íntima, depois histórica, do papel do amador. A intimidade de sua relação é, pois, sempre assumida, não é uma postura que ele tem de ganhar contra o "professor" ou "o intelectual" nele. Ao longo desses anos, ele vai regularmente à France Musique, onde consegue logo cooptar os ouvintes para seus gostos, seus prazeres, seus desprazeres. Antes do programa sobre Schumann de 21 de outubro de 1979 com Claude Maupomé, ele grava com ela um "Concert égoïste" em 1977. Em 1976, ele havia participado de um programa sobre o canto romântico, cujo texto foi publicado com ilustrações originais de

---

42. "Le grain de la voix", in *Musique en jeu*, novembro de 1972 (OC IV, p.155) [ed. bras.: "O grão da voz", in *O óbvio e o obtuso, op.cit.*, p.241].
43. "Les fantômes de l'Opéra", entrevista com Hector Bianciotti, in *Le Nouvel Obervateur*, 17 de dezembro de 1973 (OC IV, p.489) [ed. bras.: "Os fantasmas da Ópera", in *O grão da voz*, p.261].

Daniel Dezeuze, membro do grupo Supports/Surface.[44] Repetindo que passou a vida não podendo falar de música, Barthes evoca de maneira magnífica sua relação ativa com ela, seu gosto pela polifonia e o contraponto, a emoção profunda que experimenta ao fazê-la passar pelo tato. A escuta não basta nunca, e o aparecimento do disco de vinil é, segundo ele, uma perda para a cultura musical, que então se desenvolve de modo muito mais passivo. Essa liberdade, fundada na dimensão exclusiva do gosto, o leva a desenvolver um pensamento original sobre esta arte, não científica, mas precisa e preciosa, que é a do grão. "O que de mais indiscreto, de mais abusivo do que partir de seus gostos pessoais para construir uma teoria?",[45] ele diz em suas notas pessoais. E, entretanto, Barthes, que sempre ouve de seus interlocutores — estudantes, amigos, ouvintes — que tem uma bela voz,[46] oferece à guisa de contrapartida um pensamento que pode reunir a língua e a música: a do grão como escritura cantada da língua, que persiste até na música instrumental.

Nos últimos anos, suas relações afetivas passam muito pela mediação do concerto, da ópera. Ele confidencia a Claude Maupomé não ser um fanático por ópera, mas ter se rendido a ela por pessoas de quem gostava muito e que fizeram com que compartilhasse esta paixão, pela qual ele se interessa graças à música. Em 1973, assiste *As bodas de Fígaro* (numa encenação de Strehler) acompanhado de André Téchiné; com Jean-Louis Bouttes, assiste *Orfeu*, de Gluck; vai com Roland Havas ao palácio Garnier ver *Un jour ou deux*, ópera-balé de John Cage com Marce Cunningham, que ele evoca numa entrevista com Bianciotti e que foi o acontecimento artístico e polêmico daquele ano. Em 1974, ele vê *Don Quixote*, de Massenet, além de *Turandot, A flauta mágica, Werther, Tosca*. Até 1977, partilha esse prazer com muitos de seus amigos próximos: Roland Havas, com quem costuma tocar piano; Romaric Sulger--Büel, com quem também canta. Sulger-Büel o acompanha a Beirute no verão de 1976, onde ouvem na íntegra a tetralogia de Wagner, ence-

---

44. Esta bela publicação do *Chantromantique*, com tiragem de 220 exemplares, é um número especial da revista *Gramma*, janeiro de 1977. O texto foi lido por ocasião de um programa de France Culture de 12 de março de 1976 (OC V, pp.303-08).
45. BNF, NAF 28630, fichário verde.
46. Fascinados, Louis Althusser, Julia Kristeva, Maurice Pinguet (entre outros) escrevem a este respeito: Maurice Pinguet, *Le Texte Japon, op.cit.*, p.31; Julia Kristeva "La voix de Barthes", *Communications*, n. 36, 1982, p.119; Louis Althusser, *Lettres à Franca (1961-1973)*, *op.cit.*, p.364.

nada por Patrice Chéreau, com cenários de Richard Peduzzi e dirigida por Boulez: é o grande encontro daquele verão (Foucault também está lá). Com Antoine Compagnon, Barthes revê *O ouro do Reno* e *A Valquíria*, em Paris; com Éric Marty, vai aos concertos do Athénée. O fichário-diário dessa época compreende numerosíssimas anotações a respeito da música, frutos da análise e do humor. O fichário verde, que contém as notas escritas com o propósito de fazer um autorretrato, comporta reflexões sobre o estatuto do amador: "É um não herói; — Ele é (o único) de acordo com o estar ali do significante: 'a natureza imediatamente definitiva da música'. — Ele não está comprometido com o *rubato* (o roubo do ser em proveito do atributo!) — é o artista contraburguês (que não é absolutamente o artista 'socialista')". Ele remete também o *éthos* do amador ao contratempo histórico. "Hoje, não há mais amadores", anota em 1972, e esta fórmula é também um *leitmotiv* de suas falas na France Musique. Quando o fichário se torna diário íntimo, a partir de 1976-1977, as observações sobre música são cada vez mais numerosas, seja sobre momentos de rádio — que ele escuta, trabalhando —, seja reflexões sobre concertos. Florilégio:

> 22 de outubro de 76 Interioridade
> Nesta manhã (22 de outubro de 76) olhando os telhados cinza de Paris, escutando um *lied* de Schubert por Wunderlich, emoção, beleza, vago na alma, insatisfação, carência, metafísica, desejo etc. Digo para mim: estou doente, neurótico e de repente quase ao mesmo tempo: mas literatura é isso? Tudo o que se aponta hoje como neurose não é outra coisa senão a literatura (passada).

> 29 de abril de 78
> Irresistível metonímia: toda música de Franck ou de sua escola me faz pensar em Bayonne, no jardim, no país dos anos 30, na Côte, em Saint-Jean-de Luz (sra. Petit?)

> 30 de maio de 78
> Outro dia, nas *Bodas de Fígaro* no Opéra, todo o canto da orquestra onde eu estava cheirava a Palmolive. Metonímia: *as Bodas,* no sabão.

> 18 de julho de 79
> Rádio: composição de um prêmio de Roma (ou pelo menos pensionista Médicis), Philippe Hersant: nada mal (pois, de fato, não

demasiado moderno). Isso põe de novo o problema desta música atual; debates no rádio; ouvintes cheios de boa vontade dizem, confessam não gostar disso. Não lhes respondem diretamente (invocando a continuidade da história musical etc.). Mas o que dizer a *eu não gosto?* Como lutar contra *eu não gosto?* Modelo dissimulado desse bloqueio: atração pela repugnância sexual.

5 de agosto de 79
Música: aprecio quando o intérprete toca de tal modo que eu *distingo* as mãos (Gould) ou os instrumentos (Toscanini).
Pulsão, demanda propriamente *polifônica*.

30 de setembro de 79
Ontem à tarde, gravação do programa sobre Schumann com Claude Maupomé. Chegando na cabine, sentimos os técnicos com mau humor: é um sábado à tarde, e os franceses estão sempre com mau humor para trabalhar; *já* têm pressa de ir embora e deixam isso claro. As tomadas não funcionam. A assistente, muito doente, parece, está triste, pálida e fechada. O técnico de som, na faixa dos 40, me diz: Schumann? Detesto. Agradável começar nessas condições. Daí, de fato, a questão: nunca me pergunto *para quem* eu decido falar, quem eu decido convencer. E se fosse este técnico obtuso? Como fazê-lo gostar de Schumann? Seria outro discurso.

18 de dezembro de 79
Tratado de estética musical
Princípio da alucinação:
= ouço com certeza, evidência, coisas que os outros não ouvem, que o *consenso* não ouve.
Ex.: Fischer-Dieskau: ouço (e isso se repete) gravações muito ingratas de sua voz.* Sua voz não é *bela* etc.
*Posso localizá-las.[47]

As únicas leis são do afeto, do gosto; mas a memória também desempenha um papel. A escuta musical dita sua liberdade ao leitor.[48]

47. BNF, NAF 28630, grande fichário.
48. O que Sollers compreende, quando escreve para Barthes numa carta de 1973 na qual

A música o transporta ao passado. Ela é uma das fortes continuidades de sua existência, desperta a lembrança da casa de Bayonne e da tia Alice, de Michel Delacroix, com quem tinha partilhado o gosto por Panzéra; compreendemos, desde então, que ele não procura ter com a música uma relação intelectual. Daí a impressão de exclusividade com suas preferências, Schumann ou Panzéra; daí a tristeza de ver que, com o tempo, as músicas saem de moda e ficam em baixa. Em 15 de outubro de 1979, ele anota com nostalgia esta ação do tempo: "Ruína, degradação, arejamento de Fauré cantado por Panzéra; eu me apoiava neste valor absoluto, mas reconheço, e tenho que fazê-lo, que ela não é mais partilhada, apoiada — sou o único a gostar dele".[49] Sobretudo, se ele pode abandonar as ideias ou as coisas pelas quais só tem um investimento intelectual, Barthes não gosta de não mais gostar.

É o que aconteceu com o teatro. Mas, ainda nos anos 1970, seguindo alguns amigos, Barthes volta a ver peças, apesar de tê-las abandonado. Em 1973, vai a Nanterre rever *Mãe Coragem*, quase vinte anos depois do fascínio de 1954, com a encenação de Antoine Vitez. Então encontra Bernard Dort, que, surpreso ao vê-lo, exclama: "Pensava que você não fosse mais ao teatro!". Ele escreve de novo sobre Brecht em 1975, interessando-se pelos Écrits *sur la politique*.[50] Com suas amigas Colette Fellous e Chantal Thomas, vai ver peças em Ivry, no Théâtre de la Cité. Mas não chega a recuperar o fervor de outrora. Prefere a liberdade proporcionada pela música, a solidão sonhadora do cinema, que continua a frequentar. Escreveu-se que Barthes se interessava menos pelo cinema do que por outras formas artísticas. Ele não tem, de fato, com os filmes, a mesma relação que tem com livros, quadros e fotografias. E isso porque ele considera o cinema mais uma prática que um objeto artístico. O que lhe interessa são as utilizações do cinema, as razões para ir ao cinema, as condutas adotadas — por exemplo, "o afundamento das posturas (quantos espectadores, no cinema, escorregam na poltrona como numa cama, com os capotes ou

---

lhe agradece seu artigo sobre *H*, no qual Barthes evoca o *swing* da escrita. Sollers escreve que "'o leitor' ocuparia um lugar sensivelmente igual ao do ouvinte de jazz, um lugar quase sagrado, inspirado e liberador, complemento *contagioso*".
49. BNF, NAF 28630, grande fichário.
50. "Brecht et le discours: contribution à l'étude de la discursivité", *L'Autre Scène*, maio 1975 (OC IV, pp.783-92) [ed. bras.: "Brecht e o discurso: contribuição para o estudo da discursividade", in *O rumor da língua*, pp.269-81].

os pés jogados sobre o assento anterior)".[51] Ele gosta sobretudo do estado intermediário, sonolento, aberto ao sonho em que estamos ao sair do escuro. As razões para entrar num cinema podem ser muitas: o tédio, o lazer, a busca cultural de um filme preciso, o flerte; mas quando saímos partilhamos um mesmo sentimento de ociosidade ligado ao desdobramento do corpo, operado na sala, diante do filme. Barthes se faz assim o etnólogo de práticas que estão desaparecendo, cujo fim não cogitaria fosse tão acelerado. Fala de um Quartier Latin, onde mora, que oferecere refúgios cinematográficos em cada esquina, ainda tem cinema pornô (dentre os quais o Dragon Club, pornô gay que ele costuma frequentar), com programação de novidades e filmes de repertório, de entretenimento ou de autores. Quatorze cinemas fecharam desde os anos 1980 nos distritos V e VI de Paris, dentre os quais o Cluny Palace, o Quintette Pathé, o Publicis Saint--Germain, o Bonaparte, na praça Saint-Sulpice... Quando Barthes evoca, por exemplo, "o erotismo moderno", o da grande cidade, "o escuro urbano" onde "se trabalha a liberdade do corpo", ele descreve um mundo de possíveis comparável àquele aberto pelo cinema. Mas quase desapareceu esse uso ocioso do cinema, onde se entra sem premeditação, para matar o tempo ou enganar o tédio (hábito que em Barthes remonta à adolescência), ou então pelas promessas abertas pelo flerte. O modo de ver pornografia se privatizou com a explosão dos filmes pornográficos em cassete, depois pela internet, provocando o fechamento as últimas salas especializadas, como o Latin, no bulevar Saint-Michel, ou o Scala, no bulevar de Strasbourg.

Gostar de cinema, de suas práticas, de suas utilizações, gostar de ir, gostar de sair da sala corresponde exatamente ao comportamento do "homem comum do cinema" — como o chama Jean Louis Schefer num livro publicado no mesmo ano que *A câmara clara* e na mesma coleção —, aquele que não tem qualificação para falar de cinema, mas que é *habitué*. Como ele, Barthes evoca o raio de luz do projetor, "este cone dançante que fura a escuridão", a caverna mítica, câmara escura onde estamos suspensos num feixe de luz — exato inverso do dispositivo fotográfico —, uma outra experiência do tempo e da memória. Schefer evoca, em termos comparáveis, o

---

[51]. "En sortant du cinéma", *Communications*, segundo trimestre de 1975 (OC IV, p.779) [ed. bras.: "Ao sair do cinema", in *O rumor da língua*, p.429].

apagamento temporário do mundo em nós, que se produz enquanto o filme dura, nesses lugares nos quais mesmo os que dormem estão ativos, pois são transformados em imagens. Ele se detém também no momento em que saímos da sala: "Ficamos sempre impressionados, saindo à luz do dia, ao ver que os ônibus circulam, que os movimentos prosseguem. Só a chuva na saída do cinema continua um pouco o filme — ela prossegue ou perpetua a mesma espécie de linha demarcatória contínua, através da qual objetos conseguem constantemente nos tocar".[52]

Se Barthes fala muito bem do cinema como utilização, e, no começo dos anos 1960, quando se interessa pela comunicação de massa, do cinema como mídia, ele não produziu textos expressivos sobre obras cinematográficas, exceto, talvez, sobre Carlitos, a respeito do qual faz uma leitura política interessante nas *Mitologias* e uma leitura ética em *Roland Barthes por Roland Barthes*.[53] Parece que há no cinema algo que resiste à leitura e, portanto, à apropriação. Algo no filme resiste ao desenvolvimento completo de seu pensamento e de sua escritura. Não há nele a encarnação, que dá força erótica ao teatro; não há a distância, que limita a ilusão e a complacência face à narrativa; tampouco há o "foi" da fotografia, já que o "foi" do cinema nunca ocorreu. O artigo sobre *Saló*, de Pasolini, é sem dúvida mais interessante por aquilo que ele diz de Sade do que do filme ou seu autor. Os dois textos que Barthes dedica ao cinema de Téchiné insistem sobretudo sobre o roteiro, e não passam de um gesto de reconhecimento entre amigos. O artigo sobre *As irmãs Brontë* apresenta somente o interesse biográfico de lembrar a única experiência de ator que ele teve, quando compartilhou o cotidiano da equipe durante alguns dias na Inglaterra, no fim do verão de 1978: ainda aí, a experiência não é muito positiva, já que lhe desperta o sentimento desesperador de impostura. Ele lembra disso um ano depois: "Leeds Filmagem filme André. Noite de 5 para 6 de setembro de 78. Espera. Chuva, desempenho mal meu texto. Angústia. 1) Romanesco nisso: noite difícil: sobre o sentimento moral que não é preciso aceitar,

---

[52]. Jean Louis Schefer, *L'Homme ordinaire du cinéma* [1980] (Paris: Éd. des Cahiers du cinéma, 1977), p.111. Col. Petite bibliothèque des Cahiers du cinéma.
[53]. Cf. OC I, pp.700-02, e OC IV, p.634 (onde ele retoma a substância no texto sobre Steinberg, OC IV, p.952) [ed. bras.: "O pobre e o proletário", in *Mitologias*, pp.31-32, e "Carlitos", in *Roland Barthes por Roland Barthes*, p.67].

mesmo por amizade, fazer o que não se sabe fazer. 2) Sentimento forte de vergonha. Tema neurótico da impostura. Pesadelo da máscara que cai. Aqui: impostura de passar por um ator".[54] É verdade que Barthes aparece pouco à vontade e constrangido. Há apenas duas cenas (das quais uma muda) que pouco convencem sobre o talento de ator. Ele aceitou por amizade, por Téchiné e pelo grupo que filma, próximo também de Pascal Greggory e de Isabelle Adjani. Jean-Louis Bouttes o acompanha e ele representa, por sua vez, o papel de leitor da editora Smith, Elder&Co, sr. Williams, apoiador incondicional de Jane Eyre.

Finalmente, sua única reflexão teórica importante sobre o cinema concerne a Eisenstein, que lhe permite fazer a distinção entre "sentido óbvio" (a significação tal qual é comunicada) e "sentido obtuso" (o que excede a comunicação): apesar de ele trabalhar a partir de fotogramas, o que ainda é uma maneira de não assumir o objeto fílmico.[55] De onde vem essa resistência para falar do cinema em si enquanto sua utilização é uma prática ligada ao prazer, tão frequentemente valorizado em outras circunstâncias? O autorretrato dá uma resposta, pondo duas objeções: ao pleno (o fragmento se intitula "O pleno do cinema") e ao contínuo. As coerções da representação, no cinema, raramente deixam lugar para o fragmento, para o haicai.[56] O que Barthes procura dizer (sem conseguir, ele o reconhece), é, sem dúvida, uma coisa que Jean Louis Schefer diz muito bem: que as imagens nos espezinham porque elas se assemelham a nós, porque nos forçam momentaneamente a nos tornar o real ao mesmo tempo que elas: "Não é, pois, verdade que elas nos façam refletir (é uma exceção, é um esforço adquirido)".[57] O envolvimento do cinema é talvez o que Barthes chama o "pleno" e limita sua inteligência, em todo caso a impede de se desenvolver livremente. Mas o fato de não produzir um discurso sobre essa arte não o leva a abandoná-la e a deixar de frequentá-la.

---

54. BNF, NAF 28630, grande fichário, 5 de setembro de 1979.
55. "Le troisième sens. Notes de recherche sur quelques photogrammes de S.M. Eisentein", in *Cahiers du cinéma*, julho de 1970 (OC III, pp.485-506).
56. "Le plein du cinéma", in *Roland Barthes par Roland Barthes,* OC IV, pp.634-35 [ed. bras.: "O pleno do cinema", in *Roland Barthes por Roland Barthes*, p.68].
57. Jean Louis Schefer, *L'Homme ordinaire du cinéma, op.cit.*, p.112.

GOSTAR GOSTAR

O pensamento sobre o prazer elaborado em *O prazer do texto* é, pois, a afirmação de um sujeito que sempre fez de seus gostos um motor, mas que não procura mais marcá-los com o carimbo da ciência ou da generalidade, no que é ajudado pelo conforto — que permanece relativo, como se verá — da legitimidade. Enquanto sua vida profissional se torna cada vez mais ocupada — os encargos de ensino se multiplicam, em Genebra, de 1971 a 1973, e em seguida nos *campi* de várias universidades americanas em Paris —, ele incrementa sua vida material com tudo que a torna mais fácil, mais alegre e mais agradável. Ele não se veste mais exclusivamente na Old England, compra roupas Hermès e camisas Lanvin. Desenvolve um gosto pelos anéis e as pedras semipreciosas. De tempos em tempos muda o mobiliário e a iluminação de seu "quarto", equipa-se com as melhores máquinas de escrever elétricas da Olivetti (mesmo que ache a última demasiado rápida e a dê de presente a Antoine Compagnon). Não sentindo mais culpa em relação a seus desejos, quaisquer que sejam, ocorre-lhe fazer de sua satisfação um princípio. Sua relação com o dinheiro continua a mesma: quanto mais tem, mais lhe falta. A dificuldade que marcou seus primeiros anos ficou bem para trás; ele adapta seus gostos e suas despesas ao que tem, melhorando seu modo de vida, e é muito generoso com os amigos — mantendo intactas, por isso, a preocupação e o medo da carência. "O dinheiro faz a felicidade",[58] ele lembra a propósito de Fourier. No entanto, com a vida assegurada, a sua e a da família, ele torna seu cotidiano mais leve apesar das inúmeras obrigações, de que dá conta por um emprego do tempo estritamente regrado.

Essa leveza se mede também por suas relações e suas saídas. Depois do Marrocos, seus amigos mudam. Ele cria vínculos estreitos com os estudantes de seus seminários, que ficam cada vez mais impressionados com sua aura e sua liberdade de palavra. Seus amigos mais próximos, a partir de 1972, exceto André Téchiné, com quem sai muito, são estudantes. Os grupos não são estanques, mas permanecem distintos: Barthes não gosta do caráter "epidêmico" da amizade,[59] prefere

---

58. *Sade, Fourier, Loyola*, OC III, p.776 [ed. bras.: *Sade, Fourier, Loyola, op.cit.*, p.95].
59. O fragmento "L'informateur", de *Fragments d'um discours amoureux*, faz uma transposição cômica da constelação formada pelos clãs que se unem. (OC V, p.177) [ed. bras.: "O informante", in *Fragmentos de um discurso amoroso*, p.225].

manter espaços separados. "Amigos. Gosto sempre de ficar a sós com um amigo, porque a relação dos outros entre si pode me ferir mais do que a relação de um comigo."[60] Em 1972, conhece, por intermédio de Henri Lefebvre, um de seus alunos, Jean-Louis Bouttes, amigo mais notável e mais durável daqueles anos. Baseada num fascínio recíproco, a relação, que não se deixa facilmente expressar no vocabulário dos sentimentos habituais, é daquelas que dizemos necessárias. É certamente uma relação de amor, mas que não repousa nem na paixão, na sexualidade ou no ciúme. O jovem busca com obstinação seu caminho na escritura. Com um belo título, *Le Destructeur d'intensité*, ele escreve um ensaio atormentado e obscuro; logo mostra trechos a Barthes, que inclui o manuscrito entre as referências de seu curso sobre "O discurso amoroso" e cuja publicação pela Seuil em 1979 aprovará, apesar das reticências de alguns leitores. Assistente de filosofia em Nanterre, Jean-Louis Bouttes busca sua voz nas múltiplas linguagens da época: estruturalismo, psicanálise (em particular, junguiana),[61] vanguarda poética. É muito bonito, como testemunham as fotos do seminário, sobretudo aquela que Barthes inclui na iconografia do autorretrato (legendada "...a não ser os amigos") na qual transfigura a cena, fazendo pensar em Terence Stamp em *Teorema*, de Pasolini. Barthes fica atônito com essa beleza, que logo lhe é indispensável. Gosta de sair com ele, de aparecer em público a seu lado. Assim, Bouttes se encontra frequentemente onde Barthes está. Acompanha-o à Tunísia em 1975, a Nefta, onde se hospedam no Sahara Palace, depois a La Marsa, onde ficam na suntuosa casa de Philippe Rebeyrol, o embaixador da França. Ele costuma ir a Urt e torna-se um interlocutor importante para tudo o que Barthes escreve. Bouttes faz apresentações frequentes em seu seminário, uma comunicação estranha no colóquio de Cerisy intitulada "Le diamant-foudre". É fulgurante, estranho, obscuro, inesperado. Barthes encontra nele um lado de Des Esseintes, como revela uma historieta anotada no fichário-diário: "J.L.: numa fase em que, no restaurante, ele desconstrói os cardápios, para grande espanto dos garçons. Na outra noite, no Prunier, ostras e gratinado de ostras; ontem, no Balzar, geleia de

---

60. Fichário verde 6: "Eliminado e/ou a rever (sequência e fim)".
61. Ele publica, em 1990, *Jung, la puissance de l'illusion* na editora Seuil.

ovo e ostras, sorvete de café e café".[62] Bouttes publica em *Critique* um artigo hermético sobre *Roland Barthes por Roland Barthes*.[63] "As intervenções de Jean-Louis eram imprevisíveis, de uma imprevisibilidade que só a timidez mística pode permitir, e Barthes ficava, como nós todos, fascinado por esses momentos de pura perda, em que, correndo os maiores riscos, ele conseguia criar uma espécie de cerimônia poética extrema, à beira do abismo."[64] Por intermédio dele, Barthes conhece Youssef Baccouche, com quem estabelece uma relação muito diferente, mas igualmente decisiva. Os dois jovens partilham, com outros, um belo apartamento na rua Nicolas-Houël, perto da estação Austerlitz, teatro de numerosas noitadas de discussões que às vezes terminam bem tarde. Brincam do jogo da verdade, o *murder party*, ou ainda um inventado por François Flahault, uma espécie de Banco Imobiliário para intelectuais, que é experimentado em grupo. Circulam drogas. Aproveitam-se da hospitalidade de Baccouche, a comida é boa, muita bebida. Barthes se distrai, se entedia, sai mais cedo que os outros, mas gosta da companhia de seus amigos, calorosa, festiva.

Os estudantes com os quais tem relações pessoais fortes não são raros: Évelyne Bachelier, apelidada Adé, e seu irmão Jean-Louis; Colette Fellous e Chantal Thomas, com quem Barthes volta ao teatro; Renaud Camus, que ele frequenta em companhia de William Burke, Éric Marty e Antoine Compagnon. Vários deles fizeram relatos impressionantes: Patrick Mauriès, Éric Marty, Yves Navarre, Renaud Camus, Nancy Huston, Colette Felous... Quase todos reconhecem em Barthes o papel de facilitador e de liberador: Nancy Huston admite, por exemplo, ter escrito seu primeiro romance, *Les Variations Goldberg*, depois da morte dele, em lembrança de tudo o que ele lhe havia dado. Navarre também reconhece sua dívida: "Eu gostava dele, ele gostava de mim. Nós dissemos isso um ao outro. Barthes nunca me defendeu, mas me leu com ternura, e escrevia para mim assim, em duas palavras. Ele foi meu único mestre a ser lembrado com reconhecimento. Tudo exceto um mestre do pensamento. Ele dizia àqueles que me desdenhavam em sua presença que eu era 'o último escritor maldito'. E quando eu lhe

---

62. BNF, NAF 28630, grande fichário, 3 de janeiro de 1975.
63. Jean-Louis Bouttes, "Faux comme la vérité", *Critique*, n. 341, outubro de 1975, pp.1024-52.
64. Éric Marty, *Roland Barthes, le métier d'écrire, op.cit.*, p.53 [ed. bras.: *Roland Barthes, o ofício de escrever, op.cit.*, p.60].

perguntava por que ele dizia isso, respondia 'porque você não foi recuperado pelo campo intelectual'. E acrescentava: 'E ainda bem'. A última vez que o vi, em Saint-Germain-en-Laye, num domingo, eu com questões sempre inquietas, como resposta, em plena rua, ele me beijou na boca e mordeu meu lábio superior".[65] Fiel e generoso, Barthes vê seus amigos, ajuda-os, quando pode, a publicar, ou escrevendo algo sobre eles, para eles. Mas não faz desse apoio uma conduta. Se sua presença no júri do prêmio Médicis lhe permite apoiar livros ou escritores que defende (por exemplo, Tony Duvert em 1973, Georges Perec em 1978), se sua situação na Seuil o autoriza a interceder a favor da publicação do estranho ensaio de Jean-Louis Bouttes, ele não quer submeter seus vínculos afetivos a chantagens, no círculo dos deveres e das dívidas. Muitos lhe reprovam o que interpretam como negligência. É o caso de Perec, que, lembremos, segue seus seminários nos anos 1960 e cuja obra, de *As coisas* a *Je me souviens* e a *L'Infra-ordinaire*, é muito marcada pela maneira do semiólogo, sua maneira de desmistificar as imagens da sociedade atual, manifestando um gosto real pelos objetos, as enumerações, a matéria do cotidiano. Barthes se entusiasmara ao ler seus primeiros textos e lhe escrevera várias vezes. "Creio ver tudo o que você pode [...] esperar de novo [de seu livro], um realismo não do detalhe, mas, segundo a melhor tradição brechtiana, da situação: um romance, ou uma história, sobre a pobreza, inextricavelmente misturada com a *imagem* da riqueza, é muito belo, muito raro hoje",[66] escreve-lhe em 1963. Perec reconheceu sua dívida. Em 1967, na conferência que deu em Warwick, ele tinha afirmado que quatro escritores haviam sido necessários para a escrita de *Coisas*: Flaubert, Antelme, Nizan e Barthes. Três vezes Barthes lhe prometeu manifestar publicamente sua admiração, mas nunca o fez. Constatando que Barthes escreve sobre numerosos artistas e escritores (Sollers, Guyotat...), Perec lamenta que ele não faça o mesmo para ele: "A leitura de seu artigo sobre Massin num recente *Observateur* me faz lamentar, mais uma vez (e devo dizê-lo, cada vez mais amargamente), seu silêncio. A influência que o senhor teve, por seu ensinamento e seus escritos, em meu trabalho e em sua evolução foi e continua tal que me parece que meus textos não têm outro

---

65. Yves Navarre, *Biographie, roman* (Paris: Flammarion, 1981), p.53.
66. Carta a Georges Perec de fim de 1963, citada por David Bellos, in *George Perec, une vie dans les mots* (Paris: Seuil, 1994), p.317.

sentido, outro peso, outra existência que aqueles que pode lhes dar sua leitura".[67] É, de fato, um traço da conduta de Barthes com seus mais próximos, que Éric Marty também destaca em seu retrato: "Quanto ao mestre, ele está sempre fora das instituições, não deixa nada como herança".[68] Em compensação, ocorre-lhe escrever espontaneamente a escritores para apoiar o trabalho deles. Jean-Paul Chavent lembra ter recebido em 1976 uma carta muito calorosa, quando da publicação de seu primeiro livro, *C.*, pela editora Toril. Ele vivia no interior, longe do meio literário, jovem autor completamente desconhecido, publicando numa editora desconhecida: a carta de Barthes representou para ele um vivo encorajamento.

As amizades, numerosas, fiéis e vivas, não impedem a existência de graves inimizades. Ele suscita paixões que podem chegar ao ódio, como ocorreu quando do "caso De Roux, Lapassade". Por um artigo do *Figaro*, por ocasião do lançamento do livro de Dominique de Roux, *Immédiatement*, em 1972, Barthes fica sabendo que é citado no livro, em termos ultrajantes: "Um dia, com Jean Genet, me diz Lapassade, nós falávamos de Roland Barthes; da maneira como ele separou sua vida em dois, o Barthes dos bordéis de rapazes e o Barthes talmudista (sou eu que explicito). 'Eu dizia: Barthes é um homem de salão, é uma mesa, uma poltrona...' 'Não', replicou Genet: 'Barthes é uma *bergère*'".[69] Barthes recebe muito mal o insulto. Pede que Christian Bourgois retire o volume de circulação. O caso é ainda mais delicado, porque De Roux é cofundador da editora e também dirige, com o próprio Christian Bourgois, a coleção 10/18. A página será, pois, arrancada. Barthes despacha todos os amigos para as livrarias do Quartier Latin para cortar a página com estilete (a página 186 da primeira edição). O mesmo será feito com todos os exemplares do estoque. De Roux decide deixar a editora, na qual não publicará mais nada. Dedica-se a reportagens,

---

67. Carta de Georges Perec, 15 de junho de 1970. BNF, NAF 28630. Essa queixa não o impede de afirmar, em novembro de 1981, depois da morte de Barthes e alguns meses antes de seu próprio desaparecimento: "Meu verdadeiro mestre é Roland Barthes". (Georges Pérec, *Entretiens et conférences*, edição crítica estabelecida por Dominique Bertelli e Mireille Ribière (Paris: Éditions Joseph K., 2003), t. II, p.328.
68. Éric Marty, *Roland Barthes, le métier d'écrire, op.cit.*, p.74 [ed. bras.: *Roland Barthes, o ofício de escrever, op.cit.*, p.85].
69. Dominique de Roux, *Immédiatement* (Paris: La Table ronde, 1995), p.189. Col. La Petite Vermillon. A primeira edição aparece em Bourgois em 1972 e a primeira reedição não censurada em L'Âge d'homme, em 1980.

sobretudo na África. Bourgois e Barthes, ao contrário, se aproximam. Mas o caso feriu muito a Barthes, ligado a Genet, mas não a Georges Lapassade, que encontrara no Marrocos e que lhe era antipático. Durante muitos dias, ele só se ocupou disso, consultando o advogado Georges Kiejman (que conhecera havia pouco por intermédio de André Téchiné), perguntando a opinião a Daniel Cordier. Pode-se pensar que ele não quer que sua homossexualidade seja assim objeto de uma exposição pública. Mas, além dessa questão, que ameaça a discrição pela qual sempre zelou, a afirmação é muito violenta e beira a difamação. Os ataques tão diretos, porém, são raros, mesmo que seu sucesso e sua influência sobre várias gerações aticem o ressentimento ou a vingança de alguns (René Pommier, Michel-Antoine Burnier e Patrick Rambaud).[70] É o reverso, de pouco impacto, da legitimidade.

---

70. René Pommier, *Assez décodé!* (Paris: Roblot, 1978); Michel-Antoine Burnier e Patrick Rambaud, *Le Roland Barthes sans peine (parodie)* (Paris: Balland, 1978).

capítulo 15

LEGITIMIDADE

Em meados da década de 70, Barthes não é apenas um pensador reconhecido ou da moda: é um intelectual consagrado. A consagração se distingue do reconhecimento por traduzir a notoriedade em elementos socialmente tangíveis: distinções, privilégios, dinheiro. Como outras figuras da época, Barthes recebe esses sinais de várias esferas. É midiático, amado por uns, detestado por outros, sempre provocando debate. Tornou-se uma das figuras tutelares do meio literário, bem instalado na Seuil e júri do prêmio Médicis desde 1973. Encontrou seu lugar no meio acadêmico, constantemente citado, convidado para cursos em universidades ou colóquios internacionais. Recebe muitos convites de fora a título pessoal. É traduzido para o inglês, o italiano, o alemão, o japonês. Barthes tem, pois, todos os motivos, aos 60 anos, para se sentir legítimo. No entanto, e é o caso, sem dúvida, de muitas pessoas, ele não consegue se acomodar ao sucesso nem se satisfazer com as vantagens que ele proporciona. Esta faltando alguma coisa que o leva a uma busca em outros lugares, engajando-se mais ainda com a escritura e com o pensamento. Aceita estar no centro — da atenção, do discurso, da instituição —, mas continua a se considerar ilegítimo. Poderíamos até dizer que ele faz da ilegitimidade uma arte de viver: o reverso da legitimidade, maneira de justificar o lamento, o tédio, o desejo de outra coisa.

O PROFESSOR

A reputação de Barthes como professor está bem estabelecida. Depois da temporada no Marrocos, o ensino na Escola Prática de Estudos Avançados quase nunca é feito sozinho. Em 1971-1972, Barthes aceita um cargo de professor convidado em Genebra e viaja dois dias por semana, às segundas e terças. Lá encontra seus amigos de longa data, Jean Starobinski e Jean Rousset, que estão na origem do convite. Retoma o seminário sobre o conto de Poe, *A verdade sobre o caso do sr. Valdemar*, e propõe um novo curso sobre *Bouvard e Pécuchet*. Faz amizade com estudantes, sobretudo com Pierre Prentki, cientista brilhante que se apaixona pelo ensino de Barthes, e Jean-Luc Bourgeois. Muitos o convidam para jantar em suas casas, em Genebra ou nos arredores. Ele encontra também Bernhard Böschenstein, especialista em Celan e Hölderlin. Barthes aproveita para fazer conferências na Escola Politécnica de Zurich. Sente-se bem na Suíça e lhe ocorrerá voltar depois, sem nenhuma obrigação, apenas pelo prazer de visitar amigos e desfrutar de certo bem-estar. Talvez também se lembre de seus dias em Leysin: em 1972, ele vai rever os lugares.

No mesmo ano, ele é convidado para o seminário de Jean Bollack, em Lille e em Strasbourg, no grupo de pesquisas de Jean-Luc Nancy e Philippe Lacoue-Labarthe. Também participa do célebre colóquio de Cerisy-la-Salle sobre Bataille e Artaud, organizado por Philippe Sollers. Sua comunicação é sobre Bataille, na qual apresenta uma primeira análise de "para mim" apoiada na leitura de Nietzsche: o que é o texto de Bataille *para mim*, aquele que eu gostaria de ter escrito.[1] No ano seguinte, Tom Bishop lhe pede para dar um curso no polo parisiense da Universidade do Estado de Nova York (SUNY), simultâneo ao seminário da Escola Prática de Estudos Avançados e sobre o mesmo assunto (Le lexique de l'auteur). Como quase todos os anos, em 1973 ele faz uma turnê de leituras na Itália. Durante o ano de 1974, interrompido pela viagem à China, ele continua seus cursos simultâneos na Escola Prática e na SUNY em Paris; em fevereiro dá conferências em várias universidades inglesas (Londres, Oxford e Cambridge), a convite de Frank Kermode. Reflete sobre as diferentes modalidades de ensino, aperfeiçoando o protocolo do preferido, o pequeno seminário. No fim do ano letivo de 1974, ao fazer o balanço, com os ouvintes da EPHE, da pesquisa sobre o léxico do autor, ele compara a recepção do mesmo curso em dois lugares diferentes: aos estudantes da SUNY, ele também propôs que escolhessem palavras num "Glossário", que ele desenvolve em se-

---

[1]. O texto foi publicado nas atas do colóquio com o título "Les sorties du texte" (OC IV, pp.366-76).

guida no seminário. Percebeu certa resistência e incompreensão por parte dos estudantes norte-americanos, que justificou com o argumento de que os estrangeiros, quando vão passar um ano na França, esperam exposições sobre o método ou sobre um gênero de crítica, "não sobre um pensamento-palavra: há pouco apelo para o corpo do autor, o corpo que escreve"; o curso ia na contramão do que era esperado, a saber, "a exposição e a demonstração de um método reputado (ainda) como vanguarda sobre um autor clássico".[2] Podemos imaginar a decepção de estudantes que esperavam receitas para aplicar o método de análise estrutural, diante dos jogos propostos por Barthes, que se recusa a fazer do seminário um lugar para a retomada de ideias conhecidas ou o ensino de um método já estabelecido, mas o leva sempre para a frente, num procedimento experimental.

Com a publicação póstuma de seus cursos no Collège de France, depois de alguns daqueles que ele deu na Escola Prática de Estudos Avançados, hoje compreendemos o alcance da singularidade de seu ensino. Sua prática do "seminário", num diálogo constante com estudantes "escolhidos" — a partir de 1972 ele dialoga com os ouvintes do seminário fechado ou pequeno seminário, e fala sozinho aos estudantes do seminário aberto — lhe permite fazer do espaço pedagógico um verdadeiro laboratório: de seus livros (é o caso de s/z; de *Roland Barthes por Roland Barthes* e de *Fragmentos de um discurso amoroso)*, que passam por uma primeira experimentação oral; a palavra é difundida, espalhada antes de ser retomada na escritura e uma parte da arte do fragmento procede deste dispositivo. "O seminário é muito importante na minha vida há mais de quinze anos, mas, além disso, eu atribuo a ele uma relação estreita, e, aliás, enigmática, com a escritura."[3] Mais do que a antecâmara dos livros, os cursos constituem seus espaços preparatórios, o ateliê cujo mestre explica que se trata de uma palavra um pouco mitológica, carimbada como uma espécie de proletarização, de um populismo da pesquisa. Mas é uma palavra útil, pois evoca "um lugar coletivo de trabalho com um material 'desordenado', retomadas etc.". Nem forja, nem marcenaria, o curso seria antes um ateliê de tapeçaria: "Isso se faz em conjunto sem que se veja

---

2. *Le Lexique de l'auteur*, "Séance du 30 mai 1974: le Glossaire; quelquer remarques finales", pp.217-19.
3. *Prétexte: Roland Barthes, op.cit.*, p.116.

grande coisa do todo, trabalha-se *atrás, no avesso*: isso se monta não diante de si, mas adiante".[4] Por isso Barthes apresenta os estados, as dificuldades, as razões de seu trabalho, submete-os à discussão coletiva, desvia-os no exercício da voz e da transmissão. Não dispomos de versões sonoras destas aulas, pela única razão de que Barthes recusava que seus seminários fossem gravados (diferentemente dos cursos). Mas imaginamos a voz, podemos captá-la em certas retomadas, certas hesitações, observações espirituosas, introspecções.

O curso se torna, pois, um laboratório da relação de ensino: renunciando ao "seminário-arena" (onde ensinava diante de uma plateia cada vez mais numerosa numa sala que a Escola Prática alugava na avenida Rapp), Barthes não só deseja não ser professoral, como se esforça para não ser um pai — uma mãe, mais exatamente, no acompanhamento dos "primeiros passos" na pesquisa e na reflexão autônoma. Os estudantes são, em primeiro lugar, os "amigos". Na realidade, há diferenças: o tratamento mais informal, com o "tu" é para uns, não para outros — mesmo que Barthes goste do tratamento com o "vous" pela "reserva do tratamento que ele supõe" —, e a presença de Barthes, sua fala que cada um vem escutar, dá-lhe um estatuto especial, um lugar à parte. Mas, de acordo com seu princípio, a amizade como motor permite que se forme uma pequena utopia. Aquelas e aqueles que participaram deste cenáculo, todos se sentiram transformados. Patrick Mauriès se lembra do último seminário na EPHE, que era sobre a rasura. Cada um era convidado a trazer seus rascunhos, a voltar para suas hesitações, a explicar suas escolhas. "Tal utopia foi pesada para carregar e cedeu, frequentemente, à violência que ela continha."[5] Numa época em que não se falava de forma alguma de crítica genética, em que se separava o texto da individualidade do autor, sob o efeito de uma aula dada pelo próprio Barthes, o gesto surpreende e antecipa muito práticas de leitura hoje admitidas. Ele obriga todos os membros do grupo a olhar a própria escrita, sem cair na armadilha do espelho, enfatizando o negativo. Patrick Mauriès também ressalta que os locais da Escola, na rua de Tournon, com seu emaranhado de escadas e corredores,

---

4. *Le lexique de l'auteur*, p.66.
5. Patrick Mauriès, "Fragments d'une vie", *Critique*, n. 423-424, agosto-setembro de 1982, p.753.

gessos no chão, pequenas salas, permanecem ligados à palavra que se busca, à definição de um espaço que Barthes queria transferencial. "A única questão que me coloco, sem poder responder, é esta: o 'ensino' (e todo seu investimento transferencial) consome energia. Ele consome esta energia para a escrita? Pode-se ensinar (ou ser ensinado: vimos que era, de fato, a mesma coisa) e escrever? O ensino vale a escrita?" Essa relação entre ensino e escrita, à qual é preciso acrescentar um terceiro termo, que é a vida, a biografia, o eu, está no centro dos cursos. Numa perspectiva nietzschiana, Barthes defende o ponto de vista da subjetividade como sustentação da interpretação. "O que é para mim?" Cada um é convidado a se pôr a questão.

Do exterior, essa maneira de ensinar suscitou críticas, às vezes duras. Reprovam em Barthes o caráter exageradamente comunitário do dispositivo, seu lado "Igreja", que recoloca em cena a figura do "discípulo". Apontam o mimetismo que ameaça a fala dos ouvintes ativos e leva o grupo a falar uma mesma língua. Chegam mesmo a acusá-lo de querer ocupar uma posição mais sólida, a despeito de pretender negá-la. À parte esta última crítica, que é de má-fé, os argumentos não são sem fundamento. Éric Marty mostra bem como a amizade com Barthes é orientada em torno das figuras do mestre e do discípulo e, quando ele evoca, por exemplo, Jean-Louis Bouttes, fala do "discípulo preferido", ou daquele que amava, como no Evangelho de João. Às vezes, é o romance medieval que fornece uma boa imagem: "O mestre sentado em meio a seus discípulos, numa geografia tão minuciosa quanto a dos cavaleiros da Távola Redonda, sem esquecer a sutil presença da cadeira vazia".[6] Uma tal relação propicia a imitação, é inevitável. Quando ouvimos o programa de rádio que reúne Barthes e seis de seus estudantes, ou quando lemos algumas das comunicações do colóquio de Cerisy, ficamos surpresos com a influência do estilo do professor nos discursos de seus alunos.[7] "O seminário funciona como um objeto de extrema cumplicidade",[8] diz Barthes. Essa eventual sujeição é livremente consentida, e cada um, individualmente, tem o sen-

---

6. Éric Marty, *Roland Barthes, le métier d'écrire*, op.cit., p.24 [ed. bras.: *Roland Barthes, o ofício de escrever*, op.cit., p.28].
7. "L'invité du lundi", "Les après-midi de France-Culture" (1976). Os participantes do seminário são: Évelyne Bachellier, Jean-Louis Bachellier, Jean-Louis Bouttes, Antoine Compagnon, Roland Havas e Romaric Sulger-Büel.
8. *Prétexte: Roland Barthes*, op.cit., p.115.

timento de viver uma experiência rara e privilegiada, vê o seminário como um espaço que permite fazer existir a diferença. "Ele pertence a uma tradição que, na França, pelo menos (e embora subestimemos sempre Jean Paulhan), não tem nome; essa tradição que De Quincey, jogando também com o duplo sentido de *sapiens*, chama de "retórica" e que ele caracteriza como uma aliança de intelectualismo e sensualidade, por uma capacidade de deslocamento."[9] A liberdade de pensar por si mesmo pertence a este dispositivo onde entram o desejo e o fantasma. Barthes se serve do jogo do anel como imagem da circulação do desejo. Éric Marty conta quanto, antes de ser aceito no seminário fechado, ele havia sonhado com este espaço, imaginara o lugar que poderia ocupar e até a disposição das mesas e a cor das paredes. "Barthes fala pouco. Está presente, simplesmente. Atento ao que dizem os estudantes. O único elemento de real fantasia é a presença dos dois irmãos Bogdanov [...]. Formam uma dupla estranha e deslocada. Barthes está fascinado por essa beleza idêntica."[10] Facilmente subjugado, Barthes subjuga os participantes. Muitos conservam uma lembrança indelével dos cursos; fazem dela uma experiência existencial, um momento particular de iniciação. Jérôme Peignot: "Uma das razões de minha presença neste seminário é precisamente porque Roland Barthes me faz escrever".[11] Colette Felous: "Preparávamos a vida, como alguns anos depois, no Collège de France, ele tinha preparado o romance, que nunca tinha podido escrever, que pensava poder escrever mais tarde, um dia".[12] Entra uma parte de abandono e de consentimento, nessa adesão ao programa do seminário, que exige a suspensão, o imprevisível e a delicadeza; abandono que Éric Marty traduz admiravelmente, pondo-se na pele do discípulo zen: "O discípulo tem uma única coisa a fazer. Estar ali e, pela sensualidade de sua presença, comunicar ao mestre a sua vida, um pouco de sua alma, um pouco de sua carne, e em troca o discípulo silenciosamente, e no abandono aparente em que o mestre o coloca, amadurece. Amadurece passivamente, captando a irradiação espiritual da presença do mestre, e ativamente pela angústia que sente

---

9. Patrick Mauriès, "Fragments d'une vie", *op.cit.*, p.755.
10. Éric Marty, *Roland Barthes, le métier d'écrire*, *op.cit.*, p.37 [ed. bras.: *Roland Barthes, o ofício de escrever*, *op.cit.*, p.43].
11. *Prétexte: Roland Barthes*, *op.cit.*, p.118.
12. Colette Fellous, *La Préparation de la vie* (Paris: Gallimard, 2004), p.43.

por estar aquém dessa irradiação".[13] Para muitos, a entronização no seminário substitui a cerimônia medieval de ingresso na cavalaria, que outrora era representada pela Visita ao grande escritor. O desaparecimento social dessa figura faz com que se encontrem substituições, e uma parte de seu peso simbólico é assumida por Barthes. O espaço do seminário, elaborado como uma utopia, reproduz a topografia ternária de sua casa da infância. Os três espaços descritos no começo do texto "Au séminaire", e que ele tinha apresentado a seus estudantes quando da aula de 8 de novembro de 1973, fazem pensar nos três jardins da casa Lanne, em Bayonne. E o texto se fecha com a imagem do "jardim suspenso", reunindo uma "coletividade em paz num mundo em guerra",[14] oferecendo uma segurança que tem algo de infantil.

Barthes é também cada vez mais solicitado como orientador. Ele orienta doutorados de terceiro ciclo e costuma ser convidado para bancas (entre quinze e vinte por ano durante os anos que precedem sua entrada no Collège de France). É, aliás, numa delas, a de sua tia Noëlle Châtelet, que Éric Marty encontra Barthes pela primeira vez. "Barthes tinha começado por dizer que ele teria gostado de ter escrito aquela tese, o que provocou certo alvoroço na sala. Depois continuou, numa leitura paciente e generosa."[15] Os arquivos conservam a maior parte dos relatórios de tese cuidadosamente redigidos, prova de que ele passa muito tempo lendo os trabalhos. E o faz tanto pelos professores amigos, que lhe pedem para participar de bancas (Kristeva ou Damisch em Paris 7; Poulantzas ou Richard em Vincennes; Lascault em Nanterre; Genette em Paris 3...), quanto pelos estudantes que frequentaram seus seminários e cujo trabalho acompanhou. Mostra-se muito generoso em seus comentários, atento às propostas dos candidatos. Mas procura antes de tudo ser justo, não hesitando em formular críticas quando é preciso, quando um candidato confunde a palavra com o referente, por exemplo, quando ele se contenta em justapor disciplinas ou quando abusa sistematicamente de jogos de palavras, aos quais Barthes se diz impermeável, mesmo quando se trata de um de seus estudantes próximos.

---

13. Éric Marty, *Roland Barthes, le métier d'écrire*, op.cit., p.41 [ed. bras.: *Roland Barthes, o ofício de escrever*, op.cit., pp.46-47].
14. "Au séminaire", in *L'Arc*, 1974 (OC IV, pp.502-11).
15. Éric Marty, *Roland Barthes, le métier d'écrire*, op.cit., p.30 [ed. bras.: *Roland Barthes, o ofício de escrever*, op.cit., p.35].

Barthes começa quase sempre seu relatório com uma declaração de modéstia, dizendo-se não especialista, reivindicando o caráter pessoal e improvisado de suas considerações, deixando aos outros membros da banca o cuidado de se pronunciar sobre a pertinência científica de certos projetos. Ele fala do "sentimento de solidariedade", mesmo de "cumplicidade", que ele pode ter em relação a tal ou tal trabalho. Frequentemente deixa claro que não vai se pôr diante do conjunto para julgá-lo, mas indicará somente alguns pontos particulares de articulação entre o trabalho e seus próprios interesses. Gosta de explicitar, por detrás da postulação institucional dos trabalhos, sua postura "clandestina", a do desejo e da liberdade. A propósito da tese de Michel Chaillou sobre *L'Astrée*, ele observa, por exemplo, que num único ponto "este trabalho de escritura interessa um fragmento de instituição — bem paradoxalmente: a bibliografia: ampla, diversa, inesperada".[16] Para Raymonde Carasco, ele diz que sua tese, cuja liberdade de montagem admira, é "da ordem da Festa". Felicita Chantal Thomas por não ter procurado, em sua tese sobre Sade, produzir resultados, mas escrever uma leitura, realizando um "texto muito bonito, muito bem-sucedido como texto". Também reconhece a amplitude, a responsabilidade e a força do trabalho de Christian Prigent sobre Ponge. Para Lucette Finas, cuja banca de *thèse d'État* ele integra, em maio de 1977, em Aix, diz admirar que ela tenha ultrapassado a análise estrutural. Neste dia, defendeu a ideia de a velocidade da leitura ser modificadora desentido, que mais tarde lhe rendeu o artigo, "Question de tempo".[17] Às vezes, raramente, ele fala de sua homossexualidade. Assim, por ocasião da defesa de Denis Viart, da qual participa ao lado de Julia Kristeva e de Hubert Damisch sobre as primeiras obras de André Gide em junho de1977, ele explicita: "Devo em todo caso considerar minha própria relação com Gide, que não é indiferente, embora enigmática. Como em relação a vocês, de estima e proximidade, mas também hiato de 'pequena diferença'".

Todo esse trabalho cativante e apesar de tudo bastante obscuro indica a que ponto Barthes leva a sério seu ofício de professor.

---

16. Este relato, como outras informações deste parágrafo, foi tirado do arquivo: "Comptes rendus de soutenance de thèse". BRT2 A10 04.
17. *Gramma*, n. 7, 1977 (OC IV, pp.335-39). O texto de Barthes será recolhido como prefácio a *Bruit d'Iris*, de Lucette Finas (Paris: Flammmarion, 1978).

O amplo espectro de seus centros de interesse lhe permite intervir em numerosos domínios: literatura, linguística, cinema, sociologia. Ele participa em Paris Descartes da banca de uma tese sobre "farmácia chinesa". Ora ele também não recusa tarefas administrativas e não se vale dos numerosos convites que tem do exterior para evitá-las. Em 1972, Jacques Le Goff lhe pede para aceitar tornar-se membro da direção da VI secção da Escola Prática de Estudos Avançados. Foi um período de transição, em que esta secção começa a ficar autônoma para se tornar a EHESS (Escola Prática de Estudos Avançados em Ciências Sociais) e para a qual o Estado disponibiliza um prédio novo no bulevar Raspail, que o arquiteto Marcel Lods acaba de construir no lugar da antiga prisão do Cherche-Midi. O trabalho é administrativo e político. Jacques Le Goff, convencido de que o futuro da história passa pela aproximação com o conjunto das ciências sociais, vê nos dois artigos que Barthes publicou na revista *Communications*, "Introduction à l'analyse strucuturale des récits" e "L'ancienne rhétorique, aide-mémoire", um método de análise aplicável a muitos documentos, inclusive para o trabalho do historiador. Confia no lado positivamente provocador de Barthes para conferir à Escola uma imagem questionadora no centro da instituição. Em suma, quando lhe solicita para fazer parte de um pequeno grupo de cinco pessoas encarregado de pensar um futuro para a secção, depois da partida de Fernand Braudel, o faz com toda consciência, mas não imagina que Barthes disporá de tempo para as tarefas administrativas corriqueiras. Na homenagem que presta a Barthes, enaltecendo suas virtudes como "administrador", Jacques Le Goff fala de seu escrúpulo ao lidar com dossiês tediosos ou banais. "Ele se encarregou, particularmente com um outro membro da direção, de receber todos os estudantes, cuja inscrição para preparação de uma tese de doutorado de terceiro ciclo parecia, segundo seu dossiê, levantar alguns problemas."[18] E o fez com bondade e um grande senso de equidade. Durante os dois anos em que está comprometido plenamente com esse trabalho, rarefez suas temporadas no exterior, esteve presente em quase todas as reuniões da sexta-feira, participou de um grande encontro em Royaumont, destinado a definir um novo estilo para a Escola, manifestando sempre a preocupação de simplificar os estatu-

---

18. Jacques Le Goff, "Barthes administrateur", *Communications*, n. 36, 1982, p.46.

tos e tornar legíveis orientações pluridisciplinares importantes, mesmo que nem sempre tenha obtido apoio. Ele assiste a várias reuniões no ministério com Jean-Pierre Soisson, então secretário de Estado para as universidades no primeiro governo Chirac, sob Giscard d'Estaing. Às vezes os funcionários do ministério se mostravam surpresos com sua linguagem, conta Le Goff. "Às vezes eles o olhavam e nada diziam. Com mais frequência, ele encontrou a palavra, a expressão que desbloqueou a situação e criou — poeticamente — um progresso, um acordo." Barthes tem sobretudo uma visão clara do momento da história no qual se encontra a Escola e das eventuais ameaças que pesam sobre ela, a reprodução, a marginalização e a burocratização, três riscos que vão, realmente, se materializar nos anos seguintes.

Se cumpre suas tarefas seriamente, Barthes se sente, no entanto, esmagado pelo peso desta função. Ele se queixa para os próximos e alguns se empenham para lhe encontrar um lugar mais tranquilo no qual poderá se dedicar livremente à sua obra. É assim que, por exemplo, Jean-Yves Pouilloux, que participou com outros da criação do departamento Ciência, Textos e Documentos, da Universidade Paris 7, e abriu um módulo de formação "Roland Barthes", propõe que ele se una à equipe. Entrando nessa faculdade, ele seria liberado de qualquer responsabilidade administrativa. Mas Barthes, que já pensa e está se preparando para o Collège de France, recusa a proposta. Em compensação, compromete-se a dar um curso no ano seguinte, que dedicará a *Bouvard e Pécuchet*, cuja leitura ele havia retomado na China. Em vez de aliviar sua agenda, aceita encargos suplementares. Para mudar o pesado sistema resultante dos efeitos da consagração, seria preciso, sem dúvida, um sinal mais importante, uma consagração ainda mais elevada que o liberaria definitivamente da luta pelo reconhecimento. Sem dúvida, ele o espera, aceitando candidatar-se ao Collège de France.

O COLLÈGE DE FRANCE

A história quer que seja Michel Foucault o primeiro a sugerir a Barthes para se apresentar no Collège de France, e é verdade que foi ele que o recomendou junto a outros professores e que, no decorrer do ano de 1975, fez de tudo para que a campanha fosse bem-sucedida. Narrativas divergentes circulam, e a consulta aos arquivos permite estabelecer uma versão um pouco diferente dos acontecimentos. Didier Eribon pensou que fora Barthes que pedira a Foucault para apoiá-lo, enquanto François Wahl diz ter uma lembrança bem nítida de Barthes lhe dizendo: "Michel Foucault quer que eu me apresente no Collège".[19] De fato, Foucault, eleito no Collège em 1969 para a cadeira História dos sistemas de pensamento, sempre manifestou o desejo de tirar a poeira da instituição e introduzir pesquisas inovadoras. Foi com essa finalidade que ele leva Pierre Boulez a se apresentar, por exemplo. E, por outro lado, é pouco provável que Barthes tenha por si só decidido apresentar sua candidatura. Mas se olharmos a cronologia dos fatos, é mais verossímil que a candidatura tenha partido dos historiadores. Há, de fato, duas fases na campanha de Barthes. A primeira se inicia em março de 1974, quando Le Goff, que sem dúvida quer agradecer Barthes pela ajuda que lhe deu nos últimos dois anos na Escola Prática de Estudos Avançados, prepara o terreno junto a seus colegas historiadores do Collège, Georges Duby e Emmanuel Le Roy Ladurie. Em 15 de março, eles almoçam juntos e, à tarde, Barthes visita Le Roy Ladurie "para Collège de France", indica a agenda. Em 16 de março, ele se encontra com Georges Duby em seu escritório da praça Marcellin-Berthelot e, em 20 de março, com Lévi-Strauss, que aparentemente não se opõe à ideia de sua candidatura. Naquele momento ele está relativamente próximo de Barthes porque tem um grande projeto de fazer um programa de tevê no qual deseja envolver Barthes. Antes de sua partida para a China, Barthes redige algumas notas para a apresentação de sua candidatura. As discussões sobre a abertura de uma nova cadeira só devem ocorrer em novembro do ano seguinte, e tudo indica que, nessa fase preparatória da campanha, Foucault não estaria realmente comprometido. Na volta da viagem, em maio, Barthes se diz desanimado com as notícias do Collège, sem que nada seja ainda oficial. Mesmo que ele continue a ver Le Goff, parece que as coisas teriam sido suspensas por algum tempo.

Uma segunda fase se inicia na primavera de 1975. É o momento em que Foucault decide pôr a mão na massa em prol da candidatura e apresentar oficialmente Barthes. Em 23 de abril, Barthes recebe, de fato, uma carta de Emmanuel Le Roy Ladurie, que lhe escreve: "Estou inteiramente de acordo com sua candidatura, sobre-

---

[19]. Ver o relato que faz Didier Eribon em *Michel Foucault et ses contemporains* (Paris: Fayard, 1994), pp.217-29.

tudo por Foucault estar doravante a seu favor".[20] Essas palavras corroboram a ideia de que Foucault não tinha aderido imediatamente, mas num segundo tempo, que corresponde também ao momento em que Barthes torna oficial sua candidatura. Essa dupla fase explica as narrativas contraditórias sobre o desenrolar dos acontecimentos.

A partir daquele momento as coisas vão se precipitar. Barthes prepara a eleição com Foucault, redige a plaqueta "Roland Barthes: Travaux et projets 1975", que deve enviar a todos os professores, com os quais deve conversar individualmente. Depois, solicita as entrevistas quando volta de Urt, no começo do outono, e faz suas visitas no decorrer dos meses de outubro e de novembro. Michel Foucault parte para ensinar no Brasil de 5 de outubro até a véspera das eleições, em fim de novembro, o que deixa Barthes preocupado. Ele lhe telefona várias vezes para contar os votos (fez um quadro com três colunas: sim, não, indeciso). É preciso dizer que Barthes tem diante de si um concorrente de peso. Como a cadeira vaga era dedicada à antiguidade grega, ocupada pelo helenista Louis Robert, vários especialistas desejam vê-la mantida nessa disciplina, mesmo que a regra reze que as cadeiras sejam redefinidas uma vez liberadas. Jacqueline de Romilly encorajou Jean Pouilloux, epigrafista, arqueólogo (fundou a missão arqueológica francesa de Salamina, em Chipre, em 1964), especialista em Fílon de Alexandria, a se apresentar. Vários filólogos defendem com unhas e dentes a candidatura desse excelente pesquisador, a começar por aquele que o apresenta oficialmente, Jules Vuillemin (o filósofo responsável pelo ingresso de Foucault na Universidade de Clermont-Ferrand, depois tinha apresentado sua cadeira, História dos sistemas de pensamento, diante da assembleia do Collège); o indianista Jean Filliozar; Louis Hambis, especialista da civilização mongol; André Barreau, da cadeira de estudo do budismo; Pierre Courcelle, da cadeira de patrística latina; outros, como Emmanuel Laroche, especialista de hitita, o hispanista Marcel Bataillon ou o historiador da arte André Chastel defendem uma terceira hipótese, a criação de uma cadeira de linguística geral e românica. Dois campos sobretudo se opõem e a campanha é tensa. De um lado, a tradição clássica, textualista, sobretudo à direita; do outro, persona-

---

20. BNF, NAF 28630, "Formulaires, lettres administratives et comptes rendus", pasta "Collège de France".

lidades mais abertas às ciências humanas. Mas Barthes tem a chance de poder contar com certo número de cientistas devido aos vínculos pessoais de Foucault com François Jacob, mas sobretudo porque Jacques Prentki, pai de seu ex-aluno e amigo Pierre Prentki, que ocupa a cadeira de física teórica das partículas elementares, o apoia fortemente junto a seus colegas. Ele tem garantido certo número de votos: os cientistas Pierre-Gilles de Gennes, Marcel Froissart, François Jacob, Jacques Prentki, Jacques Ruffié, Jean-Pierre Serre, Jean-Pierre Changeux estão do seu lado, assim como o neuropsiquiatra Julian de Ajuriaguerra; os historiadores estão com ele: Georges Duby, Jean Delumeau, Emmanuel Le Roy Ladurie, Jean-Pierre Vernant; e também os etnólogos e antropólogos: Jacques Berque, André Leroi-Gourhan, Claude Lévi-Strauss. São apoios importantes, mas até o fim nem Foucault nem Barthes têm certeza de que serão suficientes.

Segundo a tradição, a ordem de apresentação das diferentes cadeiras é sorteada, e foi Jules Vuillemin que primeiro defendeu a manutenção da epigrafia no Collège. Consciente dos comprometimentos do debate, ele insiste na importância das ciências objetivas contra o que se pode revelar ser apenas um discurso de época. Michel Foucault apresenta em seguida o título da cadeira de semiologia e a importância das pesquisas que puderam e poderão ser feitas com seu nome. Nesse primeiro turno não é permitido nomear o candidato nem falar explicitamente de sua produção. Dispomos do texto que Foucault expôs naquela tarde de 30 de novembro de 1975 para convencer seus colegas. Seu discurso é quase inteiramente defensivo: ele retoma os argumentos dos adversários e tenta contrapor argumentos sólidos. "Eu me reprovaria por defender uma causa porque ela me agrada. Desejo apresentar um dossiê. Ele tem seus elementos positivos. Comporta também seus pontos em aberto, alguns me parecem importantes." Foucault expõe primeiro a força de um programa que põe o problema da significação encontrando "o exemplo considerável da literatura", implicando a análise de todo sistema significante. Em seguida apresenta seus campos. Enfim, considera os eventuais problemas: sua cientificidade está bem assegurada? Será que não se trata de um caso de moda? ("Este gênero de pesquisas provoca uma inflação de pseudocientificidade, insuportáveis flatulências de vocabulário, uma proliferação de formulações absurdas e deslocadas.") Foucault responde de modo geral, invocando a pretensão à cientificidade, fracassada e, sem dúvida, vã, de toda uma série de saberes que chamamos de ciências sociais, o que não as impediu de encontrar um lugar importante na história da cultura. É preciso antes se perguntar, acrescenta Foucault, se não atribuímos excessivos poderes ao chamado discurso científico. Depois, contradizendo então a tradição que exclui do debate o candidato, ele responde mais especificamente, falando do "homem que terá de realizar o programa tão erudito que apresentamos". Toda sua obra, sua influência, seu brilho mesmo, longe de depender somente da moda, atesta uma realização fecunda. "Direi também que o candidato em questão não deve ser confundido com os exageros que puderam ser cometidos a seu lado. Já que ele teve a oportunidade de lhes apresentar pessoalmente o programa que elaborou, penso que se pode perceber — o que se reconhece bem em suas obras — que é um homem de bom gosto. E por gosto não entendo a aceitação imediata dos conformismos e das regras, mas a percepção ao mesmo tempo intuitiva, articulada e clara do limite."[21] O elogio pode parecer um pouco brando. Mas Foucault se dirige à parte mais tradicional dos eleitores, que se acostumou a ver em Barthes um provocador e um agitador institucional. Ele evoca habilmente o equilíbrio e a elegância do candidato, que os professores devem ter percebido no momento das visitas, para tranquilizar a comunidade. Depois é a vez de Emmanuel Laroche apresentar a cadeira de linguística geral e românica, e a votação pode ocorrer. Às quatro e meia da tarde, Foucault telefona para Barthes para lhe comunicar o resultado do primeiro turno: 23 votos para ele contra 22 para Pouilloux. Barthes vai, à noite, à rua de Vaugirard, à casa de Michel Foucault para tomar champanhe com Duby, Le Roy Ladurie e Vernant. Jean-Louis Bouttes também está presente. Relatam o dia e a angústia suscitada por uma votação tão apertada: uma cédula nula, depois recuperada num segundo turno de votação (o primeiro reunindo menos cédulas que votantes). Por pouco a história não tem um resultado diferente.

Uma vez aceito o princípio da cátedra, a assembleia dos professores deve ainda se pronunciar sobre a personalidade. A eleição apresenta menos riscos, já que há apenas um único candidato — apesar da presença quase fictícia de um candidato de "segunda li-

---

21. "Relatório de Michel Foucault para propor a criação de uma cadeira de semiologia literária", reunião do Collège de France, 30 de novembro de 1975. Documento inédito.

nha", certo de não ser eleito, e que é, então, Claude Bremond. Mas, para que a eleição seja oficial, é preciso esperar o segundo turno, em 14 de março de 1976. Foucault faz uma exposição sobre a pesquisa do candidato, insistindo sobre seu rigor científico (uso do formalismo como instrumento de análise dos textos), e conclui dizendo: "Ele não aplicou simplesmente os métodos mais rigorosos da semiologia a este objeto incerto que é uma obra literária. Ele colocou o texto literário, o fato e a instituição da literatura no cruzamento de toda uma série de problemas teóricos com os quais têm a ver a natureza da linguagem e seu funcionamento social".[22] Ele esclarece também uma outra faceta do candidato, para ele importante, pois que é um diferencial: "Barthes pertence à literatura destes últimos vinte anos. Fez apologia dela ou tornou possível sua leitura. E, sobretudo, o que disse sobre ela repercutiu nela". Esta vez, Barthes é eleito confortavelmente com 28 votos. Embora haja treze abstenções, o que indica a força sempre viva das oposições. *Le Monde* anuncia oficialmente sua eleição em 11 de maio. Agora ele pode se alegrar com seu sucesso e preparar tranquilamente sua mudança, ainda mais porque assume suas funções apenas no começo do ano seguinte. Entre o começo das atividades em março de 1974 e a aula inaugural, pronunciada em 7 de janeiro de 1977, decorreram, pois, quase três anos. O processo foi trabalhoso, foi preciso se comprometer, os temores foram intensos. E tudo isso para um resultado que desperta com força o sentimento de impostura. Numa ficha de 10 de dezembro de 1975, Barthes tenta explicar a indecisão da votação, o que representa para ele ter sido eleito por um voto: "(este voto instável, indefinível, pode ser o voto de qualquer um), é a designação (a realização) da *atopia* — de minha *atopia*, que me faz: *representando mal alguma coisa para alguns*: signo (de um bloco), mas signo duvidoso". No dia seguinte, sua angústia é mais viva ainda porque ele reconhece no acontecimento um puro episódio obsessivo, que se liga explicitamente ao "antigo sonho episcopal da Impostura". Ele, que toda vida buscou a universidade "definida, decidida, como instância que sanciona a não impostura", se vê, com a eleição por um voto e com o episódio da cédula

---

22. "Relatório de Michel Foucault para apresentação dos candidatos à cadeira intitulada semiologia literária", texto inédito citado por Didier Eribon em *Foucault et sés contemporains*, op.cit., p.229.

nula, no limite da impostura. Ele se sente "mal eleito" e teme uma contestação do pleito. "A contingência da eleição se constituiu, pois, imediatamente como aparelho para bloquear o prazer do sucesso. Efetivamente, não tive prazer com o sucesso. É provável que isso vá continuar: pois agora vou me situar ainda sob a Dívida, o Reconhecimento (de ter sido aprovado)."[23] A consagração permanece uma prova e, uma vez o desejo de reconhecimento satisfeito, a preocupação renasce, talvez maior ainda. Se o Collège é de fato "este lugar de consagração dos heréticos", segundo a célebre frase de Bourdieu (desmentida por mais de 80% dos recrutamentos!), não é sem sofrimentos que os autênticos marginais se encontram no centro.

O "ROLAND BARTHES"

Em meados da década, a consagração, aquela que Barthes mais buscou, chega enfim: ele é reconhecido no espaço público como "escritor". Quando foi publicado *Roland Barthes por Roland Barthes* em fevereiro de 1975, a palavra aparece na quase totalidade das resenhas sobre o livro. Assim, a página dupla do *Le Monde* de 14 de fevereiro, dedicada à obra de Barthes (com chamada na primeira página), o referenda efetivamente três vezes: no artigo geral de Jacques Bersani ("Não é a literatura, enquanto imitação do mundo, que Barthes reencontra, depois de seu longo desvio expiatório pelas ciências humanas, é a escritura, como nomeação. [...] Barthes? Sim, decididamente, e em todos os sentidos, um 'escritor de sempre'"); no comentário de Robbe-Grillet ("Barthes [...] é diferente de um crítico no sentido restrito do termo, mas precisamente um escritor"); naquele de Claude Roy, "Barthes é antes de tudo um poeta". A legitimação é ainda mais espetacular na medida em que passou pela autoafirmação do nome. A operação do *Roland Barthes por Roland Barthes* é, de fato, particularmente declarativa e também subversiva. Tomando ao pé da letra o projeto da coleção ("Fulano por si mesmo"), que ele revela ao mesmo tempo como metafórico, Barthes realiza de certa maneira o programa da loucura (tomar-se por si), destruindo-o pelo sistema de desdobramento que ele instaura, entre o nome próprio e as iniciais, entre os pronomes da primeira e da terceira pessoa. Vinte anos depois de *Michelet por ele mesmo*, escrito de fato por Barthes, eis Roland Barthes por si mesmo,

---

23. BNF, NAF 28630, grande fichário, 1 e 2 de dezembro de 1975.

mas escrito por Roland Barthes que se toma por um outro. A estratégia explica a frase em epígrafe: "Tudo isso deve ser considerado como dito por um personagem de romance". A precaução é uma maneira de autenticar o conteúdo: se o Roland Barthes que enuncia é fictício, o R.B. de que se trata é bem real, e é sua existência que é assim espalhada em fragmentos. Não é ele de quem se fala, que é uma personagem de romance (pois Barthes não diz ingenuamente "minha vida é um romance"), mas aquele que enuncia e que, assim, situa seu livro fora do campo das escrituras autobiográficas e referenciais, e de fato no campo da literatura.

Com esse gesto extremamente marcante, Barthes decide consagrar seu nome, de maneira distanciada e irônica. Ele introduz uma dimensão poética de sonho, fazendo do nome próprio um signo que reflete visões, um território, um meio. Começa a sair daquilo que ele designa: já que Roland Barthes se tornou, no espaço social, o nome da crítica moderna, o epônimo do crítico, a estratégia consiste em situar seu epônimo do lado do romance, de um lado, e do individual, de outro. Duas referências permitem elaborar este deslocamento. A primeira é o capítulo "Nomes", dos *Ensaios*, de Montaigne, que começa com a seguinte observação: "Por grande que seja a diversidade das ervas, chamam a tudo salada. Vou fazer o mesmo e, a propósito de nomes, apresentar aqui uma salgalhada de coisas".[24] Um mesmo nome pode se tornar o nome de muitas coisas, e com um nome podem reunir-se muitas reflexões, casos, lembranças ou fragmentos de pensamentos. Barthes não convoca diretamente esse texto (ele sempre diz que leu pouco Montaigne), entretanto a referência ressoa em dois aspectos do livro: a exploração do nome e a ordem alfabética. Entre as observações de Montaigne no mesmo capítulo, encontramos também essa: "Não é mais singular agrupar à mesa os convivas pelos nomes do que servir os pratos na ordem de suas iniciais, como o fez o Imperador Geta. Serviram em primeiro lugar os que começavam por *m*: *mouton* [carneiro], *marcassin* [filhote de javali], *merlus* [badejo], *marsouin* [boto]; e em seguida os outros".[25]

---

24. Montaigne, *Essais*, Imprimeirie nationale, 1998, livre I, XLVI, p.439 [ed. bras.: Montaigne, *Ensaios*, trad. de Sérgio Milliet (Porto Alegre: Globo, 1961), livre I, p.313].
25. O tradutor de Montaigne optou por não traduzir os nomes citados, "porque em português começam com letras diferentes" (nota 1, p.313).

É a esta regra, de fato, que o sumário de *Roland Barthes por Roland Barthes* obedece — assuntos, desta vez —, segundo um princípio experimentado já há algum tempo, mas que aqui é mais afinado, pois, redobrado: o sumário, em que a ordem alfabética às vezes se dissimula, é acompanhado de "Pontos de referência", também dispostos segundo a regra do índice, por ordem alfabética. Os jogos são numerosos: por exemplo o fragmento "Alfabeto" aparece com a letra *p*, pois ele toma o lugar da palavra "plano"; uma lista de "palavras raras, palavras queridas" aparece nos documentos preparatórios, excluindo todos os termos começando pelas letras *b* e *r*, aquelas do nome, e pela letra *j*, aquela do "je" ["eu"]. Eufórico, o alfabeto o é, dispensando a ordem, a lógica, em proveito de uma ordem insensata, sem sentido. "Essa ordem, entretanto, pode ser maliciosa: ela produz, por vezes, efeitos de sentidos, e se esses efeitos não forem desejados, é preciso romper a ordem alfabética em proveito de uma regra superior: a da ruptura (da heterologia): impedir que um sentido 'pegue'."[26] É o que permite encontrar esta fórmula livre e deambulatória, que é precisamente a dos *Ensaios* de Montaigne, forma tutelar de interação entre vida, literatura e pensamento. A ordem alfabética evoca também a enciclopédia da qual Barthes continua experimentando formas irônicas e móveis, cujos modelos encontra em *Bouvard e Pécuchet*. A enciclopédia das linguagens é também o que o fascina em Proust, mas o romance de Flaubert acrescenta o espelho da bobagem, que é um dos grandes motivos do autorretrato. O poder dessa bobagem é oferecer um remédio contra a própria bobagem: a cópia de todas as linguagens abole toda linguagem mestra. "*Bouvard e Pécuchet* é o recheio definitivo do saber enciclopédico; de acordo com a etimologia, os saberes têm bom resultado, *mas sem se deter*; a ciência perdeu seu lastro: não há mais significados: Deus, Razão, Progresso etc. E então a linguagem entra em cena, uma outra Renascença se anuncia: haverá *enciclopédias da linguagem*, toda uma 'mathesis' das formas, das figuras, das inflexões, das interpelações, das intimidações, das derrisões, das citações, dos jogos de palavras."[27] Cada um é feito de códi-

---

26. *Roland Barthes par Roland Barthes*, OC IV, p.720 [ed. bras.: *Roland Barthes por Roland Barthes*, p.164]. Barthes elabora múltiplos jogos com o alfabeto. [Na edição em português do Brasil, estão ausentes os jogos verbais, intraduzíveis (N.E.)].
27. "Situation", *Tel Quel*, 1974, in *Sollers écrivain*, 1979 (OC V, p.617) [ed. bras.: *Sollers escritor*, pp.73-74].

gos que não são possíveis atravessar inteiramente. Citá-los sem aspas, em *Roland Barthes por Roland Barthes*, é uma maneira de abordar sua própria "bobagem", apresentando a demonstração da vaidade dos antigos protocolos do saber. No fragmento "A obra como poligrafia", o autor atribui à desordem da obra uma função de espelho, refletindo a explosão do sujeito. "Como enciclopédia, a obra extenua uma lista de objetos heteróclitos, e essa lista é a antiestrutura da obra, sua obscura e doida poligrafia."[28]

Outra referência importante do autorretrato é dada pelo próprio Barthes num artigo dos *Novos ensaios críticos*, "Proust e os nomes". Antes da famosa conferência de 1979, esse texto (de 1967) já salienta o vínculo entre biografia e romance. Ele expõe sobretudo uma pequena narrativa em forma de autobiografia em espelho: "Ao desejo muito precoce de escrever (formado desde o liceu) sucedeu um longo período, não de insucessos, por certo, mas de tateamentos, como se a obra verdadeira e única se buscasse, se abandonasse, se retomasse sem nunca se encontrar".[29] Barthes fala de Proust, mas também dele mesmo, até na sequência em que evoca uma "travessia da literatura", em que livros dos outros fascinam, depois decepcionam... Se o narrador descobre a possibilidade de escrever graças às reminiscências, é preciso que o autor faça uma descoberta semelhante, da qual possa se servir, e é aquela do nome próprio, capaz, como a reminiscência, de constituir a essência dos objetos romanescos. "O nome próprio dispõe das três propriedades que o narrador reconhece na reminiscência: o poder de essencialização (pois que só designa um único referente), o poder de citação (pois que pode chamar à discrição toda a essência encerrada no nome, ao proferi-lo), o poder de exploração (pois que se 'desdobra' um nome próprio exatamente como se faz com uma lembrança)."[30] O nome é uma espécie de signo total — dizendo-o, Barthes se insere numa contiguidade de análise com *Proust e os signos*, de Deleuze, cuja leitura (posterior à escrita do artigo) o impressiona muito (e que ele acrescenta como referência numa nota de 1972). Como signo, o nome está aberto à exploração. Ele é uma reserva de

---

28. *Roland Barthes par Roland Barthes*, OC IV, p.722 [ed. bras.: *Roland Barthes por Roland Barthes*, p.165].
29. "Proust et les noms", in *To Honor Roman Jakobson* (Haia: Mouton, 1967; OC IV, p.67) [ed. bras.: "Proust e os nomes", in *O grau zero da escrita* seguido de *Novos ensaios críticos*, op.cit., p.145].
30. *Ibidem*, pp.68-69 [ed. bras.: *ibidem*, p.147].

romanesco com tudo que carrega de história, paisagens, imagens, e um agente de ligação entre diferentes signos da obra. Escrever um romance é inventar nomes: o narrador de *Em busca do tempo perdido* se faz leitor, intérprete, decodificador desses nomes que o autor encontrou: Parma, Guermantes ou Combray. Um dos problemas que Barthes encontra quando se sente inclinado a escrever um romance é que ele continua fascinado pelos nomes, mas se sente incapaz de inventá-los para ele: "Não saberia inventar nomes próprios e penso, de fato, que todo o romance está nos nomes próprios — o romance tal qual o leio com certeza, eu já o disse, aliás, a respeito de Proust. No momento, não consigo inventar nomes, ao mesmo tempo que tenho uma vontade muito grande de inventar. Farei talvez um romance no dia em que terei inventado os nomes próprios desse romance".[31] Barthes faz remontar esse fascínio um pouco enigmático pela onomástica com os nomes das famílias burguesas de Bayonne: "Sua consonância, seu fonetismo puro, poético, e sua carga social, histórica":[32] "As sras. Leboeuf, Barbet-Massin, Delay, Voulgres, Poques, Léon, Froisse, de Saint-Pastou, Pichoneau, Poymiro, Novion, Puchulu, Chantal, Lacape, Henriquet, Labrouche, de Lasbordes, Didon, de Ligneroles, Garance".[33] Cada um desses nomes, da infância, dos romances, ilustra a passagem do significante à significância, à abertura de um desejo que não se refere à pessoa mas aos sons, aos cheiros, aos restos alguma coisa que não existe mais.

Por esse autorretrato caleidoscópico, feito de fragmentos — imagens legendadas e pequenos blocos de texto —, Barthes desloca seu nome da esfera social para fazê-lo entrar na ficção, fazer dele uma espécie de pseudônimo. É o que lhe permite se colocar em cena de maneira imaginária, segundo o fantasma e "sem nome próprio". Ele se explica nos fragmentos "Quanto a mim, eu" e "O livro do Eu"; "o 'eu' mobiliza o imaginário, o 'você' e o 'ele', a paranoia. Mas também, fugitivamente, conforme o leitor, tudo, como os reflexos de um chamalote, pode revirar-se":[34] a distância se cria assim entre o "eu"

---

[31]. *Prétexte: Roland Barthes*, op.cit., p.281.
[32]. "Vingt mots-clés pour Roland Barthes", *Magazine littéraire*, fevereiro de 1975 (OC IV, p.859).
[33]. *Roland Barthes par Roland Barthes*, OC IV, pp.630-31 [ed. bras.: *Roland Barthes por Roland Barthes*, p.64].
[34]. *Ibidem*, p.741 [ed. bras.: *ibidem*, p.186].

(je) e o "mim" (moi), ou dizendo "ele". Há várias personagens e todas são personagens de romance, incluindo o R.B., utilizado em frases em que o "ele" seria ambíguo (e para o qual Barthes não deseja que lhe demos muita importância, aliás). O livro funciona por alternância e convida a remodelar os gêneros: "que o ensaio confesse ser *quase* um romance: um romance sem nomes próprios",[35] portanto, se concordarmos com Barthes e, embora Robbe-Grillet tenha mostrado que era absolutamente possível escrever romances sem nomes próprios, ele não é exatamente um romance.

O dispositivo do livro se realizou ao longo do tempo. Tudo começa em 19 de setembro de 1972 num almoço na rua Jacob no qual se fala da coleção Écrivains de toujours, e durante o qual Denis Roche, seu diretor desde 1970, diz em tom de piada que seria engraçado pedir a um escritor vivo para fazer um "Fulano (Um tal) por ele mesmo". Barthes imediatamente declara que acharia divertido o desafio. Ele realiza, então, um programa preparatório e experimental, segundo dois planos: no verão de 1973, relê o conjunto de sua obra para constituir um repertório de temas e noções (que ele indexa, o que lhe dá a ideia do glossário) e para selecionar trechos escolhidos tendo em vista uma antologia (que, ao cabo, ele não organizará, mesmo que continue fazendo parte do documento de planejamento da coleção); no outono de 1973, começa seu curso sobre "Le lexique de l'auteur", no qual pede aos estudantes para trabalhar a partir do glossário constituído durante as férias em Urt. Já o trabalho solitário se baseia num duplo dispositivo, destinado a trabalhar o assunto "Roland Barthes" conjuntamente em duas temporalidades diferentes: o passado (é a função da releitura e da redação da "biografia" citadas nos primeiros capítulos), e o presente: para captá-lo sem reduzi-lo à pura subjetividade, em 10 de julho ele começa um diário que vai manter durante todo o verão, antes de fichá-lo em setembro. Por meio dessa prática, ele várias vezes evita os dois riscos principais do projeto, o da vaidade e o do espelho. Assim, felizmente chega a coexistir com o projeto, "mas com a presença constante, irresoluta, de uma Falta: 1) falar de si; 2) ter como certo que se escreveu uma 'obra'".[36]

---

35. *Ibidem*, p.695 [ed. bras.: *ibidem*, p.137].
36. *Le lexique de l'auteur*, op.cit., p.91.

O conjunto desse *work in progress* está conservado num fichário à parte, o fichário-verde, que contém mais de duas mil fichas.[37] Barthes retoma o princípio do glossário que estava na origem de seu doutorado sobre a moda, mas é difícil elaborá-lo, pois as entradas em ordem alfabética não remetem a palavras, mas a temas ou motivos que cruzam vida e obra. Quando começa o curso em 8 de novembro de 1973, já compilou as entradas das três primeiras letras do alfabeto (94 palavras começando pela letra A: Agressão, Amar, Amaigrissement [Emagrecimento], Anacronismo, Automóvel...; 35 pela letra B, dentre as quais: Barthes, Bayonne, Bobagem, Biografia e *Bouvard e Pécuchet*; e 67 pela letra C: Café, Carlitos, Citação, Código, Corpo...). Antes, porém, no outono, com muita dificuldade em consolidar essas listas ele fica tentado a abandonar tudo. Foi então que, depois de uma conversa com Denis Roche em dezembro de 1973, que decide tornar menos rígido o glossário por meio do sistema dos fragmentos (que poderão reunir várias fichas). Começa a redigi-los na primavera de 1974 e lhes dá forma definitiva no verão de 1974, durante uma longa temporada estival na casa de seu amigo Daniel Cordier em Juan-les-Pins, de 25 de julho a 16 de agosto. Por ocasião do mesmo encontro com Roche, ele renuncia aos trechos escolhidos, cuja organização lhe parecera inextrincável. Hesita entre um plano muito simples: a literatura/o ensino; ou então tecer as antologias no texto ou ainda "apresentar apenas frases bem-feitas, fórmulas, citações (mas então seria preciso ainda me reler!)". Liberando-se deste trabalho e, portanto, da cronologia de sua obra, Barthes pode enfim pensar numa organização disseminada.

A releitura foi uma experiência desestabilizadora. Ele se viu leitor de sua obra sem poder fazer seus textos caírem nas redes de seu próprio desejo. "Meus livros. Por momentos (ao ler certas obras fulgurantes: Julia [Kristeva] sinto-me tão inferior ('deprimido'), tão reduzido à inexistência, que sou obrigado, para esperar existir um

---

37. Eis a descrição do fichário verde, assim nomeado porque os títulos das rubricas são indicados com caneta verde. BNF, NAF 28630: fichário verde 1: livros, trechos escolhidos, 363 fichas; fichário verde 2: fragmentos feitos, 501 fichas; fichário verde 3: fragmentos feitos (sequência)", 300 fichas; fichário verde 4: fichas não aproveitadas, 325 fichas; fichário verde 5: eliminado e/ou para rever, 300 fichas; fichário verde 6: eliminado e/ou para rever (sequência e fim), 300 fichas, às quais é preciso acrescentar um fichário sobre a fotografia e o fichário com notas sem data, 200 fichas mais ou menos que são os "incidentes" e anotações tiradas do diário de Urt do verão de 1973 ou do diário-colheita continuado durante toda a redação do livro, em Paris, do outono de 1973 à primavera de 1974.

pouco, a me lembrar que livros meus foram publicados, recebidos — e que, pois, tenho pelo menos a consistência deles."[38]

No mesmo pacote de observações eliminadas ou para rever: "Releitura. O risco de tagarelice. Me relendo — para fazer este livro sobre mim, por mim — oscilo entre dois sentimentos extremos: 1) que eu disse imediatamente, desde o começo, coisas inteligentes, coisas acertadas, que tudo isso é notável, sutil, coerente, bem dito etc.; em suma, que sou desprezado, subestimado; 2) que sou um estúpido, que está cheio de buracos, de *improváveis* etc. Anoto isso, que é banal, porque é a situação do herói trágico em luta com a *incerteza* dos signos de Deus (o deus do valor, da qualidade *não fala*) — e também a situação proustiana sobre a reviravolta dos signos. — Também o sentimento que posso comentar muito lentamente, passo a passo, e abundantemente (uma manhã numa página curta de *O grau zero*). Todo texto me é bom: veia do *tagarela*". Como ele explica no curso, a releitura lhe dá medo porque escrever "é matar, liquidar, desinvestir";[39] ou é fracassado (no presente) ou era bem-sucedido (no passado e, portanto, impossível de refazer). Ademais, reler cansa, nos obriga a constatar que por vezes somos tediosos. As fichas referentes aos livros, relidos na ordem, manifestam uma arte perfeita da autocrítica. A rubrica "escórias" reúne os trechos renegados, por exemplo, em *Essais critiques*: "Escritores e escreventes: é mau, confuso, nulo — salvo a própria distinção". Cada livro publicado é objeto de um número de fichas que pode ir de cinco (para a *Torre Eiffel*) a uns bons vinte (para *Mitologias* e *O império dos signos*). Abaixo, uma pequena seleção das anotações:

> *Sobre Racine*. Um livro de uma grande sabedoria, de um grande bom senso — que não podia ser declarado louco senão por um louco.
>
> *Sistema da moda*. O estranho é que esse livro não tenha tido nenhuma existência junto a linguistas-semiólogos. Livro negligenciado? Censurado? Por quê? (Pois enfim os semiólogos puros, ortodoxos, deveriam, pelo menos, *citá-lo*.)
>
> *s/z*. Parece que desde o começo de *s/z*, houve a mutação atual do estilo: algo mais cuidado, mais constantemente bem-sucedido.

---

38. BNF, NAF 28630, fichário verde 5: eliminado e/ou para rever.
39. *Le lexique de l'auteur*, p.101.

O império dos signos. Os três textos sobre o haiku são tão bons que não sei o que dizer deles — e tenho medo, muito medo de jamais fazer o mesmo.

O prazer do texto. Livro reativo. Cada fragmento é uma *atitude em relação ao outro*: não se desculpar. Resposta àqueles que o acusam de se contradizer etc.

O prazer do texto está cheio de interlocutores inconfessos — mas que se revelam fugazmente nos meandros de uma frase. Amigos-oponentes: Lévi-Strauss, Greimas, Todorov, Goldmann etc.

Outras fichas são o suporte de casos ou anotações capazes de esclarecer o caráter ou a existência. Com frequência, mas nem sempre, são encabeçadas por um título que as relaciona ao glossário:

Subversão. Ideia importante: desconfiança com relação à "loucura" (Flaubert: atravessar o discurso *sem torná-lo insensato*). Atitude difícil: não se pode ser contra a loucura (toda a modernidade: Foucault, Deleuze, Sollers, Artaud, Bataille etc.) — mas ao mesmo tempo deve-se resistir à demagogia da loucura (Felizes os Loucos, pois eles serão Modernos!). No fundo (disso): tenho medo dos loucos enquanto *inoportunos* [*casse-pieds*].

Ficção. Um exemplo de Ficção: tendo de voltar a Paris, proponho-me a usar o tempo do trem para criar *um sistema de economia* (pois gasto demais) que aplicarei em Paris.

Indireto. Explicar por que (este paradoxo) RB, embora sendo ávido pela linguagem (e particularmente da palavra) nunca se interessou pela *Poesia*. É que lhe é preciso o *indireto*, isto é, uma prosa ávida (ou uma poesia prosaica: Baudelaire).

Neutro. A isenção do sentido: um tema tão longínquo e persistente em mim (sem dúvida desde a infância, quando eu reivindicava uma espécie de direito ao *neutro*), será que ela é — neuroticamente — de mesmo alcance que *a recusa do conflito* (o dizer-não ao conflito)?

Medo. Ausência do Pai → paradoxalmente: Medo, pois, não se é protegido; a Mãe: tem-se medo por ela. Na versão freudiana, discurso de que se tem (temos) medo, porque não tendo pai, não se tem Inimigo.

Vanguarda. A castração. RB. Minha ligação com o estilo, com a frase, com o clássico, com o fragmento etc. é de ordem homossexual (digamos: perversa). A *khora* (feminina) só brilha como um *mais tarde*. Não morrer homossexual![40]

A gênese apaixonante de *Roland Barthes por Roland Barthes*, em grande parte revelada por Anne Herschberg Pierrot em sua excelente edição de *Le lexique de l'auteur*, na qual reproduz o conjunto dos fragmentos abandonados (mas não todas as fichas preparatórias ou eliminadas) continua um ateliê aberto, exemplo raro de um autor que retorna sistematicamente à sua obra. A experiência é ainda mais interessante porque, no esforço de Barthes para fazer do leitor um autor, a autoafirmação de si como escritor passa por uma leitura, no sentido próprio e no sentido figurado. Fazer de si mesmo o objeto de um curso — pois não se trata somente de trabalhar, com o auditório, os textos, mas também os hábitos, os gostos, as manias (ele gosta de fumar charuto, ele toca piano como amador...) — é imediatamente se dar a ler. O leitor e o escritor, segundo o programa de extensão considerável do domínio da leitura iniciado por S/Z, são figuras inseparáveis. Todo leitor é um escritor em potencial. Todo escritor é antes de tudo um leitor.

O curso permite evitar vários obstáculos, especialmente o da postura altaneira, do "fingimento crítico". Se Barthes tivesse se contentado em desdobrar sua figura em RB[1] e RB[2], o conjunto pareceria paródico. Ele diz ter tido vontade de retomar o plano do *Michelet* e de aplicá-lo em si mesmo. Foi, pois, tocado pela tentação do autopastiche. A falsa distância instaurada pelo desdobramento teria tido também algo de verdadeiramente artificial. Multiplicando os pronomes, ele constela o conjunto em vez de hierarquizá-lo. Assim, evita o perigo de transformar sua vida em destino e conferir a ela um curso regular ou pelo menos explicável. A lenta maturação do livro lhe dá

---

40. Todas essas fichas são tiradas do fichário verde 5 e do fichário verde 6.

um caráter experimental. Aceitando expor publicamente suas dúvidas, a ausência de imagem precisa do objeto, seus arrependimentos, aproveitando observações que lhe são feitas e transformações impostas pelo tempo, Barthes modela pouco a pouco um objeto novo, sem gênero nem ideia preconcebidos.

Terminada a releitura e a revisão do manuscrito, no fim do verão de 1974, ele o submete uma última vez ao escrutínio de Jean-Louis Bouttes, que assistiu ao seminário; corrige o texto depois das observações de Bouttes, eliminando fragmentos já finalizados. "Abandonados depois da leitura de J.L.: A metáfora, O retorno, O encoberto, Não sou senão um signo (pretensioso), O deslocamento, A reviravolta como produção (pretensiosa), A dupla expressão, Filólogo, O espelho, Feliz (não, o que isso interessa!), Para que serve a Grécia antiga (fraco), Ver (banal), Forte em tema (risco de presunção), A vida como texto."[41] Tudo o que poderia parecer banal, estereotipado, gabola ou predestinado é sistematicamente barrado. Barthes elabora assim um gênero renovado de autobiografia, forma antecipada de autoficção — o termo nasce somente alguns anos mais tarde, em 1977, nos escritos de Serge Doubrovsky —, na qual diferentes planos se mesclam: o romanesco, a reminiscência ("as anamneses", cuja gênese já analisamos), o ensaio, a análise. A invenção é o que ele nomeia "biografemática", o raciocínio e a escritura pelo biografema, instaurado desde *Sade, Fourier, Loyola* como a forma discreta e justamente expandida que se pode fazer da vida de alguém. Esse tema barthesiano conheceu grande fortuna (e a palavra "biografema" passou a integrar os dicionários). Há muito os escritores haviam constatado a dispersão do eu e a dificuldade de produzir uma crônica da identidade, mas o termo foi bem-vindo para nomear suas rupturas. O biografema não é metonímico: não é um brasão que exprime a totalidade do ser. Tampouco é um detalhe insignificante. Ele define um gosto, um valor, um meio, um desejo: "Quando compro tintas, guio-me apenas por seus nomes", "Rememorando as pequenas coisas de que fora privado em sua infância, ele encontrava aquilo de que hoje gostava: por exemplo, as bebidas geladas".[42] Ele distingue,

---

41. BNF, NAF 28630, fichário verde. Estes fragmentos são publicados nos anexos de *Le Lexique de l'auteur, op.cit.*
42. *Roland Barthes por Roland Barthes*, OC IV, pp.704 e 673 [ed. bras.: *Roland Barthes por Roland Barthes*, pp.146 e 112].

mas de maneira mais etnográfica que sociológica. Assim, constata, antes de todo mundo, as consequências da saída da razão unificadora sobre o pensamento do sujeito e a importância de pensar novas formas de narrativa de si. Os caminhos seguidos pela autoficção, pela narrativa biográfica na literatura contemporânea, devem muito a esse texto fundador daquilo que já é possível considerar, na França, uma tradição.

     A associação do biografema e da fotografia, explícita em *A câmara clara*, já é ensaiada no autorretrato. As fotografias da primeira parte não constam do livro a título ilustrativo ou para responder ao protocolo da coleção. O jogo entre as imagens e as legendas é uma outra maneira de produzir biografema, significância nascida do detalhe. Ele também convida a ler os fragmentos que se seguem como instantâneos, liberados da continuidade ilusória da narrativa, legíveis como outros tantos momentos de um corpo. Barthes deu muita atenção a essa seção e à disposição das imagens na página, como testemunham a gênese das legendas e o número de "legendas abandonadas" disponíveis em *Le Lexique de l'auteur*. As fotografias, os desenhos, os fragmentos de escritura manuscrita não têm a mesma função que em *O império dos signos*, no qual as imagens aparecem ainda como rupturas da narrativa de viagem, mesmo que não constituam puras ilustrações. São como superfícies nas quais o sujeito se reflete por instantes ou por breves clarões. A escritura, seu movimento, abolem a profundidade: "O texto *figura* o infinito da linguagem: sem saber, sem razão, sem inteligência"; ou ainda: "Lanço assim sobre a obra escrita, sobre o corpo e o *corpus* passados, tocando-os de leve, uma espécie de *patchwork*, uma coberta rapsódica feita de quadrados costurados. Longe de aprofundar, permaneço na superfície, porque desta vez se trata de "mim" (do Eu) e porque a profundidade pertence aos outros".[43] Se o gesto autobiográfico é crítico, não é porque ele situa à distância o sujeito que foi — como o faz Sartre em *As palavras* —, mas porque impede a unificação pela narrativa ou pelo sentido. Ele o refrata e o difrata alternadamente, construindo-o como objeto de uma enciclopédia móvel e não totalizante, incessantemente recomposta, subtraindo o saber à medida que ele é dado.

---

43. *Ibidem*, pp.695 e 716 [ed. bras.: *ibidem*, pp.136 e 160].

A recepção contemporânea da publicação do livro é muito positiva, ainda que nem sempre dimensione o radicalismo do gesto, reduzindo-o à circularidade do "por ele mesmo". O modo de entrevistar e perfilar Barthes muda. Fazem-lhe muito mais perguntas pessoais, às quais ele responde com paciência e benevolência. Reinscreve assim no campo social elementos reabsorvidos na escritura: detalhes biográficos e familiares, indicações sobre seu meio, suas preferências. Isso recria a continuidade, mesmo que numa entrevista a Jean-Louis Ézine, para *Nouvelles littéraires,* ele tenha afirmado preferir o jogo do caleidoscópio à ideia de um sujeito unitário. Ainda que não queira reconhecer que seu trabalho tem uma evolução, um sentido, nas entrevistas ele é solicitado a identificar fases, etapas das mudanças. Uma das razões pelas quais somos tentados, às vezes, a dividir a produção de Barthes em "momentos", vem, aliás, do próprio *Roland Barthes por Roland Barthes,* no qual um fragmento, ao qual ele intitulou justamente "Fases", divide a obra em quatro "gêneros", correspondendo a quatro épocas sucessivas e intertextos diferentes: a mitologia social, a semiologia, a textualidade, a moralidade. Conforme ao programa do autorretrato, seria preciso evitar ler essa passagem de maneira autônoma, mas modulá-la de acordo com outras considerações do mesmo livro. No entanto nos fixamos no fragmento como uma verdade definitiva; as entrevistas amplificam este processo, focando a segmentação e a evolução. Barthes reinstala o contínuo na fala: "quando eu era criança", "quando eu era jovem"... Em 1975 saem as "Vinte palavras-chave para Roland Barthes", que de alguma maneira retomam o glossário de *Roland Barthes por Roland Barthes,* mas sem o jogo da relação entre as pessoas e entre os fragmentos. A parte da ficção desaparece. É também em 1975 que ele concede a longa entrevista a Jacques Chancel na France Inter, *Radioscopie,* na qual se abre bastante. Mas se vários jornais acrescentam a confidência à confissão, alguns, como *Le Monde,* dão a palavra aos outros. Alain Robbe-Grillet, Pierre Barbéris, Claude Roy e Philippe Sollers têm a oportunidade de dizer quem é Barthes, segundo eles. Philippe Sollers, que diz "crescer à sua sombra", o vê como o escritor menos à direita de todos aqueles que teve a oportunidade de conhecer. E Alain Robbe-Grillet faz dele um grande transfigurador de língua. Muitos críticos lhe atribuem um estilo: sentem-se autorizados a dizer isso não só pelo tom pessoal do livro, mas porque desde o início *Roland Barthes por Roland Barthes* tem uma concepção positiva do estilo, que em *O grau zero da escrita* e em *Sade, Fourier, Loyola* era negativa. "No que ele escreve, há dois textos. O texto I é reativo, movido por indignações, medos, desaforos interiores, pequenas paranoias, defesas, cenas. O texto II é ativo, movido pelo prazer. Mas ao escrever-se, ao corrigir-se, ao submeter-se à ficção do Estilo, o texto I se torna ele mesmo ativo."[44] A elipse, o fragmento, a variação, o ritmo, eis o estilo que permite emancipar-se do discurso imediatamente reativo. Ele tem também as qualidades da voz e deixa transparecer seu grão na escritura. A voz tem a fragilidade do corpo, carrega seus humores, seus afetos. Ela partilha com a fotografia a indicação de um "isto foi". Compreende-se desde então que o trabalho do seminário sobre "Le lexique de l'auteur" seja acompanhado de um ateliê da voz, no decorrer do qual ele toca os *lieder* cantados por Charles Panzéra, Fritz Wunderlich e Kathleen Ferrier: "É o corpo que canta, de uma maneira ao mesmo tempo brilhante e secreta", um "*murmúrio em plena voz*".[45] Essa intimidade discreta, com o sentimento de familiaridade que proporciona, é sem dúvida o que mais sensibiliza aqueles que lhe escrevem agradecendo o envio do livro. Fernand Braudel gosta de sua "simplicidade e poesia"; Maurice Pinget fica impressionado com sua elegância: "Trata-se de uma elegância depurada de todo teatro, de toda insolência, de todo *chic*. E que coincide com a sabedoria tão desejada e a perfeita liberdade do ser". Jean-Pierre Richard evoca a "labilidade quase infinita do livro" e fala de "familiaridade", de "pureza", "de uma nota que é somente sua, e na qual se encontram, sem dissociação possível, delicadeza, insolência, sensualidade".[46]

Mas a crítica mais espetacular do livro parte de Maurice Nadeau, que dá a Barthes a oportunidade de inaugurar o movimento de disseminação do nome próprio: "Barthes puissance trois" é publicado em *La quinzaine littéraire*, em 10 de março de 1975. O próprio Barthes submete seu livro ao tipo de análise que empregou nas *Mitologias*, expondo a ideologia subentendida, falando das imagens que o acompanham. Ao mesmo tempo, desfaz ironicamente a legitimidade de seu nome assim disperso em múltiplas figuras. "Seria inútil reunir declarações, entrevistas ou artigos, se cercar de uma nuvem de

---

44. *Ibidem*, p.623 [ed. bras.: *ibidem*, p.55].
45. *Le lexique de l'auteur*, p.581.
46. BNF, NAF 28630, "Roland Barthes par Roland Barthes".

comentários, como a sépia de sua tinta, nada adiantará: como sujeito imaginário e ideológico, o desconhecimento (não erro, mas o adiamento infinito da verdade por meio da linguagem) é seu destino fatal, o que quer que ele escreva sobre si e com qualquer nome que assine — mesmo que seja esse o mais conhecido dos pseudônimos: seu próprio nome, seu Nome Próprio."[47] Barthes mantém seu nome no imaginário. Mostra que também pode ser um fantasma. E assim relativiza o alcance de toda consagração. É o que lhe permite dizer no microfone de Jacques Chancel que "as gratificações de ordem social podem ser intensas, mas nunca muito duradouras, porque logo nos recuperamos pela responsabilidade do trabalho, pela necessidade de fazer outra coisa, de continuar, e retomamos as dúvidas, angústias, dificuldades que são o tecido normal de nossa vida".[48] Ele deixa também seu nome se diluir nos pseudônimos.

O COLÓQUIO DE CERISY
Em Cerisy triunfa "R.B.", destinado desde então a uma grande fortuna crítica. O que no início era apenas uma designação "sem importância", emprestada de Sollers para evitar a ambiguidade de certos "ele", adquire todos os traços de um mito: o do *Barthes escrito* — Barthes em seus escritos, Barthes sobre o qual se escreve sem se considerar sua pessoa, Barthes que escreve ou que está prestes a escrever. No colóquio de 1977, chamá-lo pelas iniciais indica também certa familiaridade. Ainda aqui, Barthes não faz questão de fazer dele um "código familiar"; ele poderia adotá-lo como um pseudônimo, qual Erté, mas o escreveria com um "h", Herbé (é Philippe Roger que escreverá o "romance" dele). No encerramento do colóquio, Barthes chega a evocar o sentimento de uma privação da posse, feliz ou infeliz, não se sabe: "Imitando Tao, praticamos o *Wouang-Ming*, a Abstinência do Nome Próprio, como se a função profunda do colóquio fosse nos ensinar a nos desprender do nome. E mesmo quando o nome próprio (o meu) foi pronunciado, sempre foi, me parece, por meio de uma prática do indireto".[49] Os palestrantes são, de fato, con-

---

47. "Barthes puissance trois", *La quinzaine littéraire*, 10 de março de 1975 (OC IV, p.777).
48. Entrevista com Jacques Chancel, "Radiocospie", France Inter, 17 de fevereiro de 1975 (OC IV, p.899).
49. "Conclusions", in *Prétexte: Roland Barthes, op.cit.*, p.487 (OC V, p.520).

vidados a tomar como "pretexto" Barthes e sua obra para evocar o pensamento deles: Barthes pode ter a impressão de estar submetido ao "ídolo" de cada um. Ele aprecia o indireto por ele mesmo, mas não aprova ser o suporte ou o instrumento de todas as linguagens.

Foi em 1976 que a sra. Heurgon-Desjardins comunicou a Barthes seu desejo de organizar um colóquio de Cerisy dedicado a sua obra. Ela já havia solicitado uma vez, ele declinara. Numa carta enviada por sua filha, Édith Hergon, em 20 de janeiro de 1973, ela disse que estimaria que um Cerisy-Barthes fosse organizado em julho de 1974; Barthes respondeu: "Estou muito sensibilizado [...] mas sinceramente não me sinto pronto para tal colóquio: tenho o sentimento (talvez ilusório) que meu trabalho ainda tem fases novas a percorrer e que, no momento, ele não se prestaria ao comentário coletivo com uma riqueza suficiente".[50] Mas desta vez ele aceita, para não passar por aquele que recusa o colóquio em torno de seu nome, mas também porque talvez já sinta sua obra desenvolvida o suficiente e sua legitimidade bastante tangível. Ele impõe, entretanto, uma condição: que a direção dos trâmites fique a cargo de Antoine Compagnon, um de seus estudantes preferidos, que ele conheceu no ano anterior. A decisão surpreende. Antoine Compagnon tem 26 anos, nenhuma experiência em organizar colóquios. Barthes quer evitar "escolher" entre seus amigos de longa data, ainda mais considerando as dissensões e rivalidades. Não quer privilegiar a *Tel Quel* (Sollers, Kristeva), nem a Escola Prática (Genette, Todorov, Bremond) ou Vincennes (Jean-Pierre Richard, sobretudo). Um estudante que ninguém conhece lhe parece uma escolha neutra. E também uma escolha ditada pelos afetos. Compagnon naquele momento é um de seus principais interlocutores. Jantam quase toda semana, e Barthes lhe fala de seu trabalho; em contrapartida, seu aluno o dinamiza com sua juventude, seu desejo de literatura e seus próprios projetos. "Numa conversa, impossível de imputar uma ideia a um ou a outro. Barthes expunha uma dificuldade; falávamos dela; frequentemente ele se interrompia, abria sua caderneta e rabiscava algumas palavras."[51] Barthes

---

50. Carta a Édith Heurgon, janeiro de 1973, BNF, NAF 28630. "Exploitation de l'œuvre".
51. Antoine Compagnon, *Une question de discipline*, entrevistas com Jean-Baptiste Amadieu (Paris: Flammarion, 2013), p.78.

sabe que pode contar com alguém totalmente dedicado, como são os discípulos — o modo de vida e a obra deles ainda não os afastaram dele.

A decisão surpreende, de fato. O colóquio, de 22 a 29 de junho de 1977, brilha pelas ausências. Sollers declina no último momento; Genette, Todorov e Bremond resolvem não participar. Kristeva também não vai, mas porque teve bebê há pouco. A geração intermediária, a dos 35/45 anos, próxima de Barthes nos anos 1960, não está muito representada (salvo por Jacques-Alain Miller, cuja especialidade o situa um pouco à margem, e por Hubert Damisch). Estão presentes, em compensação, quase contemporâneos de Barthes (Jean-Pierre Richard e Alain Robbe-Grillet, ambos nascidos em 1922; François Whal, de 1925) e um grande número de estudantes (Françoise Gaillard, Éric Marty, Patrick Mauriès, Contardo Calligaris, Évelyne Bachellier, Jean-Loup Rivière, Jean-Louis Bouttes, Frédéric Berthet...). Cerca de cem pessoas se inscrevem no evento, seja pela obra, seja para encontrar um homem célebre. Como sempre, em Cerisy, o público é eclético, mas todo mundo se reúne na ampla sala de jantar e dorme nas diferentes dependências da propriedade — o castelo, a antiga fazenda, os estábulos. Basthes, como todos os convidados ilustres, se aloja num quarto do castelo. Um jovem estudante de Caen, que ninguém conhece, o acompanha ao longo da semana, como conta Éric Marty: trata-se de Yann Lemée (futuro Yann Andréa), que Barthes conheceu dois meses antes. De manhã cedo, Barthes toma café no vilarejo com Compagnon, momento de afastamento benéfico e ritual. Telefona toda noite para a mãe, doente desde a primavera, o que o preocupa terrivelmente.

O maior medo, o da morte de sua mãe, assombra de diferentes modos o colóquio. "Na origem de tudo, o Medo" — Barthes retoma a fórmula no início de sua própria intervenção: medo da bobagem, medo da humilhação, medo de ser privado de proteção; sobretudo medo na origem, na falta do pai; medo do conflito — é o objeto de sua comunicação. A semana corre bem. A intervenção de Robbe-Grillet constitui o ápice. Ela entabula um diálogo com Barthes e promove uma contenda com o público, um verdadeiro happening (que entrou para a lenda desta época mítica, na qual os grandes colóquios de ciências humanas eram ringues). Robbe-Grillet aponta com muita justeza a dificuldade que está no âmago do próprio nome de Barthes, não remetendo simplesmente ao escritor, mas a uma forte presença do corpo em seu texto: "Em suma, relações obscuras, suspeitas, condenadas em todo caso por toda uma direção de modernidade que julguei bom encorajar ainda recentemente".[52] A querela dos anos 1960 se repete amigavelmente aqui e, de modo muito espetacular, Robbe-Grillet desempenha o papel do crítico, daquele que proclama a morte do autor; e ele atribui a Barthes o papel de romancista: "Essa forte intervenção do personagem no texto, a sensação de que estou lidando com um corpo, com pulsões, coisas não limpas, provavelmente, faz com que o texto tenda a se tornar um simples porta-voz desse corpo, o que é efetivamente odioso para alguém que, como eu, participou de todo este projeto de expulsão do autor para fora de seu texto". Os papéis se inverteram, mas Robbe-Grillet reconhece sempre em Barthes uma vantagem em relação aos outros. O Novo Romance chegou a um impasse e, se algo de novo pode acontecer, deve vir de "alguém que se recusará a ser um romancista profissional". "Com *Fragmentos de um discurso amoroso*, você ultrapassou não a sociedade, mas a si mesmo, em direção ao que aparecerá, talvez, dentro de vinte anos, como o Novo Novo Novo Romance dos anos 1980. Quem sabe?"[53] Sempre, a ideia de que a inteligência de Barthes faz dele um precursor, suas contradições têm mais futuro do que as afirmações autoritárias ou os manifestos da modernidade.

Barthes responde a todos com generosidade e benevolência. Não contradiz frontalmente um participante, mas é capaz de se mostrar firme em suas discordâncias. Em resposta a Jacques-Alain Miller e Alain Robbe-Grillet, sustenta que seu corpo não está em seu texto, é um fantasma do corpo. Cuida para que nenhum ouvinte se sinta excluído. Ser o centro das atenções nem sempre o deixa muito à vontade. Seu desejo de filtrar os holofotes se manifesta na alegoria que inventa para a ocasião, de um lugar que não se chamaria Cerisy-la-Salle, mas Brume-sur-Mémoire. "É uma reflexão que poderia ter desdobramentos para a escritura; a escritura seria o campo da bruma da memória, e essa bruma da memória, essa memória imperfeita, é no fundo o campo da temática."[54] A bruma, o indireto, o segredo, evocado ante-

---

52. *Prétexte: Roland Barthes, op.cit.*, p.274.
53. *Ibidem*, p.283.
54. *Ibidem*, pp.278-79.

riormente no colóquio a propósito de *Armance*, de Stendhal (onde o segredo não é revelado), permanecem fadas benfazejas, temperando o "eu" e o "para mim" com sombras incertas.

A primeira metade de 1977 — a aula inaugural no Collège de France em janeiro; a publicação de *Fragmentos de um discurso amoroso* em março; o colóquio de Cerisy em junho — é um momento de consagração. Precedendo por pouco a morte de sua mãe, revela como é vã a legitimidade pública, se o reconhecimento do ser mais amado não pode ocorrer. O cataclismo pessoal varre os benefícios simbólicos da distinção.

capítulo 16

BARTHES
E FOUCAULT

Em Cerisy, Robbe-Grillet aproxima Barthes e Foucault, dizendo que os dois são objeto de uma apropriação: "É preciso ver com que alegria a sociedade recupera Barthes e Foucault. Quando Foucault, marginal vanguardista, se manifesta muito sutilmente contra o discurso sexual, é preciso ver como *L'Express* ou mesmo *L'Observateur* publicam artigos: 'Ah!, enfim, eis-nos liberados da ditadura do sexo'".[1] Ao ler na internet ou alhures quanto um e outro são de fato apresentados como referências sobre todos os assuntos, perdendo a dimensão crítica das *Mitologias* toda a eficácia, quando os textos são citados em função da exaltação nostálgica dos objetos (o DS,[2] o vinho tinto ou o bife com batatas fritas), medimos a pertinência da constatação de recuperação. O lugar particular desses dois pensadores na representação dos anos 1960-1970 se explica em parte pela absorção de suas obras em certa forma de doxa, contra a qual, entretanto, eles sempre lutaram. Ambos conhecem o mecanismo dessa inversão que Barthes denunciou. O tetrassílabo "Barthes e Foucault" serve para designar uma época, uma difusão do pensamento francês, a renovação das ciências humanas, um momento em que a teoria produz "grandes nomes" ou "grandes figuras". Quantos não lamentam que hoje não existam mais "grandes pensadores", mas não percebem que a promoção desses modelos não depende apenas de suas qualidades, mas da escolha de uma sociedade em se identificar com eles. É claro

---

1. *Prétexte: Roland Barthes, op.cit.*, p.298.
2. Nome do modelo de carro da marca Citroën, cuja pronúncia em francês significa "deusa". [N.T.]

que se pode sentir falta de uma época capaz de fazer de teóricos, filósofos e escritores figuras midiáticas — isto é, representativas e objetos possíveis de identificação —, mesmo que seja à custa de uma redução de suas obras.

As razões da dobradinha são de outra natureza. Deleuze também é muito citado, sua obra serve de instrumental de análise, mas sua pessoa não foi tão representativa: menos presente na cena midiática, mesmo tendo se envolvido (mais diretamente que Barthes, sem dúvida) em grandes realizações, em La Borde como em Vincennes, sua imagem permanece a de um pesquisador dedicado à edificação de sua obra conceitual. Já o comportamento, o engajamento de Foucault e Barthes são considerados inseparáveis da produção intelectual (ainda que tal produção seja devedora de muita concentração e isolamento). Isto explica em parte a constelação biográfica que se desenvolve ao redor deles, como se compreender a vida pudesse dar acesso ao pensamento. Uma hipótese plausível é que a relação deles com a história, expressa diferentemente em suas obras, mas objeto de reflexão em ambos, suscita um questionamento sobre seu lugar na história (vindo deles e dos outros). Uma segunda hipótese se deve à (relativa) marginalidade que lhes confere a homossexualidade: sua inteligência crítica os leva a não separar o desejo de seus objetos de estudo e a fazer da homossexualidade não uma orientação, mas uma maneira de questionar o mundo. É talvez ainda mais verdadeiro para Barthes que para Foucault, apesar das aparências. Se, à diferença de Foucault, ele nunca fez de sua sexualidade um espaço de reivindicação ou de combate, em parte pela recusa a toda fala exagerada, Barthes não deixou de aprofundar algo que poderia corresponder a seu programa crítico: a recusa do "natural", do que é óbvio, da ordem burguesa dada como espontânea, mas também o gosto do fragmentário, do indireto, as escolhas de escrituras alternativas, refratárias às ordens da lógica, da continuidade e da progressão. Lemos, assim, numa nota do fichário-diário: "Homossexualidade interessante apenas se ela leva, por ironias peculiares, por temas, a pensar o mundo. Se ela se deforma, se transforma em outra coisa (por exemplo: a intolerância ao que é óbvio)".[3] Nesse sentido, se Foucault foi mais explícito em seus engajamentos públicos, Barthes é aquele que foi mais longe no alcance crítico dessa questão. Foucault denuncia a onipotência da ordem do discurso, mas ele o faz ainda circunscrito a suas leis: continuidade e argumentação lógica; quanto a Barthes, talvez por sua liberdade de escritor, ele se dedica a desfazê-las.

VIDAS PARALELAS

A homossexualidade é decisiva na amizade deles. Vão a lugares reservados, flertam juntos, viajam ao Marrocos para o prazer, assistem a lutas de judô, cujos ícones populares são recuperados pela cultura homossexual da época. O que não quer dizer que não partilhem muitas coisas intelectualmente, mas suas discussões literárias ou teóricas funcionam mais como um suplemento do que como uma razão primeira. Foram apresentados um ao outro por Robert Mauzi, então estudante na Fondation Thiers, onde Foucault tinha sido interno anteriormente. Estamos em 1955 e Foucault é, desde o ano anterior, leitor na universidade de Uppsala, na Suécia, onde fora nomeado graças à intervenção de Georges Dumézil. Deseja convidar Barthes para fazer uma conferência no espaço cultural da Maison de France, que ele coordena, em paralelo a seus encargos de aulas na universidade. Ele volta regularmente para a França e é por ocasião de uma de suas estadas que o encontro ocorre, no final do ano. Publicou seu primeiro livro, *Doença mental e psicologia*, quando lecionava psicologia na Escola Normal Superior em 1954. Seu brilho intelectual na época é bem menor que o de Barthes, mas em vários pontos suas trajetórias se encontram: Barthes conhece bem a rede dos acadêmicos franceses no exterior; o tempo perdido no sanatório o situa no

---

3. BNF, NAF, grande fichário, 31 de julho de 1979.

mesmo ponto de Foucault em seu percurso e ambos estão preparando uma tese. Seus dez anos de diferença dão um pouco de vantagem para Barthes no plano da notoriedade, mas não no da carreira. Barthes aceita o convite e vai pela primeira vez para a Suécia, na primavera de 1956. Com seu grande senso de festa, seu Jaguar bege, Foucault transforma sua estada num momento muito alegre, do qual não existem muitos vestígios. De que Barthes falou? Talvez de teatro, seu principal assunto naquele momento, pois Foucault coordenava também em Uppsala um clube de teatro com estudantes, mas talvez também sobre o mito, já que ele acabava de terminar a redação de "O mito, hoje".

Escola Normal Superior, agregação de filosofia, Fondation Thiers, Foucault tem todos os signos da legitimidade que faltam para Barthes. Ele tem também um pai influente e autoritário, e grande parte de sua trajetória inicial se volta contra ele. Essas diferenças de percurso explicam em parte uma relação distinta com a lei e comportamentos na vida diametralmente opostos. Na pesquisa, Foucault se sente obrigado a um trabalho obstinado, enquanto Barthes se deixa ir para onde seu desejo o leva; a preguiça é também estranha a Foucault, ao passo que Barthes a consente às vezes (no verão em Urt, em Paris, ou no café). Foucault adota soluções radicais (as tentativas de suicídio, o engajamento político direto nos anos 1970), quando Barthes teme os conflitos e as oposições frontais. Um desconhece o medo, o outro é animado por ele. Eles se reencontram, entretanto, em três planos: a atração pela literatura, sem dúvida mais afirmada em Barthes, mas que permanece, como em Foucault, fortemente projetiva e fantasmática (Didier Eribon diz que no começo da década de 60 Blanchot representa o sonho de Foucault); a dificuldade com as escleroses da França, suas instituições imutáveis, suas linguagens mortas e, consequentemente, uma forte atração pelo estrangeiro, no qual ambos experimentam longas e marcantes temporadas e do qual fazem um possível ponto de fuga; o sentimento da diferença sexual, que eles interiorizam diferentemente (Foucault, ex-aluno de um colégio diocesano, na culpa; Barthes, o protestante, num culto do segredo) e que os conduz a posturas de afastamento e um sentido exacerbado da margem (e desde então a estratégias de recentramento).

Em 1960, Foucault volta para a França, depois de suas estadas em Uppsala, Varsóvia e Hamburgo, para assumir um cargo na universidade de Clermont-Ferrand. É então que começa o período mais intenso da relação de amizade entre os dois. Do outono de 1960 ao verão de 1963, eles se veem demais, quase todas as noites em novembro-dezembro de 1960, em seguida, duas ou três vezes por semana. Formam um grupo com Robert Mauzi e Louis Lepage e frequentam os bares para o público homossexual do bairro Saint--Germain: o Fiacre, na rua du Cherche-Midi, o Speakeasy, na rua das Canettes, e o Flore sempre, cujo primeiro andar é tradicionalmente sobretudo um ambiente gay. Às vezes vão à boate à Chansons ou ao Cherry Lane, ou ainda aos cabarés que acabam de ser abertos em Montmartre. Ocorre também de ambos se verem sozinhos, e eles então falam de suas pesquisas, das leituras que fizeram um do outro. Foucault apresenta Barthes a Jean Beaufret e Luis Althusser;[4] Barthes o introduz no meio literário: é assim que em 1963 eles entram juntos, com Michel Deguy, no conselho de redação da revista *Critique*, cuja direção Jean Piel retomou em 1962, depois da morte de Bataille;[5] Foucault escreve sobre literatura, sobre Bataille particularmente, ao lado de Barthes e de Sollers, no número especial de 1963 que homenageia o escritor; é também a época em que ele escreve seu livro sobre Roussel, do qual Robbe-Grillet fará uma resenha em *Critique* em dezembro de 1963. Foucault costuma passar pela rua Servandoni e fica conhecendo Henriette Barthes; Barthes, a caminho de Urt, faz uma parada em Vendeuvre, perto de Poitiers, para encontrar Anne Foucault no Piroir, a casa da família onde Michel Foucault passa quase todos os meses de agosto. O verão de 1963 é aquele da temporada deles em Marrakech (no hotel Mamounia) e em Tanger, em julho. É na volta dessa viagem que a relação deles se distende. É possível que tenham tido um desentendimento a propósito de um rapaz, mas a história prefere a versão de que Foucault, tendo decidido viver com Daniel Defert num apartamento da rua Monge, se distancia de seus companheiros de saídas. É verossímil, de fato, que o afastamento decorra de uma mudança de modo de vida. Alguns vão um pouco mais longe, afirmando que Daniel Defert não gostava de

---

4. *Lettres à Franca (1961-1973)* dá o testemunho de dois jantares reunindo Foucault, Barthes e Althusser em 6 de outubro e 12 de novembro de 1962 (*op.cit.*, pp.229 e 284).
5. Barthes, Deguy e Foucault permanecem os únicos no conselho de redação até 1965, aos quais se juntaram Pierre Charpentrat nesta data, depois Jacques Derrida, em 1967; Roger Errera, em 1968, e Michel Serres, em 1969. Foucault deixa oficialmente o conselho em 1977, mas ele não publicava mais na revista desde 1970.

Barthes. Sem corroborar explicitamente esta razão, Defert, em *Une vie politique*, admite suas reticências: não apreciava o comportamento de Mauzi e Barthes (que ele já tinha encontrado no ano anterior no Fiacre com Jean-Paul Aron) com os jovens: "Ao mesmo tempo querendo seduzir e temendo serem manipulados". Da primeira noite em que se saáram — "jantar em Saint-Germain, depois uma parte da noite no Fiacre", como era a rotina do grupo —, ele guarda uma péssima lembrança: "A diferença etária e social era enfatizada, continuamente ressaltada, sobretudo por Barthes. Anos mais tarde contei a Foucault o quanto esta noite me tinha sido penosa e correra o risco de ser a última".[6] Barthes tinha se permitido utilizar o "tu" imediatamente, o que Defert tomou como um modo de tratá-lo como michê. É muito provável que o mal-estar de Defert tenha causado o distanciamento entre os dois.

Segundo Philippe Sollers, o afastamento foi percebido por Barthes como uma verdadeira ruptura. No entanto, é preciso não exagerar esse episódio — os vínculos afetivos conhecem altos e baixos, fases alternadas de suspensão e de aproximação, de acordo com a conjuntura. Além do trabalho obstinado no qual Foucault mergulhou,[7] as circunstâncias não favorecem encontros muito frequentes. A partir de 1966 Foucault vai ensinar na Tunísia, onde Daniel Defert faz o serviço militar, lá permanecendo até 1968. Em 1969, é a vez de Barthes partir para o Marrocos. Um bilhete que Foucault lhe envia em fevereiro de 1970, depois da leitura de *s/z*, mostra que ainda há certo calor em suas relações: "Acabo de te ler de uma vez só: é magnífico: a primeira verdadeira análise de texto que jamais li".[8] Até aí bastante paralelas, suas trajetórias se invertem a partir de 1968. Barthes se afasta da política enquanto Foucault se engaja de maneira intensa. Não se permitem mais a indecisão aberta que pode levar suas obras para onde quiserem,

---

6. Daniel Defert, *Une vie politique*, entrevistas com Philippe Artières e Éric Favereau (Paris: Seuil, 2014), p.32.
7. Na "Cronologia" que dá de Michel Foucault no início de *Dits et écrits*, Daniel Defert anota sobriamente, na entrada "Outubro 1963": "Um trabalho intenso rompe o ritmo dos jantares noturnos com Roland Barthes em Saint-Germain-des-Près. Suas relações se distendem". Michel Foucault, *Dits et écrits* (Paris: Gallimard, 1994), t.1, p.25). Nas entrevistas dadas no momento da publicação de seu livro, *Une vie politique*, ele confessa que no momento em que se instalou com Foucault, disse-lhe que não queria mais sair.
8. Carta de Michel Foucault, 28 de fevereiro de 1970. Fundo Roland Barthes, BNF, NAF 28630, "s/z".

sem que saibam bem para aonde. Cada um persevera nos campos em que se sente melhor e nos quais é mais reconhecido: história e filosofia para Foucault, literatura e escritura para Barthes. É assim que, voltando a falar sobre sua relação com Barthes no microfone de Jacques Chancel, Foucault pode dizer: "O domínio ao qual me dedico e que é aquele, verdadeiramente, da não literatura, é tão diferente do dele que agora, creio, nossos caminhos divergiram bastante, ou não estão exatamente no mesmo plano".[9] É impressionante que Foucault evoque de maneira negativa seu campo de investigação ("a não literatura") enfatizando a renúncia ao que outrora ele pudera desejar. É ainda uma maneira de prestar homenagem a Barthes. Suas trajetórias sociais se unem de novo em 1975, no momento da preparação do Collège de France, como já foi dito, quando Foucault desempenha um importante papel para a entrada de Barthes. Ambos morrem no hospital Pitié-Salpêtrière, um em março de 1980, o outro em junho de 1984, e os amigos se encontram para liberar o corpo no mesmo necrotério e prestar homenagens no mesmo pátio do anfiteatro.

UM ACOMPANHAMENTO

É indiscutível a confiança que os dois manifestam na obra um do outro. Barthes se impressiona com a inteligência de Foucault e sua capacidade de trabalho, que lhe parece inesgotável. Foucault, por seu lado, aprende muito com o potencial crítico de Barthes e suas maneiras de ler. Num comentário de 1982, ele associa Barthes e Blanchot para tentar exprimir em que constituía a força deles em relação ao livro. "Ler um livro, falar de um livro, era um exercício ao qual se dedicavam de algum modo para si mesmos, para seu proveito, para transformar a si mesmos. Falar bem de um livro de que não gostavam ou tentar falar com suficiente distância de um livro de que gostavam um pouco demais, todo este esforço fazia com que de escritura a escritura, de livro a livro, de obra a artigo, passasse alguma coisa. O que Blanchot e Barthes introduziram no pensamento francês foi considerável".[10] Foucault compreendeu que a força desta dinâmica

---

9. Michel Foucault, *Radioscopie*, entrevista com Jacques Chancel, France Inter, 10 de março de 1975.
10. Idem, "Pour en finir avec les mensonges", *Le Nouvel Observateur*, 23 de junho de 1985, pp.76-77.

crítica está em abolir a hierarquia entre leitura e escritura e, pois, em suprimir separações institucionais. A dimensão política desta liberação deve-se ao fato de que o pensamento se desdobra num mesmo movimento, de uma atividade a outra, suprimindo as distinções. Não há escritores de um lado e, de outro, leitores, como haveria ricos e pobres, homens e mulheres, dominantes e dominados. Este movimento de indistinção visa, pois, esboroar todas as designações rígidas baseadas no plano das diferenças e não das essências ou das categorias. Barthes, por seu lado, logo mede a novidade de Foucault em dois planos. Primeiro, a introdução de um *outro* discurso histórico, relativo, propondo a releitura permanente de suas fontes, que já o havia fascinado em Febvre. Em seu artigo sobre *Folie et déraison, histoire de la folie à l'âge classique* — síntese do doutorado que Foucault preparou em Uppsala, defendido diante de Georges Canguilhem e Daniel Lagache, publicado pela Plon em 1961 —, Barthes o insere, aliás, nesta linhagem: "Imagina-se que Lucien Febvre teria gostado deste livro audacioso, já que ele devolve à história um fragmento de "natureza" e transforma em fato de civilização o que até então considerávamos um fato médico: a loucura".[11] Num segundo plano, Barthes reconhece que Foucaut abala o saber, não fazendo dele mais um "ato calmo, soberbo, apaziguante, reconfortante, que Balzac opunha ao poder que queima", mas uma inquietação provocada pelo movimento que se articula entre loucura e razão. Barthes vê uma reviravolta epistemológica que o impressiona de maneira definitiva e de tempos em tempos, no decorrer dos anos seguintes, ele volta a esta "vertigem" introduzida por Foucault, quando se pôs a falar "da dupla Razão e Desrazão" e de seus conteúdos lábeis.[12]

Foucault ficou muito feliz com este gesto de reconhecimento, gesto duplo, já que em 1964 Barthes retoma o artigo em *Essais critiques*. O texto inscreve o filósofo em dois polos de ponta da ciência moderna: a linguística e a etnologia — Barthes compara o proce-

---

11. "La part de l'autre", in *Critique*, 1961, recolhido em *Essais critiques*, OC II, p.423 [ed. bras.: "De um lado ou de outro", in *Crítica e verdade, op.cit.*, p.140].
12. Ver *"De part et d'autre"* (OC II, p.427) [ed. bras.: "De um lado e de outro", in *Crítica e verdade, op.cit.*, p.142]; " Je ne crois pas aux influences", *France Observateur*, 16 de abril de 1964 (OC II, p.618) [ed. bras.: "Não creio nas influências", in *O grão da voz*, p.33]; e "Culture de masse, culture supérieure", *Communications*, maio de 1965 (OC II, p.709) [ed. bras.: "Cultura de massa, cultura superior", in *Inéditos vol. 1 — Teoria*, p.67].

dimento de Foucault ao de Mauss, e diz que este "olhar etnológico" aplicado às sociedades próximas foi também o que ele tentou em *Mitologias* —, o que corresponde ao lugar móvel que ele almeja. O outro livro de Foucault sobre o qual Barthes continua um verdadeiro trabalho de análise é *Nascimento da clínica, uma arqueologia do olhar médico* (publicado pela primeira vez pela PUF em 1963), inscrevendo-o no programa da semiologia, pois o significante da doença resulta num significado que, nomeado, se reconverte em significante. Foucault tem assim um modo de tratar do problema da linguagem da clínica — e o papel da linguagem no nascimento da clínica — que coincide com as pesquisas de Barthes, que dele retoma sobretudo a distinção entre sintoma e signo, o sintoma sendo o fato mórbido, a substância do significante, e o signo tomando esse sintoma numa descrição. O espaço clínico permite assim repensar o problema da linguagem em modo interrogativo: "Se a natureza semiológica do campo das doenças, e é a hipótese de Foucault, corresponde a certa história, então a predominância da noção de signo, a cultura da noção do signo, corresponderiam a certa fase ideológica de nossa civilização".[13] Reencontramos aqui a preocupação de Barthes com relação à metalinguagem, que é sempre abordada na crítica que ele opera. Também o vemos antecipar o término de um momento histórico, do qual percebemos a posteriori os liames que ele articula entre saber, política e ideologia.

O primeiro tomo de *História da sexualidade: A vontade de saber* é publicado em 1976, e *Fragmentos de um discurso amoroso*, em 1977. Foucault opera em seu livro uma reviravolta notável — o poder não é o que proíbe, mas o que obriga a falar — que vem de Barthes, em particular, de *Sade, Fourier, Loyola:* "A censura social não está onde se proíbe, mas onde se obriga a falar".[14] Barthes estabelece ligações entre as duas publicações simultâneas: numa época em que triunfa a liberação sexual, o amor teria se transformado no que é rejeitado pelas filosofias contemporâneas. "Estava na hora de se praticarem

---

13. "Sémiologie et médecine", in *Les Sciences de la folie*, org. de Roger Bastide (Haia: Mouton, 1972; OC IV, p.183).
14. *Sade, Fourier, Loyola*, OC II, p.811 [ed. bras.: *Sade, Fourier, Loyola, op.cit.*, p.147]. Sobre este assunto, ver Éric Marty, *Pourquoi le xxe siècle a-t-il pris Sade au sérieux?* (Paris: Seuil, 2011), p.164. Col. Fiction & Cie.

certos ajustes? Foucault também se dedicou a isso".[15] Por outro lado, Didier Eribon relata que certas testemunhas ouviram Foucault menosprezar *Fragmentos*, que considerava tolos e impudicos. Não deixa de ser verdade que depois da entrada de Barthes no Collège os dois retomam parte da antiga proximidade, encontrando-se regularmente para jantar e trabalhando juntos. Eles participam, por exemplo, de um seminário de análise musical com Pierre Boulez, Gilles Deleuze e membros do Institut de Recherche et Coordinationa Acoustique/Musique, IRCAM, em fevereiro de 1978; sempre se veem no Collège. Em março de 1980, Foucault vai várias vezes ao hospital. É ele que pronuncia uma breve alocução fúnebre diante da assembleia do Collège em abril de 1980, inteiramente escrita sob o signo da afeição. Antes de evocar a amizade de Barthes pelo administrador, Alain Horeau, pelos membros da administração e o conjunto de seus colegas, Foucault faz ressoar com emoção a força da sua: "Há alguns anos, quando eu lhes propunha acolhê-lo entre os senhores, a originalidade e a importância de um trabalho que se desenvolvia ao longo de mais de vinte anos, com um brilho reconhecido, me isentavam de recorrer, para apoiar meu pedido, à amizade que tinha por ele. Não que eu a tivesse esquecido: podia abstraí-la. A obra estava lá. Esta obra é única, doravante. Ela falará ainda; outros a farão falar e falarão sobre ela. Então, permitam-me, esta tarde, expor unicamente a amizade. A amizade que, com a morte que ela detesta, deveria pelo menos ter a semelhança de não ser tagarela".[16]

Foucault responde aqui quase palavra por palavra à homenagem que Barthes lhe prestara por ocasião de sua *Aula*: "E quanto ao presente, permitam-me abrir uma exceção, na discrição com que a amizade deve mantê-los inominados: Michel Foucault, a quem sou ligado por afeição, solidariedade intelectual e gratidão, pois foi ele quem se dispôs a apresentar à Assembleia dos Professores esta cadeira e seu titular".[17] Aproximar hoje essas duas expressões de gratidão, estabelecendo um vínculo entre amizade e silêncio, é emocionante porque, além de pequenas desavenças ou distanciamentos essencialmente

---

15. "Barthes sur scène", *L'Express*, 17 de abril de 1978 (OC IV, p.545).
16. Michel Foucault, "Voici, en bien peu de temps...", in *Annuaire du Collége de France*, 1980, pp.61-62.
17. *Leçon*, OC V, p.430 [ed. bras.: *Aula*, p.9].

ligados às circunstâncias, o vínculo entre esses dois homens é sensível e faz história. Seus nomes não são associados apenas porque ambos pertencem a um mesmo momento da aventura do pensamento, mas porque construíram este momento juntos, no reconhecimento recíproco e na amizade.

DOIS ESTILOS

A diferença entre eles, e seus eventuais desacordos, devem-se menos a divergências teóricas do que a maneiras de ser, como atestam os que os conheceram, juntos ou separadamente. Maurice Pinguet, por exemplo, que fica muito próximo deles no Japão (tenta convencê-los a passar uma temporada longa), mas que conhecera Foucault na Escola Normal Superior, os evoca de modo a ressaltar as discordâncias. Enquanto Barthes se preocupa muito com a aparência e a carreira, e gosta profundamente de música, Foucault manifesta "uma grande indiferença com a roupa, a alimentação, com o ambiente da vida. Ele dizia gostar da música, mas não era bastante sonhador (mais sensível que sentimental) para ter necessidade dela".[18] Pinguet não faz nenhum julgamento: contenta-se em esboçar retratos. A partir de 1970, as diferenças se evidenciam: se Foucault manifesta exuberância e generosidade em tudo, em seu *coming out* homossexual, em seu engajamento com as prisões, na afirmação de suas posições, Barthes se apresenta mais do que nunca em sua singularidade e recusa à histeria. Seu altruísmo é percebido por todos, mas ele não tem a energia da generosidade foucaldiana. Quem não enxerga a dimensão ficcional da postura poderia tomá-la como um "fechar-se sobre si mesmo". Nem sempre é fácil para o outro ver a diferença entre "viver segundo a literatura", como escreve Barthes em "Fragments pour H.", e viver segundo as normas que regem mais frequentemente as relações entre os seres.

Mathieu Lindon, que encontrou Barthes aos 18 anos num jantar na casa de seu pai, o editor Jerôme Lindon, revela que todas as pessoas que conheceram os dois preferiam Foucault, mais livre, mais generoso, mais engraçado. Seu relato dos diferentes episódios de sua relação com ele se assemelha ao de Daniel Defert e, sobretudo, de Hervé Guibert, que contou que Barthes lhe tinha pedido para dormir com

---

18. Maurice Pinguet, *Le Texte Japon, op.cit.*, p.47.

ele em troca de um prefácio:[19] como lhe escreveu Barthes em seguida, "encontrei-me sozinho no apartamento, perseguido pela imagem de um canalha, que fracassou em seu projeto".[20] As cartas de Barthes a Guibert evocam uma relação complicada, mas bastante terna. O relato de Guibert não dá exatamente conta do que ocorreu. Barthes comprometeu-se em março de 1977 a prefaciar um texto de Guibert, intitulado *La Mort propagande n. o.* É possível que, por brincadeira, Barthes tenha proposto o "contrato", evocado em s/z, a propósito do epílogo de *Sarrasine*, um texto por uma noite de amor; mas é sobretudo a preocupação com a doença da mãe e a relativa apatia resultante que parecem ser a causa desta deserção. Mathieu Lindon, por sua vez, conta: "Ele esperava de mim um ato mais que palavras, e quando me recusei, fui expulso imediatamente deste universo, não tive mais acesso a nenhuma outra aula de seminário, o que me pareceu ao mesmo tempo legítimo e chocante. Era como se, de repente, eu me tornasse inexistente".[21] Convém repensar esses episódios em seus contextos. Barthes tinha seu grupo de amigos, ao redor de Jean-Louis Bouttes e Youssef Baccouche, mas também de André Téchiné, François-Marie Barnier, Renaud Camus, estudantes do seminário, Frédéric Berthet, Éric Marty, Antoine Compagnon; Foucault tinha o seu, com Daniel Derfert, Mathieu Lindon e Hervé Guibert. É natural que os relatos não coincidam Mas às vezes os grupos se reúnem. Quando, por exemplo, Foucault organiza na rua de Vaugirard noitadas especiais, para as quais convida amigos de diferentes círculos. Uma dessas noites ocorre em 28 de outubro de 1979, em torno de um bailarino japonês que dança nu diante dos convivas. Pela primeira vez Mathieu Lindon revê Barthes depois do rompimento. Ele considera este encontro — a estupefação de Barthes ao vê-lo na casa de Foucault, "salvo", é o seu termo, das "lixeiras da homossexualidade" — como uma revanche, mas, fazendo isso, ele institui a rivalidade entre eles. Ele o reconhece, aliás: "Michel, a quem eu nunca tinha falado disso, não deve ter desconfiado que a gente se conhecia".[22]

---

19. Hervé Guibert, entrevista com Didier Eribon, *Le Nouvel Observateur*, 18-24 de julho de 1991.
20. "Fragments pour H.", carta a Hervé Guibert de 10 de novembro de 1977, in *L'Autre Journal*, 19 de março de 1986 (OC V, p.1006).
21. Mathieu Lindon, *Ce qu'aimer veut dire*, op.cit., p.240.
22. *Ibidem*, p.241.

A diferença de estilo se nota no modo de falar e escrever. Frequentemente, compararam-se as aulas inaugurais e os seminários de ambos no Collège de France. O confronto das aulas é interessante na medida em que Barthes, apresentando seu itinerário, inscreve diretamente seu assunto num diálogo com a aula de Foucault, "A ordem do discurso", ministrada em 1970 e publicada em 1971. Como ele, põe a questão das relações entre palavra e poder. Foucault fazia o inventário das maneiras como "em toda sociedade, a produção do discurso é ao mesmo tempo controlada, selecionada, organizada e redistribuída por certo número de procedimentos que têm por função conjurar seus poderes e perigos, dominar seu acontecimento aleatório, evitar sua pesada e temível materialidade".[23] Por mais que o discurso seja submisso a uma doutrina, ele é sempre, diz Foucault, uma violência exercida sobre as coisas. Barthes retoma estes três temas, a palavra, o poder e a violência, em torno do problema que constitui para ele o fato de ter de "manter um discurso" (título de um seminário dado de janeiro a junho no Collège). "Já que este ensino tem por objeto, como tentei sugerir, o discurso preso à fatalidade de seu poder, o método não pode realmente ter por objeto senão os meios próprios para baldar, desprender, ou pelo menos, para aligeirar esse poder."[24] Esta frase é uma retomada quase literal da definição que Foucault, em sua aula inaugural, dá do ensino: "uma distribuição e uma apropriação do discurso com seus poderes e seus saberes".[25] A opressão que este gesto supõe é mencionada em epígrafe no discurso de Barthes: "Falar, e com maior razão, discorrer, não é comunicar, como se repete com demasiada frequência, é sujeitar".[26]

Embora sejam bem diferentes as pesquisas de cada um deles, bem como os programas das aulas, o posicionamento de ambos é similar: uma relação preocupada com o discurso, com a fala como teatro. Mas Barthes vai muito mais longe, estendendo o campo de ação da violência para a língua inteira. "E língua, como desempenho

---

23. Michel Foucault, *L'Ordre du discours* (Paris: Gallimard, 1971), p.11 [ed. bras.: *A ordem do discurso*, trad. de Laura Fraga de Almeida Sampaio. 23ª ed. (São Paulo: Ed. Loyola, 2013), pp.8-9].
24. *Leçon*, OC V, p.444 [ed. bras.: *Aula, op.cit.*, p.43].
25. Michel Foucault, *L'Ordre du discours, op.cit.*, p.47 [ed. bras.: *A ordem do discurso, op.cit.*, p.42].
26. *Leçon*, OC V, p.431 [ed. bras.: *Aula, op.cit.*, p.13].

de toda linguagem, não é nem reacionária, nem progressista, ela é simplesmente: fascista; pois o fascismo não é impedir de dizer, é obrigar a dizer." Este enunciado "enorme, excessivo, escandaloso, quase louco",[27] não podia ser entendido, pois ele é literalmente indefensável. No plano linguístico, não quer dizer nada, já que não se pode confundir o registro da língua e da fala ou do discurso; no plano da lógica, ele opera uma redução radical dos sujeitos falantes sobre a própria língua; no plano ideológico, ele se apodera de uma presunção da moda, que consiste em tratar como fascista qualquer manobra autoritária. O assunto logo chocou e deu margem a inúmeras tentativas de explicação. Sintoma de idiotice para uns, de provocação para outros, a frase também foi lida como uma vontade de suplantar Foucault,[28] uma resposta a reservas mais ou menos explícitas a respeito de seu trabalho: por exemplo, em "O que é um autor?", quando Foucault fala da "afirmação vazia de que o autor desapareceu", que visa diretamente "A morte do autor", ou em *A ordem do discurso*, quando dá como ilusória a emancipação da literatura do campo do discurso em nome do "caráter intransitivo que [o escritor] empresta a seu discurso", alusão evidente a "Escritores e escreventes". É possível que Barthes, que leu atentamente a aula de Foucault antes de preparar a sua, tenha querido explicitar seu ponto, a diferença salutar da literatura como escritura, que resiste ao discurso, mesmo se for ao preço de uma trapaça com a língua. Que ele o faça de uma maneira aforística ou assertiva é bem do seu estilo, ele que sempre começa por afirmar antes de nuançar. O mais surpreendente é que sucumba a um estereótipo de época, logo ele, em geral tão rápido para desmistificá-los. A provocação sem dúvida é premeditada. Ela não chega de forma imprevista no discurso e é fruto da violência pontual da qual Barthes às vezes se mostra capaz: está lá, nos dois rascunhos manuscritos. Dizer "a língua é fascista" como se dizia "CRS, SS" pode ser uma maneira de ilustrar a afirmação na sua forma mesma: a língua é fascista, a prova é que meu discurso o é, ao dizê-lo.

---

27. Éric Marty, "Présentation", OC V, p.15.
28. É a tese de Jean-Marc Mandosio, "Naissance d'un stéréotype: 'la langue est fasciste' (Roland Barthes)", in NRF, n. 589, abril de 2009, p.91. Para uma discussão aprofundada do enunciado de Barthes, ver Hélène Merlin, *La langue est-elle fasciste? Langue, pouvoir, enseignement* (Paris: Seuil, 2003).

Em outras palavras, Barthes não faz senão estender à língua uma afirmação que há muito ele mantém sobre a fala, sua arrogância, sua vontade de controlar, seu caráter autoritário. A frase não é, pois, tão surpreendente para quem conhece a oposição fala/ escrita que ele sempre discute em seus textos. O radicalismo da formulação está na medida do radicalismo da resposta que se pode opor à língua, a saber, como o fez Blanchot, o silêncio: seja a singularidade mística, descrita por Kierkegaard a propósito do sacrifício de Abraão como ato "vazio de toda palavra, mesmo interior, erguido contra a generalidade, o gregarismo, a moralidade da linguagem"; seja "o *amen* nietzchiano, que é como uma sacudida jubilatória dada ao servilismo da língua, àquilo que Deleuze chama de capa reativa".[29]

Com relação a esses gestos sublimes, que supõem uma crença que Barthes não possui, a literatura aparece como o único lugar onde se pode ouvir uma língua fora do poder. É aí que Barthes responde explicitamente a Foucault: "As forças de liberdade que residem na literatura não dependem da pessoa civil, do engajamento político do escritor que, afinal, é apenas um 'senhor' entre outros, nem mesmo do conteúdo doutrinal de sua obra, mas do trabalho de deslocamento que ele exerce sobre a língua". Ele retoma a noção, primordial desde *O grau zero da escrita*, de "responsabilidade da forma", para expor o alcance de um tal "*despoder*". A *Aula* que abriu com o reconhecimento do Collège como "lugar fora do poder", termina sobre o programa da literatura que é a renúncia a todas as servidões da língua. Se lembrarmos que todos os cursos de Foucault daquela época — *Il faut défendre la sociéte* em 1976; *Sécurité, territoire, population* em 1978; *Naissance de la biopolitique* em 1979 — tratam da questão do poder, fica claro que, quanto à forma, em todo caso, são colocados elementos de um diálogo.

Um ensino que fornece uma pesquisa, e não saberes ou uma linguagem fixa, se fundamenta também na depreciação. Contra o caráter teatral da palavra magistral — denunciada também por Foucault em *A ordem do discurso* — é preciso propor uma "palavra inquieta",[30] que conserva seu caráter transitório e incerto, consciente de si

---

29. *Leçon*, OC v, p.433 [ed. bras.: *Aula, op.cit.*, p.16].
30. *Une parole inquiete*: é o título do estudo que Guillaume Bellon consagra à leitura cruzada dos cursos de Barthes e de Foucault no Collège de France (Grenoble: Ellug, 2012).

mesma e do mal-estar em que se encontra a universidade em crise desde maio de 1968. Daí a resistência de Barthes e de Foucault ao caráter "mundano" das conferências do Collège de France, onde os microfones funcionam mal e parte do público é obrigada a escutar sem ver, o que transforma os professores em animais de circo. Daí as reticências que os dois exprimiram quanto à publicação de seus cursos: a famosa nota testamentária de Foucault ("Nenhuma publicação póstuma"); a renúncia de Barthes à publicação do curso sobre "O neutro" ("Acho que, na atividade de uma vida, é preciso sempre reservar uma parte para o Efêmero: aquilo que acontece uma vez e desaparece, é a parte necessária do Monumento Recusado").[31] Apesar dessas precauções, os cursos dos dois serão publicados: é preciso, pois, lê-los com a consciência da experimentação (mesmo que preparassem seus cursos com antecipação, em geral no verão anterior em Urt, no que concerne a Barthes), da retomada, da correção, do tom e do grão da voz. Ler os cursos ou escutar suas gravações também permite perceber diferenças de estilo. Foucault fala num tom vivo, às vezes descontínuo; Barthes fala lentamente, com uma voz clara e profunda. Foucault baseia seu discurso no gesto retrospectivo, no método arqueológico, voltando para proposições anteriores, corrigindo ou enfatizando seu pensamento sob o efeito de novas leituras e de novos diálogos. O ensino de Barthes, ao contrário, é inteiramente prospectivo, apoiado numa ficção ou num fantasma. A inquietação com a retomada e a inquietação com o desejo não são da mesma natureza. A primeira é aprofundamento, está ligada à produção do saber; a segunda é ultrapassagem e se dispõe a deslocar o saber através do "para mim". Essas duas inquietações distintas se traduzem na escritura de seus livros por uma maneira bem diferente de recusar os sistemas. Enquanto Foucault os desfaz, desconstruindo--os, Barthes renuncia a eles, espalhando-os no fragmento. O que os aproxima é a análise explícita em Foucault, implícita em Barthes, da importância dos processos de subjetivação.

---

31. *La Préparation du roman I et II*, p.31. [ed. bras.: *A preparação do romance*, vol. I, p.13].

capítulo 17

DILACERAMENTOS

Sermos estrangeiros é inevitável, necessário, exceto quando a noite cai.
Como viver junto

O ANO DE 1977

Como o ano de 1955 ou de 1966, o ano de 1977, que começa com a aula inaugural,em 7 de janeiro e "acaba" com a morte de Henriette Barthes em 25 de outubro, é um ano de transição para Barthes: à maior consagração segue-se a ruptura mais radical, mais dilacerante, aquela depois da qual tudo mudou. É também o ano da publicação de *Fragmentos de um discurso amoroso*, momento de expressivo reconhecimento público, que coloca em cena um outro gênero de dilaceramento, aquele que a paixão amorosa faz o sujeito sofrer.

A presença da mãe de Barthes na primeira fila da sala 8 que reúne os convidados para a aula — ao contrário dos cursos abertos, as aulas inaugurais no Collège de France exigem convite —, talvez seja o símbolo daquele ano, em que uma presença se transforma em ausência, uma plenitude em falta. Sem nomeá-la, Barthes lhe presta uma homenagem indireta, evocando como única lei o desejo e o abandono à mãe. "Gostaria, pois, que a fala e a escuta que aqui se trançarão fossem semelhantes às idas e vindas de uma criança que brinca em torno da mãe, dela se afasta e depois volta, para trazer-lhe uma pedrinha, um fiozinho de lã, desenhando assim ao redor de um centro calmo toda uma área de jogo, no interior da qual a pedrinha ou a lã importam finalmente menos do que o dom cheio de zelo que deles se faz".[1] Barthes invoca um espaço construído pelos afetos, alternativa ao lugar do controle que pode ser o do curso. Mas ele exprime também o medo da separação: o fiozinho de lã evoca o jogo da bobina

---

1. *Leçon*, OC V, p.445 [ed. bras.: *Aula, op.cit.*, p.44].

do neto de Freud, o *fort-da* pelo qual a criança traz para si o que foi afastado. Ele remete também a um texto de Winnicott, que Barthes cita várias vezes em *Fragmentos de um discurso amoroso* e que é uma referência importante para ele, durante esse período: "Expliquei à mãe que seu filho temia a separação e que ele tentava negá-la por meio do jogo do barbante, assim como se nega a separação de um amigo recorrendo ao telefone".[2] A referência psicanalítica visa menos a dar uma explicação que expor a plenitude desse espaço afetivo no qual o dom é possível, em todas suas formas. No primeiro rascunho da aula, Barthes acrescentou: "Creio sinceramente que na origem de todo ensino é preciso aceitar colocar um afeto". Ele substitui o termo "afeto" por "fantasma" na versão final, provavelmente para não tornar explícito demais seu sentimento, para projetar seu desejo para o futuro. O certo é que se trata de um quadro, uma cena de gênero "pacífico", uma criança que brinca tranquilamente em volta da mãe.

A aula inaugural é um acontecimento. *Le Monde* fala dela dois dias depois, dando trechos do discurso de Barthes e comentando seu ambiente: "Se ela confirmava a tradição mundana das aulas inaugurais, a assistência fazia o conferencista mentir um pouco — o Collège de France estaria 'fora-do-poder' e os escritores, não sendo mais 'depositários dos valores superiores', não podem mais desfilar".[3] Robbe-Grillet, Nadeau, Klossowski, Sollers, Kristeva, Boulez, Téchiné, Cordier, a maior parte dos estudantes do seminário: todos estão lá, assim como a maior parte dos professores do Collège. À noite, os amigos se reúnem para uma festa na rua Nicolas-Houël, na casa de Youssef Baccouche.[4] Apesar do sentimento de impostura que o toma frequentemente, apesar das críticas que lhe fazem por ter ousado declarar "a língua é fascista", que o tocam, Barthes gosta desse momento solene e cordial de reconhecimento.

Alguns dias mais tarde, em 12 de janeiro, ele dá seu primeiro curso sobre o tema proposto no ano anterior: "Como viver jun-

---

2. D.W. Winnicott, *Jeu et réalité, L'espace potentiel*, trad. de C. Monod e J.-B. Pontalis (Paris: Gallimard, 1975), p.29; citado em *Fragments d'um discours amoureux*, OC V, p.148, a propósito do telefone [ed. bras.: *Fragmentos de um discurso amoroso, op.cit.*, p.166].
3. "Portrait du sémiologue en artiste", *Le Monde*, 9-10 de janeiro de 1977.
4. Como testemunha um bilhete destinado a Frédéric Berchet: "Frédéric, depois da aula trate de vir a uma pequena reunião entre amigos, na casa de um amigo, Youssef Baccouche, na rua Nicolas Hoël [*sic*], elevador A3, 80 à esquerda — a partir das 20h" (arquivo particular).

to: simulações romanescas de alguns espaços cotidianos". Suas aulas ocorreram na sala 6, às quartas-feiras, às onze horas, durante treze semanas. Segundo a tradição do estabelecimento, ele dá também um seminário, no mesmo dia, a que chama "Fazer um discurso", e no qual, em continuação à aula inaugural, explora as diferentes modalidades da arrogância na língua. Ele convida vários conferencistas: François Flahault, Jacques-Alain Miller, Louis Marin... Nos cursos, se interessa por modos de sociabilidade mais calmos, por exemplos de resistências diante das intimidações da sociedade, organizações, linguagens. Na vida privada, ele também experimenta coletividades restritas, comunidades de amigos que se encontram num mesmo lugar. O apartamento onde vivem Jean-Louis Bouttes, Youssef Baccouche e Paul Le Jéloux tem essa função tranquilizadora. Ao redor de André Téchiné estabeleceu-se também um círculo íntimo e festivo que permite momentos alegres em certas noites. Naquele ano, porém, o prazer tem curta duração, pois Henriette Barthes, já fadigada durante o inverno, cai doente na primavera, bem no momento da publicação de *Fragmentos de um discurso amoroso*. Na noite de 28 de março, no mesmo dia em que entregara seu livro a Éric Marty, Alain Robbe-Grillet e Jean-Louis Bouttes, ela sofre um mal-estar que a obriga a se acamar. Seu estado se agrava em abril, a ponto de Barthes e seu irmão serem obrigados a recorrer a um serviço de hospitalização domiciliar, gerenciado pelo hospital Salpêtrière. Embora o lançamento do livro seja fulgurante, com Barthes participando de entrevistas e programas, ele permanece o máximo possível ao lado da mãe, diminui suas atividades e sai muito menos à noite por muito tempo. Em 29 de abril, o programa *Apostrophes*, em que Bernard Pivot o recebe pela primeira vez, em companhia de Françoise Sagan e Anne Golon, autora de *Angélica, a marquesa dos anjos*, sobre o tema do amor, mostra-o atento e amável; está ainda muito preocupado com a mãe. Naquelea noite, ele opõe o amor romântico passional e doloroso ao amor materno, poderoso e sereno. Nas semanas seguintes, faz algumas viagens: vai a Aix, para a defesa de tese de Lucette Finas, em 7 de maio; a Roma, em 20 de maio (para um colóquio sobre música, no qual fala de Panzéra. Entre a preocupação com a mãe e o frenesi midiático ao redor de seu livro, ele está constantemente preocupado. O estado de Henriette Barthes melhora aos poucos. Em 13 de junho, o serviço de hospitalização domiciliar não é mais necessário. Ela continua fraca, mas o perigo passou.

O AMOR

Para compreender a origem e as motivações do livro que foi o maior sucesso de Barthes em vida (setenta mil exemplares vendidos no ano da publicação), é preciso recuar alguns anos, ao início do seminário sobre "O discurso amoroso". É preciso também considerar as implicações da vida pessoal do autor durante aquele período, que contam muito na gênese do livro. Elas não são meramente anedóticas, pois Barthes já decidiu há muitos anos entalhar a escritura com seus afetos, com a retomada obsessiva dos mesmos temas. Desde que promoveu os seminários restritos, e em particular no ano do curso em que ele toma "O léxico do autor" como objeto, institui-se uma pequena sociedade na qual o desejo circula (entre o professor e os estudantes, e no interior do grupo de estudantes). Escolher o discurso amoroso como assunto é evidentemente uma maneira de lidar com essa situação, de acentuá-la, de fazer nascerem novas configurações. Uma vez revelados alguns de seus hábitos e gostos nas sessões preparatórias do autorretrato, Barthes pode ir mais longe, ao mais íntimo, expondo os momentos em que o sujeito não está mais espalhado, imperceptível, difuso, mas inteiramente constituído por sua paixão. Instaurou-se então um espaço turvo, amálgama de relação pedagógica, experimentação literária e vida amorosa, espaço autoficcional perfeito: a verdadeira invenção política de Barthes durante esse período, de acordo com a tentação comunitária e a liberação sexual própria daquela época. Trata-se de estabelecer, contra as organizações existentes, um novo lugar de vida coletiva onde as linguagens são analisadas e liberadas. O livro sobre o discurso amoroso traz a marca dessa experiência singular. Os textos cruzam restos de conversas que Barthes teve com um ou outro amigo (no total de nove), cujo nome ele designa no pé da página pelas iniciais. Mas é um anonimato bem relativo, já que na lista dos agradecimentos figuram os nomes completos desses interlocutores privilegiados — salvo François Wahl, Severo Sarduy e Philippe Sollers, os demais são ouvintes do seminário. O arquivo da gênese é evidentemente ainda mais eloquente (e não se dispõe de tudo, pois certos documentos continuam inacessíveis). Logo depois de ter depositado o manuscrito final de *Roland Barthes por ele mesmo*, Barthes começa a redação de um caderno-diário, no qual anota e ordena a narrativa de sua vida amorosa: ele registra os fatos, diariamente, e em cada um (cada página dupla do caderno é dividida em quatro colunas — data, acontecimento, figura, índice) assinala que tipo de discurso e comentário dele se pode extrair. Por exemplo, em 20 de setembro de 1974, data inicial desse diário muito particular, que logo se transforma em documento de trabalho, com cronologia e índice: à coluna "narrativa" corresponde a anotação "Esperando os telefonemas de R.H., em Urt"; à coluna "figura", a palavra "dependência", e à coluna "índice", "não ouso sair de medo...". No livro publicado, a figura "Dependência" retoma dois elementos principais da anotação: a espera do telefonema como submissão suprema e as férias como fator que agrava o desejo e a espera.[5]

A partir do ano letivo de 1973-1974, à amizade com Jean-Louis Bouttes e seu grupo, nascida no seminário, acrescentou-se um outro "pequeno grupo" de estudantes favoritos, constituído por Évelyne Cazade, Roland Havas e Patrice Guy. Os três moram num apartamento da rua George-Sand, no distrito XVI de Paris, e vínculos fortes, porém complicados, os unem. No começo, mesmo que Barthes já veja Roland Havas sozinho — tocam piano, vão ao concerto —, ele tem relações de amizade com o grupo inteiro, que se estreitam à época da viagem à China (seus nomes são evocados nas cadernetas de viagem): na véspera da partida, é com eles três que ele sai à noite, e no dia em que volta, 5 de maio, ele vai visitá-los. Parece que experimentou sentimentos amorosos pelos dois rapazes, mas sobretudo, e progressivamente, por Roland Havas, médico residente que prepara uma especialização em psiquiatria. O fascínio extremado que exerce sobre ele este jovem apaixonado por música talvez também se deva à sua origem romena — ele passou os primeiros quinze anos de sua vida na Romênia: o encontro aguça a nostalgia das amizades muito vivas que Barthes lá fizera, em 1948-1949. Durante o verão de 1974, enquanto termina seu livro-retrato na casa de Daniel Cordier, Barthes frequenta o hotel Belles Rives de Golf-Juan, de Casimir Estène.[6] Roland Havas junta-se a ele por alguns dias, antes de encontrar Évelyne Cazade em Marselha, não sem alívio, intimidado pela pressão de Barthes. Havas jamais escondeu a natureza

---

5. *Fragments d'un discours amoureux*, OC V, pp.113-14 [ed. bras.: *Fragmentos de um discurso amoroso*, pp.115-17].
6. Então mestre de cerimônia das festividades gays e *jet-set* da Costa Azul, Casimir Estène contou no romance à clé *L'Écart*, publicado com o pseudônimo de Rémi Santerre, parte dessa vida de excessos.

de seu afeto pela jovem (que se tornará sua mulher), que remontava a 1971. Mas certa ambivalência, o temor de feri-lo, a surpresa de ver um intelectual de sua idade e notoriedade — tudo isso talvez tenha alimentado em Barthes um final feliz.

Ao longo do ano seguinte, a intensificação da paixão faz Barthes sofrer. É nesse contexto que ele começa seu caderno-diário com as figuras do discurso amoroso (que ele chama de "Texto R" ou "Romance para R") e decide dedicar um seminário ao assunto. No final de 1974 eles viajam juntos para a Suíça, para Genebra e Zurique, onde assistem a uma representação de *Tosca;* em agosto do ano seguinte, vão a Veneza. Barthes não procura uma relação a dois, tampouco uma ligação exclusiva — naquele momento ele mesmo tem vários amantes —, mas a natureza de seu sentimento, a reserva de Roland Havas, que não fala muito, exacerba a clausura passional: ele sente ciúme, ele se desespera, ele espera. As discussões, as separações são frequentes. Havas tenta várias vezes se livrar dessa relação, que se tornou uma verdadeira loucura, mas não consegue. Ele próprio reconhece só ter podido se libertar depois da publicação de *Fragmentos de um discurso amoroso*. Como com Robert David durante os anos do sanatório, com quem a efusão sentimental beirava o delírio pulsional, Barthes, mais uma vez apaixonado por um homem que não pode corresponder a seu amor, traduz seu desespero escrevendo cartas, produzindo centenas de páginas destinadas a seu amigo. Um dia as cartas talvez sejam publicadas: elas esclarecem com uma luz especial a personalidade de Barthes, tido como reservado, mas capaz, segundo as circunstâncias, de manifestações calorosas. Dias inteiros eram dedicados a escrever cartas para Roland Havas: 6 de fevereiro de 1975; 10 de abril; 14 de maio — "longa carta a RH (sobre o pequeno conflito de ontem à noite: a sociabilidade da escritura)" —; de 11 a 19 de julho, ele ainda redige três longas cartas, e é então que decide transformar o curso sobre "O discurso amoroso" e dele fazer um livro. A partir daquele momento, ele se serve das figuras e reflexões que sua história lhe inspira, utilizando tanto o seminário como o "Texto R" para a elaboração do volume. Esses indícios esclarecem o momento do curso — aula de 10 de abril de 1975 — sobre "O Texto Roland": teorizado como pré-texto e como texto individual e metodológico (além da subjetividade), cujo valor é situar no mesmo plano o texto canônico (*Werther*, ou "Texto W") e sua versão vivida, que também é submetida à análise filológica.

A perturbação passional desse período e os dilaceramentos decorrentes levam Barthes a fazer uma análise com Jacques Lacan. Julia Kristeva, que depois da viagem à China se afastara da política, aproximando-se da psicanálise, e que segue há muito tempo os seminários do psicanalista, o encoraja, reiterando a recomendação que François Wahl lhe havia feito muito tempo antes. As conversas com Roland Havas versam muito a respeito de psicanálise, que o jovem se prepara para exercer. Barthes, além de reler os *Escritos* de Lacan (lidos quando de sua publicação, em 1966), debruça-se sobre os seminários I (*Os escritos técnicos de Freud*) e XI (*Os quatro conceitos fundamentais da psicanálise*). Lê também Winnicott e Serge Leclaire, Theodor Reik e a revista *Ornicar*, fontes que figuram em boa posição na bibliografia de *Fragmentos do discurso amoroso*. O psicanalista Hubert Ricard lhe entrega anotações que fez no seminário de Lacan, sobre o pequeno outro, a relação entre o eu ideal e o ideal do eu, e sobre o amor.[7] Esse documento, que faz parte do dossiê preparatório do curso, é utilizado várias vezes ao longo das aulas.

A primeira consulta ocorre em 29 de junho de 1975; a segunda, em 3 de julho, precede em alguns dias a redação da longa carta para Havas; à terceira e última, em 15 de setembro, segue-se outra carta para Havas, sobre a psicanálise. Lacan recebe Barthes em seu apartamento da rua Lille, número 5, numa época em que estava abarrotado de pacientes. "Durante uns dez anos, de 1970 a 1980, ele recebeu uma média de dez pacientes por hora, trabalhando cerca de oito horas por dia e vinte dias por mês, durante dez meses ao ano".[8] Não se sabe se Barthes vivenciou aí o "grau zero" da sessão, que então fazia a celebridade do mestre; sem dúvida não: o fato de que eles já tenham se cruzado,[9] a importância de Barthes no campo das ciências humanas, suas frequentações comuns, provavelmente comprometeram a escuta. O que sabemos, sobretudo pelo testemunho de Julia Kristeva, é que o encontro não foi muito conclusivo: "Um velho idiota com um velho imbecil", teria dito Barthes depois das sessões.

---

7. Nove páginas manuscritas de Hubert Richard sobre Lacan, BNF, NAF 28630, "Fragments d'un discours amoureux".
8. Élisabeth Roudinesco, *Jacques Lacan. Esquisse d'une vie, d'um système de pensée, op.cit.*, p.514 [ed. bras.: *Jacques Lacan. Esboço de uma vida, história de um sistema de pensamento, op.cit.*, p.539].
9. No restaurante La Calèche, antes da partida para a China. E eles assistirão, por exemplo, à mesma representação privada de *O império dos sentidos*, de Oshima, em 13 de fevereiro de 1976.

Não é a primeira vez que no momento da escritura de um livro Barthes pede à psicanálise um acompanhamento, que ele logo apresenta como uma forma de resistência. s/z foi escrito nessa relação "indecisa" (é o termo que ele emprega) com a análise. Embora em geral desprezasse "a vulgata psicanalítica", ele com frequência recorreu a ela, a começar pela definição que dá ao termo "fantasma". Por volta de 1975, com sua única experiência do tratamento (e de seu fracasso) e das leituras mais aprofundadas, Barthes se engaja mais diretamente num diálogo com a psicanálise como linguagem. Quer compreender o modo como ela leva em conta o discurso sobre o amor, para além do discurso sobre a sexualidade. Sobretudo, ele opõe seu próprio discurso ao conjunto das linguagens contemporâneas que tornaram totalmente inatual a linguagem do amor romântico, do amor-paixão. "O discurso amoroso é hoje *de uma extrema solidão*", ele escreve no curto prefácio de *Fragmentos*: "É completamente relegado pelas linguagens existentes, ou ignorado, ou depreciado ou zombado por elas, cortado não apenas do poder, mas também de seus mecanismos (ciência, saberes, artes)".[10] Seu gesto provocador é a defesa desse discurso solitário a ponto de levá--lo à primeira pessoa, atrás de um "eu" que não é o seu, com certeza, que é uma simulação, uma ficção, se quisermos, um poder de afirmação, mas atrás do qual não se pode não ver *também* o seu. Ele se mostra ainda fazendo a escolha da margem, da atopia: a incorporação do pensamento mais avançado da atualidade (Lacan, Deleuze) segue de par com seu distanciamento. Barthes pode reconhecer a validade de certas descrições do sentimento amoroso que faz a psicanálise, mas ele se separa de um pensamento do amor-paixão como doença do qual seria preciso sarar. "Pois a relação que tenho neste livro com a psicanálise é muito ambígua; é uma relação que, como sempre, utiliza descrições, noções psicanalíticas, mas que as utiliza um pouco como elementos de uma ficção, que não é forçosamente crível."[11] Os textos dessa época, porém, são atravessados pela psicanálise, em particular pela terminologia lacaniana: "Saindo do cinema", que também data de 1975, ao associar à hipnose o estado

---

10. *Fragments d'un discours amoureux*, OC V, p.27 [ed. bras.: *Fragmentos de um discurso amoroso, op.cit.*, p. s/n].
11. Entrevista com Jacques Henric, *Art Press*, maio de 1977 (OC V, p.403).

daquele que deixa da sala escura, refere-se a dois conceitos lacanianos importantes: o tripé "RSI" (Real, Simbólico, Imaginário) e a fase do espelho. "O Real, este só conhece distâncias, o Simbólico só conhece máscaras; só a imagem (o Imaginário) é *próxima*, só a imagem é '*verdadeira*' (pode produzir a ressonância da verdade)."[12] No mesmo período, ele faz uma resenha do livro de Christian Metz, introduzindo a psicanálise na semiologia do cinema para a revista Ça. Ainda em 1975, escreve com Roland Havas o verbete "Écoute" para a enciclopéida Einaudi, cuja terceira parte é consagrada à escuta da psicanálise e ao modo como a atenção flutuante, a escuta que circula e permuta, modificou a ideia que podemos ter da escuta como ato de audição intencional e dirigido.[13] A proximidade com Havas explica em grande parte a pregnância do vocabulário lacaniano no discurso de Barthes de 1974 a 1977, a diversificação de suas leituras nesse domínio e um maior rigor no uso dos conceitos. Barthes recusa, entretanto, se submeter a ela como uma regra. Como costuma fazer, ele se apropria das ideias que erige como motores de sua própria escritura. Assim a noção de "engano", por exemplo, que ele emprega em *S/Z* e em "Ao sair do cinema", referindo-se à sua definição psicanalítica, e depois redirecionando-a pura e simplesmente para o sentido corrente de ilusão; ou então à de "obsceno" em *Fragmentos de um discurso amoroso*: a primeira ocorrência é acompanhada de uma referência a Lacan; em seguida ele retoma a palavra no sentido de inconveniente: "Nenhum Bataille daria uma escrita a tal obsceno".[14] Isolando um esquema ou um termo, Barthes o deforma de propósito. A partir de 1977 ele se reconhece por completo no registro do imaginário, que primeiro remete a Lacan, mas que será deslocado, retomando o Sartre de *O imaginário*.

Por isso o *corpus* de apoio psicanalítico, em *Fragmentos de um discurso amoroso*, é duplicado por um outro, que é o da filosofia clássica, de um lado — Platão, Leibniz, Nietzsche —, e da mística, de ou-

---

12. "En sortant du cinéma", *Communications*, segundo trimestre de 1975 (OC IV, p.781) [ed. bras.: "Ao sair do cinema", in *O Rumor da língua, op.cit.*, p.431].
13. "Apprendre et enseigner" (sobre o livro de Christian Metz, *Essais sur la signification au cinéma*, Paris: Klincksieck, 1975), in Ça, 1975 (OC IV, pp.793-95) [ed. bras.: "Aprender e ensinar", in O *rumor da língua*, pp.224-27]; "Écoute", in *Encyclopédie Einaudi*, 1977, vol. I [redigido em colaboração com Roland Havas em 1975] (OC V, pp.340-52).
14. *Fragments d'un discours amoureux*, OC V, p.220 [ed. bras.: *Fragmentos de um discurso amoroso*, p.274].

tro — Ruysbroeck, que ele cita na tradução de Ernest Hello, também lida por Valéry ou Gide, e também Juan de la Cruz. O vocabulário místico ocupa considerável posição: Abismar-se, Anulação, Ascese, Laetitia, O embraseamento, Incognoscibilidade, O rapto, A sedução, União. Ele completa a linguagem do romantismo, inspirada sobretudo em *Werther*; ele de algum modo a dessexualiza, retirando-a da relação homem/mulher colocada em cena no texto de Goethe; ele lhe confere todo seu alcance místico, o que surpreende. "É preciso voltar-se para os místicos a fim de encontrar uma boa formulação daquilo que pode fazer desviar assim o sujeito",[15] escreve em *Roland Barthes por Roland Barthes*. O êxtase é perda e excesso; ele ultrapassa e aumenta as possibilidades que o desejo havia entrevisto.

Com relação ao seminário, o livro de 1977 é mais centrado nos dilaceramentos do amor-paixão do que na felicidade e a completude. Barthes distingue duas espécies de amor: o amor pleno e feliz, aquele que os místicos encontram em Deus, que pode ter seu equivalente secular no amor materno; e o amor romântico, passional. Se ele propõe por contraste alguns desdobramentos sobre o amor materno (sua capacidade de suportar as injustiças cometidas pelo ser amado, por exemplo, seu caráter sempre gratificante), consagra o conjunto deles para a segunda espécie de amor. O livro coloca em cena um sujeito (eu) que ama, e um objeto (ele) que é amado. A resposta do ser amado ao amor que o sujeito que ama lhe devota não corresponde claramente às expectativas deste, não *pode* corresponder a elas. Os sentimentos expressos são, então, muito violentos: desespero, exclusão, ridículo, impaciência, irritabilidade, exigência. O apaixonado fica angustiado, cheio de ciúme, sente-se sacrificado, enlutado, tonto. Como não pode suportar a ruptura da ausência, sente-se continuamente ferido, perdido. Mesmo sabendo que não poderá ser completado, ele espera por isso e se empenha em chegar a uma fusão. Sua loucura consiste em não poder sair de seu estado, em aderir indefectivelmente a si próprio: "Há já cem anos que se considera que a loucura (literária) consiste nisto: '*Eu é um outro*': a loucura é uma experiência de despersonalização. Para mim, sujeito amoroso, é totalmente o inverso: é tornar-me um *sujeito*, é não poder

---

[15]. "Le paradoxe comme jouissance", *Roland Barthes par Roland Barthes*, OC IV, pp.688-89 [ed. bras.: "O paradoxo como gozo", *Roland Barthes por Roland Barthes*, p.128].

evitar ser um sujeito que se torna louco. '*Não sou um outro*': é o que constato com horror".[16]

Só o romance tinha até aqui evidenciado as desordens e os sofrimentos do amor-paixão. A novidade introduzida por Barthes é fazer dele o objeto de um tratado, de um ensaio fragmentário e reflexivo, o que dá ao livro seu lirismo, que nem por isso abole a dimensão filosófica do "eu" utilizado. A originalidade do livro deve-se à combinatória dos diferentes métodos de Barthes até então: a análise estrutural (o par formado pelo enamorado e o amado constitui uma estrutura de conjunto e o discurso amoroso é apresentado como um conjunto de estruturas); a semiologia (como bem viu Deleuze em Proust, o amor transforma tudo em signo), à qual ele acrescenta a dimensão do imaginário (projetar seu fantasma na escritura). O projeto é da ordem do conhecimento, mesmo que para produzi-lo Barthes não passe pelo programa da ciência positiva. Sobretudo, ele não é uma entrega à subjetividade ou à complacência narcísica, como alguns disseram. Se recorre à experiência pessoal, é somente se pondo à distância e na medida em que pode servir para a exposição das estruturas. Podem-se sublinhar muitos detalhes autobiográficos no texto — o bar da estação de Lausanne, o estojo oferecido como presente, a obsessão pelo telefone, a carta de amor, as flores recebidas anonimamente —, mas, absorvidos na escritura metódica e combinatória do tratado, tornam-se fatos de cada um, os pontos de união de uma aventura partilhada. *Fragmentos de um discurso amoroso* não corresponde em nada, na obra de Barthes, a uma renúncia. Ele trabalha por meio da simulação e da variação, que sempre foram seus modos de aproximar as diferenças das coisas, fora de qualquer essência. Assim, como dizer o contato? "Pressões de mãos — imenso repertório romanesco —, gesto tênue no interior da palma da mão, joelho que não se afasta, braço estendido, como se nada fosse, ao longo de um encosto de canapé e sobre o qual a cabeça do outro vem pouco a pouco repousar, tal é a região paradisíaca dos signos sutis e clandestinos: como uma festa, não dos sentidos, mas do sentido".[17] O sentido não se dá sempre como um todo, uma plenitude, mas na dobra pro-

---

16. *Fragments d'un discours amoureux*, OC V, p.156 [ed. bras.: *Fragmentos de um discurso amoroso*, p.246].
17. *Ibidem*, p.97 [ed. bras.: *ibidem*, p.86].

gressiva dos signos. Passar por si, por sua experiência, aquela que ele recolhe nos livros e, junto a certos amigos, acrescenta uma descrição fenomenológica à análise semiológica. Barthes propõe uma reflexão sobre o amor que não tinha precedente recente e que mostra que o amor não é um assunto reservado aos espaços menosprezados, mas pode ser um objeto de pensamento.

Os leitores não se enganaram — aprovaram em peso a obra, reconheceram práticas e também como atenuá-las. A generalidade do livro vem do fato de evocar a cada um a experiência de todos: diferente da generalização da argumentação conceitual, esta força se deve à escritura fragmentária e à minuciosa descrição dos traços.

A recepção privada foi muito diferente. Os amigos nunca tinham ouvido Barthes falar de si tão abertamente. Eles veem apenas o homem que conhecem no "eu" do dispositivo. Numa longa carta, Évelyne Bachellier se mostra constrangida: "Durante o seminário, o senhor não dizia Eu, ou então muito raramente".[18] O imaginário da dor é tão exposto no livro que Bachellier não pode evitar relacioná-lo com o sofrimento de Barthes, que acha terrível. Para Philippe Sollers, que leu o texto antes de sua publicação, essa exposição é precisamente a força de *Fragmentos*, "livro extraordinário que não se pode ler sem mal-estar e sem emoção; um livro escandaloso, como você o quis, com relação a tudo o que faz doravante a instituição ou a academia do escândalo [...]. Decididamente, caro Roland, você tem a tendência de ir na contracorrente".[19] Philippe Rebeyrol, o amigo de sempre, comenta a violência que o livro exerceu sobre ele: "O sistema dos fragmentos lhe dá uma densidade por momentos difícil de suportar, leio lentamente e ao final de quinze páginas fico doente por excesso de nutrição. A homossexualidade me oprime. Tema perigoso para os heterossexuais, sobretudo se eles têm uma vocação ambígua. Tão difícil quanto falar de psicanálise para aqueles que não foram analisados e no entanto se envolvem todos os dias na anamnese. Tive, lendo seu livro, o sentimento de ser introduzido numa sociedade semifechada, é uma intuição. Mesmo se o amor é único e eterno". E ele termina dizendo: "Era para você que isso se aplicava: um outro Roland conhecido-desconhecido,

---

18. Carta de Évelyne Bachellier, abril de 1977, BNF, NAF 28630, "Fragments d'un discours amoureux".
19. Carta de Philippe Sollers, 18 de dezembro de 1976, in *ibidem*.

uma face escondida que se revelava mais brilhante e mais dolorosa do que a suposta".[20] Mas a carta mais impressionante vem sem dúvida de Georges Perros, que lhe escreve: "Tenho uma memória, como se diz para o 'ouvido', absoluta de nossos encontros, de nossas conversas. Isso não ocorre sem dor, naturalmente [...]. Pois houve essa doença de estar apaixonado, estou certo disso. O que há de mais erótico do que a amizade. Conheci e sofri seus tormentos".[21] Nessa data, Perros não fala mais: o câncer da laringe de que está acometido e do qual morre alguns meses depois, em 24 de janeiro de 1978, privou-o das cordas vocais. Sua confidência é ao mesmo tempo dolorosa e perturbadora.

Os dois pontos evocados, um por Sollers (o escândalo), outro por Rebeyrol e, à sua maneira, por Perros (a homossexualidade), são sem dúvida o que foi ocultado quando da publicação do livro — e ainda hoje —, mas constitui o caráter mais fundamental e pioneiro da obra. Barthes insiste sobre a inatualidade de seu objeto: o amor-paixão, o amor-romântico não é levado em conta pelos saberes da época. Ele é deixado para os romances do passado, as obras despretensiosas e sentimentais ou as revistas femininas. O primeiro ponto importante consiste em alçá-lo à dignidade de objeto de conhecimento. O segundo é ainda mais notável: Barthes retira o amor do discurso da sexualidade (que faz parte das linguagens contemporâneas), e, sobretudo, ele o retira da diferença dos sexos. Reativa a força sonhadora do amor romântico no espaço da homossexualidade em que a diferença é contingente, não fundadora, o que cria uma fenda: "A homossexualidade tem dificuldade em se engendrar como sentido, como inteligível". Daí o fato de que ela possa se exprimir pelo viés do descontínuo e na disposição dilacerante do amor romântico, antes de sua recuperação burguesa.

Se Barthes cuidou de abstrair seus pronomes o bastante para fazer de sua descrição do amor um discurso com o qual cada um, cada uma, pode se identificar (mesmo se localizamos aqui e ali vestígios da situação pessoal do autor),[22] é porque certas estruturas do discurso amoroso transcendem a questão da diferença sexual. Mas a

---

20. Carta de Philippe Rebeyrol, 10 de maio de 1977. Fundo Philippe Rebeyrol, IMEC.
21. Carta de Georges Poulot [Georges Perros], abril de 1977. BNF, NAF 28630, "Fragments d'un discours amoureux".
22. O "ele" designa ora o objeto amoroso, qualquer que seja seu sexo, ora um personagem masculino.

força do livro também vem do fato de que concerne à homossexualidade e que esta pode ter a ver com o amor-paixão, enquanto costuma ser empregada na linguagem da sexualidade (mesmo em Proust).

O curso de 1977 prolonga o entrelaçamento da vida pessoal e da reflexão, ligando-se não mais à relação amorosa (que tem como intenção última a união de dois seres), mas ao "viver-junto". Barthes, cuja vida social é feita de pequenos círculos, de "grupos" distintos, quer pensar o horizonte político-social ou utópico que estes grupos podem permitir. Trata-se mais uma vez de questionar ordens que ele detesta: o casal heterossexual, do qual a sociedade faz uma regra separatista (casamento cuja saída ele surpreende, na praça Saint-Sulpice, onde é "o próprio ser da exclusão que lhe era aplicado"),[23] os *sistemati*, os "estabelecidos" (levados no mesmo conforto habitável que a estrutura, mas separados do desejo);[24] a família como instrumento de reprodução da lei burguesa. Em face desses dois sistemas de relação recusados, Barthes apresenta duas situações opostas: o viver-junto em pequenos grupos (que pode incluir a "família sem familialismo", formada com sua mãe e seu irmão, ou ainda certas famílias "bem-sucedidas")[25] e o viver-só. Esses podem parecer contraditórios, mas não o são, pois cada um é o horizonte sonhado do outro. O modelo do viver-junto é dado pelo sanatório da *Montanha mágica*, muito mais utópico que o exposto em "Esquisse d'une société sanatoriale", escrito pouco depois do retorno de Leysin, onde o círculo era cúmplice de uma "grande família" ou de um feudalismo triunfante. Tal como apresentado em *Como viver junto*, ele dá lugar a uma sociedade, oferecendo uma liberdade de ritmo para cada um que confinaria ao idílio, se a morte não viesse rondar por aí. A idiorritmia permite lutar contra duas formas excessivas: o excesso de integração das grandes comunidades, sempre estruturadas segundo uma arquitetura de poder (ora o poder sempre passa pela disritmia, a heterorritmia). Seria uma "forma mediana, utópica, edênica, idílica", o que explica que ela permaneça muito excêntrica e marginal.

---

23. *Roland Barthes par Roland Barthes*, OC IV, p.662 [ed. bras.: *Roland Barthes por Roland Barthes*, p.99].
24. *Fragments d'un discours amoureux*, OC V, pp.75-77 [ed. bras.: *Fragmentos de um discurso amoroso*, p.171].
25. No curso, Barthes diz num parêntesis: "Não haveria família se não houvesse algumas bem-sucedidas" (*Comment vivre ensemble*, p.35) [ed. bras.: *Como viver junto*, p.10].

O fantasma sobre o qual repousa a reflexão é precisamente a idiorritmia instalada nos conventos cenobitas: os monges ficam isolados e ligados no interior da estrutura; cada um tem seu ritmo próprio, sem que isso prejudique a comunidade. Em termos concretos, o lugar fantasmático é o monte Athos, no qual Barthes nunca pisou, mas do qual François Wahl lhe falou e cujas descrições ele leu em *L'Été grec*, de Jacques Lacarrière, de 1976: "Mediterrâneo, terraço, montanha (na fantasia, obliteramos: neste caso, a sujeira, a fé). No fundo, é uma paisagem. Vejo-me lá, à beira de um terraço, o mar ao longe, o reboco branco, dispondo de dois quartos para mim e outros tantos para alguns amigos, não longe".[26] Encontramos o sonho da casa mediterrânea vislumbrado desde o Marrocos; e o mesmo método, utilizado em princípio em *Aula*, que consiste em trabalhar sob o impulso de um desejo modelando a realidade, segundo sua vontade. Aqui, o importante *corpus* místico, que amplia as leituras dos anos anteriores, é lido sem consideração do significado, o que é o cúmulo já que Deus é de alguma forma o significado absoluto, o significante de nada mais do que ele mesmo. Ao lado da vida monástica, o *corpus* literário permite percorrer espaços contrastados do viver-junto: *La Séquestrée de Poitiers*, de Gide, ilustra o quarto, a cela; *Vida e aventuras de Robinson Crusoé* tem como motivo o esconderijo; a *História lausíaca*, de Pallade, que são anedotas sobre os monges do Egito, da Palestina e da Síria, o deserto; *A montanha mágica*, de Mann, o sanatório-hotel, enfim *Roupa suja*, de Zola, o prédio, o viver-junto burguês. A proposta de Barthes é interessante: tanto a literatura em geral aparece como um reservatório de modelos para a construção de si, quanto com frequência nos esquecemos de ler a proposta do viver-junto que ela também apresenta. A situação solitária da leitura a explica em parte; o compartilhamento da leitura, ao qual convida o contexto do seminário, deve ser o lugar de exploração desses outros modelos, ainda mais porque em todos os romances há "um material esparso concernente ao Viver-Junto".[27]

A maior parte desses modelos apresenta contradições que levam a aporias. O sanatório, por exemplo, do qual Barthes fala mais ainda dada sua experiência pessoal, é um coletivo que tem

---

26. *Comment vivre ensemble*, pp.37-38 [ed. bras.: *Como viver junto*, p.14].
27. *Ibidem*, p.44 [ed. bras.: *ibidem*, p.25].

por fim último a morte, portanto, uma solidão absoluta que atinge certo número de pensionistas. Daí Barthes o relacionar à categoria do dilacerante: "Função do grupo (do Viver-Junto): representação estatística do risco de morrer; campo aleatório do desaparecimento do vizinho, na medida em que pode ser você mesmo. Isso não é mais o indireto, mas o implícito".[28] As aporias nascem sobretudo da ambivalência das noções de autarquia e de clausura, ora positivas, ora negativas em Barthes. No artigo sobre *Notre-Dame de Paris*, Quasímodo encarna uma visão muito positiva da clausura,[29] sobretudo porque substitui o antro ou a gruta pelo balcão, pelo jardim suspenso. Mas a autarquia também pode se fechar em si mesma, triunfo do espaço burguês "colmatada em todas as partes, onde nenhum buraco de sombra possa permitir fugir, tremer ou sonhar",[30] o triunfo da sociedade de consumo, na qual o que o dinheiro traz de mais precioso é um mundo que se basta a si mesmo (o exemplo mesmo da clausura negativa, entretanto, também comparada a um navio ou a um ventre, são as Folies-Bergère, às quais Barthes consagra sua segunda mitologia em 1953).[31]

A utopia de um viver-junto fundado no respeito às particularidades de cada um parece condenada ao fracasso. Só pode haver utopia da vida coletiva, isto é, submetida ao regulamento e ao abandono das singularidades. "Seria, sem dúvida, o problema mais importante do Viver-Junto: encontrar e regular a distância crítica, para além e para aquém da qual se produz uma crise."[32] O problema é tão mais agudo hoje, prossegue Barthes, que "o que custa caro, o bem absoluto, é o lugar". A utopia que seria preciso inventar é a do *dom de lugar*. Mas o problema do "como" resulta, em cada fase da argumentação, num impasse. Convém então se deixar levar por esta negatividade aberta (que poderia ser a melancolia), dos conceitos jamais fechados, jamais seguros, que estendem o território infinito da escritura, no qual tudo deve ser retomado, como a vida, como o dia. A vida pode trazer formas de consolação tem-

---

28. *Ibidem*, pp.80-81 [ed. bras.: *ibidem*, p.88].
29. "La cathédrale des romans", *Bulletin de la Guilde du livre*, março de 1957 (OC I, pp.873-76) [ed. bras.: "A catedral dos romances", in *Inéditos vol. 2 — Crítica*, p.127].
30. "Avignon, l'hiver", *France Observateur* (OC I, p.473).
31. "Folies-Bergère", *Esprit*, fevereiro de 1953 (não recolhido em *Mitologias*) (OC I, pp.234-44).
32. *Comment vivre ensemble*, p.178 [ed. bras.: *Como viver junto*, p.258].

porárias, e o saber hesita na experiência. "A comunidade se arma de coragem para enfrentar a noite (pensar num campo muito retirado, sem luz, onde o cair da noite é verdadeiramente uma ameaça do obscuro). → Viver-Junto: talvez somente para enfrentar juntos a tristeza do anoitecer. Sermos estrangeiros é inevitável, necessário, exceto quando a noite cai."[33]

Armar-se de coragem para afrontar a noite: pronunciadas no fim da aula de 27 de abril de 1977, no momento em que Henriette Barthes se encontra gravemente doente, essas palavras exprimem uma grande dor. O curso de 1977 é atravessado pelo medo de perder a mãe: o espectro da morte vislumbrado no sanatório, a retomada das metáforas do ventre e do navio que são aquelas da proteção materna, a imagem da mortalha que remete à lembrança de infância de sua mãe, envolvida com ele numa cortina para expulsar um morcego... Sentimos que ele está assombrado.

A MORTE

A segunda grande cesura da vida de Barthes, depois do sanatório, é também um encontro com a morte. Mas agora o encontro é mais direto e menos geral. Quando ocorre o acontecimento tão temido da morte de sua mãe, embora ele o temesse sempre, em certa medida ele está preparado para isso, é a ruptura. Como viver sem ela?

Ela sofreu durante todo o verão em Urt. O dr. Lepoivre era chamado amiúde, pois ela caía, se asfixiava. Michel Salzedo, cuja mulher Rachel teve de passar, em agosto, por uma operação delicada, não podia estar tão presente como de hábito. Barthes leu Mestre Eckhart, Denis o Areopagita e Swedenborg para o curso sobre "O neutro", mas não escreveu muito. Cuidou um pouco do jardim, plantou tomates, mas fica quase o tempo todo ao lado da mãe. Em 26 de agosto, os dois voltam os dois de avião, Jean-Louis Bouttes leva o carro de trem. Henriette Barthes não pesa mais do que 43 quilos. Barthes revê alguns amigos (Renaud Camus, Pascal Greggory, Antoine Compagnon, Michel Cressole...), tenta fazer algumas leituras para seu curso mas não produz muito. O único texto que escreve nesse período é aquele que acompanha as fotos de Daniel Boudinet e suas paisagens desoladas, apesar tranquilas. Uma curva da estrada

---

33. *Ibidem*, p.176 [ed. bras.: *ibidem*, p.253].

conduz à infância; um jardim a uma cultura não repressiva; um cavalo branco à alegria. "As fotografias de D.B. são muito musicais. Eles têm o efeito de um apaziguamento, operam uma espécie de *catarses* sutil, jamais violenta: o corpo respira melhor."[34]

As pausas são de curta duração. O estado de Henriette Barthes fica cada vez mais preocupante. Quando ela tenta engolir, as crises de asfixia e de aflição respiratória são tamanhas que ela prefere não se alimentar mais. Oferecendo apenas o que ela mais gosta, Barthes por vezes consegue fazê-la comer um pouco de linguado e de amoras. Nova hospitalização domiciliar é decidida, uma enfermeira vem duas vezes por dia, a partir de 5 de outubro.

Em 23 de outubro o estado dela se agrava e Barthes praticamente não dorme mais, precisando tomar injeções de calmantes. Amigos passam a se ocupar de tarefas materiais (compras, farmácia). Ele não abandona a cabeceira de Henriette. Ele a massageia, segura-lhe a mão, troca seus lençóis com o irmão. As horas que seguem são implacáveis: nada pode ser feito a não ser ficar perto dela e anotar de maneira neutra e opaca o que ocorre:

> 24 de outubro: noite boa até quatro horas, mas me levanto frequentemente para ver. Desde as quatro, ofegante, mal, ela quer que eu fique perto dela, segura minha mão. Num momento, me repete num sopro: "Meu Roland. Meu Roland". Não aguento mais.

> Mamãe não dorme. Ela fala com Michel. Não compreendemos direito o que ela diz. "Quero dormir". Visita de Blétry. Visita de JL. Deitei cedo.

> 25 de outubro: noite muito calma, quase imóvel. Sob Dolosal, com respiração regular. Às sete da manhã ela começa a resfolegar, a não estar bem e ela não pode se exprimir. Para mim, noite entrecortada de despertares. Enxaqueca.

> Mamãe um pouco agitada, resfolegando, gemendo, inconsciente. Um momento me reconhece, toca meu braço, esboça um sorriso,

---

34. "Sur des photographies de Daniel Boudinet", in *Créatis*, 1977 (OC V, p.327).

olhos inconscientes — "Fique aí", mexe em meu braço, mais consciência. "Você está mal" (porque eu a abano sentado num banquinho, você está mal sentado).

Visita do médico. Injeção.

À tarde: mamãe dorme imobilizada. Respiração calma. Pouco a pouco sua cabeça cai de lado, sua fisionomia muda. Chamo Michel. Últimas respirações. Ela se apaga calmamente, sem acordar, às três e meia da tarde.[35]

Sua mãe morreu. Tinha 84 anos. Pouco depois das três horas: o que Barthes interpreta como um símbolo. Um parêntesis de uma aula de *A preparação do romance* especifica: "Três e meia da tarde (hora em que minha mãe morreu — como se eu tivesse sempre pressentido que seria nessa hora — hora da morte de Cristo)".[36] É o momento catastrófico do luto, que protege ainda, pois ele é acontecimento e implica rituais. Barthes logo chama os amigos para lhe prestar uma última homenagem, velar seu corpo segundo o costume: Jean-Louis Bouttes, Youssef Baccouche, Violette Morin, Éric Marty, Philippe Sollers... todos foram. Éric Marty se lembra: "Quando entrei no quarto em que ela estava, em que seu corpo repousava, não sabia o que fazer e então me ajoelhei como que para rezar, o que não pareceu surpreendê-lo. Depois fomos para seu quarto. E ele começou a chorar. Eu entendi então, pela campainha que tocava sem parar, durante todo o dia, pessoas, amigos viriam, e que a cena que eu tinha vivido se repetiria até a noite".[37] O enterro ocorre em 28 de outubro no cemitério de Urt. Bouttes acompanha Barthes no carro funerário. Eles param para almoçar num "restaurante de estrada", em Sorigny, perto de Tours. Michel Salzedo vai de trem com Rachel. Chamam um pastor de Bayonne que conhece Henriette Barthes há muito tempo e lhe presta uma sensível homenagem. Barthes volta para Paris no dia seguinte, à noite, de trem. "Na volta, estávamos esperando na

---

35. BNF, NAF 28630, "Agenda 1977".
36. *La Préparation du roman I et II*, p.76 [ed. bras.: *A preparação do romance*, vol. I, pp.86-87]. A gravação sonora do curso indica que Barthes não transmitiu oralmente esta anotação.
37. Éric Marty, *Roland Barthes, le métier d'écrire*, op.cit., p.64 [ed. bras.: *Roland Barthes, o ofício de escrever*, op.cit., pp.73-74].

estação de trem com Youssef em cuja casa organizamos na mesma noite uma espécie de jantar de luto. No fundo, Youssef, pela sua cultura, pela tradição árabe, estava mais próximo dele do que nós todos. Éramos estrangeiros no universo da morte e era esse o nosso vazio."[38]

Uma das primeiras coisas que Barthes anota, depois da morte, é uma palavra dela: "Ela dizia com alívio: a noite finalmente acabou (tinha sofrido durante a noite, sozinha, coisa atroz)".[39] Para ele, uma outra forma de noite começa. Sozinho no apartamento do segundo andar, é circundado por sua ausência, à beira do vazio. Nada mais tem sentido, nem mesmo o "nunca mais", já que um dia ele não estará mais lá para pensá-lo ou dizê-lo. A morte da mãe o confronta com a perda mais dolorosa, separa-o do ser que mais amou e de quem se sabia desmedidamente amado. Ela faz de sua própria morte algo de real. "Doravante e para sempre, sou eu mesmo minha própria mãe", anota em 4 de novembro: modo de deslocar a fusão que ele conhecia com ela e integrar ao mesmo tempo a possibilidade de sua própria morte.

"DIÁRIO DE LUTO"

A partir do momento exato em que Henriette morre, Barthes deixa de regrar seus dias como antes. Por todo um ano ele não registra em sua agenda as diferentes atividades ou encontros de seu cotidiano. Em fichas à parte, ele anota sua tristeza. É o luto, agora, que compõe sua existência. A agenda de 1978 está vazia até 25 de outubro, data em que Barthes decide retomá-la, "o dia de aniversário da morte de Mam. — para anotar meu trabalho". Voltava de uma viagem a Urt, quando foi visitar o túmulo da mãe. No ano anterior, ele só faz anotações relacionadas ao acontecimento, à sua dor. As anotações tomadas durante este ano 1977-1978 (e que se tornarão o *Diário de luto*) trazem a marca do incompleto, do inacabado. Seu aspecto fragmentário diz que algo está ocorrendo, que ainda não acabou e que nem sua escritura nem sua forma se empenham em terminar. Este traço é particularmente penoso no momento do luto, pois corresponde exatamente ao informe da tristeza. Mas a anotação é também uma arte do presente na qual se lê a inscrição de um instante, uma

---

38. *Ibidem*, p.65 [ed. bras.: *ibidem*, p.74].
39. *Journal de deuil*, p.15 [ed. bras.: *Diário de luto*, p.5].

primeira transformação do acontecimento, por mínima que seja, em memória. Localiza-se uma contingência que a frase ainda não conseguiu apagar. Lê-se a nuance, a divisão da natureza, o individual, um efeito de realidade comparável àquele captado pela fotografia.

O *Diário de luto* se lê como a busca de algo inencontrável e incompleto (como esta palavra "mam." com a qual ele evoca a mãe).[40] Seu poder de perturbar o leitor não se deve simplesmente a seu objeto, ou seu sujeito, em si emocionantes, mas ao fato de que essas anotações não *poderiam* se tornar um livro sem que o objeto, ou o sujeito, desvanecessem, desaparecessem. "Liquidar urgentemente o que me impede, me separa de escrever um texto sobre mam.: a saída ativa da Tristeza: o acesso da Tristeza ao Ativo."[41] A intensidade do presente é tão mais forte que o momento não chega a se inscrever na duração, sua descontinuidade é sua verdadeira natureza. A verdade do livro se deve ao modo como reflete e pensa um tempo desarmonizado, um presente que não existe mais ou um presente cortado. É também o presente da mãe quando se pensa nela: "Na frase 'Ela não sofre mais', a que, a quem remete 'ela'? O quer dizer esse presente?"; é também o presente do filho que se "assusta absolutamente" com o caráter "caótico", "descontínuo" do luto. A separação atinge até a dor que causa. Desfazendo a totalidade do vínculo, a morte priva de toda continuidade, incluindo a tristeza. É absolutamente íntimo e verdadeiro para cada um. A tristeza não é nem uma duração nem uma onda, é uma ruptura.

Nesse ato de escritura privado, nesse gesto de introspecção, Barthes procura compreender no que ele se torna sem ela. No fichário-diário, outras observações completam o *Diário de luto*: "Minha mãe me fazia adulto, não criança. Tendo ela desaparecido, me torno criança. Criança sem Mãe, sem guia, sem Valor. A especificidade de mam. é que ela me fazia adulto — sem suprimir uma espécie de maternidade forte (forte? a prova é que com sua morte

---

40. A apócope, a queda do som final *an,* se generaliza nas notas desse período, enquanto é muito menos sistemática antes, onde Barthes escreve tanto "maman" quanto "mam.". É preciso, pois, evitar fetichizar esse "mam.", prática corrente nas críticas desde a publicação de *Diário de luto*. A abreviação decerto deixa entender a incompletude e o corte: mas ela entra também no sistema comum das abreviações do fichário-diário (M. para Michel, R. para Roland, JLB para Jean-Louis Bouttes etc.). Sobretudo, não é assim que Barthes chamava sua mãe, mas "maman".
41. *Journal de deuil*, p.218 [ed. bras.: *Diário de luto, op.cit.*, p.200].

não tive problema de vida prática: soube 'me virar')".[42] Ele não só perdeu a mãe, ele perdeu também sua filha (daí sua emoção diante da fotografia de sua mãe menina).[43] Sua morte não está na "ordem das coisas" porque o amor que tinham criara uma espécie de bloco familiar sem genealogia, no qual cada um podia ocupar todas as situações: "19 de novembro [Confusão de estatutos]. Durante meses fui sua mãe. É como se eu tivesse perdido minha filha (dor maior do que isso? Não tinha pensado nisso)".[44] A impotência do discurso psicanalítico, a revolta contra o ideal de um trabalho ou de um ritmo do luto, vêm daí: o tempo poderia talvez apaziguar uma perda "natural", mas ele não pode fazer nada diante da amplidão de uma dor multiplicada. Pois sua mãe era, de certa maneira, também sua mulher. Formavam um casal. Ele a compara frequentemente com Madeleine Gide e o gesto que ele gostaria de ter com ela deve ser comparável ao de Gide em *Et nunc manet in te*. Ele se interroga sobre a relação entre a primeira noite de luto e a "primeira noite de núpcias". Em 27 de outubro de 1977, a segunda ficha do *Diário de luto* traz este curto diálogo imaginário: "— Você não conheceu o corpo da Mulher! — Eu conheci o corpo de minha mãe doente, depois, agonizante". À bobagem do senso comum ou da provocação — e como não ler nessas frases uma resposta antecipada à observação de Duras: "Não posso considerar Barthes um grande escritor, algo sempre o limitou, como se lhe faltasse a experiência mais antiga da vida, o conhecimento sexual de uma mulher"[45] —, Barthes opõe o

---

42. BNF, NAF 28630, grande fichário, 22 de agosto de 1978.
43. Em *Thrène*, de Boucourechliev, que grava em 1974, Barthes diz as frases de *Pour um tombeau d'Anatole*, de Mallarmé, sobre o luto da criança.
44. *Journal de deuil*, p.66 [ed. bras.: *Diário de luto*, p.54].
45. Marguerite Duras, *La Pulsion suspendue*, entrevistas com Leopoldina Pallotta della Torre (Paris: Seuil, 2013), p.141. Encontramos uma opinião comparável em *La vie matérielle* (Paris: POL, 1987): "Um homem que não tocou o corpo das mulheres 'não poderia ter feito uma carreira literária' nem ser um 'mestre de pensamento'". Depois da morte de Barthes, a partir do encontro com Yann Andréa, Duras apresenta opiniões muito duras. Num texto injusto e surpreendente, ela evoca sua "falsidade": "Você falou de Roland Barthes. Eu lhe lembrei meu sentimento a seu respeito. Disse-lhe que daria todos os seus livros de uma vez em troca de minhas estradas do chá nas florestas da Birmânia, o sol vermelho e os filhos mortos dos pobres do Ganges. Você já sabia. Disse-lhe também que eu não conseguia absolutamente lê-lo. Para mim era o falso da escritura e foi por causa dessa falsidade que ele teria morrido". (*Yann Andréa Steiner*. Paris: POL, 1922, p.19). Ela alerta Andréa a respeito do fascínio que Barthes pode ou pôde exercer sobre ele. Muito provavelmente está a par da breve ligação entre eles em 1977.

face a face de um amor tão inteiro que permite ver tudo e dizer tudo, mesmo o mais difícil: a integridade do corpo e sua degradação. Aqui não há necessidade de transgressão para ter acesso ao corpo materno. Como assinala Éric Marty num belo texto sobre o *Diário de luto*, Barthes propõe um discurso contrário ao de Genet ou de Bataille, uma "plena luz", "neste sentido mais provocadora do que são as encenações transgressivas".[46]

Barthes rejeita veementemente a palavra "luto", que inscreve uma falsa distância. Ele prefere tristeza, que traduz melhor sua emoção e a sensação de extirpação. Refuta quem tenta inabilmente consolá-lo, rebaixando sua experiência numa generalização qualquer. Insiste sobre a diferença entre tristeza e luto, na medida em que a primeira não pode ser submetida ao tempo contínuo, portanto, à mudança, não mais do que ao discurso generalizante ou à forma do livro, da frase. "Expliquei a AC, num monólogo, como meu pesar é caótico, errático, e assim resiste à ideia corrente — e psicanalítica — de um luto submisso ao tempo, que se dialetiza, se desgasta, 'se arranja'."[47] A tristeza não levou consigo coisa nenhuma imediatamente — mas, em contrapartida, não se desgasta. Somente Proust, que Éric Marty cita ou cujas cartas lê na Biblioteca Nacional, tem o poder de indicar justamente o que ele sente: "Se esse pensamento não me dilacerasse constantemente", escreve Proust a André Beaunier, "eu encontraria na lembrança, na sobrevivência, na comunhão perfeita em que vivíamos, uma doçura que não conheço."[48]

As 330 fichas que compõem o *Diário de luto* descrevem em minúcias os gestos, os ritmos, os pensamentos daquele que acaba de perder o ser mais amado. Constituem uma espécie de pequeno manual do cotidiano do luto, que vale também para a evocação de condutas que ele partilha com todos os enlutados. Entre essas "práticas da tristeza" destaca-se uma hipersensibilidade com o que o rodeia, com tudo o que ele ouve, que o reconduz sempre para sua perda; uma mania de arrumação, como se fosse preciso pôr tudo em ordem para preparar sua própria partida; pensamentos suicidas, logo deixados de lado, pois a morte voluntária afastaria da tristeza, ela é vivida como traição;

---

46. Éric Marty, *Roland Barthes, la littérature et le droit à la mort* (Paris: Seuil, 2010), p.33.
47. *Jornal de deuil*, p.81 [ed. bras.: *Diário de luto*, p.69].
48. Citado em *ibidem*, p.183 [ed. bras.: *ibidem*, p.166].

ele se surpreende ao adotar alguns de seus gestos, de seus pequenos esquecimentos; encontra nas ruas expressões que eram dela, vislumbra silhuetas nas quais crê reconhecê-la. A partir dessa análise quase clínica de seu comportamento cotidiano, ele elabora um pensamento sobre o luto que pode ser lido como uma alternativa ao discurso psicanalítico evocando um "trabalho" na duração. Sensível, desde o trajeto que o até Urt, no carro fúnebre, às palpitações da tristeza, perturbado pelos momentos "brancos", os momentos bem temporários de "esquecimento", ele emite a ideia de um "luto em placas — como a esclerose",[49] resultado dos abatimentos e dos rangidos (o verbo "abater-se" aparece várias vezes nas notas). Um termo central para traduzir sua experiência é "oscilação". Ele aparece no diário: "Oscilo — na obscuridade — entre a constatação (mais precisamente: justa?) de que sou infeliz somente por momentos, repentinamente, de modo esporádico, mesmo que esses espasmos sejam próximos uns dos outros — e a convicção de que *no fundo, de fato*, estou, *constantemente*, o tempo todo, infeliz desde a morte de mam.".[50] Desse estado alternativo, que corresponde exatamente ao dilaceramento provocado pela morte, Barthes faz um primeiro ensaio de teorização no curso sobre "O neutro": estar sempre de um lado e do outro, a hesitação, a indecisão podem ser um discurso ou uma tela, mas eles sobretudo ressaltam a existência de um tempo "vibrado", no qual tudo ocorre no modo da alternância e não da continuidade. Ele retoma o termo em 1978 a propósito de Sollers, explicando como a sociedade resiste à ausência de imagem fixa, estabelecida.[51] Também o discurso comum gostaria que o luto passasse por etapas, patamares, depois do que, aos poucos, ele se acalmaria e se estabilizaria. Barthes não crê numa lógica do luto. Ao contrário, o pensamento da natureza profundamente caótica do luto completa e acaba a reflexão de toda uma vida sobre o neutro: "alternância, como uma tática 'desesperada' do sujeito" em sua relação com a morte, um "querer-viver, entretanto, já decantado da vitalidade".[52]

    O sentimento de um afastamento entre o que vive e os discursos habituais de consolo o levam a tentar exteriorizar o menos

---

49. *Ibidem*, p.38 [ed. bras.: *ibidem*, p.28].
50. *Ibidem*, 12 de maio de 1978, p.136 [ed. bras.: *ibidem*, p.121].
51. *Le Neutre*, pp.170-76; *Sollers écrivain*, OC V, pp.619-20 [ed. bras.: *O neutro*, pp.272-78; *Sollers escritor*, pp.77-80].
52. *Le Neutre*, pp.174 e 39-40 [ed. bras.: *O neutro*, pp.275 e 33].

possível sua tristeza. Chega a chorar na frente dos amigos, mas com mais frequência isso ocorre em casa, depois de ouvir uma balconista dizer "Aqui está" com as inflexões que tinha a voz de sua mãe, ou escutando Gérard Souzay (de quem, entretanto, ele não gostava) cantar "J'ai dans le coeur une tristesse profonde". Barthes tem o sentimento de viver sua dor apenas interiormente, de poder partilhá-la apenas com seu irmão, e, às vezes, também com a cunhada, na qual de vez em quando detecta gestos de sua mãe. "Meu luto não foi histérico, quase não foi visível para os outros (talvez porque a ideia de o "teatralizar" me fosse insuportável)." Essa nota de 18 de maio de 1978 é desmentida pela maior parte das testemunhas: para os amigos próximos de Barthes, a morte de sua mãe foi um acontecimento catastrófico, transformando seu ser e seus comportamentos. Seu modo de exprimi-lo não é certamente "histérico", mas é visível. A obra tal qual se dá a ler hoje desmente essa reserva: Barthes evoca em público a perda que o abate diante do auditório numeroso do Collège de France, em 18 de fevereiro de 1978: "Ocorreu na minha vida, alguns o sabem, um acontecimento grave, um luto". Tudo que escreve depois de 25 de outubro de 1977 traz, de uma maneira ou de outra, a marca de sua dor. O que Barthes não deixava ver, em compensação, era a irredutibilidade de sua tristeza, o modo como ela o consumia. "O que me perturba ainda hoje foi ter ficado, no fim, tão pouco consciente da queda melancólica. Eu não via nada."[53] Essa melancolia, Barthes a nomeia "acídia" no *Diário de luto*: uma forma de indiferença a tudo, de doença espiritual que faz corresponder à perda do ser amado a dor de não mais amar e de não mais se amar; a "secura do coração" que caracteriza a saída do amor na vida.[54]

Ele tenta dar à sua vida uma aparência de normalidade. Sua obsessão pela regularidade o ajuda nisso, lhe confere uma estrutura. Ele mesmo se surpreende ao ver se manterem de modo imperturbável certos hábitos, dentre os quais o dos flertes, da mundanidade. Viaja (à Tunísia, para a casa de Philippe Rebeyrol, de 19 a 27 de no-

---

53. Éric Marty, *Barthes, le métier d'écrire*, op.cit., p.74 [ed. bras.: *Barthes, o ofício de escrever*, op.cit., p.85].
54. "Horrível figura do luto: a acídia, a secura de coração: irritabilidade, impotência para amar. Angustiado porque não sei como recolocar a generosidade em minha vida — ou o amor. Como amar?" (*Journal de deuil*, 10 de agosto de 1978, p.191 [ed. bras.: *Diário de luto*, p.174].)

vembro; ao Marrocos, em fevereiro de 1978, e na primavera do mesmo ano e de novo em julho), mas rapidamente sente a necessidade de voltar: "Decepção de vários lugares e viagens. Não estou bem em parte alguma. Bem depressa, este grito: *Quero voltar para casa!* (mas onde? já que ela não está em parte alguma, ela que estava lá para onde *eu podia voltar*)".[55] Ele assiste à inauguração do Le Palace, que seu amigo Fabrice Emaer abre em 10 de março de 1978. A descrição que faz do clube para *Vogue hommes* no mês seguinte dá uma ideia da distância que imprime a tudo: "Solitário, ou pelo menos um pouco afastado, posso 'sonhar'. Neste espaço humanizado, posso gritar num momento: 'Como tudo isso é estranho!'". Na bruma que recobre por instantes a pista, os dançarinos parecem fantoches que se destacam do suntuoso cenário de Gérard Garouste. Tudo lhe parece visto como atrás do vidro do aquário com o qual Proust compara a plateia do Opéra com os olhos espantados de uma criança.

Sua mãe não fazia para Barthes "nenhuma observação". Ela não o submetia a nenhuma injunção. Amável, elegante (Barthes evoca o "pó de arroz" que o fascinava em criança, conserva seu perfume na memória; Éric Marty se lembra da beleza de seus olhos, da mesma cor que os de Barthes, de sua voz que parecia não envelhecer), suave, sem histeria, ela era a mãe suficientemente boa de que fala Winnicott, provendo tudo, mas deixando espaço para que o filho deseje algo além dela. "A escritura é a parte de mim que é subtraída da mãe", anota Barthes em seu diário em 22 de janeiro de 1980.[56] Esta emancipação é ainda mais livre e bela porque não provoca culpa. O filho está seguro de seu amor, do amor que lhe devota, até nas experiências do sonho: "Sonhei de novo com mam. Ela me dizia — ó crueldade — que eu não a amava muito. Mas isso me deixava calmo, tanto que eu sabia que era falso".[57] A transcrição desse sonho permite compreender a forma deste amor: tranquilo, total, mas sem dominação.

A morte de Henriette Barthes explicita o desejo de escrever: ele precisa mantê-la viva, dar-lhe uma memória. A obsessão de lhe deixar um monumento atravessa todas as notas do período; trata-se

---

55. *Ibidem*, p.189; ver também as variações sobre este mesmo tema, pp.203 e 207 [ed. bras.: *Diário de luto*, p.172; pp.161 e 186].
56. BNF, NAF 28630, grande fichário.
57. *Journal de deuil*, 18 de julho de 1978, p.174 [ed. bras.: *Diário de luto*, p.157].

menos de uma lápide durável do que um ato de reconhecimento. Se Barthes não sente para ele mesmo nenhum desejo de posteridade, ele "não pode suportar que isso aconteça com mam. (talvez porque ela não escreveu e porque sua lembrança depende inteiramente de mim)".[58] Uma equivalência se forma entre a mãe e a literatura: nelas, uma nobreza comum justifica que se lhes consagre a existência. Os dois últimos anos são para Barthes aqueles nos quais a escritura se torna um voto, no sentido religioso do termo: um compromisso, uma promessa, o desejo intenso (sem dúvida o último fantasma) de realizar uma obra que seja esse monumento.

---

58. *Ibidem*, 29 de março de 1979, p.246 [ed. bras.: *Ibidem*, p.230].

capítulo 18

"VITA NOVA"

15 DE ABRIL DE 1978

Alguns meses depois da morte de Henriette, assim que termina seu curso no Collège de France Barthes vai ao Marrocos, à casa de Alain Benchaya, em Casablanca. É sua segunda temporada desde o começo de 1978. Em fevereiro, ele havia apresentado um seminário sobre a leitura nas universidades de Rabat e de Fez. Em abril, está de férias, em companhia de amigos. No sábado, dia 15, o tempo está bom e eles decidem ir a Cascade, um restaurante num vale, na estrada de Rabat, entre Tit-Mellil e Ain-Harrouda; vão em dois carros. A despeito do encanto do lugar, da acolhida calorosa do sr. e da sra. Manfrenni, da cascata que cai sobre o pequeno lago, Barthes sente o tédio ininterrupto que desde o luto o impede de gozar o presente. Na volta, sozinho no apartamento do amigo, está triste, sem nada para fazer. É então que nasce uma ideia, a "conversão literária": "São essas duas palavras tão velhas que me vêm ao espírito: entrar na literatura, na escritura; *escrever* como se nunca eu o tivesse feito: fazer apenas isso".[1] Esse esboço de narrativa retrospectiva, feito diante do auditório do Collège de France, não diz tudo. A iluminação, que ele compara com a do narrador proustiano no fim de *Tempo redescoberto*, não é somente a do querer-escrever ou da literatura como horizonte total da existência. Ela vem entre a obra vindoura e um conteúdo: o romance a ser feito deve responder ao absoluto do amor materno. Assim é considerado um ato de amor, que ele produz a seu monumento. Nas notas que compõem o *Diário de luto*, Barthes se debruçou muito

---

[1]. *La Préparation du roman I et II*, p.32 [ed. bras.: *A preparação do romance*, vol. I, p.15].

sobre a natureza dessa benevolência, dessa infinita bondade. Ele fica atônito todas as vezes que pensa nas últimas palavras que ela lhe disse: "Meu Roland, Meu Roland, você está mal (sentado)". Sob a forma abreviada "Meu R., Meu R.", a lembrança — "foco abstrato e infernal da dor" — reaparece três vezes em *Diário de luto*. A cada vez, a tristeza que o inunda remete a essa forma de amor, que chamamos de piedade e sobre a qual ele quer escrever o livro. Certa vez, ele ouve alguém falar de "meu romance" e logo ele associa esse quase homófono a "meu Roland",[2] ligando para sempre essas últimas palavras de sua mãe ao que o mantém vivo, seu romance. "Escrevo meu curso e chego a escrever *Meu romance*. Penso então, com dor no coração, numa das últimas palavras de mam.: '*Meu Roland! Meu Roland!*' Tenho vontade de chorar." E acrescenta num parêntesis: "Sem dúvida, estarei mal enquanto não escrever algo *a partir dela* (*Foto*, ou outra coisa)".[3]

De quais documentos dispomos para conhecer a natureza e a visada desse projeto que ocupou intensamente os dois últimos anos da vida de Barthes? Os elementos publicados aparecem no último curso no Collège de France, "A preparação do romance", e na transcrição dos sucessivos projetos considerados no curso do verão de 1979 para sua obra futura, apresentada como anexo das *Obras completas*. Os arquivos inéditos são muito mais importantes. Há, reunidas sob o nome de grande fichário, 1.064 fichas sobre as quais sabe-se ele queria inserir na obra. Correspondem ao que chama de "fragmentos" nos projetos, e ele se dedica a classificá-las por feixes, a fim de inscrevê-los na composição. Ele os indexa por temas: homossexualidade, luto, música, ócio... Algumas dessas fichas são reflexões sobre a obra que está se fazendo; elas comportam, então, um nome de rubrica "VN", isto é, "Vita Nova": "Entendo por 'romance' uma obra monumental, uma súmula mesmo romanesca (!), gênero R[echerche du] T[emps] P[erdu] ou G[uerre] & P[aix], não uma pequena obra (embora o menor possa ser um gênero adulto, vf. Borges): ao mesmo tempo cosmogonia, obra iniciática, súmula de sabedoria".[4] Há em seguida os diários inéditos, o de 1974, o de 1977, ambos escritos em Urt, alguns diários de viagem

---

2. A sonoridade de "mon roman" [meu romance] se parece com a de "mon Roland" [meu Roland] (N.T)
3. *Journal de deuil*, 15 décembre 1978, p.228 [ed. bras.: *Diário de luto*, 15 de dezembro de 1978, p.212].
4. BNF, NAF 28630, grande fichário, 20 de julho de 1979.

(salvo aqueles que serviram para a composição da coletânea *Incidentes*, que Barthes já havia começado em 1969, pedindo aos amigos que lessem, perguntando-lhes se devia publicá-la).[5] Se *Incidentes* era um livro pronto para publicação, não é o caso de outros escritos póstumos, como "Noites de Paris" ou o *Diário de luto*, que teriam provavelmente encontrado seu lugar em "Vita Nova". Barthes conta ainda que Sollers, muito impressionado pela narrativa do "fracasso lamentável" de uma de suas noites parisienses, publicada em "Deliberação", em *Tel Quel*, na primavera de 1979, teria-lhe sugerido prosseguir o trabalho começado nessa ocasião e contar suas deambulações noturnas, o que ele faz e o que acontece a cada noite. "24 de agosto de 79. Carta de Sollers que aprecia o trecho de diário (Délibération). E se eu tentasse contar assim minhas noites? De um modo 'sutilmente' insípido, sem sublinhar o sentido? Não se extrairia uma pintura verdadeira da época?" Barthes começa esse trabalho no mesmo dia e relata suas perambulações de 24 de agosto a 17 de setembro de 1979. Com o título de "Vaines soirées" ("Vãs noites"), faz dele um elemento importante do projeto, uma contrapartida da consistência do verdadeiro amor que é o amor materno. Publicadas depois de *Incidentes* com o título "Noites de Paris", e não o que Barthes lhes dava, esses textos perdem uma grande parte de sua força, que provém precisamente da reflexão dessa vaidade no contexto de um projeto mais vasto e ambicioso do romance.

O inacabamento ou o fracasso dessa obra romanesca não devem ser interpretados. Pois o que os inéditos apresentam é um pensamento da construção da obra que ultrapassa amplamente a questão do livro a ser escrito ou do romance por vir. Barthes tem diante dele (ou atrás dele) um número impressionante de fragmentos não publicados, em grande parte indexados e classificados, no cruzamento do íntimo da observação e da reflexão sobre o qual ele se pergunta se pode fazer disso uma obra. Ele já havia composto seus livros anteriores (*Roland Barthes por Roland Barthes*, *Fragmentos de um discurso amoroso*) a partir desse sistema de classificação com geometria variável de certo número de fichas existentes, e produzira estranhos objetos hipertextuais,

---

5. Antoine Compagnon conta este episódio em *Une question de discipline*, dizendo ter lhe desaconselhado a publicação; Éric Marty, em *Barthes, o ofício de escrever*, disse ter dado um parecer positivo; Renaud Camus, Jean-Louis Bouttes, François Wahal e muitos amigos o leram, mas Barthes finalmente renunciou a sua publicação.

antecipando os novos modos de exposição e de organização dos dados e dos saberes instituídos pela internet. Com o projeto "Vita Nova", ele dá uma extensão ainda mais fascinante a essa ideia, revelando a consciência aguda de uma passagem do livro a outra coisa, que na falta de melhor nome chama de "álbum" em *A preparação do romance*, que não produz mais a totalidade (ou a obra) pela continuação ou sucessão, mas pela disposição, pela estratificação, inúmeras manobras de recomposição. Não é sua aversão ao contínuo, ao encoberto, que o faria renunciar ao romance, mas a mudança de paradigma, que não faz mais do volume, do livro como objeto, uma forma-sentido para expressar, hoje, uma relação com os saberes do mundo e a ligação da obra com a literatura e com a vida. No começo há com certeza o dossiê de notas e esboços reunidos por Mallarmé para o "Livro", cuja matéria dispersa e fragmentária é contrária ao livro puro que ele imaginava, porém mais tarde há também este horizonte de uma combinatória que será alcançada apenas dez anos depois pelos mecanismos hipertextuais oferecidos pela Web.

Barthes constata o desaparecimento progressivo do livro, que perdeu todo caráter sagrado: ele não é mais objeto de uma atenção particular, não o protegemos mais, a bibliofilia passa a ser uma mania reservada a alguns originais, não se fazem mais correntemente encadernações ("ofício com o qual minha mãe nos sustentou, bem ou mal, nos anos de minha adolescência").[6] A laicização do objeto livro lhe tirou seu caráter mítico, que podia fazer dele uma origem, um guia ou um reflexo (no que somente a idiotice permite ainda acreditar: *Bouvard e Pécuchet*, por exemplo, têm ainda uma ideia absoluta do livro); ela conduz à forma antagonista que é o álbum. Este se caracteriza pela heterogeneidade, a circunstância e a desordem: "Uma *folha de álbum* se desloca ou se acrescenta segundo o acaso". Sua composição é rapsódica, sob o signo da variação e da mutabilidade. "Há grandes criadores que estão do lado do Álbum: Schumann, por exemplo." Essa forma não testemunha um pensamento menor, ou pelo menos menor que o livro; em compensação, representa um mundo diferente: "Álbum: talvez a representação do mundo como *inessencial*".[7] É preciso medir essa observação insignificante de Barthes,

---

6. *La Préparation du roman I et II*, p.242 [ed. bras.: *A preparação do romance*, vol.II, p.109].
7. *Ibidem*, p.151 [ed. bras.: *ibidem*, p.125].

relacionando-a com a generalização contemporânea do hipertexto: descentradas, dispersas, tornadas infinitas, as coisas ou as ideias não são mais concebidas na chave das essências, mas na multiplicação, na permutabilidade e nas trocas. A evocação do rapsódico exprime uma verdade do mundo que é sua profunda desorganização: quer esmigalhemos o universo (Nietzsche), quer multipliquemos as organizações, como diz John Cage, "de qualquer modo, o todo fará uma desorganização".[8]

Sobre o plano da forma a dar a "Vita Nova", a composição rapsódica também precisa pensar uma mecanografia (com a qual Barthes se exercita há muito tempo, trabalhando sobre e a partir de seus fichários), capaz, esta vez, de realizar obra, projetando nada menos que uma nova arte da memória. O projeto consiste em costurar fragmentos esparsos, como faz Proust em *Em busca do tempo perdido*: "O Rapsódico, o costurado (Proust: Obra feita como que por uma Costureira) → o Rapsódico afasta o Objeto, magnifica a Tendência, o *Escrever*".[9] Encontramos aqui a valorização da escritura como movimento resistente à reificação e a todas as intimidações da linguagem. Não surpreende que Barthes busque uma forma que traga essa dinâmica infinita. Ela não está no fragmento enquanto tal, mas na organização ou no arranjo a encontrar a partir dos fragmentos. Ele sublinha numa ficha inédita de 16 de julho de 1979: "Vejo claramente isso (parece-me): minhas 'notas' (Diário) enquanto tais, não são suficientes (propensão mas de fato fracasso), o que é preciso é uma volta de parafuso suplementar, uma 'chave' que faça dessas Notas-Diário as simples notas de um trabalho a construir e a escrever em sequência: no fundo, fazer anotações, fazer *fichas*: classificá-las, reuni-las em maços, e como eu faço habitualmente, *redigir* tomando um maço depois do outro".[10] Os planos publicados no anexo nas *Obras completas* assinalam o caráter obsessivo dessa preocupação: é preciso conceber junto "o fragmento, o diário, o romance", ou ainda "o já feito: o Ensaio, o Fragmento, o Diário, o Romance, [o Cômico?], a Nostalgia".[11]

---

8. Barthes faz referência a *Pour les oiseaux*, série de entrevistas de John Cage ao filósofo Daniel Charles (Belfond, 1976, p.45) em *ibidem*, p.256 [ed. bras.: *ibidem*, p.131].
9. *Ibidem*, p.203 [ed. bras.: *ibidem*, p.39].
10. BNF, NAF 28630, grande fichário.
11. "Transcrição de *Vita Nova*", OC V, pp.1010 e 1008.

Barthes adota dois modelos principais para pensar essa forma por vir: os *Pensamentos*, de Pascal, e o romance romântico, segundo Novalis, que associa todas as formas literárias sob a forma do *poikilos*, adjetivo grego que significa a mudança, o multicor, o matizado — "*Arte do Romance*: o Romance não deveria abraçar todas as espécies de estilos numa sucessão diversamente ligada ao espírito comum? A arte do romance exclui toda continuidade. O romance deve ser um edifício articulado em cada um de seus períodos. Cada pequeno pedaço deve ser algo cortado — limitado —, um todo valendo por si mesmo".[12] "Vita Nova" poderia assim associar a narrativa de uma busca intelectual, o relato das noites, os destaques de uma grande obra (o que são os "pensamentos" de Pascal, ou os fragmentos, a saber, os restos de uma "Apologia" de alguma coisa[13] — e com frequência Barthes emprega o termo "Apologia", concorrendo com "Vita Nova", para designar seu projeto), falsos diálogos que colocariam em cena a palavra política. Uma outra referência aparece pouco a pouco para designar essa forma difícil: os "estrômatos", termo que Chateaubriand empresta de Clemente de Alexandria (que dá esse título ao terceiro tomo de sua trilogia) para designar sua própria escritura, feita de pedaços disparatados. Em grego antigo, o termo designa um tecido multicolorido, com textura misturada; ele vem nomear, em literatura, uma coletânea, compósito, feito de assuntos variados, em estilos e gêneros *misturados*. Chateaubriand associa sempre esse termo à costura, ao tecer, ao bordado:[14] graças a essa palavra, Barthes pode reunir a costura proustiana, o *poikilos* romântico e a mescla dos pensamentos, ligando-os a sua própria concepção do texto como hifologia, tecido ou teia de aranha. Em 31 de agosto, em Urt, ele evoca este "novo projeto estrômatos (em

---

12. Novalis, *L'Encyclopédie*, org. de Maurice de Gandillac (Paris: Minuit, 1966), p.322.
13. *Pensamentos*, as notas reunidas depois da morte de Pascal, eram destinadas a uma "Apologia da religião cristã". A relação entre as fichas e as notas de diário de Barthes com "Vita Nova" é homóloga à dos *Pensamentos* de Pascal a sua "Apologia".
14. É possível que a atenção de Barthes a este termo tenha sido atraída pela recente publicação, naquela data, de *Teorias do símbolo* (Paris: Seuil, 1977), em que Tzvetan Todorov evoca a teoria intertextual de Clemente de Alexandria. A releitura de *Memórias de além-túmulo*, no começo de 1979, evocada várias noites seguidas em "Noites de Paris", é sem dúvida devedora dessa sugestão. Uma das últimas entrevistas de Barthes o confirma: em dezembro de 1979, ele diz a Jean-Paul Enthoven que ele se pôs a ler efetivamente as *Memórias de além-túmulo* alguns meses antes. "E foi um deslumbramento" ("Pour un Chateaubriand de papier", *Le Nouvel Observateur*, 10 de dezembro de 1979, OC V, p.767 [ed. bras.: "Por um Chateaubriand de papel", in *O grão da voz*, p.484]). Ver Agnès Verlet, *Les Vanités de Chateaubriand* (Paris: Droz, 2001), pp.81-92.

Chateaubriand). Tapeçaria, livro em fragmentos. Chamá-lo para mim Estrômatos". Barthes investe suas práticas em formas literárias existentes sem para isso chegar a fixar uma, sem que no horizonte se desenhe outra coisa a não ser a cópia de *Bouvard e Pécuchet*, o retorno aos exercícios da infância, ao ditado, evocado duas vezes em *Roland Barthes por Roland Barthes*:[15] "Para acabar não restaria mais do que: copiar, se pôr novamente a copiar".[16] O fichário-diário de 1979 traz o traço dessas hesitações e de um desencorajamento; Barthes não vê como sair da fase da preparação:

> 10 de julho de 1979: Projeto do romance que está se realizando.
>
> Nível 0: a clandestinidade absoluta: a obra real que quero fazer, postos a nu seus andaimes, (seus) aparelhamentos, trucagens = obra tal qual será publicada.
>
> Nivel 1: o aparelhamento (aparelho e início) da obra: Vita Nova, narrativa do Por-Fazer;
>
> Nível 2: a ficção projetada (e que não se fará);
>
> O que separa nível 0 e nível 1:
>
> 0: sei que o romance é impossível e que não o escreverei;
>
> 1: creio que o romance vai se escrever, procuro com coragem e esperança escrevê-lo;
> Mas o nível 0 pode, por sua vez, tornar-se um truque e, portanto, se ficcionalizar e, portanto, tornar-se o nível 1, fazendo recuar assim os outros níveis.
>
> 14 de julho. Soberano Bem do Romance: entrevista direta em abril (em Casa), mas finalmente me separei disso — pelo luto, a tristeza, a depressão — a acídia.

---

15. *Roland Barthes par Roland Barthes*, OC IV, pp.625 e 710 [ed. bras.: *Roland Barthes por Roland Barthes*, pp.57 e 153].
16. BNF, NAF 28630, grande fichário, 21 de julho de 1979.

18 de julho. Constatação de impossibilidade de fazer — e, no caso presente, simplesmente colocar em andamento um romance. Isso quer dizer, infelizmente: impossibilidade de criar o Outro.

Círculo fechado: eu tinha concebido o Romance como ato de amor (Casablanca, 15 de abril de 78); constato agora que desse ato de amor sou incapaz — com minhas notas-fragmentos, de volta a meu egotismo, à minha impotência para imaginar, para amar o Outro, de volta à figura egotista Montaigne-Valéry.

30 de novembro. Obra (VN). Tudo isso. Todo este livro quer dizer todo o tempo que não compreendemos a morte.

Opção/Meu problema é este:

Em 15 de abril de 1978, eu quis conceber uma grande obra *determinada* por minha ruptura de vida, destinada a compensá-la, mas sem relação de conteúdo com este período de mutação;

Pouco a pouco a Mutação tornou-se o objeto mesmo do livro (Vita Nova); não tenho, pois, diante de mim, para trabalhar, senão um material *datado*, limitado, *imediato* (minhas notas desses últimos meses).[17]

Essas observações revelam certa forma de desamparo: Barthes se sente abandonado por seu projeto e, sobretudo, pela força que lhe tinha trazido a conversão de 15 de abril de 1978. Elas também nos ensinam sobre a natureza do projeto considerado: uma obra de amor, um ato de amor. Ainda aqui os modelos convocados no plano do conteúdo (diferentes daqueles que permitem pensar a forma) ajudam a extrair uma ideia muito segura em seu ponto de partida, mas que se torna cada vez mais incerta ao longo do tempo. As referências de Barthes explicitam o que entende por "amor". *Guerra e paz* e *Em busca do tempo perdido* (e, em uma menor escala, *A divina comédia* e *A nova Heloísa*) são seus modelos. Compreende-se a referência a Proust, cuja vida e obra ele acompanhou desde sempre. Dante está ali pelo esquema condutor e secreto da obra (a mãe como Beatriz). A presença de

---

17. BNF, NAF 28630, grande fichário, 10, 14, 18 de julho de 1979 e 30 de novembro de 1979.

A *nova Heloísa*, menos frequente em Barthes do que a referência a *Os devaneios do caminhante solitário*, impõe-se por pelo menos duas razões: é um romance que trata da "piedade", essa forma de amor cujos contornos ele procura captar em "Vita Nova". Esse romance de Rousseau talvez também prove que é possível um romance calvinista. Uma nota de 13 de julho de 1979 o confirma. Barthes se interroga sobre sua resistência ao romance, à mentira: "Pode-se ligar isso a uma espécie de infusão de moral calvinista? Há romancistas calvinistas? (Rousseau, *Heloísa*?). Tenho realmente um fundo de moral calvinista? Em todo caso não é pela via do catecismo, mas pela indefinível moral de mam. (um 'ar', um 'hábito')".[18] Procurando precisamente descrever a ética da mãe, ele encontra a obra e o pensamento filosófico de Rousseau.

Barthes está convencido de que todos os grandes romances são romances de amor. A revelação de 15 de abril de 1978 lhe impõe produzir o romance que falta, o do amor materno. Fazendo isso, ele tem consciência de permanecer na linguagem do inatual, como em *Fragmentos de um discurso amoroso*; mas já que a nostalgia é um afeto que concerne a esse tema do amor englobante e compassivo da mãe, esse distancimento, essa inatualidade, tornam-se uma parte de seu tema. Elas retomam também a convicção de que o romance tal como ele o imagina, a saber, monumental e definitivo, é hoje impossível, e ele próprio designa uma nostalgia: é, pois, "com o pretexto de descrever esta nostalgia que o mundo atual vai ser descrito".[19] A decisão de 15 de abril de 1978 é escrever "uma grande obra de Amor para se juntar aos grandes modelos literários (*Guerra e paz*)". Ele o diz de uma outra maneira no começo do curso: o romance só tem sentido para "dizer aqueles que amamos", para fazer justiça àqueles que conhecemos e amamos, testemunhar para eles, imortalizá-los. Ou ainda na conferência de 19 de outubro: "Espero do Romance uma espécie de transcendência do egotismo, na medida em que dizer aqueles a quem se ama é testemunhar que não existiram (não sofreram, muitas vezes) 'por nada'".[20]

A dimensão do testemunho é essencial. Ela explica esta espécie de mística do romance à qual Barthes adere naquele momento e

---

18. BNF, NAF 28630, grande fichário, 13 de julho de 1979.
19. BNF, NAF 28630, grande fichário, 10, 14 e 18 de julho de 1979 e 30 de novembro de 1979.
20. "Longtemps je me suis couché de bonne heure", OC V, p.469 [ed. bras.: "Durante muito tempo, fui dormir cedo", in *O rumor da língua*, p.361].

que surpreende tanto seu meio quanto os ouvintes do curso. "O que mudou em Barthes com a morte de sua mãe, foi a estranha pressão, o estranho imperativo que ele sentia de escrever um romance."[21] Os amigos ficam pouco à vontade, pensam que ele permanecerá sempre na fase da preparação: "Não entendíamos o que ele queria fazer. Um dia, François-Marie Banier, que Youssef por meio de intrigas conseguira atrair para os encontros organizados em sua casa, disse sobre Barthes: 'Ele nunca conseguirá contar...'".[22] Gérard Genette, que se surpreende ao vê-lo proclamar *urbi et orbi* a escritura de um romance por vir, lembra-se de lhe ter dito: "Você não é verdadeiramente supersticioso!", ao que Barthes lhe teria respondido apenas: "'Tenho confiança', o que significava confirmação".[23] Ainda hoje, críticos ou velhos amigos duvidam do engajamento de Barthes com a forma romanesca. Antoine Compagnon vê mais um investimento tardio na poesia, posta à distância até então e reencontrada pela presença cativa no haiku.[24] Alguns preferem ver um puro objeto de especulação; outros ainda leem seu gosto pelo romanesco manifestado em seus escritos mais pessoais como a única parte aceitável, extraída do romance. Entretanto, a leitura atenta do conjunto dos documentos relativos ao projeto "Vita Nova" permite, ao que parece, afirmar o contrário. Certamente, o romance gigante, o romance não como os outros com os quais ele sonha, diz respeito ao fantasma: não é, de fato, qualquer romance que ele elege, mas dois romances entre milhares, a saber, *Em busca do tempo perdido* e *Guerra e paz*. Mas, como vimos, cada obra de Barthes instaura um fantasma na origem, por isso esse ponto não deve conduzir à suspeita do infactível, muito pelo contrário. Se escolhe essas duas obras, não é para igualar sua forma ou sua grandeza (aliás, ele não é fascinado por *Guerra e paz* nesse plano),[25] mas porque são os únicos romances a terem inscrito a incandescência desse

---

21. Éric Marty, *Roland Barthes, le métier d'écrire*, op.cit., p.65 [ed. bras.: *Roland Barthes, o ofício de escrever*, op.cit., p.75].
22. *Ibidem*, p.66 [ed. bras.: *ibidem*, p.76].
23. Gérard Genette, *Bardadrac*, op.cit., p.386.
24. Antoine Compagnon, *Les Antimodernes de Joseph de Maistre à Roland Barthes* (Paris: Gallimard, 2005), pp.436-40.
25. A agenda, na data de 8 de agosto de 1977, comporta esta indicação: "Acabei *Guerra e paz*, antes do fim. De repente o suficiente". Em *La Préparation du roman* (p.277) [ed. bras.: *A preparação do romance*, vol. II (p.169)], Barthes declara preferir os cadernos de Tolstói a seus romances.

amor espiritual que se exprime no momento da morte e que constitui a verdade de seu sujeito. Em Tolstói são as últimas palavras que Andrei Bolkónski dirige a sua filha Maria antes de desaparecer: ele evoca o amor absoluto que lhe tem como o único bem capaz de lutar contra a morte. Em Proust, é a morte da avó, e sobretudo a tristeza, a veneração e a piedade que sua filha (a mãe do narrador) manifesta nos momentos precedentes, que retêm a atenção de Barthes: "a humildade de quem se sente indigno de tocar o que conhece de mais precioso", a inclinação de seu rosto sobre o de sua mãe, suas últimas palavras ("Não, mamãezinha, não te deixaremos sofrer assim, vamos achar qualquer coisa, tem paciência um segundo"),[26] tudo isso conduz Barthes a seu próprio luto, embora sendo a promessa de uma transfiguração. A aproximação dessas duas cenas explicita com força o projeto, que concerne precisamente à "piedade" como resposta ao amor mais pleno. "Encontrar com precisão seu frêmito 'tópico': é *Guerra e paz*, e mais precisamente a 'piedade' tolstoniana. Ora, há também uma piedade proustiana. Portanto, não perdê-la."[27]

A força de "Vita Nova" se deve a esse consentimento radical ao *páthos*, ao momento patético, que faz do projeto de Barthes uma ambição magnífica. É ele que permite compreender a inclusão no livro de todo um material diverso: os amigos, as noites vãs, os amores clandestinos, a dificuldades, a ruminação, a "sensação de vergonha, de 'postura', de marionete", a "balada" ("cinemas, ruas de gigolôs, localizações de saunas, tendo, sem dúvida, como horizonte a possibilidade de um prazer sexual — mas também uma atividade bastante intensa de observação e de preguiça"), os incidentes, a criança marroquina manifestando a essência mesma da *caridade*...[28] Contra a opinião comum que recusa a compaixão e exalta a literatura "sem *páthos*",[29] Barthes reafirma a força da emoção suscitada pelo sofrimento. Por ela se mantém interminavelmente o *nonsense* que a tragédia opõe ao

---

26. Marcel Proust, *Le Côté de Guermantes*, in À la recherche du temps perdu, *op.cit.*, t. II, p.619 [ed. bras.: *O caminho de Guermantes*, trad. de Mario Quintana, in *Em busca do tempo perdido*, vol. 3. 3ª ed. (São Paulo: Globo, 2007), p.354].
27. BNF, NAF 28630, grande fichário, 14 de julho de 1978.
28. *Incidents*, OC V, p.971 [ed. bras.: *Incidentes*, *op.cit.*, p.40].
29. O *Dictionnaire des idées reçues* de Flaubert o inscreve dentre os estereótipos da crítica literária: "*páthos*: Esbravejar contra, insurgir-se, declarar com um ar altivo que a verdadeira literatura o ignora. Felicitar um autor por ter sabido, no seu romance, evitar o perigo do *páthos*. Escrever: é um belo livro, grave. Acrescentar imediatamente: mas sem *páthos*".

sentido dado ao Mal e à violência: o grito irredutível da voz enlutada. O romance moderno, se ele ainda pode ter uma verdade e uma função, deve retomar este princípio trágico da compaixão. Barthes reconhece esta verdade do *páthos* como força de leitura e necessidade absoluta da literatura: "É preciso aceitar que a obra a fazer [...] represente ativamente, *sem o dizer*, um sentimento de que eu tinha certeza, mas que tenho grande dificuldade para nomear, pois não posso sair de um círculo de palavras gastas, duvidosas à força de terem sido empregadas sem rigor. O que posso dizer, o que não posso me furtar de dizer, é que esse sentimento que deve animar a obra está do lado do amor: quê? A bondade? A generosidade? A caridade? Talvez porque Rousseau lhe tenha dado a dignidade de um 'filosofema': a piedade (ou a compaixão)".[30] A evidência lhe veio, de fato, das últimas palavras de sua mãe. Ele anota isso de novo em 26 de agosto de 1979, ligando o acontecimento à revelação do significado da palavra *rosebud* no filme de Orson Welles: "No fim, descoberta, surgimento do segredo escondido — como o trenó de criança de *Cidadão Kane*: Mam. me dizendo 'Meu R, meu R'".

Não é, pois, abusivo pensar que Barthes teria acabado por encontrar a forma a dar a esses materiais numerosos e esparsos (fichas, agendas, diários antigos e em curso, anotações atuais, narrativas futuras, reflexão projetada sobre a homossexualidade...), se a morte não tivesse vindo interromper seu trabalho e sua reflexão. A obra decerto não teria correspondido à definição corrente de romance como narração e desenvolvimento de uma intriga, mas a história das formas nos ensina que a palavra "romance" pode designar objetos extremamente diversos. Apesar dos momentos de inevitável desencorajamento sobre o qual a agenda[31] testemunha, ele tinha "confiança", como disse a Genette, e a carga pensativa e emotiva de sua reflexão sobre o *páthos* e sobre o amor nos leva a querer partilhar dela. Quatro fólios, datados de 10 de dezembro de 1979, parecem confirmar essa intuição. Sob o título de "Apologia" — a marca da fi-

---

30. "Longtemps, je me suis couché de bonne heure", *op.cit.*, OC V, p.468 [ed. bras.: "Durante muito tempo, fui dormir cedo", in *O Rumor da língua*, p.361].
31. Por exemplo: "Abandono a ideia do romance" (12 de julho de 1979): "Está melhor. Resgato o projeto Vita Nova" (19 de julho). "Estou desanimado com Vita Nova" (21 de julho); "Talvez começo real da obra x (Vita Nova); integração das fichas sobre diversos projetos neste único projeto" (17 de agosto).

liação a Pascal —, ele apresenta vantagens que teria em tirar partido de suas notas, em reclassificar o conjunto sob o signo do incidente, da anotação, fazendo de si mesmo seu próprio material. "Conceber um discurso com dois elementos: a nota e sua ultrapassagem, de onde surge o valor; verdadeira autocrítica, mas como ultrapassagem e descoberta não do valor mas de uma maneira de colocá-la." Resta saber se é preciso ou não dar a esses fragmentos um sentido. Mas seu interesse textual é inegável: "A nota é tomada sem teleologia. É depois que ela se torna matéria para comentário".[32] A narrativa do luto depois da *vita nova* poderia preceder a exposição neutra dos fragmentos e ser seguida por uma explicação. Escrito um mês antes do acidente, esse projeto sublinha a tenacidade com a qual Barthes trabalha sua obra e considera sua publicação.

VIDA NOVA?

O motivo da *vita nova*, associado a Dante e ao meio do caminho da vida, é recorrente no percurso de Barthes. Encontramos desde as cartas de adolescência e, com certa constância, em todas as etapas da existência. Em 1978, ele está consciente de que o tempo que lhe resta viver o situa bem além da metade de sua vida, mas ele lembra que este ponto não é de jeito nenhum um dado aritmético (Dante o viveu aos 35 anos, restavam-lhe ainda 21 anos de vida), mas um limite, um desnivelamento, um choque que permite determinar "essa mutação, essa inversão de paisagem a que chamei o 'meio da vida'".[33] Como para Proust em 1905, a morte da mãe marca esse "meio da vida", a partir do qual nada é mais como antes porque nos deparamos com a certeza da própria morte. É preciso, pois, aproveitar da melhor maneira possível a vida que resta, a última vida, e sair da melancolia na qual mergulha o luto. "'Vita Nova', dizia Michelet, ao desposar, aos 51 anos, uma jovem de 20, e preparando-se para escrever livros novos de história natural; [...] para quem escreve, para quem escolheu escrever, não pode haver 'vida nova', parece-me, que não seja a descoberta de uma nova prática de escrita."[34]

---

32. BNF, NAF 28630, "Incidents", pasta 3, "Apologie".
33. "Longtemps, je me suis couché de bonne heure", *op.cit.*, OC v, p.466 [ed. bras.: "Durante muito tempo, fui dormir cedo", *op.cit.*, p.358].
34. *Ibidem*, p.467 [ed. bras.: *Ibidem*, p.359]. Ver também a primeira aula do curso sobre *La Préparation du roman I et II*, pp.25-32 [ed. bras.: *A preparação do romance*, vol. I, pp.3-12].

Exceto o projeto de romance ao qual Barthes se atrela, a vida concreta não muda sob o efeito desta revelação e desta escolha de uma "última vida". Apesar do vazio deixado pela morte da mãe, ele continua morando no apartamento do segundo andar da rua Servandoni, indo mais raramente do que antes para seu "quarto" do sexto, a subida das escadas lhe sendo mais penosa. Mas suas distrações habituais, as viagens, as saídas, não têm mais o mesmo sabor — quando viaja, como vimos, ele é tomado pela "vontade de voltar". De 5 a 12 de novembro, ele acata o convite de Tom Bishop e de Richard Howard para fazer uma conferência e duas sessões de seminário na Universidade de Nova York: é acolhido com honras que denotam seu prestígio. Viaja em primeira classe. No aeroporto, uma limusine o espera e sua volta é pelo Concorde. Ele faz a famosa conferência sobre Proust e sobre seu próprio desejo de romance, apresentada no Collège de France dois meses antes. Em 21 de novembro, um grande coquetel é organizado pela Seuil para festejar os 25 anos de Barthes na editora. Ele é festejado e homenageado, rodeado de pessoas queridas. Fica, no entanto, um pouco ausente de tudo. "Toda 'mundanidade' reforça o vazio do mundo onde ela não está mais."[35] Na Seuil, é Rachel Salzedo, sua cunhada, que o impressiona, de tal modo ela age com a dignidade e a discrição de sua mãe. Da temporada em Nova York, Genette, que também viajou, mas para uma temporada mais longa, se lembra: "Não estávamos na mesma cabine, e, em algum momento, me desloquei para ir falar com ele. Ele dormia profundamente, com a cabeça tombada, boca aberta e, por um instante, eu o vi tão morto quanto a múmia de *Plain-Chant* [de Jean Cocteau], sem sua máscara de ouro".[36]

Frequentemente falamos com tristeza, mesmo com maldade, do frenesi sexual de Barthes depois da morte da mãe. A publicação das "Noites de Paris" intensificou essa percepção, à qual não se deve dar crédito. Barthes sempre esteve à procura de satisfações imediatas, ia a saunas, cinemas pornográficos, boates. Não é um comportamento novo, tampouco uma conduta infeliz. Além dos amantes mais ou menos regulares que frequenta em seus diferentes grupos pequenos, ele sempre gostou de encontrar michês, achando erótico o simples

---

35. *Journal de deuil*, 22 de novembro de 1978, p.226. [ed. bras.: *Diário de luto*, p.210].
36. Gérard Genette, *Bardadrac*, *op.cit.*, p.386.

contato dos olhos, ou a troca de palavra. Se costuma passar noites no Le Palace, não é porque de repente ele tentaria esquecer sua tristeza, inebriando-se nos prazeres, mas porque ele sempre teve esse hábito, porque ele conhecia Emaer havia quase três décadas, porque ele o chama de "Fabrice", enquanto este o chama de "meu filósofo".[37] Somente os lugares mudam porque a noite muda depressa. São hábitos que o envelhecimento talvez tornem um pouco patéticos, mas só. A idade limita o flerte clássico, Barthes o reconhece já há algum tempo: "Não resta ao homem velho (ou quase) senão o flerte de michês (felizmente, ele tem seu charme, sua simplicidade)".[38] É também um fenômeno histórico. Hoje, que a sexualidade se privatizou e se tornou puritana, essas práticas podem parecer comportamentos excessivos ou desviantes. O vírus da AIDS ainda não tinha sido descoberto; a multiplicação dos parceiros é quase a regra entre os homossexuais. Basta ler alguns autores contemporâneos e conhecidos de Barthes, como Tony Duvert, Hervé Guilbert, Renaud Camus.

Há algum tempo ele sonha escrever algo sobre a homossexualidade. Sua preocupação é fazê-lo sem arrogância e sem nomear as identidades. A ideia de um "eu sou aquilo", de um "ele é isso", causa-lhe horror; o que faz a força desse tema é precisamente que se trata de um não saber. Ele não quer nem a militância pregada por Guy Hocquengh (que encontra em casa de Youssef e Jean-Louis) e a Frente Homossexual de Ação Revolucionária, nem o *coming out* tranquilo de Dominique Fernandez — o que não o impediu de lutar para que ele obtivesse o prêmio Médicis em 1974. Escrever sobre a homossexualidade não significa se explicar sobre preferências sexuais, mas exprimir a reserva de diferença e marginalidade que ela pode constituir para pensar de outro modo. Entretanto, quando ele escolhe falar disso em público é prefaciando *Tricks*, de Renaud Camus, cuja dominante sexual e até pornográfica é difícil ignorar ou evitar. Renaud Camus e Roland Barthes são muito amigos. Mesmo que as derivas atuais do autor de *Tricks* destoem de todas as convicções e escritos de Barthes, é preciso reconhecer que ele diz coisas belas sobre ele. Seu

---

37. Ver a homenagem que ele lhe presta numa nota sobre o Palace, publicada em *Le Quotidien de Paris*, em 31 de dezembro de 1979 (OC V, p.773): "Fabrice é um artista porque tem a inteligência daquilo que faz: a inteligência, quer dizer, em definitivo, a arte de pensar nos outros".
38. BNF, NAF 28630, grande fichário, 23 de novembro de 1975.

Journal de travers o evoca várias vezes, sempre com ternura e uma real fascinação por sua inteligência. Camus assiste o seminário até o fim, participando dos almoços rituais quase todos os sábados. Convida-o para as noites que organiza, nas quais Barthes encontra Andy Warhol. Barthes lhe dedica, assim como a William Burke e Yvon Lambert, o artigo que escreve sobre Cy Twombly em 1979 ("Para Yvon, para Renaud e para William"). Ele decerto presta um serviço de amigo prefaciando seu livro, assegurando sua notoriedade. Mas o gesto tem também um outro alcance. Lembrando a diferença entre discurso social, estereotipado e "denunciante", e discurso literário, capaz de dizer coisas "simplesmente", de manifestar seu estar-aí e difundir sutilmente seu sentido, Barthes reafirma nessa ocasião qual é, desde sempre e sobre qualquer assunto, sua posição, o lugar de onde ele fala. Uma vez isso posto, ele pode também falar de si: "Mas o que prefiro, nos *Tricks*, são os "preparativos": a deambulação, o alerta, os manejos, a aproximação, a conversa, a partida para o quarto, a ordem (ou a desordem) na arrumação do lugar".[39] Esse momento em que a cena deixa o registro da operação para se tornar romance, espaço do possível e do jogo, é também aquele que ele prefere na vida, por causa do qual sai à noite, para uma surpresa, um ser novo, olhares trocados, cumplicidades, às vezes nada.

    Ele frequenta sempre os mesmos círculos. Youssef Baccouche se torna uma espécie de promotor dos prazeres, organizando suas noites, procurando distraí-lo, levando-o a um jantar em homenagem a Nureyev no Le Palace, convidando Béjart alguns meses mais tarde, acompanhando-o ao Monsieur Boeuf, onde Barthes às vezes cruz com Aragon, do qual, nas notas do diário, ele faz um retrato impressionante: "O bem velho Aragon, quase toda noite no restaurante Boeuf, às vezes só: ele dorme, cambaleia na mesa posta onde queima uma vela. Ontem à noite eu estava ainda arrasado pelo espetáculo da velhice, impressionado pela *ausência* do tipo, aquilo beirava uma loucura (na sala agressivamente modernizada, alegre e superficial), quase uma *inocência*, pois às vezes o velho, levantando a cabeça com os olhos fechados, tinha uma expressão perturbadora de *beatitude infantil* (ele, personagem sobretudo mau e que tudo viu, tudo dis-

---

[39]. "Préface à *Tricks* de Renaud Camus", 1979 (OC V, p.686) [ed. bras.: "Prefácio a Tricks de Renaud Camus", in *O rumor da língua*, pp.366-67].

se)".⁴⁰ Barthes também costuma sair com François-Marie Banier, vai a festas, ao Le Palace, às saunas. Encontra Philippe Mezescaze, Hervé Guilbert, Jean-Paul Manganaro, Romaric Sulger-Büel, Frédéric Berthet, Jean-Noël Pancrazi, Jacques Damade. Tem aventuras com muitos deles. Frequenta às noites organizadas por André Téchiné em seu novo apartamento, na rua da Tournelle. Encontra os atores com os quais rodou *As irmãs Brontë*. Em julho de 1979, vai a Cabourg para a inauguração de um Le Palace balneário. Lá teria sido muito importunado por dois rapazes (seu lado Pasolini); felizmente ele está acompanhado de Robert Mauzi, que o arrasta para fora do recinto. Com outros amigos, ele tem noites mais tranquilas. Encontra sempre Claude Maupomé, produtora na France Musique, com quem estabelece laços fraternos nessa época, uma de suas raras amizades novas com uma mulher de sua geração. Quando o assunto é música, sai também com Éric Marty — com quem adquire uma assinatura para os "Lundis musicaux" do Athénée, fórmula que "permite ir ao concerto em condições simples, tranquilas"⁴¹ — e Antoine Compagnon: Barthes vê um e outro, em geral cada um deles em particular, no Flore, no Bonaparte em concertos, num outro gênero de sociabilidade. Com todos Barthes demonstra grande generosidade. Ele gosta de convidar para jantar, comprar flores, dar pequenos presentes. Apesar de tudo, passa aos próximos o sentimento de se encontrar sempre em certa solidão, tomado pelo tédio.

 Barthes também se sente envelhecer e se angustia com isso. A dificuldade para envelhecer é expressa em muitos textos, na maneira como Barthes aborda cada vez mais a questão da diferença de idade, da relação das diferentes sociedades com a idade. No curso sobre "O discurso amoroso", ele se interessava por figuras imprecisas: a criança velha ou *puer senilis*, o velho criança ou *senex puerilis*, que provoca a desordem. Ele gosta desses seres indiferenciados e reversíveis, que lutam, a sua maneira, contra as diferenças impostas, a diferença de idade dissimulando aqui a diferença dos sexos. Mas a sociedade apresenta outras imagens. "O 'velho' é a idade aplicada por um 'jovem', que, a partir daí, se vê ele mesmo 'jovem'. Esse movimento

---

40. BNF, NAF 28630, grande fichário, 7 de maio de 1978.
41. "La semaine de Roland Barthes", in *Le Nouvel Observateur*, 8 de outubro de 1978 (OC V, p.556).

opera um racismo: eu me excluo de uma exclusão que coloco e é assim que, na minha vez, eu excluo e que consisto."[42] Embora escreva, em sua coluna do *Nouvel Observateur*, "a velhice me emociona mais do que a infância",[43] ele não gosta das degradações do corpo, das fadigas que aumentam. Continua a fazer regimes, inscreve-se numa academia de ginástica. Mas ele tem sessenta anos e não aparenta ter menos. Uma mulher que o entrevista em 1979 o descreve como um "homem grisalho de aparência discreta [...]".[44] Ele nunca se sentiu muito sedutor, porém, mais do que antes, seu corpo, que ele cobre com largos sobretudos, o incomoda. Tudo isso explica o sentimento que muitas pessoas tiveram retrospectivamente de uma melancolia, de um abandono, como de um pressentimento do fim. Ao "não querer possuir" evocado no fim de *Fragmentos de um discurso amoroso*, ao movimento de desprendimento realizado no curso, se superpõe a expressão mais negativa de uma renúncia. No outono de 1978, a secretaria do Collège lhe transmite queixas de estudantes que acham seu curso decepcionante, banal. Ele é afetado por isso, pensa se retirar do ensino. Tem o sentimento, em parte justificado, de que uma geração está procurando pô-lo para fora. Essa impressão negativa talvez explique sua atitude indecisa por ocasião da polêmica sobre os "novos filósofos", em 1977: ele não quer apoiá-los de modo explícito, sobretudo contra seu amigo Gilles Deleuze, tampouco quer ser relegado aos limbos do passado. Escreve uma carta pessoal para Bernard-Henri Lévy, a quem meses antes concedera uma longa e bela entrevista para o *Nouvel Observateur*,[45] mostrando interesse pelo trabalho dele. Lévy se permite publicar parte dessa carta em *Les Nouvelles littéraires*, em 26 de maio de 1977. Barthes reprova o questionamento de Lévy à filosofia de Deleuze, que lhe parece "errônea", mas reconhece a validade de algumas de suas ideias, em particular aquelas que se referem à crise da transcendência histórica. "Não haveria uma espécie de acordo entre a ideologia otimista do 'progresso' his-

---

42. "*Puer senilis, senex puerilis*" (trechos do curso sobre "O discurso amoroso", NDLR, novembro de 1978, OC V, pp.481-83).
43. OC V, p.636.
44. "Rencontre avec Roland Barthes", entrevista com Nadina Dormoy Savage, in *The French Review*, fevereiro de 1979 (OC V, p.735).
45. "À quoi sert un intellectuel", *Le Nouvel Observateur*, 10 de janeiro de 1977 (OC V, pp.364-82) [ed. bras.: "Para que serve um intelectual", in *O grão da voz*, pp.364-93].

tórico e a concepção instrumentalista da linguagem? E, ao contrário, não haveria a mesma relação entre todo distanciamento crítico da História e a subversão da linguagem intelectual pela escritura?"[46] Barthes liga assim *La Barbarie à visage humain*, livro do entrevistador, à sua ética da escritura, o que é um modo de expressar sua adesão. A publicação da carta — à revelia de Barthes — provoca a cólera de Deleuze, que convoca Barthes para se explicar diante de uma espécie de tribunal de amigos. Solicitado demais, por vezes dividido por amizades incompatíveis, Barthes, que raras vezes hesita sobre a conduta a assumir, às vezes não sabe o que fazer em face de situações paradoxais ou diante de exigências contraditórias. Suporta com cada vez mais dificuldade ser constantemente submetido ao querer dos outros. "Não me recuso a receber os pedidos (sem dúvida tenho necessidade de que os dirijam para mim), mas o que não suporto é que me sejam dirigidos segundo a vontade o tempo daquele que o dirige, sem se preocupar com meu próprio tempo: telefone que me corta numa frase, pedido de artigo que vem interromper um trabalho. Gostaria de poder dividir meu tempo, rigorosa e quase loucamente, em semanas para mim e semanas para os outros."[47]

Quando fala de seu projeto de romance em termos de "liquidações", o que ocorre com frequência, Barthes confirma a vontade de acabar alguma coisa, senão de acabar de vez com isso. Numa de suas fichas, ele registrou algumas linhas de uma entrevista de Fellini em *Libération* de 18 de julho de 1979: "Não viajei muito, li pouco, não sou do tipo revolucionário de barricada. Filmo por dinheiro. Liquido meus estoques". Também vê com certa distância seu projeto de reciclagem: sua arte da memória não seria pura ruminação egotista? Em seus períodos sombrios, a inclinação para a renúncia é uma tentação. Barthes tem o sentimento de deambular, como se sua vida inteira tivesse a forma do irrealizável; noites vãs, fragmentos esparsos, desencorajamento, é a "marinada", palavra que ele toma emprestado de Flaubert para designar há muito tempo suas depressões pontuais: "Quando o fundo da tristeza é atingido, Flaubert se lança sobre seu sofá: é a 'marinada', situação, aliás, ambígua, pois o signo do fracasso é

---

46. Carta a Bernard-Henri Lévy, *Les Nouvelles littéraires*, 26 de maio de 1977 (OC V, p.315).
47. BNF, NAF 28630, grande fichário. "Linguistique, St Simon, Brecht, Zavriev", 2 de março de 1980.

também o lugar do fantasma, de onde o trabalho vai pouco a pouco ser retomado".[48] Associada à solidão, à tristeza, a este estado intermediário entre abandono e retomada, a marinada não é mais um desencorajamento temporário como lhe ocorria conhecer outrora, mas uma disposição contínua, escurecendo os dias.

CLARIDADE
A foto [...] é uma evidência clara da coisa que foi.[49]

Há, entretanto, uma parte luminosa no fim da vida de Barthes. Para uma obra que se elaborou sempre a partir do fantasma, evidentemente é significativo que a morte o surpreenda antes que ele termine seu monumento, quando sua grande obra está em migalhas. Mas *A câmara clara*, que é o livro da mãe, realiza parte do projeto, inscrevendo para sempre sua memória num livro. Como quem não quer nada, quase sem se dar conta, Barthes executa a partitura de sua obra com dois gestos fortes que a completam, dando-lhe sentido e futuro. O primeiro é o curso sobre "O neutro", ministrado sob o choque do acontecimento, que explicita e nomeia o caminho de seu pensamento desde *O grau zero da escrita*; o segundo é a composição e a publicação do livro sobre a fotografia, que dá uma forma magnífica, com múltiplas ressonâncias, ao entrelaçamento do privado e da reflexão.

A viagem à Grécia, de 7 a 18 de junho de 1979, está inteiramente sob o signo dessa grande claridade. Barthes termina a redação de *A câmara clara* (datada de 15 de abril a 3 de junho de 1979) e sua tese sobre a luz encontra pontos que se refletem na intensidade mediterrânea. As fichas do diário de viagem retomam a terminologia imaginada para a fotografia: o *studium* é o interesse que ele tem pelas linguagens, pelos estratos etnossociográficos, como ele

---

48. "Flaubert et la phrase", in *Nouveaux essais critiques*, OC IV, pp.78-79 [ed. bras.: *O grau zero da escrita, op.cit.*, pp.161-72]. O substantivo "marinade" [marinada] não se encontra em Flaubert, mas encontramos o verbo "mariner" [marinar] numa carta a Ernest Chevalier de 12 de agosto de 1846: "Trabalho, leio, faço um pouco de grego, rumino Virgílio ou Horácio e me estendo num divã de marroquim verde que mandei confeccionar recentemente. Destinado a me marinar nele, mandei ornar meu bocal a meu gosto e aí vivo como uma ostra sonhadora". Gustave Flaubert, *Correspondance*, org. de Jean Bruneau (Paris: Gallimard, 1973), t.I, p.293. Col. Pléiade.
49. "Du goût à l'extase", entrevista com Laurent Dispot, *Le Matin*, 22 de fevereiro de 1980 (OC V, p.930) [ed. bras.: "Do gosto ao êxtase", in *O grão da voz*, p.491].

os chama; o *punctum* remete ao registro das emoções, da surpresa; por exemplo, um batismo ortodoxo, que assiste por acaso em 11 de junho, ao entrar numa igreja de Pireu: ele se impressiona com o barulho, a animação, a ausência de recolhimento, a festa, os cantos amebeus; numerosos pequenos incidentes animam a cena (a menininha nua grita quando a mergulham no batistério, o santo óleo se encontra numa garrafa de ouzo, o sacerdote arregaça as mangas, vestido com um avental, como uma cozinheira, para proceder à imersão); cena inteiramente trivial, bela em toda a evidência comum, sem sublimação nem devoção particular. Barthes volta várias vezes para as vivas impressões suscitadas por aquele momento. Em Salônica, mulheres que bordam nos jardins públicos, conversando; homens sozinhos numa mesa, cigarros, isqueiro e óculos escuros dispostos na frente deles; crianças entre as mesas. Ele aprecia as tavernas ao ar livre, as frutas, o calor, a água fresca, a *bougatsa* com canela que se come no porto. Há também o fascínio do encontro com o jovem Lefteris, que se integra no projeto "Vita Nova" como a pura figura do "brilho do encontro".

Essa claridade que emana felizmente dos períodos sombrios, dando-lhes sua parte de descoberta e de felicidade, parece que Barthes procura também vertê-la sobre si mesmo na realização de seus projetos, na explicação de seu pensamento, num procedimento que impressiona seus interlocutores: "De onde vinha a claridade singular de Barthes? De onde ela vinha a ele? Pois ele devia recebê-la também. Sem simplificar nada, sem violentar a mensagem ou a discrição, ela emanava sempre de um determinado ponto que não era um, que permaneceu invisível à sua maneira [...]".[50] Essa dimensão de clarificação aparece plenamente no curso sobre "O neutro", de 1978. Ele desenvolve o poder e o encaminhamento da noção que, de proposição teórica (o neutro como "grau zero"), torna-se uma verdadeira ética (contra a arrogância) que resulta numa estética (da anotação, do incidente). Embora, como todo homem branco ocidental, tenha sido imbuído da rigidez dos binarismos e dos paradigmas opostos da racionalidade, seu fantasma sempre consistiu em encarar forças capazes de contrariá-los. Ele encontrou na escritura, em maneiras

---

50. Jacques Derrida, "Les morts de Roland Barthes", in *Psyché. Invention de l'autre, op.cit.*, p.274.

de ler, mas também em condutas morais, modos de dizer ou de fazer, permitindo não fixar sentidos em categorias, a linguagem no definitivo, o ser em identidades estáveis. Em gramática: nem masculino nem feminino; nem ativo nem passivo. Em política: não tomar partido entre duas forças em conflito... O neutro, que é sobretudo uma utopia, define tanto o ser profundo de Barthes quanto um modo de atravessar a linguagem,[51] o corpo, o gesto, para lhes tirar seu autoritarismo da essência ou da definição fixa. Daí sua predileção pelos limiares, os vestíbulos, os entremeios, todos esses lugares intermediários onde não se está, de fato, em nenhuma parte, onde se passa sem parar. Há com certeza imagens negativas do neutro, tanto no plano político quanto no ético; mas escolher fazer disso uma utopia é privilegiar o movimento pelo qual ele desestabiliza qualquer coisa, recusando o já feito, o dado, o evidente. Os valores morais que o neutro promove, a benevolência, a delicadeza, a doçura, se às vezes são ridicularizadas por seu caráter efeminado, são, entretanto, aqueles que encarnam, sem nenhuma autoridade, o feminino maternal, tal como Barthes o recebe e o concebe. É também o princípio de respeito do prazer singular pregado por Sade numa carta a sua mulher, citada em *Sade, Fourier, Loyola*: o gozo do pequeno, do fútil, do marginal, pelo qual as individualidades se exprimem na sua verdade, isto é, nos seus momentos frágeis. "Darei à recusa não violenta da redução, à esquiva da generalidade por meio de condutas inventivas, inesperadas, não paradigmatizáveis, à fuga elegante e discreta diante do dogmatismo, em suma, o princípio de delicadeza, darei em última instância o nome: brandura."[52] Contrariamente ao que ele é em Blanchot, o neutro de Barthes não é nem o negativo, nem o indizível, nem a noite. Sua força positiva reside em reduzir as intimidações em todos os gêneros: arrogância, totalidade, virilidade, julgamento definitivo. Ele atenua sem abolir, acalma sem adormecer por completo, torna a expressão mais sutil e menos vã. É esse seu estranho poder de clarificação. Em vez de expor o pensamento na luz crua de uma inteligência ilusória, o neutro o faz cintilar na

---

51. Ver esta nota fascinante do fichário-diário: "12 de novembro de 1979: Este dia aniversário de meu nascimento, escrevi dez vezes o mesmo lapso: coloquei-me nos adjetivos e particípios passados, no feminino: estou *desolada* etc.", BNF, NAF 28630, grande fichário.
52. *Le Neutre*, p.66 [ed. bras.: *O neutro*, p.80].

dispersão dos brilhos, organizando vazios e suspensões, lugares e momentos, que escapam ao sentido.

A luz que está no centro de *A câmara clara* é da mesma natureza. Não é a intensa claridade do sol mediterrâneo nem a explicação luminosa, a compreensão plena e absoluta dos acontecimentos e dos fatos, mas uma luz de algum modo amortecida, mais misteriosa, mais neutra (isto é, mais móvel), porque ela emana não da vida, mas da morte. Duas circunstâncias precipitam esta revelação — no sentido óptico como no sentido espiritual — da fotografia. A primeira é uma encomenda: em 1978, a editora Gallimard propõe ao secretário de redação dos *Cahiers du cinéma*, Jean Narboni, uma coleção sobre as artes da imagem em coedição. A ideia é chamar não especialistas, mas pensadores, intelectuais que falem do assunto com sua inteligência, sua competência e seu gosto de amador. Narboni, que conhece Barthes por intermédio de Christian Metz e é leitor de seus artigos sobre a fotografia de imprensa ou de arte (Boudinet, Bernard Faucon, Wilhelm von Gloeden), o convida em primeiro lugar. Barthes logo fica seduzido, pois não lhe pedem um discurso teórico: não deve imergir nos escritos sobre a fotografia nem na sua história (mesmo que, em Nova Iorque, ele tenha encontrado sua amiga Susan Sontag, que lhe pedira para ler seu ensaio sobre o assunto; ele se apaixonou pelo texto e imediatamente sugeriu a tradução[53] a Christian Bourgois). A proposta pode se identificar com seu desejo. Como muitas pessoas enlutadas, naquele momento ele está mergulhado na triagem e na contemplação de antigas fotografias, ocasião que constitui a segunda circunstância de *A câmara clara*. Em dezembro de 1978, ele tinha ido ao ateliê de um fotógrafo de Belleville para mandar reproduzir fotos de sua mãe muito antigas e estragadas. Quando Narboni insiste sobre o projeto em março de 1979, ele põe a fotografia de sua mãe quando menina diante da escrivaninha e sabe que tem algo a descobrir nessa pesquisa: algo de muito íntimo e muito geral ao mesmo tempo, que dá sentido ao projeto. Ele compra alguns livros de fotografia na Hune e de Delpire sobretudo os números especiais sobre fotografia do *Nouvel Observateur*; pede conselhos a Daniel Boudinet, visita galerias e, a partir de abril, insta-

---

53. Susan Sontag, *Sur la photographie* [1978], trad. do inglês por Philippe Blanchard (Paris: Christian Bourgois, 1982).

lado em Urt, ele se lança na escrita de um ensaio que logo toma logo a forma de uma investigação, com indícios, progressão e revelação.

Até então, embora interessado pela fotografia como signo, Barthes sempre havia desconfiado de sua capacidade analógica, sua dimensão realista. A foto (especialmente de moda ou de imprensa) era sempre escanteada, fosse pela análise, fosse por certa reserva afetiva (que o artigo sobre Boudinet testemunha, apesar de sua exatidão). A descoberta da foto da mãe no jardim de inverno de sua casa natal de Chennevières-sur-Marne produz uma verdadeira inversão de perspectiva: poderíamos mesmo falar também de "conversão", como o estalo de 15 de abril de 1978. Em 13 de junho do mesmo ano, ele chora ao descobrir essa foto. Em 29 de dezembro, depois de ter recebido a reprodução que pedira em Belleville, Barthes escreve: "Essa imagem entra em conflito com todos os pequenos combates vãos, sem nobreza, de minha vida. A imagem é verdadeiramente uma medida, um juiz (compreendo agora como uma foto pode ser santificada, guiar → não é a *identidade* que é lembrada, é, nessa identidade, uma *expressão* rara, uma 'virtude')".[54] Os termos empregados ligam explicitamente o projeto sobre o amor e a sideração por esta imagem. Com ela, Barthes faz uma experiência, no sentido pleno do termo, que modifica sua relação com a fotografia e marca uma virada no modo como ele vive seu luto. Essa descoberta desloca seu pensamento de uma reflexão sobre o sentido das imagens para o lado de uma reflexão sobre o ser — o "é isso", o "tal" da fotografia pelo qual indicamos desajeitadamente na fotografia a assunção do referente que ela põe em ação. "A Fotografia pertence a essa classe de objetos folhados cujas duas folhas não podem ser separadas sem destrui-los: a vidraça e a paisagem, e por que não: o Bem e o Mal, o desejo e seu objeto: dualidades que podemos conceber, mas não perceber (eu ainda não sabia que, dessa teimosia do Referente em estar sempre presente, iria surgir a essência que eu buscava)."[55]

A câmara clara coloca em cena a experiência dessa inversão. A primeira parte caminha pelas impressões e emoções provocadas por certas fotografias. É nela que ocorre a famosa distinção entre o *studium* (a cultura, o assunto da foto) e o *punctum* (a emoção — que é

---

54. *Journal de deuil*, p.232 [ed. bras.: *Diário de luto*, p.216].
55. *La Chambre claire*, OC v, p.793 [ed. bras.: *A câmara clara*, pp.15-16].

objeto de definições às vezes divergentes, ora incidente, picada do luto, ora poder expansivo do fantasma, *páthos* e neutralidade). Esse percurso de fotografias célebres, "públicas", permite perceber como funciona o desejo, mas não diz nada da natureza da fotografia. Ela abandona todo um lado da reflexão sobre ela, aquele que concerne ao *operator*, o fotógrafo, sua intenção, seu trabalho. A foto não existe senão para o *spectator* — para aquele que a olha e realiza assim o fantasma expresso desde "Fotos-choque", nas *Mitologias*: que as imagens sejam apresentadas exclusivamente àqueles que as olham.[56] "Eu tinha de descer mais ainda em mim mesmo para encontrar a evidência da Fotografia, essa coisa que é vista por quem quer que olhe uma foto, e que a distingue, a seus olhos, de qualquer outra imagem."[57] A imagem de sua mãe menina, ao lado de Philippe Binger, irmão dela, numa pequena ponte da estufa que funcionava como jardim de inverno na bela casa dos Binger em Chennevières, produz um revelação comparável àquela da memória involuntária em Proust: ela não restitui somente o passado, mas a verdade desse passado na força de sua presença, de repente. Assim, a foto não é uma imagem de Henriette Barthes quando pequena, mas de sua mãe que se tornou "sua menina", para ele, homem que está envelhecendo. "Ela, tão forte, que era minha Lei interior, eu a vivia para acabar como minha criança feminina. Eu resolvia assim, à minha maneira, a Morte."[58] Para exprimir a natureza particular desta presença que confunde a cronologia ou a disposição habitual dos tempos, Barthes desloca o ponto de vista passando do estereótipo da câmara escura à imagem da câmara clara. Não fala mais em termos mecânicos ou físicos, mas em termos químicos, enfatizando a ação da luz em certas substâncias.[59] O encontro com o ser amado que a fotografia permite não abole a

---

56. A ausência de emoção sentida na exposição *Fotos-choque*, na galeria d'Orsay, provém de uma presença demasiado forte do fotógrafo e de suas intenções na fotografia. "O fotógrafo substituiu-nos larga e excessivamente na formação de seu tema" ("Photos-chocs", OC I, p.752) [ed. bras.: "Fotos-choque", *Mitologias*, p.67].
57. *La Chambre claire*, OC v, p.836 [ed. bras.: *A câmara clara*, p.91].
58. *Ibidem*, p.848 [ed. bras.: *ibidem*, p.108].
59. "Haveria, pois, em *A câmara clara*, como uma 'ficção química', que viria contrabalançar o sentimento doloroso e absoluto da morte pela crença ou esperança, muito bela, de uma ressurreição possível, ali, na retomada da foto" (Bernard Comment, *Roland Barthes, vers le neutre* (Paris: Christian Bourgois, 1991), p.127). Em dezembro de 1979, Barthes participa da defesa de uma tese sobre fotografia de Lucien Clergue em Aix-Marseille: o laboratório que o acolhe pertence ao departamento de química.

morte; ele traz um reconforto comparável às presenças espectrais para aqueles que creem nos espíritos. A revelação (no sentido químico) produz, no entanto, uma ressurreição (no sentido religioso) que autoriza a ter um verdadeiro contato com o ser desaparecido. "A foto do ser desaparecido vem me tocar como os raios retardados de uma estrela. Uma espécie de vínculo umbilical liga a meu olhar o corpo da coisa fotografada: a luz, embora impalpável, é aqui um meio carnal, uma pele que eu partilho com aquele ou aquela que foi fotografado."[60] A relação é comparável àquela que Ulysses tem com sua mãe no reino das sombras. Ela toca numa verdade da morte que não é mais o puro desaparecimento. Como diz a legenda que Barthes acrescenta ao retrato que Alexander Gardner fez de Lewis Payne, "ele está morto e vai morrer", a morte se diz ao mesmo tempo no passado e no futuro. A magia depende da prova daquele real, que Bataille denomina o Impossível: o dilaceramento ofensivo e ofuscante da morte. Com a força dessa revelação, Barthes pode, no fim do livro, promover o encontro de sua reflexão sobre a fotografia e a conversão que o leva à *vita nova*. Essa reunião se efetua em torno do termo "piedade" que une o *punctum* da foto e o amor materno. "Eu reunia em um último pensamento as imagens que me haviam 'pungido' (já que essa é a ação do *punctum*), como a da negra de colar pequeno, de sapatos de presilhas. Através de cada uma delas, infalivelmente, eu passava para além da irrealidade da coisa representada, entrava loucamente no espetáculo, na imagem, envolvendo com meus braços o que está morto, o que vai morrer, tal como fez Nietzsche, quando, em 3 de janeiro de 1889, lançou-se a chorar ao pescoço de um cavalo martirizado: enlouquecido por causa da Piedade."[61]

O FIM

Barthes assina os exemplares para a imprensa em 13 de fevereiro de 1980. Distribui o livro a alguns amigos chegados, preocupa-se com a recepção da obra. A segunda parte é muito mais pessoal do que *Roland Barthes por Roland Barthes* ou os *Fragmentos*. Ele não se serve da ciência dos graus a que recorria, e que o protegia. Irrita-se quando criticam a seleção das fotos, dizendo não teriam escolhido aquela

---

60. *La Chambre claire*, OC V, p.854 [ed. bras.: *A câmara clara*, p.121].
61. *Ibidem*, p.883 [ed. bras.: *ibidem*, p.171].

foto de Mapplethorpe. Outros são mais sutis. Éric Marty lhe diz que é seu livro mais moderno, aquele que reconcilia modernidade e morte. Julia Kristeva se encanta com a clareza de um raciocínio que faz a fotografia se apoiar no "'extremo amor' e na visão que lhe legou sua mãe".[62] Marthe Robert, numa carta escrita em 22 de fevereiro e que sem dúvida é uma das últimas que ele lê antes do acidente, lhe fala da "mistura de dor e de bizarra brandura" na qual seu livro a mergulha continuamente, ela que perdeu a mãe meses antes e que também está à procura da imagem que conteria todas as outras.[63]

Apesar do clima de latência que precede a publicação de um livro, seu cotidiano não se altera. Janta com Sollers numa noite, com Wahl e Sarduy na noite seguinte. Ouve o pianista Jean-Philippe Collard no Athénée com Éric Marty; toca piano na casa dos Trilling, que recebem Boucourechliev; janta com François Braunschweig no Tiburce; vai ao Le Palace com Youssef Baccouche e Pascal Bonitzer; à tarde vai à sauna Pereire ou à Odessa. Faz regime. Prepara a palestra sobre Antonioni que deve fazer em Bolonha, participa de uma defesa em Nanterre com Jean-François Lyotard, é entrevistado sobre as nostalgias dos franceses e sobre a fotografia. Em 10 de fevereiro, Michel e Rachel Salzedo vão para Israel, onde a família de Rachel vive perto da fronteira libanesa. Barthes aproximou-se muito deles desde a morte de Henriette Barthes. Comemora as festas judaicas com eles, assiste à cerimônia da circuncisão do sobrinho de Rachel em Créteil em dezembro de 1979. No verão anterior, os três haviam feito uma peregrinação a Bedous, os dois irmãos se lembrando com emoção de 1934, o ano que tinham passado lá, no começo da doença que marcou definitivamente a infância de Barthes. Ele dá seus dois cursos no Collège todos os sábados de manhã, almoçando depois na rua de Tournon com os colegas do seminário. Desde que o curso foi transferido da quarta-feira para o sábado, os problemas de luz e microfone, comuns àquela época no Collège de France, aumentaram, pois o bedel nunca estava. É sem dúvida, aliás, a razão pela qual, em 25 de fevereiro de 1980, depois do almoço com François Mitterrand, ele deseja fiscalizar as instalações técnicas para a aula sobre Proust e a fotografia: ele quer projetar as fotos de Nadar e,

---

62. Carta de Julia Kristeva, 16 de fevereiro de 1980, BNF, NAF 28630.
63. Carta de Marthe Robert, 22 de fevereiro de 1980. Coleção particular.

como todo o curso se baseia sobre o comentário a respeito delas, acha melhor se precaver.

Em 22 de fevereiro, ele revisa as notas para o curso, faz sua declaração de imposto de renda. À tarde, recebe uma equipe de televisão que grava um programa sobre fotografia. Vai a uma recepção no Centro Daniel-Douady, onde sempre encontra ex-colegas do sanatório; naquele dia, porém, acha a atmosfera tão sinistra que sai logo no começo. Bebe alguma coisa com Claude Maupomé, depois janta com Claude Jeantet num restaurante perto do Collège de France. No sábado, dia 23, dá sua décima primeira aula do curso e almoça no restaurante chinês com o grupo. Passeia por Montmartre à tarde. Janta na casa de Youssef Baccouche e vai a uma reunião organizada por François Flahault. No domingo, depois do mercado de manhã, passa parte do dia lendo teses e vai até Orly buscar o irmão, que voltava de Tel Aviv. Leva-o à casa de Bofinger, onde encontram amigos. Na segunda-feira, ele se levanta tarde. Datilografa o texto sobre Stendhal antes de ir almoçar na rua dos Blancs-Manteaux. À tarde é atropelado por uma caminhonete na rua des Écoles.

Era um dia "frio, amarelo", ele havia anotado na agenda antes de sair. Sobreviveu um mês. Recebeu visitas, mas não se comunicou com ninguém. Não fez nada, não escreveu nada. Morreu em 26 de março de 1980, às 13h40, no hospital Pitié-Salpêtrière.

índice onomástico

A

Abgrall, François, 149.
Abraham, Marcel, 211.
Adamov, Arthur, 261, 279.
Adjani, Isabelle, 479.
Ajchenbaum, Yves-Marc, 189n.
Ajuriaguerra, Julian de, 499.
Alain (Émile-Auguste Chartier, dit), 192.
Albérès, René Marill, 175.
Algalarrondo, Hervé, 41n.
Alleton, Viviane, 442.
Alphant, Marianne, 180n.
Althusser, Louis, 308, 354, 383, 387, 403, 440, 473n, 526.
Amadieu, Jean-Baptiste, 40, 282, 517n.
Andréa, Yann, 11, 518.
Antelme, Robert, 254, 300, 483.
Antonioni, Michelangelo, 22, 329, 442, 593.
Apter, Emily S., 118, 119n.
Aragon, Louis, 113n, 231, 363, 582.
Arban, Dominique, 231.
Arcimboldo, Giuseppe, 161, 452, 463.
Aristóteles, 361.
Arland, Marcel, 258.
Aron, Jean-Paul, 305, 527.
Arrivé, Michel, 208.
Artaud, Antonin, 96, 260, 344, 426, 439, 488, 510.
Artières, Philippe, 527.
Arvengas, Gilbert, 205.
Asllani, Persida, 140.
Auboin, Claude, 64.
Audry, Colette, 255.
Auerbach, Erich, 255.
Autexier, Hugues, 340.
Auzias, Jean-Marie, 310.
Axelos, Kostas, 255-256, 336.

B

Babeuf, Gracchus, 213.
Baccouche, Youssef, 18, 482, 533, 540-541, 557, 582, 593, 594.
Bachelard, Gaston, 246, 282, 334, 354.
Bachellier, Évelyne, 436n, 491n, 518, 550.
Bachellier, Jean-Louis, 591n.
Bach, Johann Sebastian, 109, 118, 121.
Bachmann, Ingeborg, 300.
Bakhtin, Mikhail, 363-364, 382, 437.
Baldwin, Charles, 362.
Balibar, Étienne, 383.
Balzac, Honoré de, 14, 49, 74, 96-97, 103, 379, 380-384, 390n, 392n, 399, 410-411, 413, 415, 421-422, 426, 436, 466, 529.
Banier, François-Marie, 576, 583.
Baratier, Jacques, 373.
Barbéris, Pierre, 415, 514.
Bardet, Jean, 216.
Barrault, Jean-Louis, 263.
Barreau, André, 498.
Barthes, Alice, 48-49, 73, 77, 92, 106, 325, 476.
Barthes, Marie Berthe (*née* de Lapalut), 48--49, 53, 64n, 73, 148.
Barthes, Henriette (*née* Binger), 61, 63-64, 73, 79-81, 84-88, 162, 165, 170, 190, 195, 197-198, 251, 322, 338, 345, 406, 526, 539, 541, 555-558, 564, 567, 591, 593.
Barthes, Léon Joseph, 51, 64n.
Barthes, Louis, 51, 54, 64n.
Baruzi, Jean, 69.
Bashô (Bashô Matsuo, dit), 379.
Bastide, Roger, 530n.
Bataille, Georges, 81, 96, 338, 341, 358n, 378, 415, 437, 453, 461, 488, 510, 526, 547, 561, 592.

Bataillon, Marcel, 498.
Batteux, Charles, abade, 361.
Baty, Gaston, 89, 259.
Baudelaire, Charles, 91, 95, 109, 115, 186, 236, 351, 417, 427, 457, 468, 510.
Baudrillard, Jean, 345.
Baudrillard, Lucille, 345.
Bauer, Michel, 144.
Bayet, Albert, 102.
Beaufils, Marcel, 106.
Beaufret, Jean, 526.
Beaunier, André, 561.
Beckett, Samuel, 261, 279.
Beethoven, Ludwig van, 78, 106, 109, 471.
Béguin, Albert, 216-218, 246, 250, 334.
Béjart, Maurice, 582.
Bellon, Guillaume, 536n.
Bellour, Raymond, 318n, 343.
Benchaya, Alain, 408-409, 567.
Benjamin, Walter, 70.
Bem Jelloun, Tahar, 398n.
Bensmaïn, Abdallah, 70n.
Benveniste, Émile, 191, 318, 340, 370, 437.
Béranger, Pierre Jean de, 213.
Bergman, Ingmar, 373.
Bergson, Henri, 93.
Berio, Luciano, 472.
Berlot, Pierre, 378n.
Bernard, Yvonne, 304.
Berque, Jacques, 19, 406, 499.
Bersani, Jacques, 502.
Berthet, Frédéric, 518, 533, 583.
Bertrand, Louis, 48, 81, 84.
Bettelheim, Charles, 443.
Betz, Maurice, 149n.
Bianciotti, Hector, 472n, 473.
Bident, Christophe, 300n.
Binger, Henriette (ver Barthes, Henriette).
Binger, Jacques, 65.
Binger, Louis-Gustave, capitão, 61, 63-68, 88, 232, 455.
Binger, Marie, (née Hubert), 65.
Binger, Philippe, 251, 591.
Biron, Normand, 116, 225.
Bishop, Tom, 488, 580.
Blanchard, Philippe, 92, 226n, 589n.
Blanchot, Maurice, 135, 220, 257, 279, 281n, 293-294, 296-303, 337, 341-346, 361, 388, 525, 528, 536, 588.
Blanqui, Auguste, 213.
Blecher, Max, 163.
Blin, Roger, 261.
Bloch, Marc, 201.

Blondin, Antoine, 213.
Blum, Léon, 68, 100.
Blyth, Reginald Horace, 379.
Bodin, Paul, 188.
Bogdanov, Igor e Grichka, 492.
Boisrouvray, Fernand de Jacquelot du, 216.
Bollack, Jean, 488.
Boltanski, Luc, 304.
Bonalumi, Louis, 440.
Bon, Antoine, 89.
Boncenne, Pierre, 288n.
Bonitzer, Pascal, 593.
Bonnard, Pierre, 203.
Bonnefoy, Claude, 241n.
Bonnet, Jean-Claude, 10, 337, 406.
Bonnot, Gérard, 388.
Bonomi, Andrea, 367.
Boon, Ian, 327.
Bordeaux, Henri, 97.
Borel, Émile, 69.
Borges, Jorge Luis, 568.
Bory, Jean-Louis, 188.
Böschenstein, Bernhard, 488.
Boschetti, Anna, 217n, 310, 314n.
Bossuet, Jacques Bénigne, 353.
Bouc, Alain, 444, 448.
Boucourechliev, André, 471, 560, 593.
Boudinet, Daniel, 555-556, 589-590.
Bougnoux, Daniel, 40n, 109n, 260n.
Boulaâbi, Ridha, 406n.
Boulez, Pierre, 307, 474, 497, 531, 540.
Bounfour, Abdellah, 405.
Bourdet, Claude, 188, 190.
Bourdieu, Pierre, 36, 183, 310, 356, 502.
Bourgeade, Pierre, 426.
Bourgeois, Jean-Luc, 488.
Bourgois, Christian, 431, 484-485, 589.
Bourin, André, 439n.
Bourseiller, Christophe, 448n.
Boutang, Pierre-André, 145n.
Bouttes, Jean-Louis, 18, 438, 473, 479, 481--483, 491, 500, 512, 518, 533, 541, 543, 555, 557, 559n, 569n.
Bouvier, Nicolas, 420.
Bouvier, René, 65n.
Bouzaher, Myriem, 367n.
Bouzerand, Jacques, 304.
Boyer, Alain-Michel, 66n.
Boysleve, René, 97.
Braque, Georges, 378n.
Braudel, Fernand, 288, 295, 308, 495, 515.
Braudel, Paule, 219n.
Brault, Michel, 327, 373.

Braunschweig, François, 322, 338-340, 463, 593.
Bray, René, 362.
Brecht, Bertolt, 129, 261, 263-268, 270-273, 346, 349, 417, 435, 466n, 476, 585n. Bremond, Claude, 426n, 501, 517-518.
Bresson, Robert, 175.
Breton, André, 281n.
Brillat-Savarin, Anthelme, 158n, 468-469.
Brissaud, Dr M., 93-94, 105, 165, 178, 185, 250.
Brochier, Jean-Jacques, 225n, 263, 292, 358, 467.
Brod, Max, 194.
Brondal, Viggo, 201, 208, 228.
Bruneau, Charles, 207-208, 212-214, 239-240.
Bruneau, Jean, 586n.
Brunet, Étienne, 198.
Brunhoff, Cyrille de, 105.
Brunot, Ferdinand, 213, 362.
Brunschvicg, Léon, 68.
Buber-Neumann, Margarete, 277.
Büchner, Georg, 260.
Buffat, Marc, 435.
Buñuel, Luis, 89.
Burgelin, Olivier, 256, 304.
Burke, William, 482, 582.
Burnier, Michel-Antoine, 26, 485.
Burroughs, William S., 381n.
Butor, Marie-Jo, 347.
Butor, Michel, 207, 300, 307, 337, 344, 347--348, 360-362, 388.

C

Cabet, Étienne, 213.
Cage, John, 381n, 473, 571.
Caillois, Roger, 185, 188n.
Calligaris, Contardo, 518.
Calle-Gruber, Mireille, 348n.
Calvet, Louis-Jean, 10, 39, 54, 87, 198, 290.
Calvino, Italo, 24-25, 300, 370-371, 463, 472.
Camus, Albert, 113, 129, 176-178, 187-189, 216, 220, 236, 262, 267, 269, 273-279, 342, 344.
Camus, Renaud, 41, 125, 192, 434, 482, 533, 555, 569n, 581-582.
Canetti, Elias, 328, 329n.
Canetti, Georges, 165, 167-168, 171-172.
Canguilhem, Georges, 529.
Carasco, Raymonde, 494.
Carol II (rei da Romênia), 195.
Carrel, Armand, 213.
Cartier-Bresson, Martine (Martine-Franck), 463.

Caunes, Georges de, 66.
Cavalcanti, Guido, 83.
Cayrol, Jean, 115, 188, 206, 216-220, 253, 267, 279, 336, 340-341, 344-345, 349, 358, 360n, 373, 427.
Cazade, Évelyne, 543.
Celan, Paul, 488.
Certeau, Michel de, 293, 390.
Césaire, Aimé, 188.
Chabrol, Claude, 292.
Chack, Paul, 54.
Chailley, Jacques, 132, 135.
Chaillou, Michel, 494.
Chancel, Jacques, 35, 167n, 269, 514, 516, 528.
Changeux, Jean-Pierre, 499.
Chaplin, Charlie, 270.
Chapouthier, Fernand, 89-90.
Charnay, Jean-Paul, 406.
Charpentrat, Pierre, 526.
Char, René, 188.
Chartier, Roger, 217n.
Chastel, André, 498.
Chateaubriand, François-René de, 29, 353--354, 427, 432, 436, 572-573.
Châtelet, Noëlle, 493.
Chavent, Jean-Paul, 484.
Chéreau, Patrice, 474.
Chevalier, Jean-Claude, 205, 207, 209-210, 258n, 286n.
Chevalier, Maurice, 171.
Chklovski, Victor, 264.
Chodkiewicz, Michel, 24, 433.
Chomsky, Noam, 318, 362.
Chopin, Frédéric, 120-121.
Citron, Pierre, 415.
Cixous, Hélène, 455.
Clarac, Pierre, 102.
Claudel, Paul, 140, 197, 243, 261.
Clément de Alexandria, 572.
Clerc, Thomas, 10, 14, 41.
Clergerie, Bernard, 209.
Clergue, Lucien, 591.
Clifford, Charles, 408.
Cocteau, Jean, 134.
Cohen, Gustave, 133, 165.
Cohen, Marcel, 255, 458.
Cohn-Bendit, Daniel, 384n, 385.
Coiplet, Robert, 250.
Collard, Jean-Philippe, 593.
Combelle, Lucien, 112.
Comment, Bernard, 10, 41-42, 220, 240, 591.
Compagnon, Antoine, 10, 40, 55n, 59n,

599

159n, 234, 282n, 283, 474, 480, 482,
   491n, 517-518, 533, 555, 569n, 576, 583.
Considérant, Victor, 213.
Consolini, Marco, 261, 263n, 266-267.
Copeau, Jacques, 132.
Coquet, Jean-Claude, 208.
Corday, Michel, 169.
Cordier, Daniel, 131, 322, 420, 462-464, 485,
   508, 540, 543.
Corneille, Pierre, 107, 362.
Corti, Maria, 371.
Coste, Claude, 10, 13-14, 42, 350n, 359-360,
   406-407.
Coudol, Jacques, 216.
Courcelle, Pierre, 464.
Couve de Murville, Maurice, 205.
Crepax, Guido, 463.
Cressole, Michel, 555.
Cunningham, Merce, 473.
Cuny, Alain, 136, 138.
Curtius, Ernst Robert, 361.

D

Daix, Pierre, 390-393.
Damade, Jacques, 583.
Damisch, Hubert, 493-494, 518.
Damisch, Teri Wehn, 160n.
Damourette, Jacques, 201.
Dante Alighieri, 28, 368, 437, 463n,
   574, 579.
Daremberg, Charles Victor, 134.
David, Robert, 100, 162, 164-165, 167-168,
   169-170, 173, 178-180, 184-185, 194,
   197-198, 200, 211, 215, 247-248,
   337, 544.
Davidson, Jacques, 464n.
Debaene, Vincent, 313-314.
Debord, Guy, 389.
Debray, Régis, 10.
Debray-Genette, Raymonde, 337.
Debussy, Claude, 138.
Defert, Daniel, 382n, 526-527, 532, 582.
Deguy, Michel, 10, 336-337, 392, 471, 526.
Delacroix, Michel, 138, 148, 151, 168, 476.
Delannoi, Gil, 256n.
Deleuze, Gilles, 145, 361, 414, 421, 505, 510,
   523, 531, 536, 546, 549, 584-585.
Deloncle, Pierre, 65n.
Delorme, Danielle, 19.
Delumeau, Jean, 499.
De Man, Paul, 366.
Denis, Maurice, 171.
Denis o Areopagita, 555.

Dermisache, Mirtha, 460.
Derrida, Jacques, 26-27, 42, 310, 314, 317,
   337, 365-366, 407, 411-412, 414, 438,
   441, 526, 587.
Des Forêts, Louis-René, 300, 360.
Desgraupes, Pierre, 284.
Devade, Marc, 463.
Dezeuze, Daniel, 473.
Diderot, Denis, 436.
Dienesch, Marie, 135n.
Dillan, Pierre, 202.
Dispot, Laurent, 158n, 586n.
Domenach, Jean-Marie, 298.
Donato, Eugenio, 365-366.
Donda, Ellis, 237n.
Dorgelès, Roland, 149n.
Dormoy Savage, Nadina, 584.
Dort, Bernard, 250, 260-262, 266-268, 271,
   280, 476.
Dosse, François, 310, 312, 355.
Dostoïévski, Fiodor, 172.
Douady, dr. Daniel, 149, 151-152, 165.
Doubrovsky, Serge, 154, 512.
Doumet, Christian, 109n.
Dreyfus, Alfred, 68.
Dubois, Jean, 362.
Duby, Georges, 497, 499-500.
Duclos, Jacques, 209.
Duclos, Jean-Margot, 277.
Ducrot, Oswald, 362.
Dufrenne, Mikel, 226n, 329n, 442n.
Duhamel, Georges, 97, 104, 135.
Dullin, Charles, 89, 136, 138, 259.
Dumarsais, César Chesneau, 361.
Dumas, Alexandre, 96.
Dumayet, Françoise, 337.
Dumayet, Pierre, 337.
Dumézil, Georges, 288, 307, 524.
Dumur, Guy, 260-262.
Duparc, Henri, 109, 138.
Dupront, Alphonse, 195.
Durand, Jacques, 372n.
Durandeau, Edmond, 253.
Duras, Marguerite, 250, 254, 300, 337-338,
   560.
Durkheim, Émile, 314.
Durosay, Daniel, 122.
Dussane, Béatrix, 171.
Duvert, Tony, 483, 581.
Duvignaud, Jean, 116, 255, 260-261, 265,
   279, 298, 336, 358.

600

E

Eckhart, Maître, 117n, 555.
Eco, Umberto, 235n, 367, 370-371.
Eisenstein, Sergueï, 264, 479.
El-Ayadi, Mohammed, 403n.
Élissée, Nikita, 132.
Emaer, Fabrice, 338, 434, 564, 581.
Emmanuel, Pierre, 196.
Encrevé, Pierre, 209n, 258n.
Enthoven, Jean-Paul, 572n.
Enzensberger, Hans Magnus, 300.
Éribon, Didier, 314, 318-319, 496-497, 501n, 525, 531, 533.
Errera, Roger, 526n.
Erté (Romeno de Tirtoff, dit), 421, 463, 516.
Erval, François, 191.
Esponde, Jean, 41n.
Ésquilo, 136, 141, 148.
Establet, Roger, 383.
Estaunié, Robert, 97.
Estène, Casimir, 543.
Étiemble, René, 298.
Ewald, François, 382n.
Ézine, Jean-Louis, 514.

F

Fagès, Jean-Baptiste, 310.
Faucon, Bernard, 589.
Fau, Guillaume, 11, 457n.
Faure, Edgar, 18, 389.
Fauré, Gabriel, 138, 197, 476.
Faure, Lucie, 18.
Faye, Jean-Pierre, 216, 337, 388, 424-426.
Febvre, Lucien, 201, 219, 250, 253-254, 529.
Fédoroff, Vladimir, 169, 171.
Fejtö, François, 255.
Fellini, Federico, 585.
Fellous, Colette, 10, 40, 476, 482, 492n.
Fénelon, 353.
Fernandez, Dominique, 125, 581.
Ferret, Robert, 81n.
Ferrier, Jean-Louis, 305.
Ferrier, Kathleen, 515.
Ferrier, Michaël, 368.
Février, James, 458.
Filliozar, Jean, 498.
Finas, Lucette, 10, 81, 494, 541.
Fischer-Dieskau, Dietrich, 160n, 475.
Flahault, François, 482, 541, 594.
Flamand, Paul, 24, 216-217, 219, 221, 426.
Flaubert, Gustave, 221, 342, 362, 466-467, 483, 504, 510, 577, 585-586.
Flécheux, Céline, 457.

Focillon, Henri, 68, 195.
Forest, Philippe, 348n, 350n, 426n, 434.
Fortini, Franco, 22, 255, 336.
Foucault, Anne, 526.
Foucault, Michel, 9, 18, 21, 24, 35, 40, 269, 288, 308, 314, 317, 319, 327, 338, 340, 368, 382n-383, 387, 394, 433, 438, 474, 496-501, 510, 521-537.
Fourier, Charles, 8, 37, 76-77, 213, 379, 380n, 386-387, 392-397, 421, 465, 480, 512, 515, 530, 588.
Fournié, Georges, 167, 183-184, 187, 190.
Fournié, Jacqueline, 187.
Francastel, Pierre, 305.
France, Anatole, 98.
François-Poncet, André, 171.
Frédérique, André, 189.
Frénaud, André, 198.
Freud, Sigmund, 77, 366, 409, 425, 461, 540, 545.
Friedmann, Georges, 256-258, 288, 296, 371.
Froissart, Marcel, 499.
Fumaroli, Marc, 362.
Funaki, Kazuo, 369, 420.

G

Gadenne, Paul, 169.
Gaillard, Françoise, 10, 56, 518.
Gandillac, Maurice de, 117n, 572n.
Garat, Dominique-Joseph, 99.
Gardner, Alexander, 592.
Gaulle, Charles de, 271, 280-281, 296-297, 299-300, 350, 362, 380, 386.
Gautier, Jean-Jacques, 272.
Genet, Jean, 112n, 113, 227, 236, 250, 337, 439, 484-485, 561.
Genette, Gérard, 40, 42, 191, 311, 334-335, 337-338, 358, 362-363, 389, 429, 456, 493, 517-518, 576, 578, 580.
Gennes, Pierre-Gilles de, 499.
Germain, Marie-Odile, 11, 457n.
Ghitescu, Micaela, 196n.
Gide, André, 7, 32, 39n, 53, 69, 96, 103-104, 111-129, 172, 174, 175-178, 192, 196, 226, 237, 345-346, 353, 428, 494, 548, 553, 560.
Gide, Madeleine (*née* Rondeaux), 119, 124, 128, 560.
Gilet, Jacques, 92-95, 106.
Gil, Marie, 10, 39, 68n.
Girard, René, 354, 365.
Giraudoux, Jean, 103, 134, 261.

601

Girault, René, 202n.
Girodon, Jean, 322, 337.
Giroud, Françoise, 278.
Giscard d'Estaing, Valéry, 18, 496.
Gisselbrecht, André, 270.
Gloeden, Wilhelm von, 589.
Gluck, Christoph Willibald von, 197, 473.
Glucksmann, André, 362.
Godard, Jean-Luc, 373.
Godin, André, 196, 202n.
Goethe, Johann Wolfgang von, 465, 548.
Goldmann, Lucien, 327, 335-336, 353-354, 362-363, 388n, 437, 510.
Golon, Anne, 541.
Gould, Glenn 475.
Goux, Jean-Paul, 438, 441.
Gracq, Julien, 77.
Grall, Henri, 135n.
Grandsaignes d'Hauterive, Robert, 84, 88.
Granet, Marcel, 441.
Grass, Günter, 300.
Green, Julien, 103, 112n.
Greggory, Pascal, 479, 555.
Greimas, Algirdas Julien, 24, 201, 205, 207--213, 215, 254-255, 257, 288, 291, 305, 311, 387, 510.
Grellet, Isabelle, 151.
Grenier, Jean, 341.
Groult, Benoîte, 154.
Guareschi, Giovanni, 217.
Guarini, Ruggero, 237n.
Guénard, Annie, 201.
Guibert, Hervé, 532-533.
Guillaume, Pierre, 150n, 158n, 165, 169n.
Guiraud, Pierre, 198, 215, 251.
Guittard, Jacqueline, 66n, 215n, 281n.
Gury, Christian, 41n.
Guyotat, Pierre, 412, 439, 455, 483.
Guy, Patrice, 543.

H

Hallier, Jean-Edern, 350.
Hambis, Louis, 498.
Hamon, capitão, 54.
Hatzfeld, Rosèle, 179.
Havas, Roland, 10, 343, 472-473, 491n, 543--545, 547.
Heath, Stephen, 42.
Heidegger, Martin, 209, 366.
Heilbronn, Yvette, 170.
Hello, Ernest, 548.
Hemingway, Ernest, 173.
Hénaff, Marcel, 313n.

Henric, Jacques, 439n, 546n.
Henry, Paul, 195.
Henry, Pierre, 19, 135n.
Hepner, Benoit, 188n.
Hermantier, Raymond, 263.
Herrigel, Eugen, 378.
Hersant, Philippe, 474.
Herschberg Pierrot, Anne, 10, 13-14, 92n, 446n, 511.
Hertzog, Paul, 174.
Hess, Rémi, 293n.
Heurgon-Desjardins, Anne, 517.
Heurgon, Édith, 517n.
Hjelmslev, Louis, 208, 290, 304, 306, 362.
Hocquengh, Guy, 581.
Hölderlin, Friedrich, 301n, 488.
Honegger, Arthur, 197.
Horeau, Alain, 531.
Houdebine, Jean-Louis, 439n.
Howard, Richard, 285, 378, 580.
Huby, Arthur, 102.
Huerre, Jean, 95.
Hug, Gérard, 440n.
Hugo, Victor, 118, 375, 385.
Huston, Nancy, 482.
Hyppolite, Jean, 308.

I

Ionesco, Eugène, 261, 265, 266n, 279.
Issa (Issa Kobayashi, dit), 379.
Istrati, Panaït, 172.

J

Jacob, François, 499.
Jacquemont, Maurice, 132.
Jakobson, Roman, 70, 209, 304, 311, 313, 318, 327, 505n.
Jankélévitch, Vladimir, 254.
Jaques-Wajeman, Brigitte, 259-260.
Jarrety, Michel, 69.
Jaurès, Jean, 94-95, 100, 109.
Jean, Raymond, 415n.
Jeanson, Francis, 217, 244.
Jeantet, Claude, 594.
Johnson, Phyllis, 381n.
Johnson, Uwe, 300-301.
Joussain, André, 188n.
Jouvet, Louis, 89, 136, 259.
Jouve, Vincent, 42.
Joxe, Louis, 211.
Joyce, James, 463n.

K

Kafka, Franz, 127-128, 166, 194, 335, 340, 344, 362-363.
Kao, Shuhsi M., 442n.
Kemp, Robert, 250.
Kermode, Frank, 488.
Khaïr-Eddine, Mohammed, 398.
Khatibi, Abdelkebir, 337, 397.
Kiejman, Georges, 485.
Kierkegaard, Søren, 430, 536.
Klossowski, Denise (*née* Morin), 337-338.
Klossowski, Pierre, 217, 336-338, 540.
Knight, Diana, 10, 37, 42.
Koch, Robert, 150.
Kravtchenko, Victor, 277-278.
Kristeva, Julia, 10, 21, 24-25, 30, 41, 59, 191, 209n, 258n, 311, 335-337, 362-363, 368, 370, 382, 411, 426, 435-438, 441, 447, 473n, 493-494, 508, 517-518, 540, 545, 593.
Kruse, Caroline, 151.

L

Laâbi, Abdellatif, 398n.
La Bruyère, Jean de, 351-353.
Lacan, Jacques, 209, 307-308, 336, 360-361, 366n, 368, 383, 384n, 408, 416, 437, 441, 443, 545-547.
Lacarrière, Jacques, 144, 553.
Lacoue-Labarthe, Philippe, 28n, 488.
Lacouture, Jean, 24n, 217.
Lacretelle, Jacques de, 97.
Lacroix, Jean, 171.
Laforgue, Jules, 176n.
Lagache, Daniel, 529.
Lalou, René, 69.
Lambert, Yvon, 462, 582.
Lamy, Bernard, 361.
Langevin, Paul, 68.
Lang, Jack, 17, 19.
Langlois, Henri, 384.
Lanson, Gustave, 354.
Lao-tseu, 381.
Lapassade, Georges, 484-485.
Laporte, Roger, 344.
Lapouge, Gilles, 396n.
Larbaud, Valery, 188.
Laroche, Emmanuel, 498, 500.
La Rochefoucauld, François de, 88, 335, 352.
La Sale, Antoine de, 363.
Lascault, Gilbert, 493.
Latxague, Marie, 48, 85, 89.
Lautréamont (Isidore Ducasse, dit), 361.
Lavers, Annette, 42, 435.

Lazarsfeld, Paul, 257.
Lebel, Germaine, 196.
Lebesque, Morvan, 260, 262, 265-266, 277.
Lebey, André, 69.
Leclaire, Serge, 461, 545.
Le Clec'h, Guy, 252, 348, 358.
Le Clézio, Jean-Marie Gustave, 360.
Leenhardt, Jacques, 335.
Leenhardt, Maurice, 304.
Lefebvre, Henri, 293-294, 385, 387, 481.
Lefort, Claude, 298-299.
Léger, Nathalie, 11, 13-14, 180n.
Le Goff, Jacques, 298, 495-497.
Lehdahda, Mohamed, 406n.
Leiris, Michel, 188n, 298, 300, 414.
Le Jéloux, Paul, 541.
Lemaître, Jules, 96.
Lemée, Yann (ver Andréa, Yann).
Lemieux, Emmanuel, 254n.
Léon, Henry, 87n.
Leonetti, Francesco, 301.
Lepage, Louis, 269, 338, 526.
Lepape, Pierre, 358.
Lepet, Noémie (ver Révelin, Noémie).
Lepeuple, André, 165n, 167, 172.
Lepoivre, dr. Michel, 325, 555.
Leroi-Gourhan, André, 66, 459, 499.
Le Roy Ladurie, Emmanuel, 497, 499, 500.
Le Saout, Didier, 403n.
Lestringant, Frank, 119.
Lévi-Strauss, Claude, 66, 208-209, 291, 294n, 307, 311, 312, 319, 348, 366, 379, 413, 422, 497, 499, 510.
Lévy, Bernard-Henri, 94, 96, 125, 133, 135, 156, 667, 668.
Lévy-Corcos, Joël, 409.
Leys, Simon (Pierre Ryckmans, dit), 447n, 448.
Liebermann, Rolf, 19.
Lindon, Jerôme, 532.
Lindon, Mathieu, 10, 21, 40, 532-533.
Linhart, Robert, 305.
Liou Kia-hway, 381n.
Lods, Marcel, 495.
Loi, Michelle, 448.
Lombardo, Patrizia, 42.
Loti, Gustave, 55.
Loti, Pierre, 55, 401-403.
Loyola, Inácio de, 379, 380n, 395-396.
Lubac, Henri de, 171.
Lucet, Jean-Louis, 211.
Lukács, Georg, 335, 362.
Lunn, Harry, 340n.
Lyotard, Jean-François, 593.

M

Macciocchi, Maria-Antonietta, 440-442, 448.
Macé, Marielle, 11, 42, 225n, 249n.
Macherey, Pierre, 383.
Macksey, Richard, 365.
Magnan, Henri, 277.
Magny, Claude-Edmonde, 221.
Mainguet, Serge, 141.
Majault, Joseph, 254n.
Mallarmé, Stéphane, 95, 334, 342, 361-362, 426, 438-439, 471, 560n, 570.
Mallet, Robert, 175.
Malraux, André, 113n, 271, 384n.
Mandelbrot, Benoît, 444n.
Mandosio, Jean-Marc, 535n.
Manganelli, Giorgio, 370.
Manganaro, Jean-Paul, 583.
Mann, Klaus, 112n.
Mann, Thomas, 145, 149n, 159, 162, 553.
Mansfield, Katherine, 103.
Marchand, Jean-José, 263.
Margot-Duclos, Jean, 209.
Marin, Louis, 541.
Maroun, monsenhor Jean, 211.
Martin, André, 374-375.
Martin, Henri-Jean, 217n.
Martin, Jean-Pierre, 233-234.
Martinet, André, 209n, 257, 304, 311.
Marty, Éric, 10, 12-14, 20-21, 24, 35, 40, 126-128, 245, 247, 303n, 343-345, 426, 434, 474, 482, 484, 491-493, 518, 530n, 533, 535n, 541-557, 561, 563-564, 569n, 576n, 583, 593.
Marx, Karl, 184, 201, 245, 271n, 383, 387, 438, 453.
Mascolo, Dionys, 254-255, 280-281, 293, 296-298, 300, 337.
Massenet, Jules, 473.
Massin (Robert Massin, dit), 483.
Masson, André, 457, 460-461, 463-464.
Matei, Alexandru, 10, 196n, 199n.
Matignon, Renaud, 348.
Matonti, Frédérique, 310.
Matoré, Georges, 208, 211-214, 257, 311.
Maturin, Charles Robert, 260.
Maulnier, Thierry, 278.
Maupassant, Guy de, 351.
Maupomé, Claude, 82n, 109, 471-473, 475, 583, 594.
Mauriac, François, 97, 103, 122.
Mauriès, Patrick, 11, 40, 393, 482, 490, 492, 518.

Mauron, Charles, 353.
Mauss, Marcel, 66, 209, 314, 451, 530.
Mauzi, Robert, 18, 269, 288, 327, 338, 362, 385, 397, 404, 524, 526-527, 583.
Mazon, Brigitte, 219n.
Mazon, Paul, 135, 148.
McGraw, Betty R., 285n.
Mei Lanfang, 264.
Melville, Herman, 443.
Merleau-Ponty, Maurice, 201, 208, 298.
Merlin, Hélène, 535n.
Meslon, Olivier de, 360n.
Messiaen, Olivier, 427.
Metz, Christian, 305, 547, 589.
Meyer-Plantureux, Chantal, 268n.
Mezescaze, Philippe, 583.
Michaud, Guy, 385.
Michaux, Henri, 457.
Michelet, Jules, 31, 36-37, 69, 159-160, 164, 169, 172-173, 177-180, 185-187, 199, 201, 206, 209, 218-219, 238, 244-251, 263, 274, 282, 285, 334, 347, 351, 354, 427, 435, 452, 462, 502, 511, 579.
Michel, François-Bernard, 176n.
Mignon, Paul-Louis, 175.
Miller, Henry, 188.
Miller, Hillis, 366.
Miller, Jacques-Alain, 304, 307-308, 518--519, 541.
Milner, Jean-Claude, 10, 229n, 248-249, 283, 304, 308, 310.
Minoret, Bernard, 449n.
Mitterrand, Danielle, 19.
Mitterrand, François, 17, 19, 384n, 593.
Molière, 92, 176, 198, 212.
Mondrian, Piet, 307.
Monnet, Gabriel, 269-270.
Monod, Gabriel, 250.
Montaigne, Michel de, 47, 51, 54, 67, 83-85, 89, 92, 232, 503-504.
Montesquieu, 115, 284, 353.
Montherlant, Henry de, 103, 115.
Moravia, Alberto, 370.
Morier, Henri, 362.
Morin, Denise, 337.
Morin, Edgar (Edgar Nahoum, dit), 254--255, 257, 273, 288, 298-299, 326-327, 336, 390.
Morin, Violette (*née* Chapellaubeau), 24, 254-257, 288, 292, 298, 304, 322, 326--327, 335, 337, 371, 557.
Mornet, Daniel, 201.
Morrissette, Bruce, 347-348.

Morsy, Zaghloul, 397-398.
Mosser, André, 167.
Moulin, Jean, 131n.
Mouton, Jean, 131n, 195.
Mozart, Wolfgang Amadeus, 171, 325.
Muller, Charles, 318.
Müller, Marcel, 170.
Musset, Alfred de, 107.
M'Uzan, Michel de, 322, 335.

N

Nadar, Paul, 57, 248, 593.
Nadeau, Maurice, 8, 10, 163, 187-193, 217, 231, 258, 264, 298, 300, 305, 367, 370, 388, 515, 540.
Nancy, Jean-Luc, 28, 482, 488.
Narboni, Jean, 589.
Navarre, Yves, 482-483.
Naville, Pierre, 337.
Needham, Joseph, 441-442.
Neel, François, 209.
Nerval, Gérard de, 105.
Nielsberg, Jérôme-Alexandre, 429n.
Nietzsche, Friedrich, 42n, 79n, 89, 96, 104, 109-110, 142, 366, 378, 461, 488, 547, 571, 592.
Nimier, Roger, 231.
Noël, Eugène, 173.
Nogaret, Joseph, 48, 80-81.
Noguez, Dominique, 10, 22, 118n.
Nora, Olivier, 112n.
Noudelmann, François, 79n, 109.
Novalis, 572.
Nureyev, Rudolf, 582.

O

O'Doherty, Brian, 381n.
Ollier, Claude, 406.
Opresco, Georges, 195.
Oualid, Sadia, 93, 95, 105.

P

Pacaly, Josette, 337, 406.
Padova, Maria-Teresa, 302.
Painter, George D., 191, 340.
Palazzoli, Claude Gérard, 406.
Pallotta della Torre, Leopoldina, 560n.
Pancrazi, Jean-Noël, 583.
Panzéra, Charles, 138, 160n, 452, 471-472, 476, 515, 541.
Parinaud, André, 217n.
Paris, Jean, 260, 265.
Parmelin, Hélène, 19.

Parnet, Claire, 145.
Pascal, Blaise, 107, 335, 572, 579.
Pasolini, Pier Paolo, 22-23, 300, 336n, 478, 481, 583.
Patron, Sylvie, 133-134.
Paulhan, Jean, 243, 258, 273, 492.
Pauly, August, 134.
Pauwels, Louis, 190n.
Pavel, Thomas, 10, 426n.
Peduzzi, Richard, 474.
Péguy, Charles, 68, 147.
Peignot, Jérôme, 492.
Peirce, Charles Sanders, 290, 306.
Péju, Pierre, 298.
Péninou, Georges, 371-372.
Perec, Georges 58, 294, 337, 371, 483-484.
Pereire, Émile e Isaac, 52, 593.
Perrin, Jean, 69.
Perros, Georges (Georges Poulot, dit), 285n, 337, 551.
Person, Yves, 64n.
Petrescu, Margareta, 204.
Pezzini, Isabella, 371n.
Philipe, Gérard, 262, 265.
Fílon de Alexandria, 498.
Pia, Pascal, 187, 188.
Piaf, Édith, 197, 255.
Piaget, Jean, 205, 310.
Pic, Roger, 272.
Picard, Raymond, 317, 351-360, 362, 426, 431.
Pichon, Édouard, 201.
Piégay-Gros, Nathalie, 40n.
Piel, Jean, 336, 526.
Pilard, Philippe, 373n.
Pillaudin, Roger, 192.
Pinguet, Maurice, 337, 368-369, 387, 397, 418-419, 473n, 532.
Pintard, René, 186, 210.
Piscator, Erwin, 261.
Pitoëff, Georges, 89, 259.
Pivot, Bernard, 541.
Planchon, Roger, 261, 263, 265, 270.
Planes, Emmanuel, 325n.
Planson, Claude, 261.
Plassart, André, 113.
Platão, 96, 207, 361, 547.
Pleynet, Marcelin, 216, 435, 438-439, 441, 446, 447, 463.
Poe, Edgar Allan, 28, 383, 403, 406, 465, 488.
Pollock, Jackson, 457.
Pommier, Jean, 353.

Pommier, René, 358n, 485.
Ponge, Francis, 338, 494.
Pontalis, Jean-Bertrand, 231, 540.
Popa, Ion, 203.
Portevin, Catherine, 40n.
Potin, Yann, 11, 219n.
Pouillon, Jean, 298.
Pouilloux, Jean, 498, 500.
Pouilloux, Jean-Yves, 496.
Poulantzas, Nicos, 493.
Poulenc, Francis, 118.
Poulet, Georges, 334, 353-354.
Pound, Ezra, 23, 456.
Pourtalès, Guy de, 89.
Pouteau, Micheline, 440n.
Prentki, Jacques, 499.
Prentki, Pierre, 488, 499.
Prévert, Jacques, 188, 298.
Prié, Paule, 202.
Prigent, Christian, 494.
Prochasson, Christophe, 68n.
Propp, Vladimir, 312, 382.
Proust, Marcel, 17, 27, 38-39, 41, 44-45, 49, 53-54, 57, 74, 95, 117, 122-123, 129, 153, 163, 176n, 191, 212, 238, 240, 279, 334, 340, 344, 350, 357, 403, 405, 427, 466, 504-506, 549, 552, 561, 564, 571, 574, 577, 579, 580, 591, 593.
Pucci, Pietro, 366.

Q

Queneau, Raymond, 176, 217, 337, 340, 367, 371.
Quignard, Pascal, 77-78.
Quincey, Thomas de, 492.

R

Rabelais, François, 354.
Racine, Jean, 36, 106, 115, 136, 228, 296, 318, 333, 335, 352-361, 391, 413, 427, 466.
Radulescu, Mihai, 199n.
Raillard, Georges, 10, 27, 337.
Rambaud, Patrick, 26, 485.
Rambures, Jean-Louis de, 455n.
Rancière, Jacques, 383.
Ravel, Maurice, 197.
Réage, Pauline (Dominique Aury, dite), 463.
Rebeyrol, Antoine, 10.
Rebeyrol, Philippe, 18-19, 24, 89, 93, 95, 97-103, 105-106, 110n, 114, 120, 122--123, 142, 144-148, 151n, 162n, 163n, 166n, 167n, 168, 170, 172n, 179, 184--187, 191, 193-198, 202-203, 205-206, 209-210, 211n, 213n, 215, 221, 251, 253, 257n, 287n, 321, 330, 337, 481, 550-551, 563.
Rebeyrol, Pierre, 251.
Rebeyrol, Yvonne (*née* Davy), 166n.
Reboul, Jean, 379, 414-415.
Reboux, Paul, 318.
Regnauld, Paul, 52.
Régnier, Yves, 198.
Reik, Theodor, 545.
Renan, Ernest, 295.
Réquichot, Bernard, 28n, 131n, 143, 460, 461-462, 464-465.
Resnais, Alain, 373.
Révelin, Étienne, 94, 283.
Révelin, Louis, 68.
Révelin, Noémie (*née* Lepet, esposa de Louis-Gustave Binger, depois épouse Louis Révelin), 69, 87, 150, 190, 250.
Revel, Jacques, 295n.
Revel, Jean-François, 356, 358n.
Ribot, Théodule, 93, 257.
Ricard, Hubert, 545.
Ricci, François, 167.
Ricci, Franco Maria, 401, 421n, 463.
Richard, Jean-Pierre, 143, 253, 334, 337, 354, 493, 515, 517-518.
Richard, Lucie (née Febvre), 253, 326.
Ricoeur, Paul, 298, 316, 385.
Risset, Jacqueline, 414.
Ristat, Jean, 426.
Ritz, Jean, 132.
Rivière, Jean-Loup, 518.
Robbe-Grillet, Alain, 220n, 234, 260, 267, 275, 279, 334, 341-342, 344, 346-349, 427, 430-431, 433, 502, 507, 514, 518--519, 522, 526, 540-541.
Robert, Louis, 498.
Robert, Marthe, 128n, 322, 335, 337, 340, 362, 363, 593.
Robin, Jacqueline, 194.
Roche, Denis, 22-23, 216, 438, 507-508.
Roger, Philippe, 11, 41-42, 117n, 175n, 184n, 271, 516.
Rollinde, Marguerite, 403n.
Romains, Jules, 151n, 196.
Romano, Lalla, 370.
Romilly, Jacqueline de, 498.
Roques, Mario, 195, 208, 211.
Roubaud, Jacques, 388, 426.
Rouch, Jean, 273.

Roudaut, Jean, 25.
Roudinesco, Élisabeth, 355, 366n, 416n, 441, 545n.
Rousseau, Jean-Jacques, 119, 575, 578.
Rousselot, Jean, 154.
Roussel, Marie-Laure, 10.
Roussel, Raymond, 83, 526.
Rousset, Jean, 220, 488.
Rouveye, André, 113.
Roux, Dominique de, 484.
Roy, Claude, 502, 514.
Roy, Jules, 261.
Ruffié, Jacques, 499.
Rutebeuf, 132-133.
Ruwet, Nicolas, 365.
Ruysbroeck, Jean de, 548.

S

Sachs, Maurice, 112-113.
Sade, marquês de, 36, 344, 393-397, 421, 428, 436, 465-466, 468, 478, 494, 588.
Sagan, Françoise, 541.
Saglio, Edmond, 134.
Saintré, Jehan de, 437.
Saint-Saëns, Camille, 118.
Saint-Simon, comandante de, 213, 432.
Salama, dr., 209.
Salzedo, André, 85, 88.
Salzedo, Maggie, 85.
Salzedo, Michel, 10, 18, 20, 24, 44, 77, 87, 170, 194, 205, 252, 322, 386, 397, 405, 439n, 555, 557, 593.
Salzedo, Rachel, 24, 252, 439n, 555, 557, 580, 593.
Samori, 63-64.
Sanguinetti, Edoardo, 370.
Sarduy, Severo, 24, 191, 322, 336, 337, 338, 385, 397, 404, 406, 435, 456, 461, 542, 593.
Sarraute, Nathalie, 388, 394n.
Sartre, Jean-Paul, 8, 79n, 109n, 116, 129, 177, 188, 201, 222-241, 247, 271, 274, 276-277, 279, 288-289, 300, 341, 428, 513, 547.
Sauerwein, Bruno, 463.
Saussure, Ferdinand de, 70, 208-209, 289--290, 304-307, 364, 366.
Scarpetta, Guy, 405, 407n, 411n, 415n, 439n.
Schatz, Albert, 150.
Schefer, Jean Louis, 191, 477-479.
Schneider, Michel, 30.
Schubert, Franz, 118, 325, 474.

Schulz, Bruno, 163n.
Schumann, Robert, 62, 78, 100, 106, 108--110, 120-121, 254, 427, 471-472, 475--476, 570.
Schuster, Jean, 281, 298.
Schweitzer, Charles, 232.
Segalen, Victor, 449.
Segre, Cesare, 371.
Seignobos, Charles, 68.
Serreau, Geneviève, 265, 273.
Serreau, Jean-Marie, 261, 265, 270.
Serre, Jean-Pierre, 499.
Serre, Philippe, 19.
Serres, Michel, 526n.
Serry, Hervé, 217n.
Shakespeare, William, 58.
Shelley, Percy Bysshe, 110.
Sherigham, Michael, 293n.
Sichère, Bernard, 406.
Simon, Claude, 49, 166, 188-189, 337, 349.
Singevin, Anna, 205.
Singevin, Charles, 198, 205, 207, 209, 326, 334.
Sirinelli, Jean, 198, 215, 253.
Sirin, Petre (Petre Hrsanovschi, dit), 198--199.
Skira, Albert, 370, 420.
Smadja, Henri, 190.
Sócrates, 96.
Sófocles, 148, 302.
Soisson, Jean-Pierre, 496.
Söjberg, Henri, 216.
Sollers, Philippe, 9, 10, 15, 19-21, 24, 41, 216, 337, 342, 348, 350, 358, 362-363, 385, 394, 411, 414, 417n, 423-439, 441--443, 447-448, 455, 461, 463n, 475n, 476n, 488, 504n, 510, 514, 516-518, 526-527, 540, 542, 550-551, 557, 562, 569, 593.
Sontag, Susan, 11, 24-25, 117-118, 226, 381, 589.
Sora, Marianne, 163n.
Sorel, Georges, 68.
Sorlot, Fernand, 65n.
Souday, Paul, 357.
Souzay, Gérard, 138n, 563.
Spengler, Oswald, 145.
Stafford, Andy, 14.
Stamp, Terence, 481.
Stanislavski, Constantin, 264.
Starobinski, Jean, 246, 334, 353-354, 361, 364, 488.
Stavisky, Alexandre, 99-100.

607

Steinbeck, John, 173.
Stendhal (Henri Beyle, dit), 18, 115, 351,
    401, 403, 465, 519, 594.
Stil, André, 231.
Stoedzel, Jean, 256n.
Strehler, Giorgio, 473.
Strelka, Joseph, 399.
Sue, Eugène, 84.
Sulger-Büel, Romaric, 19, 473,
    491n, 583.
Suzuki, Daisetz Teitaro, 378.

T

Tadié, Jean-Yves, 53n.
Taïeb, Gilbert, 440.
Tardy, Michel, 305, 373.
Tati, Jacques, 22.
Téchiné, André, 24, 473, 478-480, 485, 533,
    540-541, 583.
Thévenin, Paule, 336, 413, 463.
Thibaudeau, Jean, 36, 51, 53n, 61, 164, 183,
    309, 337, 343, 394, 435, 441.
Thomas, Chantal, 476, 482, 494, 506.
Tissier, Gustave, 99.
Todorov, Tzvetan, 40, 42, 241, 311, 335,
    337, 351, 355, 362, 365, 406, 510, 517-
    -518, 572n.
Tolstoi, Léon, 576-577.
Toscanini, Arturo, 475.
Touraine, Alain, 385.
Tran Duc Thao, 188n.
Trenet, Charles, 197.
Trotignon, Pierre, 266-267.
Troubetzkoy, Nikolaï, 307.
Tual, Christian, 444.
Tucoo-Chala, Suzanne, 80n.
Twombly, Cy, 70, 409, 437, 457, 582.

U

Ungar, Steven, 42, 285n.

V

Valéry, Paul, 68-70, 89, 95, 106, 109, 115,
    129, 176n, 188, 192, 198, 289, 548.
Vaneigem, Raoul, 389.
Veil, Hélène, 152n.
Veil, Jacques, 132-133, 134n, 135n, 152.
Verlaine, Paul, 109.
Verlet, Agnès, 572n.
Verlet, Blandine, 121.
Vernant, Jean-Pierre, 366, 499, 500.
Verne, Jules, 67-68, 76, 400, 403.
Verne, Michel, 68.

Vezolles, Danielle, 449n.
Viart, Denis, 494.
Vico, Giambattista, 186.
Vilar, Jean, 136, 259-260, 263, 265-266,
    280, 284, 337.
Vinaver, Michel (Michel Grinberg, dit),
    250, 253, 266-267, 269-271, 327, 347,
    448.
Virgílio, 94, 368, 586.
Vitez, Antoine, 476.
Vittorini, Elio, 300-301, 367.
Vlaminck, Maurice de, 203.
Voisin, Robert, 258, 260, 262, 265.

Volpi, Jorge, 41.
Voltaire, 92, 148, 351, 436-437.
Voyer d'Argenson, Antoine-René, marquês
    de Paulmy, 73.
Vuillemin, Jules, 498-499.

W

Wackers-Espinosa, Karin, 263n.
Wagner, Richard, 473.
Wahl, François, 10, 19, 24, 310, 317, 322,
    336-339, 358, 383, 385, 397, 404, 406,
    414, 431, 434-435, 441, 447-448, 497,
    542, 545, 553, 593.
Waksman, Selman, 150.
Waldeck-Rousseau, Pierre, 100.
Walser, Martin, 300.
Warhol, Andy, 582.
Watts, Alan, 378.
Weber, Jean-Paul, 354.
Welles, Orson, 578.
Winnicott, Donald W., 540, 545, 564.
Wissowa, Georg, 134.
Wunderlich, Fritz, 474, 515.

Z

Zarka, Yves-Charles, 303.
Zilberberg, Claude, 228.
Zola, Émile, 164, 351, 553.
Zuppinger, Renaud, (não encontrei).

Fábula: do verbo latino *fari*, "falar", como a sugerir que a fabulação é extensão natural da fala e, assim, tão elementar, diversa e escapadiça quanto esta; donde também falatório, rumor, diz que diz, mas também enredo, trama completa do que se tem para contar (*acta est fabula*, diziam mais uma vez os latinos, para pôr fim a uma encenação teatral); "narração inventada e composta de sucessos que nem são verdadeiros, nem verossímeis, mas com curiosa novidade admiráveis", define o padre Bluteau em seu *Vocabulário português e latino*; história para a infância, fora da medida da verdade, mas também história de deuses, heróis, gigantes, grei desmedida por definição; história sobre animais, para boi dormir, mas mesmo então todo cuidado é pouco, pois há sempre um lobo escondido (*lupus in fabula*) e, na verdade, "é de ti que trata a fábula", como adverte Horácio; patranha, prodígio, patrimônio; conto de intenção moral, mentira deslavada ou quem sabe apenas "mentirada gentil do que me falta", suspira Mário de Andrade em "Louvação da tarde"; início, como quer Valéry ao dizer, em diapasão bíblico, que "no início era a fábula"; ou destino, como quer Cortázar ao insinuar, no *Jogo da amarelinha*, que "tudo é escritura, quer dizer, fábula"; fábula dos poetas, das crianças, dos antigos, mas também dos filósofos, como sabe o Descartes do *Discurso do método* ("uma fábula") ou o Descartes do retrato que lhe pinta J. B. Weenix em 1647, segurando um calhamaço onde se entrelê um espantoso *Mundus est fabula*; ficção, não ficção e assim infinitamente; prosa, poesia, pensamento.

PROJETO EDITORIAL Samuel Titan Jr. / PROJETO GRÁFICO Raul Loureiro

Sobre a autora
Nascida em Boulogne-Billancourt, em 1968, Tiphaine Samoyault é uma das mais destacadas intelectuais francesas de sua geração. Depois de estudos na École normale supérieure, defendeu um doutorado na Universidade de Paris III, onde hoje é professora de Literatura Geral e Comparada. Engajada na vida editorial, Samoyault colabora com a editora Seuil e com a revista *En attendant Nadeau*; além disso, participou de uma nova tradução a várias mãos do *Ulisses* de James Joyce, publicada em 2004 pela editora Gallimard. Entre seus muitos livros de crítica, destacam-se *Excès du roman* (1999), *L'Intertextualité: mémoire de la littérature* (2001), *La montre cassée* (2004) e, mais recentemente, *Traduction et violence* (2020). Ficcionista, publicou os seguintes romances: *La Cour des adieux* (1999), *Météorologie du rêve* (2000), *Les Indulgences* (2003), *La Main négative* (2008) e *Bête de cirque* (2013), todos ainda inéditos em português. Sua biografia de Roland Barthes foi publicada pela editora Seuil em 2015 e recebeu o grande prêmio de ensaio da Société des gens de Lettres.

Sobre as tradutoras
Professora de Literatura Francesa na Faculdade de Filosofia, Letras e Ciências Humanas da Universidade de São Paulo, Regina Salgado Campos é autora, em particular, de *Ceticismo e responsabilidade: Gide e Montaigne na obra crítica de Sergio Milliet* (1996).

Professora do departamento de Teoria Literária e Literatura Comparada da mesma faculdade, Sandra Nitrini publicou, entre outros livros, *Poéticas em confronto* (1987), *Literatura comparada* (1997) e *Transfigurações* (2010), além de organizar diversos volumes de ensaios teóricos e críticos, em particular sobre a obra narrativa de Osman Lins. De Tiphaine Samoyault, verteu para o português o ensaio *A intertextualidade*, publicado pela Hucitec editora em 2008.

Sobre este livro
Roland Barthes, São Paulo, Editora 34, 2021 TÍTULO ORIGINAL *Roland Barthes* © Éditions du Seuil, 2015 TRADUÇÃO Sandra Nitrini e Regina Salgado Campos, 2021 EDIÇÃO Maria Emilia Bender PREPARAÇÃO Rafaela Biff Cera REVISÃO Andressa Veronesi PROJETO GRÁFICO Raul Loureiro IMAGEM DE CAPA Roland Barthes © Louis Monier, Bridgeman Images ESTA EDIÇÃO © Editora 34 Ltda., São Paulo; 1ª edição, 2021. A reprodução de qualquer folha deste livro é ilegal e configura apropriação indevida dos direitos intelectuais e patrimoniais do autor. A grafia foi atualizada segundo o Acordo Ortográfico da Língua Portuguesa de 1990, que entrou em vigor no Brasil em 2009.

CIP — Brasil. Catalogação-na-Fonte
(Sindicato Nacional dos Editores de Livros, RJ, Brasil)

Samoyault, Tiphaine
Roland Barthes: biografia / Tiphaine Samoyault; tradução de Sandra Nitrini e Regina Salgado Campos — São Paulo: Editora 34, 2021 (1ª Edição).
616 p.   (Coleção Fábula)

Tradução de: Roland Barthes

ISBN 978-65-5525-073-2

1. Barthes, Roland (1915-1980). 2. Filosofia e linguística. 3. Biografias. I. Nitrini, Sandra. II. Campos, Regina Salgado. III. Título. IV. Série.

CDD – 928

TIPOLOGIA New Baskerville PAPEL Pólen Soft 80 g/m²
IMPRESSÃO Edições Loyola, em julho de 2021   TIRAGEM 3 000

Editora 34
Editora 34 Ltda.
Rua Hungria, 592
Jardim Europa CEP 01455-000
São Paulo — SP Brasil
TEL/FAX (11) 3811-6777
www.editora34.com.br